suhrkamp taschenbuch 2040

Der vorliegende Band über Hans Magnus Enzensberger enthält in einer ersten Abteilung – unveröffentlichte oder an entlegener Stelle erschienene – Texte des Autors selbst, in einer zweiten Äußerungen von Kollegen, Wissenschaftlern und Kritikern, den bedeutenden Briefwechsel mit Hannah Arendt, die Diskussion mit Peter Weiss und zwei Interviews aus den Jahren 1969 und 1979; die dritte Abteilung bietet »Längsschnitte, Querschnitte«, in denen das Nachwirken der Antike in Enzensbergers Werk ebenso thematisiert ist wie sein mögliches Einwirken auf die heutige ›Dritte Welt‹. Der vierte Abschnitt verbindet wissenschaftliche Untersuchungen und Würdigungen, Besprechungen und Stellungnahmen. Die Bibliographie schließlich ist der bislang umfassendste Nachweis zu Enzensbergers Œuvre und seiner Sekundärliteratur.

Hans Magnus Enzensberger

Herausgegeben von Reinhold Grimm

suhrkamp taschenbuch
materialien

Suhrkamp

Umschlagfoto: Isolde Ohlbaum

suhrkamp taschenbuch 2040
Erste Auflage 1984
© Suhrkamp Verlag Frankfurt am Main
Suhrkamp Taschenbuch Verlag
Alle Rechte vorbehalten, insbesondere das
des öffentlichen Vortrags, der Übertragung
durch Rundfunk und Fernsehen
sowie der Übersetzung, auch einzelner Teile.
Satz: Georg Wagner, Nördlingen
Druck: Nomos Verlagsgesellschaft, Baden-Baden
Printed in Germany
Umschlag nach Entwürfen von
Willy Fleckhaus und Rolf Staudt

1 2 3 4 5 6 – 89 88 87 86 85 84

Inhalt

IV Einzelanalysen zum späteren Werk

V Anhang

Vorbemerkung

Enzensberger muß nicht allein als moderner, sondern zugleich als vielfach umstrittener Klassiker eingestuft werden. Dieser Widerspruch, der zweifellos sein wirkungsgeschichtlicher Hauptwiderspruch ist, soll in der vorliegenden Sammlung ebensosehr belegt und erhellt, zumindest aber gestreift und kurz beleuchtet werden wie seine unbestreitbare Klassizität. Von ihr erklärte ich unlängst, anläßlich der Neuausgabe des Enzensbergerschen Erstlingsbandes *verteidigung der wölfe* in der Bibliothek Suhrkamp, man verbinde mit diesem Begriff »das Mustergültige, Vorbildhafte«; er meine »die Höchstleistung, allerdings auch das Zusammentreffen einer genialen Begabung mit einer [...] ihr gemäßen historischen Situation«. »Anlage und geschichtlicher Kairos [...] wie [...] Wirkung und Einfluß trafen bei Enzensberger in der Tat zusammen. Seine Sprache und sein Stil, im Gedicht wie in der Prosa, dürfen schlechthin beispielgebend heißen; seine Art zu schreiben, soviel sie ihrerseits Vorbildern verdankt, hat [...] förmlich Schule gemacht.« Ergänzend hervorzuheben wären natürlich außerdem die Weite und Vielfalt seines Denkens und Schaffens wie umgekehrt die Einheit in allem Wandel und Widerspruch, die diesen *homme de lettres* und sein Werk auszeichnen. Ich wähle das letztere Wort, das ein Ehrentitel ist, mit Bedacht. Denn gilt nicht Urbanität in der Klassizität für Hans Magnus Enzensberger im gleichen Maß wie Kontinuität in der Universalität? Und bleibt er nicht, der Geschmeidige, selbst als Pamphletist noch höflicher (fast hätte ich gesagt: höfischer) Dichter? Solches ist, besonders im deutschen Sprachraum, eine Seltenheit, ja Kostbarkeit.

Die folgende Auswahl will derartigen Einsichten und Erwägungen wenigstens ansatzweise Rechnung tragen. Sie ist in vier größere Abschnitte und einen Anhang eingeteilt. Der erste Abschnitt, *Texte und Dokumente*, ist Enzensberger selber gewidmet; er umfaßt – neben einem in der Gesamtausgabe von 1983 noch nicht enthaltenen und hier zusätzlich als Faksimile wiedergegebenen Poem – ein an entlegener Stelle erschienenes Prosagedicht zu einem Durruti-Porträt von Dieter Jung und ein bisher ungedrucktes, ein Fragment Diderots fortsetzendes Hörspiel: Gattungen also, die für Enzensberger untypisch sind oder scheinen, doch ebendeshalb seine Vielgestalt um so eindrucksvoller bestätigen. Der zweite Abschnitt, *Zeugnisse, Debatten, Interviews* überschrieben, vereinigt Äußerungen von Kollegen, Wissenschaftlern und Kritikern mit dem bedeutsamen Briefwechsel zwischen Hannah Arendt und dem Dichter sowie mit der Diskussion, die er mit Peter Weiss führte; Auszüge aus dessen *Notizbüchern* und zwei von Enzensberger im Abstand von einem Jahrzehnt gewährte Interviews kommen hinzu. Im dritten Abschnitt hat vor allem die Forschung das Wort: Literarhistoriker aus drei Kontinenten bieten in ihm *Längsschnitte, Querschnitte* (so der Titel) durch das Enzensbergersche Œuvre, wobei sie sich, wie man feststellen wird, sehr verschiedenartiger Methoden bedienen und Fragen aufwerfen, die das Nachwirken der Antike in diesem Werk ebenso umspannen wie sein mögliches Einwirken auf die heutige »Dritte Welt«. Nahezu sämtliche Beiträge, mit Ausnahme nur der rhapsodischen kleinen Laudatio von Lea Ritter-Santini, die ursprünglich auf italienisch veröffentlicht wurde, und meines Essays *Bildnis Hans Magnus Enzensberger,* wurden eigens für den vorliegenden Band verfaßt. Der vierte und letzte Abschnitt endlich, *Einzelanalysen zum späteren Werk,* verbindet wissenschaftliche Untersuchungen mit Würdigungen, Besprechungen und polemischen Stellungnahmen; behandelt werden die Gedichtbücher *Mausoleum* und *Der Untergang der Titanic,* die jüngste Essaysammlung *Politische Brosamen* sowie (in einem weiteren Originalbeitrag) das Dokumentarstück *Das Verhör von Habana.* Im *Anhang* wird u. a. eine ausführliche, auf den neuesten Stand gebrachte Bibliographie geliefert, dazu ein Abriß von Enzensbergers Lebensdaten.

Überschneidungen und/oder Verschiebungen innerhalb dieser Zuordnung waren begreiflicherweise nicht völlig zu vermeiden. Sie begegnen insbesondere im zweiten bzw. vierten Abschnitt (wo zum Beispiel einerseits Pasolinis Tribut eine brillante Analyse des Romans *Der kurze Sommer der Anarchie* darstellt, während andererseits die Rezension von Lepenies als versteckte Huldigung gelesen werden kann). Und falls dem Herausgeber eine Anmerkung in eigener Sache gestattet ist, so bekenne ich ohne Zögern, daß mir die paar Staub- und anderen Flecken auf meinem *Bildnis* von 1973/74 zwar durchaus nicht entgangen sind, daß es aber offenbar dennoch, wie nicht zuletzt die Bezugnahmen in mehreren der hier erstmals gedruckten Aufsätze lehren, als Grundlage und erster Entwurf noch seinen Nutzwert besitzt. Ich habe den Text daher, von stilistischen Kleinigkeiten abgesehen, unverändert gelassen.

Zum Schluß möchte ich den beteiligten Verlagen und Autoren, namentlich den Verfassern der Originalbeiträge, herzlich danken. Mein ganz besonderer Dank gilt Hans Magnus Enzensberger für bezeugtes Zutrauen und freundschaftliche Hilfe.

Madison/Wis., Nov. 1983   R. G.

Texte und Dokumente

Hans Magnus Enzensberger
Das langsame Verschwinden der Personen

Personen die im langsamen Verschwinden begriffen sind nennt man Geister. Die Erzeugung von Geistern ist ein wichtiger Teil der gesellschaftlichen Produktion. Immerzu scheint es, als stünde sie vor dem Zusammenbruch. Aber dieser Schein trügt. Das Ende des Verschwindens ist gewiß. Es ist zugleich unabsehbar.

Die Schwierigkeiten beim Malen von Geistern sind für die meisten Maler zu groß. Wer einen Geist malen will muß sich an die Person erinnern, die im Verschwinden begriffen ist. Diese Erinnerung ist wenigen gegeben. Obwohl jeder weiß daß Personen vorhanden waren, ja sogar in gewisser Weise immer noch vorhanden sind, vielleicht sogar nach wie vor auftauchen, wenn auch nur flüchtig, wenn auch nur im Modus ihres Verschwindens, weiß kaum einer, wie sie aussehen. Noch schwieriger ist es, sich ein Bild davon zu machen. Auch die Erinnerung an den langsamen Vorgang des Verschwindens verschwindet, und zwar sehr rasch.

Die Kamera kann nur einzelne Phasen festhalten, nicht den Vorgang selbst. Sie zeichnet nicht Geister sondern nur Gespenster auf. Bilder, auf denen etwas Verschwindendes zu sehen ist, müssen mehr Zeit enthalten, als solche, die ein Ergebnis feststellen. Im Fall des Verschwindens ist das Ergebnis die Leere. Photos von Personen zeigen dieses Vakuum. Der Raum füllt sich mühelos mit Details, die ihn ausstopfen. Das was zu sehen ist, stammt auf solchen Bildern nicht aus der Wirklichkeit; diese nämlich ließe sich nur dadurch zeigen, daß ihr Verschwinden mitgezeigt würde. Der ausgestopfte Elefant ist nicht der Geist des Elefanten. (Dieser ist materiell, jener etwas bloß Ausgedachtes.)

Mit den Personen, zu denen auch Elefanten zu rechnen sind, verschwinden natürlich auch ihre Farben. Solange aber das Verschwinden anhält, sind auch noch Farben da. Allerdings wird es immer schwieriger, diese Farbspuren zu bestimmen. Die Zahl der möglichen Farben nimmt während ihres Verschwindens keineswegs ab. Es gibt sogar Leser, das heißt Betrachter, die behaupten, sie nähme zu. Dieser Irrtum erklärt sich daraus, daß sowohl der

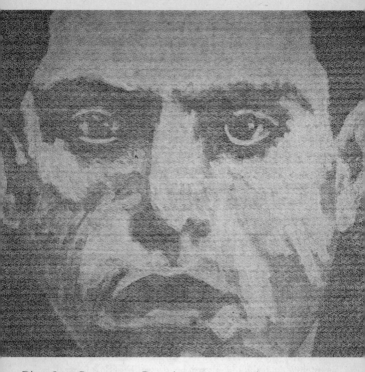

Dieter Jung, Buenaventura Durruti, 1973

Maler als auch der Leser das, was im Verschwinden begriffen ist, immer schärfer ins Auge fassen, je undeutlicher es wird.

Etwas Verschwindendes festzuhalten ist streng genommen unmöglich. Entweder das Verschwinden wird festgehalten auf Kosten des Verschwindenden, dann entsteht ein monochromes Bild; oder das Verschwindende auf Kosten des Verschwindens, dann haben wir ein Gespenst vor uns, einen ausgestopften Elefanten. Dieses Dilemma läßt sich nur lösen, indem die Zeit mitgemalt wird. Die Struktur der Zeit ist aber unbekannt. Daß es sich um eine wellenförmige Bewegung handelt, daß die Zeit Schlieren bildet, ist nichts weiter als eine Vermutung des Malers, eine Krücke, eine Hypothese, an die er womöglich selbst nicht glaubt, und die der Leser des Bildes wegwerfen kann, indem er sich von ihm entfernt und seinerseits verschwindet, wenn auch nur im Raum. Wer dann, wenn die Entfernung groß genug geworden ist, verschwunden sein wird, das Bild oder sein Leser, das zu entscheiden ist nicht unsere Sache.

Bei den Personen, die im Verschwinden begriffen sind, kann man unterscheiden zwischen denen, die unbekannt sind, und denen, die bereits Reproduktionen waren, ehe sie zu verschwinden anfingen. In diesem Fall hat der Maler die Geister von Gespenstern gemalt, und zwar von Gespenstern, die in Europa umgehen. Doch sind auf den Bildern, wie überall, die unbekannten Personen die wichtigsten. Ihnen gelingt auch das Verschwinden am besten.

Vom Maler ist schon längst nichts mehr zu sehen. Sein Verschwinden ist das unauffälligste. Er verschwindet in den Maschen, den Schlieren, den immer weiter zurückweichenden Farben seiner Bilder. Am Ende – das wie gesagt nicht abzusehen ist – wird niemand mehr da sein. Die Geister sind unter sich und bewachen das, was verschwunden sein wird.

Das unheilvolle Porträt

Eine Mystifikation von Denis Diderot
fortgesetzt und fürs Radio eingerichtet
von Hans Magnus Enzensberger
(1981)

ER Diderot, Diderot ... Ist das nicht dieser Franzose, der ein berühmtes Lexikon geschrieben hat?

ICH Die *Encyclopédie*? Natürlich. Das heißt, geschrieben wäre zuviel gesagt. Kennen Sie die *Encyclopédie*?

ER Nur vom Hörensagen.

ICH Ich habe sie auch nicht gelesen ... Ein paar Dutzend enormer Folianten, in Kalbsleder gebunden, und dazu ein paar Supplemente mit herrlichen Kupferstichen. Ein gutes Exemplar kostet, glaube ich, an die fünfzigtausend Mark. Übrigens, ein paar Dutzend Artikel stammen wirklich aus Diderots Feder: *Intoleranz, Elend, Mummenschanz*, aber auch *Strumpf, Äthiopier* und *Boa*.

ER *Boa*?

ICH Ja. (*Zitierend.*) »Das ist der Name einer ungeheuer großen Wasserschlange, die es vor allem auf Rinder abgesehen hat, da sie deren Fleisch bevorzugt ... Unter der Herrschaft des Kaisers Claudius tötete man einst eine Boa, in der man ein ganzes Kind fand. Wer behauptet hat, sie könne einen Ochsen verschlingen, verdient nur aus einem Grunde, daß man seine Meinung zitiert: nämlich um zu zeigen, daß die Menschen in der Übertreibung kein Maß und kein Ziel kennen. Die Historiker sind meist das Gegenteil von dem berühmten Berg aus dem Gleichnis: ihre Feder bringt einen Elefanten an Stelle einer Maus hervor.«

ER Offenbar haben Sie einen Narren an diesem Schriftsteller gefressen.

ICH Wundert Sie das?

ER Nun, ich begreife nicht ganz, wie man es mit einem Lexikon zur Unsterblichkeit bringen kann, auch wenn dieses Lexikon ein Elefant sein sollte.

ICH Aber die *Encyclopédie* war eines der Wunderwerke der europäischen Aufklärung! Die Wirkungen dieses Unternehmens waren unermeßlich!

ER Das kann ich mir denken. Sicherlich hat es seinem Autor ein Vermögen eingebracht.

ICH Erstens war Diderot nicht der Autor des Werks, er hat es nur herausgegeben. Zweitens haben ihn seine Verleger nach Strich und Faden betrogen. Und drittens hatte er wegen dieser Sisyphos-Arbeit jahrzehntelang Scherereien mit dem Hof, mit der Zensur und mit der Polizei.

ER Das tut mir furchtbar leid, aber es ist schließlich zweihundert Jahre her, und außerdem haben Sie uns kein Nachschlagewerk, sondern eine Geschichte versprochen.

ICH Ein Hörspiel.

ER Ein Hörspiel ohne Geschichte ist wie eine Kirsche ohne Kern. Sie wollen mir also weismachen, dieser Diderot, auf den Sie so erpicht sind ...

ICH Er ist mein Lieblings-Schriftsteller.

ER Und Sie wollen mir weismachen, dieser Diderot habe Hörspiele geschrieben?

ICH Abgesehen von seinen Essays, seinen Theaterstücken, seinen Artikeln, seinen Abhandlungen, seinen Romanen, seinen Briefen, seinen Kritiken, seinen Denkschriften, seinen Erzählungen, seinen Reden ...

ER Hören Sie auf!

ICH Abgesehen von alledem hat er auch Hörspiele geschrieben. Ja, ich möchte sogar behaupten: vor allem Hörspiele.

ER Das kann doch nicht Ihr Ernst sein.

ICH Das ist mein voller Ernst. Denis Diderot war der genialste Hörspiel-Autor, der je gelebt hat.

ER Aha. Hundertfünfzig Jahre vor der Erfindung des Radios.

ICH Und hundertfünfundsiebzig Jahre vor der Erfindung des Hörspiels. Allerdings.

ER Da bin ich aber gespannt.

ICH Sie brauchen nur eines seiner Hauptwerke aufzuschlagen, und Sie werden sofort einsehen, daß ich recht habe.

ER Jetzt kommen Sie wieder mit Ihrem Lexikon!

ICH Ach was! Die *Encyclopédie* hat ihre Verdienste, aber ganz offen gesagt, sie ist doch mehr ein nahrhaftes Fressen für Historiker und Holzwürmer. Ich rede von *Rameaus Neffen*, von *Jacques le fataliste*. Das sind zwei Bücher, vor denen wir alle in den Staub sinken, alle, die wir je ein Hörspiel geschrieben haben, mein Lieber! Das ist ein Stimmengewirr, ein Galopp durch sämtliche

Reiche der Wirklichkeit und der Phantasie! Da haben Sie alles, was das Radio zum Tanzen bringt: Dialoge, die zum Lachen und zum Heulen sind, Schnitte, Sprünge, imaginäre Räume und Ebenen und Überraschungen; Geschichten, und Geschichten über Geschichten, und Reflexionen darüber, und Einwände gegen die Reflexionen ... Dabei kann die ganze Welt mitreden. Sogar Sie, mein Lieber ...

ER Wieso ich?

ICH Sie, der Zuhörer, der mißtrauische, der zweifelnde, der neugierige, launische, ungeduldige, wütende, alberne, gescheite, vermaledeite und verehrte Zuhörer.

ER Tatsächlich?

ICH Wenn ich es Ihnen sage! Denis Diderot hat auch Sie erfunden, auch mich! Den O-Ton und die Kolportage, das Experiment und die Klamotte, das naturalistische und das phantastische Hörspiel. Denn »Diderot ist Diderot, ein einzig Individuum; wer an ihm oder an seinen Sachen mäkelt, ist ein Philister, und deren sind Legionen. Wissen doch die Menschen weder von Gott, noch von der Natur, noch von ihresgleichen dankbar zu empfangen, was unschätzbar ist.«

ER Das scheint mir etwas hoch gegriffen.

ICH Es ist auch nicht von mir, sondern von einem anderen Diderot-Übersetzer, dem ersten und dem besten – nämlich von Goethe.

ER Aber, aber! Sie fahren ja die schwersten Geschütze auf! Die ganze Weltliteratur! Und das alles nur, damit ich nicht an den kleinen Knopf an meinem Radio greife und ein wenig daran drehe ... Ich könnte ja, während ich Ihnen zuhöre, eines dieser munteren Magazine versäumen, nicht wahr? Oder den Bericht aus Bonn. Oder die Wasserstandsmeldungen.

ICH Sie haben recht.

ER Sie sollten lieber beherzigen, was Sie vorhin zitiert haben, à propos der ungeheuer großen Wasserschlange: daß die Menschen in der Übertreibung kein Maß und kein Ziel kennen.

ICH Sie haben recht.

ER Und außerdem, bedenken Sie bitte, daß Sie um so mehr Gefahr laufen, mich zu enttäuschen, je höher Sie meine Erwartungen spannen.

ICH Sie haben recht: mehr als Sie denken, und mehr als mir lieb ist.

ER Wie meinen Sie das?

ICH Nun, zum einen ist es nicht gerade ein Haupt- und Meisterwerk des berühmten Diderot, was Sie hören werden.

ER Sondern?

ICH Eine kleine Gelegenheitsarbeit, die er, vielleicht an einem Wochenende und ganz beiläufig, zu Papier gebracht hat. Und da, unter einem Wust von Briefen und Manuskripten, blieb sie auch liegen, beinah zweihundert Jahre lang, bis ein französischer Gelehrter sie gefunden und veröffentlicht hat. Das war 1954.

ER Eine ziemlich angestaubte Sache.

ICH Eine ziemlich mysteriöse Sache.

ER Und dieses mysteriöse Manuskript heißt also *Das unheilvolle Porträt*.

ICH Irrtum. Es heißt *Mystification*. Und im übrigen ist in dem Original nicht von einem Porträt die Rede, sondern von zweien.

ER Ich verstehe immer weniger, worauf Sie hinauswollen.

ICH Ich werde Ihnen reinen Wein einschenken, mein Lieber, und Ihnen offen gestehen, daß ich nicht nur Diderots Titel eigenmächtig verändert habe, sondern auch seinen Text.

ER Aha.

ICH Diderots Text ist nämlich ein Fragment. Seine Geschichte bricht mittendrin ab, und das fand ich schade.

ER Und da haben Sie einfach, unter dem heiligen Namen Ihres Lieblingsschriftstellers, weitergedichtet und das Fragment zu Ende geschrieben?

ICH So könnte man es ausdrücken.

ER Mit anderen Worten, es gibt überhaupt kein Hörspiel von Diderot. Was wir hören werden, ist eine Fälschung, und Sie sind ein Schwindler, ein Betrüger, ein literarischer Strauchdieb!

ICH Ich weiß gar nicht, warum Sie sich so aufregen. Alles, was ich mir erlaubt habe, ist ein kleiner übermütiger Trick, ein Spiel mit der Illusion, mit einem Wort: eine Mystifikation in bester Diderotscher Manier ... Aber damit Sie beruhigt sind: Ich habe mir nichts weiter zu Schulden kommen lassen als eine kleine Korrektur ... Eine Collage ... Eine Reparatur.

ER Was soll das heißen?

ICH Die Geschichte des unheilvollen Porträts war unvollständig. Ihr Protagonist starb zum Schluß, aus unerklärlichen Gründen ... Ich habe mich informiert, was aus ihm geworden ist. Es han-

delt sich um einen gewissen Desbrosses, einen obskuren Wechsel-
agenten.

ER Den Sie erfunden haben.

ICH Keineswegs!

ER Den Diderot erfunden hat.

ICH Ebensowenig. Er hat wirklich gelebt, genau wie Sie und ich,
nur daß er sich vor gut zweihundert Jahren eine Kugel durch den
Kopf gejagt hat. Übrigens gilt das für alle Figuren, die in unserem
Hörspiel auftauchen – nicht, daß sie sich erschossen hätten – das
nicht; aber ihre Existenz ist historisch verbürgt. Wir haben es also
nicht mit einer Fiktion zu tun, sondern – wie soll ich sagen? – mit
einer historischen Reportage.

ER Und Ihr berühmter Diderot ist nichts weiter als ein ganz ge-
wöhnlicher Journalist.

ICH Sie irren sich. Er hat die Geschichte nicht nur aufgezeichnet,
er hat sie eingefädelt. Er hat sie gewissermaßen *erzeugt*, und zwar
nicht nur auf dem Papier, sondern in der Wirklichkeit. Er hat
Regie geführt, verstehen Sie? Er hat die Hauptpersonen unseres
Hörspiels, ohne daß sie es geahnt hätten, tanzen lassen wie Ma-
rionetten ...

ER Eine sehr verdächtige Geschichte!

ICH Und nicht nur das! Diese Hauptpersonen sind allesamt
Künstler: eine Malerin, eine Balletteuse, ein Schriftsteller, nämlich
Diderot selber, und eben dieser Desbrosses ...

ER Aber eben haben Sie mir noch erzählt, er sei Makler gewesen.

ICH Makler, Arzt, Hochstapler, Wucherer, Kreditschwindler,
mit einem Wort: Künstler.

ER Wollen Sie damit sagen, daß es vom Künstler bis zum Verbrecher nur ein kleiner Schritt wäre?

ICH Ein echt Diderotscher Gedanke! Sie kommen der Sache
schon näher.

ER Eine saubere Gesellschaft!

ICH Der ich mich gerne angeschlossen habe mit meiner »Fälschung«, wie Sie es nennen. Ich habe nachgeforscht, was aus diesem Desbrosses geworden ist, und siehe da, ich bin fündig geworden. Und zwar ausgerechnet in einer Kunstkritik.

ER Die Ihr Freund Diderot geschrieben hat.

ICH Richtig. Sonderbar, nicht wahr, daß der geniale Kritiker ausgerechnet in einer Rezension der Nachwelt überliefert hat, wie

Desbrosses, dieser Hans-Dampf-in-allen-Gassen, dieser Geschäftemacher und Illusionskünstler ihn besucht hat, einen Tag vor seinem Selbstmord ... Sie werden die Passage gleich hören ... Eine schöne Geschichte, in der man Kunst und Leben, Spiel und Ernst, Schein und Wirklichkeit kaum mehr voneinander trennen kann. Aber ich glaube Ihnen genug verraten zu haben. Ich bin geständig. Machen Sie, was Sie wollen, aus dieser Porträtgeschichte.

ER Aus dieser Fälschung.

ICH Aus dieser *Mystifikation*.

ER Die Sie erfunden haben ...

ICH Die Diderot erfunden hat ...

ER Um mich hinters Licht zu führen ...

ICH Oder um Sie aufzuklären ...

ER Um mir meine kostbare Zeit zu stehlen ...

ICH Oder Sie zu unterhalten. Hören Sie zu und urteilen Sie selbst!

Personen:

DIDEROT
FÜRST GALIZYN, russischer Gesandter in Paris
MADEMOISELLE DORNET, Figurantin an der Pariser Oper
MADAME THERBOUCHE, »die Preußin«, Porträtmalerin
DESBROSSES, Wechselmakler und Scharlatan

Orte:
Diderots Wohnung
Madame Therbouches Atelier
Das Boudoir der Mademoiselle Dornet

Zeit:
Die sechziger Jahre des achtzehnten Jahrhunderts

DIDEROT Fürst Galizyn – Sie sind ihm sicher begegnet. Nein? Sie kennen den Fürsten Galizyn nicht? ein sehr geistreicher Mann, dem ich allerhand zu verdanken habe –, der Fürst Galizyn, seiner Geschäfte müde, er ist russischer Gesandter in Paris, fährt zur Kur nach Aachen, und dort, auf der Promenade, sieht er die junge Gräfin von Schmettau. Die Gräfin ist schön, er verliebt sich, er sagt es ihr, er wird erhört, er heiratet sie – das alles in acht Tagen. Eine Liebesgeschichte, wie sie im Buche steht. Ganz Paris hat davon gesprochen, ganz Paris hat sich darüber amüsiert. Kaum ist er wieder hier, klingelt es an meiner Tür, es ist Sonntag, ich habe soeben gefrühstückt, da läßt sich der Fürst, der noch nie mein bescheidenes Haus betreten hatte, bei mir melden.

GALIZYN Hören Sie, lieber Diderot . . .

DIDEROT Erzählen Sie mir nichts, ich weiß alles, und meine Glückwünsche begleiten Sie . . .

GALIZYN Ich danke Ihnen, mein Freund. Da Sie alles wissen, brauche ich mich der Bitte nicht zu schämen, mit der ich zu Ihnen komme. Es gibt da gewisse Dinge . . . Sie erinnern sich vielleicht . . . Es handelt sich um Demoiselle Dornet.

DIDEROT Die schöne Dame mit den dunkelblauen Augen. Wie sollte ich sie vergessen haben!

GALIZYN Nun, es ist wahr, sie ist hübsch.

DIDEROT Und leichtsinnig.

GALIZYN Ganz recht.

DIDEROT Doch wäre es nicht galant, ihr einen Charakterzug vorzuwerfen, der an ihrem Charme so großen Anteil hat.

GALIZYN Nun, da Sie alles wissen, lieber Diderot, so werden Sie auch begreifen . . . Es geht um ein Porträt von mir, das ich ihr in einer schwachen Stunde überlassen habe.

DIDEROT Und das sie hüten wird, als kostbare Erinnerung an eine Eroberung, an die sie vielleicht immer noch gern zurückdenkt.

GALIZYN Während mir daran gelegen wäre, diese Episode mit dem Schleier der Vergessenheit zu bedecken. Aus diesem Grunde, ich gestehe es Ihnen frei, hätte ich mein Bild gern wieder.

DIDEROT Das dürfte nicht leicht zu bewerkstelligen sein.

GALIZYN Ich würde mir die Erfüllung dieses Wunsches gern etwas kosten lassen.

DIDEROT Aber lieber Fürst! Das wäre ganz verkehrt. Mademoiselle Dornet würde das Porträt nie und nimmer verkaufen. Sie kennen das weibliche Herz sehr wenig, oder Sie unterschätzen den Wert, den ein sichtbares Zeichen der Zuneigung auch dann noch behält, wenn diese verflossen ist.

GALIZYN Sie haben recht. Aber kurz und gut, das Porträt darf nicht bleiben, wo es ist; das könnte höchst unangenehme Folgen haben. Was soll ich tun? Raten Sie mir, Herr Philosoph. (*Musik.*)

DIDEROT Ich versprach ihm, mir die Sache durch den Kopf gehen zu lassen. Sie war heikel genug. Ein falscher Schritt, und Mademoiselle Dornet würde ihre Trophäe aus dem Fenster hängen; denn sie war recht eigensinnig. Geistlos konnte man sie nicht nennen; aber sie war ungebildet wie eine Balletteuse und dazu von unbeständiger Gesundheit. Ja, sie war sogar ziemlich hypochondrisch, und an diesem schwachen Punkt gedachte ich anzusetzen. Wie wäre es, dem bewußten Porträt einen unheilvollen Einfluß anzudichten, der sie in Schrecken versetzen würde? Das ist absurd, werden Sie sagen, lächerlich, abgeschmackt! Einverstanden! Aber andererseits: das Porträt eines ungetreuen Liebhabers bedeutet wenig im Vergleich zur eigenen Gesundheit; und es gibt viele Frauen, die zum Aberglauben neigen, wenn ihnen etwas fehlt.

Nun, werden Sie mir entgegenhalten, das ist nicht eben edel gedacht – und damit haben Sie leider recht. Aber warum hören Sie mir dann zu? Habe ich Ihnen mehr versprochen als eine amüsante Geschichte, eine merkwürdige Anekdote, eine Mystifikation? Wollen Sie, daß ich weitererzähle, oder wollen Sie's nicht? – Also gut. Aber dann sind Sie, zumindest für die Dauer dieser kleinen Komödie, mein Komplize; und wenn mich der Teufel reitet, dann sind Sie, mein Lieber, mit von der Partie. Nennen Sie meinen Plan, wie sie wollen, kaltblütig, skrupellos, diabolisch, aber hören Sie mich zu Ende; und wenn Sie dann immer noch entrüstet sind, dann bitte ich Sie wohl darauf zu achten, daß sich nicht eine Spur von Heuchelei in Ihren Protest mischt.

Der Plan zu meinem kleinen Bubenstück stand unterdessen fest; jetzt galt es nur noch, die Personen zu finden, die ich brauchte. Vor allem den Schurken; denn ich hatte keineswegs vor, diese Rolle selber zu spielen. Ich hatte den richtigen Mann bei der Hand, das heißt, einen abgefeimten Schwindler; und zwar dachte ich an einen gewissen Desbrosses, der sich als Wechselmakler und als Spion einen Namen gemacht hatte. Er gab sich gern als Arzt aus und trat mit Vorliebe in orientalischer Verkleidung auf. Übrigens tat er so, als wäre er in alle Geheimnisse der indischen, persischen, türkischen Medizin eingeweiht. Ich sage nichts über sein Talent in diesen Dingen. Urteilen Sie selbst!

Ferner bedurfte ich einer gefälligen und ahnungslosen Gastgeberin. Diese Rolle hatte ich einer alten Bekannten zugedacht, der Madame Therbouche, einer Berliner Malerin, die sich in Paris niedergelassen hatte. Sie war ehrgeizig und verschwenderisch, und da sie mehr Schulden als Geld hatte, traf es sich gut, daß der Fürst Galizyn seine schützende Hand über sie hielt. Ihr Atelier ist der Ort der Handlung. Die Personen kennen Sie nun, der Vorhang kann sich öffnen.

(*Musik.*)

Es ist Ende September, der Abend dämmert schon, Madame Therbouche hat ihren Pinsel weggelegt und unterhält sich mit Desbrosses über ihre Geldsorgen und über alle möglichen Kunstgriffe, um sich ihrer Gläubiger zu erwehren.

Mademoiselle Dornet tritt ein. Sie grüßt kaum, sie wirft sich auf eine Chaiselongue. Sie hat nur ein paar Schritte getan, und schon ist sie außer Atem. Sie wird nämlich von Tag zu Tag schwächer und fürchtet das Schlimmste für ihre angegriffene Gesundheit. Bald ist sie in voller Fahrt, und ihre Tirade über die Leiden, die sie zu erdulden hat, will kein Ende nehmen. Desbrosses, mit dem Rücken zum Kamin, sieht sie unverwandt an und sagt kein Wort.

DORNET Und Sie, Monsieur? Natürlich glauben Sie kein Wort von dem, was ich da erzähle. Leugnen Sie nicht! Sie denken, das sei alles nur Verstimmung, Lüge oder Einbildung. Ich merke es an Ihrem kalten Blick.

DESBROSSES Aber Mademoiselle, wo denken Sie hin? Übrigens habe ich Ihnen gar nicht zugehört.

DORNET Wie ungezogen von Ihnen! Sie nehmen mich nicht ernst.

DESBROSSES Ich höre nicht auf Sie. Ich mache lieber meine Augen auf.

DORNET Mit einem Wort, Sie sind unhöflich. Und was haben Sie davon?

DESBROSSES Aus den Reden eines Menschen erfahre ich immer nur, was er von sich selber hält; aus seinem Gesicht dagegen erfahre ich, wie es wirklich um ihn steht.

DORNET Und was für ein Geheimnis haben Sie mir von den Augen abgelesen?

DESBROSSES Daß Sie krank sind. Soviel ist sicher. Und daß die Ärzte aus Ihrer Krankheit nicht klug geworden sind.

DORNET Aha. Sie dagegen wissen wohl ganz genau, worum es sich handelt.

DESBROSSES Durchaus nicht. Ich urteile nie auf den ersten Blick.

DORNET Nun, wir sind hier ganz ungestört. Vor Madame Therbouche habe ich keine Geheimnisse. Fragen Sie also, untersuchen Sie mich, und sagen Sie mir dann, was mir fehlt.

DESBROSSES Ich frage nie. Wo Antworten nichts bedeuten, sind Fragen zwecklos. Ein Kranker kann nicht wissen, was in seinem Körper vorgeht. Aber da Sie es erlauben, da Sie es sogar verlangen, wollen wir einmal sehen ...

Blicken Sie mir direkt in die Augen. Den Kopf etwas nach hinten. So. Atmen Sie tief ein. Ja. Und ausatmen. Und ein. (*Er murmelt vor sich hin.*) Aha. Herz unregelmäßig, leichtes Flattern. Herrgott, wie straff muß das einst gewesen sein, wie verführerisch! Die Lunge scheint in Ordnung. Bitte öffnen Sie den Gürtel. Das Zwerchfell ist etwas hart. Und was haben wir hier? Hm. Kein Befund. Jawohl ... Und hier? Was fühlen Sie hier? Fühlen Sie etwas?

DORNET Aber Monsieur, Sie gehen zu weit! Was fällt Ihnen ein!

DESBROSSES Entweder man will gesund werden, oder man will es nicht.

DORNET Herr Doktor! (*Ein tiefer Seufzer.*)

DESBROSSES Das war nicht immer so; habe ich recht?

DORNET Ach ja.

DESBROSSES Herrliches Leben, leichtsinniges Leben, verhängnisvolles Leben!

DORNET Das ist gut gesagt.

DESBROSSES Und eines Tages dann: trauriges Leben, zurückgezogenes, langweiliges, und das will sagen: noch viel verhängnisvolleres Leben.

DORNET Woher wissen Sie das nur alles?

DESBROSSES Der Körper bildet alle Regungen der Seele ab. Der Kummer vergeht, aber seine Spuren bleiben zurück. Sie, Mademoiselle, müssen das verstehen; denn Sie sind eine Frau, die künstlerisch begabt ist. Das sehe ich an Ihren Augen.

THERBOUCHE Haha! Künstlerisch begabt! Das ist gut.

DESBROSSES Und Sie erst, Madame Therbouche, die Sie Malerin sind, was sage ich: Porträtistin! Nicht wahr, der Ausdruck verrät alles? Gar nicht zu reden von den übrigen Symptomen. Zum Beispiel die nervöse Unruhe ...

DORNET O ja, die ewige Unruhe.

DESBROSSES Die Vapeurs.

DORNET Eine Qual.

DESBROSSES Die Beklemmungen, der seelische Druck, die geistige Problematik ...

THERBOUCHE Das glaube ich kaum.

DORNET Aber Madame, ich habe gelitten, und wie!

DESBROSSES Depressionen, Minderwertigkeitsgefühle ...

DORNET Wenn es nur das wäre!

DESBROSSES Aggressionen, Wutausbrüche ...

DORNET Wenn Sie wüßten, Herr Doktor! Kein Dach mehr über dem Kopf. Wie eine Zigeunerin ziehe ich herum. Und wenn es bei alledem noch ein richtiger Liebeskummer wäre! Das ließe ich mir gefallen. Aber ich war überhaupt nicht verliebt. Ist das nicht unerklärlich?

DESBROSSES Die schlaflosen Nächte ...

DORNET Das wieder weniger. Wissen Sie, ich trinke, ich esse, ich schlafe gut.

DESBROSSES Weil Sie erschöpft sind. Wenn der Kreislauf erst einmal gestört, und wenn der Stoffwechsel aus dem Gleichgewicht geraten ist, dann renkt sich das nicht von selbst wieder ein. Das Gefäß bewahrt den Geruch, den es empfangen hat, als es noch neu war. Ich zitiere Horaz, einen der größten Ärzte, die je gelebt haben.

THERBOUCHE Also Arzt sind Sie auch?

DESBROSSES Allerdings.

THERBOUCHE Ich wußte, daß Sie viele Fähigkeiten haben, aber diese ist mir neu.

DESBROSSES Ich habe in Tübingen studiert, und ich dachte, ich hätte es Ihnen gesagt.

THERBOUCHE Ich kann mich nicht erinnern.

DORNET Und wo praktizieren Sie?

DESBROSSES Wenn ein Freund meine Hilfe braucht, so kann er

stets auf mich zählen; und wenn ein Fremder in Not gerät, glauben Sie im Ernst, ich würde ihn liegenlassen?

DORNET Sie sind Ausländer, nicht wahr?

DESBROSSES Ja.

DORNET Darf man fragen, woher Sie sind?

DESBROSSES Ich bin Türke.

DORNET Dann sind Sie wohl beschnitten?

DESBROSSES Sehr beschnitten.

DORNET (*flüsternd zu Mme Therbouche*) Das stelle ich mir aber sonderbar vor, ein beschnittener Mann.

THERBOUCHE (*leise*) Seien Sie doch still!

DORNET (*leise*) Ich möchte wissen, wie das ist.

THERBOUCHE (*leise*) Ich bitte Sie!

DORNET Sie sehen auch ganz wie ein Türke aus. Warum tragen Sie keinen Turban? Das würde Ihnen sicherlich stehen. Ich habe gehört, daß der Beruf des Arztes im Orient sehr angesehen ist.

DESBROSSES Und sehr schwierig.

DORNET Schwieriger als anderswo? Warum denn?

DESBROSSES Weil man seine Patientinnen nicht untersuchen darf. Da steht der Ehemann mit der Hand am Säbelgriff neben Ihnen. Er faßt Sie ins Auge, er faßt die Frau ins Auge, und bei der kleinsten Berührung ist der Kopf des Arztes ab.

DORNET Das sind ja die reinsten Barbaren! Wäre ich Arzt, ich ließe sie alle krepieren.

DESBROSSES Man muß die Krankheit also erraten, aus den Bewegungen der Frau, aus ihrer Hautfarbe, ihren Blicken, aus dem Zustand der Haut, aus dem Urin, aus den Handlinien, obwohl das schon recht riskant ist, und aus ihren Träumen, wenn man sie erfahren kann.

DORNET Die meinen sind die reinsten Alpträume.

DESBROSSES Danach wollte ich Sie gerade fragen. Sie müssen wissen, daß die orientalische Medizin zwei Fächer umfaßt, die Sie in Europa nicht kennen: die Oneiromantie und die Chiromantik. Aus den Träumen stellen wir die Diagnose, aus den Handlinien sagen wir den Ausgang der Krankheit voraus.

DORNET Aber dann sind Sie ja ein Wahrsager?

DESBROSSES Natürlich.

DORNET Ich habe die Wahrsager immer für Schwindler gehalten.

DESBROSSES Das wundert mich nicht. Aber bedenken Sie: Nicht

jeder Arzt ist ein Scharlatan, obwohl es viele Scharlatane unter den Ärzten gibt. Genauso verhält es sich mit den Chiromanten.

THERBOUCHE Da haben Sie auch wieder recht.

DORNET Sie müssen sich unbedingt meine Hand ansehen. Ich brenne darauf, zu erfahren, was Sie darin lesen.

DESBROSSES Dann rücken Sie die Kerzen bitte etwas näher, und Sie, Madame Therbouche, bitte ich um Ihre Lupe.

DORNET Können Sie etwas erkennen?

DESBROSSES Nur allzuviel.

DORNET Gutes oder Schlechtes?

DESBROSSES Das eine wie das andere.

DORNET Sie müssen mir alles sagen.

DESBROSSES Nein, Madame. Es gibt Dinge, die spricht man nicht aus. Geben Sie mir Tinte, Feder und Papier, und ich werde Ihnen alles aufschreiben, was Sie betrifft. (*Man hört ihn schreiben. Dabei murmelt er in der typischen, langgezogenen Manier eines Menschen, der sich aufs Schreiben konzentriert, einzelne Worte vor sich hin.*)
(*Musik.*)

DORNET (*zu Mme Therbouche, leise*) Glauben Sie an das, was er sagt?

THERBOUCHE (*leise*) Kein Wort.

DORNET (*leise*) Aber er spricht sehr klug.

THERBOUCHE (*leise*) Wir werden ja sehen, was dabei herauskommt.

DORNET (*leise*) Ich fühle, daß er recht hat. Ich finde ihn anziehend. Sie nicht?

THERBOUCHE (*leise*) Sie sollten sich in acht nehmen, meine Liebe. Am Ende werden Sie sich in einen Türken verlieben.

DORNET (*leise*) Um Himmels willen, nein! Aber Sie müssen zugeben, daß er etwas Gefährliches hat.

THERBOUCHE (*leise*) Eben.

DORNET (*leise*) Das gefällt mir aber.

DESBROSSES Ich siegle mit meinem Namen. Sie sollen es lesen, aber nicht jetzt, sondern wenn Sie allein sind. Diese Zeilen verlangen Ihre vollste Aufmerksamkeit.

DORNET Ausgeschlossen, ich muß augenblicklich wissen, wie es mit mir steht. Ich kann keine Minute warten. Außerdem handelt es sich um eine Kunst, die mir immer verdächtig vorgekommen ist. Lassen Sie mich sehen, wieviel Vertrauen sie verdient!

DESBROSSES Nun, wie Sie wollen. Der Beweis liegt in Ihrer Hand.

DORNET (*öffnet den Brief und kommentiert ihn beim Lesen*) Ja, das ist allerdings wahr ... Das stimmt ... Mein Gott, das kann niemand außer mir wissen ... Das grenzt ja an ein Wunder! Wie ist es nur möglich, daß einem das ganze Leben in der Hand geschrieben steht? ... Ich bitte Sie, Herr Doktor, eine Frau muß ja zittern, wenn sie Ihnen ihre Hand anvertraut.

DESBROSSES Ebendarum rühmen sich die wahren Chiromanten ihrer Fähigkeiten nie. Sie halten sie geheim.

DORNET (*flüsternd*) Ich möchte gar zu gern wissen, was unser Freigeist dazu sagen würde.

THERBOUCHE (*flüsternd*) Er würde den Doktor einen gut abgerichteten Gauner nennen, der uns zum besten hält.

DESBROSSES Und wenn Sie am anderen Ende von Paris sprächen, meine Damen, Sie hätten keine Geheimnisse vor mir.

THERBOUCHE Sie erraten alles.

DESBROSSES Das ist nicht schwer. Der Zweifel steht Ihnen ins Gesicht geschrieben.

THERBOUCHE Wir sprachen von unserem Freund, Herrn Diderot, dem Philosophen. Wenn es ums Zweifeln geht, so übertrifft er darin alle andern.

DESBROSSES Und Sie fragen sich, was er wohl von mir hielte.

DORNET Sie haben es getroffen.

DESBROSSES Er würde mich für einen Betrüger halten.

DORNET Woher wissen Sie das?

DESBROSSES Und ich wäre nicht im geringsten darüber beleidigt; denn da Monsieur Diderot mich nicht kennt, kann er nicht anders urteilen. Ich aber habe schon im Orient vieles über ihn gehört, und ich habe mir fest vorgenommen, ihn kennenzulernen, bevor ich Paris verlasse. Ich werde ihm gern eine Kostprobe von meiner Kunst servieren, und dann wollen wir sehen, wie seine Ungläubigkeit ihr standhält. Ich habe schon ganz andere Leute überzeugt, die ebenso aufgeklärt waren wie er, und noch weit mißtrauischer. Ich werde ihn aufsuchen. Ich hoffe, daß er mich empfängt. Aber das kann erst eine Stunde vor meiner Abreise geschehen, früher nicht.

DORNET Warum denn das?

DESBROSSES Weil ich mich ungern der Nachrede und dem Geschrei aussetze, die eine Sensation hervorzurufen pflegt.

THERBOUCHE Eine Sensation? Da bin ich aber gespannt. Sie müssen Mademoiselle und mich dazu einladen.

DESBROSSES Lieber nicht, meine Damen. Es gibt Ereignisse, die zu stark, zu gefährlich für das Gleichgewicht der Seele sind, als daß sie Zeugen vertrügen. Sie würden Schreie des Entsetzens ausstoßen, Mademoiselle; eine Menschenmenge würde sich vor dem Haus versammeln. Ich möchte nicht, daß einer von uns mit den Füßen voran den Ort verließe, aber ich bin nicht sicher, ob ich imstande wäre, es zu verhindern.

DORNET Sie machen mir Angst.

DESBROSSES Oft trennt uns nur ein winziger Schritt von einem gräßlichen Ende. Seien Sie froh, daß Sie von diesen Dingen wenig wissen, und halten Sie sich lieber an das, was ich Ihnen rate.

DORNET Und was raten Sie mir, damit sich mein Zustand bessert?

DESBROSSES Keine Arzneien, keine starken Mittel, keinen Aderlaß! Diese groben Kunstgriffe der landläufigen Medizin sind mir ein Greuel; denn weit entfernt davon, die Balance von Leib und Seele wiederherzustellen, stiften sie nur noch größere Unordnung. Statt dessen sage ich: gesunde Kost, Zerstreuung, Bewegung! Vor allem aber muß man an die Wurzel des Übels denken und sie ausreißen, und das heißt: Verzicht, unbedingter Verzicht auf alles, was den Patienten auf krankhafte Gedanken bringen könnte, als da sind: gewisse Möbel, Schmuckstücke, Briefe, Souvenirs . . .

DORNET Aber welche Gefahr sollte in diesen toten Dingen liegen, wenn man ihnen keine Bedeutung mehr beimißt?

DESBROSSES Sagen Sie das nicht, Mademoiselle. Man sieht solche Erinnerungsstücke wieder, man denkt an das Vergangene, unwillkürlich steigt der Puls, die Verdauung wird beeinträchtigt, man hat Träume, man schläft schlecht, die Phantasie erhitzt sich, das Blut gerät in Wallung, kurz, man gerät in einen Zustand, den wir phobisch nennen, jawohl, phobisch, und man weiß nicht einmal, warum.

DORNET Ist das Ihr voller Ernst? Glauben Sie wirklich, daß es Frauen gibt . . .

DESBROSSES Ich kenne zahllose Fälle.

DORNET Frauen, die durch ein Schmuckstück, einen Brief, ein Porträt . . .

DESBROSSES Vor ein paar Jahren war ich in Gotha. Durch Zufall sah ich dort ein Mädchen, schön wie ein Engel. Die dunkelblauen Augen, der Mund, die reizende Stirn – sie sah Ihnen ähnlich wie eine Schwester. Das arme Geschöpf schwand zusehends dahin. Ihre Eltern, die sie über alles liebten, waren untröstlich. Ich sagte ihnen: Bringen Sie Ihr Kind in eine andere Wohnung, und sie wird genesen. Sie taten es, und in ein paar Wochen war das Mädchen gesund.

THERBOUCHE Vielleicht war es das Haus ihres Liebsten, in dem sie wohnte? Eines Menschen, den sie verloren hatte?

DESBROSSES Nicht einmal das. Nur daß ihr Fenster auf einen Garten sah, in dem sie manchmal spazierengegangen waren. Eine Kleinigkeit, sollte man denken, aber diese Kleinigkeiten können fatale Folgen haben. Zum Beispiel im Fall einer Dame, die ich gekannt habe ... Übrigens eine Preußin, eine Landsmännin von Ihnen, Madame Therbouche ...

THERBOUCHE Sie meinen die Frau des Kämmerers der Prinzessin Sophie?

DESBROSSES Sie oder eine andere. Jedenfalls war sie seit fünf oder sechs Jahren Witwe. Nicht, als wäre sie in ihren Mann besonders verliebt gewesen. Im Gegenteil.

THERBOUCHE Das ist sie. Ich bin ganz sicher.

DESBROSSES Pst! Sie hatte einen Armreif aus seinen Haaren aufbewahrt, und jedesmal, wenn er ihr in die Hände geriet, mußte sie an ihren Mann denken. Sie fing an zu seufzen. Nach und nach verwirrten sich ihre Gedanken, und ohne zu wissen warum, wurde sie melancholisch. Bald konnte sie nicht mehr schlafen. Die Schlaflosigkeit führte, wie immer in solchen Fällen, zur Entkräftung. Sie nahm von Woche zu Woche ab. Eine Zeitlang hat sie mir noch geschrieben; aber das ist nun schon fast zwei Jahre her; seitdem habe ich kein Lebenszeichen mehr von ihr, und ich fürchte, daß sie gestorben ist.

THERBOUCHE Das ist unbegreiflich.

DORNET Wenn ich denke, was einem alles zustoßen kann, ohne daß man wüßte, warum.

DESBROSSES Meine Damen, es ist Zeit, daß ich mich verabschiede.

DORNET Nein! Bleiben Sie, Herr Doktor. Ich erführe für mein Leben gern ...

DESBROSSES Ich halte Sie vom Abendessen ab.

THERBOUCHE Im Gegenteil. Darf ich Ihnen einen Imbiß anbieten? Kommen Sie, Mademoiselle, wir wollen doch sehen, was wir dem Doktor vorsetzen können.

(*Musik.*)

DORNET (*leise*) Er scheint am Verhungern zu sein.

THERBOUCHE (*leise*) Ich habe nichts im Haus als Brot, ein paar Pfirsiche und Trauben, und ein Stück Käse.

DORNET (*leise*) Hier ist noch eine Flasche Wein.

THERBOUCHE (*leise*) Er ist ein Teufelskerl, aus dem ich nicht schlau werde. Damals in Stuttgart hat er mir die unglaublichsten Dinge vorhergesagt, und es ist alles eingetroffen bis aufs I-Tüpfelchen.

DORNET (*leise*) Tatsächlich?

THERBOUCHE (*leise*) Wenn ich es Ihnen sage! Es war die reinste Hexerei. Ich bekam es mit der Angst zu tun. Andererseits hat er auf mich immer den Eindruck eines Ehrenmannes gemacht.

DESBROSSES Sie flüstern ja schon wieder, meine Damen. Warum lassen Sie mich an Ihren Gedanken nicht teilnehmen?

DORNET Madame Therbouche behauptet, Sie wüßten mehr, als Sie zugeben wollen.

DESBROSSES Sie sind sehr indiskret, Madame Therbouche.

THERBOUCHE Greifen Sie zu, mein lieber Desbrosses!

(*Von nun an hört man Desbrosses essen. Während er weiterspricht, mit vollem Munde, läßt er es sich nicht nehmen, zu schlürfen und zu schmatzen.*)

DESBROSSES Danke. Was ich sagen wollte . . . Ja. Alles, was einem geliebten Wesen gehört hat oder mit ihm in Berührung gekommen ist, hat seine Wirkung auf uns. Auch ein toter Gegenstand übt über unsere Seele eine seltsame Macht aus. Wer zum Beispiel könnte es lange Zeit in einer schwarz tapezierten Wohnung aushalten, ohne wahnsinnig zu werden?

THERBOUCHE So erklären sich vielleicht auch unsere Sympathien und Antipathien.

DESBROSSES Zweifeln Sie nicht daran. Man wird traurig, vermeintlich ohne Grund. Man sucht sich abzulenken, aber das will nicht gelingen. Überall fehlt einem etwas.

DORNET Genau so geht es mir.

DESBROSSES Jetzt braucht einem nur noch ein Ring, ein Liebesbrief unter die Augen zu kommen, den man einmal erhalten hat, und schon setzen sich diese heimtückischen Schemen in unserer Netzhaut fest.

DORNET Was ist denn das, eine Netzhaut?

DESBROSSES Ein feines Gewebe auf dem Grunde unserer Augen, das sich aus den empfindlichsten Nervenfasern des Menschen zusammensetzt. Ein Bild, das sich an die Netzhaut heftet, überträgt sich alsbald auf das Gehirn, und dort tut es seine Wirkung, ohne daß wir dessen gewahr würden. Solche negativen Bilder schlagen zuerst auf die Seele, dann auf den Leib. Auf die Unlust folgt die Melancholie, auf die Sorgen der Schmerz. Erst sind die Nerven überreizt, dann stellen sich die Stockungen der Eingeweide ein, die Schwindelgefühle und die Vapeurs.

DORNET Genau so ist es mir ergangen. Meine Zofe hätte das nicht besser schildern können.

DESBROSSES Und dann die Abzehrung. Der Busen erschlafft, um die Hüften zeigen sich Falten, von anderen Stellen ganz zu schweigen. Überall treten die Knochen hervor.

DORNET Das ist noch gar nichts, Herr Doktor. Hier, geben Sie mir Ihre Hand und fühlen Sie selbst. Nun, was sagen Sie dazu?

DESBROSSES Ich sage, daß es noch schlimmer kommen kann.

DORNET Mein Gott, was kann mir Ärgeres widerfahren?

DESBROSSES Daß sich das Bindegewebe auflöst, daß sich die Haut verfärbt, daß der Brand auch noch die Knochen erfaßt, daß die Augen sich entzünden, und daß die Krankheit auf das Gehirn übergreift. Dann ist das Delirium da, die Tobsucht.

DORNET Hören Sie auf! Ich bekomme eine Gänsehaut.

DESBROSSES (*immer noch essend*) Das letzte Stadium ist entsetzlich. Es sind die Nachwehen der Leidenschaften, vor denen man sich hüten muß, ihr dickes Ende. Deshalb achte ich immer zuerst auf das Leben, die Gewohnheiten, die Neigungen eines Patienten. Ich fordere kategorisch den Verzicht. Ja, den Verzicht auf den ganzen Trödel der Vergangenheit, und zwar ohne Ausnahme. Geht der Kranke darauf nicht ein, so muß ich ihn seinem Schicksal überlassen. Lachen Sie nicht, Madame Therbouche!

THERBOUCHE Ich lache nicht.

DESBROSSES Was ist ein Fingerhut voller Schießpulver? Eine tote schwarze Masse. Was ist ein Funken? Weniger als nichts. Doch wenn das eine zum andern kommt ...

DORNET Sie haben recht. Die heftigste Leidenschaft, im Augenblick ihres Entstehens wirkt sie wie eine Kleinigkeit. Ein Lächeln genügt, ein Wort, ein Blick, eine Geste, ein Winken mit den Augen, ein – ich weiß nicht was.

THERBOUCHE Und doch hat dieses Ich-weiß-nicht-was schon ganze Weltreiche ins Wanken gebracht.

DESBROSSES Sehr gut, meine Damen. Sie haben den Nagel auf den Kopf getroffen. Ja, wenn sich die Frauen auf die Medizin verlegen wollten, dann könnten wir Ärzte alle miteinander die Bude zumachen. An den Scharfsinn, den ihnen die Natur verliehen hat, reicht unsere ganze Schulweisheit nicht heran. Während wir noch im dunkeln tappen, legen sie schon die Hand auf die Stelle, auf die es ankommt.

THERBOUCHE Genug der Komplimente. Wir wissen nur zu gut, was wir wert sind. Aber sagen Sie mir, was sollen wir nun mit all den schönen Dingen anfangen, die Sie uns erzählt haben?

DESBROSSES Was Sie damit anfangen sollen? Nun, ich denke, das ist klar. Sie sollen auf der Hut sein, meine Damen, keine Vorsicht außer acht lassen und sich mit allen Mitteln helfen.

THERBOUCHE Langsam, Herr Doktor. Sprechen Sie bitte nicht in der Mehrzahl; denn mich betrifft das alles nicht.

DESBROSSES Zugegeben, Madame. Aber Sie wissen nicht, was Ihnen noch alles bevorsteht. Und nun bitte ich Sie, mich zu entschuldigen. Es ist schon recht spät geworden.

DORNET Aber Herr Doktor, warten Sie . . .

DESBROSSES Gute Nacht, Mademoiselle, und gute Besserung. (*Er geht. Musik.*)

DORNET Ich könnte mich ohrfeigen, daß ich keine Kutsche mehr habe.

THERBOUCHE Warum?

DORNET Ich hätte sie ihm angeboten. Dann hätte mir der Kutscher wenigstens sagen können, wo er wohnt.

THERBOUCHE Eines muß man ihm lassen, er ist ein außergewöhnlicher Mensch. Als ich nach Paris kam, hat er mir alles vorhergesagt. Daß ich Sie treffen würde, den Fürsten Galizyn, Monsieur Diderot . . . Es fehlten nur die Namen. Zuerst hielt ich das alles für leeres Geschwätz, und ich wette, daß es Ihnen ebenso ergangen wäre.

DORNET Vielleicht; vielleicht auch nicht.

THERBOUCHE Sie sind wahrscheinlich klüger als ich.

DORNET Das nicht, aber wenn man mir Dinge sagt, die nur ich

allein wissen kann, dann muß ich daraus schließen, daß man sie erraten hat.

THERBOUCHE Dagegen ist nichts zu sagen.

DORNET Madame Therbouche?

THERBOUCHE Ja?

DORNET Werden Sie ihn wiedersehen?

THERBOUCHE Ich hoffe.

DORNET Dann müssen Sie mir eins versprechen. Laden Sie ihn zum Abendessen bei mir ein. Wir werden zu dritt sein, ganz unter uns. Dann können wir ihn ausholen.

THERBOUCHE Was mich betrifft, so will ich gar nichts von ihm wissen.

DORNET Warum nicht?

THERBOUCHE Weil ja doch alles kommt, wie es kommen muß. Man regt sich nur unnütz auf, wenn man es im voraus weiß.

DORNET Mir geht es umgekehrt. Wenn ich auf etwas gefaßt bin, werde ich eher damit fertig. Vielleicht bin ich deshalb so neugierig. Also möchte ich alles hören, was er mir zu sagen hat.

THERBOUCHE Sie müssen aber bedenken, daß er oft sehr einsilbig und mürrisch ist.

DORNET Den Eindruck hatte ich nicht.

THERBOUCHE Glauben Sie ja nicht, daß er sich immer so umgänglich wie heute gibt. Manchmal geht er monatelang nicht aus dem Haus. Oft ist er stumm wie ein Fisch, und die Diener müssen aus seinen Winken erraten, was er will. Heute war er ungewöhnlich gut aufgelegt. Vielleicht, weil er eine Freundin wiedersah, die er aus den Augen verloren hatte; vielleicht aber auch, weil er einer jungen und schönen Frau begegnet ist. Ja, ich bin sicher, daß Sie ihm über die Maßen gut gefallen haben.

DORNET Er liebt wohl die Frauen?

THERBOUCHE Die schönen Frauen liebt er rasend.

DORNET Werden Sie ihn zu mir bringen?

THERBOUCHE Ich will sehen, was sich machen läßt.

DORNET Liebste Freundin, tun Sie das für mich. Ich werde Ihnen ewig dafür dankbar sein.

THERBOUCHE Aber wenn er Ihnen Dinge sagt, die Sie um Ihre Ruhe bringen?

DORNET Ach was, mich bringt man nicht so leicht aus der Fassung.

THERBOUCHE An Ihrer Stelle würde ich ihn nur als Arzt konsultieren. Was haben Sie schon von diesen Prophezeiungen? Nichts als Ärger. Früher habe ich darüber gelacht, heute sind sie mir unheimlich.

DORNET Das ist mir gleich. Ich will alles wissen.

THERBOUCHE Und hinterher machen Sie mir dann Vorwürfe.

DORNET Auf keinen Fall.

THERBOUCHE Denken Sie daran, daß ich Ihnen abgeraten habe, und daß ich es nur tue, weil Sie darauf bestehen.

DORNET Ja. Das will ich gern auf mich nehmen. Also, es bleibt dabei, nicht wahr?

THERBOUCHE Einverstanden.

DORNET Ich weiß nicht, wie ich Ihnen danken soll! Sie sind eine wahre Freundin, und ich liebe Sie!

(*Musik.*)

DIDEROT Es vergingen keine zwei Tage, und schon wußte ich alles, was sich abgespielt hatte, teils von Desbrosses, der zu mir gelaufen kam, teils von Madame Therbouche, die ich im Haus des Fürsten Galizyn traf. Ich hörte zu und sagte gar nichts. Dann ließ ich eine gute Woche verstreichen, bevor ich Mademoiselle Dornet einen Besuch abstattete. Als ich kam, saß sie bekümmert vor dem Spiegel; um ihre schönen dunkelblauen Augen sah ich dunkle Ränder.

DIDEROT Was gibt es? Sie sehen aus, als machten Sie sich Sorgen.

DORNET Es ist nichts.

DIDEROT Sie wollen mir etwas verheimlichen. Was haben Sie denn?

DORNET Ich bin ... Ich habe ...

DIDEROT Heraus mit der Sprache.

DORNET Nun, meinetwegen sollen Sie es wissen. Ich bin einem Satanskerl begegnet, der mir den Kopf verdreht hat.

DIDEROT Sie haben sich wieder einmal verliebt. Und wenn schon, was ist dabei? Wenn er Ihnen zusagt, halten Sie ihn bei der Stange; wenn er Ihnen nicht zusagt, geben Sie ihm den Laufpaß.

DORNET Ja, wenn es sonst nichts wäre!

DIDEROT Ach so. Ich verstehe. Sie wollen heiraten.

DORNET Heiraten! Wie kommen Sie darauf? Um keinen Preis möchte ich seine Frau werden. Mir wäre angst und bange, daß der Teufel mir eines Nachts den Hals umdreht.

DIDEROT Heutzutage geht der Teufel ganz anders ans Werk. Da können Sie unbesorgt sein.

DORNET Hat Ihnen vielleicht in den letzten Tagen ein türkischer Arzt seine Aufwartung gemacht?

DIDEROT Ein türkischer Arzt? Ich kenne keinen türkischen Arzt.

DORNET Er möchte Sie nämlich gerne kennenlernen.

DIDEROT Meinetwegen, wenn es sein muß ... Aber was hat dieser Türke mit Ihrem Kummer zu tun?

DORNET Sie werden mich bestimmt auslachen; aber sei's drum. Ich bin ihm bei Madame Therbouche begegnet.

DIDEROT In ihrem Atelier?

DORNET Ja. Sie ist mit ihm bekannt, aus ihrer Stuttgarter Zeit.

DIDEROT Und was hat dieser Stuttgarter Türke mit Ihnen angefangen?

DORNET Er hat mir in die Augen gesehen, er hat mir aus der Hand gelesen, er hat mich betastet und wieder betastet. Wenn Sie wüßten, wieviel Feingefühl er hat! Und wie er mit mir sprach, und was er mir alles schrieb. Unglaubliche Dinge. Er wußte alles, was ich gedacht, getan und erlebt habe, seitdem ich auf der Welt bin.

DIDEROT Das glaube ich gern. Das hätte ich an seiner Stelle ebensogut tun können, und an Feingefühl hätte ich's nicht fehlen lassen.

DORNET Aber Sie kennen mich, und er kennt mich nicht.

DIDEROT Vielleicht kennt er jemanden, der Sie kennt, und das läuft aufs gleiche hinaus.

DORNET Ich wußte ja, Sie würden sich über mich lustig machen.

DIDEROT Soll ich Ihnen zuliebe auf Magier, Geistererscheinungen und Sterndeuter hereinfallen? Das dürfen Sie nicht von mir verlangen. Wenn Sie meine Meinung hören wollen: Dieser angebliche türkische Arzt ist entweder ein Narr oder ein Gauner.

DORNET Daß er kein Narr ist, kann ich beschwören; und auf einen Gauner deutet weder sein Aussehen noch seine Manier.

DIDEROT Um so mehr aber das, was er mit Ihnen angestellt hat. Ich wüßte gern, was für schreckliche Geheimnisse dabei zum Vorschein gekommen sind.

DORNET Das Innerste meines Herzens, meine verborgensten Handlungen, meine geheimsten Gedanken; Dinge, die außer mir und meinem Kopfkissen niemand wissen kann.

DIDEROT Dann hat er sich vermutlich mit Ihrem Kopfkissen unterhalten.

DORNET Aber im Ernst, er findet, daß ich krank bin, sogar sehr krank.

DIDEROT Es stimmt, gesund sind Sie nicht.

DORNET Er verlangt, daß ich vernünftig lebe.

DIDEROT Da hat er recht.

DORNET Er verlangt Opfer.

DIDEROT Es gibt Opfer, die man bringen kann.

DORNET Die kleinsten Kleinigkeiten hält er für wichtig.

DIDEROT Es kommt darauf an, was man darunter versteht.

DORNET Briefe, Schmuckstücke, Porträts – was denn sonst?

DIDEROT Und worauf will er hinaus?

DORNET Er behauptet, diese Dinge riefen Bilder hervor. Wie hat er sie genannt? Schemen, ja, Schemen, die sich im Innern des Auges festsetzen, in der Zitzhaut.

DIDEROT Sie meinen die Netzhaut.

DORNET Ja, richtig, die Netzhaut. Was glauben Sie? Kann das sein?

DIDEROT Wahrscheinlich kann man nichts Besseres tun, als sich von allem zu trennen, was peinliche Erinnerungen in einem wekken könnte. Das ist das Sicherste.

DORNET Das gefällt mir ganz und gar nicht.

DIDEROT Dann behalten Sie Ihre Sachen eben.

DORNET Aber mein türkischer Arzt ist dagegen.

DIDEROT Lassen Sie ihn reden.

DORNET Damit riskiere ich, daß all die fürchterlichen Folgen eintreten, die er mir vorhergesagt hat.

DIDEROT Wenn Sie mir versichern, daß der Mann weder ein Narr noch ein Gauner ist, dann muß ich wohl annehmen, daß es sich um einen Halbverrückten handelt.

DORNET Verrückt, halb verrückt, gar nicht verrückt – was kann es im Zweifelsfalle schaden, auf seine Warnungen zu hören?

DIDEROT Dann schaffen Sie sich das Zeug vom Hals!

DORNET Aber bedenken Sie, wie schön es ist, sich, besonders wenn man älter wird, an die Siege der Jugend zu erinnern. Und dazu helfen einem die Andenken, die man geschenkt bekommen hat.

DIDEROT Dann behalten Sie sie.

DORNET Aber er führt Fälle an, bei denen einem schaudert.

DIDEROT Dann behalten Sie sie nicht.

DORNET Behalten Sie sie! Behalten Sie sie nicht! Wissen Sie, daß Ihr Hin und Her unausstehlich ist? Sie mit Ihrer Ironie, mit Ihrer Kaltblütigkeit, mit Ihrer Indifferenz!

DIDEROT Dann tun Sie doch das eine und lassen Sie das andere nicht.

DORNET Wie meinen Sie das?

DIDEROT Sie können Ihre Sachen ja mir anvertrauen.

DORNET Vielleicht wäre das ein Ausweg. Wir werden sehen. Aber unterdessen, wenn ich mit meinem türkischen Arzt diniere, lade ich Sie dazu ein. Sie werden doch nicht absagen?

DIDEROT Aber nein.

DORNET Wissen Sie, daß er vorhat, auch Sie zu kurieren?

DIDEROT Ich bin nicht krank.

DORNET Aber ungläubig und verstockt.

DIDEROT Desto wohler fühle ich mich in meiner Haut.

DORNET Er hat uns versprochen . . .

DIDEROT Er wird sein Versprechen nicht halten.

DORNET Und warum nicht?

DIDEROT Diese Sorte von Leuten kennt ihre Kundschaft und hält sie hin.

DORNET Wollen Sie damit sagen, daß Madame Therbouche und ich nichts weiter sind als zwei dumme Frauenzimmer?

DIDEROT Wo denken Sie hin! Aber da höre ich d'Alembert auf dem Korridor. Falls Ihnen daran liegt, daß er Sie ernst nimmt, tun Sie gut daran, ihm Ihre Kindereien zu verheimlichen.

DORNET Ich werde mich hüten, ihm irgend etwas anzuvertrauen. Sie sind wenigstens noch tolerant, aber er . . . Sobald man ihm widerspricht, wird er grob.

DIDEROT Still!

DIDEROT D'Alembert trat ein. Ich blieb noch eine Weile, bis das Gespräch eine andere Wendung genommen hatte und ich sicher sein konnte, daß Mademoiselle Dornet nicht anfangen würde, von dem türkischen Arzt zu reden; denn ich hatte keine Lust, d'Alembert ins Vertrauen zu ziehen. Wenn es um Aberglauben geht oder um Wahrsagerei, versteht er nämlich keinen Spaß. Immerhin, dachte ich mir, so weit sind wir nun. Ein Abendessen wird sich arrangieren lassen, und zwar nicht bei der Dame mit den schönen dunkelblauen Augen, sondern bei Desbrosses. Dann wollen wir sehen, was aus der Porträtgeschichte wird.

(*Musik.*)

Es wurde nichts daraus.

Ich besaß eine schöne Büste des Fürsten Galizyn; eine zweite, die seine Frau darstellen sollte, befand sich noch im Atelier des Bildhauers; doch hatte mir der Fürst versprochen, daß sie nicht lange auf sich warten lassen sollte.

Wir hatten uns das Schlußtableau unserer Mystifikation folgendermaßen vorgestellt: Die beiden Büsten hätten wir auf zwei Puppen aus geflochtenen Weidenruten befestigt, sorgfältig eingekleidet und geschminkt und vor dem Hintergrund eines kleinen, mit schwarzem Samt ausgeschlagenen Kabinetts aufgestellt. Nun wäre uns noch zweierlei zu tun geblieben: die Oberfläche der beiden Büsten hätten wir mit Phosphor präpariert und den ganzen Raum mit schweren Kampferdämpfen angefüllt. Stellen Sie sich nun die Dame mit den schönen Augen vor, wie sie eingetreten wäre, ein wenig ängstlich, mit einer kleinen brennenden Kerze in der Hand. Puff! Mit einem Schlage hätte sich der Kampfer entzündet und puff! den Phosphor in Brand gesteckt. Die Wirkung dieses Schauspiels können Sie sich denken. Die Gesichter des Fürsten und der Fürstin durch bläuliche Flammen erleuchtet, ein beinahe übernatürlicher Anblick! Und kaum hätte Mademoiselle Dornet den Fürsten erkannt, – ich höre geradezu ihren kleinen Aufschrei –, wären die beiden Gespenster durch eine Falltür verschwunden. Und in der plötzlichen Finsternis – ich überlasse es Ihrer Phantasie, sich das Folgende auszumalen.

(*Musik.*)

DIDEROT Ein paar Tage vor diesem Affenstreich komme ich nach Hause, und vor der Tür treffe ich Desbrosses, den Schlapphut auf dem Kopf, mit einer kleinen, runden, ungepuderten Perücke, in seinem blauen Reisemantel mit Goldborten und in Halbstiefeln, ungeduldig tänzelnd und mit einer heiteren Miene, die nichts Gutes verhieß; ich kannte meinen Mann und wußte, daß er imstande war, eine Leichenbittermiene aufzusetzen, wenn ihm zum Lachen zumut war, und umgekehrt.

DESBROSSES Der Zufall hat mich vorbeigeführt, und da dachte ich mir ...

DIDEROT Willkommen, mein Lieber. Was gibt es Neues? Haben Sie mit Demoiselle Dornet gesprochen? Sind die Puppen fertig?

DESBROSSES Hören Sie mir auf mit dieser lächerlichen Intrige! Ein Mann wie Sie! Oder wollen Sie gar behaupten, es wäre Ihnen

Ernst gewesen mit dieser Komödie? Sie wollen mit Phosphor zündeln, Herr Philosoph, um ein bedauernswertes Geschöpf um ihr Hab und Gut zu bringen? Eine schöne Prellerei, die Ihrer, glaube ich, ganz und gar nicht würdig ist. Das müssen Sie zugeben.

DIDEROT Mein lieber Desbrosses, ich erkenne Sie nicht wieder! Seit wann sind Sie unter die ernsthaften Leute gegangen?

DESBROSSES Seit heute morgen. Mit mir ist es aus und vorbei.

DIDEROT Was wollen Sie damit sagen?

DESBROSSES Nichts weiter, als daß meine Geschäfte zusammengebrochen sind. Das liegt in ihrer Natur; denn sie waren aufgebaut wie ein Kartenhaus, und ich müßte ein Kind oder ein Narr sein, wollte ich über dieses Mißgeschick in Tränen ausbrechen. Es ist immer nur unsere Einbildungskraft, die uns vorgaukelt, ein Turm könnte in den Himmel wachsen, fort und fort, ohne Ende. Aber je eifriger wir ein Klötzchen aufs andere setzen, desto kleiner der Windhauch, den es braucht, um unsre knabenhaften Gebäude einzustürzen. Kurz, es ist das Gewöhnlichste von der Welt eingetreten, nämlich mein Ruin.

DIDEROT Ich gestehe frei, mein Lieber, daß mir Ihre Geschäfte immer etwas rätselhaft geblieben sind.

DESBROSSES Da sind Sie nicht der einzige. Mein Erfolg, müssen Sie wissen, solange er anhielt, verdankte sich eben diesem Umstand. Wer einem Kinderspiel den Anschein des undurchdringlichen Geheimnisses zu geben versteht, der hat schon halb gewonnen. Habe ich Ihnen nie etwas von meinen zwölf Aposteln erzählt?

DIDEROT Nein.

DESBROSSES In jeder Residenzstadt Europas wimmelt es heute von geschickten Nichtsnutzen und eleganten Schuften. Lesen Sie eine Handvoll solcher Leute von der Straße auf, versehen Sie sie mit Kleidern, Dienern, Wagen, geben Sie ihnen ein Handgeld und installieren Sie sie an den wichtigsten Handelsplätzen. Nun brauchen Sie diesen Agenten nur noch einen mysteriösen Kredit zu verschaffen, und Sie sind auf dem besten Wege, sich ein Vermögen aus dem Nichts herbeizuzaubern.

DIDEROT Wie soll das zugehen?

DESBROSSES Das ist die einfachste Sache von der Welt. Sie lassen Ihre Leute einen Wechsel nach dem andern ziehen, einen immer höher als den früheren; und wenn Ihnen diese Papiere zu guter

Letzt vorgelegt werden, versäumen Sie nie zu zahlen. Das kostet Sie nichts; denn die Spinnweben, aus denen das Netz gewebt ist, haben Sie selber geknüpft, und alles, was da durch Europa zirkuliert, ist gleichsam nur ein Lüftchen. Auf diese Weise verschaffen Sie sich, von dessen Absichten niemand etwas weiß, einen ungeahnten Kredit.

DIDEROT Ich fürchte, ich fange an, Sie zu verstehen.

DESBROSSES Eines Tages stellt sich heraus, daß einige Ihrer Agenten wie vom Erdboden verschluckt sind.

DIDEROT Und mit ihnen eine starke Summe Geldes, die Sie sich geliehen haben.

DESBROSSES Eine Woche später taucht der größte Teil davon wieder auf.

DIDEROT Und zwar in Ihrem Portefeuille.

DESBROSSES Schon ist der Unterhalt für meine Familie, für meine vier Schwestern, die keinen Sou besitzen, auf ein paar Monate hinaus gesichert.

DIDEROT Eine schöne Mystifikation.

DESBROSSES Das, was wir Geld nennen, ist nichts anderes. So hätte es noch ein paar Jahre lang weitergehen können. Ja, ich war auf dem besten Wege, mir ein ungeheures Vermögen zu erwerben, wäre mir nur mein Bruder, dieser Schwachkopf, nicht dazwischengekommen. Er hat mit einem Streich alles verdorben.

DIDEROT Und nun?

DESBROSSES Nun stehe ich vor der Wahl, ob ich lieber meine Ehre oder mein Leben verlieren will. Sie kann mir nicht schwerfallen. Was liegt schon daran? Soll ich zehn, zwanzig, dreißig Jahre lang so fortmachen, immer in der Sorge, entdeckt zu werden? Überdies kann ich nicht einsehen, was am Tode, der alles von uns nimmt, was uns bedrückt, so schmerzhaft sein sollte.

DIDEROT Sie reden wie ein wahrer Stoiker, mein Freund; und ich hätte Ihnen kaum etwas Triftiges entgegenzusetzen, wenn Sie, sagen wir, an einer unheilbaren Krankheit litten. Aber wegen einer Geldgeschichte! Wegen der Nachrede der Welt! Wegen eines Übels, das, nehmen Sie es alles in allem, mehr in der Einbildung der Menschen existiert als in der Wirklichkeit Ihrer Haut, Ihrer Nerven, Ihrer Empfindungen ... Sagen Sie mir doch, wie alt sind Sie eigentlich?

DESBROSSES Bald einunddreißig.

DIDEROT Wie! ein junger Mensch, begabt wie wenige, voller

Spannkraft, Eigensinn, Weltkenntnis, und Sie wollen die Flinte ins Korn werfen? Das ist lachhaft. Denken Sie an Samuel Bernard, den Bankier des Königs! Kürzlich ist er achtzig geworden. Als ich ihn das letztemal traf, hat er mir gesagt – hören Sie gut zu! –: Mein ganzes Vermögen wäre ich bereit in die Seine zu werfen, dort wo sie am tiefsten ist; ja, ich wollte mich nackt auf offener Straße aussetzen lassen, mitten im Winter, wenn Sie mir nur die letzten vierzig Jahre meines Lebens dafür zurückgäben; denn mit vierzig wäre ich imstande, alles Verlorene im Handumdrehen wiederzuerlangen, ja zu verdoppeln. – Also seien Sie kein Narr, Desbrosses! Ich weiß, was Sie tun werden.

DESBROSSES Ich auch.

DIDEROT Sie werden Ihre Gläubiger um ein paar hundert Louisdor prellen, sich in die nächste Postkutsche werfen, und unter einem anderen Himmel Ihr Glück aufs neue versuchen. In einem Metier wie dem Ihrigen muß man auf alles gefaßt sein. Was Sie heute eingebüßt haben, gewinnen Sie morgen wieder.

DESBROSSES Das wird nicht nötig sein; denn ich habe eingesehen, daß es vertane Mühe ist, hinter Phantomen herzujagen, einem Geheimnis auf der Spur, das nur in unseren armen Köpfen existiert.

DIDEROT In diesem Fall befinden wir uns alle. Übrigens wußte ich nicht, daß ein Philosoph in Ihnen steckt. Bedenken Sie aber auch, ich bitte Sie, daß die Einflüsterungen der Philosophie uns gefährlich werden können.

DESBROSSES Ausgerechnet Sie, Herr Diderot, müssen mir das sagen.

DIDEROT Ich weiß, wovon ich rede. Denken Sie nicht, daß es nur aus Selbstlosigkeit geschieht, wenn ich Sie warne. Sie sind mein Gegenspieler, ich brauche Sie, ich möchte Sie nicht entbehren. Und nun fort mit Ihren trüben Anwandlungen! Lassen Sie uns von angenehmeren Dingen sprechen, damit sich Ihre Gedanken etwas zerstreuen. Wollen Sie nicht bei mir frühstücken?

DESBROSSES Ich danke Ihnen, aber ich habe noch manche Besorgung zu erledigen.

DIDEROT Dann sehen wir uns morgen.

(*Musik.*)

DIDEROT Ich hatte mich in ihm getäuscht. Am andern Tag sprengte sich Desbrosses mit zwei Pistolenschüssen den Schädel.

Als ich davon erfuhr, dachte ich an die sonderbare Ankündigung, die er der Dame mit den dunkelblauen Augen gemacht hatte.

DESBROSSES Es gibt Ereignisse, die zu stark, zu gefährlich für das Gleichgewicht der Seele sind, als daß sie Zeugen vertrügen. Sie, Mademoiselle, würden Schreie des Entsetzens ausstoßen; eine Menschenmenge würde sich vor dem Haus versammeln. Ich möchte nicht, daß einer von uns mit den Füßen voran den Ort verließe, aber ich bin nicht sicher, ob ich imstande wäre, es zu verhindern.

DIDEROT Desbrosses, der Wahrsager, hat also recht behalten.

Ich denke oft an ihn. Er war kein übler Mensch. Durchtrieben, ja; bedenkenlos, gewiß; gefährlich, meinetwegen; aber auch scharfsinnig, hilfsbereit, großherzig. Niemand außer mir wird seiner gedenken.

Das verhängnisvolle Porträt ruht in irgendeiner Schublade im Boudoir der Mademoiselle Dornet; ganz andere Sorgen beschäftigen den Fürsten Galizyn; und ich, der ich sein Bildnis nie zu Gesicht bekommen habe, bin sicherlich der einzige, der manchmal daran denkt.

Hans Magnus Enzensberger
Der Bundesgeschäftsführer

Der Bundesgeschäftsführer

Matt, matt, matt von den Worten, die er verloren hat,
müde vom Lallen der Vorsitzenden, Mitglieder des Präsidiums,
von seinen Gelenkschmerzen, erschöpft
von den frischen Dienstgeheimnissen,
die wie verbrauchte Kaugummis kleben
im Handschuhfach, von unten, in der Seele,
von früher, matt vom Wirtshausgeruch
der Ortsvereine, Schweiß, Bier, Fett,
müde von den mikroskopischen Lügen,
die er verschluckt, ausspeit, verschluckt,
von seinen zahllosen Pflichten, die erbsengroß
über das knallharte Pflaster rollen,
pilgert er zum Flughafen, unscheinbar,
glaubwürdig, hoffnungslos, routiniert
wie ein Rosenkranz hinkt er über die Piste hin
hinter dem gelben Kastenwagen her,
hinter der leuchtenden Schrift: FOLLOW ME

Wenn er einen einzelnen Menschen sieht,
selten genug, der nicht spricht, einen
der hobelt, einen, der sich arbeitslos
in den Ellbogen beißt, einen Selbstmörder,
im Vorüberfahren, auf dem Knie im Fond,
die trostlosen Leitantrage, der hoch oben
auf der Dachrinne kauert im Blaulicht der Feuerwehr,
oder im Vorzimmer Fräulein Bürstner zum Beispiel,
die Neue, Augenblick, ich verbinde, —,
mit ihrem himmlischen Lächeln, mongoloid,
nett, und faltenlos, überkommt ihn der Neid
wie ein Herzanfall. Während er gibt
seine glasklaren Interviews gibt,
sind die am Leben, schweigen dumpf
oder heulen, kichern selbstvergessen,
gehen im Regen, selbstsüchtig, klammern sich,
an die Dachrinnen, ohne Hintergedanken.

Hans Magnus Enzensberger
Der Bundesgeschäftsführer

Matt von den Worten, die er verloren hat,
müde vom Lallen der Mitglieder des Präsidiums,
von seinen Gelenkschmerzen, erschöpft
von den frischen Dienstgeheimnissen,
die wie alte Kaugummis kleben
im Handschuhfach, von unten, in der Seele,
von früher, matt vom Wirtshausgeruch
der Ortsvereine, Schweiß, Bier, Fett,
satt von den kleinen Lügen,
die kleinen Wahrheiten ähneln wie eine Erbse
der andern, und die er essen, seinen
ausspucken, essen muß, von Pflichten,
die ihm durch die Finger gleiten
wie ein Rosenkranz, trocken
und schwer zu zählen, pilgert er
zum Flughafen Wahn, hinkt
über die Piste, mühsam, geübt,
hinter dem gelben Kastenwagen her,
hinter der leuchtenden Schrift: FOLLOW ME.

O Bundesgeschäftsführer, sagt eine Stimme,
die ihn feierlich duzt -
ich sehe ihm zu, wie er den Mund aufmacht,
wie er ihn schließt, wie er horcht,
ich höre nichts, ich frage mich,
wie einem zumut ist, der sie führen muß,
die Bundesgeschäfte, sicherlich
ist sie schwer zu verstehen, die Stimme -
Wozu? fragt sie leise, wozu verhindern,
einknicken, siegen, rutschen,
verraten, retten? Zusammengesunken,
ohne Brille, lauscht er und kehrt,

Ja, Dann fühlt der Bundesgeschäftsführer, ~~[gestrichen]~~ es fühlt den Reiz in der Brust,
den Brechreiz der ~~Macht~~ Macht. Und warum stöhnt er nicht, warum
macht er sich Sorgen, klagt er, warum kann er nicht klagen?
~~nie stöhnt er, nie gibt er auf,~~ zuwenig Zeit, zuwenig
~~ein sparsamer Mann~~ ohne kriminelle Energie,
~~ohne Zeit, der~~ wie ein ~~einbeiniger~~ Veteran, das, zum Holzbein,
mit einem Stock, mit einem rostigen Nagel am Stock,
Spenden einsammelt, ekelhaft wie verschimmelte Joghurtbecher
und blutige Binden. Nur auf der Treppe lächelt er. Wenn er im Flur,
~~höhnisch,~~ wenn ihn seine Nachfolger unter Genossen, das Wort Erfolg löst,
ihm entgegenkeuchen, in Rudeln, in unauffällig, löst ihm ein Lächeln
jung, in Cordanzügen, höflich, Systematisch das trostlos trat hat,
Und jung. Dann hält er sich am Geländer fest, Und an der Treppe hält er
~~[gestrichen]~~ inne
und ~~eine~~ seine Mappe, die alte Mappe
mit ihren Narben, ihren Tintenflecken,
die er hält, hält ihn.

Ich weiß ich weiß,
~~O Bundesgeschäftsführer,~~ sagt ~~eine~~ die Stimme,
~~die ihn feierlich duzt,~~
im Urlaub werden die Schmerzen schlimmer,
auf ~~Bahnhöfen~~ im Herbst, oder ~~ohne Telefon,~~ irgendwo
auf nebligen Inseln, und du träumst,
da ~~[gestrichen]~~
~~von [gestrichen]~~
~~[gestrichen]~~, unter denen du [gestrichen]~~
Wenn ich dich wecken könnte, murmelt die Stimme,
aber du kannst mich nicht hören,
du kriechst, angstvoll, und das Aufwachen
im geliehenen ~~Bett~~ läßt auf sich warten,
~~niemand weiß wo du bist, nirgends~~ weit und breit
~~ist~~ kein Fernschreiber, nur die Kühe, die Disteln,
der Mist, der Nebel, bleierne Ruhe.

O Termine, ~~erlösendes~~ Weitermachen, o Umsicht,
~~p~~ rückwärtsgehender, liebgewordener Schrecken
ab sieben Uhr früh, ~~Schrecken,~~ sagt er,
ist schon zuviel gesagt, ~~sagen wir es~~ bleiben wir
~~ganz nüchtern,~~ mit dem EKG in der Hand, bei den Fakten!
auf dem Dienstweg, ~~es dröhnen die Neonröhren~~

[handschriftliche Randnotizen:]
ich doch nicht, ich
höre ihm zu,
wie er ist
ich weiß nicht, wie man
Bundesgeschäftsführer
Wie er den Mund öffnet,
wie er ihn schließt,
wie er horcht
auf die Stimme, die ihn
eine duzt,
leise,
schwer zu verstehen.

Ich bin kein Arzt,
sagt die Stimme,
O B.! Ich bin kein
Engel — —
bleiben wir
bei den Fakten!

mit der linken Hand, auf seinem Klapptisch,
die Glasscherben der Vernunft zusammen,
"das Ganze" - Vorsicht! - welcher Vernunft?
Er bewegt seine Lippen, er antwortet nicht.

Wenn er einen einzelnen Menschen sieht,
selten genug, der nicht spricht, einen,
der hobelt, einen, der sich arbeitslos
in den Ellbogen beißt, oder, im Vorüberfahren,
die trostlosen Leitanträge immerzu
auf den Knien im Fond, einen Selbstmörder,
wie er hoch oben auf seiner Dachrinne zaudert
im Blaulicht der Feuerwehr, oder im Vorzimmer
Fräulein Bürstner zum Beispiel,
die Neue - Augenblick, ich verbinde -,
mit ihrem himmlischen Lächeln,
dann überkommt ihn der Neid
wie ein Herzanfall. Während er nämlich
seine glasklaren Interviews gibt,
sind jene am Leben, einzelne Menschen,
summen schwachsinnige Songs oder heulen
selbstvergessen im Regen, essen,
selbstsüchtig, klammern sich, normal,
an ihre Dachrinne, ohne Hintergedanken.

Ja, dann fühlt er etwas, der Bundesgeschäftsführer,
er fühlt den Reiz in der Brust,
den Brechreiz der Macht. Und warum
stöhnt er nicht, warum macht er sich Sorgen,
warum kann er nicht klagen? Zuwenig Zeit,
zuwenig kriminelle Energie; ein Veteran,
der, am Holzbein, mit einem Stock,
mit einem rostigen Nagel am Stock,
Spenden einsammelt, ekelhaft
wie verschimmelte Joghurtbecher
und blutige Binden. Nur wenn er im Flur,
unter Genossen, das Wort Erfolg hört,
gelingt ihm ein sparsames Lächeln,
das trostlos recht hat, und auf der Treppe

in der Zentrale, nach fünfzehn Stunden
sind ein paar Minuten vorbei und es ist Mitternacht
auf der elektrischen Uhr, die Leibwächter
vor dem Bildschirm sind eingenickt, die Vorlagen
brüten im Stahlschrank, Beschlüsse platzen,
Handvermerke verschwimmen vor seinen Augen,
man muß das Richtige tun, in dieser,
zugegebenermaßen, schwierigen Situation,
meine Güte, so hieß es doch früher, nur zu!

Immer dieselben Worte werden verloren,
wie Fischmehl aus lecken Tüten, rieseln
auf das Linoleum der Baracke, schadenfroh
weicht die Welt zurück, zugegebenermaßen,
das ist nur eine Vermutung, der Bundesgeschäftsführer
vermutet, daß das die Welt ist, was da
vor ihm zurückweicht, Auf dieser Etage
ist alles verkehrt, auch das Richtige,
unauffindbar, droben, drüben, drunten, draußen,
nur die Gelenkschmerzen sind noch da,
auf sie ist Verlaß, an sie
kann man sich halten, besser als nichts,
der eiserne Geschmack der Tabletten,
das laue Wasser, der öde Geruch
nach chemischen Fichtennadeln,
die Wasserspülung, das blendende Handtuch
das krachend aus dem Blech des Behälters fährt,
kurz nach Mitternacht.

Nur, wenn er das Wort Erfolg hört,
gelingt ihm ein Lachen,
ein L-achen, das recht hat, trostlos recht,
wenn er an seine Nachfolger denkt,
die über die Flure robben, hohl,
systematisch, biegsam wie Staubsauger.

hält er kurz inne, wenn seine Nachfolger ihm
unauffällig entgegenkeuchen, aufwärts, in Pudeln,
in ihren Lederjäckchen, systematisch und jung.
Dann hält er sich am Geländer fest,
und seine Mappe, die alte Mappe
mit ihren Narben, ihren Tintenflecken,
die er hält, hält ihn.

Ich weiß, ich weiß, sagt die Stimme,
im Urlaub werden die Schmerzen schlimmer,
auf Einödhöfen im Herbst, oder irgendwo
auf einer nebligen Insel. Ich bin kein Arzt,
sagt sie, o Bundesgeschäftsführer! Ich
bin kein Engel, doch atmen höre ich dich,
du träumst, wüst und vereinzelt im Brei,
im kalten Brei, wenn ich dich wecken könnte!
Es ist ein Gemurmel an seinem Ohr,
es ist eine Stimme, die ich nicht hören kann,
irgendeine nagende Stimme, sicherlich
schwer zu verstehen, und er wacht auf
in seinem Eisenbett, weit und breit
kein Fernschreiber, nur die Kühe, die Disteln,
der Mist, der Nebel, die nagende Ruhe.

O Termine, o Umsicht, o Weitermachen,
rückwärtsgehender, liebgewordener Schrecken,
ab sieben Uhr früh! - Was heißt hier Schrecken,
sagt er, das ist schon zuviel gesagt,
bleiben wir bei den Fakten, auf dem Dienstweg,
mit dem EKG in der Hand. Hier in der Zentrale
werden immer dieselben Worte verloren,
rieseln wie Fischmehl aus lecken Tüten
auf das Linoleum der Baracke.
Schadenfroh weicht die Welt zurück -
zugegebenermaßen, das ist nur ein Eindruck;
der Bundesgeschäftsführer meint, vermutet,
ahnt: was da zurückweicht, das ist die Welt:
eine Greisin hinter dem Zaun, ein Strumpfband,

So kann es nicht weitergehen, so geht es weiter.
Es blickt der Bundesgeschäftsführer
~~auf den Ginkobaum, vollkommen geistesabwesend,~~
auf den Schnellhefter, auf die Zierleiste,
und jedes einzelne Mal, wenn ihn einer fragt,
antwortet er, mündlich, selbst, er versucht es,
er ist der einzige, der es versucht, immer wieder.

Dann nimmt er seine Mappe, war das alles,
fragt er, und ruhig sagt Fräulein Bürstner,
die Neue, nett, faltenlos, die sachlichste
aller Furien, Ja, das war alles.

auf die Wiedervorlage,
auf den Reißwolf, die Zimmer-Colla,
abwesend, nickt Ab den Hörer ab,   *Nur zu!*
antwortet, mündlich, selbst, Ja,
er versucht es, Als ob er der einzige wäre,
der es versucht, immer wieder —

Dann nimmt er seine Mappe. War das alles?
fragt er, und ruhig sagt Fräulein Bürstner,
die Neue, faltenlos, Ja, die netteste
aller Furien, Ja, das war alles.

         Ja, in ihrer vagen Trance Blick
Die Neue, mit einem vagen Blick, die sachlichste
aller Furien, Ja, das war alles.

ein Schulranzen, Mord und Totschlag – hier
auf dieser Etage dagegen ist alles verkehrt,
auch das Richtige, alles ist unauffindbar,
droben, drüben, drunten, draußen –

Nur die Gelenkschmerzen sind noch da,
auf sie ist Verlaß, an sie
kann man sich halten, besser als nichts:
der eiserne Geschmack der Tablette,
das laue Wasser, der öde Geruch
nach chemischen Fichtennadeln,
die Wasserspülung, das blendende Handtuch,
das krachend aus dem Blech des Behälters fährt.
Nach fünfzehn Stunden sind ein paar Minuten vorbei.
So, sagt die Stimme, zaghaft,
kann es nicht weitergehen, so geht es weiter.
Es blickt der Bundesgeschäftsführer
auf die Wiedervorlage, auf die Zimmer-Calla,
den Reißwolf, abwesend, nickt,
hebt den Hörer ab, antwortet, selbst,
mündlich, Nur zu!, ja, er versucht es,
als ob er der einzige wäre,
der es versucht, immer wieder –

Dann nimmt er seine Mappe. War das alles?
fragt er, und ruhig sagt Fräulein Bürstner,
die Neue, Ja, in ihrer vagen Trance,
die sachlichste aller Furien,
Ja, das war alles.

Zeugnisse, Debatten, Interviews

Fünf Zeugnisse aus fünfundzwanzig Jahren

Alfred Andersch
I (in Worten: ein) zorniger junger Mann

1929 geboren, ist man 1945 gerade so alt, daß man das Ende des Krieges ins Bewußtsein hat nehmen können. Jetzt nur schnell weg von der Familie, auch wenn die Mama wunderbar ist, der kleinbürgerliche Hintergrund ist nicht zu ertragen. Die kleinbürgerliche Familie wird im Bewußtsein mit dem Anlaß und dem Ende des Krieges synchronisiert; die Formel lautet: Bankerott. Fast alle großen Begabungen entstehen aus kleinbourgeoisen Zusammenbrüchen, sie entstehen nicht aus einer hypothetisch fortschreitenden zweiten Generation von Metalldrehern und Lokomotivführern, nicht aus der finanziellen ambiance von Generalvertretern und Galeriedirektoren, sondern aus der Trauer, aus der Langeweile, aus der Dekadenz, die in den Wohnungen fallierender Buchprüfer, resignierender Studienräte, erfolgloser Schauspieler herrscht. Wenn man Brüder hat, so übt man mit ihnen Geheimsprachen ein, Snobs-Diktion, die nicht einmal von der Mama verstanden werden darf. Aber dann läuft man auch schnell davon, ins Studium, in europäische Trampfahrten, »auf den lippen versäumte gedichte«, wie man später schreiben wird, obwohl man sie gar nicht sehr lange versäumt, man findet sie plötzlich in seinen Taschen vor, zusammen »mit morgensternen, mit drachen aus grünem papier / mit netten tiraden, säuglingen, kronen und trommeln«, mit Erinnerungen an Pablo Neruda, den man übersetzt, mit Einflüssen, Abhängigkeiten, Anregungen, die man wegwirft oder behält, denn man ist nicht naiv, man ist sehr bewußt, mit 25 Jahren baut man schnell und summa cum laude seinen Doktor, um frei zu sein.

Mit 25 Jahren ist Enzensberger frei. Frei ist man jedoch immer nur für Augenblicke. Frei ist man, solange man für ein Taschengeld Jazz-Platten in Funkstudios trägt, solange man Abende hindurch in Paris zu Füßen von Maria Casarès sitzt oder mit Roger Pillaudin, mit Bernard Dort und den anderen Brüdern im Geiste die Nächte durch diskutiert. Es ist die Zeit, in der Enzensberger noch Zeit hat, in seinem »koffer ist viel bekritztes papier für meinen winzigen vetter: / der soll luftschiffe falten daraus, schön von der brücke segelnde«, und das Papier wird zu nichts weiter benutzt als zum Notieren einfacher Feststellungen, allerdings überraschender, morgenfrischer Feststellungen, »für geringes geld ist feil eine nördliche insel / mit zweimal fünf zähnen küßt man einander in jerez / ein karussell heißt pferdemühle in holland / in spanien hurtiger vetter / länder gibts ohne türklinken andere ohne trauben«, ja, es ist die Zeit der freundlichen Gedichte, die Zeit, in der Enzensberger noch in einem herrlichen Gedicht mit dem Titel *hôtel fraternité* seinen Feind in sein Inneres übernimmt und als seinen Bruder anspricht.

Der Augenblick geht vorüber. Eine Entscheidung ist immer eine Entscheidung gegen das Frei-Sein. Enzensberger wählt einen Beruf, denn ein Dichter muß einen Beruf haben, »um leben zu können«, – dies ist die von der Gesellschaft akzeptierte Bedingung. Im Jargon der Verleger, der Funkleute, der Kulturfunktionäre wird noch eine andere Formel benutzt. Sie lautet: der Autor wird eingekauft. Das ist noch nicht einmal Zynismus. Seit mehr als hundert Jahren wird in der kapitalistischen wie in der kommunistischen Produktionsgesellschaft das Gedicht aus einem Tabu in eine Ware verwandelt. Der Dichter kann sich verkaufen oder nicht verkaufen; in letzterem Falle wird er nicht produziert und infolgedessen nicht konsumiert, es gibt ihn praktisch nicht, die »Stillen im Lande« mögen ehrwürdige Leute sein, aber sie sind keine Schweigenden, sondern Stumme; ihre Lautlosigkeit erfüllt keine dialektische Funktion. Enzensberger ist zu klug, um die Lage nicht einzusehen, natürlich verkauft er sich, aber was ihn mit Entsetzen erfüllt, ist die Erkenntnis, daß er sich in der Welt wiederfindet, aus der er geflohen ist. Die Welt der Funkhäuser, Redaktionen und Verlage ist die Welt des geistigen Kleinbürgertums, »vom bildschirm lächeln / die zinken des wuchers / die kontinente verhören einander / über den totschlag verhandeln / atome und prokuristen«, dies stürzt ihn in maßlose Trauer und später in Verachtung; eine eminente Begabung, in zehn Minuten hervorschüttelnd, worüber andere, die sich schwerer tun, lange brüten, bedient er verächtlich die Apparate und die Funktionäre, wirft ihnen Modell-Manuskripte hin oder routinierte Mache, greift in einer blendenden Analyse den Machtapparat in seiner Schein-Opposition, dem allmächtigen *Spiegel*, an und verkauft eben jenem »Nachrichten-Magazin« das Recht, den Angriff, aller wirksamen Stellen beraubt, in der Öffentlichkeit zu kastrieren. Nur in seinen Gedichten ist er ganz er selbst, da wird er sich klar über »die harte poetik fester tarife«, der ennui überwältigt ihn, der Ekel über die Weiber, »ich habe den scheckigen ritus satt / den sudel-zauber mit laich, die blinde / besamung im süßen schlamm«, über die Metzger, denn »seufzend verbergen die metzger sich / vor dem wilden auge der unschuld«, über die Fahnen, »tut mir doch die fahne aus dem gesicht, sie kitzelt«, kurz der Ekel über alles und jedes, jener Ekel, der dem kalten Haß vorausgeht.

Ehe er angreift, prüft er noch einmal seine Mittel. Er gehört der Generation an, die mit der Evolution der Poesie bereits aufge-wachsen ist, die sich nicht, wie die der Vierzigjährigen, das große europäische Sprachereignis, den Surrealismus, erst mühsam nach-vollziehend aneignen muß. Diese jungen Männer und Mädchen bedienen sich der Identifikation, Genitivumkehrung, Abstraktion und Konkretisierung der Abstraktion so, wie ihre Altersgenossen sich der Zündkerzen, der Integralrechnung und der elektroni-schen Musik bedienen, Autos und Gedichte werden montiert, Gedichte heißen *telegrammschalter null uhr zwölf* oder *bitte ein-steigen türen schließen*, und wer es nicht glaubt, daß sie trotzdem Gedichte bleiben, mag sie bei Enzensberger nachlesen. Gerade er hat die neue Ästhetik völlig intus, souverän schaltet er mit ihr, das Paradox der Identifikationen schmiegt sich ihm in die Hand, »ma-nitypistin stenoküre« etwa, und manchmal gelingen ihm wunder-bare rhythmische Inventionen, wie dieser Gedichtschluß:

> nachts im fluß schwimmst
> und schwarz violett
> fisch klinglos
> fisch mondlos
> fisch

Sie gelingen ihm, denn er, Enzensberger, hat etwas, was die we-nigsten besitzen: die mozartisch schwerelose, die leichte Hand.

Mit der leichten Hand begabt, hätte er sich in der Rolle des Zauberers, des Lieblings einrichten können, des ungezogenen sogar, des süßen kleinen Snobs, der Frechheiten sagt, die Ge-sellschaft liebt solche Künstler, fast ist sie bereit, auf ihre Erich Kästners und Kurt Tucholskys zu hören. »Nie hat man in einer ungemütlichen Situation sich's gemütlicher eingerichtet«, urteilt Walter Benjamin lange vor 1933 über diese, und: »Ihre Funktion ist, literarisch betrachtet, nicht Schulen, sondern Moden, ökonomisch betrachtet, nicht Produzenten, sondern Agenten hervorzubringen.« Enzensbergers Intelligenz ist zu hoch entwickelt, um sich mit einer solchen Rolle zu begnügen. Sein Bewußtsein gestattet es seiner leichten Hand nicht, sich zu emanzipieren. Die Eleganz genießt bei ihm nicht das Recht der Autonomie. Was ihn beherrscht, ist ein Gefühl, das zwischen wildem Haß und hellem Zorn, zwischen hochmütiger Verachtung und Empörung pendelt. Eleganz, Leichtigkeit und souveräne Begabung dienen ihm nur dazu, seinen Haß sprühend zu machen. In dieser Stimmung und mit solchen Mitteln schreibt er seine *bösen gedichte*, 18 an der Zahl. Es sind 18 Demaskierungen sondergleichen, 18 zischende Infamien gegen das Infame, 18 eiskalt ausgeführte Schläge in die Fresse der Unmenschlichkeit.

»ein anblick zum zähneknirschen sind / die fetten eber auf den terrassen / teurer hotels, auf den golfplätzen / sich erholend von mast und diebstahl / die lieblinge gottes«, so schreibt er, und »sorgt euch nicht! gutes gedächtnis / ziert die angler, alte erfahrung. / sie tragen zu euch die liebe / des metzgers zu seiner sau«, und »bekanntlich / wächst, wo gefahr ist, das rettende auch. schon / stecken sie auf den sinnreichen karten ab / neue felder der ehre, / auf denen ihr euch preiswert sterbend unsterblichkeit / reißen könnt unter die blauen, / blutigen nägel.«

(Die spezielle Richtung von Enzensbergers Kritik richtet sich übrigens ebenso gegen die Opfer der Macht wie gegen die Mächtigen selbst. Er wirft den Mißbrauchten ihre Lethargie vor. Fast haßt er die Hinnahme des Mißbrauchs mehr als den Mißbrauch selbst. Dennoch kann der Titel *verteidigung der wölfe gegen die lämmer* nur ironisch verstanden werden. Enzensberger stellt sich nicht auf die Seite der Macht, nur weil er die sich ihr Beugenden verachtet. Gerade dieses Element seines Denkens verleiht seinen Gedichten den Ton revolutionärer Aufrufe.)

Endlich, endlich ist unter uns der zornige junge Mann erschienen, der junge Mann, der seine Worte nicht auf die Waagschale legt, es sei denn auf die der poetischen Qualität. Es gibt glückliche Länder, in denen er in Rudeln auftritt, in England vor allem gibt eine ganze Equipe denkbar schlecht aufgelegter junger Herren denkbar gut abgefaßte »declarations« ab. Bei uns gibt es nur einen. Immerhin: dieser eine hat geschrieben, was es in Deutschland seit Brecht nicht mehr gegeben hat: das große politische Gedicht.

Eine Begabung wie diejenige Enzensbergers wird immer gefährdet sein. Was wird mit ihm geschehen, wenn der Zorn einmal nachläßt, wenn nicht mehr Empörung die leichte Hand regiert? Gleichviel, – mit diesen 18 Gedichten hat er einer Generation Sprache verliehen, die, sprachlos vor Zorn, unter uns lebt.

Martin Walser
Einer der auszog, das Fürchten zu verlernen

Da ich ein sehr ansässiger Mensch bin, fällt es mir natürlich besonders auf, daß Enzensberger es nirgends lange aushält. In den Gedichten summieren sich dann die vom Schreck diktierten Wörter. Ist einer irgendwo zu Hause, kann er sich halbwegs einrichten, muß der Schreck zum zähen Belagerungskrieg übergehen, muß sich dünn machen, um einzudringen, die Kampfart wechseln, List hilft auch ein bißchen, die Furcht wird eine Art Landregen, ein monotones Geräusch. Aber Enzensberger kann sich offensichtlich nicht einrichten. Er verläßt einen Ort um den anderen, kein Wunder, daß er von jedem Gewitter auf offenem Feld angetroffen wird.

Wie jeder Mensch, versucht er es mit Namengeben. Was ihm zuwider ist, tauft er, gibt ihm den rechten Namen, wehrt es so ab, zahlt ihm so den erlittenen Schrecken heim. Das Fürchten wird er natürlich nicht verlernen, aber bei so viel Fahrt in unheimlichem Wald lernt er das Singen, lernt es immer besser. Was da zuerst da war, die Schreckhaftigkeit oder der Spaß am Singen, läßt sich bei Enzensberger leicht entscheiden. Beides war von Anfang an da. Zum Glück. Es gibt genügend Gedichte von Enzensberger, die er nicht zeitgenössischer Schreckhaftigkeit verdankt, sondern der ursprünglichen Lust, mit Namen und Wörtern um sich zu werfen und auch noch das Hinfälligste dingfest zu machen.

Lyriker, das weiß man ja, nehmen die Sprache ernst, halten sich an die Wörter, im Guten und im Bösen. Die besten unter ihnen unterwerfen die Sprache einem andauernden Kreuzverhör. Die Geständnisse notieren sie. Die Sprache vertritt dabei die Wirklichkeit. Die Lyriker halten sich zwar an die Sprache bei ihrem Verhör, aber ihr »Schuldig« oder »Schön« gilt der Wirklichkeit.

Setzen wir das fort, unterwerfen wir die Sprache Enzensbergers einem Verhör, denn in seiner Sprache muß ja aufbewahrt sein, was ihm begegnete. Halten wir uns an Wörter, das ist vorerst einfacher als von Satzbau oder Rhythmus zu reden, und es ist bei Enzensberger besonders naheliegend. Ich kenne keinen, der die Wirklichkeit so deutlich in Wörter aufgeteilt hat, in Wörter des Widerwillens und in Wörter der Zuneigung. So wie er seinen ersten Gedichtband *verteidigung der wölfe* einteilte in »freundliche Gedichte«, »traurige Gedichte«, »böse Gedichte«, so kann man alle seine Wörter einteilen in Wörter für Angenehmes und Unangenehmes. Nicht »schwarz« und »weiß«, sondern angenehm und unangenehm oder freundlich und schrecklich. Zum Beleg: eine willkürliche Folge von Hauptwörtern, die inzwischen schon jeder halbwegs Interessierte als einen Katalog Enzensbergerschen Unmuts erkennt:

»Abdecker«, »Staatsbanken«, »Speichel«, »Kongreßteilnehmer«, »Tränengas«, »Baracken«, »Kontoauszug«, »Bidet«, »Generalstäbe«, »Warzen«, »Schweiß«, »Makler«, »Eilboten«, »Schaum«, »Jauche«, »Hauptversammlungen«, »Schlachthöfe«, »Gebärmutter«, »Privatpatient«, »Zuchtbullen«, »Fistel«, »Orden«, »Drüsen«, »Handelsspannen«, »Pudding«, »Totschläger«, »Sahnebaiser«, »Cheftexter«.

Ich wählte absichtlich keine von Enzensberger geprägte Metaphern, sondern einfach ein paar Hauptwörter, die bei ihm vorkommen: die noch deutlicher werden, wenn man ihnen einen Katalog der Anmut gegenüberstellt, der zeigt, wovor Enzensberger nicht erschrickt, wohin er also auszieht, um Schlachthöfe, Orden und Warzen zu vergessen:

»Auster«, »Gesell«, »Dünung«, »Glanz«, »Fels«, »Perlmutt«, »Korken«, »Brise«, »Jäger«, »Spargel«, »Großmut«, »Sellerie«, »Zauber«, »Robben«, »Windhaar«, »Gletscher«, »Blauwal«, »Spatzen«, »Bratäpfel«, »Meer«, »Ottern«, »Wüste«, »Schiffschaukel«.

Verhören wir noch ein paar Tätigkeits- und Eigenschaftswörter. In der Welt der Abdecker und Geigerzähler finden sich da, zum Beispiel:

»fett«, »feucht«, »klebrig«, »zäh«, »farblos«, »gedunsen«, »blutig«, »räudig«, »triefend«, »schmierig«, »geifernd«, »eiternd«, »mickrig«, »fies«, »feist« und »poliert«.

In der Welt der Blauwale, Spargel und Gesellen dagegen:

»gefiedert«, »trocken«, »beharrlich«, »neu«, »fest«, »furchtlos«, »fein«, »weiß«, »widerstrahlend«, »feierlich«, »gläsern«, »gesalbt«, »schwebend«, »blühend«, »klar«, »stark« und »kalt«.

Könnte man so gegensätzliche Kataloge aus jedem Gedichtband zusammenstellen? Und wenn man es könnte, so deutlich würden die Gedichte selbst sich kaum irgendwo trennen lassen in solche traurig oder böse hingesagten Widerwillens und solche trauriger oder liebender Werbung.

Mir ist es immer komisch zumute, wenn ich wieder einmal irgendwo lese, Enzensberger sei ein zorniger junger Mann. Diese Marke haben die Kritiker bei uns für ihn geprägt. Sie mußten dazu zuerst einen englischen Markennamen schlecht übersetzen, dann hatten sie endlich eine Elle, mit der sie junge Autoren messen konnten. Sie haben Enzensberger auch zum politischen Dichter und zum Muster-Non-Konformisten gestempelt. Nun sind Leute, solange sie eine Kritik schreiben, oft unfreiwillig berufstätig, sie haben gerade keine andere Möglichkeit, also sollte man das auch nicht zu ernst nehmen. Ich bin mit Enzensberger befreundet, soweit ein Seßhafter mit so einem Fahrenden befreundet sein kann. Ich lese die Gedichte, die er irgendwo geschrieben hat, und lese da viel mehr Klage als Anklage. Ich sehe: Da wehrt sich einer seiner Haut, die er andauernd auf fremden Märkten bedroht sieht. Ich lese da, daß er eigentlich gern in einer Gitarre schlafen möchte, der April könnte ihm gar nicht lang genug dauern, er hätte auch gern ungestörten Umgang mit Ziegenhirten und Ballerinen, in der Zeitung müßte vielleicht stehen: Theresia von Konnersreuth hat den Lenin-Friedenspreis bekommen, oder noch besser: Sämtliche Atombomben sind plötzlich von einer unerklärlichen Virusinfektion dahingerafft worden.

Aber, wie bekannt: Die Welt ist nicht danach. Sie ist nach wie vor, und wahrscheinlich für immer: voller Schrecken. Man macht es sich zu leicht, wenn man alle fällige Empörung an einen zornigen jungen Mann delegiert, der dann sozusagen auch gar nicht mehr so ernst zu nehmen ist, weil es nun einmal seines Amtes ist zu schimpfen. Der Ekel, der einen Teil der Enzensbergerschen Gedichte hervorgebracht hat, ist nicht engagiert.

Es ist nicht nötig, Enzensberger in Schutz zu nehmen; es passiert ihm ja nichts, wenn er engagiert und zornig genannt werden müßte. Aber um ihn richtig einzuschätzen, um ihn nicht zum gewohnheitsmäßigen Protestierer zu degradieren, muß man sehen, daß sich in seinem Widerwillen gegen die veränderungsbedürftige Welt nicht viel Hoffnung und Hinweis ausspricht. Deshalb wird, was als Anklage beginnt, immer wieder Klage. Die Klassifizierer sollten ihn weniger Brecht als Nestroy zugesellen. Es erinnert nur sehr äußerlich an Brecht, wenn er sich als Kirschendieb ins Geäst setzt, aber es ist der Rückzug Nestroys, wenn er, von dort aus, dem »apokalyptischen Aas« »lächelnde Steine« in die »welken Rippen« spuckt.

Besser, wir verzichten auf diese ungefähren Einkreisungen mit fertigen Namen. Es ist Enzensbergers gutes Recht, am meisten sich selbst zu gleichen und uns mit jedem Gedicht deutlicher zu werden. Und er macht es uns leicht, von seinen Gedichten auf sein Gesicht zu schließen. Das ist ein Glücksfall. Ionesco zum Beispiel sah ich einmal mit Gummimantel und dünner Aktentasche oberhalb Heidelbergs über den Neckar fahren und glaubte zuerst, hier begebe sich ein braver Installateur nach Feierabend noch zum Angeln. Anouilh dagegen sieht aus, als habe er Ionescos Stücke im Auftrag einer Untergrundorganisation geschrieben. Enzensbergers Gedichte passen in sein Gesicht. Wenn er die gepflegten und brutalen Verwalter unserer Welt auf ihren Terrassen auch mit noch so heftigen Schmähworten eindeckt, man spürt doch immer, daß er eigentlich sagen will: Ist es nicht fürchterlich, daß es so was wie euch gibt! Gebt doch zu, daß das fürchterlich ist! Und am lautesten höre ich ihn sagen: Warum muß alles, was widerlich ist, gerade mir auffallen! Ich würde meinen Bedarf an Häßlichkeit doch viel lieber mit erdachten Hexen decken, warum dringt ausgerechnet auf mich, der ich soviel Freude an einer schönen Küstenlinie habe, alles Gedunsene und Widerwärtige ein! Dann schreibt er seine Gedichte vielleicht fast in der Hoffnung, die Angegriffenen würden sich zur Wehr setzen, würden sich trennen von ihren Erscheinungen und Praktiken und würden sich ihm freundlicher nähern und sagen: Wir sind ja gar nicht so, wir sehen vielleicht so aus, da hast du recht.

Bitte, das ist eine Vermutung. Sie beruft sich auf Enzensbergers Gedichte und auf sein Gesicht. Dieses Gesicht hat Übung im Staunen, im skeptischen und bösen Lächeln. Man sieht aber sofort, mit diesem Gesicht wäre sehr viel Freundliches, Liebenswürdiges und Charmantes anzufangen, auch Spitzbüberei und Frechheit, bloß ist dazu nicht immer Anlaß. Öfter scheint es zu schmollen oder ängstlich zu sein. Das wirkt sich auf den Mund aus. Sehr, sehr viel später wird es einmal gut zu diesem Gesicht passen, daß Enzensberger schlecht hört; jener listige und zweifelnde Ausdruck, den der Schwerhörige annimmt, um sich einen Satz noch einmal wiederholen zu lassen, ist in diesem Gesicht jetzt schon zu Hause: Das kommt, weil er es einfach nicht begreifen kann, daß alles so ist, wie es ist. Und weil er den Zustand der Welt offensichtlich nicht für den bestmöglichen hält, weil er glaubt, daß er schlecht abschneidet, wenn er sich in dieser Welt so aufführt, wie er eigentlich möchte, weil also die Welt kein Fjord ist mit einer angenehmen Temperatur, deshalb wappnet er sich, zieht sich eine Wolfskappe über sein allgäuisches Arielgesicht, bleckt, wo er eigentlich lachen möchte, und wird traurig, wenn er bemerkt, daß die Welt in ihm einen Egoismus züchten will, vor dessen Dürftigkeit ihn schaudert.

Ich habe mich schon seinetwegen geniert, wenn ich mit ihm etwa die Bahnhofshalle in Hamburg-Dammtor durchquerte und er plötzlich kleine heulende Schreie ausstieß. Aus Übermut. Aus eher traurigem Übermut. Das klang halb nach einem Hund, halb nach einer Eule. Passanten sahen sich besorgt nach uns um. Nun sah er, langbeinig, dünn und mit viel Geschick bekleidet, neben mir sowieso aus wie ein Windhund, für den ich die Steuer nicht bezahlt haben konnte. Seine kleinen Schreie bewiesen mir, daß er auf mich keine Rücksicht nehmen wollte oder konnte. Das paßt zu ihm, dachte ich. Ihm ist es gerade danach zumute, also stößt er kleine Schreie aus. In der Bahnhofshalle wirkte es fast wie eine Provokation, zumindest wie eine Aufforderung, auch in solche Schreie auszubrechen. Irgendeinen Grund hätte wahrscheinlich jeder gehabt. Aber vielleicht nicht die Stimme, die nötig ist, um diese Art Schreie so hervorzustoßen, daß sie hängen bleiben zwischen Klage und Frechheit. Falls Sie einmal sowas hören in einer überfüllten Bahnhofshalle oder auf dem Trottoir und dann noch ein Mann in der Nähe ist, der seine hagere Figur mit Erfolg bekleidet hat und der auf eine zielbewußte Weise zwischen Ihnen hindurchschlenkert und -pendelt, dann ist es ziemlich sicher Hans Magnus Enzensberger.

Jürgen Habermas
Vom Ende der Politik

Unter den Gedichten, die Enzensberger soeben erscheinen ließ, findet sich eins, das die Überschrift *zweifel* trägt: es ist vielleicht das differenzierteste, wenn auch nicht frei von dem hauchdünnen moralischen Narzißmus, der in Deutschland seit den Tagen Heines politische Lyrik prägt. Unter den Zweifeln dieses Gedichtes findet sich einer, der lautet: »bleibt es dabei: wenig verlorene sieger, viele verlorne verlierer?« Der Lyriker Enzensberger legt seinen Feinden zwar eine Antwort in den Mund, aber selbst begnügt er sich mit der Frage. Enzensberger, der Kritiker und der Essayist, begnügt sich damit nicht. Auf die Frage nach dem mythischen Wiederholungszwang der politischen Geschichte hat er, den Blick auf Auschwitz gerichtet, eine klare Antwort: was in den vierziger Jahren geschehen ist, eine bis dahin unvorstellbare Verschmelzung von Politik und Verbrechen, zwingt zu einer Revision, die an die Wurzeln politischer Herrschaft reicht. Denn Auschwitz habe die Wurzeln aller bisherigen Politik bloßgelegt. Diese These ist, wie man sieht, auch im buchstäblichen Sinne radikal. Aus ihr zieht Enzensberger die Konsequenz: unsere bisherigen Auffassungen davon, was Recht und Unrecht, was ein Verbrechen, was ein Staat ist, können wir nur um den Preis fortdauernder Lebensgefahr für uns und für alle künftigen Menschen aufrechterhalten.

Unter dem Titel *Politik und Verbrechen* präsentiert Enzensberger seine eigenen Versuche, die Auffassungen von Recht und Rechtsverletzung, von Staat, Herrschaft, Gehorsam und Verrat zu revidieren. Es sind Versuche, das Verbrecherische an der Politik selber zu entlarven. Sie haben bis auf zwei Ausnahmen die Form von Abendstudios, sind also für den Funk geschrieben – ordentlich dokumentierte, materialreiche und klug kommentierende Berichte von grellen Kriminalaffären, historischen Begebenheiten, politischen Verbrechen und großräumigen Gangstereien. Ein gemeinsames Interesse verbindet diese Kolportagen und macht sie zu Lehrstücken von literarischem Gewicht: das Interesse an der Symmetrie legaler und illegaler Handlungen.

Von Mandevilles Bienenfabel bis zu Brechts Dreigroschenoper ist dieser Zusammenhang bemerkt und zu einer literarischen Figur, zur Spiegelung des Ehrenmannes im Ganoven wie des Kriminellen im Spießbürger, also zu der Inversion von Verbrechen und bürgerlich reputierlichem Erfolg ausgebildet worden. In einer anderen Dimension hat Günter Anders dieselbe Figur an Kafkas Erzählungen nachgewiesen. Enzensberger bedient sich dieser Figur freilich nicht zur Darstellung, sondern zur Deutung jener

Kriminalfälle, an denen er demonstriert. Mit dem Schlüssel der Symmetrie von Verbrechen und Legalität entziffert er Al Capones Gangsterherrschaft im Chikago der zwanziger Jahre als Modell einer terroristischen Gesellschaft. Kleine Banditen Süditaliens, Nachzügler der neapolitanischen Camorra, die nach dem Zweiten Weltkrieg den Obst- und Gemüsehandel der Umgebung unter ihre Kontrolle brachten, werden zum Spiegelbild der Wirtschaftskapitäne, die alsbald, Konservenfabriken und Exportbanken im Rücken, die direkte Erpressung der Gangster durch den zivilen Geschäftsverkehr ablösen. An einem dritten Beispiel wird das Verfahren, das legale Herrschaft und solenne Tauschbeziehung in den Transaktionen organisierter Verbrecherbanden parodistisch enthüllt, noch einmal auf den Kopf gestellt. Unter der einunddreißig Jahre währenden Diktatur organisiert der wohltätige Landesvater Rafael Trujillo den Staat San Domingo seinerseits biedermännisch und ertragreich als Parodie auf ein Verbrecherkartell. Schließlich bringt die geschickte Darstellung des Montesiprozesses den untergründigen Zusammenhang der politischen Herrschaft und der zivilen Ordnung mit der Welt des Kriminellen ein letztes Mal, und zwar in einer überraschenden Brechung ans Licht: nämlich in den Projektionen des erregten Publikums, das den Phantasien der Anna Maria Caglio aufs Wort geglaubt hat. Das Volk hing an ihrem Mund und identifizierte die prominenten Vertreter der führenden Gesellschaftsschicht mit Verbrechern großen Stils. Die Moral von der Geschichte: die falschen Beschuldigungen spiegeln die wahren.

Alle diese Streiche sind amüsant erzählt und lehrreich dazu, aber sind ihre Lehren wirklich Proben auf das Exempel, das Enzensberger statuieren möchte? Die skurrile Symmetrie zwischen großen Verbrechern, fähigen Geschäftsleuten und bedeutenden Staatsmännern, die Verbrecherbande und ihre Moral als Zerrform der bürgerlichen Ordnung und ihre Politik, mit einem Wort: Verbrechen als Politik enthüllt noch nicht die Politik als Verbrechen. Die Parabeln wiederholen allenfalls die Einsicht, die wir schon der Utopie des Lordkanzlers Thomas Morus verdanken, daß Rechtssysteme Gewaltverhältnisse sanktionieren. Aber das Recht als Instrument der Herrschaft ist noch kein Beweis für Herrschaft als organisierte Rechtsbeugung, also für die substantielle Gleichheit von Politik und Verbrechen.

Weiter reichen andere Symmetrien, die Enzensberger an den

tiefsinnigen Anekdoten des russischen Anarchismus abliest. Er folgt den »Träumern des Absoluten« auf den Spuren ihrer metaphysischen Morde. Der moralische Terror der Bombenleger entspricht dem administrativen Terror des Zarenreichs. Die Organisationsform der konspirierenden Geheimbünde ist der Geheimpolizei nachgebildet. Die Religion des Attentats antwortet der paranoischen Logik der Machthaber. Der Nachfolger des ermordeten Alexander II. harrt zeitlebens unter schwerer Bewachung in seinem Palast, selber ein Gefangener und Verfolgter seiner gefangenen und verfolgten Gegner. Die Symmetrien von Verschwörung und Unterdrückung sind schließlich zusammengefaßt in dem paradoxen Doppelspiel Asews, eines führenden Anarchisten, der als Spitzel für die Ochrana gearbeitet hat. Die historisch unwahrscheinliche Vermutung, die Enzensberger daran knüpft, trifft doch eine eigentümliche Dialektik: »Vielleicht hat Asew jenen äußersten Kalkül angestellt, in dem die Geheimpolizei selber als ein Vollzugsorgan der Revolution auftritt. Es ist ein Gesichtspunkt denkbar, unter dem die Konspiration und ihr Gegner, die Polizei, als Komplizen erscheinen.«

Allerdings sind auch diese pointierten Stücke aus dem blutigen Bilderbuch des russischen Anarchismus nicht dazu angetan, die These, die Enzensberger im Sinn hat, zu belegen. Die Technik der Verschwörer enthüllt gewiß die Technik der Herrschaft, gegen die sie rebellieren, aber noch nicht den intimen Zusammenhang von Mord und Politik überhaupt. Wie sollten diese Sozialrebellen den Kern von Politik treffen, wenn sie selbst zutiefst unpolitisch handeln; wenn sie nicht einmal sehen, was Enzensberger natürlich bewußt ist: daß der individuelle Terror Herrscher beseitigt, aber nicht Herrschaft, nicht einmal ein politisches Regime. Erst die nebenbei gewonnene Beobachtung, daß sogar erfolgreiche Revolutionen vom vorrevolutionären Zustand infiziert sind und die Struktur der gestürzten Herrschaft heimlich erben, führt an die Schwelle der intendierten Einsicht. Aber ein Stück über Revolutionen schreibt Enzensberger nicht, sondern Reflexionen über den Eichmannprozeß und eine Theorie des Verrats, die durch die *Spiegel*-Affäre veranlaßt sein könnte. Erst diese beiden Essays nehmen das Thema ernst, auf das die übrigen Berichte Variationen sein wollen, obschon sie es nur präludieren.

Zwei Symptome des zweiten Drittels unseres Jahrhunderts kennzeichnen einen Auflösungsprozeß des Politischen: der administrative Massenmord und der politische Verrat als universelle Erscheinung. Was sich hier auflöst, obwohl es weiterhin unser Leben bestimmt, ist eine Form der politischen Herrschaft, die bis zu Treitschke und Carl Schmitt auf ihren Begriff gebracht worden ist. Politik war auf den souveränen Befehl legaler Herrscher bezogen; Ausdruck ihrer Souveränität war im Inneren die Todesstrafe, nach außen der Krieg: Tötung also und der Zwang, zu töten oder sich töten zu lassen. Enzensberger erinnert an den exponierten Satz, daß der legale Befehl ein bloß suspendiertes Todesurteil sei. Inzwischen haben wir den Krieg geächtet und die Todesstrafe abgeschafft. Die Todesstrafe hat in einem Lande, das für Auschwitz verantwortlich ist, jede Glaubwürdigkeit verloren. Der Krieg mit Hilfe von Waffen, die nur noch zur Drohung, aber nicht mehr zum Einsatz taugen, hat seine Selbstverständlichkeit eingebüßt. Und doch können wir die Konsequenzen aus der Abschaffung der Todesstrafe sowenig ziehen, wie die Staaten aufhören können, mit dem Krieg zu kalkulieren. Das Verenden der Politik, der bisherigen Form der Politik, nimmt kein Ende. Es ist freilich weit genug fortgeschritten, um von ihrem Ende her denken zu können. Die Erscheinungen des universellen Verrats, die Margret Boveri aufgezeichnet hat, machen das deutlich. Die Behauptung der politischen Herrschaft in ihrer noch unvermeidlichen, aber schon überholten Form verstrickt ihre Bürger immer häufiger in den Konflikt: die etablierte Ordnung oder sich selber verraten zu müssen. Solcher Verrat richtet sich gegen die Substanz von Herrschaft, darum verrät er auch etwas über die Politik selber. Das Recht, gegen das sich heute das schreiendste Unrecht abzuzeichnen beginnt, ist nicht länger identisch mit jenen Normen, die bislang Instrument der Herrschaft waren und zugleich vor ihr schützen sollten.

Enzensberger stellt eine Reihe von Fragen: »Ist Edward Teller schuldig? Ist der Journalist schuldig, der einen Artikel schreibt, um die Ansprüche deutscher Politiker auf das Gerät zu unterstützen? Ist der unbekannte Mechaniker aus Oklahoma oder Magnitogorsk schuldig? Ist Mao Tse-tung schuldig? Ist schuldig, wer an die Chimäre der Entspannung glaubt, solange Kandidaten wie Strauß oder Goldwater sich um die Macht zum Tode bewerben? Ist der Bauunternehmer schuldig, der einen Befehlsbunker baut? Gibt es in Zukunft noch Schuldige? Oder gibt es nur noch Familienväter, Naturfreunde, normale Menschen?« Diese Fragen finden keine Antwort, weil keine Einigung zu erzielen ist, ob man sie stellen darf oder als sinnlos betrachten muß. Weil sie unbeantwortbar sind, gibt es jene Kategorie von Verrat. Er ist nicht länger suspekt, sondern spricht selbst einen Verdacht aus, den Verdacht eines Endes der Politik in ihrer bisherigen, naturwüchsigen Form.

Wenn das Entsetzliche, das in den vierziger Jahren geschehen ist, ein Urteil über die Naturgeschichte der Politik gesprochen hat, kann jede Politik, die diese Naturgeschichte ungebrochen fortsetzt, als eine Fortsetzung von Auschwitz angesehen werden. In diesem Sinne nennt Enzensberger die strategischen Vorbereitungen des kalkulierten Massenmordes die »Gegenwart von Auschwitz«. Nimmt man diese Formel isoliert, behält sie in der Unverbindlichkeit einer kulturkritischen Annotation kein Recht. Aber die beste Spieltheorie des thermonuklearen Todes, die diese Einsicht nicht auf ihrem Rücken trüge, wäre nur der sterilen und nicht eines rettenden Gedankens mächtig.

Enzensberger, der die Politik von ihrem Ende her betrachtet, stößt auf deren Anfänge. In Auschwitz glaubt er einen alten, engen und dunklen Zusammenhang zwischen Mord und Politik wiederzuerkennen. Diese Einsicht kann sich auf Freud stützen: dem aufgeklärten Geist mag sie als Dämonisierung erscheinen. Jedoch in aufgeklärten Zeiten ist die Austreibung der Dämonen ein weniger gefährliches, aber ein subtileres Geschäft; ein vorschneller Positivismus kann es verderben. Niemand, der den zahlreichen Sitzungen des Auschwitzprozesses folgt, wird sich des Eindrucks erwehren, den Hannah Arendt so beredt vom Prozeß aus Jerusalem heimgetragen hat: wie banal das Böse ist. Ich halte Prozesse dieser Art für unentbehrlich; aber sie haben eine Nebenfolge: sie gewöhnen uns daran, mit Auschwitz so zu leben, wie wir mit der Bombe zu leben schon gewohnt sind. Es gibt Entmythologisierungen, die zu kurz greifen, um die Macht des Mythos, auch den Mythos der Macht, zu brechen. Wenn nicht ein Schauder bleibt, kehren die Ungeheuer wieder.

Pier Paolo Pasolini

Hans Magnus Enzensberger:
Der kurze Sommer der Anarchie

Ich glaube, der Verleger der italienischen Übersetzung sucht dieses Prosabuch des Lyrikers Enzensberger dadurch zu lancieren, daß er es als ein Werk vorstellt, das dem Bereich der neulinken Avantgarde zugehört.

Eine »Collage« (gemäß den verlegerischen Forderungen) ist *Der kurze Sommer der Anarchie* zweifellos. Doch dieser Wortgebrauch erweist sich hier als trügerisch, da er seit längerem vom Bezug auf eine gewisse alberne Oberflächlichkeit und parodistische Schnoddrigkeit bestimmt wird, die zusammen die starren Satzungen einer Mode bilden, mit der Enzensberger nichts zu tun hat (obschon er sie kennt).

Das Buch entstand in Wirklichkeit auf viel bescheidenere Art: aus einer Gelegenheitsarbeit. Im Frühjahr 1972 hatte das Dritte Programm des Westdeutschen Rundfunks in Köln Enzensberger mit einer Fernsehsendung über den spanischen Anarchisten Durruti betraut. Enzensberger widmete sich dieser Aufgabe mit dem ganzen Eifer und der Bescheidenheit aller wahrhaft Ehrgeizigen. Er sichtete eine endlose Reihe von Dokumenten im Internationalen Institut für Sozialgeschichte in Amsterdam; er konsultierte die besten Kenner der Materie, Angel Montoto und Luis Romero; und schließlich machte er sich daran, unterstützt von der Filmkamera, Dutzende und Aberdutzende von Zeugen zu interviewen: Kampfgefährten Durrutis, Politiker, Journalisten, Zufallsbekanntschaften (die indes bei wichtigen Vorfällen zugegen waren) sowie Verwandte Durrutis und Freunde aus seiner Kindheit.

Man darf vermuten, daß Enzensberger auf diese Weise eine ungeheure Fülle an Stoff zusammengetragen hat. Aus ihr traf er mit einer Geduld, die seiner Bescheidenheit nicht nachsteht, seine Auswahl, indem er jedem Zeugnis diejenigen Abschnitte – sie reichen von wenigen Zeilen bis zu etlichen Seiten – entnahm, welche ihm bedeutsam erschienen, um dann die so gewonnenen Einzelteile, beginnend mit Durrutis Kindheit und endend mit dessen Tod, chronologisch aneinanderzufügen.

Ein paarmal äußert sich Enzensberger auch in der ersten Person, und zwar mit einer Reihe von kursiv gedruckten »Glossen«, die zwischen die Etappen von Durrutis Lebenslauf eingeschoben sind (die ihrerseits mit denen des Geschichtsverlaufs in Spanien, der anarchokommunistischen Revolte wie des Bürgerkriegs, zusammenfallen). Solch persönliche Äußerungen übers eigene Buch gehorchen jedoch denselben Gesetzen wie die »Zeugnisse« der sogenannten »Collage«: d. h., ihre Funktion ist eine strikt informative und objektive; sie dienen der Darlegung von Fakten. Kaum daß die erste und die letzte Glosse den »Autor« Enzensberger ein wenig ahnen lassen: jene, ein Stück Metalinguistik, gilt der Beschaffenheit seines eigenen Buches; diese, *Über das Altern der Revolution,* schildert mit knappen Strichen die Wesenszüge der – nunmehr selber gealterten – Menschen, die dem Schriftsteller wiederholt das in ihrer Jugend mit Durruti Erlebte berichtet haben und damit im Fortgang des Buches zu dessen Gestalten geworden sind. Die knappe Schilderung, die Enzensberger von ihnen gibt, vermag in der Tat zu ergreifen. Sein wahres »Schriftstellertum« freilich tut sich, wie wir noch sehen werden, auf andere Art kund. Hier geht es zunächst und vor allem darum, das Buch als das zu betrachten, was es ist (oder sein möchte): nämlich ein Werk außerhalb seines Autors . . . der als reine Vermittlungsinstanz eines von selbst entstandenen Buches auftritt.

Vor allem ist diese »Geschichte Durrutis« ein Paradigma, ein exemplarischer Fall. Sie besäße heute keinerlei Sinn oder Bedeutung mehr, es sei denn für die Spezialisten, die Historiker und bestimmte Politiker, hätte nicht das Jahr 1968 in Europa (insbesondere vielleicht in Deutschland) Ereignisse gezeitigt, die Durrutis politischem Kampf in gewisser Weise entsprachen: also Anarchie und Anarchokommunismus; Bakunin anstelle von Marx; Unversöhnlichkeit, Extremismus, die Notwendigkeit von Gewaltanwendung und Mord an den Mächtigen; eine neue Form des Menschseins in dieser Welt und des Handelns in ihr; unmittelbare Naherwartung oder »Heilsgewißheit« und Vermengung des geschichtlichen Augenblicks mit so etwas wie einem verzückt erfahrenen »Vorabend«.

Das Durrutische »Paradigma« ist jedoch gleichzeitig ein »negatives Paradigma«, das seine gegenwärtigen Wiederholungen radikal in Frage stellt. Tatsächlich war Durruti ja Arbeiter (Eisenbahner und Mechaniker) und entstammte einer proletarischen – oder, besser vielleicht, subproletarischen – Familie aus León; er war fast gänzlicher Analphabet und daher Autodidakt; sein gesamter psychologischer und physiologischer Habitus war der des Volkes, geprägt von armen Eltern, Speise der Armen, armer Herkunft und Umwelt schlechthin: nie und nirgends findet sich bei ihm auch nur eine Spur von Bürgerlichkeit, selbst nicht als Nachahmung im reifen Alter. Er altert, wie dies für die Armen kennzeichnend ist, ohnehin niemals: er bleibt stets ein junger Mensch, ja ein Junge. Ihm war jene »Würde« unbekannt, die der erwachsene Bürger für sich in Anspruch nimmt und mit Zähnen und Klauen verteidigt, weil er sie für die echte Seite jener »falschen Vorstellung von sich selber« hält, die er bei sich argwöhnt. Durruti hat in seiner Eigenschaft als »Armer« – als Verteidiger der umfassenden menschlichen Würde, nicht der persönlichen und gesellschaftlichen des Kleinbürgers – zeitlebens Hochgefühle genährt, die nicht bloße Rhetorik waren.

Zum Beispiel empfand er große Achtung vor der Kultur... welch letztere eine Errungenschaft, ja Eroberung darstellt, zumindest für die Armen, die ihr gegenüber auch nie in den gewalttätigen Sadismus der Kleinbürger verfallen, die das Kulturprivileg von vornherein genießen. Diese Liebe zu der vom Menschen sogar unter ungerechten, geradezu schändlichen historischen und politischen Bedingungen geschaffenen Kultur macht Durruti zu einem wesenhaft Gebildeten. Kein einziges Mal in seinem ganzen Leben hat er sich mit dem Manipulieren von »Subkultur« befaßt. Und ebendeshalb behaupte ich, sein Paradigma sei im Hinblick auf die sechziger Jahre und deren Anarchismus und Kommunismus (ob nun marxistischer oder anderer Observanz) ein negatives. Was damals tobte, war eine Orgie der Subkultur oder des kleinbürgerlichen Wütens gegen jegliche Kultur.

Durruti sah sich in seinem langen, von Jugend auf geführten Kampf, der erst 1936, mit seinem Tod in Madrid, endete, vor all jene unlösbaren Probleme gestellt, die der Anarchismus gerade durch die Verkündung seiner eigenen Grundsätze aufwirft. Denn ein gelöstes Problem schließt hier *de facto* einen Sieg der Wirklichkeit in sich, will sagen den Kompromiß mit irgendeiner Form von Macht. Ohne sich einer Täuschung über Lösungen, die nur um den Preis der eigenen Prinzipienstrenge erreichbar waren, hingeben zu können, mußte Durruti nach und nach immer mehr solcher Probleme in Angriff nehmen. Aber in diesem Sinne scheint er nie ein Fanatiker gewesen zu sein. Gewalt brachte zuletzt den Ruf nach Gewaltlosigkeit zum Verstummen; da Disziplin notwendig wurde, war die »organisierte Disziplinlosigkeit«

genötigt, sich den Erfordernissen des Krieges zu bequemen; und als in der antifaschistischen Republik sich das Bündnis mit der Sozialdemokratie und den Kommunisten nicht länger aufschieben ließ, vermochte einzig der stillschweigende Vorbehalt einer kommenden totalen Revolution die darin enthaltene Demütigung zu lindern. Die Aktion war es, die sämtliche Widersprüche vorläufig aufhob und das Vertagen von Lösungen erlaubte. Und darum durfte sie für Durruti kein Ende nehmen.

Anhand der Zeugnisse seiner Genossen und der Journalisten (darunter Ilja Ehrenburg und der spannende Bericht Simone Weils) kann man verfolgen, wie Durruti von Aktion zu Aktion fortschreitet und dabei als geheimen, zu unversehrter Dauer bestimmten Rückhalt jedwede nur irgend mögliche kontemplative Form der Kultur und des Menschseins bewahrt.

Lediglich zwei Zeugnisse im ganzen Buch stammen von gegnerischer Seite (von einem faschistischen Journalisten und einer faschistischen Agentur). Die Gestalt Durrutis wird demnach stets positiv gesehen, sogar sehr positiv. Kommt ja einmal, schüchtern genug, eine kritische Haltung zum Ausdruck, so handelt es sich um den Gesichtspunkt von jemand, der denselben Kampf wie Durruti kämpft, in dessen eigenen Reihen, der aber bei irgendeiner Gelegenheit eine geringfügig abweichende Meinung hegt. Trotzdem fühlt man jedoch zwischen den Zeilen das Vorhandensein einer schärferen Kritik (besonders von kommunistischer Seite) und selbstredend eine wilde Verurteilung (von seiten der Faschisten). Etwas Unheilvolles regt sich um die Gestalt Durrutis, auch wenn dies in Enzensbergers Zeugnissen gar nicht ausdrücklich zur Sprache kommt: nämlich die Mechanik des Mordes und des politischen Völkermordes. Töten – im Jargon der Zeugen, und zwar der Parteigänger unter ihnen – hieß »säubern«. Und gewisse »Säuberungen« Durrutis und seiner Genossen jagen einem noch jetzt Schauer über den Rücken. Die Milizsoldaten waren den Falangisten nicht so völlig unähnlich. Das sagt sich leicht, zugegeben; doch man muß diese Teilwahrheit aussprechen, um versuchen zu können, die ganze und ungeteilte Wahrheit zu sagen.

Enzensberger ist in seinem Buch – und nicht bloß als dessen Kompilator, sondern als wahrer und eigentlicher Schriftsteller, der, obschon er nicht unmittelbar schreibt, gleichwohl das von anderen Geschriebene, vermöge seines dämonischen Geschicks als Schriftsteller, ordnet – sehr wohl anwesend: und seine Gegenwart tritt vor allem darin zutage, daß er aus diesem »parteiischen«, diesem aufwieglerisch wie großmütig parteiischen Buch ein Werk gemacht hat, in dem sich die ganze Wahrheit regt.

So betrachtet, hat Enzensberger den Berufshistorikern eine außerordentliche Lehre erteilt; ja, er hat geradezu ein neues Verfahren der Geschichtsschreibung (wahrhaftig eine »Collage«!) in die Wege geleitet. Denn Geschichte kann weder in zerpulvertem Zustand – als praktisch unendliche Masse von Informationspartikeln – noch in Form von kompakten Pfeilern, von Grundmustern oder spektakulären Ereignissen (soweit es derlei gibt) begriffen werden. Einzig und allein dadurch, daß sie uneigennützig und ohne Aufhören befragt wird, kann Geschichte begriffen werden. Und das Buch von Hans Magnus Enzensberger erweist sich für eine solche Befragung als schlechterdings vollkommen.

Das Schriftstellertum Enzensbergers tritt indes auch auf subtilere und spezifischere Art zutage. Es äußert sich in ebenjener von ihm geschaffenen Ordnung der Zeugnisse, worin zuletzt eine hochdramatische »Steigerung« die Oberhand über die zeitliche »Abfolge« gewinnt. Auf den ersten siebzig bis achtzig Seiten etwa ist Durruti, obgleich doch allein von ihm die Rede ist, einfach nicht vorhanden: er existiert als reiner »Stimmhauch«, wirkt blaß und flüchtig wie die Randfiguren in unseren Träumen. Dann, ganz allmählich, beginnt er vermittels der Zeugenaussagen Gestalt anzunehmen, aber gleichsam apriorisch, wie als ob wir bereits erschöpfend über ihn unterrichtet wären: sein Dasein ist stets ein Erscheinen (nicht umsonst gibt es eigens »Zeugen«, die uns davon erzählen). Mehr und mehr beginnen sich seine Theophanien im folgenden zu verdichten, bis sie durch ihre Häufung ihre magische Qualität verloren haben und Durruti anfängt, vertraut zu wirken. Aber wir müssen bis S. 231 warten, ehe uns ein Zeugnis mitteilt, daß er krause schwarze Haare hat, und bis S. 232, ehe wir etwas über sein Lächeln und seine Zähne erfahren. Bis dahin wußten wir nur im allgemeinen, daß er dunkel und von kräftigem Körperbau war.[*]

Es kommt hinzu, daß Durruti durchs gesamte Buch hindurch

---

[*] Die Seitenzahlen beziehen sich auf die italienische Ausgabe. Zum Original vgl. Hans Magnus Enzensberger, *Der kurze Sommer der Anarchie. Buenaventura Durrutis Leben und Tod. Roman*, Frankfurt/Main 1972, S. 237. (Anm. d. Übers.)

sich gleichsam als Monolith darbietet. Die Auswahl der Zeugnisse zielt auf Ganzheit und Eindeutigkeit des Protagonisten ab: und zwar dermaßen geschickt und erfolgreich, daß selbst die Möglichkeit divergierender Lesarten ausgeschlossen scheint. Durruti ist einzigartig; er besitzt eine einzige Form, nicht anders als eine im Umlauf befindliche Münze. Objektiv verdankt er dies sicherlich (wie Enzensberger selber anmerkt) der Öffentlichkeit seiner Gestalt, die im Angesicht der Volksmassen dazu neigte, zum rhetorischen Bild, zum Symbol zu werden. Ebenso sicher dürfte allerdings sein, daß das Gewebe der ihm geltenden Deutungen sich als besonders monochrom enthüllt. Doch nun – stirbt Durruti. Er stirbt, von einer Kugel in den Rücken getroffen (wie die Helden des antiken Epos, gefällt von den Verrätern, die ihnen nicht offen entgegenzutreten vermögen). Und genau diejenige Mehrdeutigkeit, welche zu Durrutis Lebzeiten gänzlich fehlte, kommt über dem toten Durruti zum Ausbruch. Während vorher nichts, weder in ihm noch um ihn, mehrdeutig war, ist es jetzt plötzlich alles. Die Deutungen werden dramatisch, widersprüchlich und wachsen ins Uferlose: Durruti ist von einem faschistischen Heckenschützen getötet worden; Durruti ist von den Kommunisten getötet worden; Durruti ist von seinen eigenen Genossen, den Anarchisten, getötet worden; Durruti ist von einem zufällig losgegangenen Schuß aus seiner eigenen Flinte, die er umgehängt trug, getötet worden. Und innerhalb dieser Deutungen gibt es eine Unzahl von Nuancen, die den Sinngehalt vollends auf skandalöse Weise verändern.

Erst hier erfahren wir somit, wie Enzensberger – über die strenge Reihung von objektiven Informationen hinaus, die er uns liefert – Durruti eigentlich sieht. Anders als die epischen Helden, die im Leben ganz und eindeutig sind, bis der »Verräter« sie in den Rücken trifft, und deren Ganzheit und Eindeutigkeit nach dem Tod noch erhöht und verewigt werden, ist Durruti im Leben zwar ebenfalls ein solcher Held, der aber, wenn er in den Rücken getroffen wird und stirbt, ins Reich der Mehrdeutigkeit eingeht. Enzensbergers dichterische Vision von Durruti ist der Schlüssel zu diesem politischen Buch... und sehr wahrscheinlich deckt sich seine Vision mit der Wirklichkeit.

Aus dem Italienischen von Reinhold Grimm

John Simon
»Er ist einer von uns«:
Enzensberger in amerikanischer Sicht*

Mit Renaissancemenschen ist es heutzutage unter den Schriftstellern (oder Schriftstellerinnen) knapp bestellt. Jemand, der sich souverän als Lyriker, Übersetzer, Kritiker, Stückeschreiber und Polemiker wie auch als Herausgeber von Anthologien und zwei bemerkenswerten – und sehr verschiedenartigen – Zeitschriften zu behaupten weiß, ist wahrhaftig eine Seltenheit. Doch Hans Magnus Enzensberger vereinigt in sich all diese Funktionen (und vermutlich noch etliche mehr, die zu erwähnen ich vergessen habe); ja, er bewältigt sie mit einem Maß an Geist und Eleganz, das über die Fundiertheit seines Tuns fast hinwegtäuscht. Das wirklich Außerordentliche an ihm liegt freilich darin, daß er sogar in jedem einzelnen dieser Bereiche etwas von einem Renaissancemenschen an sich hat.

So ist zum Beispiel ein Ende der von Enzensbergers Lyrik erfaßten Themen und Formen nicht abzusehen; und gleichwohl vermag sie sich von Band zu Band und selbst von Gedicht zu Gedicht so vielfältig, wie Verskunst nur immer sein kann, zu entfalten, ohne doch je das Gepräge und die Ausstrahlung der unverwechselbaren Eigenart ihres Autors einzubüßen. Wie wenn eine Quecksilberkugel über eine glatte Oberfläche gerollt wird, so scheint es eine ganze Anzahl von kleinen funkelnden Enzensbergern zu geben, die zuletzt dennoch zu einer einzigen blendenden Intelligenz und Sensibilität verschmelzen.

Die Sammlung *Critical Essays* kann, als bloße Auswahl aus dem Essayschaffen Enzensbergers, dessen voller Spannweite zwangsläufig nicht gerecht werden. Trotzdem vermittelt bereits sie eine hinreichende Ahnung von seiner Vielseitigkeit. Sie zeugt mit allem Nachdruck vom Nutzen, den es bringt, wenn ein komplexes literarisches Wahrnehmungsvermögen politischen Dingen auf die Spur kommt und wenn umgekehrt ein scharfsinniger, historisch und politisch wacher Kopf Fragen unserer Kunst und Kultur aufgreift. Leider scheinen, wie Reinhold Grimm in seiner Einleitung darlegt, angloamerikanische Nachschlagewerke – und, so steht zu vermuten, das englische und amerikanische Publikum – diese Art

---

* Vorwort zu Hans Magnus Enzensberger, *Critical Essays,* ed. by Reinhold Grimm and Bruce Armstrong, New York 1982.

des eindringlichen, weitgespannten, gut unterrichteten, den Leser geistig und moralisch herausfordernden Essays für ein Monopol der französischen Literatur zu halten und den Beitrag, den die großen deutschen Essayisten aus allen Epochen dazu geleistet haben, unbekümmert zu ignorieren. Doch sosehr ich das Fehlen Lessings, Friedrich Schlegels und ihrer vielen Nachfolger beklage: die ›Lücke Enzensberger‹ im angloamerikanischen Bewußtsein scheint mir besonders bedauerlich zu sein.

Der Grund dafür ist einfach genug. Er ist in der Tat die Einfachheit selber. Denn Enzensberger versteht es nicht nur, mit verwickelten Ideen und subtilen Unterscheidungen umzugehn, sondern er tut es zugleich in einem Stil, der, obwohl alles andere als ungeschliffen, geradezu verblüffend direkt und unverblümt ist. Wir leben (muß ich an diese traurige Wahrheit erinnern?) in einem Zeitalter, wo in jedem Bereich, namentlich aber in dem des kritischen, kulturellen oder politischen Essays, klare und einfache Aussagen überaus schwer zu finden sind. Die Schuld daran tragen insbesondere die Franzosen und ihre angloamerikanischen Nacheiferer. Auf Enzensberger hingegen trifft derlei ganz und gar nicht zu. Er mag zwar als Anhänger des Marxismus begonnen haben; doch selbst diesen gängigsten unter den Ismen – zumindest in seiner doktrinären Form – hat er inzwischen hinter sich gelassen. Mit den mehr modischen und obskurantistischen hatte er ohnehin nie etwas zu tun. Der einzige Ismus, der sich in seinem Werk durchhält, ist der Humanismus. Es gibt da keine Marotten und Mätzchen, bloß gesundes, nüchternes Urteil.

Was Enzensberger aus der Gattung Essay zu machen imstande ist, lehrt die Lektüre des vorliegenden Bandes. Ich möchte jedoch lieber eins seiner Gedichte zitieren: und zwar zum Teil, um nochmals diesen sehr wichtigen anderen Zug seines Schaffens ins Gedächtnis zu rufen, aber vor allem auch, um wenigstens andeutungsweise zu zeigen, wie sich das Eigentliche an Enzensberger aufs gedrängteste und doch mit derselben, so gedämpft wie beharrlich wiederkehrenden Ironie äußert, die ich gleichermaßen in seinen Essays zu beachten bitte. Das Gedicht, um das es sich handelt, heißt *Andenken*:

> Also was die siebziger Jahre betrifft,
> kann ich mich kurz fassen.
> Die Auskunft war immer besetzt.
> Die wundersame Brotvermehrung

beschränkte sich auf Düsseldorf und Umgebung.
Die furchtbare Nachricht lief über den Ticker,
wurde zur Kenntnis genommen und archiviert.

Widerstandslos, im großen und ganzen,
haben sie sich selber verschluckt,
die siebziger Jahre,
ohne Gewähr für Nachgeborene,
Türken und Arbeitslose.
Daß irgendwer ihrer mit Nachsicht gedächte,
wäre zuviel verlangt.

Dies ist, *mutatis mutandis,* der gleiche Ton wie in Enzensbergers gelungensten Essays. Es ist der feinziselierte Spott eines Mannes von Wissen und Bildung, der den Kampf nicht etwa aufgegeben hat, sondern seine Waffen sorgsam prüft und wählt: das bedeutungsschwere, anspielungsreiche Detail, die beherzte Ironie, den Anstoß zum Denken.

Darin verkörpert sich die beste Tradition deutscher Essayistik. In sie allerdings sollten wir auch – neben Autoren wie Goethe und Schiller, Heine und Nietzsche, Benjamin und Adorno, die von Grimm mit Enzensberger verknüpft werden – solche wie Kleist oder Karl Kraus und Frank Wedekind einbeziehen. Deren Schreibweise mag zwar härter, ja greller sein als diejenige Enzensbergers; indes sind sie alle, so wie Heine, gleichfalls Ironiker und ganz wie er und sämtliche schon Genannten Enzensbergers Vorfahren oder Ratgeber. Und hier nun ziemt es sich wohl, daß wir anerkennen, wie wenige unserer eigenen Essayisten, in England oder Amerika, diese Art von sardonischem Scharfsinn besaßen und auf Kultur wie Politik anzuwenden vermochten: George Orwell natürlich, auch Edmund Wilson, und zweifelsohne noch ein paar andere. Aber es sind doch äußerst wenige; und Hans Magnus Enzensberger, in guter englischer Übertragung, wird sich rasch und mühelos einen ebenbürtigen Platz neben ihnen sichern. Denn das, was dem Renaissancehaften an ihm den krönenden Abschluß verleiht, ist Enzensbergers Internationalität. Wie sehr wir uns dagegen wehren und ihn in irgendein Anderssein – sein »Deutschtum«, seine europäische oder »kontinentale« Herkunft oder was sonst – verbannen möchten: nichts dergleichen will verfangen. Er steht unmittelbar neben uns, wer immer wir auch sind. Er ist einer von uns.

Aus dem Amerikanischen von Reinhold Grimm

Hannah Arendt/Hans Magnus Enzensberger
Ein Briefwechsel*

New York, Ende 1964

Ich habe das Buch mit ausgesprochenem Vergnügen gelesen; ich kannte nur die im *Merkur*-Heft erschienene Reportage über den Mord des italienischen Mädchens, die mir auch schon sehr gut gefiel. Enzensberger hat einen ausgesprochenen Sinn für das Konkrete und das bedeutende Detail. Was er will, alte Geschichten neu erzählen, ist gut und wichtig. Es gelingt ihm oft, z. B. die Geschichte der russischen Terroristen. Das Schwächste in dem Buch sind die politischen Analysen oder Folgerungen. Von diesen wieder ist der letzte Essay über Verrat ganz ausgezeichnet. Daß aber Auschwitz »die Wurzeln aller bisherigen Politik bloßgelegt« habe, kann er doch selbst nicht gut glauben. Hat Herr Hitler Perikles widerlegt? Hat Auschwitz die Wurzeln der athenischen Polis bloßgelegt? Dies klingt wie eine rhetorische Phrase, ist es aber vermutlich nicht bei diesem so außerordentlich begabten und ehrlichen Autor. Enzensberger hat in seiner Verwendung des Details vor allem, auch stilistisch, bei Benjamin gelernt – ich meine gelernt, nicht etwas nachgemacht! Das hat große Vorteile, kann aber auch zu gefährlichen Mißverständnissen führen. Ein anderes Beispiel ist die fazile, schon von Brecht begonnene Interpretation oder Gleichsetzung von Verbrechen, Geschäft und Politik. Die Verbrechen des 3. Reiches sind keine Verbrechen im Sinne des

* Die Redaktion des *Merkur* leitete diesen Briefwechsel mit folgender Notiz ein: »Vom *Merkur* um eine Besprechung des Buches *Politik und Verbrechen* von Hans Magnus Enzensberger gebeten, antwortete Hannah Arendt mit dem folgenden Brief. Sein Inhalt schien uns, auch abgesehen von einer Veröffentlichung, darauf zu verpflichten, Autor und Kritikerin zu einem direkten Briefwechsel aufzufordern. So ergab sich eine Verbindung von persönlichem Bekenntnis und kritischer Klärung der Begriffe, wie sie heutzutage von keiner Rezension, auch keiner auf Öffentlichkeit bedachten und von ihrem Echo mitbestimmten Diskussion mehr erreicht wird. Zwei Haltungen zu den wichtigsten moralischen Fragen unserer Tage polarisieren einander derart, daß jenseits der herkömmlichen ideologischen Antithesen Verschiedenheit wie Versöhnbarkeit zweier Grundauffassungen von Politik und Geschichte stellvertretend aufleuchten. Um so dankbarer ist der *Merkur*, daß die Partner des Briefdialogs gestatteten, der Öffentlichkeit davon Kenntnis zu geben.« (Anm. des Hg.)

Strafgesetzbuches, und die Gangster von Chikago, die sich inmitten der Gesellschaft ansiedeln, sind nicht die Vorgänger der Nazis. Sie verlassen sich, wenn auch nicht ausschließlich, immer noch auf den Schutz, den diese Gesellschaft auch dem Verbrecher zuspricht, und sie haben weder die Absicht noch wirklich ein Interesse daran, die Macht zu ergreifen. Die Nazis gerade waren keine Geschäftsleute, also geht die Gleichsetzung von Geschäft und Verbrechen vielleicht auf, ist aber unpolitisch: nämlich weder Al Capone noch der respektable Geschäftsmann sind politisch. Dies sind Irrtümer, die sehr verständlich sind, wenn man vom Marxismus kommt, vor allem in seiner Ausprägung und Umgestaltung durch Brecht und Benjamin. Aber zum Verständnis politischer Vorgänge trägt es nichts bei. Im Gegenteil, es ist nur eine hoch kultivierte Form des Escapismus: Auschwitz hat die Wurzeln aller Politik bloßgelegt, das ist wie: das ganze Menschengeschlecht ist schuldig. Und wo alle schuldig sind, hat keiner schuld. Gerade das Spezifische und Partikulare ist wieder in der Sauce des Allgemeinen untergegangen. Wenn ein Deutscher das schreibt, ist es bedenklich. Es heißt: nicht unsere Väter, sondern alle Menschen haben das Unglück angerichtet. Was einfach nicht wahr ist. Außerdem, und gerade in Deutschland verbreitet und gefährlich: wenn Auschwitz die Konsequenz aller Politik ist, dann müssen wir ja noch dankbar sein, daß endlich einer die Konsequenzen gezogen hat. Oh, Felix Culpa!

All dies, um zu erklären, daß ich das Buch nach einigem Hin und Her doch nicht besprechen werde. Es würde mir zu viel Mühe machen, das ganz Ausgezeichnete von dem Verfehlten zu scheiden. Unterhalten würde ich mich gern mit E. Er sollte überhaupt einmal hierher kommen. Das Unverständnis der Deutschen, aber nicht nur der Deutschen, für angelsächsische Traditionen und amerikanische Wirklichkeit ist eine alte Geschichte. Kuriert kann sie nur werden durch Augenschein, nicht durch Lesen.

Tjöme, Norwegen, den 24. 1. 1965

Sehr verehrte Frau Arendt,
seit vielen Jahren beschäftigen mich, seit vielen Jahren helfen mir Ihre Gedanken; ich bin Ihnen also viel Dank schuldig; um so mehr, wenn einige dieser Gedanken nun an die meinen oder gegen

sie gewendet werden. Bitte erlauben Sie mir deshalb ein paar Zeilen der Antwort.

Die Irrtümer, deren Sie mich zeihen, sind von verschiedenem Gewicht. Soweit sie, in Ihren Augen, auf dem Marxismus beruhen, möchte ich sie auf sich beruhen lassen. Wir gehen da von verschiedenen Prämissen aus und kommen zu verschiedenen Resultaten. Sie halten, zum Beispiel, dafür, daß die »soziale Frage« mit politischen Mitteln nicht lösbar ist; dem Elend, der Armut und der Ausbeutung wäre – so steht es in Ihrem Aufsatz über *Krieg und Revolution** – Herr zu werden durch Technologie und allein durch sie. Und mit einer »manchmal fast beängstigenden Geschwindigkeit« sei »wahr geworden«, was in der amerikanischen Unabhängigkeitserklärung vor zweihundert Jahren proklamiert wurde, die Forderung nämlich, daß alle Völker »unter den Mächten der Erde unabhängigen und gleichen Rang erlangen werden«.

Ich sehe aber die Völker Afrikas, Südasiens und des lateinischen Amerikas ihre Geschicke nicht selber lenken; Unabhängigkeit und gleichen Rang genießen sie nur beim Protokoll der Staatsbesuche; ich sehe Milliarden von Menschen, die gleichzeitig mit uns leben, aus politischen Gründen dem Elend, der Armut und der Ausbeutung überantwortet; und ich schließe aus alledem, daß es mir nicht leicht werden wird, meine Irrtümer, soweit der Marxismus an ihnen schuld ist, zu berichtigen. Sie trennen mich von Ihnen, aber diese Trennung ist erträglich; denn es liegt ihr kein Mißverständnis zugrunde, und sie führt nicht dazu, daß der eine vom andern moralisch verurteilt wird.

Schwerer fällt jedes Wort ins Gewicht, das Sie mir über Auschwitz sagen und über alle Gedanken, die daran sich knüpfen. Die Vorstellung, daß Sie bei Ihrem Urteil blieben, kann ich nicht ertragen. Dieses Urteil stützt sich auf den Satz, Auschwitz habe die Wurzeln aller bisherigen Politik bloßgelegt. Sie deuten diesen Satz als eine Ausflucht, als eine »Form des Escapismus«. Dagegen will und muß ich mich wehren.

Ich beginne mit der Schlußfolgerung, die Sie mir nahelegen: »Wenn Auschwitz die Konsequenz aller Politik ist, dann müssen wir ja noch dankbar sein, daß endlich einer die Konsequenzen gezogen hat.« Dieser Satz nimmt es weder mit der Gerechtigkeit

* Vgl. *Merkur*, Januar 1965.

noch mit der Logik genau. Er ist moralisch unvereinbar mit allem, was ich geschrieben habe, und er hat keinen logischen Sinn. Die äußerste Konsequenz aus der Entwicklung der nuklearen Geräte wäre die Ausrottung des Lebens auf der Erde. Wer dies feststellt, dem sollte niemand mit der Antwort begegnen, wir müßten dankbar dafür sein, wenn endlich einer diese Konsequenz zöge.

Ich wähle diesen Vergleich nicht von ungefähr. Denn wenn ich, und seis mit den unzulänglichen Mitteln eines Menschen, der weder Anthropolog noch Historiker ist, über die Vorgeschichte von Auschwitz nachdenke, so tue ichs im Hinblick auf seine Zukunft. Escapismus wäre es, in meinen Augen, so zu tun, als wäre es damit vorbei, als wäre es das schlechthin Vergangene und Verjährte, zu dem es gerade in Deutschland gemacht werden soll. Daß die Deutschen und sie allein die Verantwortung für die »Endlösung« tragen, daran können nur Schwachsinnige zweifeln; für den Fall aber, daß mein Buch von Schwachsinnigen gelesen werden sollte, habe ich, was sonnenklar ist, dreimal ausdrücklich und unmißverständlich wiederholt. Wir haben aber nicht nur an unsere Väter zu denken, sondern auch an unsere Brüder und Söhne; nicht nur an die Schuld derer, die älter sind als wir, sondern auch, ja vor allem, an die Schuld, mit der wir selber uns beladen. Deshalb sage ich: »Die Planung der Endlösung von morgen geschieht öffentlich«, und: »1964 gibt es nur noch Mitwisser.« Wenn das die Sauce des Allgemeinen ist, so ist sie nicht meine Erfindung, und das Spezifische, das darin unterzugehen droht, sind wir selber. Von jedem Fernsehschirm tönt heute die Vokabel vom »Megatod«. Sie ist um kein Haar besser als die von der »Sonderbehandlung«. »Die Nachwelt, mit der Vorbereitung ihrer eigenen beschäftigt, sucht heute die Verantwortlichen für Hitlers ›Endlösung‹ und ihre Handlanger zu richten. Darin liegt eine Inkonsequenz. Diese Inkonsequenz ist unsere einzige Hoffnung, eine winzige.« Dabei möchte ich bleiben. »Die ›Endlösung‹ von gestern ist nicht verhindert worden. Die Endlösung von morgen kann verhindert werden.« Wenn das Escapismus ist, dann mache ich Anspruch auf diesen Titel.

Erlauben Sie mir, bitte, zum Schluß noch eine Bemerkung zu Ihrem Satz: »Wenn ein Deutscher das schreibt, ist es bedenklich.« Diesen Satz verstehe ich, und ich verstehe, warum Sie ihn aufschreiben. Ich nehme ihn, aus Ihrem Munde, an. Abgelöst von der Person jedoch ist er selber bedenklich; denn er besagt, daß die

Richtigkeit eines Urteils von der Nationalität dessen abhängt, der es ausspricht.

Diesem *argumentum ad nationem* bin ich oft begegnet. Ich habe Bürger der Sowjetunion getroffen, die jede kritische Bemerkung über die Verhältnisse ihres Landes mit dem Hinweis auf den deutschen Überfall von 1941 vergalten. Auch diese Reaktion ist verständlich. Sie betrifft freilich nicht das Gespräch selber, sondern seine Voraussetzungen. Ohne ein Minimum von Vertrauen ist kein Dialog möglich. Vertrauen aber ist etwas, was nur geschenkt werden kann. Das *argumentum ad nationem* nimmt dieses Geschenk zurück und macht das Zwiegespräch zum Monolog; denn wie soll einer mitreden, dessen Worte jederzeit untergehen in seiner Herkunft? Alles, was er sagt, wird dann zum bloßen Appendix seiner Nationalität; er könnte nur noch als »Vertreter« eines Kollektivs und nicht mehr als Person reden; er wäre bloß noch Sprachrohr von etwas, und wie jedes Sprachrohr, selber stumm und mundtot. Deshalb denke ich: ein Satz kann nicht bedenklicher werden als er ohnedies ist, dadurch daß ihn ein Deutscher, ein Kommunist, ein Neger usw. geschrieben hat. Er ist bedenklich, oder er ist es nicht. Und ebenso – verzeihen Sie mir, ich kann nicht anders – ist mir an den Untaten der Deutschen das schlimmste nicht, daß Deutsche sie begangen haben, sondern daß solche Untaten überhaupt begangen worden sind, und daß sie wieder begangen werden können.

Ich hoffe inständig, daß Sie mich verstehen. Die Deutschen und nur die Deutschen sind an Auschwitz schuld. Der Mensch ist zu allem fähig. Beide Sätze sind unentbehrlich, und keiner kann den andern ersetzen. Ausflüchte, Entschuldigungen, Ausreden sollen Sie bei mir nicht suchen. Um ein Buch geht es mir nicht, und daß es kein Wort gibt, das Recht behalten kann vor dem Wort Auschwitz, ich weiß es wohl. Darauf bin ich gefaßt, daß Sie mir Unrecht geben; nur hoffe ich, Sie werden mir nicht Unrecht tun.

Ihr Ihnen sehr ergebener

Hans Magnus Enzensberger

New York, den 30. Januar 1965

Lieber Herr Enzensberger,
ich freue mich, daß Sie meine ein wenig leichtfertig hingeworfenen Zeilen beantwortet haben und daß wir so ins Gespräch gekommen sind. Lassen Sie mich vorweggreifend sagen, daß ich

nicht angreifen, sondern Bedenken anmelden wollte. Mir ist eine Gegnerschaft gar nicht in den Sinn gekommen, und das »Minimum von Vertrauen«, von dem Sie mit Recht sprechen, habe ich als selbstverständlich vorausgesetzt. Nichts liegt mir ferner als Ihnen Unrecht tun bzw. Sie mit anderen in einen Topf werfen; denn um etwas anderes konnte es sich kaum handeln.

Gut, daß Sie mir das *argumentum ad nationem* vorgehalten haben. So verkürzt, wie ich es hinsetzte, läßt es sich natürlich keinen Augenblick halten. Ganz so einfach, wie Sie die Sache hinstellen, ist sie aber auch nicht. Ich würde Ihren an die »Schwachsinnigen« gerichteten Satz: »Die ›Endlösung‹ von gestern war das Werk einer einzigen Nation, der deutschen«, unterschreiben, aber nicht ohne ihn zu erläutern. Es war, wie Sie selbst schreiben, »Hitlers ›Endlösung‹«, an der sich ein leider sehr großer Teil des deutschen Volkes mitschuldig gemacht hat, und keiner der Schuldigen hat je im Traum daran gedacht, diesen »grandiosen« Plan für sich in Anspruch zu nehmen oder später die Verantwortung dafür zu tragen. Damit will ich sagen, es hätte nicht zu passieren brauchen, und es hätte auch anderswo, obwohl nicht überall, passieren können; und schließlich, es ist nicht aus deutscher Geschichte zu erklären im Sinne eines wie immer gearteten Kausalzusammenhangs. Nun ist es aber faktisch in Deutschland passiert und damit vorerst zu einem Ereignis deutscher Geschichte geworden, für das politisch, aber nicht moralisch, alle Deutschen heute die Haftung übernehmen müssen. Mein mißverstandener Satz sagt: eine Meinung, die bei Angehörigen anderer Nationen nicht mehr als eine Meinung ist, hat in Deutschland, wenn es sich um die »Endlösung« handelt, unmittelbar politische, tagespolitische Implikationen und Konsequenzen. Bei Deutschen kommen unvermeidlich bei der Diskussion dieser Angelegenheiten Interessen ins Spiel, die anderswo wegfallen. Nur in Deutschland ist Auschwitz sogar eine innenpolitische Frage, von den außenpolitischen Aspekten, die man verständlicherweise oft zu ignorieren beliebt, ganz zu schweigen. Mit dieser Einschränkung bin ich bereit, Ihnen zuzustimmen, daß à la longue nicht entscheidend ist, daß Deutsche solche Untaten begangen haben, sondern daß sie begangen worden sind.

Nun zu dem von mir beanstandeten Satz, der ja im Grunde das Thema Ihres Buches bildet, die Gleichsetzung von Politik und Verbrechen. Lassen Sie mich mit Ihrem logischen Einwand beginnen. Dem Satz: Auschwitz ist die Konsequenz aller Politik, würde logisch entsprechen: Die nuklearen Geräte sind die Konsequenz der modernen Technik – und nicht, wie Sie meinen: »Die äußerste Konsequenz aus der Entwicklung der nuklearen Geräte wäre die Ausrottung des Lebens auf der Erde.« Es gibt heute viele, die die Technik überhaupt für die Atomwaffen verantwortlich machen, wie Sie die Politik überhaupt für Auschwitz, und ich würde das eine wie das andere bestreiten. Was aber zwischen uns zur Debatte steht, ist Ihre Gleichsetzung vom »Megatod« mit der »Endlösung«, und ich fürchte, Sie haben sich zu dieser Gleichsetzung einfach durch das ominöse Wort »Endlösung« verführen lassen. Der Megatod wäre in der Tat eine Art endgültigster Lösung aller Fragen, aber die Endlösung war »nur« die »Endlösung der Judenfrage«; sie könnte Vorbild für die »Lösung« ähnlicher Fragen werden, es ist auch denkbar, daß dabei Atomwaffen eine Rolle spielen, aber mit dem Megatod hat sie nichts zu tun. Das Fatale an Auschwitz ist doch gerade, daß eine Wiederholung möglich ist ohne katastrophale Folgen für alle Beteiligten. Die der Entwicklung nuklearer Geräte in der Kriegsführung inhärente *politische* Konsequenz ist ganz einfach die Abschaffung des Krieges als Mittel der Politik – es sei denn, man dichtet den Geräten selbst eine Konsequenz an, die sie doch nur haben können, wenn Menschen die Konsequenzen ziehen. Daß die politische Konsequenz aus der technischen Entwicklung der Kriegsführung, die sich ihrem eigenen Sinne nach aufhebt, gezogen werden wird, ist nicht sicher; ich halte es für sehr wahrscheinlich, aber dies ist eine bloße Meinung, über die man sich streiten kann. Worüber man sich, wie ich fürchte, nicht streiten kann, ist, daß Auschwitz möglich bleibt, auch wenn kein Mensch mehr von Atomtod spricht.

Unser Begriff von Politik ist durch das griechische und das römische Altertum, durch das siebzehnte Jahrhundert und durch die Revolution des achtzehnten vorgeprägt. Sie können ja nicht gut meinen, daß Auschwitz die Wurzeln dieser ganzen Vergangenheit bloßgelegt habe. Ich nehme also an, Sie wollten sagen: die Wurzeln aller *heutigen* Politik seien da zum Vorschein gekommen. Aber auch in dieser Einschränkung können Sie Ihren Satz nur aufrechterhalten durch die Parallele mit, kurz gesagt, Hiroshima. Ich bin der Meinung, das ist ein Kurzschluß, der allerdings nahe liegt, weil beide Ereignisse nahezu gleichzeitig im Verlauf des Krieges eingetreten sind. Dabei wird übersehen, daß nur Hiroshima und das Städtebombardement (Dresden) mit der Kriegs-führung zusammenhingen und in der Tat anzeigten, daß in einem mit modernen Mitteln geführten Krieg der Unterschied zwischen Krieg und Verbrechen nicht mehr aufrechtzuerhalten ist. Aber Auschwitz hatte mit Kriegsführung nichts zu tun; es war der Beginn einer Entvölkerungspolitik, die nur durch die Niederlage Deutschlands aufgehalten wurde; Hitler hätte, wie wir wissen, auch im Frieden weiter »ausgemerzt«. Die Politik des Dritten Reiches war verbrecherisch. Kann man darum sagen, es gäbe seit-her den Unterschied zwischen Verbrechen und Politik nicht mehr – wie man vielleicht sagen kann, es gibt in einem mit modernsten Waffen geführten Krieg den Unterschied zwischen Krieg und Verbrechen nicht mehr? Dies scheint mir ein Kurzschluß zu sein.

Ein letztes Wort über das Ausweichen. Es gibt einen scheinbaren Radikalismus, der nicht so sehr das Kind mit dem Bade ausschüt-tet als vielmehr durch Parallelen, bei denen sich irgendein Gene-ralnenner darbietet, vieles Partikulare unter ein Allgemeines sub-sumiert, wobei das konkret Sich-Ereignende als Fall unter Fällen verharmlost wird. Dies habe ich mit dem Wort »Escapismus« gemeint. Wir tun dies gelegentlich alle, fortgerissen, wie mir scheint, nicht vom »Strom der Geschichte« oder der berechtigten Sorge um die Zukunft, sondern von dem Zuge unserer Assozia-tionen. Die Gefahr liegt im Metier. Man kann ihr begegnen durch den immer erneuten Versuch, sich am Konkreten festzuhalten und Unterschiede nicht zugunsten von Konstruktionen zu verwi-schen.

Ich hoffe, Sie nehmen all dies, wie es gemeint ist, und das heißt nichts für ungut.

Mit freundlichen Grüßen

Ihre

Hannah Arendt

Enzensberger und Peter Weiss

Peter Weiss
Enzensbergers Illusionen

Ich nehme an, Hans Magnus Enzensberger hält sein Schlußwort im *Kursbuch 2* absichtlich so vieldeutig, weil er zur Diskussion anregen will. Doch liegt in seinem Ausweichen vor einer persönlichen Stellungnahme eine Doppelmoral auf der Lauer. Zunächst tut Enzensberger etwas außerordentlich Begrüßenswertes: er stellt den westdeutschen Lesern ein paar der führenden Gestalten jener Völker vor, die gegenwärtig um ihre Befreiung kämpfen. Er läßt sie mit ihren oft verzweifelten und aggressiven Argumenten zur Sprache kommen, um dann jedoch, in seinem Nachwort, ihre Aussprüche gegen sie zu wenden, indem er die Leser darauf aufmerksam macht, wie »fadenscheinig und verbraucht«, wie »antiquiert und unglaubhaft« sie in unsern Ohren klingen. Zwar warnt er auch gleich wieder vor diesen Vorbehalten und zeigt ein fast mitleidiges Verständnis für diese »Wortführer der Armen Welt«, die sich bei ihren Bemühungen um die Verbesserung der Notlage einer von ihren europäischen Unterdrückern geliehenen Sprache bedienen müssen. Er zieht eine Trennungslinie zwischen »seiner Welt« und »deren Welt«, er setzt auf eine selbstverständliche Weise seine Zugehörigkeit zu einer »Reichen Welt« voraus. Er äußert: »Keine Tat und keine Vorstellungskraft genügt, um sich in die Lage eines schwarzen Grubenarbeiters, eines asiatischen Reisbauern oder eines peruanischen Indio zu versetzen.«

Ich halte diesen Ausgangspunkt für sehr gefährlich, denn es wird damit der Anschein einer Solidarität mit den Unterdrückern geweckt. Auch wenn wir nicht als Sklavenarbeiter in einer afrikanischen Kupfergrube stecken, oder mit Napalmbrandwunden auf einem nordvietnamesischen Reisfeld liegen, so haben wir doch die Fähigkeit, die Anlässe zu ergründen, die zu diesen Situationen führen, und bei der Ergründung dieser Anlässe kommen wir denen, die daran zugrunde gehen, sehr nahe. In manchen Fällen können wir als Schreib- und Lesekundige sogar mehr von den Verhältnissen verstehen und überblicken, als jene, die ohne jegliche Bildungsmöglichkeit von ihnen zerrieben werden. Ich möchte an das System der deutschen Konzentrationslager erinnern. Auch hier herrschte weitgehend die Meinung, es handele sich um Dinge, die wir nicht fassen könnten. Und doch zeigt es sich, daß auch das Schrecklichste immer noch menschliche Proportionen besitzt, und daß alles, was von Menschen in die Wege geleitet worden ist, seinen Ursprung und seine Erklärung hat. *Wir* sind zufällig von der Macht, die jene Lager errichtete, verschont geblieben – doch haben wir deshalb das Recht, von uns als »Verschonten« zu sprechen, im Gegensatz zu denen, die wir die »Betroffenen« nennen können? Besteht ein kategorischer Unterschied zwischen den Verschonten und den Betroffenen? Wir leben immer noch in der gleichen Welt, in der jene lebten, die darin vernichtet wurden.

Der Definition von einer »armen« und einer »reichen« Welt haftet etwas Passives und Fatalistisches an. Selbst wenn Enzensberger eine solche Terminologie nur als Arbeitshypothese aufstellt, um Anhaltspunkte für eine Auseinandersetzung zu finden, so kann sie wiederum nur denen nutzen, die die Klassenunterschiede aufrechterhalten wollen. Für eine vereinfachende Terminologie wäre nach wie vor der Gegensatz einer kapitalistischen und einer sozialistischen Welt brauchbarer – selbst wenn wir uns klar darüber sind, daß innerhalb dieser beiden Begriffe außerordentlich komplizierte Gliederungen herrschen.

Hier ist allerdings, von seiten unserer westlichen Welt aus, eine solch umfassende Meinungsbearbeitung vorgenommen worden, daß viele jetzt tatsächlich glauben, Kapitalismus und Imperialismus seien überwundene Stadien, und die westlichen Demokratien entwickelten sich mehr und mehr zu uneingeschränkten Wohlfahrtsstaaten. In diese Sicht einer »Reichen Welt« bezieht Enzensberger die Sowjetunion, Polen und Ungarn ein (wo steht die DDR?), sowie Spanien und Portugal, und stellt diese konstruierte Einheitlichkeit den Nationen des proletarischen Standes gegenüber. Allein der Gegensatz zwischen der westdeutschen und der sowjetischen Politik müßte genügen, um die Wirklichkeitsfälschung eines solchen Standpunkts deutlich zu machen. Was auch immer an Annäherungsversuchen zwischen der Sowjetunion und der kapitalistischen Welt unternommen wurde, um die Gefahr eines Atomkriegs aufzuhalten: eine Annäherung der beiden Gesellschaftssysteme hat dabei nicht stattgefunden.

Die Trennungslinie einer »Armen Welt« und einer »Reichen Welt«, die Enzensberger als die heutige »Achse der Weltpolitik«

voraussetzt, bleibt imaginär, so bestechend diese Anschauung sich auch ausnimmt, und so reichhaltig sie sich mit Beispielen belegen ließe. Die konkrete Trennungslinie zieht sich zwischen den verschiedenartigen Auffassungen von der gesellschaftlichen Ordnung hin, und hier müssen die Streitpunkte zwischen der Sowjetunion und China doch eher zu einer Einigung führen als die Gegensätze zwischen der Sowjetunion und den USA. Die Hoffnung im Lager der Besitzenden dieser Welt, die Sowjetunion auf ihre Seite zu bekommen, ist ein Bestandteil der riesenhaften Kraftanstrengung, mit der der freie Unternehmergeist seine Stellungen konsolidieren will. Es ist eine eitle Hoffnung und eine Rückwärtsbewegung. Wenn wir die geschichtliche Entwicklung verfolgen und versuchen, uns deren weiteren Verlauf vorzustellen, so müssen wir uns fragen: unter welcher politischen Form kann sich die Befreiung vollziehen, die sich in den unterdrückten Ländern angebahnt hat? Ich kann da keine andere Form sehen als die sozialistische. Im Gegensatz zu der Opinionsverseuchung, die uns wahrmachen will, der Sozialismus habe ausgespielt und der Klassenkampf sei eine veraltete Sache, befindet sich der Sozialismus vielmehr noch in seinen Anfangsstadien.

Selbst wenn uns im Augenblick einer Hochkonjunktur Westdeutschland als ein »reiches« Land entgegentritt, so brauchen wir nur einen Blick in die Hinterhöfe der Großstädte zu werfen, um uns davon zu überzeugen, daß die gröbsten Klassenunterschiede weiterbestehen. Und auch wenn diese Klassenunterschiede weniger katastrophal sind als in manchen italienischen Städten, von Spanien und Portugal ganz zu schweigen, so sind sie doch greifbar und müßten vor allem den »Betroffenen« klargemacht werden. Darin sehe ich eine größere Aufgabe für einen Publizisten, als die Aufgabe der Illusionsbildung: *wir alle* gehörten zum Reichtum, und die andern dort hinten in Afrika, Indien, Asien oder Lateinamerika gehörten zu den Armen.

Im Grunde ist es das gleiche, was dort hinten bei den Unbemittelten und was hier bei uns, die wir uns einen gewissen Lebensstandard angeeignet haben, geschieht. Wir befinden uns in dem gleichen sozialen Kampf, selbst wenn wir diesem Kampf in zweifelhafter Muße zusehen können, während die andern dabei in jeder Stunde ihr Leben gefährden. Unsere sophistische Kritik an den desperaten und unschönen Äußerungen derer, die sich ihre elementarsten Lebensrechte noch erobern müssen, ist ein Ausschlag unseres Hochmuts und unseres Verrats. Die Aussprüche eines Fanon, eines Lumumba, eines Castro, Fuentes oder Grimau mögen sich unserm ästhetisch geschulten Gehör als Mißklänge dartun, und doch enthalten sie mehr Wahrheit als der größte Teil unserer esoterischen Kunst.

Enzensberger stellt zum Abschluß seines Nachworts ein paar Fragen, was denn nun in Erwartung des Zusammenstoßes zwischen der »armen« und der »reichen« Welt zu tun sei. Der erste Schritt scheint mir die Aufhebung dieser gefühlsmäßigen Trennungslinie zu sein. Es handelt sich vielmehr um einen politischen Konflikt, der nur in einigen Staaten durch eine neue Grundlage aufgehoben wurde – oder zumindest seiner Lösung entgegengeführt wird, während er in allen anderen Staaten mehr oder weniger verdeckt vorhanden ist. Indem wir uns soviel Kenntnisse wie möglich verschaffen über die Zustände in den von den »Reichen« am schwersten bedrängten Ländern, können wir diese Länder in unsere Nähe rücken und unsere Solidarität mit ihnen entwikkeln.

Um dahin zu gelangen, müssen wir allerdings Farbe bekennen. Das Spiel mit Vorbehalten und ständigen persönlichen Rückzugssicherungen, das wir Intellektuelle der westlichen Welt so weitgehend betreiben, und das zu der hochmütigen Anschauung führen kann, wir gehörten zu einer »reichen Welt«, muß aufgegeben werden.

Für einen westdeutschen Autor z. B. besteht die Möglichkeit, zu untersuchen, in welchem Maß die Infiltration der Großwirtschaft und der militärischen Interessen seines Staats in den unterdrückten Ländern fortgeschritten ist. Da zeigt es sich bald, wie eng er mit den Geschehnissen dort verbunden ist.

So sollen in der Südafrikanischen Republik die westdeutschen Investitionen, die zur Zeit 1 Milliarde DM weit überschritten haben, dem Plan nach innerhalb von 10 Jahren auf 7,3 Milliarden erhöht werden. Halbseitige Zeitungsannoncen werben: »Das Land unvergleichlicher Schönheit und Kontraste bietet Ihnen das Potential eines expansionsfähigen Marktes mit hochentwickelten Industrien und regem Handel. Es ist Platz für Sie unter der südafrikanischen Sonne und Platz für Ihr Produkt auf dem südafrikanischen Markt.« Das bedeutet: Platz für den weißen Europäer!

Dominierende Abgesandte dieser weißen »Reichen« aus Westdeutschland sind in der S. A. R. die Otavi Minen- und Eisenbahn-gesellschaft, Frankfurt/Main, die seit 10 Jahren in Johannesburg die Tochtergesellschaft Otavi Mining Co. Ltd. unterhält, die Mannesmann AG, Düsseldorf, die 1961 die Star Asbestos Co. gründete, und die Farbwerke Bayer, Leverkusen, die an der Rustenberg Chrome Mines Ltd. beteiligt sind. Des weiteren haben Heinkel, Henschel, Flick, sowie Siemens, Agfa und AEG durch Zweigwerke bedeutenden Einfluß auf die verarbeitende Industrie der S. A. R. gewonnen.

Die Deutsche Bank gab zur Entwicklung der Diamanteninteressen 50 Millionen DM an die Anglo-American Corp. of South Africa, so wie diese Bank auch maßgeblich hinter der von der Bundesregierung garantierten 108-Millionen-DM-Anleihe an die Phalaborwa Mining Co. steht. Dieser Kredit wird im Lauf der nächsten Jahre durch reichliche Kupferlieferungen abgedeckt werden. Die großen Gewinne dabei ergeben sich aus der Möglichkeit, die afrikanischen Arbeiter mit Hungerlöhnen auszubeuten.

Bei Hermann Abs und bei Dr. Felix Prentzel (Vorsitzender der Degussa, Aufsichtsratmitglied u. a. bei Hoechst, Mitglied des Verwaltungsrates beim Institut für Entwicklungsländer – unter Hitler Mitarbeiter im Reichsamt für Wirtschaftsausbau und Mitarbeiter der wirtschaftspolitischen Abteilung der IG-Farben) laufen die Fäden zur südafrikanischen Uran-Gewinnung zusammen. Gemeinsam mit westdeutschen Sachverständigen wird die Produktion von Kernwaffen, Raketen und chemischen Waffen in der S. A. R. vorbereitet. Am weitesten fortgeschritten ist hier die Entwicklung von Giftgasen, für die Dr. Prentzel die Produktionserfahrungen und Lizenzen zur Verfügung stellte. Leitender Mitarbeiter der Giftgasgruppe ist Günther Pruss, der während des Krieges im Führungsstab der Gasforschungsabteilung tätig war.

In Angola hat Krupp 190 Millionen investiert zur Gewinnung von Eisenerz. Gegenwärtig beläuft sich die Jahresförderung aus den Gruben von Cuima und Cassinga auf 500 000 Tonnen. Es wird damit gerechnet, daß sich das Ergebnis nach zwei Jahren auf 2,5 Millionen Tonnen jährlich steigert.

Im Juli 1963 fuhr eine westdeutsche Delegation des Bundestags auf Einladung Salazars nach Angola und Moçambique. Nach der Rückkehr äußerte deren Leiter, der damalige Bundestagsvizepräsident Jaeger, in einem Interview, das er dem *Rheinischen Merkur* Ende August 1963 gab, daß das Wort Fremdherrschaft in Zusam-

menhang mit der portugiesischen Kolonialpolitik überhaupt nicht
angemessen sei. Moçambique sei eine Insel des Friedens (99% der
afrikanischen Bevölkerung Analphabeten; System der 6monati-
gen Zwangsarbeit per Jahr, darunter 100 000 Kinder im Alter von
10-14 Jahren; Lohn für den afrikanischen Arbeiter max. 90 Escu-
dos = ca. 25 DM per Monat). In den portugiesischen Kolonien sei
die Rassenfrage gelöst. Nicht Portugal, sondern seine Gegner be-
drohten Angola und Moçambique.

Zur Förderung der portugiesischen Kolonialherrschaft baut die
Bundesrepublik seit Anfang der 60er Jahre ihre Unterstützung der
portugiesischen Armee aus, was letztlich zur Überführung westdeutscher Luftflottillen geführt hat – unter der unschuldsvollen
Tarnung, es handele sich um bloße Manöver, die dort in einem
günstigen Luftraum abgehalten werden könnten.

Dies nur als zufällig herausgegriffene kleine Beispiele, aus denen
hervorgeht, wie sehr uns heute der Kampf um eine grundlegende
soziale Veränderung der Welt angeht.

Auf wessen Seite stellen wir uns? Diese Frage richte ich an Hans
Magnus Enzensberger. Stehen wir auf der Seite derer, deren
Kräfte heute einem Verschleiß bis zur Vernichtung ausgesetzt
werden (so wie die Wehrlosen in den faschistischen Konzentra-
tionslagern), denen die Güter und Ausbildungsmöglichkeiten, die
uns zur Verfügung stehen, versagt sind, die von ihren Beherr-
schern zersplittert und gegeneinander aufgehetzt werden, denen
die Ruhe zum wohlgewählten Ausdruck fehlt und die ihr aufge-
speichertes Unglück in gewaltsamen Ausbrüchen entladen, oder
stehen wir auf der Seite derer, die diese Ausbrüche Pöbelrevolten
nennen, oder Terroristentaten, und die zur Besonnenheit raten,
weil sie die geltende Ordnung nicht gefährdet sehen wollen?

Ich möchte Enzensbergers drei Schlußfragen noch die vierte hinzufügen: Sind wir fähig, unsere Zweifel und unsere Vorsicht aufzugeben und uns zu gefährden, indem wir eindeutig aussprechen:
Wir sind solidarisch mit den Unterdrückten und wir werden als
Autoren nach allen Mitteln suchen, um sie in ihrem Kampf (der
auch der unsere ist) zu unterstützen?

Stockholm, August 1965

Hans Magnus Enzensberger
Peter Weiss und andere

Peter Weiss und andere haben sich entschieden. Sie fordern uns auf, ihrem Beispiel zu folgen. Das Beispiel will untersucht sein.

Peter Weiss und andere haben sich entschieden – für die Unterdrückten, und gegen die Unterdrücker. Auf wessen Seite stellen wir uns? Dreimal dürfen wir raten, was die rechte Antwort auf diese starke Frage ist, und wie wir am sichersten zu einem klaren Standpunkt, am geschwindesten zu einer korrekten Position gelangen können. Wir brauchen uns nur ein Beispiel zu nehmen an Peter Weiss und anderen, und aufzugeben: unsere Passivität, unsern Fatalismus, unsern Hochmut, unsere Doppelmoral, unsere Vorbehalte, unsere Rückzugssicherungen, unsere Vorsicht, unsere Zweifel. Wir brauchen uns nur ein bißchen zu gefährden. Wir brauchen nur ein bißchen zu kämpfen, Seite an Seite mit »einer sozialistischen« gegen »eine kapitalistische Welt«. Das ist doch wohl nicht zuviel verlangt. Nur, wie macht man das eigentlich? Wie müssen wir zu Werke gehen, um es Peter Weiss und anderen gleichzutun? Was ist ihre Politik, und wie sieht ihre Moral aus?

Peter Weiss wird es seit einigen Monaten nicht satt, uns zu versichern, er habe sich entschieden; was aber aus dieser Entscheidung folgt, darüber läßt er uns ebenso beharrlich im unklaren. Zwar teilt er mit, daß der Klassenkampf keine veraltete Sache sei, daß auch bei uns die gröbsten Klassenunterschiede weiterbestehen, und daß wir alle uns in einem sozialen Kampf befinden. Solche Nachrichten werden allenfalls den Bundesverband der deutschen Industrie aufhorchen lassen; wem sonst sollten sie neu sein, wer sonst wollte sie bestreiten. Auch der Blick in die Hinterhöfe der Großstädte ist heute, anders als vor achtzig Jahren, keine politische Offenbarung mehr. Was über solche bescheidnen Erinnerungen hinaus der Inhalt, und welches die Ziele des sozialen Kampfes sind, den Peter Weiss und andere in Westdeutschland führen, will nicht so recht deutlich werden. Möglicherweise ist dabei an die Verstaatlichung der Produktionsmittel zu denken, an die Kollektivierung der Landwirtschaft. Möglicherweise soll die eine oder andere bisher erlaubte Partei verboten, die eine oder andere, bisher verbotene, erlaubt werden. Oder geht es bei diesem Kampf um die Abschaffung der Bundeswehr? Die Diktatur des Proletariats? Handelt es sich um bescheidenere Ziele, sollen die

Notstandsgesetze verhindert, soll die DDR anerkannt werden? Man wird doch noch fragen dürfen.

Und nicht nur über die Ziele, sondern auch über die Strategie, mit deren Hilfe sie erreicht werden sollen, wüßten wir gern Bescheid, ehe wir unsern Zweifeln endgültig den Rücken kehren. Denkt Peter Weiss an eine Zusammenarbeit mit den Gewerkschaften, oder will er sich auf die Deutsche Friedens-Union stützen? Hat die Kampagne für Abrüstung seine Sympathien? Hält er Wahlreden für ein brauchbares Mittel, um seine Politik durchzusetzen? Genügen Presse-Verlautbarungen, Bulletins, »Arbeitspunkte« für Schriftsteller? Oder soll der politische Generalstreik ausgerufen werden? Ist Peter Weiss ein Reformist? Oder plant er für die Bundesrepublik eine Revolution? Fragen über Fragen. Peter Weiss läßt sie ohne Antwort. Aus Fatalismus, aus Passivität? Aus Vorsicht, um sich den Rückzug zu sichern, um sich nicht zu gefährden? Einem Mann von seiner Entschlossenheit mag ich das nicht zutrauen. Ich nehme vielmehr an: Er weiß es selber nicht. Er hat weder ein Programm vorzuschlagen, noch eine Strategie. Eine politische Entscheidung aber, die keine präzisen Ziele kennt, bleibt leer; eine politische Entscheidung ohne präzise Strategie bleibt blind.

Wo eins wies andere fehlt, kann auch die Analyse alle fünfe grad sein lassen, und auf die Anstrengung des Begriffs kommt es schon ganz und gar nicht mehr an. Der Verzicht darauf fällt umso leichter, wenn man seine Zweifel ein für allemal über Bord geworfen hat, mit dem Hochgefühl eines Patrioten, der sich sagen darf: Gold gab ich für Eisen. Eine kritische Theorie, die ohne den Zweifel auskäme, wird sich ja so leicht nicht finden lassen. Kein Wunder also, daß jedem Satz, den unser zweifelloser Kollege aufs Papier bringt, immer schon, ehe der Punkt gesetzt wird, das normative Urteil ins Wort fällt. Die Differenz zwischen dem Bestehenden und dem Notwendigen wird damit abgeschafft, aber freilich nur verbal. Der Abgrund zwischen dem, was in Kreuzberg, und dem, was in Kalkutta geschieht, soll zugeschüttet werden mit sechs Wörtern: »Im Grunde ist es das Gleiche.« Um die Einheit der »sozialistischen Welt« zu retten, braucht es dagegen der Wörter zehn: »Hier müssen die Standpunkte doch eher zu einer Einigung führen.« Analytische Deskription ist überflüssig; das Terrain des Realen braucht gar nicht erst durchmessen zu werden. Immer sitzt der Igel des Normativen schon im Ziel und ruft: Ik bün all door! Denn: »Die Hoffnung im Lager der Besitzenden dieser Welt, die Sowjetunion auf ihre Seite zu bekommen, ist ein Bestandteil der riesenhaften Kraftanstrengung, mit der der freie Unternehmergeist seine Stellungen konsolidieren will. Es ist eine eitle Hoffnung und eine Rückwärtsbewegung.« Palmström dixit. Rückwärtsbewegungen sind in seinem Weltbild nicht vorgesehen, und so dekretiert er in edler Einfalt, daß nicht sein kann, was nicht sein darf.

Diese Denkweise bei ihrem Namen zu nennen, ist nicht schwer. Der politische Palmström ist ein Idealist, wie er im Buche steht, und es gehört offensichtlich zu seinem Projekt, die Marxsche Philosophie auf den Kopf zu stellen. Das vereinfacht den Klassenkampf beträchtlich. Wir brauchen nur, jeder einzelne für sich, bis die ganze Menschheit desgleichen tut, unsere Charakterfehler abzustreifen und uns für Die Gute Sache zu entscheiden, unserm Egoismus Valet zu sagen, uns zu erheben über unsere niedrigen materiellen Interessen, so wird die klassenlose Gesellschaft nicht mehr lange auf sich warten lassen. Reiche Nationen werden dann in platonischer Eintracht verkünden: wir kennen nicht Reich noch Arm, wir wollen alle Brüder sein. »Die ›Idee‹ blamierte sich immer, soweit sie von dem ›Interesse‹ verschieden war«, schrieb Marx, den Peter Weiss nicht gelesen hat.

Der Fall ist lächerlich, aber er ist nicht komisch. Hier geht es nicht um ein paar Schriftsteller und ihre Meinungsverschiedenheiten. Daß der eine dem andern »Wirklichkeitsfälschung« vorwirft, der eine dem andern blinde Naivität, möchte jeden, der lesen kann, kalt lassen. Es ist aber hier von Fragen die Rede, die blutig sind; wovon wir reden, daran sterben viele Leute; darum handelt es sich, nicht um Kindereien, und deshalb muß ein Abgrund Abgrund genannt werden, Reichtum Reichtum, Interesse Interesse und was ein furchtbarer Riß ist, ein Riß.

Vor mehr als einem Jahr, im Winter 1964/65, haben auf dem Roten Platz zu Moskau chinesische und afrikanische Studenten demonstriert. Der Anlaß war die Behandlung, die den Demonstranten von seiten der sowjetischen Administration zuteil geworden war. Der Grund lag tiefer. Politische und ideologische Losungen wurden laut, die sich auf den Streit zwischen Moskau und Peking und auf die Haltung der sowjetischen Regierung im Vietnam-Krieg bezogen. Die demonstrierenden Studenten sangen die *Internationale*. Berittene Polizei hat den Aufzug zersprengt. Sie wurde mit dem Ruf empfangen: Faschisten, Faschisten!

Ein Jahr später verschärften sich die Beschuldigungen der Chinesen gegen die sowjetische Regierung. In den Pekinger Texten war von einem »antagonistischen Widerspruch« die Rede. Die Chinesen erklären nicht nur, daß die Sowjetunion sich mit den Vereinigten Staaten, hinter dem Rücken und auf Kosten der ärmeren Länder, verständigt habe; sie behaupten auch, daß die Sowjets im Innern ihres Landes die Wiederherstellung des Kapitalismus betrieben; und sie betrachten, *expressis verbis*, die Sowjetunion fortan nicht mehr als einen sozialistischen Staat.

Im Februar dieses Jahres hat die KPdSU ein Rundschreiben an alle Bruderparteien erlassen, in dem es heißt: China bedrohe die Sowjetunion mit einer gewaltsamen Änderung ihrer asiatischen Grenzen; China wolle einen bewaffneten Zusammenstoß zwischen der Sowjetunion und den USA herbeiführen, bei dem Peking das Schauspiel der gegenseitigen Vernichtung beider Weltmächte »als interessierter Zuschauer genießen« könne; China betriebe somit eine »Großmachtpolitik im Sinn des extremen Nationalismus, die letzten Endes auf die Beherrschung der ganzen Welt« ziele.

Bei Peter Weiss und anderen stoßen solche Vorgänge auf keine sichtliche Anteilnahme. Sind sie unscheinbarer als das, was in Angola geschieht? Oder ist es Peter Weiss vor allem um ein unbeschädigtes Weltbild zu tun, einen Glauben ohne Wenn und Aber, eine »kommode Religion«? Darauf deutet manches von dem, was er schreibt. Sein Text verläßt sich auf Bekenntnisse eher als auf Argumente; die Informationen, die er beibringt, sind uns willkommen, auch wenn er's an Belegen und Quellenangaben fehlen läßt. Doch stützen sie nur die Thesen, die er angreift; sie wirken wie ein Nachtrag zu der Publikation, die sie widerlegen möchten. Mit dem, was Peter Weiss ablegt, und mit dem, was er uns abfordert, haben seine Argumente wenig zu tun: das sind Bekenntnisse.

Und damit sind wir nicht beim Kern der Sache, doch beim Kern des Streites angelangt, den Peter Weiss, und das ist ihm zu danken, vom Zaun gebrochen hat: bei der Moral, und bei der Doppelmoral.

Seine Stimme bebt vor Empörung. Peter Weiss ist gegen den Mord, gegen die Ausbeutung, gegen den Hunger, gegen die Unterdrückung. Er sagt es sich selber, und er sagt es allen andern vor.

Das ist ein begreifliches Bedürfnis. Ihm nachzugeben, schadet niemandem, nützt niemandem. Was da vorgebracht wird, mit der Beredsamkeit und im Brustton eines Missionars, das versteht sich von selbst. Es ist die Voraussetzung aller sinnvollen politischen Arbeit. Kann es sinnvolle politische Arbeit ersetzen?

Unsere selbsternannten Vorbilder sind solidarisch mit den Unterdrückten. Sie bekennen Farbe. Wir andern hingegen sitzen in unseren Fünf-Zimmer-Wohnungen. Wir schreiben ja nur. Wir fahren vielleicht einmal nach Kuba oder in die Sowjetunion, aber nur als Touristen; wir lesen vielleicht einmal in Leipzig etwas vor, aber dann setzen wir uns wieder in den Interzonen-Zug. Das ist nichts als Theorie. Das sind ja bloße Worte. Wenn es hochkommt, ein Auftritt im Fernsehen, ein paar Demonstrationen. Wenn es hochkommt, zahlen wir unser Flugbillet selber, bei der Besichtigung des Sozialismus. Wenn es hochkommt, wirft die nationale Presse ein wenig ihres eigenen Drecks auf uns. Aber es ist immer noch was zum Trinken im Kühlschrank. Dagegen Peter Weiss und andere! Die gefährden sich. Die kämpfen. Die haben nichts zu tun mit der Gesellschaft, in der sie leben. Die sind ausgetreten. Die stehen Schulter an Schulter mit dem schwarzen Grubenarbeiter in den Kupferminen von Transvaal, mit dem asiatischen Reisbauern in den Feldern von Süd-Vietnam, mit dem peruanischen Indio in den Vanadium-Bergwerken. Da stehen sie, Schulter an Schulter, und kämpfen. Peter Weiss und andere sind nicht, wie wir, Komplizen der reichen Welt. Sie zeigen uns, mit ein paar Interviews, wie leicht Solidarität zu verwirklichen ist: mit ein paar Interviews. So leicht ist das Tischtuch zerschnitten, die Seele gerettet und die Schelle der Doppelmoral denjenigen angehängt, die sich ein wenig schwerer tun mit ihren Bekenntnissen. Ich bitte euch, meine Herren, schaut in den Spiegel, ehe ihr den Mund aufmacht! Ist es wirklich ein schwarzer Grubenarbeiter, der da Schulter an Schulter mit euch an der Bar sitzt? Wenn es wenigstens Sartre wäre, der würde euch sagen: »Heroismus erwirbt man sich nicht mit der Feder.« Wer klopft sich da eigentlich immerfort selbst auf die Schulter? Wer behauptet da im Ernst, er gefährde sich, und nimmt den Mund voll mit seinen Mutproben? Ist der Klassenkampf ein Indianerspiel, die Solidarität ein Federschmuck für Intellektuelle?

Geht einmal nach Vietnam oder Peru und bringt zwanzig Jahre damit zu, einen revolutionären Krieg zu führen! Ihr bildet euch ein, es sei »im Grunde das gleiche«, was dort und was hier geschieht. Ich bin andrer Ansicht. Ich meine, daß es im Grunde zweierlei ist, ob einer in Angola in einer Grube stirbt, oder ob er eine Statistik über die Grubenarbeiter von Angola liest. Ihr, meine Herren, studiert die Statistik. Ich auch.

Es ist nicht jedermanns Sache, mit Bekenntnissen um sich zu schmeißen. Da Peter Weiss und andere mich auffordern, Farbe zu bekennen, so erwidere ich: Die diversen Seelen in ihrer und in meiner Brust sind weltpolitisch nicht von Interesse. Die Moralische Aufrüstung von links kann mir gestohlen bleiben. Ich bin kein Idealist. Bekenntnissen ziehe ich Argumente vor. Zweifel sind mir lieber als Sentiments. Revolutionäres Geschwätz ist mir verhaßt. Widerspruchsfreie Weltbilder brauche ich nicht. Im Zweifelsfall entscheidet die Wirklichkeit.

Berlin, März 1966

Peter Weiss
Aus den *Notizbüchern*

Möglich, das GESPRÄCH in 10, 15 Jahren dort fortzusetzen, wo es jetzt ausklingt, mit dem Ton, daß es eben zu jedem beliebigen Zeitpunkt weiter geführt werden könnte – (Gespräch mit Hans Magnus, Neujahr)

[1. 1. 1963]

10/5 Phnom Penh [Traum]
Früh morgens. War erst im Theater in Ost-Berlin. Die ganze Erniedrigung. Ein Stück von mir hätte bei den Festspielen aufgeführt werden sollen, und war am selben Tag abgesetzt worden. Statt dessen wurde die Antigone gebracht, in einer Bearbeitung von Hochhuth. Das sollte mir als Beispiel dienen: der kennt die Sprache, den Stil, hieß es. Auch wurden mir seine Werke gezeigt, schwarz gebunden. Gedichte von Celan und Enzensberger waren dabei. Daran hätte ich zu lernen, wie ich arbeiten müsse. Es war zum Heulen, aber ich beherrschte mich noch. [...]

[10. 5. 1968]

21/5 Beerdigung Nelly Sachs. Mosaische Kapelle auf dem Norra Kyrkogården.
Naßkalt, lehmig.
Enzensberger, Unseld, Hermann Kant –

[21. 5. 1970]

25/5 mit Enzensberger. Ich versuchte, die Kluft, die seit Jahren zw. uns aufgekommen war, zu überbrücken. Wir werden älter, wir haben keine Zeit mehr, mit den wenigen, mit denen es sich noch sprechen läßt, verärgert oder verfeindet hinzuleben. Ich wollte ihm nicht länger übelnehmen, was er Hämisches, Giftiges über mich geäußert hatte. Und vielleicht gab es in dieser Stunde auch Ansätze zu einer Freundlichkeit. »Spaß haben« wollte er ja auch schon früher, vielleicht sah er seine Angriffe nie als perfide an, sondern eher als »zum Gewerbe gehörend«. Er ist ein Fechter, und sieht manchmal wie ein geängstigter kleiner Junge aus. Ich wollte ja nur immer wissen: wo stehst du. Aber grade das verachtete er ja, er verabscheute diese Bindungen, diese Lagebestimmungen, nach denen ich verlangte. Aber jedenfalls gingen wir nicht mehr bloß aneinander vorbei –

[25. 5. 1978]

1962 wurde ich zum ersten Mal von Hans Werner Richter eingeladen, an der Tagung der Gruppe 47 teilzunehmen. Sie fand in einer Villa am Wannsee statt, in der Nähe des Grabs von Heinrich von Kleist. Ich geriet in eine Versammlung, in der es schwirrte von Rankünen, Eifersüchten, Rivalitäten, Machtkämpfen, Kulturpolitik. [. . .] Ich fand nicht Vertreter eines einheitlichen Interesses, nämlich in der vorbehaltlosen Diskussion unsres Handwerks, sondern eben Gruppenbildungen. Um Grass scharte sich ein Kreis. Andre sammelten sich um Enzensberger, um Walser. Mit Höllerer, der das Manuskript des Kutschers »entdeckt« und an den Suhrkamp Verlag gebracht hatte, mit Alfred Andersch und einigen andern stellte sich eine freundschaftliche Beziehung her, Enzensberger, der sich im Verlag für mich eingesetzt hatte, verhielt sich indessen, hier zwischen seinen Verbündeten, kühl. Ich wurde aufgefordert, aus meinem eben abgeschlossnen Gespräch der drei Gehenden vorzulesen. Enzensberger hatte dieser Text gefallen, ich glaube, er beurteilte ihn positiv. Grass jedoch mochte ihn nicht. Er fand, der Autor verhöhne seine Figuren, mache sich lustig über sie. Er nannte den Text amoralisch, antihumanistisch. [...] Im folgenden Jahr, in Saulgau, las ich aus dem Marat. [...] Daß Grass mir nicht gewogen war, war kein Geheimnis. Blieb die Kritik eines Enzensberger undurchsichtig, hielt ein Baumgart sich an Akademismus, so teilte Grass offen seine Meinung mit. [...]

[13. 7. 1978]

18/9 Enzensberger rief aus Venedig an, fragte nach meinem Ergehen, hatte von meiner Krankheit gehört, war beunruhigt.

Seltsam: er ist der einzige, der sich plötzlich erkundigt, niemand sonst von allen denen, mit denen ich in literarischer Beziehung stehe, hat irgendeine Anteilnahme gezeigt.

Zu Enzensberger – gut, ich nehme alles zu ernst, ich besitze nicht diese souveräne Ironie. Ich weiß: er schätzt höchstens den Kutscher, das Gespräch der drei Gehenden, alles andre ist ihm zu kompakt, er meint, ich nehme alles zu wichtig, nehme mich selbst zu wichtig, ich sei Idealist, ich stelle Prognosen, ich »glaube« an etwas. Überhaupt dies, daß ich glaube, an Begriffe wie »Klasse«, »Klassenkampf« usw., daß ich nicht genug zweifle, nicht spöttisch genug bin, daß die Revolutionsgeschichte noch nicht für mich zu Ende ist, das ist natürlich ein großer Fehler. Denn die Revolutionsgeschichte ist doch wohl längst zu Ende, Macht kommt nur noch von oben her, von unten, vom Volk ist nichts zu erwarten. Spräche ich doch wenigstens von Börseninteressen, von monopolistischen Verflechtungen, auf sarkastische Weise, dann könnte er mir Gehör schenken. Ich passe nicht in seinen Rhythmus, ich bin ihm zu einförmig, meine Sprache ist nicht abwechslungsreich genug, es muß doch Spaß sein, oder nenns Galgenhumor, warum hast du nicht mehr von Villon, warum bist du nicht überhaupt ein andrer, und übrigens bist du schon viel zu alt.

(Sein Erstaunen, als er mich 1960 in Frankfurt empfing: ich hab Sie für viel älter aussehend gehalten! – Ja, ich war weit über 40, ja, in meinem 44. Jahr, als der Kutscher herausgekommen war und ich zum ersten Mal den Verlag besuchte, am Untermainkai.)

Du kannst nicht parodieren, willst dich selbst nur immer in den Vordergrund stellen, das ists, du bist eine Art Prophet, ja, du hast was Salbungsvolles an dir, das ist es, was ich an dir nicht leiden kann, wenn du doch gelassner, leichter wärest, aber diese Brusttöne, du glaubst, du wüßtest alles, könntest dich über alles äußern, vor allem über die Politik – ich glaub an nichts.

Eigentlich kämen wir ganz gut miteinander aus, E und ich, wenn ich nur etwas anders wäre, etwas verspielter, frecher, aber kann er überhaupt Freund sein mit jemandem, ich weiß nicht, ich habe immer das Gefühl, wenn er geht, dann reißt er einen Witz über mich. Immer dieses ungute Gefühl: man weiß nie, wo man ihn hat, aber das ist eben seine Stärke, daß niemand ihn kennt, er hält mir ja auch vor, daß ich mich allzu leicht zu erkennen gäbe. Daß er kommt, wenns ihm paßt, geht, wenn ihm danach ist, das macht seine Überlegenheit aus. Er ist der Ungebundne, sich zu engagieren, das ist lächerlich. Und doch: wahrt er diesen Abstand nicht aus einer Verletzbarkeit heraus? Wer hätte mehr Sensibilität als er?

Ist er hochmütig? Er wirkt nie so, gibt sich immer anspruchslos, fast bescheiden – und dann schlägt er alle doch wieder mit seiner Intelligenz, die giftig werden kann. Ja, er hat etwas Siegreiches, Triumphierendes, er überrascht jeden, mit seinem schnellen Erscheinen und Verschwinden, mit seinen treffsicheren Urteilen – und dann kann er auch wieder entwaffnend sein, mit einer Herzlichkeit, er kommt wirklich auf dich zu als der alte Freund, du glaubst ihm, du bist sicher, daß du ihn völlig verkehrt eingeschätzt hast.

Daß er, grade er von allen, mich anrief, aus Venedig, daß er es war, der an mich dachte, das rührt an meinen emotionalen Charakter.

Wenn du doch wenigstens wirklich romantisch wärst, verrückt romantisch, übergeschnappt – aber daß du noch an den »Sozialismus« glaubst! Wenn du doch Anarchist wärst, aber Marxist, wie kann man noch Marxist sein, nach all diesen Pleiten, diesen Verfälschungen und Verflachungen.

Er glaubt nur an sich, das ist seine Stärke. Tut er das? Hat er nicht nur ein »Image«, das ihm vielleicht gar nicht entspricht? Jedenfalls hat er sich dieses »Image« erworben – doch durch literarische Leistungen, nicht durch Spiegelfechterei: also doch irgendwo eine stabile Größe – warum nur weiß man nie, wo man ihn hat?

Wie virtuos er war, als er das Robert-Walser-Gedicht vorlas, in Zürich, ohne sich ein einziges Mal zu verhaspeln, wie wir andern alle – auch hier uns allen überlegen: ein meisterhaft durchgeführter Job.

Jewtuschenko ist ihm ähnlich, nicht nur äußerlich, dieses schnelle Kommen, diese huschende Art, dieses Besitzergreifen, dabei eine Zuvorkommenheit, Liebenswürdigkeit. Niemanden fragen, tun, was einem paßt. [. . .]

[18. 9. 1978]

Zwei Interviews

Entrevista con
Hans Magnus Enzensberger
(1969)

Während seines Aufenthalts in Kuba gab Hans Magnus Enzensberger der kubanischen Kulturzeitschrift *Casa de las Américas* ein Interview, das im Spätsommer 1969 erschien.[1] Interviewer war Arqueles Morales. Dieser Text ist durchaus als historisches Dokument zu werten. Doch erweist sich sehr rasch, daß er nicht nur Aufschlüsse über jenen ›Revolutions-Tourismus‹ liefert, den Enzensberger inzwischen selber kritisch beleuchtet hat[2], sondern auch grundsätzliche Einsichten und Stellungnahmen enthält. In diesem doppelten Sinne, als ein geschichtlich bedingtes und zugleich geschichtlich bedeutsames Dokument, wird die *Entrevista* von 1969 im Einverständnis mit Hans Magnus Enzensberger hier vorgelegt.

[Vorbemerkung zur deutschen Erstveröffentlichung 1974]

MORALES In jüngster Zeit wird in den fortschrittlichsten Kreisen der westeuropäischen Intelligenz häufig der Ausdruck ›Kulturrevolution‹ gebraucht, mit dem man einen spezifischen Faktor einer neuen revolutionären Perspektive kennzeichnen will. Inwieweit darf dieser Begriff so verstanden werden, wie er bereits über die ganze Welt verbreitet ist, und was bedeutet er andererseits für die Intellektuellen Westeuropas wirklich?

ENZENSBERGER Ich maße mir nicht an, für jene fortschrittlichsten Kreise zu sprechen; was ich sage, spiegelt viel eher Auffassungen, wie sie in der Studentenbewegung vorherrschen. Lassen wir daher alle Exklusivität fahren und reden wir von Gemeinplätzen – solchen, die es zumindest in einigen aktiven und militanten Kreisen sind, welche keineswegs immer mit denen der Intelligenz zusammenfallen. Für uns ist die Kulturrevolution ein unentbehrliches und zugleich verführerisches Konzept: also etwas, was dringend der Klärung bedarf. Ihre Theorie leitet sich natürlich von Mao Tse-tung und ihre Praxis von d e r Kulturrevolution her. In Europa hat es von seiten maoistischer Gruppen nicht an Versuchen gefehlt, jene Lehren und Erfahrungen mechanisch auf unsere Länder anzuwenden – was nicht bloß, wie mir scheint, mit Maos eigenem dialektischem Denken in Widerspruch steht, sondern eine geradezu gefährliche Verwirrung darstellt. In Wahrheit nämlich hat die Kulturrevolution als Perspektive innerhalb der hochentwickelten kapitalistischen Länder mit den geschichtlichen Ereignissen und Situationen in China sehr wenig zu tun. Ein einziges rotes Büchlein, so nützlich es auch für die politische Alphabetisierung der chinesischen Bauern sein mag, reicht nicht hin, um unsere Probleme zu lösen. Andererseits tendiert jeder historische Lernprozeß dazu, sich in Gleichsetzungen zu vollziehen, und in diesem Sinne kann uns das Beispiel Chinas von großem Nutzen sein – vorausgesetzt nur, daß wir uns bewußt bleiben, hier nicht einen beliebig abbetbaren Katechismus *ad usum Delphini* vor uns zu haben.

Aus zwei Gründen ist die Kulturrevolution bei uns neuerdings zu einem Schlüsselbegriff geworden. Im rein politischen Bereich drücken sich darin Forderungen aus, die weit über die sozialistische Revolution, wie wir sie aus Osteuropa kennen, hinausgehen. Diese Revolution, im wesentlichen die Vergesellschaftung der Produktionsmittel, ist für alle kapitalistischen Länder eine unabdingbare Notwendigkeit; aber als Ziel genügt sie keineswegs. Den lohnabhängigen Massen Westeuropas kann man als revolutionäre Alternative nicht die Errichtung einer zentralisierten Staatsbürokratie anbieten, die sich darin erschöpft, das Vorbild der osteuropäischen Länder nachzuahmen und die politische wie wirtschaftliche Lenkung der Gesellschaft zu monopolisieren. Der einzige brauchbare Ausweg besteht vielmehr darin, die repressive Staatsgewalt zu zerbrechen, um so zu einer wirklichen Selbstbestimmung der Massen – sei es in Industrie, Landwirtschaft oder Erziehungswesen – zu gelangen. Solche Forderungen sind selbstverständlich keineswegs neu, sondern bilden das eigentliche Fundament des klassischen Marxismus. Zudem sind sie tief in der Geschichte des europäischen Sozialismus verwurzelt, von Rosa Luxemburg und den Erfahrungen der Arbeiterräte aus den Jahren 1917/19 über die sogenannte ›Arbeiteropposition‹, die es während der zwanziger Jahre in der Sowjetunion gab, bis zum *Offenen Brief* der beiden Polen Kuroń und Modzelewski aus unserer unmittelbaren Gegenwart. Die Bewertung der chinesischen Vorgänge erscheint mir, so betrachtet, fast einigermaßen naiv. Sie stützt sich aber gleichwohl auf einen konkreten Aspekt jener Kulturrevolution: nämlich deren antibürokratische

Tendenz, die sich gegen die neue Schicht einer privilegierten Elite richtet, von der die Ausübung der politischen Macht monopolisiert wird.

Was sich in der Notwendigkeit einer europäischen Kulturrevolution ferner ausdrückt, ist ein grundlegender Wandel in der Beziehung von Überbau und Basis. In dieser Hinsicht haben sich die Dinge seit dem 19. Jahrhundert drastisch verändert, insbesondere innerhalb der fortgeschrittenen Industriegesellschaften. Es herrscht ein von Mal zu Mal sich verschärfender Widerspruch zwischen der Entwicklung der Produktivkräfte und der Bewußtseinsentwicklung der Massen, die ihnen nachhinkt. Der Spätkapitalismus vermag sich dadurch, daß er diesen Widerspruch stärkt, am Leben zu erhalten. Denn die politische und gesellschaftliche Blockierung des Bewußtseins, die immaterielle Ausbeutung, ist die *conditio sine qua non* für die Fortdauer der materiellen Ausbeutung. Wenn diese Hypothese zutrifft, müssen wir, was Westeuropa angeht, bei unserer Planung die Perspektive einer Revolution des Überbaus ins Auge fassen. Ich glaube, daß hierin tatsächlich der Schlüssel zu jeder revolutionären Möglichkeit im kapitalistischen Teil Europas liegt. Wenn Sie die Produktivkräfte betrachten, die es in unserer Gesellschaft gibt, und dazu den Widerspruch analysieren, in dem sie sich zu den Produktionsverhältnissen befinden, so wird Ihnen dreierlei auffallen:

Erstens läßt sich, objektiv gesehen, eine zunehmende Intellektualisierung der Produktionsweisen feststellen. Ihre schärfste Ausprägung erfährt sie durch die Automatisation der Industrie; doch auch in anderen, weniger fortgeschrittenen Bereichen wie zum Beispiel der Landwirtschaft äußert sich, dank einer Art Einsickerung von Überbauteilchen in den materiellen Produktionsprozeß, eine ins Ungeheuere angestiegene Produktivität.

Zweitens ist – im Hinblick auf das Produkt, will sagen: die Ware – deren klassischer Fetischcharakter, den schon Marx erkannte, zu seinen extremsten Konsequenzen gelangt. Ein Großteil der von unserer Industrie hergestellten Güter verwandelt sich immer mehr in immaterielle Faktoren unseres Lebens, d. h. ihr symbolischer Wert übertrifft bereits ihren Nutzwert. Den Musterfall dafür bietet der eigene Wagen, den man nicht etwa deshalb wechselt, weil er unbrauchbar geworden wäre, sondern weil der Fetischgehalt des neuen Modells es so erheischt. (Ich teile übrigens die gängige Kritik an der Konsumgesellschaft ganz und gar nicht, sondern halte derlei für schlichtweg reaktionär. Den lohnabhängigen Massen zu predigen, daß Konsumieren eine Art Erbsünde sei, ist so nutzlos wie unpolitisch. Die Arbeiter sind vollauf im Recht, wenn sie jeweils einen höheren Lebensstandard verlangen; unrecht haben hingegen gewisse frustrierte und moralisierende Intellektuelle, welche sich den Luxus einer Sehnsucht nach dem »einfachen Leben« leisten, die ihrem Wesen nach konservativ ist. Nicht einfach das Anwachsen des Konsums bewirkt, daß Unstimmigkeiten, Irrationalität, Verschleiß und Verschmutzung grassieren, sondern eine ganz bestimmte Gesellschaftsordnung.)

Drittens hat auch das Gewicht des Überbaus im Vergleich zur Basis zugenommen. Verantwortlich dafür ist das Entstehen der Bewußtseinsindustrie. Ich möchte mit diesem Begriff, den ich vorschlage, den Gesamtkomplex der Massenmedien bezeichnen, einschließlich ihrer weniger anrüchigen Zweige wie Tourismus, Mode und (zum Teil) Kybernetik, dazu vor allem und mit größtem Nachdruck den Erziehungsapparat, der sich erst spät industrialisiert hat. Unterm Gesichtspunkt des kapitalistischen Systems ist die Bewußtseinsindustrie eine Schlüsselindustrie. Ihr Hauptzweck ist das Manipulieren der unterjochten Bevölkerung. Dennoch verursacht sie unweigerlich Widersprüche, die dem System gefährlich werden können. Nehmen wir zum Beispiel das Unterrichtswesen. Daß die Intellektualisierung seiner Arbeitsvorgänge eine ständige Ausdehnung nicht nur im Bereich der Universitäten, sondern auch der technischen Ausbildungsstätten, ja sogar der höheren Schulen erfordert, hat sich bereits gezeigt. Und genau diese Institutionen waren es, die sich, obwohl sie von verhältnismäßig privilegierten Gesellschaftsschichten besucht werden, in Zentren des revolutionären Widerstands verwandelt haben. Wir stoßen hier auf eine jener unvorhersehbaren Folgen, die sich gegenwärtig aus dem Überbau ergeben, der in einer Art Osmose die gesamte Gesellschaft bis in ihren letzten Winkel durchdringt. Und überdies – was war es denn, wogegen sich die Studentenbewegung zuerst richtete? Ihre heftigsten Angriffe galten auf weite Strecken den Monopolen der Presse und des Rundfunks, und zwar in Westdeutschland so gut wie in Italien oder im französischen Mai. Was die Studenten fordern, ist nicht bloß eine Ablösung derjenigen, die im Augenblick die Bewußtseinsindustrie besitzen, so daß deren Leitung eben einfach in andere Hände überginge. Gefordert wird vielmehr eine Veränderung in der Struktur der Medien selbst, die unter Verwendung der modernsten, jedermann zugänglichen Mittel der Technik in eine riesige Wandzeitung nicht nur an Mauern, sondern auch in Rundfunk- und Fernsehgeräten umfunktioniert werden sollen. Hier ist ein vorzügliches Beispiel für das, was eine europäische Kulturrevolution bedeuten könnte.

Wer von der Schlüsselstellung des Überbaus ausgeht, verfällt freilich leicht – und dies war einer der Vorwürfe, die gegen die westdeutsche Studentenbewegung erhoben wurden – dem Voluntarismus und Idealismus. Die Maulhelden der Revolution, zugegeben, fingern oft am Hebel des Bewußtseins herum, um von Gewaltaktionen abzulenken. Doch der Prozeß der Aufklärung, der sich in Europa zu entfalten beginnt, unterscheidet sich grundsätzlich von allen Formen, deren sich Intellektuelle bedient haben, um ihre Kritik, ihren Protest, ihren Widerspruch zu artikulieren. Daran, daß die Kulturrevolution vom Schriftsteller gemacht werden könnte, denkt niemand. Es bedarf einer Einheit von Theorie und Praxis, die schwierig sein wird. Es bedarf sehr konkreter Aktionen auf den Straßen und in den Nervenzentren der Metropolen. Die revolutionäre Tätigkeit, wie sehr auch von einer Minderheit getragen, muß sich in ein entscheidendes Moment bei der Aufklärungsarbeit unter den Massen verwandeln.

MORALES In den letzten Jahren hat die westdeutsche Regierung ihre Anstrengungen verdoppelt, um sich einen – übrigens sofort in die weltweite Strategie des Imperialismus eingegliederten – Anteil an der kulturellen Aushöhlung der Dritten Welt, an der Infiltrierung, Neutralisierung und Ausnutzung ihrer intellektuellen Kader zu sichern. In Lateinamerika, konkret gesprochen, begegnen wir neben der Arbeit von Organisationen wie dem Entwicklungshilfsdienst der Konrad-Adenauer-Stiftung ... Wie sieht ein Intellektueller, ein Schriftsteller der Bundesrepublik, die Tätigkeit dieser Organisationen, wie könnte man sie spezifizieren und ihnen wirksam entgegentreten?

ENZENSBERGER Diese Machenschaften der imperialistischen Regierungen zeigen klar, daß sich dieselben Tendenzen, die sich innerhalb der fortgeschrittenen Industrienationen entwickeln, auf internationaler Ebene reproduzieren. Es erweist sich zum Beispiel, daß der Imperialismus der USA schon nicht mehr am Analphabetentum der unterdrückten Völker interessiert ist, sondern sich heute umgekehrt – mit Textbüchern, Programmberatern und wissenschaftlichen Rundfunksendungen – in den Erziehungsapparat der lateinamerikanischen Länder einzuschalten versucht. Entsprechende Versuche lassen sich auf anderen Sektoren der Bewußtseinsindustrie beobachten. Die Imperialisten wissen haargenau, daß auch in den Gesellschaften der Dritten Welt der Überbau unausweichlich Formen und Funktionen annehmen wird, die denen der Metropolen mehr oder weniger ähneln. Die Anstrengungen, die von westdeutscher Seite unternommen werden, hängen, wie mir scheint, mit einer internationalen Aufteilung der »Zivilisationsarbeit« zusammen. Die unterentwickelte Welt ist offenbar in »kulturelle Einflußzonen« aufgegliedert worden. So hat etwa die BRD recht genau umgrenzte Gebiete erhalten, wo sie ihren Einfluß ausüben darf: sie liegen insbesondere in Asien, und dort wiederum vor allem in Iran und in Pakistan. Was Lateinamerika betrifft, so dient die westdeutsche Kulturpolitik sozusagen als Reserve. Die Amerikaner beherrschen nach wie vor das Feld; erst wenn es zu einer eindeutig gegen die USA gerichteten Konfrontation kommen sollte, würden die Westdeutschen in deren Sold nachrücken und voll in Tätigkeit treten.

Welche Strategie soll man gegen Infiltrationsbestrebungen dieser Art anwenden? Zugegeben, die Linke in den Metropolen ist bisher nicht imstande gewesen, eine wirksame Gegenstrategie auszuarbeiten. Keinerlei anti-imperialistische Stiftungen, Stipendien oder Forschungszentren existieren, die den lateinamerikanischen Intellektuellen als Alternative offenstünden. Wie sollen sie sich da gegen das, was ihnen der Imperialismus offeriert, zur Wehr setzen? Es gibt zwar Fälle, wo der Boykott die einzig sinnvolle Antwort ist. Ich glaube aber nicht, daß diese Haltung im Bereich der wissenschaftlichen Forschung und des Stipendiensystems genügt. Es gilt hier vielmehr, ein politisches Kalkül anzustellen, anstatt zu moralisieren. Die lateinamerikanischen Wissenschaftler und Studenten müssen den imperialistischen Ländern alle Kenntnisse entreißen, deren sie nur irgend habhaft werden können. (Vergessen wir doch nicht, daß diejenigen, die Chinas Atombombe bauten, ihre Kernphysik in den USA studiert hatten, und zwar als Stipendiaten!) Statt die westdeutsche Studienhilfe gleichsam zu einer Versuchung des Heiligen Antonius zu stempeln, täte man besser daran, mit jenen jungen Leuten, bevor man sie nach Europa schickt, politisch zu arbeiten, sie durch und durch zu politisieren.

Andererseits bestehen an allen deutschen Universitäten politische Gruppen, die in der Lage sind, die lateinamerikanischen Genossen aufzunehmen und zu unterstützen. Es handelt sich dabei zudem um eine wechselseitige Hilfe. Die revolutionäre Bewegung in Westdeutschland hat von Studenten, die als Stipendiaten aus Asien, Afrika und Lateinamerika kamen, entscheidende Impulse empfangen; man braucht nur an die berühmten Fälle des Chilenen Gaston Salvatore oder des Persers Bahman Nirumand zu erinnern.

MORALES Das letzte Beispiel scheint mir absolut überzeugend zu sein. Doch wir müssen beachten, daß Westdeutschland in jüngster Zeit gar nicht mehr so sehr daran interessiert ist, lateinamerikanische Studenten an seine Universitäten zu holen. Man lädt vielmehr durch die genannten Institutionen Intellektuelle unmittelbar ein, um sie zunächst für sich arbeiten zu lassen und später in ihrer Heimat nutzbringend zu verwerten. Dieser spezielle Fall interessiert mich gegenwärtig am meisten.

ENZENSBERGER Es ist nicht unbekannt, daß einige dieser Organisationen recht düstere Vorläufer aus den dreißiger Jahren und aus der Zeit des Zweiten Weltkriegs haben. Diese Kontinuität spiegelt die gleichbleibende Tendenz der herrschenden Klasse Deutschlands und ihrer Absichten, die sich kaum verändert haben, sondern im wesentlichen – wie auch ihre globalen Einsatzmöglichkeiten – dieselben sind. Ich begreife nicht, wie lateinamerikanische Intellektuelle den geringsten Zweifel am politischen Charakter solcher Organisationen hegen können (und selbstverständlich schließe ich hier sozialdemokratische Unternehmen wie die Friedrich-Ebert-Stiftung keineswegs aus). Das alles sind offensichtlich Einrichtungen, die der Feind aufgebaut hat. Wenn es sich als notwendig erweist, von ihnen Gebrauch zu machen, muß man über ein entsprechendes politisches Bewußtsein verfügen, um dieses Spiel zu vereiteln, ja umzukehren.

Aber die eigentliche Lösung des Problems liegt letzten Endes in der Errichtung anti-imperialistischer Kulturinstitutionen. Es herrscht im Bereich der Kulturpolitik eine Art *horror vacui*. Der Sozialismus muß sich jedoch der Herausforderung, die das Eindringen des Imperialismus bedeutet, stellen und der unterentwikkelten Welt positive Lösungen bieten. Nur in dem Maße wird er imstande sein, Boden zu gewinnen, als er kulturelle Alternativen bereithält, die nicht bloß brauchbar sind, sondern durch ihren freien, allen Neuerungen aufgeschlossenen Geist und ihren Verzicht auf Scheuklappen auch attraktiv. Ich befürworte nicht etwa einen Wettbewerb mit dem Imperialismus auf dessen ureigenstem Gebiet, dem der Bestechung und der Korruption, sowenig wie eine intellektuelle Koexistenz nach liberalem Muster. Im Gegenteil, ich denke an Zentren einer permanenten kritischen Debatte, wo man sich der kulturellen Gesamtproblematik rücksichtslos und mit revolutionärem Elan stellt und jegliche Form von Zensur, Selbstverstümmelung und administrativem Zwang zurückweist. Da ich auf der ganzen Welt keine andere Institution dieser Art an der Arbeit sehe, muß ich wohl – auch auf die Gefahr hin, eine Taktlosigkeit zu begehen – auf das Beispiel der Zeitschrift *Casa de las Américas* verweisen.

MORALES Einigen Ihrer jüngsten Essays, die in Deutschland erschienen sind, entnehmen wir, daß Sie sich eindringlich darum bemühen, gewisse Probleme in polemischer Zuspitzung zu fassen und zu formulieren – Probleme, die im Bereich der Literatur auf der Tagesordnung stehen, zumindest in Europa. So legen Sie sich in Ihren *Gemeinplätzen, die Neueste Literatur betreffend,* die Frage vor, ob eine revolutionäre Literatur überhaupt existiere, sei es nun unterm Kapitalismus oder unterm Sozialismus. Uns will scheinen, die endgültige Antwort, zu der Sie in diesem Essay gelangen, laufe darauf hinaus, ganz allgemein die Möglichkeit einer revolutionären Literatur zu negieren, und zwar im Sozialismus so gut wie im Kapitalismus. Könnten Sie uns darüber konkretere Aufschlüsse geben?

ENZENSBERGER Es wäre eine Torheit sondergleichen, die Möglichkeit einer revolutionären Literatur *in abstracto* zu leugnen. Ganz im Gegenteil, überall auf der Welt sind Scharen von Schriftstellern verzweifelt dabei, solche Möglichkeiten zu suchen; und ich als Dichter teile selbstredend diesen Eifer voll und ganz. Als Kritiker jedoch, wenn ich analytisch und deskriptiv verfahre, bin ich verpflichtet, die Dinge so darzustellen, wie sie in Wirklichkeit sind. Und ich widerspräche mir selbst, wollte ich nicht mit allem Nachdruck jene falsche Bescheidenheit zurückweisen, die darauf zielt, die literarischen Anforderungen zu senken, sobald es sich um ein Werk handelt, das den Anspruch erhebt, revolutionär zu sein. Wir müssen vielmehr umgekehrt unsere Ziele als Kritiker höher stecken. Es ist ein leichtes, den Inhalt der Literatur auszuwechseln und beispielsweise, je nachdem, ein Gedicht auf Ché oder auf die zehn Millionen[3] zu verfertigen; nicht minder leicht ist es, die literarischen Formen zu »revolutionieren«, wie dies seit mehr als fünfzig Jahren von der europäischen Avantgarde und Neoavantgarde in ihren sämtlichen Spielarten vorexerziert wird. Aber derlei genügt nicht, um eine revolutionäre Literatur zu schaffen. Der inflationistische Mißbrauch dieses Begriffs stößt mich ab, ja empört mich geradezu.

Werfen wir, um der Frage historisch näherzukommen, einen Blick auf die Vorläufer der bürgerlichen Revolution. Für mich steht es außer Zweifel, daß sie eine große Literatur hervorgebracht haben, mit Gattungen, Formen, Gehalten – eine Literatur, die vollständig anders war als diejenige der Feudalzeit. Sie schufen, mit einem Wort, eigene und neue Werte und Strukturen. Im Gegensatz dazu hat die sozialistische Revolution zwar ebenfalls wichtige Werke hervorgebracht; ihr gesamtes Kulturschaffen blieb jedoch in das alte Wertsystem gebannt und ist bis heute von der kulturellen Vormundschaft des Bürgertums abhängig. Ebensowenig ist es gelungen, die kulturelle Weltherrschaft der Bourgeoisie, insbesondere im Bereich der Literatur, zu brechen. Der freie Zugang der Arbeiter und Bauern zu den Klassikern, unter der Devise »die Literatur dem ganzen Volk«, stellt zweifellos einen wichtigen Gewinn dar, der aber letztlich im Quantitativen verharrt und bloß den alten sozialdemokratischen Forderungen entspricht. Man stampft keine revolutionäre Kultur aus dem Boden, indem man einfach die Auflagen erhöht. Doch vielleicht ist es verfehlt, die bürgerliche Revolution zum Maßstab zu nehmen, deren soziale Erfolge sich in keiner Weise mit ihren kulturellen vergleichen lassen; vielleicht, wer weiß, benötigen die Klassen, die im Rahmen der sozialistischen Revolution an die Macht gelangt sind, hundert Jahre, um eine wahrhaft revolutionäre Kultur zu schaffen. Für gerechtfertigt halte ich eine so langmütige Geduld, die schon an Resignation grenzt, allerdings nicht. Immerhin, man muß die Wahrheit über die sozialistische Kultur der Gegenwart erkennen, auch wenn sie uns keinen Grund zur Zufriedenheit gibt.

MORALES Seit ein paar Jahren spricht man in Europa gern von einer Wiederentdeckung der Dritten Welt. Viele europäische Intellektuelle wenden ihr Blicke nach Asien, Afrika und insbesondere Lateinamerika. Wodurch ist dieses wachsende Interesse der europäischen Intelligenz am Kampf und an den Problemen unseres Kontinents bedingt?

ENZENSBERGER Daß die Revolutionsbewegungen in China (freilich erst nachträglich) und Vietnam, in Algerien und Kuba seit ungefähr fünfzehn Jahren in Europa eine allgemeine Bewußtseinsentwicklung bewirkt haben, ist eine Binsenwahrheit. Die offene, ja manchmal zu Gewaltaktionen führende Ablehnung der amerikanischen Aggression in Vietnam, der enorme Einfluß des Denkens und des Kampfes Ché Guevaras sind ebenfalls bekannt. Gegenwärtig veranschaulicht uns eine Organisation wie die Tupamaros in Uruguay Formen des Kampfes, die direkt auf Europa angewandt werden können und müssen.

Und vergessen wir nicht, daß die Vorstellung einer Dritten Welt – obwohl auf sozio-ökonomischen Gegebenheiten beruhend, die stark genug sind – sich unter politischem und kulturellem Gesichtspunkt als sehr schwach erweist. Die historische und kulturelle Situation in den Ländern Afrikas und Asiens hat Schranken aufgerichtet, deren Beseitigung mittels eines reinen Voluntarismus schwierig sein dürfte. Umgekehrt erscheint der lateinamerikanische Kontinent dem (begrenzten, ungenügenden) Verständnis der Europäer zugänglicher. Vor allem die kubanische Revolution stellt für uns einen ganz besonderen und entscheidenden geschichtlichen Knotenpunkt dar; denn Kuba vereinigt, auf Grund seiner politischen und gesellschaftlichen Konstellation, Merkmale aller drei Welten zugleich.

Aber ich möchte dieses Gespräch nicht in einer Stimmung von Harmonie und trügerischem Optimismus beschließen. Das viele Reden von der Dritten Welt hat sich in Westeuropa noch nicht (außer im Falle Vietnams) in materielle Gewalt umgesetzt, die imstande wäre, die Geschichte in Bewegung zu bringen. Es gibt viel Selbsttäuschung, viel Legendenbildung, viele bequeme Mythen: den Mythos vom edlen Wilden; den Mythos vom Guerrillero als Heiland; den Mythos, wonach die Lösung unserer Probleme nicht darin liegt, daß wir selbst, jeder in seinem eigenen Land, die Revolution machen, sondern daß diese in weiter Ferne, so weit entfernt wie nur möglich, stattfindet. Die Solidarität mit der Dritten Welt erweist sich vielfach als abstrakt und rhetorisch, und die Einstellung der Europäer zu den Revolutionsereignissen auf anderen Kontinenten ist nach wie vor oft eine Art Konsumhaltung. Ich denke, daß die Intellektuellen zu einer ständigen Anstrengung der Selbstkritik und Entmystifizierung verpflichtet sind, um endlich mit der »revolutionären« Sippschaft aufzuräumen.

Aus dem Spanischen von Reinhold Grimm

Gespräch mit Hans Magnus Enzensberger (1979)

> Entweder hat man Geheimnisse, dann spürt man sie hinter aller Klarheit, oder man hat keine, dann hilft es auch nichts, wenn man alle Lampen löscht.
>
> *Alfred Andersch*

KESTING Herr Enzensberger, Sie werden fünfzig, sicher kein Anlaß, in eine gerührte Stimmung zu verfallen. Bei Ihnen gilt das, denke ich, in besonderer Weise, und zwar gleich aus zwei Gründen: Sie haben immer schon wenig Neigung zu Feierlichkeit bekundet, und dann fällt es auch ein bißchen schwer, sich Hans Magnus Enzensberger als Fünfzigjährigen vorzustellen, man sieht sich zur eigenen Überraschung mit diesem Datum konfrontiert. Wenn ich Sie nun zu Ihrer Person und Arbeit befrage, dann nicht aus einem übermäßigen Interesse am Privaten, sondern weil Ihre Position vielleicht besonders aufschlußreich ist – jetzt, am Ende der siebziger Jahre. Ich habe für das Gespräch nach einer Arbeitshypothese gesucht und hatte dabei Schwierigkeiten. Ich fand es schwierig, Sie auf eine Position festzulegen – und vielleicht müssen wir gerade darüber sprechen. Dieser Versuch, jeder Festlegung zu entkommen: der schien mir typisch zu sein für Ihre Haltung.

ENZENSBERGER Darauf habe ich eine ganz einfache Antwort. Ich glaube, daß es immer den anderen zusteht, über die Position eines Menschen zu urteilen. Ich halte nichts von Bekenntnissen. Bekenntnisse wiegen nichts. In meinen Augen ist es ohne Gewicht, wenn jemand von sich behauptet, er sei »Humanist«, »Sozialist« oder »Christ«. Ob das zutrifft oder nicht, können immer nur die anderen entscheiden.

KESTING Aber es gibt etwas wie ein Leitmotiv in Ihrer schriftstellerischen Existenz in den vergangenen dreißig Jahren. Ich will das gern zu belegen versuchen, wobei natürlich Vereinfachungen unvermeidbar sind. In den fünfziger Jahren traten Sie als Autor politischer Gedichte in der Nachfolge von Brecht und Heine auf. Der Protest, den Sie damals artikulierten, war scharf, unversöhnlich, aber auch schon deutlich gezeichnet von einem Gefühl der Ohnmacht. Denn was läßt sich schon mit Gedichten bewirken? Sie haben sich dem Protest eigentlich schon in dem Augenblick entzogen, als Sie ihn formulierten. In den sechziger Jahren gab es eine Annäherung an die Kulturkritik der Kritischen Theorie, die ideologische Vorläuferin der Neuen Linken. Sie haben diese Kulturkritik am Ende der sechziger Jahre sehr radikal in politische Praxis zu übersetzen versucht, Sie haben den Zweifel an der Literatur, vielleicht sogar eine Absage an die Literatur formuliert. Dann kamen die Enttäuschungen: über das Scheitern der Studentenrebellion, die Entwicklung in Kuba. Aber während sich die Neue Linke noch mit ihren Identitätsproblemen beschäftigte oder bereits zu zerfallen begann, haben Sie sich schon Anfang der siebziger Jahre neuen Fragen zugewendet – ich nenne als Stichworte nur Ökologie, Alternativbewegung usw. Und am Ende der siebziger Jahre, da das Ökologie-Problem im allgemeinen Bewußtsein etwas dringlicher geworden ist, schreiben Sie schöne, schwierige, hermetische Gedichte, die Sie Balladen nennen oder Versepos, und Sie besingen darin den Untergang in einer Art von zynischem Frohsinn. Da ist von Anfang an eine Denkbewegung, die nicht mit dem Zeitgeist geht, auch nicht gegen den Zeitgeist – wie bei den meisten Schriftstellern –, sondern dem Zeitgeist immer ein wenig voraus. Sind das Versuche, der Festlegung zu entkommen? Merkwürdigerweise gibt es ja in all diesen Wendungen auch so etwas wie eine Kontinuität.

ENZENSBERGER Was Sie sagen, habe ich schon öfter gehört. Man hat sich gleichsam darauf geeinigt, es so zu erzählen. Aber ist es nicht ein bißchen viel verlangt, wenn man jetzt dem, dessen Geschichte da erzählt wird, sagt: Bitte unterschreib diese Geschichte? Eigentlich ist das gar nicht meine Geschichte, sondern eher die Geschichte derer, die da erzählen. Ich kann mich nicht darin wiedererkennen. Wir haben eben verschiedene Ebenen der Produktion in unserem kulturellen Apparat, verschiedene Schichten, die in einem merkwürdigen Verhältnis zueinander stehen. Dieser Apparat ist sozusagen tortenförmig aufgebaut. Unten gibt es einen Tortenboden. Dieser Tortenboden ist das, was die sogenannten Primärproduzenten hervorbringen. Übrigens meistens

Leute, die keine Planstellen innehaben, die eher auf eigene Faust ihre Sachen machen; – und über diesem Tortenboden erhebt sich eine sehr dicke Schicht von Interpretationen der verschiedensten Form, von Kommentar, von Pädagogik usw. Die Leute, die das produzieren, sind auch soziologisch in einer anderen Position. Sie sind meistens in Universitäten beschäftigt oder in den Medien organisiert, es sind Leute, die meistens, nicht durchweg, aber meistens ihr Geld monatlich bekommen, und die sich mehr oder weniger als Vermittler verstehen, die also das, was die einen machen, den anderen zu erklären versuchen oder darüber ein Urteil abgeben oder eine Auswahl daraus treffen usw. Ich beschreibe das ganz naiv, wie es sich mir darstellt. Jetzt fragt sich nur, in welchem Verhältnis stehen diese Tortenschichten zueinander, findet ein Austausch statt oder ist es wirklich nur ein Aufguß, wie mit der Sahnepistole drübergemacht? Erstickt das eine das andere? Ich weiß es nicht, aber eines scheint mir klar: Als Bestandteil des Tortenbodens möchte ich nicht auch noch die darüberliegende Schicht dadurch vermehren, daß ich jetzt noch etwas über mich selbst hinzufüge, das heißt mein Instinkt sagt mir, laß das, die machen das schon, enthalte dich!

KESTING Dieser Arbeitsteilung kann ich nicht ganz zustimmen, weil sie unserem Gespräch eigentlich die Grundlage entziehen würde. Und wenn Medienleute auch dazu neigen, komplexe Zusammenhänge auf handfeste Formeln zu bringen, so glaube ich doch, daß ein Schriftsteller an dem Bild, das von ihm in der Öffentlichkeit existiert, nicht ganz unschuldig ist. Er muß sogar Wert legen auf dieses öffentliche Bild, denn es bestimmt bis zu einem gewissen Grad seinen Wirkungsradius. Mit anderen Worten: Ich habe eine Geschichte erzählt, die wahrscheinlich zu einfach war. Aber es ging darin auch weniger um chronologische Genauigkeit als vielmehr um Strukturen, um Strukturelemente Ihres Denkens, Ihrer Arbeit . . .

ENZENSBERGER Das glaube ich auch. Was mich nämlich wundert an der Geschichte, ist, daß sie so schön eingeteilt ist in Anfang, Mitte, Weiterentwicklung und vielleicht Ende. Das wundert mich, denn ich glaube, daß wahrscheinlich bei den meisten von uns sich sehr früh gewisse Elemente auskristallisieren, die sich dann immer weiter entwickeln in verschiedene Richtungen, von denen keines ganz verschwindet. Mir ist an den Sachen, die ich gemacht habe, oft post festum eine Kontinuität aufgefallen, von der ich gar nichts ahnte. Man kann das auf verschiedene Arten diskutieren. Mir liegt am nächsten die, die am weitesten von mir entfernt ist, das heißt eine Betrachtungsweise, die mit der geschichtlichen Erfahrung zu tun hat. Da kommt es dann gar nicht so sehr darauf an, ob es sich um Herrn X oder Herrn Y handelt. Die Frage ist eher, in welchem Sog von enormen übergreifenden historischen Kräften wir uns da bewegen. Dann wäre es aber besser, wenn die Unterhaltung sich eher von mir ab- und den Jahrzehnten zuwenden würde, um die es sich handelt.

KESTING Herzlich gern, denn nichts anderes war die Absicht dieses Gesprächs. Wenden wir uns also unerschrocken den fünfziger Jahren zu, in denen Ihr Anfang als Schriftsteller liegt. Sie gehören zur Generation der Fünfzigjährigen, die eigentlich das Bild der westdeutschen Nachkriegsliteratur geprägt hat, also zur Generation der Grass, Walser und Rühmkorf, um noch einige andere Namen zu nennen. Es war ja nicht die ältere Generation – Böll oder Andersch, Wolfgang Koeppen oder Arno Schmidt –, die dieses Bild prägte, sie hatte ja auch ihre Identität schon vor 1945 ausgebildet. Und es gibt da nun einen durchgehenden Zug in der Literatur der fünfziger Jahre, gerade bei den Jüngeren: sie haben Stellung bezogen gegen die Restauration, auch gegen ökonomische Prosperität und Wirtschaftswunder. Man kann fast von einer Literatur des Protestes sprechen. Da waren Sie nun – Enzensberger – typisch in einem bestimmten Sinn, weil Sie Ihre Kritik besonders schneidend und unsentimental vorgetragen haben. Sie begriffen wohl auch schärfer als viele andere, daß der kritisierte Zustand durch die Kritik noch keineswegs aufgehoben war. Sie haben eine undogmatische, nicht angepaßte, nonkonformistische, wie es damals hieß, aber eher liberale als linke Kritik formuliert. Wo waren die Voraussetzungen dafür?

ENZENSBERGER Die Wurzeln einer solchen Wahrnehmung – ich weiß gar nicht, ob man das gleich Protest nennen kann –, diese Wurzeln lagen in der Erfahrung der Katastrophe. Da sehe ich auch bereits ein Moment, das weiter reicht, das man nicht auf die fünfziger Jahre beschränken kann. Wenn nämlich jemand die Geschichte primär als Katastrophe erfahren hat, so wie das in meinem Fall war (ich war 1939 zehn Jahre alt und am Ende des Krieges war ich sechzehn), so wird einen eine solche Sehweise nicht mehr verlassen. Keine Prosperität, kein Zustand des Gleichgewichts, der Kontinuität in der Erscheinung, wie wir sie in der

Bundesrepublik ja nun seit dreißig Jahren erlebt haben, keine solche Erfahrung kann das je wieder rückgängig machen oder auslöschen. Wenn einem der historische Prozeß einmal unter die Haut gegangen ist, dann traut man dem ordentlichen Alltag mit den blankgeputzten Fassaden nie mehr ganz über den Weg. Andererseits wollte das deutsche Volk nach dem Krieg von seiner Katastrophe nichts mehr wissen. Das ist ein elementarer Selbstverteidigungsmechanismus, Selbstschutzmechanismus. Gerade die fünfziger Jahre waren durch solche Verdrängungswünsche sehr stark geprägt. Man kann das natürlich gleich ins Ideologische wenden und sagen: Diese Heuchelei mußte entlarvt werden. Aber das ist vielleicht gar nicht der entscheidende Punkt. Die Besserwisserei ist nämlich das Uninteressanteste bei solchen kollektiven Vorgängen. Im Gegenteil, man müßte auch sehen, daß dieses Volk, diese Menge von Leuten, die da übrig geblieben waren, es sich psychisch gar nicht erlauben konnte, das Vergangene wirklich zu begreifen.

KESTING Nun gab es für Schriftsteller, wenn ich das vereinfachend sagen darf, zwei Möglichkeiten, sich mit der neuen Situation auseinanderzusetzen: die eine hat man mit dem Schlagwort »Vergangenheitsbewältigung« beschrieben, also verarbeitende Rückwendung in die Zeit des Faschismus; die andere bestand in der aktualisierenden Auseinandersetzung mit der eigenen Zeit, der Restaurationsepoche. Natürlich hängt beides untergründig zusammen. Aber Sie haben sich eher für die zweite Möglichkeit entschieden. Alfred Andersch, mit dem Sie ja damals im Stuttgarter Rundfunk zusammenarbeiteten, hat über Sie nach Ihrem ersten Gedichtband geschrieben, daß Ihr Auftreten »auf der Bühne des deutschen Geistes«, wie er es damals etwas pathetisch formuliert hat, keinen anderen Vergleich zulasse als die Erinnerung an das Erscheinen von Heinrich Heine. Das ist ein groß gewählter Vergleich, aber er trifft das Entscheidende, nämlich das Entstehen von Dichtung aus Kritik. Sie haben über die Wurzeln dieser Wahrnehmung gesprochen, die Erfahrung der Katastrophe. Die Gemeinsamkeit mit Heine sehe ich aber eher in der restaurativen Zeitstimmung.

ENZENSBERGER Ja.

KESTING Woher bezog Ihr Blick, diese Wahrnehmung denn diese Schärfe?

ENZENSBERGER Jedenfalls nicht so sehr aus der Vorstellung eines utopischen Endzustandes, an dem gemessen diese Gegenwart kritisierbar wäre. Das glaube ich wenigstens nicht. Ich bin ganz gern asynchron, das gebe ich zu. Und so habe ich schon in den fünfziger Jahren, als das nicht gerade üblich war, begonnen, mich mit dem Sozialismus zu beschäftigen. Aber am Marxismus hat mich seine Vorstellung vom Reich der Freiheit, also sein utopisches Ziel, immer weniger interessiert als seine destruktive Kraft, seine Bedeutung als Instrument zur Analyse, zum Verständnis und zur Kritik dessen, was vorhanden ist.

KESTING Gab es diese marxistische Unterströmung bei Ihnen schon in den fünfziger Jahren, zum Beispiel als der Gedichtband *verteidigung der wölfe* erschien? Damals haben Sie ja noch über den »politischen Auftrag« eines Gedichtes die Sätze geschrieben, »es sei der politische Auftrag eines Gedichtes, jeden politischen Auftrag zu verweigern und für alle zu sprechen«. Das klingt ja nun ausgesprochen antiideologisch und auch unmarxistisch.

ENZENSBERGER Das ist eine Naivität insofern, als man einen solchen Satz nicht einlösen kann. Man kann nie für alle sprechen. Wenn ich diesen Satz heute zu untersuchen hätte, würde ich eher seinen zweiten Teil kritisieren, weil er leicht zu einer populistischen Verfälschung führt und zu Illusionen über die Reichweite der literarischen Arbeit. Aber den Vorsatz, den Vorsatz würde ich nach wie vor verteidigen.

KESTING Den Vorsatz, der sagt, es sei der politische Auftrag eines Gedichts, sich jedem politischen Auftrag zu verweigern. Warum? Weil es ein Gedicht ist?

ENZENSBERGER Weil es nicht klar ist, woher dieser Auftrag käme, wer ihn erteilen könnte. Die Auftraggeber, die ich in unserer Situation sehen kann, ganz egal, ob das jetzt nun ein Zentralkomitee oder ein Kulturreferat ist, sind jedenfalls die falschen, immer die falschen. Solchen Aufträgen muß sich die Literatur in jedem Fall verweigern. Wenn das Schreiben überhaupt einen Sinn haben soll, dann muß es auf Verdacht geschehen, dann kann es in diesem Sinn nicht eine Auftragsarbeit sein.

KESTING Das erscheint mir alles sehr einleuchtend. Aber ich habe den Satz vor allem deswegen zitiert, weil Sie von Ihrem sozialistischen Interesse in den fünfziger Jahren sprachen, das damals so asynchron war. Die herrschende Ideologie der Zeit war ja, nach der Erfahrung dieser ungeheuren Katastrophe, der Ideologieverdacht, der totale Ideologieverdacht. Ein Philosoph und Soziologe wie Schelsky schrieb damals ein viel gelesenes und vor allem viel zitiertes Buch mit dem Titel *Die skeptische Generation*. Von heute aus gesehen haben solche Formeln eher etwas Restauratives, sie passen in den Geist der Adenauer-Zeit. Ideologie, besonders linke Ideologie, wurde unter Verdacht gesetzt. Und die skeptische Generation war vielleicht ungeheuer skeptisch, aber ganz gewiß nicht sozialistisch. Wenn so ein Ideologieverdacht nun auch bei Ihnen in dieser Zeit auftaucht, klingt das ja ziemlich verwandt. Oder gibt es doch einen Unterschied?

ENZENSBERGER Die Prätention, vollkommen anders als die anderen zu sein, habe ich nicht. Es ist zwar ganz schön, wenn man ab und zu etwas Abweichendes äußern kann, wenn man nicht lippengenau wie ein Filmschauspieler, der einen anderen Filmschauspieler im Studio nachmachen muß, wenn man nicht lippengenau genau das mitmurmelt, was der Zeitgeist oder das, was man den Zeitgeist nennt, ohnehin von sich gibt. Was aber den Ideologieverdacht betrifft, so müßte man wohl etwas genauer unterscheiden. Leute wie Schelsky sind eben der Illusion aufgesessen, als könnten sie aus dem ideologischen Gemenge überhaupt aussteigen und eine Position auffinden, in der sie sich völlig davon frei gemacht hätten. Das war ja der Fehler ihrer Theorie, daß sie ihren eigenen ideologischen Standpunkt überhaupt nicht wahrgenommen haben. Es ist ein Kinderspiel, Herrn Schelsky nachzuweisen, daß er bis zum Hals voll mit Ideologie ist. Dazu liefert der Marxismus nach wie vor ganz gute Instrumente. Der Marxismus hat die Ideologie ja in einer Weise erklärt, die jede vorgebliche philosophische Unschuld, jede vermeintliche Immunität liquidiert.

KESTING Nun hat es ja einige Zeit später eine Phase gegeben, in der Sie zwar nicht einen Auftrag bezogen, aber sich selber – wenn ich das richtig sehe – einen Auftrag gegeben haben. Von dieser neugewonnenen Position aus haben Sie ab Mitte der sechziger Jahre begonnen, die Position der Schriftsteller in den fünfziger Jahren, auch Ihre eigene Position, vor allem aber die der Gruppe 47 heftig zu kritisieren. Darf ich aus dem berühmten *Kursbuch 15* vom November 1968 zitieren: »Die Literatur [gemeint ist die der fünfziger Jahre] sollte eintreten für das, was in der Bundesrepublik nicht vorhanden war, ein genuin politisches Leben. So wurde die Restauration bekämpft, als wäre sie ein literarisches Phänomen, nämlich mit literarischen Mitteln; Opposition ließ sich abdrängen auf die Feuilletonseiten; Umwälzungen in der Poetik sollten einstehen für die ausgebliebene Revolutionierung der sozialen Strukturen; künstlerische Avantgarde die politische Regression kaschieren. Das führte zu Selbsttäuschungen, die heute grotesk anmuten.« – Zunächst einmal: Sie haben an den Selbsttäuschungen teilgenommen?

ENZENSBERGER Selbstverständlich. Diese Sätze sind keine Denunziation, sie sind einfach eine Beschreibung. Sie haben ja getan, was sie konnten, die Schriftsteller dieser Zeit, sie haben sich ganz gut geschlagen. Aber das war einfach eine Frage der Hebelkräfte. Wir alle saßen einfach am kürzeren Hebelarm. Natürlich ist es vermessen und verrückt, wenn ein Intellektueller, der allein auf weiter Flur etwas sieht, was die anderen nicht sehen – zumindest glaubt der Intellektuelle das –, wenn er dann daraus den Schluß zieht, jetzt hätte er einen Hebel in der Hand. Wir wissen alle, daß zum Beispiel jemand, der einen guten Rat hat, einer tobenden Menschenmenge diesen Rat nicht unbedingt vermitteln kann. Der Prager Frühling zum Beispiel hatte solche Züge. Da waren in Prag diese paar hundert Intellektuellen, die hatten sicher etwas kapiert, die *hatten* etwas kapiert, es war nicht falsch, was sie sagten, nur haben sie sich vollkommen verschätzt im Hinblick auf die Machtverhältnisse. Ähnlich war das in den fünfziger Jahren. Solche Regungen muten dann hinterher immer sehr idealistisch an, aber ich meine, es ist eher ein schmerzlicher Anblick als ein Grund dafür, daß man auf diese Leute auch noch wütend sein oder sie noch einmal abstrafen müßte. Es war ja schon unangenehm genug für sie, daß sie das, was sie zu sehen glaubten, nicht vermitteln konnten, daß sie überhaupt keine Möglichkeit hatten, etwas davon auch nur stückchenweise in die Realität hineinzuschieben.

KESTING Sie wissen, daß sich viele Schriftsteller von Ihrer Kritik getroffen gefühlt haben – zum Beispiel Alfred Andersch. Überdies glaube ich nicht, daß Ihre Analyse für ihn zutrifft, ebensowenig wie für Böll oder Wolfgang Koeppen oder den frühen Arno Schmidt. Sollte hier wirklich »die poetische Umwälzung die politische Revolution ersetzen«? Und sind das wirklich brauchbare Gegensatzbegriffe? Nun sagen Sie, die Schriftsteller haben ihre Rolle überschätzt. Ich habe das Gefühl, daß auch in Ihrer Kritik noch ein Stück Überschätzung steckt.

ENZENSBERGER Richtig. Wenn man sagt, die einzige Opposition waren diese paar Schriftsteller, so ist das ohnehin eine Übertreibung. Es gab ja auch noch ein paar Altkommunisten, es gab noch ein paar sonderbare Vögel, die mit der Literatur gar nichts zu tun hatten. Aber in der Öffentlichkeit jedenfalls sah es so aus, und es wurde auch von denen, die in der Bundesrepublik die Macht hatten, so verstanden, denn anders kann man sich die geradezu speicheltriefenden Angriffe gar nicht erklären, die damals an der Tagesordnung waren. Gemessen an der Gefährlichkeit von unsereinem war das ja völlig übertrieben. Die hatten eine unglaubliche Wut auf uns, diese verschiedenen Staatssekretäre und Bundeskanzler und so weiter ...

KESTING ... die berühmte Pinscher-Geschichte ...

ENZENSBERGER Der arme Erhard! Er wollte ja damit nur etwas ausdrücken, was die anderen auch gedacht haben. Sie konnten es nur nicht so schlecht ausdrücken wie er.

KESTING In den sechziger Jahren schien es so, als würden Sie den Schriftstellern doch eine Hebelkraft zutrauen, wenn sie nur ihr Selbstverständnis änderten. War das nicht auch eine Überschätzung?

ENZENSBERGER Es gibt ja zwei verschiedene Fehler. Der eine ist die Überschätzung der Schriftsteller, der andere aber ist eine Art falscher Bescheidenheit, ein sich selbst Heruntermachen und gar nicht mehr Vorkommen-Wollen. Das ist ja genauso falsch. In den fünfziger Jahren konnten diese Leute, die Schriftsteller, selbst zwar nichts in Bewegung setzen, aber sie haben sozusagen die Möglichkeit einer Bewegung oder die Erinnerung an eine solche Möglichkeit festgehalten. Das ist ganz wichtig, glaube ich, in der Geschichte eines Landes wie der unsrigen, auch wenn daraus zunächst gar nicht viel folgt. Um ein weit schwerer wiegendes Beispiel zu nennen: die deutsche Emigration in der Nazizeit hat nur aus ein paar hundert Leuten bestanden, die völlig ohnmächtig waren und die auch in den westlichen Demokratien kaum Gehör fanden. Man hat nicht auf sie gehört. Also sie kämpften für eine verscherzte Sache, mit tragischen Resultaten. Bei uns Nachgeborenen war das alles ja nicht lebensgefährlich. Trotzdem sollte man allmählich einsehen, daß solche Minoritäten enorm wichtig sind für das kulturelle und politische Leben eines Landes. Eine Minorität, von deren Verlust wir uns nie erholt haben, waren ja auch die jüdischen Intellektuellen aus den zwanziger Jahren; die fehlen uns heute noch auf Schritt und Tritt. Das waren auch nur ein paar tausend Leute. Man darf solche Erscheinungen also nicht geringschätzen.

KESTING Damals, 1969, klang Ihr Urteil aber schärfer und pauschaler.

ENZENSBERGER Es war ja auch ein bißchen agitatorisch gemeint, in dem Sinn, daß man in der Lage, in der wir damals waren, sagen konnte: Bitte, seid doch nicht so bescheiden, kommt doch heraus aus eurem Winkel jetzt, wo endlich eine Wirkungsmöglichkeit vorhanden ist. Die habt ihr zwar nicht erzeugt, Schriftsteller erzeugen keine großen gesellschaftlichen Bewegungen, aber wenn eine da ist, muß man sich zu ihr verhalten. Ich habe mich damals experimentell-positiv zu dieser Bewegung verhalten, sagen wir so. Ich wollte probieren, was man damit machen kann. Solche Möglichkeiten sind in Deutschland selten genug.

KESTING Aufs Ganze gesehen haben die Schriftsteller aber bei dieser großen gesellschaftlichen Bewegung nicht mitgemacht. Einige haben mitgemacht, Hans Magnus Enzensberger zum Beispiel, auch Peter Weiss; Martin Walser verhielt sich schon etwas distanzierter. Im ganzen aber haben sie nicht mitgemacht. Wo lag für Sie die Gemeinsamkeit mit dieser Bewegung, wo lag – anders gefragt – Ihr Anknüpfungspunkt an den Marxismus?

ENZENSBERGER »Mitmachen« ist schon ein wenig zu eindeutig ausgedrückt. Es war ja einer der schöneren Aspekte dieser Jahre, daß es nicht so eine Mitgliedergeschichte war. Es hatte nicht die Form einer Partei oder einer Organisation. Es war eine sehr flüssige, proteische Masse, die sich da in Bewegung gesetzt hatte, eine Gedankenmasse, eine Masse von politischen Vorstellungen, die sich dann auch sehr rasch wieder zersetzt hat, eine merkwürdige molekulare Bewegung in einem immerhin großen, relativ großen Teil der Bevölkerung. So etwas war aus vielen Gründen für einen Schriftsteller, zumindest für einen wie mich, absolut unwiderstehlich. Da gab es ziemlich viel zu lernen. Einen solchen Prozeß aus der Nähe zu sehen, an ihm teilzunehmen, das war ja etwas, was einem hierzulande nicht jederzeit geboten wird. Es hat ja genügt, eine Idee, einen Vorschlag, ein Projekt zu äußern, und es waren Leute da, die das aufgegriffen haben. Das hat sich dann selbständig gemacht, es war kein Copyright vorhanden, niemand hat gesagt: das hat der und der uns geraten oder das ist dem oder dem eingefallen. Die Slogans waren anonym, niemand wußte, woher diese Slogans plötzlich kamen, und so wußte auch niemand, woher das Geld kam oder wer nun diese oder jene Kampagne angeregt hatte ... Darum ging es nicht. Das war etwas sehr Schönes, man hat auch die Verstärkung gemerkt, die dadurch entsteht, wenn ein Gedanke, wie der berüchtigte »Klassiker« sagte, »die Massen ergreift«; er wird dann zur »materiellen Gewalt«. Und das heißt nicht, daß die jetzt alles niederwalzen und anzünden, sondern das heißt, daß viele Leute ihre eigenen Energien hineinstecken und daß dadurch natürlich diese Energie viel größer wird. In diesem Sinn fällt einer großen Zahl von Menschen, die sich in Bewegung befinden, mehr ein als jedem einzelnen für sich.

KESTING Man hatte also das seltene und darum besonders beglückende Gefühl, die Rolle eines historischen Subjekts zu spielen. Eben haben Sie in einem Nebensatz gesagt: es sei das Schöne und Reizvolle an dieser Bewegung gewesen, daß man kein Mitgliedsbuch brauchte. Daraus spricht eine gewisse anarchistische Lust: Wenn es sich organisiert, dann trägt es schon den Keim zum Schlechten in sich.

ENZENSBERGER Das möchte ich gar nicht sagen. Ich habe nur von mir gesprochen. Jemand, der sich so bewegt wie ich, der kann es eben auf Grund seiner eigenen Moral nicht brauchen, daß ihm einer sagt, du mußt dich jetzt bei dem, was du denkst und schreibst, an dieses oder jenes Statut halten. Das kann ich nicht. Das ist sicherlich eher mein Problem als das anderer Leute. Daß sich jemand in einer Partei oder in einer anderen Organisation als Mitglied engagiert, dagegen ist ja gar nichts einzuwenden; nur ich kann das aus Gründen, die mit meiner Arbeit zu tun haben, nicht brauchen.

KESTING Durch diese Erfahrung hat sich auch Ihr Bild vom Schriftsteller verändert – soll ich sagen: zumindest vorübergehend? Ich will wieder etwas zitieren, wobei es mir fernliegt, Ihnen Ihre früher geschriebenen Sätze drohend vorzuhalten und Sie damit anzuklagen. Das ist nicht die Haltung, in der ich Ihnen gegenüber auftreten möchte. Ich möchte eigentlich um Klärung offener – für mich offener – Fragen bitten. Also – 1968, wieder in diesem berühmten *Kursbuch,* erschien Ihr Aufsatz *Gemeinplätze, die Neueste Literatur betreffend.* Ein Aufsatz, der in vielen Literaturdiskussionen seither eine große Rolle gespielt hat, unausgesprochenerweise oder auch *expressis verbis;* ein Aufsatz, der je nach Standpunkt berühmt genannt wird oder berüchtigt. Man zitiert ihn meist sehr vereinfacht, jedenfalls läutete darin unüberhörbar – allerdings nicht zum erstenmal – »das Sterbeglöcklein für die Literatur«. Manche haben diesen Aufsatz so verstanden, als wenn hier ein Berufsverbot für Schreibende verhängt würde, jedenfalls für solche, »die Literatur als Literatur« machen wollen.

ENZENSBERGER Die Armen, die Armen können mir richtig leid tun, wie sie davor erschrocken sind. Im übrigen konnten die Leute, die sich da betroffen fühlten, nicht einmal richtig lesen. Was ich damals behauptet habe, war etwas ganz anderes. Ich habe gesagt: seit hundert Jahren läutet dieses berühmte Sterbeglöcklein; es ist selber eine literarische Metapher. Das fängt mit Hegels Diktum an, das ja schon weit länger als hundert Jahre zurückliegt. Vom »Ende der Kunstperiode« hat man damals schon gesprochen, also etwa 1815. Wer heute davor erschrickt, daß er sich damit auseinanderzusetzen hat, der legt eine Ungebrochenheit an den Tag, die nach 170 Jahren reichlich naiv anmutet.

KESTING Ich weiß nicht, ob das so falsch verstanden worden ist.

ENZENSBERGER Es gibt eben heute noch Leute, die mit der ruhigsten Miene von der Welt sagen: Ich schreibe, damit die Menschen glücklicher werden, oder ich schreibe, weil ich den Leuten etwas liefere, was für ihr Leben unentbehrlich ist, sonst können die gar nicht leben. Das scheint mir absolut heiße Luft zu sein. Es erscheint mir wie eine Unverschämtheit, in einer Welt wie der, in der wir leben, eine positive Rechtfertigung überhaupt für sich in Anspruch zu nehmen. Das heißt nämlich zu behaupten: Das, was ich mache, ihr Lieben, während die Politiker die Welt zugrunde richten, die Wissenschaftler Atombomben erfinden, dagegen das, was *ich* mache, ist gut und schön, das ist nämlich Kultur, und wer dagegen etwas sagt, ist ein Barbar. Das geht doch ein bißchen zu weit.

KESTING Geistverklärung – gut. Trotzdem weiß ich nicht, ob die Leute, die sich damals getroffen gefühlt haben, ob die den Aufsatz wirklich so falsch gelesen haben. Sicher haben Sie recht, wenn Sie sagen, die Literatur hat schon seit 150 Jahren ihre eigene Krise zum Thema gemacht, das Sterbeglöcklein bimmelt nicht erst seit heute. Aber auch diese Literatur als Literatur – sogar die sogenannte zweckfreie – bewegt sich nicht im luftleeren Raum, sie wirkt auf ihre Weise, vielleicht sogar nicht wenig. In Ihrer Konzeption sollte die Literatur jedoch eine neue Aufgabe übernehmen, sie sollte instrumentalisiert werden, und zwar in einem ganz konkret definierten historischen Augenblick. Da stellt sich im übrigen auch noch die Frage, was die Literatur macht, wenn diese historische Phase vorbei ist.

ENZENSBERGER Ich habe damals auch gesagt: es gibt Leute, die ohne Rechtfertigung, ohne das Gefühl, daß sie etwas Gutes ausrichten, nicht leben können, auch unter den Schriftstellern. Und was bleibt denen dann noch übrig? Ich habe auch einige Beispiele genannt: Ulrike Meinhof etwa, oder Wallraff, beide extreme Moralisten, die sich einen so prekären Zustand nicht vorstellen können, die es auch nicht ertragen können, ihre Arbeit ohne nachweislichen Nutzen, bloß auf Verdacht zu machen. Ich behaupte, Literatur muß man auf Verdacht machen. Man kann sie nicht in dem Gefühl machen, dies sei etwas Gutes für die Menschheit. Wenn man weitermachen will, muß man es auf das Risiko hin tun, daß das Ganze gesellschaftlich nutzlos ist. Das ist möglich. An diesen Gedanken muß man sich gewöhnen; oder aber man muß etwas ganz anderes machen. Dieses andere nannte ich damals politische Alphabetisierung, man kann es auch anders nennen. Wenn ich nämlich in der Lage bin zu verhindern, daß in Hamburg 2000 Giftfässer unter der Erde liegen, oder wenn ich zumindest den ersten Anstoß dazu geben kann, daß sie verschwinden, dann kann mir doch niemand sagen: Moment, das ist ja sehr problematisch, ob das überhaupt einen Sinn hat. Die ganze Sinnfrage stellt sich bei einer solchen Arbeit nicht mehr. Das ungefähr war damals der Sinn meiner Rede. Ich habe eigentlich nur gesagt: Liebe Kollegen, ihr könnt den Kuchen nicht aufessen und ihn zugleich in die Schublade stecken.

KESTING Nun haben sich Schriftsteller, vorher und nachher, überwiegend anders entschieden. Sie haben Literatur auf Verdacht gemacht. Und Sie haben selbst am Anfang unseres Gesprächs eine sehr schöne Definition dafür geliefert, was diese Literatur auf Verdacht möglicherweise leisten kann, nämlich eine Art Gedächtnis zu sein. Nicht erst *a posteriori* stellt sich dann heraus, daß das für eine gewisse gesellschaftliche und kulturelle Traditionsbildung gar nicht unwichtig ist. Zum Beispiel die Exilliteratur. Nicht unwichtig auch für eine marxistische Traditionsbildung. Natürlich gibt es auch unheilvolle Traditionsbildungen, orthodoxe, es gibt auch Verkrustungen. Aber das meine ich nicht. Ich meine das Festhalten von Erinnerungen, die Erinnerung an verdrängte, vergessene oder unterdrückte Möglichkeiten, die es geschichtlich einmal gegeben hat; die kontinuierliche Arbeit an einer kritischen Methode, am Marxismus als einer kritischen Methode beispielsweise. Gerade da ist mein Eindruck, daß in dieser spontanen Bewegung am Ende der sechziger Jahre, wo die Aufgabe der Literatur eher instrumentell gesehen wurde, nicht sehr historisch gedacht worden ist. Und das Scheitern dieser Bewegung hat vielleicht auch etwas mit dem Fehlen solcher produktiven Traditionsbildungen und Traditionsbezüge zu tun. Gerade das haben ja viele Schriftsteller in der Studentenbewegung vermißt, deswegen sind viele in Distanz zur Rebellion dieser Zeit geblieben.

ENZENSBERGER Dabei spielen natürlich viele Gründe eine Rolle. Nehmen wir den Fall eines Schriftstellers, der sagt, das geht mich alles gar nichts an, der in der Lüneburger Heide sitzt und seine längeren Gedankenspiele macht: daran fand und finde ich nichts zu verurteilen. Man kann die Gesellschaftsschädlichkeit einer solchen Arbeit ebensowenig nachweisen wie ihren Nutzen. Also soll er das doch machen, wenn es Leute gibt, die das lesen wollen, die das brauchen, vielleicht transportiert er damit sogar irgend etwas. Das ist eben sein Risiko. Es gab andere Leute, alte Kommunisten, die vom Kommunismus die Nase voll hatten, die sagten: Reden die schon wieder so daher? Mir reicht es für mein Leben, mein Bedarf ist gedeckt. Ferner gab es Ignoranten, Leute, die einfach zu unwissend waren, um überhaupt zu bemerken, was da passierte. Schließlich traten auch besonders kluge Leute auf, die sagten sich: Das kann doch nicht gut enden, diese Linken sind in einer Illusion befangen. Aber vielleicht waren diese Leute allzu klug; denn ein Stück von diesem Pudding mußte man schon essen. Er mußte ja probiert werden. Das war immerhin eine historische Chance. Im übrigen spricht man immer nur vom Scheitern der Studentenbewegung. Man könnte auch von ihrem Erfolg sprechen.

KESTING Worauf ich hinaus will, ist doch eigentlich die Frage einer marxistischen Ästhetik. Es sah Ende der sechziger Jahre doch so aus, als wenn diese Bereiche stark auseinanderfielen: Gesellschaftskritik und Ästhetik. Da waren auch bilderstürmerische Elemente erkennbar, es gab eine Gesellschaftskritik, die Ästhetik pauschal als reaktionär abgebucht hat. Das hat eigentlich zu den ideologischen Vätern der Studentenbewegung, Adorno und Marcuse, in ziemlich krassem Widerspruch gestanden. Aus diesem Versäumnis sind ja erst die vielen Versuche in den siebziger Jahren zu verstehen, Ästhetik wieder ins Gesellschaftliche hineinzuholen. Nur wird sie dann allzu leicht als sogenannte Innerlichkeit verstanden und führt zu jenem Irrationalismus, der in Deutschland meist eine reaktionäre und unpolitische Komponente hat. Aber das meine ich nicht mit Ästhetik. Ich meine damit überhaupt nichts Formales oder bloß Schöngeistiges. Eher eine gesellschaftliche Entwicklung, die zugleich auf eine kulturelle Selbstfindung hinausläuft. Also auf eine Überwindung der falschen Gegensätze von Kultur und Politik. Hat sich die Linke damals nicht zuwenig um das Problem einer so verstandenen marxistischen Ästhetik gekümmert?

ENZENSBERGER Es gab ja viele Leute, die das an den Universitäten wacker betrieben haben, die haben alle ihren Lukács gelesen. Ich fühlte mich damals wenig davon betroffen. Das, was mich am Marxismus interessierte, war wirklich nicht die Ästhetik. Gibt es überhaupt eine marxistische Ästhetik? Ich glaube kaum, jedenfalls keine, mit der ich als Künstler etwas anfangen könnte. Ich weiß auch gar nicht, ob man eine Ästhetik zu haben braucht, um literarisch zu arbeiten. Natürlich hat man immer theoretische Vorstellungen über das Schreiben, wenn man schreibt, aber wie weit sie explizit und wie weit sie systematischer Art sein sollen, müssen, können, das weiß ich nicht.

KESTING Nur kann es einem Schriftsteller, muß es wahrscheinlich sogar zum Problem werden, wie seine Position als Kritiker und Analytiker der Gesellschaft, der sich von der marxistischen Methode der Gesellschaftsanalyse leiten läßt, und seine Position als Künstler, der auf Verdacht an irgendwelchen merkwürdigen Artefakten bastelt, wie diese Positionen sich zueinander verhalten. Da muß es doch einen Zusammenhang geben. Das ist mir noch nicht ganz klar geworden, zumindest nicht, wie Sie Ihre Position definieren.

ENZENSBERGER Von Definitionen kann da schon gar keine Rede sein, denn ich kann das gar nicht definieren. Gesellschaftskritik oder das, was man gewöhnlich so nennt, ist für mich ein Material wie jedes andere, wenn ich schreibe. Genausogut brauche ich Biologie, Ökonomie, Geschichte. Ich halte nichts von einer ignoranten Literatur. Also brauche ich so viele Momente der Erkenntnis wie möglich. Ob sie nun theoretischer oder praktischer Art sind, ist dabei gleichgültig. In dem Moment, wo ich mich mit etwas befasse, was in meinem Text vorkommt, muß ich wissen, was darüber zu wissen ist. Das heißt, wenn ich über gesellschaftliche Fragen schreibe, muß ich wissen, was über Gesellschaft zu wissen ist. Insofern ist der Marxismus für mich unentbehrlich. Aber der Marxismus kann mir nicht erklären, was ein Vers ist, wie ich eine Arbeit anlege und aufbaue muß, so daß darin die Bewegung enthalten ist, auf die es mir ankommt.

KESTING Woher nehmen Sie da Ihre Maßstäbe, so ganz aus sich selbst?

ENZENSBERGER Nein. Das sieht zwar wie ein einsamer Job aus, das Schreiben. Aber der Kopf eines Autors ist immer ein Radiokopf, voller Stimmen und Echos. Man schreibt, wenn man schreibt, auch immerzu ab oder um. Insofern ist die Literatur eine kollektive Arbeit, in der alle anderen, die an ihr arbeiten, jederzeit gegenwärtig sind; ob sie nun seit zweihundert oder tausend Jahren tot sind oder ob sie im Nebenzimmer sitzen, ist dabei gar nicht das Entscheidende.

KESTING Haben Sie daraus, aus dieser gerade von Ihnen formulierten Erkenntnis, die Konsequenz gezogen, mehr mit dem Prinzip der Montage, der Collage, des Dokuments zu arbeiten? So daß der Schriftsteller eine Art von Geschichtsschreiber wird?

ENZENSBERGER Ja. Was mich daran interessiert, ist nicht die Form des Monologs, wo der Dokumentarist wie ein Reporter arbeitet, also einfach ein Mikrophon hinsetzt, sondern die Möglichkeit, mehrstimmig zu arbeiten. Gerade bei historischen Vorgängen größerer Tragweite ist das ein großer Vorteil.

KESTING In *Der kurze Sommer der Anarchie,* im *Untergang der Titanic* und im *Mausoleum* gibt es so etwas wie ein dokumentarisches Puzzlespiel, verschiedene Mosaike werden da zusammengesetzt. Wo ist der Leitfaden?

ENZENSBERGER Schreiben hat ja immer etwas mit dem hermeneutischen Zirkel zu tun. Man sucht nach dem Prinzip eines Magnetismus, den man selber gar nicht ganz durchschaut. Wie weit sich in so einem Prozeß inhaltliche und formale Momente kreuzen, das ist nicht leicht zu sagen.

KESTING Jedenfalls ist dies ein Versuch, eine überpersönliche Schreibweise zu entwickeln.

ENZENSBERGER Oder eine Schreibweise, die zugibt, daß sie überpersönlich ist. Indem man andere zitiert oder zum Reden bringt, gibt man zu, daß hier kein Originalgenie am Werk ist, das alles aus dem eigenen Ärmel schüttelt. Mir gefällt es, dies ausdrücklich zu machen. Eine solche Methode ist auch sprachlich reicher. Sie führt außerdem zu einer gewissen Ökonomie. Ein einziges Zitat von

vier Wörtern, die eine bestimmte Zeit fixieren in ihrem Sprach-
stand, kann mir zum Beispiel eine lange Beschreibung ersparen,
wie all diese Möbel ausgesehen haben usw. Ein einziger Satz,
wenn es der richtige ist, kann eine Menge auf dem Rücken tragen.
Die Methode ist sehr sparsam.

KESTING Wie weit kommt das Subjekt, das schreibende Subjekt
einer solchen Literatur abhanden? Oder wo steckt es noch
darin?

ENZENSBERGER Das ist nur allzu stark vorhanden. In Wirklichkeit
tritt der Autor von seiner Verfügungsgewalt nur sehr wenig ab. Er
erlaubt sich sogar, die Stimmen der anderen nach seinem Gutdün-
ken zu beschneiden und auszusuchen. Damit ist er in einem geradezu beunruhigenden Sinn Herr dieses Unternehmens. Das ist
sogar manchmal durchaus fragwürdig. Man legt den anderen vielleicht auch Sachen in den Mund, die sie so gar nicht sagen wollten.

KESTING Sie verfügen fast freier als der berühmte allwissende Erzähler?

ENZENSBERGER Die Authentizität der Dokumentarliteratur ist jedenfalls ein Köhlerglauben. Aber die Sache hat auch noch eine
andere Seite. Wenn man die anderen zu Wort kommen läßt, wenn
man auf die anderen hört, wenn man ihre Stimmen mithört beim
Schreiben, dann ist das auch ein Moment von Korrektur. Es kann
auf diese Weise weniger leicht eine dogmatische Literatur entstehen. Eine solche innere und äußere Montage ist ja formal nur
möglich durch Widersprüchlichkeit. Wenn jemand immer nur
das, was »paßt«, zitieren wollte, dann unterschiede sich das Resultat nicht wesentlich von einem Monolog. Nein, die Stimmen
müssen sich durchkreuzen; nur dann korrigieren einen die anderen beim Schreiben, wenn sie sozusagen stören, wenn sie einen
daran hindern, den eigenen Faden so weit fortzuspinnen, bis er,
sei es im Dogmatismus, sei es in der Isolierung, endet.

KESTING Da wir von der Subjektivität des Autors sprechen: Ihr
Buch vom *Untergang der Titanic* scheint mir, wenn ich so sagen
darf, Ihr subjektivstes zu sein, nicht nur weil an vielen Stellen
deutlich »Ich« gesagt wird. Es ist ja eine sehr konkrete Titanic,
von deren Untergang hier gesprochen wird; man muß dies auf
Kuba und die Verfälschung der sozialistischen Utopie beziehen.
Aber Kuba und die Bundesrepublik sind weit voneinander entfernt. Ich verstehe nun diesen Eisberg, der dem Schiff den Leib

aufschlitzt, als Metapher für ein Lebensgefühl auch hier bei uns, eine Art von postrevolutionärem Lebensgefühl, auch wenn es die Revolution nicht gegeben hat. Bei Suhrkamp ist kürzlich der tausendste Band der »edition« erschienen – überschrieben *Stichworte zur ›Geistigen Situation der Zeit‹*. Ich habe Sie darin als Autor vermißt. Das hat mich überrascht, denn Sie waren doch früher einer der Hauptautoren, eine der Säulen der »edition«. Warum haben Sie zur »geistigen Situation der Zeit« nichts beigetragen? Und wenn Sie beitragen wollten, wie könnten Sie das in diesem Augenblick extemporieren?

ENZENSBERGER Dazu fühle ich mich nicht geeignet und nicht berufen. Ich weiß nicht besser als irgend jemand sonst, wann die Katastrophe eintreten wird; ich weiß auch nicht, woran es liegt, daß der Sozialismus in allen bekannten Fällen im Lager endet. Ich weiß nicht, ob das so sein muß. Ich bin nicht bereit, mir darüber so leicht eine felsenfeste Meinung anzuschaffen. Ich lasse mich gerne überraschen. Was mich an der heute üblichen Meinungsproduktion am meisten stört, ist ihre Besserwisserei. Manchmal gefallen mir meine eigenen Essays nicht mehr, weil sie in dieser Tradition der Rechthaberei stehen. In Zukunft werde ich eine andere Form, einen anderen Ton des Essays finden müssen. Dafür sehe ich auch objektive Gründe. Die Lage, in der wir uns befinden, scheint mir Besserwisserei einfach nicht mehr zuzulassen. Das heißt nicht, daß keine analytische Arbeit mehr möglich wäre, das heißt auch nicht, daß man keine theoretischen Aussagen mehr machen könnte. Aber wenn, dann wären sie bescheidener zu fassen. Die »geistige Situation der Zeit« ist zum Beispiel eine sehr unbescheidene Formulierung. Das hat ja auch der Herausgeber des Buches durchaus gesehen, es ist kein Vorwurf. Aber das heißt eben auch: So kann man uns nicht kommen.

KESTING Ihre Abstinenz hat also programmatische Züge.

ENZENSBERGER Ja. Die »geistige Situation der Zeit« kennen wir als Ganzes nicht. Wir können hierüber etwas sagen und darüber, aber in dem Moment, wo wir allgemein und hegelianisch werden, da wird es leer und wolkig.

KESTING Oder Jaspersch.

ENZENSBERGER Oder Jaspersch.

KESTING Vielleicht kann man aus Ihren Elaboraten der letzten Jahre Rückschlüsse ziehen auf die – in ironische Anführungszeichen zu setzende – »geistige Situation der Zeit«. Wenn man das

Problem, um das es geht, auf eine Formel bringen will, muß man wohl von der »Dialektik des Fortschritts« sprechen. Das erinnert an Formulierungen von Adorno und der Kritischen Theorie. Dieses Thema interessiert Sie offenbar sehr, und zwar schon immer. Da gibt es Sätze wie »Die Spuren des Fortschritts sind blutig« – das steht schon in der *blindenschrift*, also einem frühen Gedichtband von Ihnen – oder wie »Die Vernunft wird geblendet durch strikte Anwendung der Vernunft. Ununterscheidbar der Fortschritt des Schwindels vom Schwindel des Fortschritts« – das steht im *Mausoleum*. Dieser Zweifel an der Vernünftigkeit der Vernunft ist ja etwas, was eine neue Massenbewegung mit Ihnen teilt. Schwer zu sagen, wie die genaueren Strukturen aussehen, wie sich das gesellschaftlich formiert. Also die Entdeckung von Ungleichzeitigkeiten und neuen gesellschaftlichen Strukturen. Wie tauchen Sie aus diesem Mustopf auf?

ENZENSBERGER Ich bin kein Ideologe der ökologischen Bewegung. Ich habe eine gewisse Distanz dazu, ich habe sehr viel Sympathie dafür. Distanz, weil da zwischen Müsli und Weltuntergang oft allzu kurzschlüssig argumentiert wird. Viele Leute betrachten das auch als Problem, das erst in den letzten zehn oder zwanzig Jahren entstanden ist. In Wirklichkeit hat es – und davon handelt mein *Mausoleum* – Wurzeln, die so alt sind wie unsere Zivilisation. Es ist zumindest fraglich, ob wir das Münchhausen-Wunder, uns an den eigenen Haaren aus dem Sumpf zu ziehen, jemals werden vollbringen können. Niemand von uns kann sich nämlich explizit vorstellen, wie eine Zivilisation aussehen müßte, die imstande wäre, dieses Problem zu lösen. Jedenfalls ist es nicht damit getan, die Atomkraftwerke zu demontieren.

KESTING Die Spurenelemente der Dialektik des Fortschritts, die Sie in der Geschichte gefunden haben und die Sie im *Mausoleum* ausbreiten, die sind heute keine Spurenelemente mehr. Das hat in der Tat eine neue Qualität erreicht. Liegt hier für Sie eine Möglichkeit für Hoffnung? Hoffnung auf ein neues massenhaftes gesellschaftliches Bewußtsein? Ich meine im Lebensgefühl ... Ist es ein frohes und zynisches Abwarten? Wie ist so Ihre Stimmungslage? Da muß es doch was geben.

ENZENSBERGER Meine Stimmungslage ist paradox. Ich teile sie vermutlich mit sehr vielen Leuten in unserer Gesellschaft. Subjektiv lebe ich in einem ziemlich wünschenswerten Zustand. Man läßt mich hier arbeiten, ich werde nicht eingesperrt oder eingemauert, ich riskiere höchstens, daß man irgendwelche »Erkenntnisse« über mich auf Computerbändern speichert. Das auf der einen Seite. Und auf der anderen Seite die für jeden intelligenten Menschen absehbare Tatsache, daß wir mit unvorstellbaren Katastrophen rechnen müssen, das heißt aber mit Katastrophen, mit denen man gar nicht rechnen *kann*. Daraus entsteht eine paradoxe Stimmungslage, die historisch neu ist. Mir fallen keine rechten Präzedenzfälle dazu ein. Diese Situation ist schon sehr merkwürdig. Vielleicht läßt sie sich überhaupt nur im Medium der Literatur einigermaßen vergegenwärtigen oder ausdrücken.

KESTING Hilft Literatur da?

ENZENSBERGER Nein, da sind wir wieder beim Anfang.

KESTING Ja, wir sind wieder beim Anfang.

ENZENSBERGER Aus den Angeln heben wird die Literatur nichts. So wie es Leute gibt, die unbedingt Haschisch brauchen, so gibt es andere, die müssen immer ihre Dosis Hoffnung haben. Ich finde, das sollte man ihnen nicht unbedingt geben. Das ist ja auch eine Droge, die Hoffnung. Wenn man begründen sollte, warum man sich nicht unmittelbar die Kehle durchschneidet, dann könnte man vielleicht darauf hinweisen, daß der Lauf der Geschichte in seiner ganzen Unbegreiflichkeit und Abscheulichkeit immerhin eines gezeigt hat: Es kommt selten das dabei heraus, was wir uns erwarten. Für gewisse Überraschungen ist das Menschengeschlecht immer noch gut. Man weiß nur nicht, ob es gute oder schlechte sind.

KESTING Aber das heißt doch, daß wir, daß Sie weiterhin Literatur machen – auf Verdacht.

ENZENSBERGER Ja.

Anmerkungen

1 *Entrevista con Hans Magnus Enzensberger*, in: Casa de las Américas 10 (1969), Nr. 55 (Juli/August), S. 117 ff.

2 Vgl. Hans Magnus Enzensberger, *Dossier: Revolutions-Tourismus*, in: Kursbuch 30 (1972), S. 155 ff.; zur heutigen Lage in Kuba vgl. etwa Günter Maschke, *Cubanischer Taschenkalender* ebd., S. 129 ff.

3 Bezieht sich auf die sensationell angekündigte und ebenso sensationell gescheiterte Zuckerernte von 1970, *die zafra de los diez millones*.

Längsschnitte, Querschnitte

Reinhold Grimm
Bildnis Hans Magnus Enzensberger
Struktur, Ideologie und Vorgeschichte eines Gesellschaftskritikers

Man kann es sich natürlich leicht machen mit seiner Kritik am Kritiker. Etwa wie der Romanschreiber und Chronist Uwe Johnson[1], der 1968, den verschmutzten Hudson und das von Bränden zernarbte Newark vor Augen, Hans Magnus Enzensbergers Entschluß, auf die Pfründe der Wesleyan University zu verzichten und statt dessen nach Kuba zu gehen, mit der Bemerkung glossierte, dort werde »an Personen über 13 Jahre keine Milch mehr ausgegeben; hoffentlich ist dies nicht ein Leibgetränk des Dichters Enzensberger«.[2] Ähnlich bequem ist das Verfahren, den unliebsamen Kritiker dadurch zu erledigen, daß man ihm einen diskriminierenden Kuckuck aufklebt und wie Günter Blöcker erklärt, Enzensberger sei »ein Naseweis und professionaler Zeterer«[3], oder wie die *Weimarer Beiträge,* er verrate »eine blamable Unkenntnis der wirklichen Zustände«.[4] Was wäre einfacher, als von einem Autor zu behaupten: »Er weiß einfach nicht Bescheid«?[5] Erkenntnisse sind mit derlei nicht gewonnen, höchstens Einblicke in die Denkfaulheit oder Borniertheit, die gereizte Stimmung oder den dogmatischen Starrsinn der jeweiligen Verfasser.

Doch wie steht es mit Versuchen, das Gesamtschaffen Hans Magnus Enzensbergers oder gar seine Entwicklung zu charakterisieren? Wir stoßen dabei sofort auf eklatante Widersprüche. So wird uns zum Beispiel aus Schweden versichert, vom Lyriker Enzensberger sei der Schritt zum Kritiker »nicht weit«[6]; ja, dessen Anliegen habe überhaupt seinen »gültigsten Ausdruck« im Gedicht gefunden.[7] Aus Connecticut kommt uns genau die entgegengesetzte Kunde: nämlich die These von einer schizophrenen Zwitterexistenz Enzensbergers als »Sozialkritiker« und »Lyriker« oder – wie Peter Demetz so niedlich stabreimt – »Bucharin und Lord Byron«.[8] Woran soll man sich noch halten, wenn einerseits West und Ost sich so verdächtig einig sind, wie dies bei Blöcker und den *Weimarer Beiträgen* der Fall ist, während andererseits

Beurteiler von derselben Couleur dermaßen kraß voneinander abweichen? Und vollends in Teufels Küche gerät man, wenn man nach Enzensbergers Entwicklung fragt. Kreuz und quer, in aufsteigender und absteigender Linie geht es hier durcheinander, je nach Weltanschauung und Wunschdenken dessen, der ihn gerade betrachtet. Bald wird eine »klar erkennbare«[9], sogar stetige Wandlung beteuert, bald eine »neue Entwicklungsphase«[10] oder ein abrupter Bruch; und manchmal auch alles zusammen. Selbst wenn mit fast den gleichen Worten ein »entscheidender Schritt vorwärts«[11] oder ein »entscheidender Entwicklungsschritt«[12] konstatiert wird, kann wieder etwas ganz Verschiedenes gemeint sein. Wer eine Verschärfung der Kritik wahrnimmt, läßt gewöhnlich den Lyriker außer acht; wer eine reinere Lyrik zu erkennen glaubt, den Kritiker. Es ist jedoch ebenso verfehlt, von einer »konsequenten Hinwendung zur Publizistik« und zur »sozialen Analyse politischer Erscheinungen« zu sprechen[13] oder mit Peter Hamm zu jubeln, Enzensberger habe endgültig »die Produktion von Rauschgift [d. h. Kunst] eingestellt«[14], wie es schon vor Jahren hanebüchen falsch war, Enzensberger nachzusagen, er habe die »ausgeleierte Antithetik von arm und begütert und ähnliche Konterpaarungen« nunmehr hinter sich gelassen.[15] Zwar könnte man sich versucht fühlen, anhand der ihn jeweils bestimmenden Einflüsse eine Entwicklung Hans Magnus Enzensbergers von Brentano (über den er promovierte)[16] zu Adorno (dessen Meisterschüler unter den Poeten er ›ward‹)[17] bis hin zu Castro (in dessen Insel er den »Knotenpunkt« der gegenwärtigen Weltgeschichte erblickte)[18] zu konstruieren, also einen Wandel von Dandytum und »intellectual snobbishness«[19] über den dialektischen Frankfurturismus zur direkten Aktion der Guerrilleros und Tupamaros.[20] Doch auch das wäre offensichtlich eine *terrible simplification*.

Daß gewisse Veränderungen stattgefunden haben, ist allerdings nicht zu leugnen. Bereits an den Titeln der Enzensbergerschen Bücher lassen sie sich ablesen. Vom *Museum der modernen Poesie* (1960) und den *Einzelheiten* der Jahre 1962/64, die sich mit *Bewußtseins-Industrie* und *Poesie und Politik*[21] befassen, führt der Weg über Essaybände wie *Politik und Verbrechen* (1964) und *Deutschland, Deutschland unter anderm* (1967) oder Editionen wie die des *Hessischen Landboten* und der Schrift des Las Casas über die *Verwüstung der Westindischen Länder* zu der Sammlung

Freisprüche. Revolutionäre vor Gericht und dem Dokumentarstück *Das Verhör von Habana* (beide 1970) sowie zu den zweibändigen *Gesprächen mit Marx und Engels* und dem Roman *Der
kurze Sommer der Anarchie. Leben und Tod des Buenaventura
Durruti*, die 1972/73 veröffentlicht wurden. Es sieht in der Tat so
aus, als habe sich Enzensbergers Interesse nicht nur vom Poetischen mehr aufs Politische und von spezifisch deutschen Problemen auf solche globaler Natur verlagert, sondern allgemein von
den Medien stärker auf die Macht, kurzum vom Überbau auf die
Basis. Schrieb er seine Einzelbeiträge – um auch auf sie einen Blick
zu werfen – in den fünfziger und frühen sechziger Jahren über
dramaturgische Probleme[22], über den Film[23] oder sogar, eine un-
verkennbare Pflichtarbeit, über das Nachhinken der modernen
Poesie Dänemarks[24], so galten sie in den Jahren darauf Themen
wie der *Kapitalverflechtung in der Bundesrepublik*[25], den Not-
standsgesetzen (zu denen er wiederholt das Wort ergriff)[26] oder,
unter dem Titel *Bildnis einer Partei. Vorgeschichte, Struktur und
Ideologie der PCC,* der Kommunistischen Partei Kubas.[27] Man
wird bald erraten, warum ich mich an diesen ausladenden Titel
angelehnt habe; momentan ist die Feststellung wichtiger, daß ein
zunehmendes Engagement mit einem immer intensiveren Studium der Theorie und Geschichte des Sozialismus und der Revolutionen einhergeht, das sich offenbar nicht bloß in der Wahl der
Gegenstände auswirkt, sondern auch in deren Behandlung. Noch
1962 begann Enzensberger, beinah im Alleingang, eine Reihe *Poesie. Texte in zwei Sprachen* zu edieren, die es auf insgesamt dreizehn Bände brachte; ein Jahrzehnt später legte er im Kollektiv
(zusammen mit Nitsche, Roehler, Schafhausen) sein Lesebuch zu
den Klassenkämpfen in Deutschland seit 1750 vor, das sich lakonisch *Klassenbuch* nennt und in der ›Sammlung Luchterhand‹ immerhin volle drei Bände einnimmt. Aber schon 1965 hatte er ja die
wahren »Vorzeichen« nicht mehr, wie noch in dem gleichnamigen
Band von 1962[28], in der experimentellen Gegenwartsliteratur erkannt, sondern im *Hessischen Landboten,* der politischen Flugschrift Büchners und des Pfarrers Weidig.[29]

Selbstzeugnisse Hans Magnus Enzensbergers aus den letzten
zehn, zwölf Jahren bestätigen und verstärken diesen Eindruck.
1959 beharrte er sogar gegen seinen Mentor Adorno (der bekanntlich geäußert hatte, nach Auschwitz sei es nicht mehr möglich, ein
Gedicht zu schreiben) auf der Lebenswichtigkeit der Literatur:

»Wenn wir weiterleben wollen, muß dieser Satz widerlegt werden.«[30] 1971 hingegen erklärte Enzensberger in einem Interview: »Die Literatur war für mich nie das Wichtigste. Sie war niemals das Wichtigste in meinem Leben und wird es hoffentlich auch nie werden.«[31] Auf halbem Wege dazwischen, zur Jahreswende 1965/66, erschien in Paris sein leider unübersetzt gebliebener Aufsatz *La littérature en tant qu'histoire,* der sich deutlich als eine Art Rückschau und Rechenschaftsbericht erweist, zugleich jedoch, durch sein versuchtes Festhalten am Vorrang der Dichtung trotz nagender Zweifel, als Mischung aus Zunftgeist und schlecht verhehltem Mißtrauen.[32] Ganz entsprechende Übergänge zeichnen sich auch in der Essayistik ab, die darin durchaus mit der Lyrik übereinstimmt. »Lassen wir die Mätzchen beiseite! Erzählen Sie uns bitte nichts von Demokratie und nicht zuviel vom Rechtsstaat!« So der Offene Brief vom Oktober 1967 an den damaligen Justizminister Heinemann. Wiederum in Rückblick und Rechenschaft fährt Enzensberger fort: »Ich weiß, aus eigener Erfahrung, wie schwer man sich jene Redensarten abgewöhnt. Ja, allzuviel Optimismus, Reformfreude, blindes Vertrauen auf die Staatsgewalt, das ist es, was ich mir vorzuwerfen habe.«[33] So sarkastisch dies klingt, so ernst war es gemeint. In voller Öffentlichkeit hatte Enzensberger der Partei Heinemanns – »ohne Begeisterung, doch ohne zu Zögern«[34]– seine Stimme gegeben; ausdrücklich hatte es in den *Einzelheiten* noch 1964 geheißen, ihre Absicht sei »Revision, nicht Revolution«.[35] Doch ebenso unzweideutig hieß es dafür im Mai 1968: »Bedenken sind nicht genug, Mißtrauen ist nicht genug, Protest ist nicht genug. Unser Ziel muß sein: Schaffen wir endlich, auch in Deutschland, französische Zustände.«[36] Die Rede *Notstand* mündet in den offenen Aufruf zur Revolution. Ihr Ziel deckt sich völlig mit dem des erwähnten Interviews, das die Literatur zwar relativiert, aber gleichzeitig umfunktioniert und ihr »keine andere Aufgabe« mehr zuerkennt als die: »daß wir den Sozialismus verwirklichen«.[37]

Der Umstand, daß dieses Interview ausgerechnet in der offiziellen *Zeitschrift für Literaturwissenschaft, Ästhetik und Kunsttheorie* der DDR gedruckt wurde, muß bei Hans Magnus Enzensberger zunächst befremden. Schließlich hatte sich dieselbe Zeitschrift, sonst auch *Weimarer Beiträge* genannt, noch im Jahr zuvor bemüßigt gefühlt, ihm nicht bloß den Star »bürgerlichen Vorurteils« zu stechen, sondern rundweg zu behaupten, er habe

»faktisch nicht nur das Vokabular, sondern auch die Ziele der aggressiven Politik Westdeutschlands übernommen«.[38] Nun ist es selbstverständlich blanker Unsinn, Enzensberger – denn darauf läuft derlei hinaus – zum Revanchisten zu stempeln; die verbalen Hiebe aber, die er gegen Ostdeutschland auszuteilen pflegte, waren tatsächlich recht schmerzhaft und nicht selten unverdient. Der Vorwurf des Stalinismus und Vulgärmarxismus[39] ist dabei nicht einmal der schlimmste. Vor allem in den *Einzelheiten,* doch auch anderswo werden »Mitglieder der Reichsschrifttumskammer« und »kommunistische Kulturfunktionäre«, der Staat Ulbrichts und Franco-Spanien, ja selbst das *Neue Deutschland* und Hitlers *Mein Kampf* mit erstaunlicher Unbekümmertheit in einen Topf geworfen.[40] Noch in seiner Rede zur Verleihung des Büchner-Preises vom Herbst 1963, die er vier Jahre später in einen Essayband aufnahm, beklagte Enzensberger ziemlich überheblich, wieviel nach wie vor versäumt werde, »um das andere Deutschland bewohnbar zu machen«.[41] Daß es trotzdem zwischen ihm und den Weimaranern zu einer Begegnung, vielleicht sogar Annäherung kam, ist daher doppelt beachtenswert. Den unmittelbaren Anstoß gab zweifellos die DDR-Aufführung des *Verhörs von Habana*; die Voraussetzung schuf jedoch die allmähliche Öffnung Enzensbergers nach außen, seine Wendung von Deutschland zur Welt, wodurch letztlich auch eine innerdeutsche Öffnung oder zumindest Lockerung bewirkt wurde. Gerade sie scheint sich allerdings besonders zäh und langsam zu vollziehen. Weder ein gelegentlicher Ausfall des Westdeutschen gegen die »lächerlichste Kommunistenhetze«[42] noch gönnerhafte Versicherungen der Ostdeutschen, Enzensberger habe »neue Erfahrungen und weiterreichende Einsichten« gewonnen[43], sei gar zu einer »Art Klassiker« oder doch »beinah« zu einem »Klassiker« avanciert[44], vermögen daran viel zu ändern. Die »deutsche Frage«, die nicht nur für Enzensberger mit der »Frage nach der eigenen Identität« zusammenfällt[45], sperrt sich auch hier gegen jede Patentlösung. Mit Recht durften die *Weimarer Beiträge,* nachdem sie ihn interviewt hatten, schmollen: »Die DDR wird nicht als historische Alternative auf deutschem Boden anerkannt [. . .].«[46] Wenn man nämlich von einer ideologischen Entwicklung sprechen will, muß man ehrlicherweise zugestehen, daß Hans Magnus Enzensberger den etablierten Sozialismus, und ganz sicher den der DDR[47], längst links überholt hat.

Die Wurzeln dieser Entwicklung reichen tief in die fünfziger Jahre zurück. Es waren ja keineswegs bloß die ›Einzelheiten‹, ob nun der Kunst oder des Kulturbetriebs, die den jungen Kritiker damals erregten, sondern sehr früh bereits die »Rituale« der »unbewältigten Vergangenheit« und jener fatalen »deutschen Frage«[48] mit ihren sämtlichen Weiterungen. Atomdrohung, Kalter Krieg, Eiserner Vorhang überschatteten im ›gespaltenen Deutschland‹ alles. Dieses Land – man denke an den Gedichtband *landessprache* – war für Enzensberger so sehr der vermaledeite Mittelpunkt, das »unheilig herz der völker«[49], daß er ihm die Vorrangstellung nicht nur als Subjekt, sondern auch als Objekt der Vernichtung zusprach. »Die Deutschen sind [. . .] heute so etwas wie die Geiseln der Weltpolitik«, schrieb er. »Sie werden, wenn überhaupt jemand, als erste erschossen.«[50] Welch große Mühe es ihn kostete, sich aus diesem Bann zu lösen, bezeugen schon die Titel des *Versuchs, von der deutschen Frage Urlaub zu nehmen* (1967) und des für die Zeitschrift *Encounter* verfaßten Beitrags *Am I a German?* von 1964, der dann in *Über die Schwierigkeit, ein Inländer zu sein* umbenannt wurde. Einerseits bekannte Enzensberger bereits 1963: »Deutschland ist kein Modell, es ist ein Grenz- und Sonderfall«[51]; andererseits veröffentlichte er – übrigens ebenfalls schon im Kollektiv – noch 1966 einen *Katechismus zur deutschen Frage*.[52] Im Jahr darauf freilich, nicht zuletzt unterm Schock der Großen Koalition und der bedrohlich anwachsenden NDP, empfand er seine Fixierung endgültig als »langweilig bis zum Erbrechen«. Man werde, warnte Enzensberger, »zukunftsblind«, wenn man sich »nur auf sie« einlasse.[53] Was damit gemeint war, hatte inzwischen der Essay *Europäische Peripherie*, der nicht mehr bloß Deutschland, sondern ganz Europa an den Rand rückte, hinlänglich deutlich gemacht. Der vehementen Ausweitung im nationalen Bereich entsprach eine ebenso vehemente im sozialen. Die Umformung eines berühmten Büchner-Zitats wie auch der Schlußworte des *Kommunistischen Manifests* ist dafür bezeichnend. Im ›Kontext‹ zum *Hessischen Landboten* heißt es lapidar: »Das Verhältnis zwischen armen und reichen Völkern ist das einzige revolutionäre Element in der Welt.« Nur »mit Gewalt« könne diese Lage aufrechterhalten, nur »mit Gewalt« könne sie beseitigt werden.[54] Es gehe, ergänzt Enzensberger in *Europäische Peripherie*, nicht mehr um die »Proletarier aller Länder«, sondern um »alle proletarischen Länder«.[55] Nicht länger bestimme der Gegensatz von »Kommunismus und Antikommunismus, Faschismus und Antifaschismus« oder überhaupt die Vorstellung von Klassengegensätzen und »ideologischen Differenzen« das Bild, sondern der Gegensatz zweier Welthälften.[56] Der Block der reichen Länder und Großmächte von New York bis Moskau, also die »ganze ›zivilisierte Welt‹«, stehe auf der einen Seite; auf der anderen stehe die Dritte Welt der unterdrückten und ausgebeuteten Länder, die man daher eher die »Zweite« oder eben »Arme Welt« nennen solle.[57] Für diese makabre Gruppierung tauge einzig und allein der »scheinbar antiquierteste« Begriff: nämlich »Kolonialismus«.[58]

Kein Zweifel, Hans Magnus Enzensberger hat sich verändert. Die Ergebnisse unserer (notwendig skizzenhaften) Umschau besagen genug. Gemessen an ihnen, klingt die Behauptung, bei Enzensberger sei eine »bemerkenswerte Entwicklung«[59] festzustellen, beinah wie ein *understatement*. Obendrein läßt er selber neuerdings gern durchblicken, daß ein solcher Wandel stattgefunden habe; ja, er übt sich bisweilen geradezu in Selbstkritik.[60] Seine eigene Einschätzung und die zahlreicher ernst zu nehmender Beurteiler scheinen unwiderleglich zu sein. Aber sind sie es wirklich? Ist nicht manches, vielleicht vieles oder gar das meiste, was Enzensbergers Anfänge prägte, bis zum heutigen Tage gleichgeblieben? Erben sich nicht auch bei ihm, wie so oft bei den Angehörigen seiner Generation, die Anschauungsformen und Denkweisen der fünfziger Jahre durch alle Veränderungen fort? Man betrachte nur das aus der damaligen Stimmung genährte Katastrophenbewußtsein, das sich nicht bloß in den *Einzelheiten* und in frühen Gedichten niedergeschlagen hat, sondern durchaus auch in späteren Essays und selbst in der allerjüngsten Lyrik. Sogar in einem alexandrinischen Philologenscherz wie *baemu suti* (1959) setzte es sich durch. Er bestand darin, ein angeblich in der Nähe von Neandertal entdecktes ›Gedicht‹ aus einer fiktiven Ursprache, dem Ibolithischen, ins Deutsche ›zu übertragen‹. Der Verfasser der *verteidigung der wölfe* von 1957, der gerade seinen zweiten Gedichtband vorbereitete, spielte mit und steuerte folgenden Vierzeiler bei:

> Eine Lawine von Tauben hängt
> reglos über der Piazza.
> Huste nicht! Beim ersten Laut
> begräbt sie uns donnernd.[61]

Die Unternehmung, die in Wahrheit »der Erforschung der Übersetzer« galt[62], bewährte sich bei Enzensberger aufs beste; denn sein Katastrophengefühl der Angst und dumpfen Bedrohtheit gelangt ja, aller Spielerei zum Trotz, unüberhörbar zum Ausdruck. Nicht unterschwellig, sondern in brutaler Direktheit äußert es sich in dem Essay *Scherbenwelt*, der eine Typologie der Wochenschau »von der idiotischen Idylle bis zum planetarischen Amoklauf« entfaltet, diesen Amoklauf, d. h. die Explosion der Atombombe, zum eigentlichen Telos der Bilder erklärt und sie zusammenfassend als »Apotheose des Scherbenhaufens« bestimmt.[63] Das war 1957; aber noch ein volles Jahrzehnt später verkündete der *Versuch, von der deutschen Frage Urlaub zu nehmen*: »Zwischen der Vernunft und der materiellen Gewalt ist keine Vermittlung mehr möglich.«[64] Konkrete Politik erscheint hier in dürren Worten als »Stumpfsinn« und »mit produktiver Intelligenz [. . .] nicht vereinbar«[65], so wie sie in einem der letzten Gedichte Enzensbergers zum trostlosen Gemetzel mythisiert wird. *Das wirkliche Messer* zieht das finstere Fazit von Brechts *Mahagonny*-Oper nach; es endet mit den Zeilen:

> Und sie halfen sich Und sie hatten recht
> Und sie konnten einander nicht helfen[66]

Bei Brecht lautete dies bekanntlich: »Können uns und euch und niemand helfen.«[67]

Doch Enzensberger hat damit bereits auf eine weitere Beispielreihe hingelenkt. Seinen Versen liegt nämlich ein charakteristisches Denkschema zugrunde, das ebenfalls aus den fünfziger Jahren stammt und sich für sein gesamtes Schaffen belegen läßt. Uwe Johnson, im einzigen Lichtblick seiner ›Auseinandersetzung‹ von 1968, hat etwas davon erkannt und auf die Formel vom »Dualismus« gebracht.[68] Es ist die mit jenem Katastrophenbewußtsein eng verknüpfte Zwangsvorstellung von der essentiellen Bösartigkeit aller politischen Gebilde, die sich ständig zu einer radikalen Dichotomie bei hartnäckig behaupteter Wesensgleichheit der Staaten und Systeme verfestigt und nur vereinzelt – dann freilich meist ebenso radikal – durch ein rückhaltloses Ja gesprengt wird. Immer wieder kommt es darum, trotz Rühmkorf, zu solchen »Konterpaarungen« wie Faschismus/Kommunismus, Bundesrepublik/DDR, Kapitalismus/Kommunismus, USA/Sowjetunion; immer wieder werden Herrschende und Unterdrückte, Besitzende und Ausgebeutete, Reiche und Arme oder schließlich reiche und arme Länder und Völker einander entgegengesetzt. Gewiß, ein Fortschreiten vom Nationalen übers Soziale zum Globalen ist unverkennbar. Aber der grundsätzliche Dualismus – zwei Staaten, zwei Klassen, zwei Völkerblöcke oder Welten – wird beibehalten. Enzensbergers Denkinhalte wandeln sich zwar oder, besser gesagt, weiten sich aus; seine Denkform bleibt jedoch die gleiche. Besonders rein tritt sie in dem Gedicht *hiruda sanguisuga* zutage, wo sie sich zum Alptraum von den »zweierlei« Riesenblutegeln hypostasiert, in deren wütender Umarmung die Menschheit erstickt.[69] Auch in *Politik und Verbrechen* bietet Enzensberger instruktive Beispiele, da er nicht nur versichert, der Diktator und Massenmörder Trujillo habe bei seinen Liquidierungen »so kaltblütig wie ein Weltkonzern oder eine Volksdemokratie« gearbeitet[70], sondern sogar die schockierende These aufstellt, »die revolutionäre Aktivität« sei »der konterrevolutionären in Habitus und Methodik zum Verwechseln ähnlich«.[71] Als vorläufig jüngste Variante erscheint das Gegensatzpaar von westlichem »Monopolkapital« und östlicher »Monopolbürokratie«[72], das Enzensberger dem Offenen Brief *Monopolsozialismus* der beiden Polen Kuroń und Modzelewski verdankt, wozu er befriedigt anmerkt: »Ihre Schrift wendet die revolutionäre Methode der marxistischen Theorie zum ersten Mal systematisch auf eine der sozialistischen Gesellschaften Osteuropas an.«[73] Nicht schlechthin ein »manichäischer Blick«, wie Johnson irrtümlich meint, also eine strenge Scheidung von Gut und Böse, ist demnach bei Enzensberger am Werk[74]; vielmehr schlägt der totale Dualismus, weil er fortwährend identisch gesetzt wird, weit häufiger in einen totalen Monismus um. Man lasse sich deshalb durch die Parteinahme für Revolution, Sozialismus und Dritte bzw. Zweite Welt nicht verwirren. Sie widerlegt jene Denkform keineswegs, sondern gehört als ihr folgerichtiger Widerspruch zu ihr: sie ist in vielen Fällen ein Gewaltakt, der sich ebenso zwanghaft wiederholt wie die Dichotomie, aus der er auszubrechen sucht. Gerade darin, daß Hans Magnus Enzensberger an jeglicher politischen Realität verzweifelt und dennoch leidenschaftlich zum politischen Handeln drängt und aufruft, liegt das Paradox dieses Schriftstellers.

Beide Motive ziehen sich, bald offener und bald mehr verdeckt, durch sein Schaffen. Und natürlich gäbe es noch andere derartige Fäden, die man aufgreifen und durch die Jahre hindurch verfolgen könnte. Nicht bloß Denkformen und Anschauungsweisen erben sich bei Enzensberger fort, sondern auch spezifisch handwerkliche Elemente. Sie mögen, verglichen mit jenen, zunächst nebensächlich wirken, sind jedoch aufs engste mit dem Grundmuster seiner schriftstellerischen Tätigkeit verflochten. Konstant bleibt namentlich das Interesse an den Medien Film, Rundfunk und Fernsehen, überhaupt am ganzen Komplex dessen, was Enzensberger unter den Begriff ›Bewußtseins-Industrie‹ faßt und als »die eigentliche Schlüsselindustrie des zwanzigsten Jahrhunderts«[75] bezeichnet. Denn keineswegs nur in den frühen *Einzelheiten* begegnet diese Definition, sondern noch und vor allem in einem höchst aufschlußreichen Interview, das Enzensberger 1969 der kubanischen Zeitschrift *Casa de las Américas* gewährte. »Unterm Gesichtspunkt des kapitalistischen Systems«, heißt es darin mit erhellendem Zusatz, »ist die Bewußtseinsindustrie eine Schlüsselindustrie.«[76] Auch Randbereiche wie der Tourismus, die Mode und Teile der Kybernetik müssen, dem Interview zufolge, ihr zugezählt werden, insbesondere aber der gesamte Erziehungsapparat.[77] Die 1962/64 gesammelten Essays unterstreichen und vervollständigen diesen Katalog: sie umfassen, neben jener *Scherbenwelt*, die schon erwähnt wurde, *Eine Theorie des Tourismus*; sie bringen ferner kritische Analysen einer Tageszeitung (*Journalismus als Eiertanz*) und eines Nachrichtenmagazins (*Die Sprache des ›Spiegel‹*), Untersuchungen zur Taschenbuchproduktion (*Bildung als Konsumgut*) und zum Angebot eines Versandhauses (*Das Plebiszit der Verbraucher*). Man braucht bloß noch den Filmessay *Literatur und Linse* von 1956, die wohl älteste Studie dieser Art, sowie den von 1970 datierenden *Baukasten zu einer Theorie der Medien* hinzuzunehmen, um das Feld vollends abgesteckt und auch die Veränderungen, die sich darin vollziehen, einigermaßen angedeutet zu haben. »Einfluß auf die Medien«[78] hat Enzensberger zwar von Anfang an gefordert. Bereits 1956 erklärte er von der »Kulturindustrie«, wie sie damals noch hieß: »Statt an ihr gebildet zu nörgeln, sollte man ihre Gesetzmäßigkeiten erforschen.«[79] Doch diese Kritik geschah durchaus systemimmanent, so wie sie im Grunde auch in *Bewußtseins-Industrie* erfolgte, auf deren »gefährliches Spiel« sich die Intellektuellen laut Vorspann »einzulassen« hatten.[80] Ganz anders dagegen in den Äußerungen von 1969/70, wo Enzensberger unter Berufung auf Brecht und Benjamin zwischen »repressivem« und »emanzipatorischem« Mediengebrauch unterscheidet[81], die »immaterielle Ausbeutung« als *conditio sine qua non* der »materiellen« erkennt[82] und die Kulturrevolution in ihrem Zusammenhang mit dem »kulturellen Imperialismus« erläutert.[83] Daß hier wieder gut dualistisch gedacht wird, dürfte deutlich sein; nicht minder vertraut ist der Gang der Entwicklung, die sich auch diesmal von einer begrenzt innerdeutschen zu einer weltweiten Problematik öffnet.

Das Interesse, das Enzensberger den Medien entgegenbringt, erschöpft sich jedoch beileibe nicht in Theorie und Kritik. Es ist gleichzeitig ein eminent praktisches, in beträchtlichem Maß auch einfach eins am Broterwerb. Trotzdem führt gerade diese scheinbare Äußerlichkeit in den Kern der Sache. Denn wie sehr Reflexion über die Medien und die Erprobung ihrer Möglichkeiten Hand in Hand gehen, lehrt bereits die simple Tatsache, daß große Teile der *Einzelheiten,* darunter die überwiegende Mehrzahl der obengenannten Texte, nicht nur für den Rundfunk geschrieben und von ihm gesendet, sondern oft auch von den Sendeanstalten in Auftrag gegeben wurden. Ähnlich setzt sich *Politik und Verbrechen* auf weite Strecken aus ehemaligen Radioessays zusammen. Von Gesellenstücken wie der noch stark romantisch gefärbten, dem Exotismus und der Folklore verhafteten *Louisiana Story* (ursprünglich *Dunkle Erbschaft, tiefer Bayou*; 1957)[84] bis zum *Verhör von Habana* und zum *Kurzen Sommer der Anarchie* hat Enzensberger immer wieder für und mit Film, Funk und Fernsehen gearbeitet. Zwei Jahre lang, von 1955 bis 1957, war er sogar bei Alfred Andersch in Stuttgart als Rundfunkredakteur angestellt. Sie bilden die Keim- und zugleich Reifezeit für sein Metier. Seitdem sind ihm Radioessay, Feature, Hörbild, Hörfolge und dergleichen sozusagen im Schlaf geläufig; es sind Dinge des täglichen Umgangs und Werkzeuge des literarischen Gestaltens. Aber nicht allein deshalb und weil sie Mittel jener Schlüsselindustrie sind, dürfen wir mit Enzensberger den Medien eine so überragende Bedeutung beimessen. Sie sind für ihn vielmehr in doppelter Hinsicht wichtig. Einmal erweisen sie sich (was ihm zweifellos bewußt ist) als eine dialektische Einheit von Theorie und Praxis, zum andern jedoch (was ihm bisher offenbar verborgen blieb) als Vehikel einer Form-Inhalt-Dialektik, aus der sich, nach anfänglichem Tasten, rasch die beharrende Grundstruktur seines Denkens und Schaffens entwickelt, in der Ideologie und künstlerische Form ineinander aufgehen. Je genauer man das Œuvre Enzensbergers, das inzwischen schon recht ansehnliche Dimensionen gewonnen hat, unter die Lupe nimmt, um so mehr bestätigt sich dieser Befund. Handwerk oder Broterwerb sollen damit keineswegs, etwa im Sinne einer platten Konditionierung durch Einflüsse, überschätzt werden. Doch ebensowenig soll und kann man sie bei einer solchen Betrachtung unterbewerten oder gar vernachlässigen.

Bereits eine bloße Liste der Form- und Gattungsbezeichnungen, die der Kritiker Enzensberger für seine Essays bevorzugt, läßt diese Zusammenhänge erkennen. Ob es sich um Titel oder Untertitel, Einzelessays oder ganze Bände handelt, spielt dabei – einleuchtenderweise, wie mir scheint – keinerlei Rolle. Alle diese Namen zielen auf das gleiche ab. Auch der Zeitpunkt der Entstehung oder Veröffentlichung der betreffenden Texte fällt kaum ins Gewicht. Typische Belege entstammen den endenden fünfziger, dem Jahrzehnt der sechziger – ihm natürlich vor allem – und den beginnenden siebziger Jahren, also abermals der gesamten Schaffenszeit. In den *Einzelheiten* finden wir zum Beispiel *Die Anatomie einer Wochenschau* (Erstdruck 1957) oder die *Beschreibung einer Allgemeinen Zeitung für Deutschland*[85], in *Politik und Verbrechen* das *Modell einer terroristischen Gesellschaft*[86], die *Rekonstruktion einer Hinrichtung*[87] oder – gemeint ist Rafael Trujillo – das *Bildnis eines Landesvaters*. Einige solche Titel, wie *Katechismus zur deutschen Frage* und *Baukasten zu einer Theorie der Medien*, kennen wir schon, auch das 1969 erschienene *Bildnis einer Partei*; zahlreiche andere – und ich muß hier notgedrungen auswählen – kommen hinzu. Besonders charakteristisch ist die Überschrift *Ein Selbstbildnis der Konterrevolution*, die Enzensberger der Einleitung zum *Verhör von Habana* gegeben hat[88]; doch auch die Titel der beiden Aphorismensammlungen von 1968, *Berliner Gemeinplätze* und *Gemeinplätze, die Neueste Literatur betreffend*, enthüllen sich bei näherem Zusehen als verkappte Formbezeichnungen. Dasselbe gilt für die so unverfänglich anmutende Rubrik ›Dossier‹, der ein Beitrag wie *Kronstadt 1921 oder die Dritte Revolution* (1967) zugeordnet wird. Ja, erlangen nicht sogar völlig eingefahrene Termini wie ›Analyse‹ (*Analyse der Taschenbuch-Produktion*) oder ›Theorie‹ (*Eine Theorie des Tourismus*) unter der Hand einen neuen Gehalt? Zugleich ist es freilich der allerälteste, der sich in solchen Begriffen wieder durchsetzt. Gerade wenn man auf ihre Grundbedeutung –

›Zerlegung in einzelne Teile‹ bzw. ›Betrachtung oder Schau‹ – zurückgeht, wird sichtbar, worauf Enzensberger mit ihnen wie mit all jenen Formbezeichnungen und Gattungsnamen abzielt. Was sie gemeinsam haben und dem Leser vermitteln, ist ja offensichtlich, sei es im Wortsinn oder im übertragenen Sinne, die Vorstellung eines exemplarischen Bildes oder Mosaiks. In ihr konvergieren Modell, Bildnis oder Selbstbildnis, Theorie, Beschreibung, Anatomie und Analyse, Baukasten, Rekonstruktion, Dossier und Katechismus oder Sammlung von Gemeinplätzen. Die Namen, so heterogen sie auf den ersten Blick wirken mögen, könnten gar nicht genauer sein; denn das mosaikartige Tableau, das sich als ein exemplarisches versteht, bildet tatsächlich das Prinzip nicht nur sämtlicher Titel, sondern erst recht der dazugehörigen Texte. Und dieses ›Mosaik‹, als Montage eines optischen oder akustischen ›Bildes‹, verrät noch einmal unverkennbar die Herkunft der Enzensbergerschen Essaystruktur: nämlich aus den spezifischen Formen der Massenmedien in ihrem Verhältnis zum Zuschauer oder Hörer.

Daß es sich gleicherweise aus Stoffen der Gegenwart wie der Geschichte speist, ist bereits sichtbar geworden und wäre durch weitere Beispiele – etwa den Essay über Las Casas, dessen Titel nicht umsonst mit dem Begriff ›Rückblick‹ operiert[89] – unschwer zu ergänzen. Weniger offenkundig, aber nicht minder bezeichnend ist, daß dieses Strukturprinzip auch Sammelbände oder selbständige Werke prägt, und zwar keineswegs bloß die essayistischen und kritischen, sondern genauso die poetischen, ja selbst die editorischen. Die Dialektik entfaltet sich sowohl quantitativ als auch qualitativ. Schritt für Schritt läßt sich dieser Vorgang, verstanden als idealtypische Entwicklung, verfolgen. Was zunächst auf den Einzelessay zutrifft, trifft auch auf die Essaysammlung zu. Sie erweist sich ebenfalls als ein aus Mosaiksteinchen, kürzeren Stücken oder eben ›Einzelheiten‹ zusammengesetztes Bild, das Anspruch auf exemplarische Geltung erhebt. Wie aus solchen Bestandteilen – am handgreiflichsten in den *Gemeinplätzen* und im *Baukasten zu einer Theorie der Medien* – die verschiedenen Essayformen montiert werden, so ihrerseits aus diesen die Großformen ganzer Bände oder Bücher wie *Poesie und Politik* oder *Politik und Verbrechen*; zu schweigen von der Sammlung *Bewußtseins-Industrie*. Namentlich die Veröffentlichung von 1964 mit ihren *Neun Beiträgen* (Untertitel) leitet sodann zum Drama, zum Roman und zu den Anthologien über, wo dieselbe Struktur und derselbe Anspruch herrschen. Zum Teil tritt beides in geradezu klassischer Reinheit hervor. Zehn ›Verhöre‹ sind es, aus denen die Dokumentation *Das Verhör von Habana* besteht: jedes einzelne bietet das Selbstbildnis eines Konterrevolutionärs, so wie sie alle zusammen das »Selbstbildnis eines [konterrevolutionären] Kollektivs«[90] liefern ... obwohl der Einleitungsessay und das Werk in seiner Gesamtheit, als Schriften ihres Autors, nach wie vor kritische ›Bilder‹ sind. Ähnlich, nur noch klarer liegen die Dinge im Roman. Dem deutenden Essay entsprechen hier eingeschobene ›Glossen‹, den darstellenden Vernehmungen zwölf ›Kapitel‹, von denen jedes ein Mosaik aus Dutzenden von Zitaten ist, so daß das gesamte Werk vom Prolog bis zum Epilog zu einer riesigen Montage wird. Seinen Doppeltitel trägt es mit Fug und Recht, da ja *Der kurze Sommer der Anarchie. Buenaventura Durrutis Leben und Tod* wirklich auch ein Doppelbildnis entwirft, das sich zu einem dokumentarischen Roman zusammenfügt. Die Bilder Durrutis, eines exemplarischen Anarchisten, und des Anarchismus selbst, genauer »der einzigen Epoche, in der er [während des spanischen Bürgerkriegs] eine Chance zur Verwirklichung seiner Ideen hatte«[91], werden auf eindrucksvolle Weise ineinandergeblendet.

Man könnte, nein muß verdeutlichend sagen, in all diesen Werken schließe sich die Reihe der Einzelbilder oder Tableaus zu förmlichen Galerien, ja Bildersälen fast schon barocken Ausmaßes zusammen. Das ist keineswegs schöngeistiges Gerede, sondern nüchterne Kennzeichnung des Gegenstandes, die ihn lediglich beim Wort nimmt. Enzensberger, in Anlehnung an André Malraux, hat die gleiche Metapher bereits vor über einem Jahrzehnt verwendet. Wie hieß doch seinerzeit der Titel seiner großen Lyrikauswahl? Er lautete unmißverständlich: *Museum der modernen Poesie*. Aber nicht bloß diese, sondern jede Anthologie, die Enzensberger seit 1960 »eingerichtet«[92] hat, ist im Grunde ein solches Museum. Selbst ein Buch wie *Allerleirauh. Viele schöne Kinderreime* (1961) gehört dazu; von den zweibändigen *Gesprächen mit Marx und Engels* und dem dreibändigen *Klassenbuch* gar nicht zu reden. Den Musterfall stellt jedoch der Band *Freisprüche. Revolutionäre vor Gericht* dar, weil in ihm das Prinzip des Museums auch ideologisch ganz zu sich selbst kommt. Was er auf rund 460 Seiten »versammelt«[93], ist die revolutionäre Gerichtsrede aus jenen anderthalb Jahrhunderten, in denen sie möglich und wirksam war und ihre spezifische Rhetorik entwickeln konnte. »Das politische Strafverfahren«, erläutert Enzensberger, »ist wesentlich ein Produkt der bürgerlichen Rechtsordnung: es setzt eine intakte Ideologie der bürgerlichen Gesellschaft voraus.« Heute hingegen sei in jeder Hinsicht die Endphase erreicht, was drastisch genug daran ablesbar werde, daß jeglicher Prozeß gegen Revolutionäre »entweder zum terroristischen Verwaltungsakt oder zur bloßen Farce« degeneriere. Als Beispiel für solchen Justizterror wird die Behandlung Bobby Seales' in Chikago genannt, der »buchstäblich gefesselt und geknebelt, also völlig mundtot gemacht« wurde; als Beleg fürs farcenhafte »Happening« dient eine »Slapstick-Komödie« wie der Berliner Kommunardenprozeß, wo die Angeklagten ebenso buchstäblich »auf das Gericht scheißen«.[94]

Doch sind Museen von ähnlicher, nämlich historisch bedingter ideologischer Geschlossenheit nicht auch schon der Band *Politik und Verbrechen* und – obzwar in eingeschränkterem Sinne – derjenige über Durruti und die Anarchie? Im ersten Fall handelt es sich um ein essayistisch-kritisches Werk sowie, zumindest dem Anspruch nach, um die gesamte bisherige Geschichte, im zweiten um einen knapp begrenzten geschichtlichen Zeitraum, dargestellt in poetisch-dokumentarischer Form. Beidemal indes, nicht anders als in dem Band *Freisprüche*, gehen Museum und Mosaik ineinander über, ja ineinander auf. Jenes ist (allgemein gesprochen) ein historisches Mosaik, dieses ein Museum der Gegenwart. Ihr Zusammenhang folgt zwangsläufig. Denn Geschichte wird von Enzensberger nicht um ihretwillen, sondern um seinet- und unsertwillen betrieben. Sein Interesse an ihr ist alles andere als ein antiquarisches, das nur erkennen möchte, wie es einmal gewesen sei; es erwächst vielmehr aus dem intensiven Bemühen, sich über den eigenen historischen Ort zu verständigen, die Aufgaben, die er stellt, zu begreifen und so einen echten Standort zu gewinnen. Zuzugeben ist allerdings, daß Enzensbergers Herausgebertätigkeit, die meist auf langwierigen Recherchen beruht, mitunter Randgebilde zeitigt, die nicht mehr auf den gemeinsamen Nenner von Mosaik und Museum gebracht werden können. Geschichtliche Einzelbilder neigen dazu, sich zu verselbständigen; sie treten dann nicht bloß als einfacher Rückgriff auf *Be*kanntes, aber nicht genügend *Er*kanntes in Erscheinung wie bei der Büchner-Weidigschen Flugschrift von 1834, sondern sogar als isolierte Ausgrabung von Vergessenem wie bei dem Handbuch *Kapital und Arbeit* aus der Feder des »Feuerkopfs« Johann Most.[95] Umgekehrt gibt es dafür die Sammlung *Vorzeichen. Fünf neue deutsche Autoren* von 1962, die durchaus ein mosaikartiges Bild ist, jedoch weder als Museum der Vergangenheit noch eigentlich der Gegenwart, sondern als gleichsam musealer Vorgriff auf eine avantgardistische Zukunft, die von Enzensberger »eingeführt«[96] wird. Selbst auf die Herausgeberschaft an seiner Zeitschrift strahlt diese Haltung letztlich aus. Es steht ja außer Zweifel, daß das strukturelle Telos des *Kursbuchs* sowohl im Prinzip des Mosaiks als auch in dem des Museums liegt.

Diese Doppelheit ist die Regel: sie bildet, in dialektischer Verbindung mit dem Ideologischen, die Grundstruktur von Enzensbergers Denken und Schaffen. Und aus ihr wiederum ergibt sich eine eigentümliche Rhetorik oder kritische Wirkungspoetik, die ebenfalls für sein ganzes Œuvre kennzeichnend ist. Sie äußert sich vor allem darin, daß bei Enzensberger nicht die Geste der Überredung – und zwar gleich welcher Form – überwiegt, sondern die der Einladung. Sogar die Lyrik (die selbstverständlich durchaus Begriffe wie ›Modell‹ oder ›Bildnis‹ kennt)[97] wurde von ihrem Dichter schon früh als Sammlung kritischer Gebrauchsgegenstände aufgefaßt, die dem Leser höflich zu erwägen geben, »ob er ihnen beipflichten oder widersprechen möchte«.[98] Doch ausführlicher noch und für die Struktur präziser hieß es zur gleichen Zeit im Vorwort zum *Museum der modernen Poesie*: »Auch diese Anmerkungen erheben nicht den Anspruch, recht zu behalten. Sie mögen dienlich sein, nach Art einer Strickleiter, die man aufziehen, zusammenrollen und vergessen kann, sobald sie ihren Zweck erfüllt hat.«[99] Sosehr nämlich Enzensbergers ›Bilder‹ modellhaft sind und exemplarische Geltung beanspruchen, sowenig wollen sie ein für allemal recht behalten. Im Vorwort wird auch dies bekräftigt: »Das Wesen des Museums als eines Ortes der Tradition ist nicht Konsekration, sondern Herausforderung.«[100] Eingestandenermaßen ist dieses Museum daher »subjektiv angelegt«[101]; ja, der Herausgeber möchte das Mosaik, aus dem es besteht, am liebsten überhaupt nicht fixieren, sondern jedem einzelnen Steinchen seine volle Beweglichkeit belassen. Er wählt einen anderen Vergleich, meint aber dasselbe, wenn er erklärt, die »ideale Form« seiner Sammlung wäre »die eines Kartenspiels«; denn »sie würde es dem Leser gestatten«, das »Puzzlespiel mit den Texten beliebig auszudehnen und zu variieren«.[102]

Zusätzliche Hinweise finden sich sowohl in den Essaybänden als auch im Drama oder Roman. Sie begegnen teils als Selbstaussagen, teils sind sie, im Sinne einer werkimmanenten Poetik, in der Struktur der betreffenden Werke aufgehoben. So liest man zum Beispiel in einer Nachbemerkung zu den *Einzelheiten*: »Kritik, wie sie hier versucht wird, will ihre Gegenstände nicht abfertigen oder liquidieren, sondern dem zweiten Blick aussetzen [. . .].« Und ferner: »Der historischen List des Bewußtseins möchte sie zu Hilfe kommen.«[103] Entsprechend lauten die Schlußsätze im Nachwort zu *Politik und Verbrechen*: »Dieses Buch will nicht recht behalten. Seine Antworten sind vorläufig, es sind verkappte Fragen. Mögen andere kommen, die es besser machen.«[104] Der ›zweite Blick‹ ist unstreitig ein verfremdender Blick, dem das Allzuvertraute und deshalb Unbegriffene merkwürdig und fragwürdig wird, während die ›historische List‹ darin liegt, daß sich die Massenmedien bis in die Grundstruktur der Enzensbergerschen Schriften hinein, die doch aus ihnen hervorgeht, als Mittel bewähren, um die Bewußtseinsindustrie zu unterlaufen und deren emanzipatorische Umfunktionierung einzuleiten. Statt der üblichen Passivität und dumpfen Hinnahme des vom Medienapparat Ausgespienen, die im gänzlichen Überwältigtwerden der Zuschauer und Hörer enden, vollzieht sich hier ein Prozeß, der ständig aktiviert, zum Prüfen und Abwägen einlädt und schließlich zu Urteilsbildung und eigener Arbeit herausfordert. Wenn es daher 1957, stellvertretend für alle Bewußtseinsindustrie, von der Wochenschau hieß: »Sie ist ein Instrument zur Lähmung, nicht zur Entfaltung des Bewußtseins«[105], so hat die Kritik Enzensbergers diesen Satz seither unentwegt auf den Kopf gestellt, und zwar auch und gerade durch ihre Form und die in ihr enthaltene Wirkungspoetik. Den besten Beweis dafür liefert der Anarchistenroman, wo sich das Prinzip der dynamischen Offenheit des flimmernden, opalisierenden[106] Mosaiks und Museums, das zur Begutachtung und Mitwirkung vorgezeigt wird, nicht nur strukturell am reinsten niedergeschlagen, sondern zudem formelhaft verdichtet hat. Die riesige Zitatmontage der Dokumente, die zusammenstoßen, überlappen, Lücken zwischen sich lassen, einander bald stützend und bald widersprechend, zieht den Leser in ihre stumme Debatte hinein und zwingt ihn dazu, selber Stellung zu beziehen. Schon ihre Struktur verlangt, daß man »weitererzählt«.[107] Die bewußte Mehrdeutigkeit dieses Wortes ist unüberhörbar. Ausdrücklich wird zwar gesagt: »Der Leser ist [. . .] der letzte, der diese Geschichte erzählt.« Aber zugleich ist er eben immer bloß der »vorläufig letzte«; denn der Prozeß, einmal in Gang gesetzt, läuft weiter. Es kommt hinzu, daß dieser Roman ursprünglich als Fernsehfilm gedreht wurde, daß er also von den Medien (die ja dem Verfasser die »materielle Möglichkeit« für sein Tun verschafften)[108] nicht allein seinen Ausgang nimmt, sondern bereits wieder rezipiert wird. Dasselbe Verhältnis, freilich mit einer gewissen Verschiebung, liegt auch beim *Verhör von Habana* vor, dessen Text nachträglich mit den Medien gekoppelt wurde: seine Uraufführung in Recklinghausen am 8. Juni 1970 erfolgte bekanntlich in Koproduktion mit dem Fernsehen.

Es wäre verlockend, diese Art der Rhetorik noch näher zu untersuchen. Nicht nur die Essays aus *Politik und Verbrechen*, die besonders ergiebig sind, böten sich dazu an, sondern selbst die Randformen. Zu behaupten, Enzensberger wolle seine *Vorzeichen* auch vorzeigen, ist keineswegs bloß ein Kalauer, sowenig wie die Erwägung bloß spitzfindig ist, ein *Kursbuch* diktiere einem ja nicht etwa bestimmte ›Kurse‹ zu, sondern verzeichne lediglich die möglichen und wählbaren oder allenfalls wünschbaren. Dem Gestus der Einladung gesellt sich hier ein beratender, freundlich zuratender. Zumindest ist der Titel von Enzensbergers Zeitschrift, so betrachtet, ambivalent – und wohl wiederum nicht ohne Absicht. Ihrer Theorie nach erweist sich diese Rhetorik fast stets als eine Antirhetorik, die nicht zu überreden oder gar zu überwältigen sucht, vielmehr bescheiden anheimstellt, ob man »verwirft oder zustimmt«.[109] Anders sieht es allerdings in der Praxis aus, die manchmal beträchtlich von diesem Prinzip abweicht. Wenn es dem Medienkritiker Enzensberger darauf ankommt, verfügt er nicht nur über die Mittel der alten Rhetorik mit souveräner Meisterschaft, sondern auch über die sophistischen Kniffe derer, die er bekämpft. Er hat es beispielsweise durchaus nicht verschmäht, den gleichen »terminologischen Trick«[110], den er in *Las Casas oder Ein Rückblick in die Zukunft* der reaktionären spanischen Apologetik ankreidet, selber zu benutzen und zu erklären, die menschenfreundlichen ›Nuevas Leyes de las Indias‹ seien von Karl V. »unter dem Druck der amerikanischen Lobby« widerrufen worden.[111] Und nicht selten verwendet Enzensberger auch die revolutionäre Rhetorik, wie er sie anhand der Gerichtsrede so eindringlich dokumentiert und beschrieben hat. Mit ihrem entschiedenen, oft leidenschaftlichen Drang zur Überredung befindet sie sich einerseits in schärfstem Gegensatz zu seiner Antirhetorik, andererseits jedoch in völliger Übereinstimmung mit dem Gewaltakt der unbedingten Parteinahme, die seinen verzweifelten Dualismus, der in Wahrheit ein Monismus ist, immer wieder sprengt. Ideologie und literarische Technik fallen bei Enzensberger in der Tat zusammen: nicht allein in ihrer Grundstruktur; auch nicht bloß in ihrem grundsätzlichen Verhältnis zum Medienapparat, dessen »neue Gefahren« so unverkennbar sind wie seine »neuen Möglichkeiten«[112]; sondern vor allem in ihrem Grundwiderspruch.

In ihm besteht, so sagten wir eingangs, das eigentliche Paradox des Schriftstellers und Kritikers Hans Magnus Enzensberger. Daß dabei die ›optimistischere‹ Spielart des Widerspruchs im literarischen Bereich erscheint, im ideologischen hingegen die ›pessimistischere‹, ist recht bezeichnend. Denn wohin führt am Ende Enzensbergers langer Marsch durch die Geschichte, von dem er in seinen Museen Rechenschaft ablegt? Was ist die letzte Position, zu der er gelangt? Am genauesten unterrichtet darüber der Band *Politik und Verbrechen,* der – wie kaum anders zu erwarten – das Mal seiner Herkunft offen an der Stirn trägt. Obwohl durch und durch modern, begreift dieses vielleicht persönlichste Werk Enzensbergers, das auch zeitlich die bisherige Schaffensmitte markiert, die Geschichte zugleich in einem wahrhaft barocken Sinne: nämlich als Schauplatz menschlichen Verbrechens und Elends, der jedoch von keinerlei Transzendenz mehr überwölbt ist, sondern heillos überschattet wird von der kollektiven Ausrottung ganzer Völker in der Vergangenheit und der nuklearen Vernichtung der gesamten Menschheit in der Zukunft. Zwischen »zwei unvorstellbaren Handlungen«[113], dem Genozid von gestern und dem Atommord von morgen, erhebt der Dichter seine Stimme und verkündet, Auschwitz habe »die Wurzeln aller bisherigen Politik bloßgelegt«[114], aber trotzdem werde täglich die endgültige ›Endlösung‹ durch die Bombe nicht allein geplant, sondern schon als selbstverständlich hingenommen. »I can build a device [. . .] which [. . .] would destroy everybody in the world – at least all unprotected life. It can be done, I believe. In fact, I know it can be done.«[115] Auf solche Ungeheuerlichkeiten antwortet Enzensberger mit dem Aufschrei: »Nichts kann so bleiben, wie es war und ist.«[116] Sein Buch will als Menetekel wirken, gewiß; doch keineswegs äußert sich darin, wie Hannah Arendt glaubte, lediglich »eine hoch kultivierte Form des Escapismus«, dem alles in der »Sauce des Allgemeinen« verschwimmt.[117] Es bezeugt sich in ihm vielmehr – darauf insistierte Enzensberger in seiner noblen Entgegnung mit vollem Recht – ein sowohl standhaltendes als auch entwerfendes Denken, das verzweifelt nach Veränderung trachtet. Jürgen Habermas kam dem Sachverhalt wesentlich näher, als er nicht nur dieselbe essentielle Bösartigkeit aller politischen Gebilde konstatierte, die auch wir festgestellt haben, sondern ergänzend hinzusetzte, aus dieser »substantiellen Gleichheit von Politik und Verbrechen«[118] werde die Beendigung jedweder Politik »in ihrer bisherigen, naturwüchsigen Form«[119] gefolgert. Nichts anderes nämlich geschieht bei Enzensberger. Sein Blick wechselt von der Vergangenheit in die Zukunft. *Politik und Verbrechen,* dieser dritte Prototyp eines Bildersaals neben der Galerie der *Freisprüche* und dem *Museum der modernen Poesie,* beruht auf dem Grundriß einer zweifachen Vorstellung von der barbarischen Vorgeschichte der Menschheit, die bis in die unmittelbare Gegenwart reicht, und der wahren Menschheitsgeschichte, die, wenn überhaupt, noch gar nicht richtig angefangen hat.

Daß hier die marxistische Geschichtsauffassung übernommen, mit dem Katastrophenbewußtsein der fünfziger Jahre verquickt und dadurch auf spezifische Weise (nicht zur Freude der Marxisten) radikalisiert wird, dürfte deutlich sein. Anderswo wird diese Vorstellung weniger zugespitzt als ausgeweitet; aber im Kern vollzieht sich das gleiche. Selbst inhaltlich vollkommen verschiedene Werke wie die beiden soeben genannten teilen mit *Politik und Verbrechen* die Neigung, den gesamten historischen Verlauf, den sie belegen, wenn nicht als verderblich, so doch als abgeschlossen oder jedenfalls als Vorgeschichte darzustellen. Und auch in ihnen, namentlich in den *Freisprüchen,* wechselt Enzensbergers Blick von der Vergangenheit in eine Zukunft, in der alles ganz anders sein wird, als es je war und nach wie vor ist. Dieser qualitative Sprung erfolgt mitunter sogar schon in der Gegenwart ... sofern man, heißt das, bei Enzensberger noch sinnvoll davon reden kann. Die konkrete Gegenwart schrumpft ja unterm Rückblick auf das, was kommt, zu einem fast zeitlosen Zeitpunkt zusammen, der strenggenommen bereits außerhalb jeder Geschichte liegt. Wo dennoch gewaltsam eine Konkretisierung versucht wird, tritt ihre innere Widersprüchlichkeit nicht nur sehr rasch, sondern auch besonders schmerzlich zutage. Enzensbergers Verhältnis zu Kuba bildet dafür das Paradigma. War er nicht stets von der substantiellen Gleichheit, »in Habitus und Methodik«[120], selbst der revolutionären und konterrevolutionären Tätigkeit überzeugt gewesen? Noch 1968, in den *Berliner Gemeinplätzen*, schrieb er: »Alle bisherigen Revolutionen haben sich durch die Inhumanität ihrer Gegner infizieren lassen.«[121] Im *Verhör von Habana* aber, dem er sich bald darauf zuwandte, steht er plötzlich begeistert vor dem radikalen Bruch mit diesem »schlechten Herkommen, das sich tief in die Geschichte der Revolutionen eingenistet hat«. Hingerissen berichtet er: »Die gefangenen Konterrevolutionäre werden nicht in den Kellern der politischen Polizei isoliert oder in Konzentrationslager eingesperrt, sondern dem Volk gegenübergestellt, das sie besiegt hat.« Und: »Das Verhör von Habana geht also nicht nur aus einer revolutionären Situation hervor, es ist selbst ein revolutionärer Akt.« Wortwörtlich »kehrt es« – so Enzensberger 1970 – alles Bisherige »um«.[122] Doch dieser kurze Sommer der Euphorie mündete, falls derlei wirklich nötig war, in ein ebenso jähes Erwachen; denn bloß ein paar Monate später kam es zur Verhaftung, Gehirnwäsche und öffentlichen Selbstbezichtigung ausgerechnet desjenigen, dem *Das Verhör von Habana* gewidmet ist: des kubanischen Lyrikers Heberto Padilla.[123] Das schlechte Herkommen triumphierte wieder: Padilla war von der Seguridad del Estado nicht nur ›eingesperrt‹ und ›isoliert‹, sondern auch der entsprechenden Behandlung unterzogen worden; und Hans Magnus Enzensberger, der mit Sartre und vielen anderen bei Fidel Castro gegen solche stalinistischen Maßnahmen protestiert hatte, wurde von diesem seinerseits zu den »intellektuellen Ratten« geworfen, die das sinkende Schiff Europa nicht einmal mehr verlassen können, sondern dazu verdammt sind, mit ihm unterzugehen.[124] Sein großes Buch über Kuba (dessen Resultat freilich ohnehin verheerend gewesen wäre) gelangte nie zur Veröffentlichung; Enzensberger unterdrückte es und ließ statt dessen seinen illusionslosen Beitrag über die kubanische KP, *Bildnis einer Partei*, erscheinen. Dies wiederum geschah im selben Jahr 1969, als er in seinem Interview mit der Zeitschrift *Casa de las Américas*[125] Kuba nicht minder euphorisch feierte als in seinem Stück.

Noch in mancher Hinsicht wären die Erfahrungen mit Castros Kuba und insbesondere der ›Fall Padilla/Enzensberger‹[126] lehrreich. Es genügt jedoch, wenn wir aus ihnen wie insgesamt aus unserer Analyse zwei allgemeine Schlüsse ziehen. Nämlich einmal den, daß sich Enzensbergers fundamentale Dichotomie mit seinem Geschichtsbild gleichsam zu einem ideologischen Koordinatennetz verknüpft, in dem er sich unablässig selber fängt; und zum anderen den, daß Enzensberger ebenso unablässig bemüht ist, dieses Netz, in dessen würgenden Maschen er sich verstrickt sieht, immer aufs neue zu zerreißen. Wir wissen zwar, daß sein Dualismus im Grunde ein Monismus und seine Geschichtsvorstellung, genau betrachtet, eine ahistorische ist, die in die Zeitlosigkeit führt. Gerade daraus aber ergeben sich nicht bloß weitere Widersprüche, sondern auch die abschließenden Folgerungen. Denn wie stellt sich jenes Koordinatennetz, als Grundmuster von Enzensbergers Denken und Schaffen, letztlich dar? Metaphern, die ja in solchem Zusammenhang meist nur ein Notbehelf sind, soll man nicht strapazieren; doch dürfte offenkundig sein, wie auch hier noch jene doppelte Struktur des Mosaiks und des Museums durchschimmert. Jenes ist mehr auf die Umwelt mit ihren politischen, sozialen und ökonomischen Gegensätzen bezogen, eröffnet also die geographische Dimension; dieses bezieht sich mehr auf die Vor- und Nachwelt und eröffnet damit die chronologische oder – so widersprüchlich derlei jetzt klingt – historische Dimension. Beidemal indes kommt es nicht nur zu einer strukturellen Identität, sondern zugleich, entweder global oder universalgeschichtlich, zu einer ideologischen Dualität. Kurt Oppens, in einem ansonsten etwas wirren Aufsatz, hat diese Denkstruktur als die Totalisierung eines doppelten Einst bestimmt[127]; und Enzensberger mag ihm darin Vorschub geleistet haben, als er in einem Gedicht bekannte, er sei »ein einstiger mann«.[128] Doch selbst diese Dualität enthüllt sich schließlich als eine scheinbare. Wenn nicht bloß die Antike, sondern »das Christentum, der Feudalismus, die absolute Monarchie, der Kapitalismus, der Faschismus, der Kommunismus« zu einer einzigen trüben Vergangenheit zusammenrinnen[129], dann ist unstreitig, zumindest für den heute Lebenden, sowohl jeder synchrone oder geographische als auch jeder diachrone oder historische Dualismus in einem übergreifenden Monismus aufgegangen, der nun allerdings fast manichäisch heißen darf.

Ich scheue diese *contradictio in adjecto* nicht; denn sie trifft, wie sich gleich zeigen wird, den Nagel auf den Kopf. Und ebensowenig handelt es sich dabei um bloße Begriffsgespinste, sondern abermals – auch das wird sich gleich erweisen – um sehr konkrete Befunde. Denkt man nämlich diese Erwägungen konsequent zu Ende, so gelangt man zuletzt an einen Nullpunkt, der einerseits als utopisch, andererseits als anarchisch, in Wahrheit aber als beides zusammen zu kennzeichnen ist. Wenn keines der gegebenen Herrschaftssysteme taugt oder, besser gesagt, alle Systeme Herrschaftssysteme und mithin inhuman sind, bleibt allein die Anarchie; und wenn es zwar ein taugliches System gibt, das jedoch in der gesamten bisherigen Weltgeschichte einschließlich der Gegenwart noch niemals verwirklicht wurde, bleibt allein die Utopie. An diesem eschatologischen Punkt, an dem Anarchismus und Utopismus sich kreuzen und der im genauen Wortsinn keinen Ort hat, weder im Raum noch in der Zeit, endet der lange Marsch des Gesellschaftskritikers Hans Magnus Enzensberger. Oder schlicht und lakonisch ausgedrückt:

gut sein ist nirgends![130]

Wem diese *antwort des fabelwesens* zu mythisierend ist, der schlage die Gedichte *flechtenkunde xv* und – man beachte den Titel – *trigonometrischer punkt* auf, wo beide Tendenzen, die utopische wie die anarchische, noch einmal entfaltet, illusionslos durchschaut und teils parodistisch, teils beinah zynisch bloßgelegt werden. Im Hinblick auf die Geschichte (die Enzensberger natürlich zutiefst verhaßt ist, obwohl sie ihn fasziniert) heißt es mit bitterer Selbstironie:

so wie es mit uns war war es nichts.
so wie es mit uns ist ist es nichts.
das versteht sich. so
wie es mit uns sein wird
wird es vortrefflich sein,
ganz ohne zweifel.[131]

Noch beziehungsreicher heißt es im Hinblick auf die zeitgenössische, wiederum global zu verstehende politische, soziale und ökonomische Lage:

ich bin da wo ich bin.
ringsum, undeutlich
sind böhmische dörfer.[132]

Nimmt man beide Strophen zusammen, so führen sie aus der zweifachen Dualität des Historischen und Geographischen auf den gleichen absoluten Nullpunkt zurück, den Enzensberger, wenn auch wohlweislich durch den Mund eines Fabelwesens, selber aufgedeckt hat. Gut sein ist in der Tat nie und nirgends – es sei denn (und hier zeichnet sich bereits jener eigentliche Manichäismus ab) im punktuellen Ich.

Die leidenschaftliche Parteinahme, die Enzensberger immer wieder für den Sozialismus und die armen Länder bekundet, ist kein Einwand. Sie gehört vielmehr nicht nur, wie schon früher bemerkt, als folgerichtiger Widerspruch zu seinem Pessimismus, sondern mündet auch jedesmal zwangsläufig wieder in jenen Nullpunkt. Nicht zufällig entpuppt sich die Zeile »ich bin da wo ich bin« als dieselbe »alttestamentarische Tautologie«, die Enzensberger bei Castro bespöttelt, den er zitiert und kommentiert: »»No hay argumento más fuerte que la obra misma de la revolución‹: Es gibt kein stärkeres Argument als das Werk der Revolution selbst. Das klingt ähnlich wie Ich bin der ich bin.«[133] Diese entlarvende Übereinstimmung, die paradoxerweise ein rigoroses Verdikt rechtfertigen muß, spricht Bände . . . wie ja überhaupt der Ausgang des kubanischen Abenteuers, mit dem Enzensberger am spektakulärsten einer »Romantisierung der Dritten Welt« erlag, vor der er kurz zuvor noch gewarnt hatte.[134] Und erst recht geschah es nicht zufällig, daß ihm gerade die Beschäftigung mit Las Casas, also wiederum mit Problemen der Dritten Welt, die Einsicht aufdrängte: »Jede Gesellschaftsverfassung enthält eine Utopie, mit der sie sich schmückt und die sie zugleich entstellt«, eine Einsicht, die ihn zu der düsteren Feststellung veranlaßte, »daß diese Verheißung [. . .] nur um den Preis der Revolution zu erfüllen ist, teilweise, zeitweise, solange und soweit nicht eine neue Form der Herrschaft sie wieder einkapselt und aufhebt«.[135] Bis in die Wortwahl, die sogar die Revolution unbewußt mit einem skeptischen Vorzeichen versieht, verrät sich in solchen Sätzen, wie sehr Enzensberger sich gegen Folgerungen sträubt, die doch unabweisbar sind. Denn einzig und allein in der Revolution an sich, im reinen revolutionären Akt, für den es ›kein stärkeres Argument‹ gibt als ihn selbst, lassen sich Utopie und Anarchie, die nunmehr vollends zusammenfallen, wenigstens ›teilweise‹ und ›zeitweise‹ verwirklichen, ehe der erbarmungslose Mechanismus der Geschichte sie alsbald wieder zermalmt. Dem punktuellen

Ich, das ringsum nur ›böhmische dörfer‹ wahrnimmt, entspricht die ebenso punktuelle Revolution, die sich zum eigenen Selbstzweck wird. Doch dieselbe Erfüllung ist auch in ihr: deshalb ja Enzensbergers nostalgischer ›Rückblick in die Zukunft‹, auf jene fast imaginären Momente der Revolutionsgeschichte, die derlei bezeugen.

Als klassisches Beispiel einer solchen vorweggenommenen Utopie, die er voller Sehnsucht beschwört, gilt ihm freilich kaum – obwohl sich Ansätze dazu finden[136] – der spanische Anarchismus. Ihr Schulfall ist vielmehr der Kronstädter Aufstand von 1921. Die Aktion der Matrosen von Kronstadt, erklärt Enzensberger, habe erstmals »den Widerspruch zwischen den Interessen der siegreichen Revolution und den Interessen der kommunistischen Staatspartei« sichtbar gemacht und damit zum erstenmal in der Geschichte »einen Gesellschaftszustand in Frage gestellt, der *nach* der sozialistischen Revolution liegt«.[137] Auch daraus ergibt sich der fällige Schluß mit zwingender Notwendigkeit; denn was anhand der Dritten Welt ins räumlich Entlegene projiziert wird, wird anhand der Dritten Revolution – man erinnere sich an den Titel – ins zeitlich Entlegene geradezu katapultiert. Jene toten Matrosen sind für Enzensberger die wahre Avantgarde. »Die Dritte Revolution, die sie meinten und die sie in Angriff nahmen«, so fährt er fort, »scheint heute ferner denn je. Aber solange das Verlangen nach realer Demokratie nicht ausgestorben ist, wird Kronstadt mehr sein und bleiben als eine Reminiszenz: Seine Geschichte gehört in die Annalen der Zukunft.«[138] In dieselben Annalen gehört seine kritische Grundlegung, die Jacek Kurón und Karol Modzelewski, die beiden jungen polnischen Theoretiker, nach nahezu einem halben Jahrhundert im »Vorgriff« nachgeliefert haben. Ihre Revolution mag daher ebenfalls »noch in weiter Ferne liegen«, und gleichwohl zählen auch sie bereits, wie die Kronstädter, für Hans Magnus Enzensberger »zu ihrer Avantgarde«.[139]

Wo aber diese Revolution trotzdem, in abruptem Umschlag, jetzt und hier erscheint, bleibt lediglich wieder das punktuelle Ich dessen, der über sie reflektiert. Das lehrt nicht zuletzt ein so provozierender Text wie die *Berliner Gemeinplätze*, der mit den Worten beginnt: »Ein Gespenst geht um in Europa: das Gespenst der Revolution.«[140] Die Art, wie Enzensberger den berühmten Anfangssatz des *Kommunistischen Manifests* variiert, ist nicht bloß als »Stilmerkmal«[141] aufschlußreich, sondern vor allem auch deswegen, weil sie statt des konkreten Begriffs (›Kommunismus‹) den abstrakten (›Revolution‹) setzt, also statt des Besonderen und Spezifischen das Vage und Allgemeine. Was Wunder, wenn ein solcher »Wiedergänger«, der aber eigentlich der Revenant eines Revenants ist, zu allem Überfluß mit der »Zukunft« identifiziert wird?[142] Und wie die *Berliner Gemeinplätze* beginnen, so enden sie auch: mit einem umfunktionierten Zitat. Diesmal freilich hat Bertolt Brecht Pate gestanden. Heißt es bei ihm: »Die Wahrheit ist konkret«[143], so bei Enzensberger: »Die Wahrheit ist revolutionär.«[144] Damit ist das Konkrete, das Brechts Devise enthält, sogar buchstäblich verschwunden; an seiner Statt erscheint wiederum eine jener Tautologien, wie sie ihr Verfasser bei anderen so unerbittlich anzuprangern liebt. Ähnliche Verflüchtigungen vollziehen sich auch im Gang der Argumentation selbst, da fortwährend Bilder und Gleichnisse die Beweislast tragen: etwa wenn das System mit einem Jongleur verglichen wird, »der mit einer wachsenden Zahl von disparaten Bällen operieren muß«, so daß für seinen Zusammenbruch »ein Fehlgriff genügt«; oder wenn es einem Reaktor mit Sicherheitsvorkehrungen gleichen soll, von denen gesagt wird, kenne man solche schwachen Punkte, so sei wiederum »die Möglichkeit von Kettenreaktionen [...] nicht auszuschließen«.[145] Was umgekehrt die Revolutionäre betrifft, so wird auf sie das Bild vom Schwingkreis angewandt: »Zwanzig Personen betreten eine stählerne Brücke, die zweitausend Personen tragen kann; sie richten ihre Gangart so ein, daß sie die Resonanzfrequenz der Brücke treffen. Ihre mechanischen Kräfte sind geringfügig, gemessen an der Festigkeit der Konstruktion; doch die Schwingungen, die sie der Brücke mitteilen, verstärken sich selbst durch Rückkopplung; der Punkt ist absehbar, an dem die Brücke einstürzt.«[146] Das klingt so hoffnungsfroh wie das Beispiel vom Jongleur; desto vorsichtiger äußert sich Enzensberger wieder, wenn es darum geht, diese Verbildlichung an revolutionären Gruppen zu konkretisieren. Es sei, bemerkt er mit denselben Worten wie vorhin, »nicht ausgeschlossen«, daß auf solche Weise »an irgendeinem Punkt« ein Anschwellen der Schwingungen (jedoch nicht etwa ein Einsturz) erzeugt werde.[147]

Ein Uwe Johnson würde darauf vielleicht entgegnen, was in diesen Bildern, Gleichnissen und Zitaten erschüttert werde, sei wohl eher die Brechtsche These, wonach man es »mit Beispielen [...]

immer schaffen« könne, »wenn man nur schlau ist«.[148] Karl Heinz Bohrer ist, in seinem Beitrag *Revolution als Metapher*[149], tatsächlich nach einem derartigen Rezept verfahren und hat Enzensberger aus den *Berliner Gemeinplätzen* einen psychologischen und schließlich sogar moralischen Strick zu drehen versucht. Ich billige dies nicht im geringsten und halte Bohrers Auffassungen für ebenso verfehlt – oder dekuvrierend, je nachdem – wie seine Behauptung, daß der politische Essay heute ohnehin tot sei. Die »Falschmünzerei des Gewissens«, die Enzensberger vorgeworfen wird, betreibt Bohrer, fürchte ich, selbst.[150] Zuzustimmen ist ihm daher bloß insofern, als er, freilich ohne sich auf das gesellschaftskritische Gesamtwerk einzulassen, die hier zweifellos drohende Gefahr des Solipsismus und der Esoterik erkennt. Denn was bei Hans Magnus Enzensberger zunächst übrigbleibt, ist ja nicht einmal mehr jene punktuelle Revolte, in der blinde Anarchie und leere Utopie zusammenfallen, sondern wirklich nur noch jenes punktuelle Ich: die um sich kreisende, in sich verfangene *res cogitans* des kritischen Intellektuellen. Enzensberger hat dies längst selber erkannt und eingestanden. Sein Gedicht *rädelsführer*, erschienen 1964, lautet:

> etwas woran man sich halten kann,
> zum beispiel stacheldraht.
> etwas unvergängliches,
> meinetwegen auf stelzen.
> ja wer das hätte,
> eine stütze.
>
> oder wenigstens im kopf
> eine heile welt,
> sagen wir: drei pfund zement.
>
> was wollt ihr, ich bin geständig.
> unter meinen haaren
> will es nicht hart werden.
>
> unter der wolle getarnt
> mein konspirativer apparat:
> todfeind all dessen,
> was uns heilig zu sein hat
> und basta.

zehn hoch zehn zellen:
wenn das nicht hochverrat ist!

zu meiner verteidigung
habe ich nichts zu sagen.[151]

Neben solch erbarmungsloser Abrechnung wirken die Klagen der Orthodoxen (so Richtiges sie enthalten mögen) verspätet, arglos und ausnahmsweise fast gutmütig. Dieser Einzige, dessen Eigentum sein Intellekt, ja im Grunde bloß noch die ihn artikulierende Sprache ist, träumt zwar vielleicht noch »von einem staatsfreien Sozialismus«, der »Machtmittel weder besitzt noch braucht«[152]; aber an seine Verwirklichung wagt er nicht mehr zu denken. Er steht in absoluter Isolierung gegen alle Gesellschaft, alle Geschichte, alles Menschenwesen schlechthin. Daß er manchmal, wie zahlreiche Gedichte beweisen, endgültig ins Außermenschliche fliehen möchte, nicht allein zu Tier und Pflanze, sondern bis in die Unendlichkeiten des Weltraums und der Mikromaterie, um dort »im tonlosen monolog der substanzen« zu verharren[153], scheint mir darum nur allzu begreiflich zu sein.

Nicht zufällig hat sich unter der Hand die Lyrik eingestellt. Auch sie ist nämlich für Hans Magnus Enzensberger revolutionär. Sein politischer Anarchismus ist zugleich ein poetischer; der isolierte utopische Gedanke und das isolierte Gedicht sind eins. Es gibt eine Fülle von Äußerungen aus den verschiedensten Werken, die dies belegen. So heißt es etwa im Vorwort zum *Museum der modernen Poesie*: »Poesie ist ein Spurenelement. Ihr bloßes Vorhandensein stellt das Vorhandene in Frage.«[154] So »gering, statistisch betrachtet, ihre Ausbreitung« sei, so »unabsehbar« sei »ihre Wirkung«.[155] Noch »der freischwebendste Text« ist nach Enzensberger »bereits dadurch *poésie engagée,* daß er überhaupt Poesie ist: Widerspruch, nicht Zustimmung zum Bestehenden«.[156] Diese Sätze von 1960 sind unverändert in die *Einzelheiten* von 1962/64 übernommen worden[157], deren gesamter zweiter Band dem Thema *Poesie und Politik* gewidmet ist. In ihm heißt es ganz ähnlich, Poesie habe »unabsehbare Wirkungen, für niemand, auch für den Dichter nicht, kalkulierbar, wie die eines Spurenelements oder einer Ausschüttung von winzigen Sporen«.[158] Selbst in der *Analyse der Taschenbuch-Produktion* aus dem ersten Band wird von der Literatur erklärt, sie stelle ein ungeheures »Risiko« dar: »Wie Flugsand dringt sie in die Ritzen der überdimensionalen

Gebäude [des gesellschaftlichen Apparats] ein.«[159] Solche Bilder, in die Enzensberger wiederum ausweicht und die er insistierend wiederholt, sind nicht minder bezeichnend als die Forderung: »Der politische Aspekt der Poesie muß ihr selber immanent sein.«[160] Denn »nirgends sonst als in ihrer Sprache« sei »der objektive gesellschaftliche Gehalt« der Dichtung zu suchen.[161] Enzensberger zögert nicht, sogar von Brechts *Radwechsel* zu behaupten: »Das Gedicht spricht mustergültig aus, daß Politik nicht über es verfügen kann: das ist sein politischer Gehalt.«[162] Von dieser Deutung bis zu der beinah biedermeierlich anmutenden Versicherung, der »revolutionäre Prozeß der Poesie« entfalte sich am liebsten »in stillen, anonymen Wohnungen«[163], ist es nur noch ein Schritt. Trotzdem gipfelt gerade der programmatische Essay *Poesie und Politik* in einem dreifachen Mythos von der Macht der Dichtung. Zum einen verkündet er das Recht der »Erstgeburt« der Poesie »aller Herrschaft gegenüber«.[164] Dazu sei zweitens keinerlei ›Engagement‹ (das in ironischen Gänsefüßchen erscheint) vonnöten, weil sich das Gedicht seinem Wesen nach als »anarchisch« und schon »durch sein bloßes Dasein« als »subversiv« erweise: »Es überführt, solange es nur anwesend ist, Regierungserklärung und Reklameschrei, Manifest und Transparent der Lüge. Sein kritisches Werk ist kein anderes als das des Kindes im Märchen.«[165] Und drittens sei dementsprechend in der Dichtung ein utopisches Moment verborgen: »Poesie tradiert Zukunft.«[166] Sie enthalte immer zugleich »Antizipation« und »Kritik«; denn diese ohne jene, schreibt Enzensberger, wäre ohnmächtig, so wie jene ohne diese Betrug wäre.[167]

Dieser verheißungsvolle Mythos begegnet immer wieder. Auch in der Einführung zu dem Band *Vorzeichen* gilt die Literatur mit völliger Fraglosigkeit als dasjenige, was »aufs Arrivierte nicht einzuschwören«, was »als *Establishment* nicht möglich ist«.[168] Das »Zentrum des poetischen Prozesses« – schon dieses Bild ist beredt genug – steht hier der »Peripherie der bloßen Meinungen« gegenüber; und ganz »von selbst« findet sich der »gesellschaftliche Gehalt [. . .] dort, wo beim Schreiben die größte Strenge herrscht«.[169] Sogar in den Kinderversen der Sammlung *Allerleirauh*, die ausdrücklich als »anarchisch« gekennzeichnet und in die Nähe der modernen Dichtung gerückt werden[170], soll derlei offenbar stattfinden; und ebenso scheint, in zeitgemäßem Gewand, Johann Georg Hamann anzuklingen, wenn es heißt: »Poesie ist älter, und

jünger, als was wir Kultur zu nennen uns angewöhnt haben.«[171]
Zum Ausgleich beruft sich eine von Enzensberger edierte Gry-
phius-Auswahl auf Majakowski und Faulkner, Neruda und
Beckett, die ebenfalls als »radikal« im Sinne einer »Weltsprache«
nicht nur der modernen, sondern jeglicher Poesie gepriesen werden.[172] Den Chilenen hat Enzensberger überdies in einer größeren
Sonderstudie gewürdigt, so wie er auch William Carlos Williams
und den Peruaner César Vallejo in ausführlichen Essays behandelt
hat. Alle drei dienen ihm für seinen Dichtungsbegriff als Spiegelungen. Das ist besonders deutlich bei dem »keiner Doktrin«[173]
hörigen Williams, der sein Leben in einer Kleinstadt New Jerseys
verbrachte; aber auch Vallejo enthüllt sich letztlich als »zutiefst
unzeitgemäß« und, dank seiner »Naivität«, als »stärker« denn jede
»Doktrin«.[174] Nur Pablo Neruda bereitet einige Schwierigkeiten:
und zwar ebendeshalb, weil er so symptomatisch ist und Enzensberger offensichtlich am meisten anzog. Nerudas »Irrtum, die
Poesie sei ein Instrument der Politik«[175], blieb dem jungen Kritiker – der Essay entstand ursprünglich bereits 1955 – ein schier
unbegreifliches Ärgernis. Resigniert schrieb er darum am Schluß:
»Auf den Dichter, der die Zwickmühle sprengt, der weder die
Dichtung um ihrer Zuhörer noch ihre Zuhörer um der Dichtung
willen verrät, und der nicht die Poesie zur Magd der Politik, sondern die Politik zur Magd der Poesie, will sagen, zur Magd des
Menschen macht: auf diesen Dichter werden wir vielleicht noch
lange, und vielleicht vergeblich, warten müssen.«[176] Es liegt jedoch auf der Hand, daß erst dieser Schluß die Verabsolutierung
der Poesie wirklich vollendet. In die Zukunft projiziert, spiegelt
sich in ihm der Glaube an den unantastbaren Vorrang der Dichtung, die dem eigentlich Menschlichen gleichgesetzt und nicht
mehr bloß zum Mythos, sondern geradezu zum Religionsersatz
erhoben wird. Die mittelalterliche Vorstellung von der Philosophie als *ancilla theologiae* wird von Enzensberger mit vollem Bewußtsein aufgegriffen, und sie wird umfunktioniert zu einer
durch und durch modernen von der Politik als *ancilla hominis* –
will sagen: *poesis*.

Es ist freilich eine sehr spezifische Modernität, die Hans Magnus
Enzensbergers Kunstauffassung eignet. Auch, ja gerade in
Deutschland hat sie ihre Entsprechungen. Sie erstrecken sich zum
Teil bis in die Bildlichkeit. Mit der gleichen Metaphorik, mit der
Enzensberger die Poesie als Spurenelement, Ausschüttung winzi-

ger Sporen oder gar Flugsand bestimmt, schrieb zum Beispiel Günter Eich: »Seid unbequem, seid Sand, nicht Öl im Getriebe der Welt!«[177] Und noch in allerjüngster Zeit definierte Walter Jens die Literatur zwar ohne solche Bilder, doch dafür mit allgemeinstem Anspruch als »Hort der Widersetzlichkeit, des Sich-Verweigerns, der Vorläufigkeit, des Zweifels und des großen Traums«.[178] Daß diese Definition von derselben Ideologie getragen wird wie die Metapher Eichs und die Mythisierung der Poesie bei Enzensberger, bedarf keiner Erläuterung. Ebenso augenfällig dürfte jedoch sein, daß es sich hier um die typische Kunstauffassung der fünfziger Jahre handelt. Es ist, so könnte man zugespitzt formulieren, die Ideologie vom totalen Ideologieverdacht. Ihr soziologisches Substrat fand sie in jener weitverbreiteten Nachkriegshaltung des ›Ohne mich‹, wie der populäre Slogan lautete; ihre literarhistorische Grundlegung erfuhr sie durch Hugo Friedrichs Buch *Die Struktur der modernen Lyrik*, das erstmals 1956 erschien[179]; ihre ästhetische Rechtfertigung aber hatte von Anfang an die betörende Kunstmetaphysik Gottfried Benns geliefert, dessen Lehre damals in der Tat, wie selbst Hans Magnus Enzensberger zugeben mußte, »zur herrschenden«, ja »zum *convenu*« geworden war.[180] Obwohl sich Enzensberger wiederholt davon zu distanzieren versuchte, konnte auch er sich ihrem Einfluß nicht gänzlich entziehen. Die gewaltsame Überbewertung der modernen Kunst – man erwäge nur die Worte »Poesie, als das, was sie an sich selber [!] ist, und besonders [!] moderne Poesie«[181] – teilt er jedenfalls genauso mit Benn wie dessen nicht minder gewaltsame, manchmal auch wider besseres Wissen vorgenommene Ausdehnung dieser Kunstanschauung auf die gesamte bisherige Literatur. Natürlich bleibt trotzdem ein grundsätzlicher Unterschied bestehen, da bei Benn die Poesie zum schlechthin Apolitischen, bei Enzensberger hingegen zum schlechthin Politischen wird. Aber sonst scheint sich »seit Platons Tagen« (wie die bezeichnende Formel dafür lautet)[182] weder für den einen noch für den anderen viel geändert zu haben. Fragte sich Enzensberger nicht selbst noch 1962[183], ob Gottfried Benn »am Ende« etwa »recht behalten« habe? Der »rührende Irrglaube an die Kunst«, von dem im selben Atemzug die Rede ist, erweist sich einerseits als glatter Widerspruch, andererseits jedoch als die genaue Entsprechung zu jenem politischen »Irrtum« Nerudas, der Enzensberger einst so beunruhigte. Schwerlich wohl könnten die Aporien einer Avantgarde, die er kritisiert und der er doch selber angehört[184], krasser zum Ausdruck gelangen als in solchen Sätzen.

Die Auflösung dieser Aporien, die aus demselben Grundwiderspruch erwachsen, der die gesamte schriftstellerische Existenz Enzensbergers durchzieht, bot ihm die Dialektik Theodor W. Adornos. Ihr Einfluß ist gar nicht zu überschätzen. Schon eine willkürliche Blütenlese aus den Werken des Frankfurter Philosophen genügt. In der *Philosophie der neuen Musik* wird zum Beispiel von »Phänomenen der Kultur« gesprochen, »die im Zeitalter der totalen Planung des Unterbaus ganz neuen Ernst gewinnen, indem sie jede Planung dementieren«.[185] Vollends *In nuce* (so die Überschrift des Aphorismus) verkünden die *Minima moralia*: »Aufgabe von Kunst heute ist es, Chaos in die Ordnung zu bringen.«[186] Der Aufsatz *Engagement* – vorher zutreffender *Zur Dialektik des Engagements* bzw. *Engagement oder künstlerische Autonomie* betitelt – führt diese Thesen im einzelnen aus und treibt sie auf die Spitze. »Kunst heißt nicht«, bestimmt er, »Alternativen pointieren, sondern, durch nichts anderes als ihre Gestalt, dem Weltlauf widerstehen, der den Menschen immerzu die Pistole auf die Brust setzt.«[187] Solche Kunst beläßt es selbstverständlich nicht bei der Verteidigung; ganz im Gegenteil: »Die rücksichtslose Autonomie der Werke, die der Anpassung an den Markt und dem Verschleiß sich entzieht, wird unwillkürlich zum Angriff.«[188] Dialektischer geht es offenbar kaum. Adorno scheint das selber gespürt zu haben; denn er bemerkte sicherheitshalber, daß derlei wohl leicht ein wenig erklügelt wirken könne. Was ihn allerdings keineswegs daran hinderte, in diesem Aufsatz (der sich seinerseits auf Hans Magnus Enzensberger beruft) zusammenfassend zu dekretieren: »Jedes Engagement für die Welt muß gekündigt sein, damit der Idee eines engagierten Kunstwerks genügt werde [. . .].«[189] Noch allgemeiner war schon früher in den *Minima moralia* verfügt worden: »Für den Intellektuellen ist unverbrüchliche Einsamkeit die einzige Gestalt, in der er Solidarität etwa noch zu bewähren vermag.«[190] Werk wie Schöpfer stehen, Adorno zufolge, unter dem gleichen Gesetz. Und nicht allein die schaffenden Künstler, sogar die Intellektuellen insgesamt sind darin eingeschlossen.

Man hat diese Ästhetik, die durchaus nicht im Ästhetischen verharrt, mit Fug und Recht als »die bürgerliche mystische Metaphysizierung individualistischer Kunst« (Otto-Karl Werckmeister) gekennzeichnet. Zu ergänzen wäre freilich, daß solche Anschauungen sich weder auf Theodor W. Adorno und seinen Schüler Enzensberger beschränken noch auch, als Diagnose, auf den Umkreis der fünfziger Jahre. Die Verwandtschaft mit Benn[191], dem artistischen Propheten jenes Zeitraums, die ja trotz aller Verschiedenheiten besteht, markiert zwar ein Extrem, jedoch beileibe nicht das einzige. Auch der Existentialismus und selbst die Philosopheme Heideggers wären zu nennen, sosehr dieser von Adorno perhorresziert wird. Ausgerechnet Enzensberger liefert dafür ein instruktives Beispiel. In seinem Essay *Die Dramaturgie der Entfremdung* von 1957 befaßt er sich nicht nur mit unseren »Grundbefindlichkeiten« und stellt die »ontologische Paradoxie« gleichgewichtig neben die »Notwendigkeit der Eigentumsrevision«, sondern betont auch zusätzlich, daß in seiner Analyse »ein gesellschaftlicher ebenso wie ein existentieller Befund intendiert« sei. Die »Einsamkeit des Menschen und seine Entfremdung« halten damals einander noch völlig die Waage[192]; erst 1962, in *Poesie und Politik,* hat sich das Gewicht endgültig aufs Soziologische und Politische verlagert. Indem Enzensberger den »in der modernen Gesellschaft ortlos gewordenen Dichter«[193] analysiert, berührt er aber gleichzeitig die persönlichen Erfahrungen, in denen jene Entfremdung für viele (nicht zuletzt für Adorno) konkret wurzelte oder zumindest Gestalt gewann: nämlich das Exil.[194] Auch die Exilerfahrung hat zum Katastrophenbewußtsein und überhaupt zum geistigen Klima der fünfziger Jahre beigetragen, obwohl sie sich zumeist wesentlich später artikulierte. Und wie zu erwarten, kam es dabei ebenfalls wieder zu charakteristischen Mythenbildungen. »Das Exil«, erklärte etwa Hermann Kesten 1963, »ist eine klassische Einrichtung. Schon bei Herdentieren findet man Einzelgänger. Schon Nomaden schickten Unbotmäßige in die Wüste.«[195] Werner Vordtriedes *Vorläufige Gedanken zu einer Typologie der Exilliteratur* nahmen 1968 diesen klassischen Wink beim Wort: »Die erste Verbannte ist Persephone [. . .].«[196] Es heißt in diesem Entwurf zwar einleitend: »Seit es Reichsgebilde gibt, gibt es Exil, denn jede Machtgründung begründet die Exilmöglichkeit sofort mit.«[197] Doch bald darauf ist geradezu definitorisch vom »Dichter als Fremdling« die Rede; ja, dieser sei, so hören wir, »als *Dichter* exiliert«.[198] Was ist ein solcher Fremdling aber anderes als jene nur noch punktuell anwesende, im wörtlichsten Sinne ›heimatlose‹ Intelligenz, von der wir zuletzt ausgingen? Ich kann und will ihre Vorgeschichte, die vermutlich an der Schwelle zum 19. Jahrhundert beginnt, nicht weiter verfolgen; außer Frage steht jedoch, daß durch alle diese Verallgemeinerungen – sehr gegen die Absicht der Mythologen sowohl des »ewigen Exils« als auch einer autonomen, ja autarken Kunst, die gerade dadurch engagiert sein soll – Begriffe wie ›Exil‹ und das, was unter dem Namen ›innere Emigration‹[199] kursiert, nicht bloß austauschbar, sondern ganz und gar ununterscheidbar werden. Ihr gemeinsamer Nenner ist eine Ortlosigkeit, um die Last und Leistung, Fluch und Auszeichnung einen vagen Nebel brauen, den man ebensogut als existentiell wie als ontologisch, als mystisch wie als metaphysisch deklarieren kann. Oder man ziehe sich meinetwegen am eigenen Schopf aus diesem Sumpf und bewundere solchen Münchhausenstreich als negative Dialektik. Der Mythos hat viele Metamorphosen.

»Wer allzurasch und allzugern aufs Allgemeine zu sprechen kommt«, so muß ihm darum mit Nachdruck entgegengehalten werden, »ist immer verdächtig, den Widerstand des Besonderen und Konkreten zu scheuen.« Diese Mahnung stammt nicht zufällig von Enzensberger selbst.[200] Mit dem so präzisen wie vernichtenden Urteil über Adorno und dessen ›bürgerliche mystische Metaphysizierung individualistischer Kunst‹ vermag sie es freilich, als beiläufige Bemerkung aus einem ganz anderen Zusammenhang, nicht aufzunehmen. Ja, man könnte sich fragen, ob Enzensberger in jene Verurteilung nicht sogar eingeschlossen sei. Vollständig lautet sie nämlich, Kunst werde für Adorno zum »Reservat« und die konkreten Werke »zu Metaphern einer imaginären geschichtlichen Bewegung: der ungeschehenen Revolution, der unerreichbaren Utopie«.[201] Aber auch hier (wo Bohrer offenbar sein Stichwort geborgt hat) darf man sich nicht täuschen lassen. Enzensberger kann schon allein deshalb nicht mehr unter ein solches Pauschalverdikt subsumiert werden, weil er sich inzwischen mehrfach aufs entschiedenste von seinem musikkundigen Lehrmeister losgesagt hat. Die Schriften Theodor W. Adornos, dessen »schmerz der negation« er einst gerühmt, ja dem er mit gleichsam soteriologischem Pathos Prädikate wie »schweißtuch der theorie« verliehen hatte[202], werden gerade in den *Berliner Gemeinplätzen* verächtlich als »Klavierauszüge«[203] abgetan; und selbst wenn gar kein Name fällt, wirkt manches, was Enzensberger in den letzten Jahren vorgebracht hat, wie eine direkte Antwort und Absage an Adorno. Man halte nur einmal den Aphorismus von der »unverbrüchlichen Einsamkeit« des Intellektuellen, in der dieser »Solidarität etwa noch zu bewähren« vermöge, neben den ebenfalls zu den *Berliner Gemeinplätzen* gehörigen Satz: »Auch die Solidarität der Intelligenz bleibt bloße Rhetorik, sofern sie sich nicht in politischen Handlungen äußert, deren Nutzen sich beweisen läßt.«[204] Sehr im Gegensatz zu Hans Mayer, der neuerdings sogar Brecht über den Leisten der negativen Dialektik schlägt[205], macht es Enzensberger unmißverständlich klar, daß Adorno für ihn abgewirtschaftet hat. In einem seiner allerjüngsten Gedichte heißt es ausdrücklich:

> Die geringste Versuchung aber besteht darin
> die *Negative Dialektik* zu lesen
> und dabei den Stellenmarkt wohl im Aug zu behalten[206]

Dieses Urteil ist womöglich noch vernichtender als dasjenige Werckmeisters, da es obendrein das Schielen nach dem Kommerz und die erwiesene Marktgängigkeit solch angeblicher ›Antiware‹ bloßlegt. Nicht minder aufschlußreich – nunmehr allerdings wieder für den Verfasser – sind die vorhergehenden Zeilen, welche lauten:

> Die größte Versuchung ist vielleicht die
> sich zusammenzurollen
> dort wo kein Licht hinfällt

Denn totaler könnte die Abkehr eines auf sich selber zurückgeworfenen Ich wahrhaftig nicht erfolgen. Jeglicher Reflexion müde, möchte es sich nicht bloß – seine Geste ist ja wirklich sprechend – von aller Außenwelt abwenden, sondern zuletzt auch noch dem eigenen Bewußtsein entfliehen. Nur in diesem Sinne, aber in ihm desto umfassender, kann bei Enzensberger von einem kategorialen, geradezu kartesianischen Schnitt zwischen *res extensa* und *res cogitans* (die oft freilich eher verzweifelt als sich durch Zweifeln bestätigt) und damit von einem Manichäismus, der paradoxerweise zugleich ein Monismus ist, die Rede sein.[207]

Grundwiderspruch und Grundstruktur erben sich demnach trotz aller Entwicklung und Wandlung bei Enzensberger bis auf den heutigen Tag fort. Der adornische Mythos von der Macht der Kunst, diese subtilste Rechtfertigung einer selbstzufriedenen Innerlichkeit, die sich mit dem Weltgeist im Einverständnis wähnt, wird zwar durchschaut und aufgegeben. Nicht länger wird postuliert, Politik sei der Poesie immanent, ja diese sei das Politischste, was es gibt, weshalb sie nie zum Instrument von Politik erniedrigt werden dürfe. Nicht mehr wird uns versichert, Poesie stelle durch ihr bloßes Vorhandensein alles Vorhandene – das Bestehende, das System, das Establishment – in Frage. Enzensbergers spätere Texte schweigen von Risiko und Radikalität der Dichtung, von ihrer Gefährlichkeit und den ›unabsehbaren Wirkungen‹, die sie hervorrufen soll. Statt dessen heißt es mit kaum zu überbietender Schärfe in seinen *Gemeinplätzen, die Neueste Literatur betreffend:* »Heute liegt die politische Harmlosigkeit aller literarischen, ja aller künstlerischen Erzeugnisse überhaupt offen zutage [. . .]. Ihr aufklärerischer Anspruch, ihr utopischer Überschuß, ihr kritisches Potential ist zum bloßen Schein verkümmert.«[208] Ein für allemal hat Enzensberger eingesehen, daß eine Haltung à la Adorno seine Aporien lediglich eskamotiert, statt sie zu lösen. Und dennoch kehrt er sich im selben Gedicht, in dem er diese verführerische Philosophie endgültig auf den Müll wirft, nicht allein von ihr, sondern erschöpft und resigniert von der ganzen Welt ab. Abermals steht er in absoluter Isolation aller Geschichte, aller Gesellschaft, jedwedem Menschenwesen gegenüber und möchte am liebsten ins Außermenschliche flüchten; abermals endet er dort, wo er begann. Doch nicht einmal mehr im punktuellen Ich ist nun das, was er »gut sein« nennt. Lähmende Apathie breitet sich aus:

> Dann laß ich das Telefon läuten
> tagelang[209]

Daß eine derart apathische, pessimistische, fast hilflose Resignation die Oberhand gewinnen kann, scheint der einzige Unterschied gegen früher zu sein, als Enzensbergers zuzeiten fast hochmütige Selbstsicherheit, die von jenem Mythos zehrte, sie stets wieder einzudämmen vermochte.

Zugegeben, der Weg Hans Magnus Enzensbergers hat von der Poesie zur Politik geführt. Aber ist die Grundsituation dadurch eine andere geworden? Müßte man nicht einfach sagen, es habe sich eben nur eine Vertauschung, Umpolung oder Umkehrung vollzogen, so daß die Parole statt ›Poesie und Politik‹ jetzt ›Politik und Poesie‹ laute? Denn Enzensberger schreibt ja, allen törichten, übereifrigen Parteigängern vom Schlag eines Hamm zum Trotz, weiterhin Lyrik und ist sich nach wie vor nicht bloß der Fragwürdigkeit, sondern auch der merkwürdigen Vitalität von Kunst und

Literatur bewußt.[210] Hierin liegt wohl letztlich der Grund, warum ihm als Gefäß für seine periodische Resignation und Verzweiflung fast ausschließlich Gedichte dienen, die aber bei ihm alles andere als ›Rauschgift‹ sind, obgleich sie mitunter in eine finstere Lustigkeit, ja beinahe zynische Wurstigkeit ausarten können. Auch bilden, so betrachtet, Lyrik und Kritik oder Poesie und Politik zweifellos eine Einheit und einen zusammenhängenden Prozeß, den man, wenn man will, als dialektisch bezeichnen mag. Es ist freilich eine eigentümlich kreisende, im genauesten Wortsinn ›ego-zentrische‹ Dialektik, die immer wieder, sooft sie ansetzt, auf das punktuelle Ich zurückfällt und damit vollkommen jener Vorstellung von der ›Peripherie‹ und vom ›Zentrum‹ entspricht, die Enzensberger – man wird sich erinnern – selber auf sich angewandt hat. Scheint sie nicht sogar geographisch und politisch, also sozusagen geopolitisch ihren Ausdruck gefunden zu haben? Die *Berliner Gemeinplätze* tragen mit gutem Grund den Wohnort ihres Verfassers und den Verlagsort von dessen *Kursbuch* im Titel. Nicht das hektische, amerikanisierte Frankfurt ist der dem Ortlosen gemäße Ort, auch nicht die norwegische Idylle von Stranda oder Tjøme, in die er floh, oder das exotische Abenteuer Kuba, in das er sich stürzte, sondern offensichtlich Berlin, die Stadt der vier Mächte und Sektoren, der isolierte und dennoch so engagierte Punkt zwischen Bundesrepublik und DDR, West und Ost. Diese Enklave, die zugleich ein Außenposten ist und die man schon wiederholt, und stets irrtümlich, totgesagt hat, gewinnt für Hans Magnus Enzensberger symbolische Relevanz. Es zeugt von seiner Hellsicht, daß er derlei bereits 1964, noch ehe es sich biographisch manifestiert hatte, voraussah und Berlin mit der ihm eigenen Simultan- und Mischtechnik im Gedicht als seinen poetischen Ort bestimmte.[211]

Doch gerade dieser Symbolbezug signalisiert auch einen neuerlichen Umschlag, den man nun in der Tat gut dialektisch nennen muß. Das Bild vom Kreis mit seinem Zentrum und seiner Peripherie und insbesondere der konzentrischen Bewegung, die in ihm stattfindet, gilt nämlich gleichzeitig umgekehrt. Nicht bloß zwanghaft und gewaltsam, sondern gewissermaßen natürlicherweise enthält es die Komplementärvorstellung von den Wellenringen, die sich in immer weiteren Kreisen um einen Mittelpunkt ausbreiten oder, in der Sprache der Medien, von ihm ausstrahlen. Wer diesen entscheidenden Umschlag übersähe, verstünde alles nur halb. Beide Bewegungen im Leben, Denken und Schaffen Hans Magnus Enzensbergers gehören zusammen. Zu seiner Verteidigung, gestand er als *rädelsführer* im gleichnamigen Gedicht, habe er »nichts zu sagen«. Das war sowohl Ironie als auch, freilich in einem tieferen Sinne, durch und durch ernstgemeint. Um so nachdrücklicher wäre deshalb zu Enzensbergers Verteidigung (falls er sie nötig hätte) darauf hinzuweisen, daß sich das Paradox seiner schriftstellerischen Existenz erst durch jenen folgerichtigen Widerspruch, auf den wir von Anfang an gestoßen sind, ganz enthüllt. Die eine Schlußfolgerung ergibt sich mit derselben Notwendigkeit wie die andere: Enzensberger verstrickt sich nicht nur ständig in ein würgendes Netz, sondern sucht sich auch stets aufs neue daraus zu befreien. Und dies geschieht keineswegs bloß mittels abrupter Gewaltakte, sondern auf breiter Front. Wenn irgendeiner, so hat Hans Magnus Enzensberger den Widerstand des Besonderen und Konkreten, von dem er sprach, nicht gescheut; er hat sich vielmehr, in immer neuen Ansätzen, nüchtern und zäh auf die störrischen Fakten eingelassen und unentwegt die Auseinandersetzung mit der Historie, die ihn doch anekelt, aufs neue begonnen, um die Geschichte der Klassen und ihrer Kämpfe zu erkunden. An solch realistischer Arbeit, die in unermüdlichem Trotzdem an ihrem Ziel festhält, prallen alle frivolen Vorwürfe, wie sie von Bohrer und seinesgleichen erhoben wurden, ebenso ab wie alle naiven, zu denen sich Peter Weiss und andere berechtigt glaubten. Ihm – aber diese Abfuhr trifft *mutatis mutandis* auch die Gegenseite – hat Enzensberger zu Recht erwidert: »Die Moralische Aufrüstung von links kann mir gestohlen bleiben. Ich bin kein Idealist. Bekenntnissen ziehe ich Argumente vor. Zweifel sind mir lieber als Sentiments. Revolutionäres Geschwätz ist mir verhaßt. Widerspruchsfreie Weltbilder brauche ich nicht. Im Zweifelsfall entscheidet die Wirklichkeit.«[212]

Es würde allerdings eine Untersuchung für sich erfordern, wollte man auch noch diesen dritten Weg des Gesellschaftskritikers Enzensberger im einzelnen verfolgen. Viele Aspekte wären namhaft zu machen; ein wahrer Vielfrontenkrieg müßte beschrieben werden. So habe ich vorhin nicht ohne Absicht wieder auf die Medien angespielt; denn gerade ihrer allmählichen, völlig pragmatisch betriebenen Verbesserung und Emanzipation hat Enzensberger seine besondere Aufmerksamkeit gewidmet. Sein Interesse hat sich zwar einerseits vom Überbau stärker auf die Basis verlagert, bleibt aber andererseits auch in verstärktem Maße einem Überbau verhaftet, der durch die Schlüsselstellung der Bewußtseinsindustrie immer nachhaltiger auf die Basis zurückwirkt. Oder man denke an Enzensbergers politische Praxis, die sich nicht etwa nur in Reden geäußert hat, sondern genauso (man kann es in der Broschüre *Staatsgefährdende Umtriebe* nachschlagen) in sehr konkreten Aktionen. Verzweifelt – im doppelten Sinne – arbeitet dieser Schriftsteller theoretisch wie praktisch an der Alphabetisierung Deutschlands, und nicht bloß Deutschlands. Er klärt auf, er lädt ein, er hilft mit: ohne billige Solidarisierung oder vorschnelle Romantisierung . . . obwohl er keineswegs gegen solche Verlockungen gefeit ist. Aber Hans Magnus Enzensberger prüft nicht nur uns, sondern auch sich unerbittlich. Wie die zwei Männer in seinem *gedicht über die zukunft* versucht er mühselig, einen Weg wenigstens abzustecken, wenn er ihn schon nicht selber gehen kann. Da dieses Gedicht in keinen der bekannten Lyrikbände aufgenommen ist, sei es hier ebenfalls zur Gänze zitiert:

> zwei männer kommen auf einem traktor
> (tchou en lai ist in moskau)
> zwei männer in steingrauen kitteln
> (nobelpreisträger im frack)
> zwei männer mit dünnen stöcken
> (goldmedaillen aus tokio)
> am straßenrand zwischen gelben blättern
> (die toten guerillas von vietnam)
>
> zwischen die lehmgelben blätter
> stecken zwei männer in grauen kitteln
> am straßenrand dünne stöcke
> alle fünfzig schritt einen links einen rechts
> dunkle stöcke im hellen november
> (tchou en lai ist in moskau)
>
> zwei männer in grauen kitteln
> riechen im flachen novemberlicht
> den schnee der zudecken wird
> blätter und männer
>
> bis kein weg mehr zu sehen ist
> nur noch alle fünfzig schritt
> ein dünner stock links
> ein dünner stock rechts

> damit der schneepflug
> wo kein weg mehr zu sehen ist
> einen weg finde[213]

Schwerlich ist dies eins der besten, jedoch sicherlich eins der charakteristischsten Gedichte Enzensbergers. Selbst vor dem letzten Eingeständnis, dem so vielfach verfemten: »Das wissen wir nicht«[214], schreckt er nicht zurück, um gleichwohl im selben Zusammenhang tastend zu erwägen: »Wer die Erfahrungen der Guerillas ignoriert, ist ein Reaktionär; wer sie unbesehen kopieren möchte, ist ein Illusionist. Die nüchterne Vermittlung zwischen den Befreiungsbewegungen in der Dritten Welt und der politischen Aktion in den Metropolen ist eine Aufgabe, deren Schwierigkeiten bisher kaum erkannt, geschweige denn gelöst sind.«[215] Obzwar er immer wieder der Verzweiflung zu erliegen droht und zeitweise auch erliegt, läßt Enzensberger nicht ab. Er weiß: »Kurzfristige Hoffnungen sind eitel. Langfristige Resignation ist selbstmörderisch.«[216] Oder positiv gewendet: Kurzfristige Resignation ist keine kritische Selbstentleibung. Langfristige Hoffnungen sind nicht vergebens.

Das höchste Lob, das man einem Autor zollen kann, sagt Brecht irgendwo, ist die schlichte Feststellung, daß er wichtig sei. In diesem Brechtschen Sinne ist Hans Magnus Enzensberger der wichtigste deutsche Schriftsteller seiner Generation. Keiner darf heute mit größerem Recht als repräsentativ gelten; an keinem Werk lassen sich so seismographisch genau wie an seinem die Erschütterungen, Ängste und Hoffnungen der letzten zwei Jahrzehnte, ja der gesamten Epoche ablesen. Optimismus und Pessimismus halten sich in diesem Leben und Werk, in folgerichtigem Widerspruch, die Waage. Ihn redlich darzulegen, in seiner Verflochtenheit mit Struktur, Ideologie und Vorgeschichte, ist alles, was der Literarhistoriker zu leisten vermag. Gerade er, der Kritiker des Kritikers, kann und darf nicht mehr tun – doch freilich auch nicht weniger – als ein Bildnis entwerfen, und sei es auch ein emblematisches oder gar änigmatisches, zu dessen kritischer Betrachtung er einlädt. Das Motto dazu stammt von Antonio Gramsci, auf den sich der Dargestellte selber berufen hat: »Pessimismus der Intelligenz, Optimismus des Willens.«[217] In diesem Wort ist das Paradox des Schriftstellers Hans Magnus Enzensberger noch einmal bündig formuliert, aber im Grunde auch schon aufgehoben.

1 Uwe Johnson, *Jahrestage 2. Aus dem Leben von Gesine Cresspahl*, Frankfurt/Main 1971, vor allem S. 794 ff.; dazu ergänzend S. 737 f.

2 Ebd., S. 769.

3 Vgl. dazu *Benn – Wirkung wider Willen. Dokumente zur Wirkungsgeschichte Benns*, hg., eingeleitet und kommentiert v. Peter Uwe Hohendahl, Frankfurt/Main 1971, S. 377 f. – Bei Blöckers Gesinnungsgenossen Holthusen wird Enzensberger nach derselben Methode zum »dialektischen Pfiffikus« ernannt ... eine im übrigen noch vergleichsweise harmlose Kennzeichnung in diesen vor persönlichem Ressentiment geradezu kollernden Ausfällen; vgl. Hans E. Holthusen, *Plädoyer für den Einzelnen. Kritische Beiträge zur literarischen Diskussion*, München 1967, S. 68 ff. und 186 ff.

4 Vgl. Anneliese Große / Brigitte Thurm, *Gesellschaftliche Irrelevanz und manipulierbare Subjektivität*, in: Weimarer Beiträge 16 (1970), H. 2, S. 151 ff.; hier S. 153.

5 So Dieter Schlenstedt, *Aufschrei und Unbehagen. Notizen zur Problematik eines westdeutschen Lyrikers*, in: Neue Deutsche Literatur 9 (1961), H. 6, S. 110 ff.; hier S. 121.

6 Vgl. Franz Stroh, *Hans Magnus Enzensberger – Kritiker und Poet*, in: Moderne Språk 56 (1962), S. 291 ff.; hier S. 293.

7 Vgl. Gerd Müller, *Die Wandlung Hans Magnus Enzensbergers*, in: Moderne Språk 59 (1965), S. 32 ff.; hier S. 33.

8 Vgl. Peter Demetz, *Die süße Anarchie. Deutsche Literatur seit 1945. Eine kritische Einführung*, Frankfurt-Berlin 1970, S. 112.

9 Vgl. Karl Heinz Bohrer, *Die gefesselte Phantasie oder Surrealismus und Terror*, München 1970, S. 96.

10 Vgl. Moderne Språk 59 (1965), S. 32.

11 Ebd.

12 So Ursula Reinhold, *Literatur und Politik bei Enzensberger*, in: Weimarer Beiträge 17 (1971), H. 5, S. 94 ff.; hier S. 105.

13 Vgl. ebd., S. 104 f.

14 Peter Hamm, *Opposition – am Beispiel H. M. Enzensberger*, in: *Über Hans Magnus Enzensberger*, hg. v. Joachim Schickel, Frankfurt/Main 1970, S. 252 ff.; hier S. 254. – Zur Kritik vgl. bereits Yaak Karsunke, ebd., S. 263 ff.

15 So Peter Rühmkorf, *Enzensbergers problematische Gebrauchsgegenstände*, in: *Über Hans Magnus Enzensberger*, S. 74 ff.

16 Hans Magnus Enzensberger, *Brentanos Poetik*, München 1961. Die Arbeit entstand 1953-1955; vgl. ebd., S. 141.

17 Dazu ders., *blindenschrift*, Frankfurt/Main 1964, S. 58 f.

18 Vgl. Arqueles Morales, *Entrevista con Hans Magnus Enzensberger*, in: Casa de las Américas 10 (1969), Nr. 55, S. 117 ff.; hier S. 121

(»punto de enlace histórico muy especial y determinante«).

19 Vgl. Patrick Bridgwater, *The Making of a Poet: H. M. Enzensberger*, in: German Life and Letters 21 (1967/68), S. 27 ff.; hier S. 30.

20 Vgl. Casa de las Américas 10 (1969), Nr. 55, S. 120 f.; ferner Hans Magnus Enzensberger, *Berliner Gemeinplätze*, in: Kursbuch 11 (1968), S. 151 ff.; hier S. 160.

21 Band I bzw. II der Taschenbuchausgabe.

22 Ders., *Die Dramaturgie der Entfremdung*, in: Merkur 11 (1957), S. 231 ff.

23 Ders., *Literatur und Linse und Beweis dessen, daß ihre glückhafte Kopulation derzeit unmöglich*, in: Akzente 3 (1956), S. 207 ff.

24 Ders., *Gulliver in Kopenhagen*, in: Akzente 10 (1963), S. 628 ff.

25 So der Kursbogen vom September 1970.

26 Vgl. Hans Magnus Enzensberger, in: *Notstand der Demokratie. Referate, Diskussionsbeiträge und Materialien vom Kongreß am 30. Oktober 1966 in Frankfurt am Main*, hg. v. Helmut Schauer, Frankfurt/Main 1967, S. 188 ff.; ders., *Notstand*, in: Tintenfisch 2 (1969), S. 19 f. (Rede, gehalten am 28. Mai 1968 in Frankfurt).

27 Ders., *Bildnis einer Partei. Vorgeschichte, Struktur und Ideologie der PCC*, in: Kursbuch 18 (1969), S. 192 ff.

28 Vgl. *Vorzeichen. Fünf neue deutsche Autoren*, eingeführt von H[ans] M[agnus] Enzensberger, Frankfurt/Main 1962.

29 Vgl. Georg Büchner / Ludwig Weidig, *Der Hessische Landbote. Texte, Briefe, Prozeßakten*, kommentiert von Hans Magnus Enzensberger, Frankfurt/Main 1965, S. 53.

30 Ders., *Die Steine der Freiheit*, in: Merkur 13 (1959), S. 770 ff.; hier S. 772.

31 *Interview mit Hans Magnus Enzensberger*, in: Weimarer Beiträge 17 (1971), H. 5, S. 73 ff.; hier S. 93.

32 Hans Magnus Enzensberger, *La Littérature en tant qu'histoire*, in: Les Lettres Nouvelles. Numéro spécial (Dez. 1965/Jan. 1966), S. 25 ff.; vgl. vor allem S. 33: »La perspective de la littérature s'est rarement identifiée à celle du pouvoir, mais [...] elle a toujours été bornée et determinée ne serait-ce que par le fait que son existence même suppose le loisir, donc la richesse, donc l'exploitation.«

33 Ders., *Staatsgefährdende Umtriebe*, Frankfurt/Main ²1968, S. 26.

34 Ders., *Ich wünsche nicht gefährlich zu leben*, in: *Die Alternative oder Brauchen wir eine neue Regierung?*, hg. v. Martin Walser, Reinbek 1961, S. 61 ff.; hier S. 66.

35 Hans Magnus Enzensberger, *Einzelheiten I: Bewußtseins-Industrie*, Frankfurt/Main 1964, S. 207; vgl. auch S. 102.

36 Vgl. Tintenfisch 2 (1969), S. 20.

37 Vgl. Weimarer Beiträge 17 (1971), H. 5, S. 78.

38 Vgl. Weimarer Beiträge 16 (1970), H. 2, S. 153 f. – Wohltuend hebt

sich davon eine Äußerung Walter Ulbrichts in seiner Rede auf der II. Bitterfelder Konferenz (24./25. April 1964) ab, wo es heißt, Enzensberger gehöre »zweifellos« zu denjenigen westdeutschen Schriftstellern, »deren bürgerlich-humanistische Grundhaltung wir erkennen und mit denen uns, ob sie das nun persönlich schon erkannt haben oder nicht, eine Reihe gemeinsamer gesellschaftlicher Interessen verbindet«; zit. nach *Dokumente zur Kunst-, Literatur- und Kulturpolitik der SED*, hg. v. Elimar Schubbe, Stuttgart 1972, S. 982.

39 Vgl. *Les Lettres Nouvelles*, S. 41.

40 Vgl. Hans Magnus Enzensberger, *Einzelheiten II: Poesie und Politik*, Frankfurt/Main 1964, S. 26; *Einzelheiten I*, S. 20 und 173; ferner *Museum der modernen Poesie*, eingerichtet von Hans Magnus Enzensberger, Frankfurt/Main 1960, S. 20. – Auch zahlreiche Gedichte wären zu nennen.

41 Vgl. ders., *Deutschland, Deutschland unter anderm. Äußerungen zur Politik*, Frankfurt/Main 1967, S. 24.

42 Vgl. ebd., S. 12.

43 Vgl. Jürgen Harder, *Zu einigen ideologischen Aspekten in Enzensbergers Medientheorie*, in: Weimarer Beiträge 17 (1971), H. 5, S. 126 ff.; hier S. 127.

44 Vgl. ebd., S. 90 u. 98.

45 Vgl. *Deutschland, Deutschland unter anderm*, S. 15.

46 Weimarer Beiträge 17 (1971), H. 5, S. 106.

47 Wie Anm. 39.

48 Vgl. *Deutschland, Deutschland unter anderm*, S. 10.

49 Vgl. Hans Magnus Enzensberger, *landessprache*, Frankfurt/Main 1960, S. 12.

50 Ders., *Gedichte. Die Entstehung eines Gedichts*, Frankfurt/Main ²1962, S. 49.

51 *Deutschland, Deutschland unter anderm*, S. 22.

52 Hans Magnus Enzensberger, Walter Euchner, Gert Schäfer, Dieter Senghaas, *Katechismus zur deutschen Frage*, in: Kursbuch 4 (1966), S. 1. ff.

53 Vgl. *Deutschland, Deutschland unter anderm*, S. 38 u. 40 f.

54 Ebd., S. 122 (Hervorhebung von mir); vgl. auch *Der Hessische Landbote*, S. 167 f. – Bei Büchner handelt es sich natürlich um den bekannten Brief an Gutzkow, in dem es heißt: »Das Verhältnis zwischen Armen und Reichen ist das einzige revolutionäre Element in der Welt [...].«

55 Vgl. *Deutschland, Deutschland unter anderm*, S. 162.

56 Vgl. ebd., S. 156.

57 Vgl. ebd., S. 121, 152, 160 u. 163.

58 Vgl. ebd., S. 161.

59 Vgl. Weimarer Beiträge 17 (1971), H. 5, S. 127.

60 Vgl. Kursbuch 11 (1968), S. 169 (Postskriptum).
61 Vgl. *baemu suti oder Das Ibolithische Vermächtnis. Ein literarisches Gesellschaftsspiel* von Heinz Gültig, Zürich 1959, S. 43. Der ›Urtext‹ lautete:
baemu súti falla kúr
móstin arasîban taégna.
kiu ténde vossagúr:
flágedárad ássa.
62 Vgl. ebd., S. 67. – Ebenso entlarvend, freilich auf ganz andere Art, gelang sie bei Gerd Gaiser, der folgendermaßen ›übersetzte‹:
Regenpfeifer und Lamm im tropfenden Garten
Klagende Stimmen am Goldregen-Fluß
Indessen die Geißel grausam
Klatschend auf die Nacken der Sklaven fällt.
Vgl. ebd., S. 49.
63 Vgl. *Einzelheiten I*, S. 106 ff.; insbesondere S. 116 f. – Dazu auch Wolfgang Neuss, *Asyl im Domizil. Bunter Abend für Revolutionäre*, unter Mitarbeit von Thierry und Hans Magnus Enzensberger, Reinbek 1968, S. 5:
bald explodiert
was unser Kernreaktor Jülich ›friedlich‹ zeugt.
64 *Deutschland, Deutschland unter anderm*, S. 44.
65 Vgl. ebd., S. 42.
66 Hans Magnus Enzensberger, *Gedichte 1955-1970*, Frankfurt/Main, 1971, S. 167 (ohne Interpunktion).
67 Bertolt Brecht, *Gesammelte Werke in 20 Bänden*, Frankfurt/Main 1967, Bd. 2, S. 564.
68 Vgl. Johnson, S. 799. Johnson war allerdings keineswegs der erste, der diesen Begriff auf Enzensberger anwendete; s. u. Anm. 127.
69 Vgl. *landessprache*, S. 20 f.
70 Vgl. Hans Magnus Enzensberger, *Politik und Verbrechen. Neun Beiträge*, Frankfurt/Main 1964, S. 80.
71 Vgl. ebd., S. 374.
72 Vgl. ders., *Baukasten zu einer Theorie der Medien*, in: Kursbuch 20 (1970), S. 159 ff.; hier S. 161.
73 *Freisprüche. Revolutionäre vor Gericht*, hg. v. Hans Magnus Enzensberger, Frankfurt/Main 1970, S. 447; vgl. auch Casa de las Américas 10 (1969), Nr. 55, S. 118.
74 Vgl. Johnson, S. 799 ff.
75 *Einzelheiten I*, S. 10.
76 Casa de las Américas 10 (1969), Nr. 55, S. 118.
77 Vgl. ebd.
78 Vgl. Akzente 3 (1956), S. 207.
79 Ebd., S. 213.

80 Vgl. *Einzelheiten I*, S. 17.

81 Vgl. Kursbuch 20 (1970), S. 173.

82 Vgl. Casa de las Américas 10 (1969), Nr. 55, S. 118.

83 Vgl. ebd.; der Begriff findet sich zum Beispiel bei Fidel Castro, *Discurso de Clausura del Primer Congreso Nacional de Educación y Cultura*, in: *El Caso Padilla. Literatura y Revolución en Cuba. Documentos*. Introducción, selección, notas, guía v bibliografía por Lourdes Casal, Miami/New York o. J., S. 115 ff.; hier S. 116.

84 Hans Magnus Enzensberger, *Louisiana Story*, in: *Interview mit Amerika. 50 deutschsprachige Autoren in der neuen Welt*, hg. v. Alfred Gong, München 1962, S. 256 ff.

85 Zu *Journalismus als Eiertanz* (gemeint ist die FAZ).

86 Zu *Chicago-Ballade* (über Al Capone etc.).

87 Zu *Der arglose Deserteur* (gemeint ist der Soldat Slovik, der als einziger Amerikaner im Zweiten Weltkrieg wegen Fahnenflucht erschossen wurde).

88 Inhaltlich betrachtet, bezieht sich die Überschrift natürlich auf das Stück; formal betrachtet, als ›Bildnis‹, bezieht sie sich jedoch auch auf die Einleitung.

89 Hans Magnus Enzensberger, *Las Casas oder Ein Rückblick in die Zukunft*, in: Bartolomé de las Casas, *Kurzgefaßter Bericht von der Verwüstung der westindischen Länder*, Frankfurt/Main 1966; auch in *Deutschland, Deutschland unter anderm* enthalten.

90 Vgl. Hans Magnus Enzensberger, *Das Verhör von Habana*, Frankfurt/Main ²1970, S. 25.

91 Vgl. Walter Haubrich, *Die Legende Durruti als Legende einer Epoche*, in: Literaturblatt zur FAZ, 26. 9. 1972, S. 3.

92 So in der Titelei des Bandes; s. o. Anm. 40.

93 Auch diese Wortwahl ist bezeichnend; vgl. *Allerleirauh. Viele schöne Kinderreime*, versammelt von Hans Magnus Enzensberger, Frankfurt/Main ²1971.

94 Vgl. *Freisprüche*, S. 458 f.

95 Vgl. Johann Most, *Kapital und Arbeit. ›Das Kapital‹ in einer handlichen Zusammenfassung*, von Marx und Engels revidiert und überarbeitet, Frankfurt/Main 1972, S. 97.

96 So in der Titelei des Bandes; s. o. Anm. 28.

97 Vgl. *blindenschrift*, S. 34, bzw. *Gedichte 1955-1970*, S. 146 f.

98 Vgl. das Beiblatt *gebrauchsanweisung* zu der Sammlung *landessprache*.

99 *Museum der modernen Poesie*, S. 11.

100 Ebd., S. 9.

101 Vgl. ebd., S. 17.

102 Vgl. ebd., S. 19.

103 *Einzelheiten I*, S. 207.

104 *Politik und Verbrechen*, S. 398.

105 *Einzelheiten I*, S. 123.

106 Vgl. Hans Magnus Enzensberger, *Der kurze Sommer der Anarchie. Buenaventura Durrutis Leben und Tod. Roman*, Frankfurt/Main 1972, S. 15.

107 Ebd., S. 16; dort auch die beiden folgenden Zitate. – Die gattungspoetische Seite dieses Vorgangs, wodurch auch die Bezeichnung ›Roman‹ gerechtfertigt wird, ist Enzensbergers Vorstellung von der »Geschichte als kollektiver Fiktion«, vgl. ebd., S. 12 ff.

108 Vgl. ebd., S. 295.

109 Ebd., S. 16.

110 Vgl. *Deutschland, Deutschland unter anderm*, S. 129.

111 Vgl. ebd., S. 147.

112 Vgl. *Einzelheiten I*, S. 17.

113 Vgl. *Politik und Verbrechen*, S. 38.

114 Vgl. ebd., S. 19.

115 So Hermann Kahn in seiner Rede zur Jahrhundertfeier des Massachusetts Institute of Technology 1961; zit. ebd., S. 36 f.

116 Ebd., S. 19.

117 Vgl. Hannah Arendt / Hans Magnus Enzensberger, *Ein Briefwechsel*, in: *Über Hans Magnus Enzensberger*, S. 172 ff.; hier S. 173.

118 Vgl. Jürgen Habermas, *Vom Ende der Politik*, in: *Über Hans Magnus Enzensberger*, S. 154 ff.; hier S. 156.

119 Ebd., S. 158.

120 S. o. Anm. 71.

121 Kursbuch 11 (1968), S. 166.

122 Vgl. *Das Verhör von Habana*, S. 24.

123 Vgl. dazu zusammenfassend *El Caso Padilla*.

124 Vgl. ebd., S. 122.

125 Deutsch in: Basis 4 (1973 [recte: 1974]), S. 122 ff.

126 Vgl. hierzu auch meinen Beitrag *Enzensberger, Kuba und ›La Cubana‹*, in: Basis 6 (1976), S. 65-77.

127 Vgl. Kurt Oppens, *Pessimistischer Deismus. Zur Dichtung Hans Magnus Enzensbergers*, in: Merkur 17 (1963), S. 786 ff.

128 Vgl. *landessprache*, S. 82.

129 Vgl. *Einzelheiten II*, S. 114.

130 Vgl. *landessprache*, S. 68.

131 Vgl. *blindenschrift*, S. 74.

132 Ebd., S. 81.

133 Vgl. Kursbuch 18 (1969), S. 211.

134 Vgl. Kursbuch 11 (1968), S. 160.

135 Vgl. *Deutschland, Deutschland unter anderm*, S. 149 f.

136 Das wird vor allem am Schluß deutlich; vgl. etwa *Der kurze Sommer der Anarchie*, S. 284: »Die alten Männer der Revolution sind stärker

als alles, was nach ihnen kam« etc.

137 Vgl. Hans Magnus Enzensberger, *Kronstadt 1921 oder die Dritte Revolution*, in: Kursbuch 9 (1967), S. 7 ff.; hier S. 32.
138 Vgl. ebd.
139 Vgl. *Freisprüche*, S. 448.
140 Kursbuch 11 (1968), S. 151.
141 So Bohrer, a.a.O., S. 97.
142 Vgl. Kursbuch 11 (1968), S. 151.
143 So Ruth Berlau im Klappentext zu Brechts *Kriegsfibel*, Berlin 1955.
144 Kursbuch 13 (1968), S. 197 (Fortsetzung der *Berliner Gemeinplätze*).
145 Vgl. Kursbuch 11 (1968), S. 161 f. u. 164.
146 Ebd., S. 161 f.
147 Vgl. ebd., S. 163.
148 Vgl. Brecht, Bd. 3, S. 1237.
149 Vgl. dazu Bohrer, a.a.O., S. 89 ff.
150 Ebd., S. 100. – Bohrer sagt es an anderer Stelle selbst: »Die Methode, den Gegner zu psychologisieren [. . .], anstatt inhaltlich auf seine Argumente einzugehen [. . .], ist bloß ein advokatorischer Trick und bringt keine Erkenntnisse«, vgl. ders., *Was heißt hier »Verantwortlichkeit der Intellektuellen«? Ihre Geschichte ist ihre Aktualität – Eine notwendig gewordene Antwort*, in: Literaturblatt zur FAZ, 26. 9. 1972, S. 1.
151 *blindenschrift*, S. 23. – Enzensberger hat dieses Gedicht auch in seine Auswahl von 1971 aufgenommen.
152 Vgl. Weimarer Beiträge 17 (1971), H. 5., S. 113.
153 Vgl. *landessprache*, S. 66.
154 *Museum der modernen Poesie*, S. 16; vgl. dazu auch *Politik und Verbrechen*, S. 296, wo es von den Traktaten der russischen Terroristen heißt, sie zeigten, »wie politische Literatur als Spurenelement wirken und bei minimalem Aufwand enorme Folgen zeitigen kann«.
155 Vgl. *Museum der modernen Poesie*, S. 16.
156 Vgl. ebd., S. 15; dort heißt es ferner, das Gedicht sei »die Antiware schlechthin« und strafe auch den »landläufigen Marxismus« Lügen, »der Überbau sagt und unvermittelt ökonomische Determination meint«.
157 Vgl. *Einzelheiten II*, S. 7 ff.
158 Vgl. ebd., S. 134.
159 *Einzelheiten I*, S. 166.
160 *Einzelheiten II*, S. 127.
161 Vgl. ebd., S. 130.
162 Ebd., S. 133; vgl. dazu Brecht, Bd. 10, S. 1009.
163 Vgl. *Einzelheiten II*, S. 135.

164 Ebd.
165 Ebd., S. 136.
166 Ebd.
167 Vgl. ebd., S. 137.
168 Vgl. *Vorzeichen*, S. 10.
169 Vgl. ebd., S. 21.
170 Vgl. *Allerleirauh*, S. 352 u. 354.
171 Ebd., S. 349.
172 Vgl. Andreas Gryphius, *Gedichte*, ausgewählt von Hans Magnus Enzensberger, Frankfurt/Main 1962, S. 63 u. 66.
173 Vgl. *Einzelheiten II*, S. 43.
174 Vgl. ebd., S. 89 f.
175 Vgl. ebd., S. 111 f.
176 Ebd., S. 112.
177 Günter Eich, *Ausgewählte Gedichte*, Frankfurt/Main 1960, S. 51.
178 In: *Wie, warum und zu welchem Ende wurde ich Literaturhistoriker?*, hg. v. Siegfried Unseld, Frankfurt/Main 1972, S. 112.
179 Vgl. dazu allgemein Helmut Kreuzer, *Zur Periodisierung der ›modernen‹ deutschen Literatur*, in: Basis 2 (1971), S. 7 ff.
180 Vgl. Hans Magnus Enzensberger, *Scherenschleifer und Poeten*, in: *Mein Gedicht ist mein Messer. Lyriker zu ihren Gedichten*, hg. v. Hans Bender, München 1961 (erweit. Ausg.), S. 144 ff.
181 Vgl. *Einzelheiten II*, S. 129.
182 Vgl. ebd., S. 114.
183 So in einer Rezension in: Der Spiegel; vgl. *Benn – Wirkung wider Willen*, S. 375 ff.
184 Vgl. dazu den Essay *Die Aporien der Avantgarde*, in: *Einzelheiten II*, S. 50.
185 Vgl. Theodor W. Adorno, *Philosophie der neuen Musik*, Frankfurt/Main 1958, S. 93.
186 Ders., *Minima Moralia. Reflexionen aus dem beschädigten Leben*, Frankfurt/Main [3]1962, S. 298.
187 Ders., *Noten zur Literatur III*, Frankfurt/Main 1965, S. 114.
188 Ebd., S. 128.
189 Ebd., S. 129. – Eine besondere Pikanterie dieses Diktums liegt darin, daß es – wie die gesamte Sprache Adornos – mit dem Jargon des Bankschalters durchsetzt ist, obwohl es sich doch gerade gegen die Geld- und Warenwelt so leidenschaftlich aufbäumt.
190 *Minima Moralia*, S. 22.
191 Vgl. dazu Reinhold Grimm, *Montierte Lyrik*, in: *Über Hans Magnus Enzensberger*, S. 19 ff. (erstmals 1958).
192 Vgl. Merkur 11 (1957), S. 235 ff.
193 Vgl. *Einzelheiten II*, S. 101.
194 Zur Differenzierung und Kritik vgl. *Jost Hermand, Schreiben in der*

Fremde. Gedanken zur deutschen Exilliteratur seit 1789, in: *Exil und innere Emigration. Third Wisconsin Workshop*, hg. v. Reinhold Grimm und Jost Hermand, Frankfurt/Main 1972, S. 7 ff.

195 Hermann Kesten, *Das ewige Exil*, in: Club Voltaire 1 (1963), S. 180 ff.

196 Werner Vordtriede, *Vorläufige Gedanken zu einer Typologie der Exilliteratur*, in: Akzente 15 (1968), S. 556 ff.; hier S. 564.

197 Ebd., S. 556.

198 Vgl. ebd., S. 559 f.

199 Vgl. dazu allgemein Reinhold Grimm, *Innere Emigration als Lebensform*, in: *Exil und innere Emigration*, S. 31 ff.

200 *Gedichte. Die Entstehung eines Gedichts*, S. 42.

201 Vgl. O[tto-] K[arl] Werckmeister, *Das Kunstwerk als Negation. Zur Kunsttheorie Theodor W. Adornos*, in: Neue Rundschau 73 (1962), S. 111 ff.; hier S. 126 u. passim.

202 Vgl. *blindenschrift*, S. 58 f.

203 Vgl. Kursbuch 11 (1968), S. 167.

204 Ebd., S. 160.

205 Vgl. Hans Mayer, *Brecht in der Geschichte. Drei Versuche*, Frankfurt/Main 1971, insbes. S. 251; dazu meine Besprechung in: Basis 3 (1972), S. 277 ff.

206 *Gedichte 1955-1970*, S. 148 (ohne Interpunktion); dort auch die folgenden Verse.

207 Der landläufige Manichäismus hingegen mit seiner reinlichen Scheidung von Gut und Böse ist bei Peter Weiss zu finden, mit dem sich Enzensberger nicht umsonst schon vor Jahren auseinanderzusetzen hatte; vgl. dazu *Über Hans Magnus Enzensberger*, S. 239 ff. (erstmals 1965/66). Jener Satz von der Pseudosolidarität der Intelligenz richtet sich somit auch gegen Weiss, nicht allein gegen Adorno.

208 Hans Magnus Enzensberger, *Gemeinplätze, die Neueste Literatur betreffend*, in: Kursbuch 15 (1968), S. 187 ff.; hier S. 194.

209 *Gedichte 1955-1970*, S. 149.

210 Davon handelt ironisch das noch unveröffentlichte Vaudeville *La Cubana oder Das Ende der Kunst* (ursprünglich *Ay, Rachel!*), das Enzensberger 1970/71 verfaßt und zu dem Hans Werner Henze die Musik geschrieben hat. Vgl. auch Anm. 126.

211 Vgl. *blindenschrift*, S. 149.

212 Hans Magnus Enzensberger, *Peter Weiss und andere*, in: *Über Hans Magnus Enzensberger*, S. 246 ff.; hier: S. 251.

213 Das Gedicht findet sich, soweit ich sehe, nur in der zweisprachigen amerikanischen Auswahl; vgl. ders., *poems for people who don't read poems*, New York 1968, S. 130.

214 Vgl. Kursbuch 11 (1968), S. 168.

215 Ebd., S. 160.

216 Ebd., S. 169.
217 Kursbuch 20 (1970), S. 186. – Einige Thesen des vorliegenden Auf-
   satzes erschienen auf englisch in: Books Abroad 47 (Spring 1973),
   S. 295-298.

Walter Hinderer
Ecce poeta rhetor:
Vorgreifliche Bemerkungen über
H. M. Enzensbergers Poesie und Prosa

I Prooemium

Selbst tüchtige Wörterbücher und Lexika, die sich auf ihre Infor-
miertheit einiges zugute halten, identifizieren heute noch »Rhetorik« mit »schönrednerisch, phrasenhaft, schwülstig«, womit sie
sich unbewußt oder bewußt in eine bekannte deutsche Tradition
einordnen, die man stichwortartig mit den Syndromen von ver-
späteter Nation und retardierter Gesellschaft andeuten kann. In
seinem einflußreichen Lexikon *Allgemeine Theorie der schönen
Künste* (Leipzig ²1792) meinte Johann Georg Sulzer unter dem
Eintrag *Beredsamkeit*: »Deutschland scheint (es sey ohne Beleidi-
gung gesagt) in seiner gegenwärtigen Verfassung ein für die Beredsamkeit ziemlich unfruchtbarer Boden zu seyn [. . .]. Unsre
Höfe sind für die deutsche Beredsamkeit unempfindlich; unsre
Städte haben eine allzugeringe Anzahl Einwohner, die von den
schönen Künsten gerührt werden; und die wenigen, die das Gefühl dafür haben, sind nicht von dem Ansehen, um Eindruck auf
das Publikum zu machen.«

Gewiß, diese Bestandsaufnahme trifft nicht mehr in allen Teilen
auf unsere Situation zu. Doch Sulzer deutet bereits ein Problem
an, das dann sowohl Adam Müller als auch Friedrich Nietzsche
kritisch beschreiben werden: die wachsende Verschriftung der
deutschen Literatur, zu der nicht zuletzt die »Ausbreitung der
strengen Wissenschaften« und der Fachjargon des »philosophischen Geistes« des deutschen Idealismus beigetragen haben. In
Jenseits von Gut und Böse urteilt deshalb Nietzsche kurz und
bündig: »Der Deutsche liest nicht laut, nicht fürs Ohr, sondern
bloß mit den Augen: er hat seine Ohren dabei ins Schubfach gelegt.« Bereits Theodor Mundt hatte 1837 in seiner *Kunst der deutschen Prosa* nicht ohne deutliche Herausforderung festgestellt:
»Der Deutsche schreibt nicht um zu sprechen, sondern man sieht
immer, daß er sich eigens dazu an den Tisch setzt, um zu schrei-

ben.« Ebenso ausführlich wie rhetorisch beschwingt setzt sich mit diesem Problem auch schon Adam Müller in seinen *Zwölf Reden über die Beredsamkeit und deren Verfall in Deutschland* (1812) auseinander. Er gliedert hier polemisch die deutsche Literatur in zwei Teile: die *wissenschaftliche,* in der sich Redner zeigen, »die eigentlich niemanden anreden, sondern in sich selbst hineinsprechen«, und die *schöne Literatur,* die immerhin begabte Dichter-Redner aufweist, welche allerdings von einem wenig geneigten Publikum nur »dechiffriert und verschluckt« werden. Adam Müller bezeichnet in diesem Zusammenhang Schiller als den »größten Redner der deutschen Nation, [. . .] der die dichterische Form nur wählte, weil er gehört werden wollte und weil die Poesie eine Art von Publikum in Deutschland hatte«. Allgemein merkt er an anderer Stelle an: »Die am weitesten verbreitete Anwendung der Redekunst ist die Schriftstellerei.«

Überprüft man nun die literarischen Äußerungen und psychagogischen Techniken von Lessing, Klopstock, Goethe, Schiller, Jean Paul, Heine, Büchner bis hin zu Hofmannsthal, Thomas Mann und Brecht, so gehört überraschenderweise der *poeta rhetor* in Deutschland in der Tat eher zur Regel als zur Ausnahme. Doch ist das nicht bereits eine typisch rhetorische Übertreibung? Haben in den Gymnasien nicht längst Lehrfächer wie Logik, Rhetorik und Poetik abgedankt? Mag sich indes auch im Unterricht die Tradition der antiken Rhetorik im Rückzug befinden: es kann keine Frage sein, daß heute wie eh und je deutschsprachige Schriftsteller von Max Frisch bis Martin Walser, von Walter Jens bis Günter Grass auf vielfältige Weise die alte Kunst der Beredsamkeit, die *ars oratoria,* schriftlich praktizieren. Adam Müller nannte das »Gespräch die Quelle der Beredsamkeit überhaupt« und feierte den Erwecker Deutschlands aus dem oratorischen Dornröschenschlaf, Lessing, mit folgenden Worten: »Er ward gehört, er drang tiefer in das Ohr und in die Seele seiner Nation als irgendein Zeitgenosse; er zwang durch ein echtes Talent der Rede die Nation zur Antwort, streute über die Furchen, die ein unglücklicher Krieg in Deutschland hinterlassen, den Samen eines geistigen Krieges aus; weckte, wie es dem freien Geist ziemt, der für die Freiheit der übrigen lebt, viel mehr Gedanken als er aussprach und blieb als ein unbegriffenes Wunder in dem Andenken seiner Freunde zurück; was er geringgeschätzt hatte an sich, wurde zum Muster gewählt.« Zieht man den ersten und den vorletzten Teil dieser Rede ab, so lassen sich mit ihr ganz gut die oratorischen Qualitäten einer außergewöhnlichen schriftlichen Beredsamkeit beschreiben, wie sie seit den fünfziger Jahren der Kaufbeurer Poet, Essayist, Editor, Pamphletist Hans Magnus Enzensberger ebenso geschickt wie irritierend demonstriert.

II Quod erat demonstrandum oder Probatio
Exemplum 1: Poetische Streifzüge

»Poesie«, so meinte, wie sich Adam Müller erinnert, Hugh Blair in seinen Vorlesungen über Rhetorik, *»ist die Sprache der Leidenschaft oder der in Tätigkeit gesetzten Einbildungskraft, die sich gemeiniglich auch durch einen besonders geordneten Silbenfall unterscheidet.«* Mit erstaunlicher Kennerschaft in den alten Methoden der Affektregie, unter Ausnutzung des fast vergessenen *genus sublime,* das dem pathetischen *ornatus* frönt, das erschüttern und bewegen will, betritt der junge Enzensberger die literarische Szene. Er zeigt sich gleich auf Anhieb als ein Meister der *sermocinatio,* der *subiectio,* der *interrogatio,* von Antithesis, Protasis und Apodosis; er scheint alle Register der »Gemütserregungskunst«, wie Novalis die Poesie definiert und Brentano[1] sie praktiziert hat, zu beherrschen und auch zu ziehen. »warum war, als ich zur welt kam, der wald schon verteilt? / warum standen fest tarif und kataster?« So beginnt das Gedicht *option auf ein grundstück* anaphorisch, und es antwortet im Kursivdruck *(subiectio, responsio):* »*du hast doch die wahl zwischen dem napf des dressierten affen / und der litze, dem diktaphon des dompteurs.*«
Die drei ersten Strophen des bekannten Gedichts *bildzeitung* ziehen eindrucksvolle Effekte aus den ingeniösen Permutationen oder Immutationen »markenstecher uhrenkleber«, »manitypistin stenoküre«, »sozialvieh stimmenpartner«; sie stellen kritisch den naiven Zusammenhang von Sprache und Sache aus, wobei sich die vier Strophen zueinander verhalten wie in der Rede *narratio* und *probatio.* Das Gedicht *goldener schnittmusterbogen zur poetischen wiederaufrüstung* arbeitet nicht nur mit der Technik der Häufung *(cumulus),* den phonetischen Figuren der Alliteration, der Assonanz, sondern auch mit Mitteln der Steigerung *(gradatio),* mit Antithesen und überraschenden Parallelismen, mit Figuren der *interrogatio* und *exclamatio* – alles Stilelemente, die in der

traditionellen Rhetorik zur »Erregung des Affektes« empfohlen werden. Im Titelgedicht des Bandes *verteidigung der wölfe,* aus dem die Beispiele stammen, führt die dialogische *sermocinatio* (fingierter Dialog mit dem Leser) zur gezielten *subiectio,* der Aufforderung zur Selbsterkenntnis (»seht in den spiegel«), die in parallel gebauten Perioden, mit Figuren der *transmutatio verborum* durchflochten, auch vorexerziert wird. Während sich in dem ersten Gedichtband noch die *genera elocutionis* mischen, also das *genus humile,* dem es vor allem um die Funktionen des *docere* (lehren) und *probare* (beweisen) geht, und das *genus medium,* das die gemäßigten Affekte wie *delectare* (erfreuen) und *conciliare* (versöhnen) vermitteln will, neben dem erwähnten *genus sublime* stehen, setzt *landessprache* (1960) mit einem Pathos ein, das eine um diese Zeit fast vergessene Tradition von Klopstock bis Stadler wiederaufleben läßt. Das Gedicht, eine Scheltrede auf Deutschland, bewirkt mit längeren, rhythmisch gegliederten Perioden, gespickt mit rhetorischen Häufungen, Fragen, Wiederholungen, Inversionen, Anaphern, Chiasmen, Antithesen, Gleichnissen, genau das, was Hugh Blair mit der »Sprache der Leidenschaft« oder »der in Tätigkeit gesetzten Einbildungskraft« gemeint hat. Es handelt sich um einen Text, der durch seine akustische Präsenz so mündlich-spontan wirkt, daß man wie über Jean Pauls *Friedens-Predigt* (1808) vergißt, daß es sich um eine Schreibtischarbeit handelt. Enzensberger versteht in der Tat wie ein Redner zu dichten und zu schreiben; angeblich für ein Publikum, das ihn zu verstehen und seine Sorgen zu teilen scheint.

Doch das Gedicht im *genus demonstrativum,* das sich hier eindeutig auf die Funktion des Tadels *(vituperatio)* beschränkt, zielt nicht nur auf Deutschland als Redegegenstand, sondern ebenso auf die deutsche Sprache, die »landessprache«. Der Urheber der lyrischen Rede, der nur der Sprache wegen noch etwas in seinem »land«, dem »unheilig herz der völker«, verloren zu haben scheint, unterscheidet bald zwischen seiner Sprache und jener anderen, dem »gepreßten geröchel im *neuen deutschland*« und dem »frankfurter allgemeinen geröchel«. Er nennt es »ein mundtotes würgen, das nichts von sich weiß, / von dem ich nichts wissen will, musterland, / mördergrube, in die ich herzlich geworfen bin / bei halbwegs lebendigem leib«. Abgesehen davon, daß dieses »mundtote würgen« im Sinne Adam Müllers auf die tote Sprache hinweist, meint es gleichzeitig die Unmündigkeit im politischen

Sinn, die Abwesenheit von Bewußtsein. So naheliegend es wäre, den rhetorischen Grundlagen vor allem der in diesem Band enthaltenen satirischen Langgedichte *landessprache, schaum, gewimmer und firmament* nachzugehen, wobei der letzte Text schon in der Überschrift die Dialektik des *genus demonstrativum* von Tadel (vituperatio) und Lob (laus) festhält, für unseren Zusammenhang muß folgende Einsicht genügen: Enzensberger interpretiert auch in seinen Gedichten die offizielle Sprache (»geröchel«) der beiden deutschen Staaten als Abbilder des politischen Zustandes. Im Falle Westdeutschlands wird »musterland« mit »mördergrube« assoziiert, Wirtschaftswunder mit Massenvernichtung im Nazi-Deutschland, eine Mahnung, die eben das »mundtote würgen« unterdrückt. Mit anderen Worten: Der Poet antizipiert hier bereits die Problematik der Bewußtseins-Industrie, die der Essayist dann in Teil I seiner *Einzelheiten* (1962) analysiert. Es sei außerdem noch angemerkt, daß Enzensberger für den zeitgenössischen politischen Zustand auffallend undeutliche Ausdrücke (»geröchel«, »schaum«, »gewimmer«) wählt; es scheint ihm in den Gedichten mehr um Beschreibung des Atmosphärischen zu gehen, um die Artikulation eines allgemeinen »Unbehagens«, wie das auch für die anderen Mitglieder der Gruppe 47 in den fünfziger Jahren symptomatisch gewesen ist.

Obwohl die Gegenstände in den später vorgelegten Gedichtbänden, von *blindenschrift* (1964) und *Die Furie des Verschwindens* (1980) bis hin zu den Balladen in den Bänden *Mausoleum* (1975) und *Der Untergang der Titanic* (1978), laufend wechseln und der Materialhorizont sich erweitert: der Rededuktus und die poetische Technik behalten nichtsdestoweniger ihre rhetorischen Qualitäten. Im Gegensatz zu Reinhold Grimm, der in einer grundlegenden Studie das Thema berührt hat[2], sehe ich in Enzensbergers Rhetorik weder in der Theorie noch in der Praxis antirhetorische Tendenzen, sondern anhaltende Versuche, durch geformte Sprache zu wirken, d. h. zu überzeugen und zu überreden. Man vergißt immer wieder, daß seit Aristoteles das Dispositionsschema der Rhetorik in einer Trias besteht: Die Gegenstände der Rede, nämlich *pragma* (Sache), *pathos* (Leidenschaft) und *ethos* (Charakter), sind je einer entsprechenden Stilart zugeordnet (pragmatischer, pathetischer und ethischer Stil), wobei die erstere beschreiben und beweisen will, die zweite bewegen und mitreißen, die dritte beruhigen, unterhalten und ausgleichen. Die Stilarten selbst beziehen sich wiederum auf die drei traditionellen Wirkungsfunktionen: das *probare* oder *docere*, das *movere*, *permovere* oder *flectere*, das *conciliare* oder *delectare*. Der Sachbeweis gehört deshalb genauso wie die Leidenschafts- oder Charakterdarstellung in das Gebiet der Rhetorik. Es ließe sich leicht zeigen, daß auch der Poet Enzensberger gleichermaßen alle drei Wirkungsarten mit den entsprechenden rednerischen Figuren für seine wechselnden Zwecke beschäftigt. Man könnte außerdem beobachten, wie sich bei ihm nach der *landessprache* allmählich eine Umorientierung vom pathetischen zum pragmatischen oder ethischen Stil abzuzeichnen beginnt. Anders ausgedrückt: Die Affektregie wird keineswegs aufgegeben, sondern nur stärker dosiert oder kontrolliert.

Von Interesse mag in diesem Zusammenhang sein, daß Enzensberger im Gedicht nicht selten rhetorische Verfahren zitiert und verändert. In *Die Frösche von Bikini* (aus dem Band *Die Furie des Verschwindens*) beispielsweise nennt die erste Strophe eine Reihe von rhetorischen Begriffen: die *interrogatio* (»bohrende Fragen«), *sermocinatio* (»Gestichel, Einwände«), scheinbare *concessio* (»Die unerfüllbaren Forderungen / seien berechtigt«), Ablehnung einer *refutatio* (»Die Vorwürfe zu entkräften / sei er nicht in der Lage«), um die Aufmerksamkeit um so sicherer mit einer Antithese zu erregen (»Nur eines bitte er höflich / nicht zu erwähnen: seine Probleme«). Doch diese Strophe enthüllt sich bald als ein raffiniertes *exordium*, dessen Inhalt in den weiteren Strophen immer wieder korrigiert und differenziert wird. Das ganze Gedicht ist dialogisch angelegt, wie ein Streitgespräch, das sich überlegen aller möglichen Spielarten rhetorischer Techniken bedient, um auf die eigene apokalyptische Angst vor der Atombombe aufmerksam zu machen. Daß das *genus iudicale* und *deliberativum* zu einer bevorzugten Redegattung Enzensbergers gehört, demonstrieren auch seine Essays und ein Teil seiner Editionen. Von den letzteren sei besonders die Sammlung *Freisprüche. Revolutionäre vor Gericht* (1970) erwähnt, die Verteidigungsreden von Revolutionären aus verschiedenen Ländern und Zeiten versammelt, allerdings unter dem polemischen, rhetorisch pointierten Kommentar: »Der politische Prozeß gegen die Revolution ist nicht die Regel, sondern die Ausnahme: die Regel ist der Ausnahmezustand.«

Exemplum 2: Essayistische Streifzüge

Von Theodor W. Adorno, dem Enzensberger in seinen theoretischen Bemühungen verpflichtet ist, stammen zwei wichtige Definitionen. Die eine lautet: »Historisch ist denn auch der Essay der Rhetorik verwandt, welcher die wissenschaftliche Gesinnung seit Descartes und Bacon den Garaus machen wollte, bis sie folgerecht im wissenschaftlichen Zeitalter zur Wissenschaft sui generis, der von den Kommunikationen, herabsank.«[3] Zu dieser Definition gehört die zweite, daß der Essay dem Hörer die »Freiheit dem Gegenstand gegenüber« belassen will, daß er »keinen außerhalb seiner selbst liegenden Standpunkt einbekennt«, was nicht selten zu dem Vorwurf von »Standpunktlosigkeit und Relativismus« verführe, obwohl hier nur die »Vorstellung von der Wahrheit als einem ›Fertigen‹«[4] negiert werde. Enzensbergers Essays beweisen nicht nur die praktische Nähe zur Rhetorik und die theoretische Beschäftigung mit den »Kommunikationen«, sondern machen auch dauernd die kritische Relativierung von Standpunkten deutlich. Enzensberger will, um es mit Adorno zu sagen, »den Gedanken von seiner Willkür heilen, indem er sie reflektierend ins eigene Verfahren hineinnimmt, anstatt sie als Unmittelbarkeit zu maskieren«.[5] In diesem Sinne kann man in der Tat davon sprechen, daß bei Enzensberger »Ideologie und literarische Technik« zusammenfallen.[6]

Schon in seinem Beiblatt zur *landessprache* merkt der Autor im Hinblick auf die erwünschte Rezeption seiner Gedichte an: »der Leser wird höflich ermahnt, zu erwägen, ob er ihnen beipflichten oder widersprechen möchte.« Allerdings erscheint hier der Appell an die rationale Entscheidung angesichts der Affektregie, die zur Überredung drängt, als rhetorische List. Auch wenn Enzensberger argumentiert, Sachbeweise liefert, verzichtet er selten auf Möglichkeiten der Überredung, wie sich ja auch in der traditionellen Rhetorik die beiden Wirkungsfunktionen keineswegs ausschließen, sondern im Gegenteil ergänzen sollen. In der *Nachbemerkung* zu *Einzelheiten I* weist Enzensberger selbst auf diesen Zusammenhang hin. Er spricht zuerst davon, daß er von seiner »kritischen Position« her die dargestellten »Gegenstände nicht abfertigen oder liquidieren« will (was ihn freilich nicht davon abhält, es zuweilen trotzdem zu tun), »sondern dem zweiten Blick aussetzen«, und fügt im Hinblick auf die Kritik hinzu: »Der historischen List des Bewußtseins möchte sie zu Hilfe kommen. In dieser Meinung möge sich der Leser die kritischen Handreichungen des Buches gefallen lassen und zunutze machen.« Die Hegelsche List der Geschichte ist zu einer List des Bewußtseins geworden, zu einer kritischen Handreichung, die sich nur zu versiert der Listen der Rhetorik zu bedienen weiß.

Der Hinweis auf die vorgegebene Unsicherheit im Urteil erweist sich auf den »zweiten Blick« eben selbst als Rückgriff auf ein altes bewährtes rhetorisches Rezept. Den Schlußsätzen im *Nachwort* zu *Politik und Verbrechen* – »Dieses Buch will nicht recht behalten. Seine Antworten sind vorläufig, es sind verkappte Fragen. Mögen andre kommen, die es besser machen« – steht eine neue Einleitung für eine Taschenbuchreihe (Fischer Bücherei Nr. 763) gegenüber, in der es nun etwas rechthaberisch heißt: »Mord und Herrschaft sind voneinander nicht zu trennen. Die Pop-Politik macht die Undurchsichtigkeit der bisherigen Geschichte sichtbar, leuchtet sie aus, reproduziert sie und führt sie ad absurdum. Burundi ist überall.« Doch abgesehen von diesem Beispiel, begegnet man in Enzensbergers Essays immer wieder der rhetorischen Figur der *dubitatio,* mit welcher der Redner dem Publikum die Wahl zwischen verschiedenen Bezeichnungen der gleichen Sache überläßt[7]; oder es werden Behauptungen direkt oder indirekt mit Aporien oder Zweifel durchsetzt, was manche zeitgenössische Interpreten veranlaßte, Enzensberger der Standpunktlosigkeit oder der chamäleonhaften ideologischen Vielfarbigkeit zu zeihen. Ähnlich wie Heine, der ebenfalls solche Kritik erfahren hat, hält auch Enzensberger eine gewisse Distanz zu seinen eigenen Gedanken; man kann dies mit dem ästhetischen Spielcharakter seiner Prosa erklären, aber auch mit der Abneigung gegen dogmatisches oder absolutes Denken.[8] Trotzdem – wenn Heine einst bekannte: »Ich wollte durchaus ein großer Redner werden, und wie Demosthenes deklamierte ich zuweilen am einsamen Meeresstrand«, so scheinen ähnliche Neigungen auch Enzensberger nicht fremd zu sein.

Wurde im 18. und 19. Jahrhundert ein Großteil der deutschen Intelligenz vom politischen Gebiet ins literarische abgedrängt, so fordert der Kaufbeurer Poet in seinen *Gemeinplätzen, die Neueste Literatur betreffend* (1968) umgekehrt die Literaten zur politischen »Alphabetisierung Deutschlands« auf. Schon die Gattungsbezeichnung »Gemeinplätze« stammt aus dem Arsenal der

Rhetorik; es handelt sich um *loci communes,* um Antworten auf Fragen des judizialen, deliberativen und epideiktischen Bereichs.[9] Enzensbergers Essay, der rhetorisch geschickt mit einer Grablegung beginnt und mit einem Kalenderspruch endet, versteht hier die *loci communes* wie schon in den *Berliner Gemeinplätzen* (1967/68) als deliberativ und als Antworten auf Fragen der Lebensführung.[10] Die Auseinandersetzung mit der Bewußtseins-Industrie verleugnet auch hier sowenig wie in *Einzelheiten I* den geheimen Wunsch, sie zu beherrschen. Kaum ein Schriftsteller der Gegenwart hat das Problem der Distribution, der »Medienreichweite« und der »Mediennutzung« so deutlich gesehen und so häufig diskutiert wie Hans Magnus Enzensberger. Wie der traditionelle Redner verspricht er sich als Alphabetisierer »eine kritische Wechselwirkung, ein feedback zwischen Leser und Schreiber« und plädiert dafür, die Bewußtseins-Industrie zu »überspielen«. Setzt er noch in seiner Rede *Notstand* vom 28. Mai 1968 die herkömmlichen agitatorischen Mittel ein, wie sie auch Büchner im *Hessischen Landboten* verwendet (den Enzensberger bekanntlich eingeleitet und in einem Nachwort in einen zeitgenössischen Kontext gestellt hat), so macht er in seinem wichtigen Essay *Baukasten zu einer Theorie der Medien* (1970) auf die »mobilisierende Kraft« der »elektronischen Medien« aufmerksam. Gegen die veralteten »monologischen Medien« mit »residualem Gebrauchswert« optiert er für die Nutzung der »emanzipatorischen Momente der Medien« und verlangt: »Der Autor hat als Agent der Massen zu arbeiten. Gänzlich verschwinden kann er erst dann in ihnen, wenn sie selbst zu Autoren, den Autoren der Geschichte geworden sind.«

So überlegt die Ausführungen über die Bewußtseins-Industrie klingen, sie sind wie der eben zitierte zweite Satz mehr am Effekt als an der Klarheit oder Logik des Arguments interessiert. Wie effektvoll Enzensberger die Elemente der Agitations-Rhetorik beherrscht, soll wenigstens mit einem Ausschnitt aus dem *exordium* und der außerordentlich knappen *peroratio* angedeutet werden. Zunächst erfolgt eine Reihung paralleler Satzkonstruktionen: »Offenbar sollen wir unter uns bleiben. Offenbar will man uns traktieren wie eine Horde von Geistesfürsten. Offenbar halten uns die Veranstalter für prominent. Offenbar soll hier ein Unterschied gemacht werden zwischen dem sogenannten Druck der Straße und dem Protest, der sich im Sperrsitz ein gutes Gewissen macht.«[11] Die Aufforderung zur politischen Handlung geschieht auf diese Weise: »Die Lehre ist klar: Bedenken sind nicht genug, Mißtrauen ist nicht genug, Protest ist nicht genug. Unser Ziel muß sein: Schaffen wir endlich, auch in Deutschland, französische Zustände.«[12] Auch wenn man mit den Techniken der Rhetorik nicht vertraut ist, läßt sich kaum die in diesem Text praktizierte agitatorische Strategie überhören.

Enzensberger selbst hat ja die rhetorischen Mittel nicht nur verwandt, sondern sie auch – wie in den *Sieben Hauptfiguren konservativer Rhetorik*[13] oder in den revolutionären Gerichtsreden der Sammlung *Freisprüche*[14] – kritisch analysiert und beschrieben.[15] Durch die verschiedenen ideologischen Verwandlungen hindurch, die Grimm mit Verständnis und Sympathie nachgezeichnet hat[16], bleibt jedoch die Bewußtseins-Industrie, die Omnipräsenz der Medien, im Vordergrund seines politischen wie literarischen Interesses. Man kann dies mit dem Versuch erklären, den repressiven durch einen emanzipatorischen »Mediengebrauch« zu ersetzen, wie Enzensberger im *Baukasten zu einer Theorie der Medien* näher belegt, oder aber auch mit dem wirkungsästhetischen Ehrgeiz eines Poeten, der in seinem Essay *Poesie und Politik* das »Medium der Sprache« und das »Medium der Macht« verglichen und schließlich Politik der Poesie, Macht der Sprache untergeordnet hat.[17] Enzensbergers Positionswechsel von Poesie zur Politik, der sich beispielsweise in den *Gemeinplätzen, die Neueste Literatur betreffend* unmißverständlich ausspricht, führt keineswegs zu der Vernachlässigung des rhetorischen oder medialen Aspekts. Im Gegenteil: »Er stößt nur die ästhetische *l'art pour l'art*-Ideologie der fünfziger Jahre ab, wie sie vor allem Benn und in progressiver Weise Adorno vertraten und Enzensberger in der Praxis schon früh durch eine Annäherung an Brecht kritisch unterminiert hat[18], und stellt nun die bereits in *verteidigung der wölfe* hörbaren rhetorischen Ansätze konsequent in den Dienst der Öffentlichkeitsarbeit.«

III Noten zur Peroratio

Wie fast alle seine Publikationen demonstrieren, reagiert Enzensberger mit geradezu schlafwandlerischer Sicherheit seismographisch auf zeitgeschichtliche Ereignisse und scheint überdies die nahezu prophetische Fähigkeit zu haben, sie zu antizipieren. Statt von Form und »Olymp des Scheins« sprach er bereits in den fünfziger Jahren vom Gebrauchswert des Gedichts und suchte vom Kulturghetto aus den Kontakt mit der Öffentlichkeit, dem Leser. Er erfaßte intuitiv den richtigen Augenblick für das *Museum der modernen Poesie,* für die vielen »schönen Kinderreime« von *Allerleirauh;* er analysierte in den *Einzelheiten,* lange bevor es Mode wurde, die Gebräuche der bundesrepublikanischen Massenmedien, beschäftigte sich vor der Studentenrevolte mit *Politik und Verbrechen,* gründete zur optimalen Stunde das *Kursbuch* (und kündigte dann die Herausgeberschaft zum genau richtigen Zeitpunkt) und entdeckte die Probleme der Dritten Welt als ein modernes Phänomen des ursprünglichen Konflikts von Arm und Reich, Proletariat und etablierter Gesellschaft. Es gibt keinen Schriftsteller der Gegenwart mit einer besseren Antenne für die Trends der Zukunft; gleichzeitig ist Enzensberger – mit seiner imponierenden Kenntnis der europäischen Kulturtradition – ein ebenso zuverlässiger Prophet nach rückwärts. Glaubt eine Partei oder eine Richtung ihn für sich reklamieren zu können, so hat er diese bereits wieder kritisch überholt. Empfahl er eben noch die Politisierung der Literatur, was bei ihm, angesichts seines rhetorischen Talents, nicht selten auf eine Literarisierung der Politik hinausläuft, so betreibt er bald darauf, wenn nicht gleichzeitig, schon wieder individuell-private Heimarbeit und stellt poetische Texte her. Aber noch die Flucht ins Private wird bei Enzensberger ebenso öffentlich ausgestellt wie die scheinbaren ideologischen Widersprüche, die oft auf die rhetorische Figur der *dubitatio* zurückgehen und ein Äquivalent des kritischen Vorbehalts sind, der zu seiner Denkstruktur gehört. Deshalb kommt es auch in seinen politischen Texten oft zu den symptomatischen offenen oder versteckten Ambivalenzen wie: »Wer Literatur als Kunst macht, ist damit nicht widerlegt, er kann aber auch nicht mehr gerechtfertigt werden.«[19] Oder: »Vielleicht erreicht der Alphabetisierer eines Tages sogar [...], daß der Gebrauchswert seiner Arbeit ihrem Marktwert über den Kopf wächst.«[20] Oder: »Wer die Erfahrungen der Guerillas ignoriert, ist ein Reaktionär; wer sie unbesehen kopieren möchte, ist ein Illusionist.«[21] Die vierkolige Periode mit identischer Satzfügung parallelisiert und konfrontiert deutlich die Apodosen (spannungsschaffende Bestandteile) und Protasen (spannungslösende Bestandteile). Zum Thema Widerspruch meinte Enzensberger schon 1962 lakonisch: »Kritik setzt die Widersprüche des Wirklichen voraus, setzt bei ihnen ein und kann von Widersprüchen selbst nicht frei sein.«[22]

Man hat mit Recht darauf hingewiesen[23], daß viele Essays von Enzensberger dem Medium Funk zwar nicht ihre Entstehung, aber doch ihre Form verdanken. Wie manche seiner Generationsgefährten arbeitete er früh für Rundfunk (von 1955 bis 1957 war er Redakteur beim Stuttgarter Sender), Fernsehen und Film, belieferte er mit Erfolg und »List« den verfügbaren Distributionsapparat, den er ebenso anhaltend kritisierte, wie dieser seine Texte akustisch oder optisch erfolgreich verbreitete. Als Kritiker und als Schriftsteller fragt sich Enzensberger immer wieder, was er »mit seiner Arbeit verfolgt«, »wozu« er schreibt und »für wen«.[24] Von Anfang an suchte er den Dialog mit dem Leser oder Hörer, ging es ihm beim Schreiben nicht zuletzt um Wirkung. Das war auch der Grund, warum er ständig über die Kommunikationsmittel reflektierte, die den Adressaten sowohl *seine* Botschaften als auch die der öffentlichen Bewußtseins-Industrie überbrachten. Gerade auf Grund seiner persönlichen Erfahrung mit den Massenmedien erkannte er die Chancen und Gefahren einer direkten oder indirekten Programmierung; die Gefahren einer Kritik auszusetzen und die Chancen wahrzunehmen, darin sah er seine Aufgabe als Dichter und Essayist. Die einzige Überlegenheit, auf die er baute, und die einzige Macht, auf die er sich stützen konnte und wollte, lag in dem alten Medium Sprache, das seit der antiken Rhetorik nicht aufgehört hatte, Einfluß auf die soziale und politische Praxis zu nehmen, obwohl sich die Distributionsapparate verändert hatten. Die Alternative, vor die sich nach Enzensberger der moderne Schriftsteller gestellt sah, war entweder der Rückzug an die »Ränder der Industrie«, also die Beschränkung auf jene Medien, »die sich ohnehin nur an Minoritäten« richteten, oder die Annahme der Herausforderung der »Bewußtseins-Industrie«.[25] Es ist bekannt, zu welcher Möglichkeit sich der ebenso medienbegabte wie medienbewußte Poet und Essayist entschlossen hat.

Überblickt man Enzensbergers kritische Sammlungen von den *Einzelheiten* bis zu den *Politischen Brosamen* (1982), so fällt eine Aufwertung des narrativen Stils auf; der Redeteil der *probatio* wird anteilig von der *narratio* überflügelt. Ansonsten aber hat sich der rhetorische Duktus kaum verändert. Selbst das Rede-Zitat, das sich als Methode in vielen Essays beobachten läßt, findet sich in der bisher letzten Sammlung aus dem Jahre 1982. Besonders effektvoll hat Enzensberger diese Technik in seiner Büchner-Rede (vom 19. Oktober 1963) und bei der Parallelisierung des politischen Kontexts des *Hessischen Landboten* (1834) mit der zeitgeschichtlichen Gegenwart (1964) praktiziert. Mündet im ersten Fall der Dialog zwischen Büchners und Enzensbergers Rhetorik chiastisch in diese Feststellung: »*Deutschland ist jetzt ein Leichenfeld, bald wird es ein Paradies sein.* Die Aussicht aufs Paradies ist verschwunden, die aufs Leichenfeld ist nicht weit«[26], so gipfelt der Essay über den *Hessischen Landboten* in der zweikoligen polemischen Periode: »Wer immer auf Büchner sich berufen kann, wir sind es nicht«; sie meint freilich nicht den Sender, sondern den Empfänger der Zitate Büchners und ihrer Aktualisierungen. Interessant ist in dieser Hinsicht auch der erste Teil der *Berliner Gemeinplätze,* der den ersten Satz des *Manifests der Kommunistischen Partei* zitiert und dergestalt verändert: »Ein Gespenst geht um in Europa: das Gespenst der Revolution.« Enzensberger ersetzt Kommunismus durch Revolution; rhetorisch gesehen, handelt es sich um eine Katachrese der Synekdoche, um eine Bedeutungs-Erweiterung zugunsten der veränderten historischen Verhältnisse.[27] Es ließe sich leicht nachweisen, wie geschickt Enzensberger die bei Marx/Engels geborgten Stilmittel revolutionärer Rhetorik variiert, modernisiert und für seine Zwecke nützt. Der Aufbau der *Gemeinplätze – loci communes*[28] – ist übrigens sachlich und rhetorisch zyklisch. Er weist nicht nur thematisch, sondern auch stilistisch auf den ersten Satz zurück; denn wie der erste ist auch der letzte Satz ein verändertes Marx-Zitat: »Die Wahrheit ist revolutionär.«[29] Mit »revolutionär« ist hier sicher »radikal« (im Sinne von Marx als »an die Wurzel rührend«) bedeutungsmäßig assoziiert. Es handelt sich um einen kritischen Wahrheitsbegriff, der für Veränderung optiert, weil er um die Mängel der Wirklichkeit weiß.[30] Je mehr sich aber zeigt, daß die Veränderungen nicht zu Verbesserungen der »Einrichtungen der Welt« führen, desto mehr schlägt in Enzensbergers Gedichten und Essays der Optimismus in Pessimismus um, utopische Stimmung in apokalyptische. Doch weder in den Niederungen der Enttäuschung noch auf den Höhen des Enthusiasmus verlassen den *poeta rhetor* und *poeta doctus* Enzensberger seine publikumswirksamen und realistischen Instinkte. Im März 1966 äußerte er angriffslustig: »Die Moralische Aufrüstung von links kann mir gestohlen bleiben. Ich bin kein Idealist. Bekenntnissen ziehe ich Argumente vor. Zweifel sind mir lieber als Sentiments. Revolutionäres Geschwätz ist mir verhaßt. Widerspruchsfreie Weltbilder brauche ich nicht. Im Zweifelsfall entscheidet die Wirklichkeit.« Noch diese stakkatoartigen Sätze beweisen rhetorisches Geschick und verwenden rhetorische Begriffe (*confessio, argumentatio, dubitatio*). Enzensberger stehen in der Tat alle rhetorischen Spielarten mit der gleichen Selbstverständlichkeit zu Gebote wie die Farben dem Maler. Für diesen Zusammenhang lautet die entsprechende klassische Formulierung von Cicero in *De Oratore* (Buch III, LVII, 215): »Nullum est enim horum generum quod non arte ac moderatione tractetur; hi sunt actor, ut picturi, expositi at variandum colores.«

Anmerkungen

1 Über den Enzensberger 1955 seine kundige Dissertation geschrieben hat: *Clemens Brentanos Poetik*, München 1961.

2 Reinhold Grimm, *Bildnis Hans Magnus Enzensberger. Struktur, Ideologie und Vorgeschichte eines Gesellschaftskritikers*, in: Basis 4 (1973), S. 131-174 (hier S. 151).

3 Theodor W. Adorno, *Noten zur Literatur I*, Frankfurt/Main 1958, S. 43.

4 Ebd., S. 40.

5 Ebd.

6 So Grimm, a.a.O., S. 151.

7 Vgl. Heinrich Lausberg, *Elemente der literarischen Rhetorik*, München 1963, S. 383.

8 Für Heine vgl. meinen Aufsatz *Nazarener oder Hellene: Die politisch-ästhetische Fehde zwischen Börne und Heine*, in: W. H., *Über deutsche Literatur und Rede*, München 1981, S. 154-167.

9 Siehe Lausberg, a.a.O., S. 393.

10 Ebd., S. 395 u. 397.

11 Abgedruckt in meiner Sammlung *Deutsche Reden*, Stuttgart 1973, S. 1150-1152.

12 Ebd., S. 1152.

13 Hans Magnus Enzensberger, *Einzelheiten I: Bewußtseins-Industrie*, Frankfurt/Main [6]1969, S. 172.

14 Hans Magnus Enzensberger (Hg.), *Freisprüche. Revolutionäre vor*

Gericht, Frankfurt/Main 1973.

15 Vgl. dazu auch andere Kapitel bei Enzensberger [Anm. 13]: »Journalismus als Eiertanz«; »Die Sprache des Spiegel«; »Das Plebiszit der Verbraucher«.

16 Grimm, a.a.O.

17 Vgl. dazu auch ebd., S. 161 ff.

18 Vgl. meine Darstellung in *Sprache und Methode: Bemerkungen zur politischen Lyrik der sechziger Jahre. Enzensberger, Grass, Fried*, in: *Revolte und Experiment*, hg. von Wolfgang Paulsen, Heidelberg 1972, S. 98-143.

19 Hans Magnus Enzensberger, *Palaver. Politische Überlegungen (1967-1973)*, Frankfurt/Main 1974, S. 51 f.

20 Ebd., S. 54.

21 Ebd., S. 19.

22 Enzensberger, *Einzelheiten I*, S. 103.

23 Grimm, a.a.O., S. 143 f.

24 Enzensberger, *Einzelheiten I*, S. 102.

25 Ebd.

26 Hans Magnus Enzensberger, *Deutschland, Deutschland unter anderm. Äußerungen zur Politik*, Frankfurt/Main [3]1968, S. 26.

27 Vgl. Lausberg, a.a.O., S. 200.

28 Wie bewußt Enzensberger der rhetorische Zusammenhang dieser Terminologie ist, beweist schon sein *Postskriptum* zu den *Berliner Gemeinplätzen* (vgl. *Palaver*, S. 40). Er stellt hier den »Gemeinplätzen« Verweise auf einige *loci personales* gegenüber.

29 »Die Wahrheit ist konkret.« Grimm, a.a.O., S. 158, verweist hier auf Brecht.

30 Vgl. Enzensberger, *Einzelheiten I*, S. 103.

Rainer Nägele
Das Werden im Vergehen oder
Das untergehende Vaterland:
Zu Enzensbergers Poetik und poetischer
Verfahrensweise

1. Reflexion

Daß Selbstreflexion immanente Notwendigkeit moderner Kunst
und Literatur sei, ist längst zum ästhetischen Topos geworden,
der noch da seine Wirkungen zeigt, wo ein konservativer Kritiker
einen Erzähler auffordert, zu erzählen, wie ihm der Schnabel ge-
wachsen sei. So bekannt ist die poetische und ästhetische Selbstreflexion geworden, daß sie sich in die finsterste Unkenntlichkeit
entzogen hat. Was geschieht da eigentlich, wenn ein ›Selbst‹ sich
reflektiert, wenn das Subjekt an die Stelle des Objekts tritt? Ist es
die selige Ruhe des ästhetischen Gebildes, wenn es selig in ihm
selber scheint? Der alemannische Sprachgebrauch in Mörikes berühmter Formulierung, die das reflexive ›sich‹ durch das falsche
»ihm« ersetzt, stellt durch den Dialekt die Dialektik der Selbstreflexion in Frage.

Und doch ist, was sich befremdlich in sich zurückzieht und sich
entzieht, Moment des Ästhetischen überhaupt. Die bahnbrechen-
den poetologischen Studien der russischen Formalisten und des
Prager Kreises haben in der Selbstreferenz der Äußerung das un-
terscheidende Merkmal der ästhetischen Funktion schlechthin gesehen. Das bedeutet nicht, daß poetische Texte sich darin erschöpfen; aber ihre spezifische poetisch-ästhetische Funktion ist
darin ausgeprägt.[1]

Die eilig hinzugesetzte Einschränkung und Negation bringt eine
Ängstlichkeit zutage, der nachzugehen sich vielleicht lohnt, da sie
weit verbreitet ist, und die bei Enzensberger zum Beispiel in der
Form einer doppelten Negation auftritt: »Ich kann, wenn ich einen Vers mache, nicht reden, ohne von etwas zu reden.«[2] Das läßt
sich als Abwehr gegen eine bloß selbstreferentielle, hermetische
Poesie lesen. Der Abwehrgestus hat politische Konnotationen,
weil offenbar Selbstreflexion auch eine politische Dimension hat.

Dabei tritt nun aber bei näherem Zusehen eine merkwürdige Paradoxie zutage. Im Denken der deutschen Linken, das, wie heterogen auch immer, die Debatte über den Zusammenhang von Kunst, Gesellschaft und Politik seit der Nachkriegszeit lebendig gehalten hat, nimmt Selbstreflexion eine widersprüchliche Stellung ein. Grob gesagt, privilegiert dieses Denken Selbstreflexion in der Theorie, denunziert es aber in der Praxis als unpolitisch und formalistisch; dieselbe Rhetorik, die mit Vorliebe ›hinterfragt‹, ›reflektiert‹, selbstkritisch und kritisch spricht, redet über alles andere lieber als über sich als Rhetorik.

Das hat in der Zwischenzeit neue Dimensionen angenommen. In dem Grade, wie neue Lektüremodelle sich entwickelt und Wirkungen gezeitigt haben[3], hat sich auch – gelegentlich sogar im Namen des Humanismus – eine vehemente Opposition gegen eine Praxis des Lesens gebildet, die in der Insistenz, mit der sie den Wendungen der Tropen und dem Gleiten der Signifikanten folgt, scheinbar die Literatur entgegenständlicht hat. Wie schon in den Modernismusdebatten der zwanziger und dreißiger Jahre, so durchbricht auch hier der Konsensus der Abwehr traditionelle ›linke‹ und ›rechte‹ Fronten.[4] Aus dieser Konstellation heraus kann die Rückschau auf die poetischen Produktionen und Reflexionen Enzensbergers keine bloße neutral-historische Bestandsaufnahme sein; sie ist vielmehr geschichtlich im Sinne Benjamins insofern, als sie von der Gegenwart her Vergangenes beleuchtet, von dem sie ihrerseits wieder ihr Licht empfängt. Weder das Gegenwärtige noch das Vergangene bleibt unverändert in diesem Prozeß.

»Ich kann, wenn ich einen Vers mache, nicht reden, ohne von etwas zu reden.« Wir haben diesen Satz zunächst, wie es auch der Kontext nahelegt, als Abwehr gegen eine selbstbezogene, hermetische Poesie gelesen und als Bekenntnis einer Literatur, die sich auf Gegenständliches bezieht und daran sich zumindest reibt. Mit einer geringen Verschiebung der Betonung ließe derselbe Satz sich freilich auch etwas anders lesen: »Ich kann, wenn ich einen Vers mache, nicht reden, ohne von etwas zu *reden*.« Betont und gesagt wäre damit, daß, wovon immer der Dichter auch redet, dieses Etwas in der Form der Rede und im Horizont der Sprache erscheint. Wenn eine solche Betonung gegen den Strich des zitierten Textes zu lauten scheint, findet sie doch einige Resonanz im Kontext des weiteren Werks Enzensbergers. Was in der doppelten

Betonung der stummen Schrift anklingt, ist eine gespannte Doppelheit in der Poesie selbst, die von kritischen Kommentaren häufig als die unbehagliche Allianz von artistischem Spiel und politischem Engagement gekennzeichnet wird.

Beginnen wir mit jenem Essay, der einer poetischen Selbstreflexion am nächsten kommt: *Die Entstehung eines Gedichts*.[5] Thema und Verfahren haben Tradition; und der *poeta doctus*, wie Enzensberger gelegentlich genannt wird, weiß das nicht nur, sondern zitiert auch ausdrücklich die Vorbilder: Poe, Valéry, Majakowski. Um so frappierender ist der Unterschied im Ton. Wo die Vorbilder, Poe allen voran, mit selbstbewußtem Enthusiasmus den poetischen Entstehungsprozeß auf den Begriff der Reflexion und in den Griff technischer Fertigkeit rücken, spricht Enzensberger, dem das kritische Handwerk durchaus geläufig ist, mit auffallender Zurückhaltung, ja mit offenbarem Unbehagen, das als »latentes Unbehagen« (S. 55) jenen zugeschrieben wird, die über Poesie reden. Bevor etwas gesagt wird, wird gesagt, daß etwas, die Poesie nämlich, sich versagt: sie ist das »Steinalte« und auch »hart wie Stein«. Und doch ist sie Objekt der Reflexion (wir reflektieren auf sie), aber nicht direktes Objekt (wir reflektieren nicht sie), sondern der Grund, auf den die Reflexion sich einschreibt, von dem sie sich abhebt, selbst aber verschlossen, unzugänglich. Ihr stellt sich das Gedicht entgegen: »Dagegen das Gedicht!« Das Einzelne (Gedicht) steht dem Allgemeinen (Poesie) entgegen, ist also nicht einfach in ihm integriert. Das emphatische »Dagegen« sprengt die Kategorie des Besonderen, in der die klassische Ästhetik bis zu Lukács das Allgemeine mit dem Einzelnen versöhnen will. Bei Enzensberger bleibt dagegen nicht nur eine Spannung, sondern die Form der Entgegensetzung nimmt gewaltsame, fast tödliche Züge an: dem Steinharten der Poesie entspricht das Gebrechliche, Vergängliche, Sterbliche des Gedichts. Damit ist auch schon eines der Leitmotive von Enzensbergers Poetik und Poesie angesprochen, das, thematisch wie formal, sich nicht besser als mit den Worten dieser Poesie selbst charakterisieren läßt: »zart und gewaltig« (*der gefangene*; *LS*, 68). In diesem überdeterminierten Verhältnis lebt der von Rilke evozierte Schrecken im Schönen ebenso weiter wie das politische Moment einer Dichtung zwischen Utopie und Anklage.[6]

Wenn also die Poesie sich steinhart der Reflexion verschließt (aber sie damit begründet, wie die nicht transparente Fläche die

Spiegelung), so verflüchtigt das Gedicht sich vor ihr in »äußerster Hinfälligkeit« (S. 56). In einer metonymischen Bewegung wendet die Aufmerksamkeit sich vom Gedicht auf dessen Entstehung. Es ist eine Strategie, die in der Sekundärliteratur geläufig ist: das Ausweichen vor der Forderung des Textes auf Kontiguitäten wie Hintergrund, Voraussetzungen, Wirkungen. Im Gegensatz aber zur Mehrzahl dieser Strategien behauptet Enzensberger gerade nicht, daß die Metonymie einsteht für das, wovon sie absieht. Nicht nur ist da eine Verschiedenheit; es stellt sich sogar die Frage, »ob eines davon nicht das andere ausschlösse« (S. 56). Die allgemeine Zwielichtigkeit der rhetorischen Figur, das auszuschließen, was sie meint, erhält hier noch einen spezifischen Inhalt: es geht um das besondere Verhältnis von Entstehung und Sache selbst. Dieses Verhältnis ist negativ artikuliert: »Keineswegs ist eine Erscheinung zu erklären, indem man ihre Genesis feststellt« (S. 56). Das stellt eine der zähesten rhetorischen Strategien der deutschen Literaturwissenschaft in Frage: die historische Argumentation. Die Frage, wie man's mit der Geschichte hält, tritt mit dem blauäugigen Ernst der Gretchenfrage jedem entgegen, der in eine Sache sich einlassen will.

Freilich ist es mit der ›Sache selbst‹ auch nicht so einfach. Enzensberger spricht schließlich doch über die *Entstehung* eines Gedichts. Zunächst kommt er, obschon im Konjunktiv, zum Schluß, die Sache verfehlt zu haben: »Mithin wäre das einzige richtige Verfahren, über ein Gedicht zu sprechen, die Interpretation, die nur den Text vor sich hätte [. . .]; mithin hätte ich das Thema, über das ich handeln will, schon verfehlt, indem ich es wählte« (S. 57). Statt daß nun aber der Konjunktiv als Irrealis widerlegt würde, stellt sich ihm ein bloßes kategorisches »dennoch« entgegen; er aber wird als wahr ausdrücklich anerkannt: »Ich will dennoch dabei bleiben. Es ist wahr, daß die Entstehung eines Gedichtes nichts über seinen Wert oder Unwert sagt; daß sie weder erklärt noch rechtfertigt; daß ihre Aufhellung noch keine Aufhellung des Textes mit sich bringt.« Die metonymische Abwendung bleibt also bei der Verfehlung der Sache; ihre Begründung sucht sie nicht in einer Gegenlogik, sondern sie beruft sich statt dessen auf nichts als auf Absicht: sie sieht ab von der Sache, weil sie es auf etwas anderes abgesehen hat. Das Licht scheint ihr nicht da, wo es scheint, sondern im Dunkeln: »Dies alles habe ich gar nicht im Sinn. Was mir dunkel scheint, ist nicht der Text, sondern seine

Entstehung.« So führt die Trope unversehens und mit Absicht in jenes scheinende Dunkel, das als dunkles Licht mystischer Topos und als dunkler Schein zwielichtiger Gemeinplatz der Sophistik sein kann.

Vielleicht ist dies der schlüpfrige Pfad, der auch zur ›Sache selbst‹ führt, wäre es auch entlang einer Kette verfehlter Absichten. Jedenfalls vollzieht Enzensberger eine zweite metonymische Wendung, welche die erste wiederholt: »Ich möchte meine Absicht genauer bestimmen, indem ich mich auf einen erlauchten Vorgänger berufe [. . .]« (S. 57). Das genetische Verfahren, als verfehlt anerkannt, begründet sich selbst wieder genetisch im »erlauchten Vorgänger« Edgar Allan Poe, dessen Aufsatz *The Philosophy of Composition* seinerseits wieder in eine historische Kette, die bis zum Hellenismus zurückreicht, eingeschrieben wird.

Ebenso ist das »technologische Moment« (S. 59), das Enzensberger zur Beachtung hervorhebt, Teil einer Wirkungsgeschichte nach Poe, die im deutschsprachigen Bereich von einem anderen Vorgänger Enzensbergers, Gottfried Benn, auf die oft zitierte Formel gebracht wurde: »Ein Gedicht entsteht überhaupt sehr selten, ein Gedicht wird gemacht.«[7] So klar darin das technisch, handwerklich beherrschte Können den irrationalen Glauben an Inspiration zu entmystifizieren scheint: es hat mit diesem Machen doch eine eigenartige Bewandtnis. Schon das Wort »machen« deckt im Deutschen einen weiten Bereich: wer sich etwa Sorgen macht, hat über dieses Machen nicht mehr Kontrolle als das Kind, das in die Hosen macht. Dagegen könnte man einwenden, daß der Kontext von Benns Vortrag wie auch die Opposition zu »entstehen« den Bedeutungsbereich von »machen« klar auf »die Vorstellung von Bewußtheit, kritischer Kontrolle und [. . .] von Artistik« eingrenzen.[8] Aber auch dieser Kontext ist so eindeutig nicht: die Kontrolle und das Bewußtsein setzen immer schon an etwas an; auch für Benn ist zunächst ein Einfall da, oft sogar nur »ein dumpfer schöpferischer Keim«. Und selbst im Verhältnis zum ganzen Gedicht erscheint das Bewußtsein des Machers schließlich in ziemlich schiefem Licht: »Das Gedicht ist schon fertig, ehe es begonnen hat, er [der Autor] weiß nur seinen Text noch nicht. Das Gedicht kann gar nicht anders lauten, als es eben lautet, wenn es fertig ist.«[9] Benn invoziert damit die Instanz einer Notwendigkeit, die auch in Poes Aufsatz eine Hauptrolle spielt und sich dem planenden Bewußtsein weder unterstellen noch einfach entgegenstellen läßt.

Der Versuchung, der komplizierten Verschlingung von Einfall, Notwendigkeit und Kontrolle in Poes Aufsatz zu folgen, müssen wir hier aus Raumgründen widerstehen. Es mag genügen, sie als Problem und keineswegs geklärtes Verhältnis an dem Punkt zu erkennen, wo Enzensberger in die Diskussion eintritt. Unversehens holt auch ihn die Notwendigkeit ein: was zunächst wie bescheidene Flucht vor der Sache selbst schien, das Reden über das Entstehen, steht nach dem historischen Exkurs als unumgängliche Notwendigkeit da: »Ich halte dafür, daß sie [die Entstehungsfrage] nicht zu umgehen ist. Unabhängig von ihrer Technik und ihrer Doktrin erfordern alle Werke, die heute entstehen, die Reflexion auf ihre Entstehung« (S. 61).[10] Damit sind wir wieder beim Begriff der Reflexion, in der nun die Sache selbst in ihrer Entstehung sich auflöst, aber gerade darin auch sich selber wiederherzustellen sucht: »Das Gedicht zeigt seit dem *Coup de Dés* Mallarmés die Tendenz, von sich selber zu sprechen.«

2. Das metonymische Begehren

Der Tendenz, von sich selber zu sprechen, scheinen Enzensbergers Gedichte eher auszuweichen, wie auch der Essay über die Entstehung eines Gedichts zunächst eine scharfe Grenze zieht zwischen dem Sprechen über die Entstehung eines Gedichts und dem Schreiben eines Gedichts. Erst gegen Ende der sechziger Jahre, nach einer Periode starker Verunsicherung der Literatur, »nach dem Tod der Literatur«[11], sprechen Gedichte wie *Ein letzter Beitrag zu der Frage ob Literatur* (G, 160) und *Zwei Fehler* (G, 162) direkt über sich selbst.

Oder so scheint es. Denn zwar sprechen diese Gedichte von der Literatur und vom Dichten; aber das erstgenannte wendet sich ausdrücklich an die lieben Kollegen und deren Skrupel, das zweite blickt zurück auf vergangene eigene poetische Arbeit und verteidigt das Poetische im allgemeinen als (fast) unschuldiges Geschäft, »fast kein Verbrechen«. Das ›Selbst‹ aber dieser Texte, ihr eigenes Geschriebensein und Sprechen, entzieht sich solch direkter Thematisierung. Es erscheint, wenn überhaupt, hinter dem Rücken gezielter Objektivierung, indirekt und doch sprechend bis in die Titel. Die Überschriften zweier der drei ersten Gedichtbände Enzensbergers, *landessprache* (1960) und *blindenschrift* (1964), verdichten die Betonung jenes früher zitierten Satzes – »Ich kann, wenn ich einen Vers mache, nicht reden, ohne von etwas zu reden« – zur schwebenden Betonung. Die beiden Gedichtbände und Gedichte unter diesen Überschriften lassen sich als Reden über etwas lesen, als zornig-zärtliche Gedichte über ein Land und dessen blinde Bewohner. Was weniger häufig beachtet wird, ist der jeweils zweite Teil der Titel, worin die beiden Erscheinungsweisen der Poesie, Sprache und Schrift, benannt und mit als Thema konstituiert werden. Auch wenn Enzensberger im allgemeinen nicht so weit geht wie die konkrete Poesie, die in Laut- und Bildtexten Sprache und Schrift zur Selbstdarstellung bringt, nehmen seine Texte doch teil daran und nehmen vorweg, was Ernst Jandl 1966 in seinem Titel *Laut und Luise* sprachspielerisch zusammenfaßte und differenzierte. Wenn dabei das Leise in den Namen der Mutter Luise sich verwandelt[12] und damit die Muttersprache beschwört, zeigt sich auch eine Differenz zu Enzensbergers *landessprache*. Die Betonung liegt beim letzteren auf dem öffentlichen Charakter der Sprache gegenüber den intimen Sprachwirkungen, denen das kindliche Subjekt unterworfen wird, wenn Vater und Mutter ihm den Mund öffnen.[13] Doch darf man daraus keinen starren Gegensatz konstruieren: die Intimwirkungen der Sprache, an denen das sprechende Subjekt sich bildet und in denen es sich verliert, begründen auch die Macht, durch die die öffentliche politische und kommerzielle Werbung Eingang und willige Aufnahme finden. Es sind diese Wirkungen, die Enzensbergers Poesie inszeniert.

Dabei findet sich nun aber die poetische Sprache in einem Dilemma. Insofern in ihr ein poetisches Subjekt nicht nur über etwas, sondern auch von sich, seinem Zorn und seinem Genießen sprechen will, findet es sich an die Sprachwirkungen der öffentlichen Werberhetorik verkauft und verraten. Wo die Sprache Ausdruck sein will, ist sie auch dem Druck dieser Wirkungen ausgeliefert; und in dem Maße, wie die poetische Sprache die ihr eigenen Mittel zur Wirkung bringt, wird sie zur Komplizin dessen, was sie unterwandern möchte. Diese Komplizität wird am deutlichsten da, wo die Mittel der Sprache und der Poesie am reinsten hervortreten: in der konkreten Poesie, deren scheinbar esoterische Experimente fast ausnahmslos ins Arsenal der Werbestrategen eingegangen sind. Enzensbergers Gedichte erproben den schmalen und immer wechselnden Raum zwischen Komplizität und der flüchtigen Spur einer Differenz, in der ein Subjekt erscheint.

Es beginnt mit einem Verlust, der als Zitat kaschiert ist: »was habe ich hier verloren« (*LS*, 7). Es ist dies freilich kein Klassikerzitat, sondern Sprachzitat: eine idiomatische Wendung, welche besagt, daß der, an den die Frage ergeht, hier nichts verloren und nichts zu suchen hat. So verstanden, ist es eine rhetorische Frage und als Rhetorik öffentliche Rede, die dem Subjekt die Frage verschlägt: rhetorische Fragen sind keine grammatischen Fragen, sondern der Schein davon.[14] Aber was zwingt uns, Enzensbergers Frage als rhetorische zu lesen und nicht als wirkliche Frage, außer die Macht des Idioms, die Macht der Gewohnheit, die Macht der öffentlichen Rede? Liest man gegen diese Macht an, steht eine wirkliche Frage da, die weitere impliziert.

Wer hat wo was verloren? Das Was bleibt offen, wer und wo scheinen zunächst klar: ich – hier – in diesem Land. Es sind freilich drei Bestimmungen, die in sich völlig unbestimmt sind und einen bestimmten Sinn nur innerhalb einer spezifischen Redesituation erhalten. Ein Text, der mit solchen Verweisungen beginnt, zwingt den Leser, den Sinn anderswo zu suchen: davor, daneben, danach. Von vornherein ist das selige In-sich-Ruhen des Textes aufgebrochen und damit jede einfache Opposition von immanent und äußerlich. Denn was heißt »immanent«, wenn die Eigenart des einzelnen Zeichens gerade darin besteht, seinen Sinn nicht in sich zu haben, sondern durch ein anderes und dieses wieder durch ein anderes?

Wir stoßen damit auf die Metonymie als die dominante Achse von Enzensbergers Gedichten. Aber, so stellt sogleich ein Einwand sich ein, es wimmelt doch von Metaphern in Enzensbergers Gedichten! Das stimmt; doch zeigt sich bei genauerem Hinsehen, daß die überwiegende Anzahl dieser Metaphern dem idiomatischen, vorgeprägten Bestand angehören, von Enzensberger beim Wort genommen, variiert oder in neue Konstellationen gebracht werden. Es überwiegt also die Tendenz, Metaphern zu sprengen, statt neue zu schaffen.

Gewichtiger ist vielleicht der Einwand, daß solche Kategorisierungen und Gegenüberstellungen von Metapher und Metonymie zu mechanisch und letztlich auch sehr problematisch sind. Zeigt denn nicht gerade die genaue Textlektüre, wie sie etwa Paul de

Man beispielhaft vorführt, daß zuletzt jede Metapher auf die Metonymie reduzierbar ist? In der Tat scheint es, daß die beiden von Jakobson so scharfsinnig herausgearbeiteten Achsen bei näherem Zusehen leicht wieder ineinander verschwimmen. Das mag zum Teil damit zu tun haben, daß jede sprachliche Äußerung immer beide Achsen braucht, mit jeweils stärkerer Betonung der einen oder der anderen. Die jeweilige Dominanz macht sich oft am deutlichsten in der Wirkung bemerkbar. An der Art der Kommentare läßt sie sich ablesen: »metaphorische« Dichter wie Trakl, Celan, auch der frühe Brecht gelten häufig als schwierig und dunkel; sie laden zur Interpretation ein. »Metonymische« Dichtung wie die des späteren Brecht und Enzensbergers scheint leicht, fast selbstverständlich; die Kommentare tendieren zur Paraphrase oder Beschreibung der Stilmittel. Während also metaphorische Texte dazu verlocken, einen verborgenen, unterdrückten, substituierten Sinn hervorzuholen, scheinen metonymische Texte im wörtlichen Sinne »oberflächlich«: der Sinn ist offen da, nur leicht verschoben, »daneben«; die Paraphrase braucht ihn nur heranzuschieben oder zu vervollständigen. Das macht nun paradoxerweise die Arbeit mit solchen leicht- oder gar selbst-verständlichen Texten schwierig, was sich wiederum daran zeigt, daß rein quantitativ die Sekundärliteratur zu metaphorischen Texten überwiegt und qualitativ die Kommentare zu metonymischen Texten häufig in langweiligen Paraphrasen sich erschöpfen.

Die Selbstverständlichkeit der Metonymie ist insofern trügerisch, als ihr Prinzip darin besteht, den Sinn immer von woanders herzuholen und anderswohin zu verweisen. Dem glaubt die Paraphrase nachzukommen und geht haarscharf daneben, wenn sie meint, mit etwas anderen Worten zu sagen, was auch der Dichter gesagt und gemeint hat. »Ungefähr sagt das der Pfarrer auch, / Nur mit ein bißchen andern Worten.« Gretchen ist nicht so naiv und findet einiges »schief« an diesem Ungefähr.

Es ist aber der gewissermaßen in greifbare Berührungsnähe (Kontiguität) gerückte Sinn, der jenen von Jakobson immer wieder beschworenen und immer noch viel zuwenig untersuchten Zusammenhang zwischen Metonymie und realistischer Literatur teilweise begründet. Indem die Metonymie den Sprachzusammenhang als Sachzusammenhang ausgibt, bringt sie einen Realitätseffekt hervor.[15] So ist es nicht zufällig, daß politisch und gesellschaftlich engagierte Dichter wie der spätere Brecht und Enzensberger zur Metonymie neigen. Gleichzeitig sind sie aber auch zu scharfsinnig, zu sehr von Marx und der Dialektik gewitzt, um einer naiven Realismusideologie zu verfallen, die in schönstem Konsensus mit konservativer Politik sprachlich sedimentierte Ideologiezwänge als Sachzwänge erklärt. Es ergibt sich so bei Brecht und Enzensberger eine doppelte Strategie in der poetischen Verfahrensweise: einerseits, in der Dominanz der metonymischen Verkettung und Linearität der Sprachbewegung, Auflösung des Realitätsbegriffs als fetischisierter Gegenständlichkeit zu einem Begriff von Wirklichkeit als Wirkungszusammenhang von Verhältnissen[16]; andererseits eine Problematisierung solcher Zusammenhänge als sprachlich vermittelte Sinnzusammenhänge.

Gerade hier zeigen sich aber auch signifikante Unterschiede in den Verfahrensweisen. Die Zeilenbrechung von Versdichtung eignet sich vorzüglich dazu, den Fluß der linearen Verkettung aufzubrechen und damit gleichzeitig die Aufmerksamkeit auf ihn zu lenken. Dies ist denn auch eines der Hauptmittel der Brechtschen Lyrik. Brechts Zeilenbrechung verfremdet den syntaktischen Zusammenhang durch Synkopierung: selten fallen syntaktische Einheiten und Versende zusammen.[17] Häufig treten Verhältniswörter ans Versende: Relativpronomina, Demonstrativpronomina, Konjunktionen, Adverbien.[18] Damit wird einerseits die Verhältnisfunktion als konstitutiv hervorgehoben, andererseits der spezifische Zusammenhang durch die Trennung des Verhältniswortes vom Bezugswort momentan blockiert und seiner flüssigen Selbstverständlichkeit entledigt. Bei Enzensberger, dessen Sprachgestus häufig auf Brecht verweist, zeigt sich gerade hier überraschenderweise ein deutlicher Unterschied: mit überwältigender Mehrheit fallen Versende und syntaktische Einheit zusammen. So finden sich zum Beispiel unter den 149 Versen von *landessprache* nur sechs mit Enjambement. Ähnliche Verhältnisse gelten durchgehend bis zu den neuesten lyrischen Publikationen Enzensbergers. Bemerkenswerte Ausnahmen begegnen in Gedichten, die auch thematisch eingerastete Zusammenhänge problematisieren. So finden sich in dem Gedicht *Die Parasiten* (*FV*, 81 f.) geradezu Brechtsche Formzitate in der Art der Zeilenbrechung, besonders wo es um die Verkuppelung ungleich-gleicher Paare geht: »Pfaffen und Kurtisanen, die / hat es immer gegeben«; »ja selbst die Mörder / und Makler«. Auch das Gedicht *Die Macht der Gewohnheit* beginnt mit einer bemerkenswerten Brechung:

Gewöhnliche Menschen haben für gewöhnlich
für gewöhnliche Menschen nichts übrig. (*G*, 164)

An diesem Beispiel zeigt sich aber eine weitere Eigenart: der Brechung entspricht gleichzeitig eine Nicht-Brechung des sehr viel stärkeren Syntagmas »für gewöhnlich«. Statt es zu brechen, wiederholt der Text es; indem es sich aber wiederholt, ist es nicht mehr dasselbe, sondern erscheint in einer anderen grammatischen Form und Funktion.

   Während Brechts Verfremdungstechnik die Brechung betont, spielt Enzensberger eher mit der Polyvalenz von Bindungsmöglichkeiten. Dazu gehört auch die schon von Reinhold Grimm hervorgehobene und an mehreren Beispielen belegte Figur der Doppelbindung eines Satzteils.[19] In dem Gedicht *wortbildungslehre* (*LS* 50 f.) nähert das Spiel mit den Bindungsmöglichkeiten dem konkreten Text sich an:

> in den toten hemden
> ruhn die blinden hunde
> um die kranken kassen
> gehn die wunden wäscher
>
> und die waisen häuser
> voll von irren wärtern
> leihn den fremden heimen
> ihre toten lieder

Acht mehr oder weniger geläufige Komposita erscheinen getrennt und kleingeschrieben, ohne sonst ihre äußere Form zu ändern. Diese bloße Änderung der Art, wie sie nebeneinanderstehen, bewirkt jedoch eine andere (durchs Metrum verstärkte) Betonung und eine andere grammatische Funktion: statt als zwei aneinandergebundene Substantive lesen sich die Wörter nun als Adjektiv + Substantiv, was ihren Sinn radikal verändert, ja umkehrt. In allen Fällen handelt es sich beim Kompositum um eine Zuordnung, die Dienst- und Herrschaftsverhältnis in einem ist (eine Verquickung, die sich am besten mit dem deutschen Wort »betreuen« ausdrücken läßt). Am deutlichsten ist das bei den Irrenwärtern, die im Dienste für die Irren sie beherrschen, subtiler bei den Totenhemden, die ›im Dienst der Toten‹ den toten Körper verdecken und verbergen. In der Adjektivfunktion tritt nun aber das betreute Objekt als immanente Qualität des dienend herrschenden Subjekts auf und nimmt von ihm Besitz. Die Permutation der acht Paare in den folgenden Strophen setzt neue Sinnkonstellationen frei, bis sie in eine Art Entropie mündet, die freilich bereits im ersten Verb »ruhen« angelegt ist.

So stellt das Prinzip der Metonymie sich selber dar: die sinnstiftende Macht der Kontiguität, des bloßen Neben- und Nacheinander, hinter dem freilich ein Gesetz und eine Ordnung verborgen sind: zum Beispiel das Gesetz der grammatischen Funktion, welches das scheinbar gleiche Nach- und Nebeneinander ordnet und bestimmt. In diesem Verhältnis von sichtbarem »demokratischem« Nebeneinander und verborgener hierarchisierender Funktion zeigt sich die Kontiguität von Metonymie und Realismus. Gleich der Metonymie und durch sie stellt der Realismus die Welt dar, wie sie sich unserer Wahrnehmung darbietet in ihrem räumlichen Nebeneinander und zeitlichen Nacheinander. Ihr Sinn leuchtet immanent aus diesen Kontiguitätsverhältnissen her; der Teil steht fürs Ganze, der Vordergrund für den Hintergrund. Aber man weiß: das Nebeneinander hat seine Ordnung wie das Nacheinander sein Telos, nur darf der klassische Realismus das nicht offen zeigen. Wie die freie Marktwirtschaft muß er so tun, als wären die schöne Ordnung und der tiefere Sinn nichts anderes als das Resultat fröhlich nebeneinander konkurrierender Einzelinteressen. Freilich verrät sich schon einiges darin, daß weder ökonomische noch Realismustheorien auskommen, ohne vom Wesentlichen und Nebensächlichen zu sprechen.

Das Gedicht *küchenzettel* (*BS*, 7 f.) führt die Beliebigkeit des Nebeneinanders ebenso vor wie die Verlockung, einen Sinn darin zu lesen, und die Mechanismen, diesen Sinn zu schaffen. Ein zufälliger Blick sieht ein zufälliges Arrangement. Der Blick ist eingerahmt von der Perspektive einer offenen Tür. Die zweite Strophe wiederholt den Blick und das Arrangement, nur eines der Küchenrequisiten ist anders; und so auch in der dritten Strophe. Die Wiederholung des fast Gleichen macht dieses sinnverdächtig; mehr noch, daß es bereits einmal als Darstellung einer Darstellung erscheint, und mehr noch, daß es dreimal von einer Schrift begleitet ist: Telegramm, Brief, Zeitung. Doch bleibt ein Widerstand gegen den Sinn, ein Begehren, es bei der Unschuld des bloßen Arrangements zu belassen: dreimal bleibt die Schrift ungelesen; aber die bloße Wiederholung der Weigerung verstärkt wieder das Drängen des Sinns. In der vierten Strophe kehrt das Arrangement halb zerstört wieder: die Milch ist vergossen; die Küchendinge sind versprengt mit Gelesenem von Kriegen, Raketen und Klassenkämpfen. Die natürliche Kontiguität von Zwiebelbrett und Tränen verwandelt sich unter dem Druck des Gelesenen in eine Metapher. Nur der Katzenteller bleibt abseits vom Sinn in der Unschuld, aber in so pointierter Schlußposition, daß er als Sinn des Nicht-Sinns allegorischen Charakter annimmt. – Nichts, was in der Schrift erscheint, kann dem Drängen des Buchstabens und dem Abgang der Dinge entgehen: wer *a* und *b* zusammen liest, liest *ab*.

Aussparen, Ausschnitt gehören zur Technik des metonymischen Verfahrens. Enzensberger hebt sie als Qualität in der Dichtung eines seiner Vorbilder, William Carlos Williams, hervor:

Er zieht in jedem Fall der Metapher das Detail vor. Seine Ausschnitte sind stets genau begrenzt. Manches an seiner Technik gemahnt an die Malerei [. . .]. Seine besten Gedichte erinnern zuweilen an ostasiatische Graphiken, besonders in ihrer genauen Ökonomie, der Kunst des Aussparens. (*E II*, 38)

Daraus ergibt sich ein merkwürdig paradoxer Effekt: »Evidenz« einerseits, das Hervorleuchten von etwas aus dem Verschwundenen; Dichte bis zur »Undurchdringlichkeit« andererseits, *opacity* mit einer Prägung Ezra Pounds. Vollkommen, »exquisit« wird der »Abfall« (*E II*, 38). Das Verworfene bringt die Dinge zum Glänzen; am Abglanz hat auch diese Welt ihr Leben. Nicht zufällig ist ein Gedicht *Poetik-Vorlesung* (*G*, 130) auch ein Gedicht über die Müllabfuhr: das Begehren des Dichters ist, zu sein wie sie.

Dabei überlagern sich spezifisch zeitgeschichtliche Erfahrungen mit einer der Metonymie eigenen grundsätzlichen Struktur. Das Abwesende flutet ins Gegenwärtig-Gegenständliche in Form von Schriften und Botschaften, Zeitungen und Fernsehen. Das beliebige Nebeneinander im Kolumnenstil der Zeitungen und im Geschichten-Potpourri der Abendnachrichten produziert eine ständige kaleidoskopische Sinnveränderung der jeweiligen Erfahrungswelt. *Das Übliche* (*G*, 150) registriert Nachrichten von einem Tag mit den abgerissenen Schuhbändern und skandiert sie mit Werten und Wertlosigkeiten.

Aber jede Signifikanz wird wieder von einer anderen überlagert, verändert: das Prinzip der Metonymie. Sie kommt zu keinem ruhenden Ende: deshalb ihre Tendenz zur Länge im Roman wie im Gedicht. Das Titelgedicht *landessprache*, das uns auf die metonymische Spur gebracht hat, thematisiert auch den Mangel an Sein und Sinn in jedem gegebenen Ort und Moment. Als Refrain spricht dieser Mangel: »das ist nur die hälfte, / das macht nichts, das ist nicht genug«; »und das ist das kleinere übel«; »und das ist nicht alles, das ist nur die hälfte«; »das ist das kleinere übel«; »aber es ist nicht ganz, / es ist nur die himmelschreiende hälfte, / es ist noch nicht genug«. Das läßt sich zunächst als Klage lesen über das geteilte Deutschland und die gespaltene Landessprache. Aber diese Klage ist nur die Hälfte, ist das kleinere Übel. Die Klage verweist auf etwas, was auch ein vereinigtes Deutschland nicht herstellen würde: um so weniger, als es auf der Ebene der Sprache trotz Spaltung und kleiner Unterschiede fast schon eine Einigung gibt im gemeinsamen »geröchel« vom *Neuen Deutschland* bis zur *FAZ*. Was schreit, himmelschreiend, ist immer noch nur die Hälfte. Die andere Hälfte ist Teil der Antwort auf die anfängliche Frage: »was habe ich hier verloren«:

> das habe ich hier verloren,
> was auf meiner zunge schwebt
> etwas andres, das ganze
> das furchtlos scherzt mit der ganzen welt (*LS*, 12)

Wiederum läßt das »hier« sich doppelt lesen: als referentielle Ortsbezeichnung, die durch den Kontext sich auf die Bundesrepublik bezieht, aber auch als Selbstreferenz auf das Hier des Textes. Ebendieses Hier ist aber nicht das Ganze, welches vielmehr »etwas andres« ist, von der Sprache konstituiert und doch nicht »hier« in ihr. Es ist artikuliert mit der Genauigkeit eines Ohres, das auf Idiomatik zu hören weiß: »was auf meiner zunge schwebt«. Was auf der Zunge schwebt, ist das, was mit unwiderstehlichem Drängen zum Sprechen kommen will und alles andere sagt als was es ist. So kommt auch die Bewegung des Textes zu keiner Ruhe, zumindest »hier nicht, / nicht hier«.

3. Abwesend bin ich hier

Das Verlorene ist nicht nur ein Objekt, sondern auch das Subjekt, wo es *ich* sagt. Im Pronomen ist die allgemeine Struktur des Zeichens, seinen Sinn anderswoher zu beziehen als wo es ist, potentiert. Rimbauds oft zitierter Satz *je est un autre* erscheint in fast wörtlicher Übersetzung bei Enzensberger: »ich bin der andere«; und umgekehrt: »der andere [...] das bin ich« (*BS*, 22). Da der Vers fast schon Zitatcharakter hat, versetzt er die Stelle des Ichs noch mehr und findet sich an jenem wunden Punkt der Lyrik, der nach Friedrich Th. Vischer und bis zu Emil Staigers Poetik als das »punktuelle Zünden der Welt im lyrischen Subjekt« bezeichnet wird. Die heile Einheit von Welt und Subjekt, die in solchen Sätzen postuliert wird, spricht in der Lyrik selbst eher als Wunde sich aus: am meisten da, wo das Subjekt als undifferenzierte Trinität von Subjektivität, Individualität und Ich gedacht wird. Schon im Volks- und Kunstlied ist zu hören und zu lesen[20], was in der modernen Lyrik insistent manifest wird: daß die Instanz, die spricht, nicht Ausdruck eines einfältigen Ichs ist. Die seit Beginn dieses Jahrhunderts auch in der Literaturkritik kanonisierte Trennung von lyrischem und empirischem Ich ist nur die verdinglichte und bereits simplifizierte Spur des Problems der Subjekt-Instanz im Text.[21]

Die kurzschlüssige Statistik, die aus der steigenden Anzahl von Ich-Sätzen auf neue oder nicht so neue Subjektivität schließt, hält keiner auch nur halbwegs aufmerksamen Lektüre stand. Enzensbergers abwesendes Ich im Hier des Gedichts thematisiert das. Ich ist vor allem eine topologische Kategorie: Ort einer immer prekären Eingrenzung. *ich, der präsident und die biber* (*LS*, 22 f.) stellt so eine traditionelle Konstellation der Lyrik in Frage. Nach dem lyrischen Klischee steht das Ich im Bund mit der Natur einsam, allein gegen Gesellschaft und Macht. Bis in die neuesten Diskussionen zur DDR-Literatur gilt als ausgemacht: wer »ich« sagt, hat was gegen den Staat und die Macht. In Enzensbergers Text sieht es anders aus: da sitzt *nolens volens* das Ich in Gemeinschaft mit dem Präsidenten auf dem Vorsitz der Macht und Gewalt und findet in diesem »wir« sich von der Natur und den Bibern ausgeschlossen. Auch die Abkapselung »im gefriedeten haus« verstärkt nur die Solidarität mit dem ungemütlichen *Wir* kraft der Ausschließung. In der lyrischen Erfahrung erscheint so, worüber Adorno in der *Negativen Dialektik* reflektiert: daß das Prinzip des Ich – einschließen, ausschließen, Kontrolle üben – mit dem Prinzip der Herrschaft kongruent ist. Selbst die Biber, Meister im Dämmebau, geben auf vor den Meistern, die »ich« sagen.

Das Ich als Instanz einer kategorischen Einschließung und Ausschließung markiert eine Innen/Außen-Grenze und konstituiert damit »Innerlichkeit« als eine Art *camera obscura*:

> in meinen vier vorläufigen wänden
> aus fichtenholz
> vier mal fünf mal zweieinhalb meter
> in meinem winzigen zimmer
> bin ich allein (*BS*, 14)

Paradigmatisch erscheint das Ich in seiner topologischen Funktion, ›innen‹ zu sein und *per definitionem* »allein« (sonst hieße es »wir« oder sonstwas). Doch erscheint es erst am Ende der Strophe als Subjekt, vorher aber als besitzanzeigende Funktion. Die Vorläufigkeit der Wände verweist die Ich-Funktion bereits in andere als von ihr bezeichnete Schranken: im geläufigen futurischen Sinne heißt es, daß die Wände kein bleibender Besitz sind; in einem weiteren Sinne, daß sie der Ich-Funktion vorausgehen. Sie zeigen sich porös, durchlässig für alles Äußere. Mehr noch: dieses Äußere ist der konstitutive Grund, aus dem eine vergängliche Instanz »ich« sagt. Das »allein« wird zunehmend paradox, ein Mit-sein bis zum beliebigen »allein mit krethi und plethi«.

Das Ausgeschlossene ist auch »innen« als Angst und Utopie zugleich wie *der gefangene* (*LS*, 68): »verschüttet in meinem fleisch / ist ein mann mit löwenhänden / mit zarten gewaltigen augen«. Das von der Angst befreite Ich gibt es nur in der Zeitform des Futurs und in der Form des Vergehens: »der ich sein wird, / wenn ich sterbe, der hat keine angst, / ißt bratäpfel gern« (*LS*, 93). Die Form des Präsens und der Präsenz existiert für die Ich-Funktion nur als geometrische Konstruktion, als *trigonometrischer punkt* (*BS*, 80 f.): »ich bin da wo ich bin. / ringsum, undeutlich / sind böhmische dörfer.« Umgeben von böhmischen Dörfern, in der idiomatischen Rede Orte des Unverständnisses, des Nicht-Sinns, reduziert die Präsenz von »ich« sich auf pure blinde Schrift: denn was ist ein Pronomen ohne verständliches Bezugsnomen, ohne bekannten Kontext? Bestenfalls kann man Meinungen haben aus Verzweiflung über die unveränderliche Schrift und blind werden darüber.

An dieser Äußerlichkeit geht kein Weg vorbei. Wer unmittelbar in die von der Ich-Funktion konstruierte Innerlichkeit vordringen will, findet am Ort, wo das »Innenleben« in der gemütlichsten Metapher konzentriert ist, sich aufgelöst in Redewendungen: »Es schmilzt uns es blutet es lacht uns im Leibe / Wir tragen es auf der Zunge / Wir schütten es aus [. . .]« (*G*, 135), bis hin zur anatomischen Seitenverkehrung: »Wir haben es auf dem rechten Fleck.«

4. Gedichte als Gebrauchsgegenstände

Die zwiespältige Rolle der Ich-Funktion, Widerstand gegen Vereinnahmung und Herrschaft zu bilden und gleichzeitig das Prinzip von Herrschaft und Vereinnahmung auszuüben[22]; ihr flüchtiges Sein im Vergehen und ihr konservatives Begehren nach Bleibendem und Festem: beides bringt auch ihr politisches Potential ins Zwielicht und damit jene poetische Gattung, in der sie bevorzugt sich ausspricht. Das beginnt schon mit der Frage, in wessen Namen ein Ich oder ein Gedicht sprechen. Sprechen sie nur für sich, trifft sie leicht der Vorwurf narzißtisch, subjektiv, hermetisch – kurz, apolitisch zu sein. Enzensberger dagegen gilt im allgemeinen als politisch engagierter Dichter. Manche Gedichte scheinen ausdrücklich im Namen anderer sprechen zu wollen, im Namen jener zum Beispiel, die Gedichte nicht lesen noch schreiben: hier wird der Adressat gewissermaßen zum Subjekt, das, selber sprachlos, vom Gedicht nicht nur angesprochen, sondern gesprochen wird. Aber gerade darin liegt auch schon wieder eine Vereinnahmung, eine Wiederholung der Entmündigung, die geheime Sehnsucht der Fürsorgementalität. Manche Verse von Whitman und Werfel haben diesen Gestus bis zum Pathos und zur Lächerlichkeit gesteigert und darin auch das Delirium einer Vernunft, die sich und ihre partikulären Interessen zum Universellen erklärt, um ein für alle Male alle Interessenkonflikte zu bereinigen. Danach beginnt die Utopie.

So einfach geht es bei Enzensberger nicht zu. Er stellt die Rhetorik der Stellvertretung, die Repräsentationsrolle, die im Literaturbetrieb links und rechts von Interview zu Interview gedankenlos reproduziert wird, in Frage. Der Titel des ersten Gedichtbandes, *verteidigung der wölfe*, und das dazugehörige Titelgedicht sind provokative Distanzierung von solchen fragwürdigen Repräsentations- und Fürsprecherrollen. Wenn schon jemandes Sprechen vereinnahmt werden soll, dann das Heulen der Wölfe. Die Lämmer sollen für sich selber blöken; vielleicht lernen sie dann zu sprechen. Später wird daraus eine Klage:

daß dies ein anderer riefe als immer nur ich

[...]

daß einer es riefe von denen,
die ich ernähren muß,
von denen ich lebe [...] (*LS*, 85)

Enzensbergers Gedichte arbeiten sich durch die Verschlingung
von unausweichlicher Komplizität und aggressiver Distanzierung. Dazwischen entstehen kleine Differenzen, in denen die Ahnung eines Subjekts zu spüren ist.

Direkter scheint der Wunsch, wenn nicht die anderen, dann
doch das Andere in der Gestalt der stummen Natur sprechen zu
lassen, d. h. für sie zu sprechen:

ich spreche von eurem nicht,
ich spreche vom ende der eulen.

[...]

ich spreche nicht mehr von euch,
planern der spurlosen tat
und von mir nicht und von keinem.
ich spreche von dem was nicht spricht,
von den sprachlosen zeugen,
von ottern und robben,
von den alten eulen der erde. (*LS*, 28 f.)

Aber auch hier bleibt die Differenz und Distanz artikuliert. Es ist
nicht ein Sprechen im Namen der Natur, sondern ein Sprechen
von; nicht »über«, sondern »von«; die Bestimmtheit auch dieser
Differenz ist festzuhalten: im Sprechen »über« etwas setzt das
sprechende Subjekt sich souverän über die Sache hinweg, im Sprechen »von« dagegen bleibt die Sache Ausgangspunkt, Grund des
Sprechens, das gleichzeitig sprechend sich davon wegbewegt und
in der Bewegung dieser Differenzierung die Sache und sich bestimmt. Es bleibt freilich die Sehnsucht nach dem Anderen:

warum kann ich nicht konten und feuer löschen,
abbestellen die gäste, die milch und die zeitung,
eingehn ins zarte gespräch der harze,
der laugen, der minerale, ins endlose brüten
und jammern der stoffe dringen, verharren
im tonlosen monolog der substanzen? (*LS*, 62)

Der Versuch, das Andere zum Sprechen zu bringen, das »gespräch der substanzen« mitzusprechen, endet im »tonlosen monolog«, der Verneinung des Gesprächs: denn das Ich ist nicht Substanz, sondern Instanz.

Es kann die Gäste, die Milch und die Zeitung, kurz: die Gesellschaft, den Inbegriff aller Instanzen, nicht abbestellen. Auch der Weg anderswohin geht durch die Instanzen. Derselbe Band, der mit Zartheit, Zorn und Trauer vom Anderen der Instanzen spricht, hat am Ende auch eine Gebrauchsanweisung, deren erster Paragraph »diese gedichte« als »gebrauchsgegenstände« deklariert. Ehe man mit strammer Gedankenlosigkeit darüber jubelt, daß hier nun endlich was handfestes Politisches sei, lohnen sich vielleicht einige Gedanken zum Gebrauchswert dieser Gedichte. Zunächst ist die Deklaration selber schon beinahe Zitat und ein Stück Literatur: Brecht schon hatte seine *Hauspostille* in einer Vorrede »für den Gebrauch der Leser bestimmt«.[23] Es zeugt freilich nicht gerade von der Tätigkeit des Lesens, wenn das in strammstem Deutsch zu »einer funktional an den Bedürfnissen der Gesellschaft orientierten Lyrikkonzeption« umformuliert wird.[24] Es lohnte sich nicht, solche Sätze zu zitieren, entsprächen sie nicht einer kollektiven und konkreten vergesellschafteten Phantasie, die sich im besten Einvernehmen mit der Sprache der Industrie- und Beamtenfunktionäre befindet.

Brecht hatte seine Gedichte noch »für den Gebrauch der Leser« bestimmt; Enzensberger läßt die Stelle des Adressaten offen. Erst der zweite Paragraph gibt Hinweise für potentielle »unerschrockene leser«. Aber die sind offenbar nicht unbedingt repräsentativ für die Gebraucher. Schließlich gibt es ja sogar *gedichte für die gedichte nicht lesen* und *oden an niemand.* Alle Anzeichen sprechen in der Tat dafür, daß die »kulinarische« Lektüre von Gedichten, wie überhaupt die absichtslose Lektüre ›für sich‹, eher eine Seltenheit ist, daß vielmehr Gedichtbände fast ausschließlich zu Produktionsmitteln für Rezensenten, Germanisten, Doktoranden und den Schulbetrieb geworden sind. Der Traum vom Gedicht als Gebrauchsgegenstand und als Produktionsmittel statt als Konsumobjekt wäre also erfüllt. Aber so war es doch nicht gemeint? Jedes Kind, das einige Märchen kennt, weiß, daß man in der Formulierung von Wünschen sehr vorsichtig und genau sein muß, will man sich vor unangenehmen Überraschungen bewahren. Aber wie war es überhaupt gemeint?

Enzensbergers erster Gedichtband offeriert drei Kategorien von Gedichten: freundliche, traurige, böse. Es ist nicht schwer, darin die drei Schillerschen Gattungen der sentimentalischen Poesie wiederzuerkennen: die idyllische, die elegische, die satirische. Der Hinweis auf die Parallele zu einer älteren Poetik kann möglicherweise helfen, einige Mißverständnisse abzubauen. Bei Schiller stehen nämlich die drei Gattungen nicht einfach als Alternativen nebeneinander, sondern sind systematisch miteinander verknüpft über die eine Wunde des Risses zwischen Ideal und Wirklichkeit. So erhalten auch bei Enzensberger Glück, Klage und Anklage ihre Resonanz nur im Verhältnis zueinander: die Anklage durch die Klage, beide im Wissen vom Glück, in der Erinnerung an seine Spur.[25]

Mit dem Glück hat es die moderne Lyrik aber schwer, noch schwerer mit dem Lob; fast sind sie mit einem Tabu belegt. Es gibt wenige bemerkenswerte Ausnahmen im 20. Jahrhundert: Rilkes »Rühmen« in den *Duineser Elegien* und in den *Sonetten an Orpheus*, St. John Perses *Eloges* (1911); in der neueren Zeit Handkes *Über die Dörfer*. Mit Zensuren wie »apolitisch«, »affirmative Literatur«, »Literatur der Tendenzwende« ist nichts gesagt. Es sind diese Vokabeln, die apolitisch und reaktionär geworden sind, weil sie sich der Arbeit des Lesens und Denkens entschlagen.[26]

Enzensbergers poetisches Verfahren lebt von der Spannung, die entsteht, wo der Anspruch auf Loben aufrechterhalten bleibt, ohne sich dem zu entziehen, was ihm den Weg verstellt. Noch wo das Lob tatsächlich ausgesprochen wird, spricht es vor dem Hintergrund der Kritik (vgl. *ehre sei der sellerie*; *LS*, 58 f.). Häufig ist die Klage, ähnlich der Brechts über das fast unmögliche Gespräch über Bäume, daß Lob schwer ist: »daß sie es fänden, was ich nicht finde, / etwas zu loben mit starker stimme auf erden!« (*gewimmer und firmament*; *LS*, 85). Das Enzensbergersche Wort »schön« (vgl. *LS*, 66) wird als Wort und Silbe zum Protestton eines Trotzdem, nicht anders als die Hofmannsthalsche Vokabel »Abend« (»Und dennoch sagt der viel, der ›Abend‹ sagt«). Nicht weil dem »schön« eine referentielle Welt entspräche, wird es gesprochen, sondern gerade, weil es als purer Signifikant das Fehlen des Referenten spürbar macht. Reines Wortspiel verspricht sich und etwas: »weil ich weiß was ich sage / sage ich *weiß*« (*LS*, 67). Die späteren Texte haben es noch schwerer mit der Freude; und doch behauptet sie sich, wenn auch in lauter Negativ-Sätzen: »Sie will nicht daß ich von ihr rede / Sie steht nicht auf dem Papier / Sie duldet keinen Propheten [. . .]« (*Die Freude*; *G*, 134). Brechts oft überlesenes »fast« bezeichnet in der negativen Wiederholung die zarte und doch gewaltige Differenz zwischen dem Leben und dem Tod der Poesie: »Schlafen, Luftholen, Dichten: / das ist fast kein Verbrechen« (*Zwei Fehler*, *G*, 162). Und fast schon wieder selbstbewußt attackiert das Gedicht *Nicht Zutreffendes streichen* (*FV*, 66) die Angst vor der Unwichtigkeit und Wehrlosigkeit eines Sprechens, das sich dem strammen Ton entzieht, als falsches Sprechen. Dagegen erhebt sich *Der Fliegende Robert* spottend und träumerisch in die Luft und bedroht alle autoritäre Ängstlichkeit, die den »Kindern in den Ohren liegt / damit sie euch nicht davonfliegen« (*FV*, 85).

Es liegt eine große Versuchung darin, so Zitat an Zitat zu reihen, um zu beweisen, was Enzensberger meint. Aber ein solches Verfahren geht gerade an der poetischen Verfahrensweise vorbei, die auch eine Arbeit ist. Das wird von der zitierenden Kritik verdeckt; das Zitat verdinglicht, was als Moment in einer Konstellation des Textes und von Texten steht. Poesie als Machen ist auch ein Durcharbeiten durch die Wendungen, Verwendungen und Anwendungen der Sprache. Sie ist Arbeit als Trauerarbeit, Traumarbeit, aber auch als die *schwierige arbeit* der Theorie, wie sie ein Adorno gewidmetes Gedicht auslegt (*BS*, 58 f.). Dieser poetische Text von der geduldigen Arbeit des Gedankens ist auch eine poetische Selbstreflexion, als solche Teilhaberin an der Theorie und gleichzeitig Herausarbeitung ihrer Differenz als poetisches Sprechen:

eingedenk der ertrunkenen in den vorortzügen um fünf uhr früh
geduldig
ausfalten das schweißtuch der theorie

angesichts der amokläufer in den kaufhallen um fünf uhr nachmittags
geduldig
jeden gedanken wenden der seine rückseite verbirgt

»Festhalten« (»festhalten den schmerz der negation«), »ausfalten«, »wenden«, »vorzeigen«, »bloßstellen«, »verzweifeln«, »zweifeln«, »lehren«: das sind die Arbeiten der Theorie und der Poesie. Schwierig sind sie nicht nur an sich, sondern mehr noch, weil sie, Versenkung und Konzentration verlangend, gleichzeitig das dezentrierende, zerstreuende Bewußtsein vom »andern« voraussetzen: »im namen der andern«, »eingedenk der ertrunkenen«, »angesichts der amokläufer«, »aug in aug mit den totbetern«. Gegen die Mitte des Gedichts, im dreizehnten von 28 Versen, tritt die Wendung von der Immanenz der theoretischen Arbeit zu ihrer Äußerung ein: vorzeigen, bloßstellen, verzweifeln, zweifeln, lehren. Gleichzeitig spricht der Text hier vom »wenden«. Das Gedicht stellt dar, wovon es spricht. Damit inszeniert es jenen schlüpfrigen Schauplatz, den die theoretische und poetische Sprache teilen: den Schauplatz der sprachlichen Darstellung, der Redewendungen, der Tropen. Hier finden theoretische und poetische Sprache zusammen und müssen zugleich ihre Differenz artikulieren. Adornos Denken, von dem dieses Gedicht auch spricht, kreiste seit der frühen Kierkegaard-Dissertation bis zur *Negativen Dialektik* immer wieder um diese Differenz und Gemeinsamkeit.[27] Wenn die philosophisch-theoretische Sprache in einer prekären Mischung von Widerstand und Anerkennung in den Figuren der Sprache sich bewegt, parallelisiert die poetische Sprache das dem Begriff, dem Wissen und der Reflexion gegenüber, in die sie sich versenken muß. Indem sie sich darin versenkt, sprengt sie die Reflexion und das Wissen des Begriffs: »weil ich weiß was ich sage / sage ich *weiß*«.

Die 1968 im *Kursbuch* erschienenen *Gemeinplätze, die Neueste Literatur betreffend*[28], die vom Analphabetismus der Kritik zur »radikalen Absage an die Literatur« verfälscht wurden, formulieren, was konsistent für Enzensberger Feld und Grenze der poetischen und aller schreibenden Arbeit ausmacht: »Die politische Alphabetisierung Deutschlands ist ein gigantisches Projekt. Sie hätte selbstverständlich, wie jedes derartige Unternehmen, mit der Alphabetisierung der Alphabetisierer zu beginnen« (S. 53). Alphabetisieren: Buchstabieren, geduldiges Lesen, Schreiben als politischer Akt. Sehr beliebt ist das nicht, am wenigsten im Literaturbetrieb, wo die selbsternannten Alphabetisierer eiligst die geduldige Arbeit der Texte zu fixen Zitaten und Formeln verfestigen. Dagegen hilft nur die Liquidation (= Verflüssigung), so terroristisch das klingt und möglicherweise auch ist.

5. Das Werden im Vergehen

Buchstabieren: das bedeutet auch die buchstäbliche Auflösung der gewohnten Sinnzusammenhänge, die Reduktion der bekannten Wörter auf den Nullpunkt des Sinns, den leeren Buchstaben. Spürbar wird das schon im kindlichen Spiel, wo ein Wort so lange mechanisch wiederholt wird, bis aller Sinn aus ihm verschwindet und nur noch eine merkwürdige Geräuschfolge gehört wird. Ein Wort zeigt sich als Silbe: »weil die silbe *schön* nicht verkäuflich / und schön ist«. Dem entspricht eine Lektüre, die nicht den Sinn wie Rahm vom Text abschöpft und schnell ins Bekannte integriert, sondern die Sätze und Wörter wendet und umwendet bis zu dem Schwindelgefühl, das sich einstellt, wenn einem Hören und Sehen vergeht. Es ist der Punkt, wo im philosophischen Denken die Wahrnehmung beginnt[29] und im poetischen Verfahren die Sprache als Produkt einer »schöpferischen Reflexion«, wie Hölderlin sie darstellt:

Indem sich nemlich der Dichter mit dem reinen Tone seiner ursprünglichen Empfindung in seinem ganzen innern und äußern Leben begriffen fühlt, und sich umsieht in seiner Welt, ist ihm die eben so neu und unbekannt, die Summe aller seiner Erfahrungen, seines Wissens, seines Anschauens, seines Denkens, Kunst und Natur wie sie in ihm und außer ihm sich darstellt, alles ist wie zum erstenmale, eben deswegen unbegriffen, unbestimmt, in lauter Stoff und Leben aufgelöst, ihm gegenwärtig, und es ist vorzüglich wichtig, daß er in diesem Augenblicke nichts als gegeben annehme, von nichts positivem ausgehe, daß die Natur und Kunst, so wie er sie kennengelernt hat und sieht, nicht eher *spreche,* ehe für *ihn* eine Sprache da ist, d. h. ehe das jetzt Unbekannte und Ungenannte in seiner Welt eben dadurch bekannt und nahmhaft wird [...].[30]

Was hier als Moment einer schöpferischen Reflexion dargestellt wird, weist zurück auf jene Reflexion, mit der wir unsere Lektüre von Enzensberger begannen. Die Darlegungen zur Entstehung eines Gedichts betreffen ein Gedicht, das den Prozeß eines Entstehens, das Hervorgehen eines Bestimmteren aus dem Unbestimmten vorführt. »etwas das«, beginnt es. »Etwas« wird auf die weiße Seite gesetzt, abstechend vom Leeren und doch noch selbst unbestimmt und leer. Ein Relativpronomen führt eine bestimmende Differenz ein, das Etwas in sich selbst unterscheidend, zunächst jedoch bloß als bestimmte Negation: »etwas, das keine farbe hat, etwas, / das nach nichts riecht [...]«. Das Gedicht erscheint so nicht als ein Text, der ein schon Gemeintes ausspricht, sondern vielmehr als ein Prozeß, in dem Bestimmtes erst Gestalt annimmt. Nun findet aber der Dichter sich nicht einer gestaltlosen Welt, sondern einer von positiven Vorstellungen, Codes und Verhältnissen bestimmten gegenüber. Die »schöpferische Reflexion« setzt also gleichzeitig die Liquidierung aller positiven Vorstellungen und Codes voraus. Hier findet aber das Schreiben im späten 20. Jahrhundert sich von einem sehr anderen Kontext umschrieben als das im späten 18. Jahrhundert. Wenn schon die poetische und philosophische Reflexion jener Zeit sich einer Welt der positiven und erstarrten Vorstellungen entgegensetzte, so ist in der Zwischenzeit jenes ›Positive‹ durch die ungeheure technische Quantifizierung und Intensivierung qualitativ zu einem Neuen geworden, das Enzensberger schon 1962 in Ausweitung des Adornoschen Begriffs der Kulturindustrie mit dem Begriff der Bewußtseinsindustrie zu umschreiben versuchte (vgl. *E I*, 7 ff.). Angesichts dieser überwältigenden, intensiv multiplizierten Festschreibung der Codes im ›Zeitalter der Kommunikation‹ wird jene von Hölderlin geforderte »schöpferische Reflexion« zunehmend schwieriger.

Enzensbergers Gedicht, das *an alle fernsprechteilnehmer* gerichtet ist, inszeniert auch diese Schwierigkeit. Nicht eine neue Sprache, neue Bestimmtheit geht hervor, sondern »etwas zähes / trieft aus den verstärkerämtern«; und am Schluß finden wir uns »wie geiseln umzingelt von einem zähen, / farblosen, einem gedunsenen schlund«, d. h. wir finden alles andere als uns. Was immer gesagt wird, was immer »nahmhaft und bekannt wird«, ist dem schon ausgeliefert. Wie ein Leitmotiv zieht dieses zähe Etwas durch die früheren Texte Enzensbergers, dringt »aus den türritzen« (*LS*, 25), überzieht die Erde als *schaum* (*LS*, 33 ff.). Dagegen gibt es fast nur noch den Gestus der Desartikulation. Die *Furie des Verschwindens,* die dem bisher letzten Gedichtband Enzensbergers den Titel verlieh, ist auch die Furie der Poesie im Protest gegen ›kommunikative‹ Verfestigungen und repressive »Verständigungstexte«. Sie war lange vor diesem Band schon im Werk, löste in *landessprache* zum Beispiel den Namen des Festen (»firmament«) auf zum Prinzip der Desartikulation im Namen des Himmels:

> das keinen namen hat, das sich nicht firmament nennt
> das firmament, der zahllose himmel,

> aus dem die zahlen entspringen, ihn,
> kein ding, keine seele, ihn,
> der weder zeit hat noch keine zeit,
> der zeit zeitigt, ihn,
> unfarben der farbe bedingung,
> aus dem kein blick wiederkehrt [. . .]

Der reflexive Blick des Gedichts verliert sich in einem grundlosen Grund, der nicht mehr Objekt eines Selbstbewußtseins sein kann. »weil ich weiß was ich sage, / sage ich *weiß* [. . .].«

Aber gerade aus dieser Versenkung, die weiß, was sie nicht weiß, und deshalb »weiß« sagt, geht die Möglichkeit einer flüchtigen und doch festen Differenz hervor. Nicht im Versuch, gegen das Positive das ganz Andere zu schreiben, findet es sich, sondern in der scheinbaren Wiederholung des Gegebenen. Wir bemerkten schon Enzensbergers Tendenz, im Unterschied zu Brecht nicht so sehr Erwartungen zu brechen als Erwartetes, Idiomatisches zu wiederholen. In der Wiederholung aber, weil man nicht zweimal dasselbe sagen kann, entsteht eine kleine Differenz, die selber wieder als poetisches Bild aufscheint:

> zwischen fast nichts und nichts
> wehrt sich und blüht weiß die kirsche.

Die Furie des Verschwindens erscheint für einen flüchtigen Augenblick in ihrer anderen Gestalt: als Eumenide = die Wohlmeinende.

Anmerkungen

Enzensbergers Gedichte und einige seiner Essays werden unter folgenden Siglen jeweils im Text mit Seitenangabe zitiert:
VW   *verteidigung der wölfe*, Frankfurt/Main 1957.
BS   *blindenschrift*, Frankfurt/Main 1965.
LS   *landessprache*, Frankfurt/Main 1963.
G   *Gedichte 1955–1970*, Frankfurt/Main 1971.
FV   *Die Furie des Verschwindens*, Frankfurt/Main 1980.
E I   *Einzelheiten I: Bewußtseins-Industrie*, Frankfurt/Main 1964.
E II   *Einzelheiten II: Poesie und Politik*, Frankfurt/Main 1980.

1 Jakobson ist in dieser Hinsicht konsistent und klar, und man hätte sich viele fruchtlose Formalismusdebatten ersparen können, hätte man diesen wahrhaft subtilen Linguisten auch tatsächlich gelesen, statt nur beim Namen zitiert. Vgl. Roman Jakobson, *Poetik. Ausgewählte Aufsätze 1921-1971*, Frankfurt/Main 1979.

2 Enzensberger in: Hans Bender (Hg.), *Mein Gedicht ist mein Messer. Lyriker zu ihren Gedichten*, München 1961, S. 144.

3 Ich spreche von Lektüremodellen, nicht von »Theorien«, um den gängigen Mißverständnissen und Vorurteilen über einen sogenannten »Poststrukturalismus« und über »Dekonstruktion« vorzubeugen.

4 Eine eingehende und präzise Analyse dieses Phänomens wie auch seiner politischen und institutionellen Implikationen findet sich in dem Aufsatz von Paul de Man, *The Resistance to Theory*, in: Yale French Studies 63 (1982), S. 3–20. De Man bemerkt mit Recht, daß der Widerstand gegen Theorie in einem sehr viel tiefer sitzenden Widerstand gegen das Lesen und – darf man vielleicht hinzufügen – damit gegen ein vorbehaltloses Sich-Einlassen auf das, was spricht, begründet ist.

5 *Die Entstehung eines Gedichts*, in: H. M. E., *Gedichte. Die Entstehung eines Gedichts*, Frankfurt/Main 1965, S. 53–79. Im folgenden alle Seitenangaben nach dieser Ausgabe im Text.

6 Daß dies nicht nur eine ästhetische Konstellation ist, sondern eine der Artikulation überhaupt, hat bereits Hegel in der *Jenaer Realphilosophie* ausgesprochen. Vgl. dazu den Aufsatz von Manfred Frank, *Die Dichtung als ›Neue Mythologie‹*, in: *Mythos und Moderne*, hg. v. Karl Heinz Bohrer, Frankfurt/Main 1983, S. 15–40.

7 Gottfried Benn, *Gesammelte Werke 4*, Wiesbaden 1968, S. 1059.

8 Ebd., S. 1059.

9 Ebd., S. 1070.

10 Wie instabil die Opposition machen-entstehen ist, zeigt Enzensbergers durchgehende Verwendung des Wortes »entstehen« in einer Position, die dem Bennschen »machen« nahe liegt.

11 *Die Literatur nach dem Tod der Literatur* lautet der Titel eines Gesprächs zwischen Alfred Andersch und Enzensberger, in: *Nach dem Protest. Literatur im Umbruch*. Hg. v. Martin Lüdke, Frankfurt/Main 1979, S. 85–102.

12 Vgl. dazu Jandls *Autobiographische Ansätze*, in: E. J., *Sprechblasen*, Stuttgart 1979, S. 89.

13 Vgl. Jandl: »Mach den Mund auf! hieß es von Vater und Mutter, nicht wenn ich essen sollte, sondern um mich das deutliche Sprechen zu lehren« (ebd., S. 90).

14 Zum Problem der rhetorischen Frage vgl. Paul de Man, *Allegories of Reading*, New Haven/London 1979; insbes. das erste Kapitel: *Semiology and Rhetoric*, S. 3–19.

15 Wie sehr es sich in der Tat um einen Sprachzusammenhang handelt,

zeigt Lacan witzig am klassischen Beispiel der 30 Segel, die im Realzusammenhang nur dann eine stattliche Flotte von 30 Schiffen ergäben, wenn jedes Schiff etwas mager mit einem einzigen Segel ausgerüstet wäre. Vgl. Jacques Lacan, *Ecrits*, Paris 1966, S. 505; deutsche Ausgabe: *Schriften II*, Olten 1975, S. 30.

16 Es scheint, daß eine ganze Reihe von »marxistischen« Kunst- und Literaturtheorien vergessen, daß bei Marx Wirklichkeit sich nicht aus »Gegenständen«, die vielmehr phantasmagorischer und fetischistischer Art sind, konstituiert, sondern aus »Verhältnissen«.

17 Vgl. dazu auch Brechts eigene Überlegungen im Aufsatz *Über reimlose Lyrik mit unregelmäßigen Rhythmen*, in: Bertolt Brecht, *Gesammelte Werke* (werkausgabe edition suhrkamp), Frankfurt/Main 1967, Bd. 19, S. 395-404.

18 Vgl. Brechts eigenes Beispiel (ebd., S. 402):
Wenn das Regime händereibend von der Jugend spricht
Gleicht es einem Mann, der
Die beschneite Halde betrachtend, sich die Hände reibt und sagt:
Wie werde ich es im Sommer kühl haben mit
So viel Schnee.

19 Reinhold Grimm, *Montierte Lyrik*, in: *Über Hans Magnus Enzensberger*, hg. v. Joachim Schickel, Frankfurt/Main 1970, S. 30.

20 Immerhin ist es merkwürdig, daß man im Namen eines neuen individuellen Selbstgefühls im 18. Jahrhundert sich ausgerechnet auf das Volkslied beruft, zu dessen eigentümlichsten Charakteristiken Anonymität, Kollektivität und formelhafte Kodierung gehören. Bevorzugte Situationen der Lied-Stimmung sind Einsamkeit, Trennung, Abgeschiedenheit: die Sehnsucht nach verlorener Einheit, nicht ihr Ausdruck.

21 Nach Pestalozzi erscheint der Begriff des lyrischen Ich zum ersten Male 1910 in einem Buch von Margarete Susman, *Das Wesen der modernen deutschen Lyrik*; vgl. Karl Pestalozzi, *Die Entstehung des lyrischen Ich*, Berlin 1970, S. 342.

22 Bis in die Details der poetischen Technik zeigt sich das. Grimm verweist auf die Haltung im Montageprinzip »als rücksichtslosen Herrschaftsanspruch des verfügenden Subjekts über die Bestände der Sprache«; vgl. Grimm, a.a.O., S. 36.

23 Brecht, *Gesammelte Werke*, Bd. 8, S. 169.

24 Theo Buck, *Enzensberger und Brecht*, in: Text + Kritik 49 (1976), S. 5.

25 Dagegen wehrt, wie Benjamin bemerkte, das Ressentiment sich am meisten: »Denn daß am Schönen auch das Glück noch Anteil haben könnte, das wäre zuviel des Guten, darüber würde ihr Ressentiment sich niemals trösten.« Vgl. *Zum Bilde Prousts*, in: W. B., *Gesammelte Schriften*, Bd. II, 1, Frankfurt/Main 1980, S. 313.

26 Eine genaue Lektüre der 10. Elegie zeigt, welche Vermittlungsarbeit hier zwischen Trauer, Klage und Rühmen geleistet wird, mit einem Resultat, das alles andere als affirmativ genannt werden kann. Vgl. Carol Jacobs, *The Tenth ›Duino Elegy‹ or the Parable of the Beheaded Reader*, in: C. J., *The Dissimulating Harmony*, Baltimore 1978, S. 23 bis 49.

27 Ausführlicher dazu: Rainer Nägele, *The Scene of the Other. Adorno's ›Negative Dialectic‹ in the Context of Poststructuralism*, in: Boundary II, 2 (1983), S. 59-79.

28 Wieder abgedruckt in: Hans Magnus Enzensberger, *Palaver. Politische Überlegungen*, Frankfurt/Main 1974, S. 41-54.

29 Vgl. G. W. F. Hegel, *Phänomenologie des Geistes* (in: *Werke in zwanzig Bänden*), Frankfurt/Main, 1970, Bd. 3, S. 107.

30 Friedrich Hölderlin, *Wenn der Dichter einmal des Geistes mächtig . . .*, in: F. H., *Sämtliche Werke*, Bd. 14: *Entwürfe zur Poetik*, hg. v. Wolfram Groddeck u. D. E. Sattler, Frankfurt/Main 1979, S. 320/21. – In der Beißnerschen Stuttgarter Ausgabe trägt der Aufsatz den nicht unzutreffenden Titel *Über die Verfahrungsweise des poëtischen Geistes*.

Lea Ritter-Santini
Ein Paar geflügelter Schuhe

> »Gingen wir doch, öfter als die Schuhe
> die Länder wechselnd...«
> *(Bertolt Brecht)*

Ein Schriftsteller, ein Freund, hat ihn vor vielen Jahren Ariel genannt, und wie der Luftgeist spielte Hans Magnus Enzensberger auf dem Welttheater, leicht und geschickt, mit seinen für viele unheimlichen Gaben; ein Geist, der erschien und verschwand je nach seinen Launen, nach den Launen der Welt und der Geschichte, der jeden Raum überspringen, jede Entfernung überwinden konnte. Er bewohnte die Teile der Welt und die Länder, die seine intellektuelle Neugier reizten, die sein Zorn und seine politische Wut entdeckten.

Die Topographie seiner Aufenthalte, die Ortschaften, die seine Unruhe ihn wählen ließ – Norwegen, Rom, die Sowjetunion, Südamerika, Nordamerika, Kuba, Spanien, Berlin, München – wirken wie die eingefärbten Zonen auf der Tafel eines historischen Atlas, auf dem die verschiedenen Landschaften und Gegenden der Erde den wichtigen Ereignissen entsprechen.

Die Geschichte seiner Wanderungen und seiner Verwandlungen zwingt aber – will man ihre Logik verstehen –, jene größere Tafel aufzuschlagen, auf welcher auch die Reiche der Wölfe eingetragen sind, mit den Grenzen der Kriege zwischen ihnen und den unzähligen Lämmern. Die geographischen Orte rücken nah, werden benachbart, wirken zusammengeklebt, wie die Fragmente einer Collage.

Wenn immer wieder behauptet wird, daß Collage oder Montage eine Technik der literarischen Avantgarde sei, eine Erfindung des 20. Jahrhunderts: Hans Magnus Enzensberger verdankt man die Rettung dieser Technik für die Tradition. In der ingeniösen Art, Berichte zusammenzustellen ohne die Leidenschaft der Modernität, aber auch ohne die verallgemeinernde Lust des Historismus, Figuren und Ereignisse zu kanonisieren, erkannte er ein Hilfsmittel deutscher Gelehrsamkeit des vergangenen Jahrhunderts. Die scheinbare Bescheidenheit der Montage nimmt auch die vom

Dichter geretteten *objets trouvés* auf und zeigt sie in einer Perspektive, die zur unkonventionellen Lektüre einlädt. Nach diesem Prinzip sucht man zunächst einen von jenen »Gebrauchsgegenständen« – als solche möchte Hans Magnus Enzensberger seine Gedichte verstanden wissen –, die es Ariel ermöglicht haben, in den verschiedenen Teilen der Welt anwesend zu sein und durch die magischen Worte seine Wirklichkeit des Traumes zu vermitteln. Wer eine philosophische Neigung besitzt, dem riet Hans Magnus Enzensberger, seine Gedichte rückwärts zu lesen, nach der Gangart der Krebse. Jemand, der sich als lesender Krebs verhält, findet sich vor diesen Versen:

> etwas, das keine farbe hat, etwas
> das nach nichts riecht, etwas zähes,
> trieft aus den verstärkerämtern,
> setzt sich fest in die nähte der zeit
> und der schuhe, etwas gedunsenes [. . .].

Es ist noch nicht das stumme, dunkle Wasser, das – Ende der siebziger Jahre – alle Reisenden des Luxusdampfers »Titanic« verschlucken wird und uns zusammen mit ihnen. Diese Verse *an alle fernsprechteilnehmer* wollten Alarm schlagen und auf jenes Steigen von klebriger, dumpfer Masse aufmerksam machen, die »gegen uns geht, gegen den seestern und das getreide«. Wenn dieses Zähe und Klebrige die Zeit und die Schuhe der Gehenden aufzuhalten vermag – wird dann nur derjenige, der den Mut haben wird, die Schuhe wegzuwerfen (oder andere, besondere anzuziehen), vielleicht die Kraft finden, weiterzulaufen, zu fliehen und das bedrohte Land zu verlassen?

Eine Frage, die mich in Verlegenheit bringt, wenn ich an Professor Fels denke – er, der immer in Gefahr ist, dem Klebrigen, Zähen, das in der Luft liegt, nachzugeben, eingebettet in etwas, »das keine farbe hat« und keinen Geruch. Für Hans Magnus Enzensberger ist Fels kein sympathischer Fernsprechteilnehmer. In den *Fröschen von Bikini* ist von ihm die Rede:

> Gleich bin ich fertig, an meinem Leumund
> liegt mir nichts; mein Abschreiber,
> mein Polyp, mein Blutegel, Professor Fels
> der über mich arbeitet – einer von denen –,
> siehe, er langweilt sich schon [. . .].

Ein Fels, der ihn erdrückt, während er seinerseits versucht, Distanz zu behalten, um zu sehen, was die anderen tun und wie die Realität beseitigt wird:

> Im übrigen bin ich Zuschauer. Ja,
> ich schaue zu. Diese Pflichtübungen,
> Maiandachten und Prozessionen,
> behauptet er, habe er satt. Bis zum Hals
> in löchrigen Schnürstiefeln
> eine Halde von alten Schuhen zu überqueren
> mit durchgelaufenen Sohlen –
> wenn das der Neue Mensch sei,
> dann lieber nicht.

Professor Fels könnte der Versuchung erliegen, die Gegenstände der Dichtung zu suchen und zu glauben – zum Beispiel –, zwischen den vielen alten Schuhen der Literatur nun auch die abgetragenen Schuhe seines Dichters gefunden zu haben, die Schuhe, die dieser bei seinem Kommen und Gehen durch die Länder und Teile der Welt immer wieder ausgezogen und neu angezogen hat. Dabei hilft ihm vielleicht die Erinnerung an Professor Carducci, an jenen Rhythmus von Fabelerzählung – übrigens eine Gattung, die Hans Magnus Enzensberger nicht stört – in einem von dessen Gedichten:

> Sette paia di scarpe ho consumate
> Di tutto ferro per te ritrovare
> Sette verghe di ferro ho logorate
> Per appoggiarmi nel fatale andare [. . .].

Carduccis Schuhe, die als magische Gegenstände das Gehen durch die Zeit begleiten, könnten dazu dienen, auch der Geschichte eines neueren Dichters zu folgen.

In einem der frühen *freundlichen gedichte* Enzensbergers, *call it love,* waren die Schuhe Kennzeichen der Identität für sie,

> die ausgewiesen auf den verwitterten sternen,
> ohne gedächtnis verbannt
> ohne paß ohne schuhe [. . .].

Soll man selbst die Schuhe ausziehen, um weiterzusuchen? In der letzten Gedichtsammlung, *Die Furie des Verschwindens,* findet man sie wieder, und zwar in der Erzählung *Ein Traum:*

> Ich bin auf der Flucht. Ich habe meine Schuhe verloren.
> Kirschbäume blühen hinter einem verlassenen Haus.

Der Zaun ist zerbrochen. Meine Füße sind staubig, wund.
Ich sitze im Gras, schlafe ein. Durch das offene Fenster
blicke ich in ein Zimmer, das weiß und kühl ist. Im Traum
sehe ich einen alten Mann barfuß vor einer Leinwand stehen.
Er kehrt mir den Rücken zu. Leicht gebückt
tänzelt er in der Morgensonne und setzt
mit winzigen Strichen rasch ein Paar Schuhe hin,
zwinkernd. Wie leicht das geht! Der Geruch
der Farbe ist stechend und fett, und im schrägen Licht
funkelt der nasse Pinsel, jedes einzelne Haar.
Die Zeit vergeht. Weich und rehbraun malt er
die beiden Stiefelchen nebeneinander, etwas versetzt,
in das weiche Gras. Ich rieche das Leder. Die Schlaufen,
die Zungen glänzen matt, ich kann die Haken zählen,
die eisernen Ösen. Außer im Kopf des Malers
und auf seinem Bild sind keine Schuhe da.
Von der Straße her höre ich Leute murmeln,
Hundegebell, Lärm. War das nicht ein Schuß?
Warum tust du das, rufe ich im Traum, was du tust?
Hast du kein Leder? – Er rührt sich nicht. – Ja,
sie sind schön, aber was heißt schön? Bekommst du
Geld dafür? – Ich glaube, er lacht. – Außerdem
sind sie alt und abgetragen. – Er stellt sich taub,
wirft einen Blick auf das Bild, zuckt die Achseln
und geht. Die Stiefelchen stehen warm,
wie zwei schlafende Hasen, im Gras.

Ein Maler wie René Magritte hätte auf seiner leeren Staffelei vor
dem Fenster diese Stiefel malen können, hohe Schuhe mit ihren
offenen, verbrauchten Spitzen, die langsam in geschwollenen Ze-
hen enden und die Mühe langer, verstaubter Wege erzählen. In
einem anderen Gedicht Enzensbergers, *tod eines dichters,* waren
sie Rest von Leben, Krankheit und Dichtung:

> ein grauer schnee von paragraphen auf dem pflaster
> der welt, und blutige schuhe, und streptokokken.

Der alte Maler im Traum ist kein Dichter, kann aber eine andere
Wirklichkeit hervorzaubern; seine braunen Schnürstiefel sind
»wie Hasen«. Hat er sie für sich selbst gemalt oder für den unsichtbaren Zuschauer des Traums? Kaum erwacht, würden die
Hasen wieder fliehen; als warme Schuhe könnten sie aber auch
jemandem fliehen helfen, jemandem, der vorher ohne Schuhe geblieben war und andere braucht, um weiterzugehen. Aber er zieht

sie nicht wie selbstverständlich an; er fragt nur, warum der Maler überhaupt Schuhe malt – vielleicht, weil es ihm an wirklichem Leder fehlt? Alt und abgetragen, aber warm wie tierisches Leben ist dieses Paar brauner Schuhe im Gras: die ›hermetischen‹ Gebrauchsgegenstände der Dichtung, realer als diejenigen, die verlorengegangen sind mit dem Paß, mit den Paragraphen, verbannt ohne Gedächtnis. Wenn es wahr ist, daß noch in den fünfziger Jahren Annette Kolb – um ihr Gefühl von Erdenschwere zu bekämpfen – runde Löcher in ihre Sohlen geschnitten hat, dann hat ihr der junge Ariel zugeschaut, hat die Technik des merkurialischen Geistes weiterentwickelt und am eigenen Schuhwerk die alten Flügel des wandelbaren Gottes befestigt, um seinen Dienst als Ariel zu erfüllen.

Karla Lydia Schultz
Ex negativo:
Enzensberger mit und gegen Adorno

In einem Gespräch im Sommer 1982 hat Hans Magnus Enzensberger auf die Frage, was er denn von Adorno halte, ziemlich
kurzangebunden geantwortet, daß dieser für ihn kein Erfassungsgegenstand sei, sondern jemand, von dem man lernen könne.[1]
Sucht man in seinem lyrischen und essayistischen Werk nach weiteren Verweisen, so finden sich nur wenige: ein Zitat, das ins
Nachdenken über die Lyrikerin Nelly Sachs einbezogen ist
(1959); ein Adorno gewidmetes Gedicht in *blindenschrift* (1964);
Anspielungen auf die Unbrauchbarkeit von dessen Schriften in
Kursbuch (1967/68); Erwähnung eines Adorno-Titels in einem
weiteren Gedicht (1970); Berufung auf die von Adorno betonte
Trennung von Theorie und Praxis in *Politische Brosamen*
(1982).

Trotzdem scheint mir hier eine Wahlverwandtschaft vorzuliegen, die bisher wenig Beachtung fand.[2] Um es gleich zu sagen:
Enzensberger hat – als äußerst eigensinniger »Schüler« – wichtige
Gedanken Adornos aufgegriffen und sie künstlerisch in die Tat
umgesetzt. Er hat dem Lehrer heftig widersprochen und ist dabei
auf seine Art zu Ausdrucksweisen gekommen, die der oft schwierig-versponnenen Gesellschaftskritik des Theoretikers neue, zeitgemäße Bedeutungen verleihen. Ich will im folgenden auf die
erwähnten Verweise in Enzensbergers Texten eingehen, um aus
diesen Spuren die nicht ungefähre Verwandtschaft zweier der kritischsten Köpfe und Herzen unserer Zeit herauszulesen: der eine
von den Erfahrungen der Nazizeit geprägt; der andere, sechsundzwanzig Jahre jünger, von denen der Wirtschaftswunderzeit und
dem, was danach gekommen ist; wobei sich die fünfziger und
sechziger Jahre für beide überschneiden.

In dem frühen Essay *Die Steine der Freiheit*, in dem Enzensberger über das Werk der nach Stockholm geflohenen Nelly Sachs
berichtet, zitiert er den Satz von Adorno, »der zu den härtesten
Urteilen gehört, die über unsere Zeit gefällt werden können:
Nach Auschwitz sei es nicht mehr möglich [bei Adorno hieß es:

›barbarisch‹], ein Gedicht zu schreiben«. Aber Enzensberger fährt fort: »Wenn wir weiterleben wollen, muß dieser Satz widerlegt werden.«[3] Er sieht ihn widerlegt in den Gedichten von Nelly Sachs, deren Sprache das rettende Element, die Erinnerung, aufdeckt. Sie erinnert an das, was »Menschengesicht« hatte, an die Opfer. Trotzdem sind die Mörder im Schweigen dieser Sprache mit eingeschlossen, so wie die Toten das Leben der Überlebenden und Nachgeborenen durch ihre Abwesenheit bestimmen. Enzensberger entdeckt bei der Dichterin, die vor dem Schrecken, aber nicht vor der Erinnerung an den Schrecken floh, die negative Kraft der Sprache: »Das Gedicht spricht, wovon es schweigt.«[4] Noch mit den Worten Adornos im Ohr schließt er: »Nur so kann Sprache zurückgewonnen werden, im Gespräch mit dem Sprachlosen.« Lyrik ist nicht Gegenwärtigmachen von etwas Verborgenem, etwas »Wesentlichem« oder gar »Innerlichem«, sondern ein Prozeß der Erinnerung an das (und mit dem), was nicht mehr (und noch nicht) ist. Das Gedicht – so könnte man es dem jungen Enzensberger in den Mund legen – ist aus Trauer geborene Hoffnung. »Es ist eine Erinnerung von besonderer Art: eine Erinnerung nicht nur an die Vergangenheit, sondern vielmehr eine Erinnerung an die Zukunft.«[5] Enzensberger zitiert Nelly Sachs:

> Wer von uns darf trösten?
> In der Tiefe des Hohlwegs
> Zwischen Gestern und Morgen
> Steht der Cherub
> Malt mit seinen Flügeln die Blitze der Trauer
>
> Seine Hände aber halten die Felsen auseinander
> Von Gestern und Morgen
> Wie die Ränder einer Wunde
> Die offenbleiben soll
> Die noch nicht heilen darf
> Nicht einschlafen lassen die Blitze der Trauer
> Das Feld des Vergessens.
> Wer von uns darf trösten?

Doch Sachs schreibt auch: »Baue, wenn die Stundenuhr rieselt, / Aber weine nicht die Minuten fort.«[6] Adorno faßt die Bildlichkeit des unendlich vorsichtigen, paradoxen Trostgedichts der Nelly Sachs in einen vergleichsweise dürr scheinenden, dialektischen Gedanken, der jedoch dasselbe Paradox beschreibt: »Das Übermaß an realem Leiden duldet kein Vergessen; Pascals theologisches Wort ›On ne doit plus dormir‹ ist zu säkularisieren. Aber jenes Leiden [. . .] erheischt auch die Fortdauer von Kunst, die es verbietet; kaum woanders findet das Leiden noch seine eigene Stimme, den Trost, der es nicht sogleich verriete.«[7]

Enzensbergers lyrische Entgegnung auf Adornos »härtestes Urteil« erfolgt wenige Jahre später mit einem Gedicht in *blindenschrift*, das Nelly Sachs gewidmet ist und in verhüllten Zitaten an ihr Werk erinnert. Es weist zugleich auf ein Gedicht hin, das er fast zwanzig Jahre später zum Titelgedicht seines bisher letzten Lyrikbandes gemacht hat, *Die Furie des Verschwindens* (1980). Das frühe Gedicht heißt *die verschwundenen*:

> nicht die erde hat sie verschluckt. war es die luft?
> wie der sand sind sie zahlreich, doch nicht zu sand
> sind sie geworden, sondern zu nichte. in scharen
> sind sie vergessen. häufig und hand in hand,
>
> wie die minuten, mehr als wir,
> doch ohne andenken, nicht verzeichnet,
> nicht abzulesen im staub, sondern verschwunden
> sind ihre namen, löffel und sohlen.
>
> sie reuen uns nicht. es kann sich niemand
> auf sie besinnen: sind sie geboren,
> geflohen, gestorben? vermißt
> sind sie nicht worden. lückenlos
> ist die welt, doch zusammengehalten
> von dem was sie nicht behaust,
> von den verschwundenen. sie sind überall.
>
> ohne die abwesenden wäre nichts da.
> ohne die flüchtigen wäre nichts fest.
> ohne die vergessenen nichts gewiß.
>
> die verschwundenen sind gerecht.
> so verschallen wir auch.

Thematisiert wird die Fassungslosigkeit gegenüber Vergehen und Vernichten, das anonyme, massenhafte Verlöschen von Menschen, die sprachen und aßen und deren Spuren in die Gegenwart gereicht hätten, hätten andere Menschen sie nicht zu Staub und Rauch gemacht – »verschwunden / sind ihre namen, löffel und sohlen«. Weder Reue über die Tat noch die Fragen der Nachgeborenen sind diesem Ereignis kommensurabel. Ein alttestamentliches Echo der Gerechtigkeit, in dem der Begriff der Rache mittönt, wird angeschlagen; die vorletzte Zeile, »die verschwundenen sind gerecht«, faßt das durch Schriftbild (»gerecht«) und Klang (gerächt) zweideutig zusammen.

Adorno hatte Enzensberger bereits eine Gegenposition eingeräumt, allerdings mit der Einschränkung, daß Lyrik nicht als hohe Kultur auf der Basis neuerlicher Macht entstehen dürfe. In seinem Essay *Engagement* schrieb er: »Den Satz, nach Auschwitz noch Lyrik zu schreiben, sei barbarisch, möchte ich nicht mildern. [...] aber wahr bleibt auch Enzensbergers Entgegnung, die Dichtung müsse ebendiesem Verdikt standhalten, so also sein, daß sie nicht durch ihre bloße Existenz nach Auschwitz dem Zynismus sich überantworte.«[8] Wie das Gedicht von Enzensberger zeigt, ist sein Gegen-Satz nicht etwa positiv, indem Leiden und Tod der Opfer des Naziregimes sprachlich dargestellt würden; festgehalten wird vielmehr ihre Spurlosigkeit, die ›Erinnerung‹ an sie. Das Mittel ist die Negation: »zu nichte« sind sie geworden, »vergessen«, »nicht verzeichnet, nicht abzulesen«, »verschwunden«. Dadurch vermeidet Enzensberger, wovor Adorno warnt, nämlich das reinigend-erbauliche Element der Kunst. »Die sogenannte künstlerische Gestaltung des nackten körperlichen Schmerzes der mit Gewehrkolben Niedergeknüppelten enthält, sei's noch so entfernt, das Potential, Genuß herauszupressen. Die Moral, die der Kunst gebietet, es keine Sekunde zu vergessen, schlittert in den Abgrund ihres Gegenteils.«[9] Kritisiert wird hier die kathartische Funktion einer darstellenden Kunst, die durch Vergegenwärtigung des Leidens anderer eine Reinigung erzielen will – und damit ein um so saubereres Vergessen. Gegen solche Katharsis stemmt sich auch Enzensbergers Gedicht. Die Flüchtigen, Vergessenen sind zwar verschwunden in einer lückenlosen Gegenwart, aber trotzdem sind sie überall; man muß nur die Gegenwart als Ergebnis der Vergangenheit sehen. Dieses Gedicht *ex negativo* schafft keine Reinigung, sondern Erinnerung; d. h., es reflektiert einen Bewußtseinsstand, der um die Vergangenheit – und die Zukunft (»so verschallen wir auch«) – erweitert ist. Es ist unüberhörbar, daß Anfang der sechziger Jahre Adorno und Enzensberger in Satz und Gegen-Satz deutlich miteinander sprechen.

Aus dem historischen Verständnis der Gegenwart heraus schreibt Adorno an anderer Stelle von dem Mißlingen der Kultur, das durch die jüngste Geschichte unwiderleglich bewiesen sei. Er meint damit den idealistischen, ideologischen Glauben an die Veränderung der Welt durch geistige Gebilde oder, mit seinen Worten, durch den Geist, der sich als leitendes Licht einer »höheren« Vernunft bestimmt: »Daß es geschehen konnte inmitten aller Tradition der Philosophie, der Kunst und der aufklärenden Wissenschaften, sagt mehr als nur, daß dieser, der Geist, es nicht vermochte, die Menschen zu ergreifen und zu verändern. In jenen Sparten, im emphatischen Anspruch ihrer Autarkie [der der hohen Kultur], haust die Unwahrheit.«[10] (In einem seiner frühesten Gedichte, *ravenna*, hat Enzensberger diesen Gedanken ironisch-klassizistisch in ein anklagendes Bild gefaßt: »Tönern ruht die Kuppel [. . .]«.) Adorno sagt, es sei nicht wahr, daß der Geist von sich aus die Menschen verändere, daß er unabhängig von seinen gesellschaftlichen Bedingungen arbeite. Das Sein bestimme das Bewußtsein, nicht umgekehrt. Aber im Unterschied zu Marx, der noch die Möglichkeit einer positiven Ideologiekritik sah, weil die geistigen Aussagen seiner Zeit der gesellschaftlichen Wirklichkeit widersprachen und somit gegen sie gekehrt werden konnten, sieht Adorno angesichts der historischen Entwicklung diese Möglichkeit nicht mehr. Die Sprache des Geistes hat sich, ihm zufolge, den Taten der Macht so angeglichen, sich so widerspruchslos eingegliedert, daß man sie nicht mehr beim Wort nehmen und gegen die Macht wenden kann. Kritik sei nur noch im Bündnis mit der *Unterseite* dieser Sprache möglich, in ihren Abgründen und mit dem Lautmachen ihres Schweigens. Allerdings verändere eine derartige Kritik nicht die Wirklichkeit, sondern erhelle nur deren geschichtliche Herkunft. Die Negation male – oder besser: entbinde – gleich den Flügeln des Cherub in dem Gedicht von Nelly Sachs »die Blitze der Trauer«. Das sind schwierige, feinmaschige Gedankengänge, die Adorno wegen ihrer Dunkelheit sehr übelgenommen wurden.

In einem dem Lehrer gewidmeten Gedicht in *blindenschrift* befaßt sich Enzensberger mit der schwierigen Arbeit des Theoretikers:

im namen der andern
geduldig
im namen der andern die nichts davon wissen
geduldig
im namen der andern die nichts davon wissen wollen

geduldig
festhalten den schmerz der negation

eingedenk der ertrunkenen in den vorortzügen um fünf uhr früh
geduldig
ausfalten das schweißtuch der theorie

angesichts der amokläufer in den kaufhallen um fünf uhr nachmittags
geduldig
jeden gedanken wenden der seine rückseite verbirgt

aug in aug mit den totbetern zu jeder stunde des tages
geduldig
vorzeigen die verbarrikadierte zukunft

tür an tür mit dem abschirmdienst zu jeder stunde der nacht
geduldig
bloßstellen den rüstigen kollaps

ungeduldig
im namen der zufriedenen
verzweifeln

geduldig
im namen der verzweifelten
an der verzweiflung zweifeln

ungeduldig geduldig
im namen der unbelehrbaren
lehren

Dem Gedicht sind sowohl »soteriologisches Pathos« wie bürger-
lich-geistreiche Unbrauchbarkeit zugeschrieben worden.[11] Zum
Glück habe sich Enzensberger aber bald aus Adornos Denkschule
befreit und eingesehen, »daß gegen Gewalt nur Gewalt hilft« und
ein Künstler nur wirkt, »wenn er sich zum Anwalt jener macht,
die die revolutionäre Gewalt gegen die konterrevolutionäre setzen«.[12] Der mit dem Gedicht Geehrte, Repräsentant einer geist-
reichen Klasse, habe abgewirtschaftet. In der Tat ist dieses im
Sinne Adornos nutzlose Gedicht vorab musikalisch konstruiert;
die Verbformen bestehen durchweg aus Infinitiven; sein Thema,
»im namen der andern [. . .] lehren«, bezieht sich auf nichts als
stellvertretende Arbeit. In der Tat auch evoziert das »schweißtuch
der theorie« ein legendäres, rein religiöses Sudarium – nur ist es
säkularisiert und zum Stoff zeitgenössischer Exegese gemacht. Indem der Theoretiker das Material, worin die Züge menschlichen

Leidens negativ abgedrückt sind, ausbreitet und liest, wird die Vergangenheit sichtbar: allerdings nicht als kulturelles Gut, das man vereinnahmen kann, sondern als legendäre Schrift. Der geschichtliche Text – im Sinne von etwas Gemachtem (Textilie) und Wahrnehmbarem (Textur) – ist konkret, wie es die Verben »festhalten«, »ausfalten«, »wenden«, »vorzeigen« und »bloßstellen« andeuten. Trotzdem bleibt die Arbeit des Theoretikers uneigentlich und im Infinitiv, da sie Arbeit »im namen der andern«, d. h. derer, die das Material der Geschichte herstellen, ist. Das macht sie aber deshalb nicht chimärisch. Die Verzweiflung im Namen der Nutznießer der Geschichte, der Zufriedenen, wird ausgehalten durch Zweifeln an der Verzweiflung, durch Zweifeln im Namen der Opfer und Ausgebeuteten. Der auf der Basis konkreten Leidens arbeitende Theoretiker lernt, daß die historische Erfahrung anderer nicht mit Verzweiflung oder gar deren Verinnerlichung gleichzusetzen ist, sondern daß er dem eigenen Medium, d. h. der Sprache und ihren Begriffen, kritisch gegenüberstehen muß. Derartiges zu lehren ist in der Tat schwierig. Nicht mehr als seine Anerkennung spricht Enzensberger Adorno zu, aber auch nicht weniger.

Das Gedicht bezeichnet den Höhepunkt und das Ende eines Dialogs mit dem Lehrer. Wenig später sagt sich Enzensberger bis auf weiteres los. Aber vor diesem Abschnitt steht noch ein aufschlußreicher, ganz von Adornos Denken geprägter Essay, der Dichtung im Namen eines »Andern« verteidigt. *Poesie und Politik* erscheint fünf Jahre nach Adornos bekannter *Rede über Lyrik und Gesellschaft* (und knapp zwanzig Jahre vor Enzensbergers satirischer *Rede über die Rede*). Die beiden Essays stimmen in der Annahme überein, daß die Aussonderung der Poesie aus dem Gebiet der gegenwartsbezogenen Machtpolitik durch die historische Entwicklung notwendig geworden sei; daß ihre Sprache gerade deshalb gesellschaftlichen Charakter habe; und daß ihr eine anarchisch-utopische Funktion zukomme.

Enzensberger beginnt mit einer historischen Untersuchung des Herrscherlobs, einer Gedichtform, deren Engagement im Text unverblümt ausgesprochen wird. Bei den Römern wird »das einzigartige Vermögen der Poesie, Vergängliches zu verewigen, zum Politikum«.[13] Die Gattung wird bald »zum schulmäßigen System von Topoi ausgebaut« und bis in die Gegenwart hinein praktiziert. In deutscher Sprache ist die gegenseitige Abhängigkeit von

Herrscher/Mäzen und Lobredner/Dichter seit Walther von der Vogelweide belegt, verliert aber im 18. Jahrhundert mit dem Untergang des Feudalwesens buchstäblich den Boden unter den Füßen. »Die Poesie sollte fortan die Kehrseite jener gründenden Macht offenbaren, die sie seit Vergil bewiesen hatte – jene Kehrseite, der das Mißtrauen und die heimliche Furcht ihrer Patrone von jeher gegolten hatte: statt ihrer gründenden also die sprengende, die stürzende Macht, statt der Affirmation die Kritik.«[14] Was an Herrscherlob folgt, ist »Farce oder Niedertracht«; die tote Gattung läßt sich zwar fortführen, nicht aber beleben. Wo trotzdem Herrscher besungen werden (etwa Bismarck von Fontane, Hitler von Carossa oder Stalin von Becher), ergeben sich unfreiwilliger Humor, »dümmliche Vergleiche«, »lügenhaft aufgeblasene Metaphern«, ausgeleierte Prosodie, kurz: peinlich abgenutzte Klischees. Nicht einmal Brecht habe ein überzeugendes Gegenstück zustande gebracht – nämlich die Herrscherschmähung. Enzensberger betont die Unmöglichkeit von auf die Macht vereidigten Gedichten nicht wegen der Person des Herrschers oder der Gesinnung des Verfassers, also aus subjektiven Gründen, sondern wegen ihrer immanenten Unstimmigkeit: »Es handelt sich um einen objektiven Sachverhalt: die poetische Sprache versagt sich jedem, der sie benutzen will, um den Namen des Herrschenden zu tradieren.«[15] Er ist sich einig mit Adorno, der in *Lyrik und Gesellschaft* schreibt: »Dieser Gedanke aber, die gesellschaftliche Deutung von Lyrik, wie übrigens von allen Kunstwerken, darf danach nicht unvermittelt auf den sogenannten Standort oder die gesellschaftliche Interessenlage der Werke oder gar ihrer Autoren zielen [...]. Das Verfahren muß, nach der Sprache der Philosophie, immanent sein. Gesellschaftliche Begriffe sollen nicht von außen an die Gebilde herangetragen, sondern geschöpft werden aus der genauen Anschauung von diesen selbst.«[16]

In beiden Fällen läßt sich die Absage an unvermittelt soziologische Deutungen auf ein historisch-kritisches Verständnis der Beziehung zwischen Sprache und Macht zurückführen. Nach der bürgerlichen Revolution, auf der Basis der industriellen Entwicklung, setzte ein Prozeß der Vergesellschaftung ein, der die einzelnen gegenüber der Herrschaft nicht nur machtlos werden ließ, sondern ihnen auch ihre Ausdrucksmöglichkeiten, ihre Sprache, zu enteignen drohte. Das heißt, die Normierung der Sprache durch Schulen und gesteuerte Massenmedien gab den einzelnen zwar die Sprache der Herrschenden, nicht aber deren Verfügungsrecht. Poesie, von dem Zeitpunkt an, ist die Stimme einzelner gegen die Macht und unter ihr, mit Worten, die nicht ins Machtgebiet eingeordnet und damit nivelliert und absorbiert werden können. Als Beispiel vergleicht Enzensberger den »lyrischen« Gehalt der von Johannes R. Becher verfaßten Nationalhymne der DDR und der von Rudolf Alexander Schröder vorgeschlagenen Nationalhymne für die BRD mit einem Gedicht Brechts aus dem Exil. »Bedeutet Politik Teilhabe an der gesellschaftlichen Verfassung, die sich die Menschen in der Geschichte geben, so ist *Der Radwechsel*, wie jedes nennenswerte Gedicht, von politischem Wesen. Bedeutet Politik den Gebrauch der Macht zu den Zwecken derer, die sie innehaben, so hat Brechts Text, so hat Poesie nichts mit ihr zu schaffen.«[17]

Diesen Standpunkt, der ihm schärfste Kritik einbringen sollte – eine Kritik, der sich Enzensberger selbst bald selbstkritisch unterzog –, vertritt auch Adorno. Er sieht das scheinende, rettende Element der Sprache in der Stimme des zwar gesellschaftlich vermittelten, aber nicht total vermittelten einzelnen aufgehoben: »Die Versenkung ins Individuierte erhebt das lyrische Gedicht dadurch zum Allgemeinen, daß es Unentstelltes, Unerfaßtes, noch nicht Subsumiertes in die Erscheinung setzt und so geistig etwas vorwegnimmt von einem Zustand, in dem kein schlecht Allgemeines, nämlich zutiefst Partikulares mehr das andere, Menschliche fesselte.«[18] Das ist die Idee der Utopie, die Idee einer Welt, in der die Menschen sich und einander nicht mehr entfremdet sind. In den Worten des lyrischen Gedichts, in solchen Bildern und Formen, die nicht die Schablonen einer zweckrationalen, in sich gespaltenen Gesellschaft reproduzieren, erscheint negativ eine Ahnung des Neuen, des nicht den Verhältnissen Angepaßten und ihnen Eingeschliffenen. Poesie eröffnet den Bereich des Möglichen, evoziert den Wunsch nach einer anderen Welt. Mit dieser kritischen, macht- und parteilosen Perspektive endet auch Enzensbergers früher Aufsatz. Das moderne Gedicht spiele eine anarchisch-utopische Rolle in der Gesellschaft: »Sein politischer Auftrag ist, sich jedem politischen Auftrag zu verweigern und für alle zu sprechen noch dort, wo es von keinem spricht, von einem Baum, von einem Stein, von dem was nicht ist [. . .]. Poesie tradiert Zukunft [. . .]. Sie ist Antizipation, und sei's im Modus des Zweifels, der Absage, der Verneinung.«[19]

Von der Mitte der sechziger Jahre an, mit der Gründung des *Kursbuchs* und dem zeitweiligen Einstellen seiner lyrischen Produktion, wendet sich Enzensberger gegen einen derart negativdialektischen Anspruch der Poesie und damit von Adorno ab. Dieser selbst wird zur Zielscheibe politisch engagierter Angriffe gemacht; eine Generation von Studenten, die in den Vorlesungen und Schriften des Frankfurter Philosophieprofessors gelernt hatte, ihre Gesellschaft kritisch zu analysieren, kehrte sich gegen dessen »rein theoretischen« Widerstand im Namen eines neuen Aktionismus. Adorno reagierte, wenn nicht resigniert, so doch mit abwehrender Distanz. »Ich glaube, daß der Aktionismus wesentlich auf Verzweiflung zurückzuführen ist, weil die Menschen fühlen, wie wenig Macht sie tatsächlich haben, die Gesellschaft zu verändern.« Und weiter, aus seiner historischen Erfahrung heraus: »Ich müßte mein ganzes Leben verleugnen – die Erfahrungen unter Hitler und was ich am Stalinismus beobachtet habe –, wenn ich dem ewigen Zirkel der Anwendung von Gewalt gegen Gewalt mich nicht verweigern würde. Ich kann mir eine sinnvolle verändernde Praxis nur als gewaltlose Praxis vorstellen.«[20] Für den Enzensberger dieser Zeit bleibt das eine äußerst fragwürdige Haltung, und er drückt es in den *Berliner Gemeinplätzen* auch unmißverständlich aus: »Auch die Solidarität der Intelligenz bleibt bloße Rhetorik, sofern sie sich nicht in politischen Handlungen äußert, deren Nutzen sich beweisen läßt.«[21]

Praktisch orientiert, versucht er seinerseits Worte in die Tat umzusetzen oder sich zumindest an den Herden der Unruhe zu schaffen zu machen. Er reist, hält Reden und agiert gegen die kapitalistischen Medien. Er kritisiert die Nachkriegsliteratur als »Narrenparadies für oppositionelle Schriftsteller« und eröffnet mit dem Geld des Nürnberger Kulturpreises ein Konto zur Erinnerung an den im Dritten Reich »verschwundenen Heizer Hieronymus«, um den Familien von in der BRD politisch Verfolgten zu helfen. »Die Mieten müssen bezahlt werden.«[22] Auf internationaler Ebene gibt er britischen Lesern zu bedenken, »daß sich die Selbstprüfung der ›linken‹ Schriftsteller an den revolutionären Prozessen in der Dritten Welt orientiert«.[23] In einem Offenen Brief an den Präsidenten einer amerikanischen Universität zitiert er Régis Debray, um damit den Verzicht auf sein Fellowship sowie seinen Aufbruch nach Kuba als Protest gegen den amerikanischen Imperialismus und die herrschenden gesellschaftlichen

Verhältnisse zu zeigen: »Um einen Intellektuellen zu beurteilen, genügt es nicht, seine Gedanken zu prüfen: was den Ausschlag gibt, ist die Beziehung zwischen dem, was er denkt, und dem, was er tut.«[24] Theorie und Praxis müssen eins werden. Und doch kommt Enzensberger, obzwar jetzt von anderen Prämissen ausgehend als Adorno, aus der Zwickmühle von Politik und Literatur nicht heraus. Er schreibt beispielsweise von Peter Weiss' Entscheidung für die Revolution, daß es fraglich bleibe, ob »diese Konsequenz den Werken, die sie zeitigt, auch literarisch zugute kommt«.[25] Seinerseits konsequent, hört er einstweilen auf, Gedichte zu veröffentlichen.[26]

Ganz anders Adorno, der ebenso kritisch, doch ohne jede sichtbare Solidarität noch kurz vor seinem Tode herausfordernd in einem *Spiegel*-Interview erklärte: »Ich geniere mich gar nicht, in aller Öffentlichkeit zu sagen, daß ich an einem großen ästhetischen Buch arbeite.«[27] Die These dieses posthum veröffentlichten Buches (*Ästhetische Theorie*, 1970), daß »die ungelösten Antagonismen der Realität [...] wieder[kehren] in den Kunstwerken als die immanenten Probleme ihrer Form«,[28] wird denn auch von den politisch Engagierten buchstäblich links liegengelassen. Adornos Denken ist unbrauchbar. Enzensberger nimmt seine früheren Ansichten von der Poesie zurück und verkündet, der aufklärerische Anspruch »aller literarischen, ja aller künstlerischen Erzeugnisse überhaupt, [...] ihr utopischer Überschuß, ihr kritisches Potential ist zum bloßen Schein verkümmert«.[29] Dieses Urteil ist weit entfernt von der Einsicht in die erinnernde Funktion der Sprache und von der Ermutigung anhand der Lyrik von Nelly Sachs, daß Gedichte über das zu sprechen vermögen, wovon sie schweigen.

Aber ein notwendiger Weg muß nicht notwendig eine Sackgasse sein. Mir scheint, daß Enzensberger während seiner politisch aktivsten Zeit weder Sachs' Lyrik noch Adornos Dialektik ganz vergessen hat. Das ironisch betitelte Gedicht *Ausgleich*, das selbstkritisch auf Brechts *Fragen eines lesenden Arbeiters* anspielt und gleichzeitig dessen Antipoden, den »revolutionären« Intellektuellen, im Auge behält, bezieht sich nicht so sehr auf Adornos Philosophie, als vielmehr, im Sinne Adornos, auf den Marktwert, der auch diesem Denken noch anhaftet. Enzensberger schreibt, erschöpft vom linksintellektuellen »Kampf«, von zwei Versuchungen in diesem Gedicht:

Die größte Versuchung ist vielleicht die
sich zusammenzurollen
dort wo kein Licht hinfällt

Die geringste Versuchung aber besteht darin
die *Negative Dialektik* zu lesen
und dabei den Stellenmarkt wohl im Aug zu behalten[30]

Die Versuchung, mit negativer Dialektik zu brillieren, nur um sie
positiv-marktgerecht ausschlachten zu können, hatte bereits ihr
Verfasser angedeutet, der an der gesellschaftlichen Vermittlung
alles Geistigen zeitlebens festhielt. »Dem Markt entgeht keine
Theorie mehr: eine jede wird als mögliche unter den konkurrie-
renden Meinungen ausgeboten, alle zur Wahl gestellt, alle ge-
schluckt.«[31] Adorno verwies aber auch auf die »größte« Versuchung, die der Apathie, die aus Verzweiflung über die eigene
Bedingtheit erwächst und »die letzte Ideologie, geschichtlich und
gesellschaftlich bedingt«, ist.[32] Im Hinblick auf den Widerspruch
zwischen dem Lesen und den möglichen Verwendungen einer
Theorie fährt Enzensberger fort, er stelle es sich anstrengend vor,
»derart zweiäugig zu sein«. Das heißt, er sehnt sich nach einem
ruhigen und klaren Zustand, wo Wort und Tat, Denken und Handeln eindeutig sind und er, gleichsam zurückversetzt in graue
Vorgeschichte, einäugiger Zyklop sein darf. Nach Adorno ist aber
Dialektik »das konsequente Bewußtsein von Nichtidentität«; sie
ist vorweg kein Standpunkt, sondern eine dem Denken immanente Bewegung, die negiert, Widersprüche aufdeckt und weiter-
drängt. »Die Anstrengung, die im Begriff des Denkens selbst, als
Widerpart zur passivischen Anschauung, impliziert wird, ist bereits negativ, Auflehnung gegen die Zumutung jedes Unmittelbaren, ihm sich zu beugen.«[33] Mit müder Selbstironie schließt der
sich ein anachronistisches Zyklopendasein wünschende Enzensberger seinen Text über »das Wort Kampf« und die inbegriffenen
»kleinen Verrätereien«: »Dann laß ich das Telefon läuten / tagelang.«
   In den siebziger Jahren kehrt Enzensberger offen zum Gedicht-
teschreiben zurück, und zwar zu einer Lyrik, die über den Fortgang der Geschichte reflektiert und deren Fortschritte in Frage
stellt. Das erste ›Andenken‹, das er im *Mausoleum* aufbewahrt, ist
die Uhr des Giovanni de' Dondi, »eine unerhörte Konstruktion«,
ein Zeitmesser, der den Triumph der Zeit mißt: »Überbleibsel. /
Zwecklos und sinnreich / wie ein Gedicht aus Messing.« Im Gegensatz zu Adornos Perspektive in der dreißig Jahre älteren *Dia-*

lektik der Aufklärung, in der das rückläufige Moment des Fortschritts im Blickpunkt steht (weil während der Nazizeit klar wurde, daß »die Menschheit, anstatt in einen wahrhaft menschlichen Zustand einzutreten, in eine neue Art von Barbarei versinkt«[34]), sieht Enzensberger die ›Revolutionen‹ des Fortschritts als Umdrehungen und Wiederholungen:

> Andere Raubtiere. Andere
> Wörter und Räder. Aber
> derselbe Himmel.
> In diesem Mittelalter
> leben wir immer noch.

Allerdings beschreibt er in diesen *Siebenunddreißig Balladen aus der Geschichte des Fortschritts* keine ewige Wiederkehr, sondern das einmalige Leben von bestimmten Erfindern sowie deren Verschwinden aus ihren Erfindungen. Gensfleisch alias Gutenberg, »der alte Spiegelmacher aus Mainz«, steht für viele andere, über deren uns zur zweiten Natur gewordene Neuerungen es uns Nachgeborenen schwerfällt uns zu wundern:

> In einem Dunst aus heißem Metall
> ist er verschwunden. Dies hier, das Schwarze
> auf dem weißen Papier, blieb zurück:
> Die Kunst des künstlichen Schreibens,
> ein bleierner Nachgeschmack aus dem Quattrocento.

Verschwunden ist auch der Müller aus der automatisierten Mühle, »ein ineinandergreifendes Räderwerk von sehr alten Erfindungen«,[35] sowie der Regisseur von farbigen Lichtbildern, der »das Noch Nie Da Gewesene« imitiert. »Niemand erinnert sich. Nichts geschieht. Das war sein letzter Trick. / Auf einmal ist er verschwunden.«[36] Einer der optimistischsten und zugleich routiniertesten Köpfe der Aufklärung, Leibniz, sagt »es endlich selbst« – will sagen, er fühlt die Automatik des Todes: »Auf meiner Zunge / spüre ich einen Eisengeschmack.«[37] Und auch Ché Guevara, im *Mausoleum* der letzte Revolutionär, der zu den Waffen floh und im Dschungel blieb, »dort, wo alles klar war / und deutlich: Feind Feind und Verrat Verrat«, ist ausgelöscht. »Es ist nicht lange her, und vergessen.«[38] Das Fortrollen der Geschichte, am Einzelfall einiger ihrer ›Ingenieure‹ gezeigt, wird im großen und ganzen als Ansammlung präsentiert, als Häufung von Resten und Überbleibseln, die unbefragt weiterwirken.

Dies – und das Gesamtkonzept einer Totenhalle – klingt nicht unähnlich dem letzten Eintrag in Adornos und Horkheimers Buch über den Mythos des Fortschritts. In der Aufzeichnung *Zur Genese der Dummheit* heißt es von dieser, sie sei ein Wundmal, eine Narbe, herrührend von den nicht beantworteten Fragen des Kindes, den systematischen Unterdrückungen seiner Hoffnungen. Horkheimers und Adornos Perspektive ist hier von der Analogie ›Geschichte der Menschheit = Sozialisierung eines Einzelmenschen‹ geprägt. Sie sehen in der mißlungenen Aufklärung, im Vergessen all der Versprechen, die den geschichtlichen Fortschritt überhaupt erst motivieren, eine wachsende und versteinernde Dummheit, Stummheit und Erinnerungslosigkeit: »[. . .] so bezeichnen die geistigen Stufen innerhalb der Menschengattung, ja die blinden Stellen in demselben Individuum Stationen, auf denen die Hoffnung zum Stillstand kam, und die in ihrer Versteinerung bezeugen, daß alles Lebendige unter einem Bann steht.«[39] Der Unterschied zwischen Horkheimers und Adornos philosophischem Buch über die katastrophale Geschichte des Denkens (Wissen als Macht) einerseits und andererseits Enzensbergers Gedichtband über die weitreichenden Augenblicke der Technik (Wissen als Werkzeug), also zwischen Entwicklung des Bewußtseins und Entwicklung der Instrumente, sollte nicht über beider Verbindung hinwegtäuschen. Beidemal, in den Balladen von den Erfindern wie in den Essays über die Stationen der Aufklärung, basiert die Darstellung auf einer untergründigen Kritik am Vergessen und auf Mahnung zur Erinnerung. Aber Enzensberger ist sachlicher und konkreter. Er beschränkt sich auf individuelle Momente in der Geschichte, die ganz bestimmte Dinge und Methoden gezeitigt haben. Er ist auch, was im Hinblick auf Adornos Ruf erstaunen mag, pessimistischer. Während es in der *Dialektik der Aufklärung* trotz allem gesichteten triumphalen Unheil »um die Einlösung der vergangenen Hoffnung« und die Vorbereitung eines »positiven Begriffs« von Aufklärung geht[40], bleibt Enzensberger vorsichtig bei seinem Leisten, der Leistung des präzisen dichterischen Bilds und der zeitgemäßen Reportage:

> An der Kensington High Street glimmen die Räucherstäbchen; neben der Ladenkasse sitzen die letzten Hippies, verdrossen, unwirklich, wie Fossile, und fraglos, und fast unsterblich.
>
> Der Text bricht ab, und ruhig rotten die Antworten fort.[41]

Weitergeführt wird das Thema des Fortschritts vor allem mit der *Furie des Verschwindens*. Viele Anspielungen und Wendungen werden aus dem *Mausoleum* aufgenommen, so zum Beispiel ganze Zeilen der Ballade über den Demographen Malthus, »unter den Propheten der Katastrophe der Muntersten einer«:

> Zugegeben, seine Kalküle waren nicht gut genug. Er wußte nur eines: Etwas wächst, wird mehr, immer mehr. Auch das Wachstum wächst, auch der Hunger wächst, auch die Angst.

Enzensberger ist wegen seiner letzten drei Gedichtbände (*Mausoleum*, 1975; *Der Untergang der Titanic*, 1978; *Die Furie des Verschwindens*, 1980) ebenfalls als ein Prophet der Katastrophe bezeichnet worden. Doch hat man von ihm auch gesagt, daß er »trotz der vielen Widersprüche und resignativen Züge, die man ihm aufrechnen kann, an seiner einschlägigen Erkenntnis von 1968 festhält und festzuhalten gewillt ist. ›Kurzfristige Hoffnungen sind eitel‹, schrieb er damals. ›Langfristige Resignation ist selbstmörderisch.‹«[42] In seinen waghalsigen *Zwei Randbemerkungen zum Weltuntergang* schreibt er 1978, daß Apokalypse und Utopie unweigerlich zusammenhängen, sich nicht voneinander ablösen lassen: »Ohne Katastrophe kein Millennium, ohne Apokalypse kein Paradies. Die Vorstellung vom Weltuntergang ist nichts anderes als eine negative Utopie.«[43]

Das ist ein gut dialektischer Gedanke, der fast von Adorno stammen könnte. Aber Adorno gebraucht die Negativität nicht einfach als Gegensatz zu etwas Positivem, indem etwa ein Begriff (»Apokalypse«) einfach gegen einen anderen (»Paradies«) gekehrt würde und die zwei nun einen Komplex bildeten; seine negative Dialektik bemüht sich vielmehr um die Beziehung zwischen Begriffen und deren Objekten, d. h. um die Nichtidentität von Sprache und Wirklichkeit. Ein Begriff faßt die Sache immer zu knapp oder zu weit, ob es sich um den Weltuntergang oder ums Millennium handelt. Nur die dichterische Sprache arbeitet von vornherein – was ihr ihre eigentümliche Kraft und zugleich Ohnmacht verleiht – im Bereich eines utopischen Niemandslandes. Schon in *Engagement* betonte Adorno, daß der Schriftsteller es nicht nur mit Bedeutungen zu tun habe: »Entledigt kein Wort, das in eine Dichtung eingeht, sich ganz der Bedeutungen, die es in der kommunikativen Rede besitzt, so bleibt doch in keiner [...] diese Bedeutung unverwandelt die gleiche, welche das Wort draußen hatte. Bereits das simple ›war‹ in einem Bericht von etwas, das nicht war, gewinnt eine neue Gestaltqualität dadurch, daß es nicht war.«[44] Das Spannungsfeld liegt also nicht so sehr zwischen einer negativen und einer positiven Utopie als vielmehr zwischen gesellschaftlicher Wirklichkeit und utopischer Sprache, zwischen dem, was ist, und dem, was nicht ist.

Besonders in seinen jüngsten Gedichten macht Enzensberger immer wieder auf den Unterschied zwischen Wort und Tat aufmerksam, und zwar zumeist, wie in dem über Malthus, in selbstkritischer Haltung: »Was wir vom Hunger wissen, / stammt aus dem Mund der Satten; also viel ist es nicht.« Schärfer noch heißt es im *Untergang der Titanic*:

> Zwar die Abbildung eines Rettungsboots
> rettet keinen, der Unterschied
> zwischen einer Schwimmweste und dem Wort Schwimmweste
> ist wie der Unterschied zwischen Leben und Tod:
>
> Aber das Dinner geht weiter, der Text
> geht weiter, die Möwen folgen dem Schiff
> bis zum Ende [. . .]

In den *Politischen Brosamen*, die mit ihrem bescheiden-satirischen Titel an Adornos Essayistik (man vergleiche etwa *Stichworte*) erinnern, wendet Enzensberger diese schmerzliche Einsicht in die Nichtidentität von Wort und Sache pointiert gegen die unbedachte landläufige Meinung, daß derjenige, der in der Gesellschaft überlebt, kritik- und sprachlos den Mund zu halten habe. Er karikiert die politisch immer populäre Unbedingtheitsforderung, die im Namen der Konsequenz aufs Mitmachen und Mundhalten zielt. Gegen solche Tricks, die über den Unterschied zwischen Sprache als Kritik und Sprache als Affirmation hinwegtäuschen sollen, »hat Adorno einmal, höflich wie er war, eingewandt, die Trennung von Theorie und Praxis sei ein großer zivilisatorischer Fortschritt. Das hat man ihm ziemlich übelgenommen. Die sadistische Version des Konsequenz-Gebotes hat er am eigenen Leib erfahren. Sie erinnert an den Schrei des Mobs, der dem hoch auf dem Dach kauernden Selbstmörder zuruft: Nun spring doch endlich runter!«[45] Zum ersten Male seit langer Zeit wird der ehemalige Lehrer wieder erwähnt – zur eigenen Verteidigung.

Enzensberger ist kein Selbstmörder, genausowenig wie Adorno, der dem bösen Wort von Lukács zufolge im »Grandhotel Abgrund« residierte – ohne doch je hinabzuspringen. Das hat beiden, Adorno weit mehr als dem aktiven Enzensberger, den Vorwurf des Eskapismus eingebracht: jenem den der Verschanzung hinter der Theorie, diesem den des Untertauchens in der Dichtung. Enzensbergers vorläufige Antwort darauf steht in seinem Gedicht vom Fliegenden Robert, worin er den »Neidhammeln« (Adorno nannte sie die Dummköpfe, deren »Eingeschworensein aufs Positive« als Schwerkraft wirke[46]) zuwinkt:

> Von euch aus gesehen,
> werde ich immer kleiner und kleiner,
> bis ich verschwunden bin.
> Ich hinterlasse nichts weiter
> als eine Legende,
> mit der ihr Neidhammel,
> wenn es draußen stürmt,
> euern Kindern in den Ohren liegt,
> damit sie euch nicht davonfliegen.

Das Schlußgedicht seines bisher letzten Lyrikbandes ist jedoch weniger schwerelos. Es faßt eine bestimmte historische Vision in einem einzigen, am Ende sich öffnenden Satz zusammen. Der Blick der Furie des Verschwindens tilgt, ähnlich wie es Enzensberger vor zwanzig Jahren in einem Essay über *Die Furien des César Vallejo* sah, aus dem Geschriebenen »die letzte Spur artistischer Attitüden. Das brillante technische Können [. . .] ist selbstverständlich geworden, eingeschmolzen im Feuer des Schmerzes«:[47]

Die Furie

> Sie sieht zu, wie es mehr wird,
> verschwenderisch mehr,
> einfach alles, wir auch;
> wie es wächst, über den Kopf,
> die Arbeit auch; wie der Mehrwert
> mehr wird, der Hunger auch;
> sieht einfach zu, mit ihrem Gesicht,
> das nichts sieht; nichtssagend,
> kein Sterbenswort;
> denkt sich ihr Teil;
> Hoffnung, denkt sie,
> unendlich viel Hoffnung,
> nur nicht für euch;
> ihr, die nicht auf uns hört,

gehört alles; und sie erscheint
nicht fürchterlich; sie erscheint nicht;
ausdruckslos; sie ist gekommen;
ist immer schon da; vor uns
denkt sie; bleibt;
ohne die Hand auszustrecken
nach dem oder jenem,
fällt ihr, was zunächst unmerklich,
dann schnell, rasend schnell fällt, zu;
sie allein bleibt, ruhig,
die Furie des Verschwindens.

Alles in diesem dunklen Fortschrittsgedicht fällt, obwohl alles mehr wird und krebsartig wächst: die Bevölkerung, das Sozial-produkt, der Mehrwert, Profit, Hunger und Ausbeutung. Alles, was Schwerkraft hat, was von Menschen produziert wird, fällt der Furie zu, deren Name ein Kryptozitat aus Hegels *Phänomenologie des Geistes* darstellt.[48] Nach Hegel kann die allgemeine Frei-heit nicht durch positive Taten, sondern nur durch ihre Negativi-tät, ihr Verschwinden erreicht werden. Doch Enzensberger stellt ein derartiges Denken vom Kopf auf die Füße – nur um ihm sogleich den Boden darunter fortzunehmen: nicht die Negativität der Freiheit (etwas Ideelles) treibt die Geschichte an, sondern die materielle Produktion, die wiederum das Ende der Geschichte beschleunigt. Aus dieser düsteren Perspektive der abwesenden Freiheit/Hoffnung/Zukunft ergibt sich der eine lange, im wahr-sten Sinn abgründige Satz des Gedichts, der mit einem Gerun-dium endet, also mit einer nominalen Verbform, die Tun-sollen und Dauer ausdrückt. Enzensbergers Vorliebe für solch offene Schlüsse ist nicht neu (man vergleiche das Gedicht *weiterung* aus *blindenschrift*, die letzte Ballade im *Mausoleum* oder den letzten Gesang aus dem *Untergang der Titanic*); neu ist jedoch deren vertikale Richtung, die in die radikale Utopie – nämlich die Ab-gründe der Sprache – führt.

Eine Furie, schreibt Enzensberger gelehrt im Vorwort zu jenem Gedichtband, ist »ein rächender Geist, der schon bei den ältesten Dichtern vorkommt, und der bald in unbestimmter Mehrheit, bald in der Einzahl erscheint. Die Furien rächen und strafen den Meineid, den Mord, die Vergewaltigung der Natur und tragen überhaupt dafür Sorge, daß Niemand seine Grenzen über-schreite.«[49] Die Furien – um diese Gelehrsamkeit ein wenig weiterzutreiben – sind auch Töchter der Nacht und der Erde. Ursprünglich, sagt man, waren sie vielleicht Göttinnen der Gewitterwolke, des himmlischen Zorns. Als sie ihre Namen erhielten (die allerdings furchtbar sind und selten genannt werden), hießen sie Alekto (die nie Rastende), Tisiphone (die Rächerin) und Megära (die nichts Vergessende). Die Opfer, die ihnen gebracht wurden, verschwanden in einem Abgrund.

Die Furie in Enzensbergers Gedicht schweigt, sie ist – mit doppelter Ironie – »nichtssagend« und »ausdruckslos«; »sie erscheint / nicht fürchterlich; sie erscheint nicht«. Ihre Negativität erinnert an die des Nelly Sachs gewidmeten Gedichts *die verschwundenen*. Doch zeigen sich hier neue Möglichkeiten einer potenzierten Negativität, die nicht wie der Cherub »in der Tiefe des Hohlwegs [...] die Blitze der Trauer« erscheinen läßt, sondern mit einer schwer faßbaren Hoffnungslosigkeit experimentiert. Wenn die Furien ihre Beute ergreifen, schreibt Enzensberger, verwirren sie den Sinn des Schuldigen. Das letzte Kapitel seines Bandes bestehe »aus Wach- und Schlafträumen, Meditationen und Geisterbildern, die sich einer thematischen Festlegung entziehen«. Tatsächlich bleibt in dieser Lyrik »das literarisch und ideologisch Abgemachte« hinter einer ruhelosen Sprache zurück, welcher der Dichter ohne jede Rücksicht – auch ohne Rücksicht auf sich selbst – folgt: man weiß nicht wohin.

Adorno vertraute zeitlebens auf die technische Logik des künstlerischen Mediums, sei es Sprache oder Musik. Seine gesamten ästhetischen Überlegungen basieren darauf, allerdings immer im Kontext der gegebenen gesellschaftlichen Bestimmungen. »Dem folgen, wohin es die Hand zieht«, sei die Aufgabe der Kunst. »Formgefühl ist die zugleich blinde und verbindliche Reflexion der Sache in sich, auf welche sie sich verlassen muß«, und je treuer die dichterische Sprache ihrer eigenen Notwendigkeit folge, »desto weniger ist sie sich durchsichtig. Sie verdunkelt sich.«[50] Sein Schüler Hans Magnus Enzensberger hat ihm das nicht einfach abgenommen, sondern sucht es, handwerklich geübt und von phantastischer Hellhörigkeit, mit der eigenen Produktion unter Beweis zu stellen.

1 Das Gespräch fand am 29. 7. 1982 zwischen Hans Magnus Enzensberger und der Verfasserin in München statt.

2 Die Beziehung zwischen Enzensberger und Adorno steht, sieht man von verschiedenen kurzen Hinweisen ab, meines Wissens nur in einem Aufsatz im Mittelpunkt; vgl. Michael Franz, *Hans Magnus Enzensberger: Mausoleum*, in: Weimarer Beiträge 12 (1976), S. 125–140.

3 Hans Magnus Enzensberger, *Die Steine der Freiheit*, in: Merkur 13 (1959), S. 772.

4 Ebd., S. 771.

5 Ebd.

6 Zitiert ebd., S. 772 f. und S. 771.

7 Theodor W. Adorno, *Engagement*, in: Th. W. A., *Noten zur Literatur III*, Frankfurt/Main 1965 (Bibliothek Suhrkamp), S. 126.

8 Ebd.

9 Ebd., S. 126 f.

10 Theodor W. Adorno, *Negative Dialektik*, Frankfurt/Main [2]1980 (suhrkamp taschenbuch wissenschaft), S. 359.

11 Reinhold Grimm, *Bildnis Hans Magnus Enzensberger. Struktur, Ideologie und Vorgeschichte eines Gesellschaftskritikers*, in: Basis 4 (1973), S. 168.

12 Peter Hamm, *Opposition – Am Beispiel H. M. Enzensberger*, in: Joachim Schickel (Hg.), *Über Hans Magnus Enzensberger*, Frankfurt/Main [3]1979 (edition suhrkamp), S. 253.

13 Hans Magnus Enzensberger, *Poesie und Politik*, in: H. M. E., *Einzelheiten*, Frankfurt/Main 1962, S. 336.

14 Ebd., S. 338.

15 Ebd., S. 345.

16 Theodor W. Adorno, *Rede über Lyrik und Gesellschaft*, in: Th. W. A., *Noten zur Literatur I*, Frankfurt/Main 1958 (Bibliothek Suhrkamp), S. 76.

17 Enzensberger, *Poesie und Politik*, S. 350.

18 Adorno, *Lyrik und Gesellschaft*, S. 74 f.

19 Enzensberger, *Poesie und Politik*, S. 353.

20 Theodor W. Adorno, *Autobiographie aus Zitaten*, in: *Theodor W. Adorno. Gesammelte Schriften. Dossier, Suhrkamp*, Frankfurt/Main 1978.

21 Hans Magnus Enzensberger, *Berliner Gemeinplätze*, in: Kursbuch 11 (1968), S. 160.

22 Hans Magnus Enzensberger, *Rede vom Heizer Hieronymus*, in: *Über Hans Magnus Enzensberger*, S. 224.

23 Ders., *Klare Entscheidungen und trübe Aussichten*, in: *Über Hans Magnus Enzensberger*, S. 230.

24 Ders., *Offener Brief*, in: *Über Hans Magnus Enzensberger*, S. 237.

25 Ders., in: *Über Hans Magnus Enzensberger*, S. 231.

26 Obwohl Enzensberger weiterhin Gedichte schreibt, erscheint der erste Gedichtband nach *blindenschrift* (1964) erst sieben Jahre später als Sammlung: *Gedichte 1955–1970*, Frankfurt/Main 1971; sein erstes Buch neuer Lyrik, *Mausoleum*, erscheint 1975.

27 Der Spiegel 19 (1969), S. 209.

28 Theodor W. Adorno, *Ästhetische Theorie*, Frankfurt/Main [3]1977 (suhrkamp taschenbuch wissenschaft), S. 16.

29 Hans Magnus Enzensberger, *Gemeinplätze, die Neueste Literatur betreffend*, in: Kursbuch 15 (1968), S. 194.

30 Ders., *Gedichte 1955–1970*, S. 148.

31 Adorno, *Negative Dialektik*, S. 16.

32 Ebd., S. 366.

33 Ebd., S. 30.

34 Max Horkheimer und Theodor W. Adorno, *Dialektik der Aufklärung*, Frankfurt/Main 1969, S. 1.

35 Hans Magnus Enzensberger, *Mausoleum*, Frankfurt/Main 1975, S. 53.

36 Ebd., S. 104.

37 Ebd., S. 26.

38 Ebd., S. 117.

39 Horkheimer und Adorno, *Dialektik der Aufklärung*, S. 230.

40 Ebd., S. 4 u. 5.

41 Enzensberger, *Mausoleum*, S. 117.

42 Reinhold Grimm, *Festgemauert und noch nicht entbehrlich. Enzensberger als Erbe Schillers*, in: Wolfgang Wittkowski (Hg.), *Friedrich Schiller*, Tübingen 1982, S. 325.

43 Hans Magnus Enzensberger, *Zwei Randbemerkungen zum Weltuntergang*, in: Kursbuch 52 (1978), S. 1.

44 Adorno, *Engagement*, S. 111.

45 Hans Magnus Enzensberger, *Politische Brosamen*, Frankfurt/Main [2]1983, S. 18.

46 Theodor W. Adorno, *Minima Moralia*, in: Th. W. A., *Gesammelte Schriften 4*, Frankfurt/Main 1980, S. 207.

47 Hans Magnus Enzensberger, *Die Furien des César Vallejo*, in: Merkur 17 (1963), S. 362.

48 Grimm, *Festgemauert* [vgl. Anm. 42], Fn. zu S. 320 f.

49 Hans Magnus Enzensberger, *Die Furie des Verschwindens*, Frankfurt/Main 1980 (edition suhrkamp), S. 2.

50 Adorno, *Ästhetische Theorie*, S. 175.

Amadou Booker Sadji
Hans Magnus Enzensberger
und die »Dritte Welt«

Es ist ohne Zweifel ein Wagnis, in einem so kurzen Artikel die Problematik »Hans Magnus Enzensberger und die ›Dritte Welt‹« abhandeln zu wollen. Dafür spricht jedoch, daß eine solche Problematik für uns afrikanische Germanisten, vielleicht für die Mehrzahl der Germanisten in der »Dritten Welt« allgemein, ein Paradoxon enthält. Und dieses verlangt einen unverzüglichen ersten Klärungsversuch, der nicht verschoben werden sollte bis zu dem Zeitpunkt, da eventuell ein umfassendes Werk zu dieser Problematik veröffentlicht werden kann. Das Paradoxon besteht darin, daß Enzensberger wohl der zeitgenössische deutschsprachige Autor ist, von dem am wenigsten in den Veröffentlichungen und in den intellektuellen Kreisen unserer »Dritte Welt«-Länder, Kuba vielleicht ausgenommen, die Rede ist. Damit steht er ganz im Gegensatz zu Bertolt Brecht, Anna Seghers, Heinrich Böll, Günter Grass, Max Frisch, Rolf Hochhuth, Martin Walser, Peter Handke. Sicher gehört er jedoch zu denen, die in ihren Werken am meisten dem Bangen Ausdruck geben über die Entwicklung, die sich seit dem Ende des Zweiten Weltkrieges in den Beziehungen zwischen den Industriestaaten und der »Dritten Welt« abzeichnet. Leser der von Enzensberger verfaßten oder herausgegebenen Schriften, vor allem des *Kursbuchs,* müssen ohne Einschränkung Peter Hamms Urteil beipflichten, zu dem er in seinem Artikel *Opposition – Am Beispiel H. M. Enzensberger* kommt und das auf die Entwicklung der letzten zwanzig Jahre zutrifft:

Inzwischen geht es [. . .] bei Enzensberger längst nicht mehr ausschließlich um ›die Kraßheiten des westdeutschen Industriewunders‹, sondern um die Kraßheiten einer Privilegierten-Kultur, die nicht nur die Mehrzahl der Menschen im eigenen Kulturraum niemals aus lebenslänglicher materieller Abhängigkeit und Unfreiheit entläßt, sondern darüber hinaus die gesamte übrige, *die Dritte Welt zu ewiger Sklavenkultur verurteilen* will.[1]

Diese Einschätzung mag Kennern des Enzensbergerschen Werkes noch zu vage erscheinen; denn seit spätestens 1965 dominiert in diesem sowohl quantitativ als auch qualitativ – sei es unmittelbar oder gewissermaßen filigranhaft mittelbar – eben die »Dritte Welt«-Problematik. Und gerade deshalb muß es ein Wagnis darstellen, in einem so kurzen Artikel darüber zu schreiben.

Es ist in der Tat so, daß es Enzensberger seit den sechziger Jahren nicht mehr darum geht, seine ausschließliche Kritik gegen »die Kraßheiten des westdeutschen Industriewunders« zu variieren, indem er sie auf »die gesamte übrige, die ›Dritte Welt‹«, ausdehnt. Er unternimmt es vielmehr, die Kritik gegen den »eigenen Kulturraum«, der nicht mehr als primär wichtig empfunden wird, von der an der »Dritten Welt« abhängig zu machen. Eine solche Einstellung geht davon aus, daß die allgemeine geschichtliche Entwicklung kaum von den hochentwickelten Industriestaaten bestimmt wird, weder von den USA noch von Deutschland, und auch nicht von der Sowjetunion. In diesem Zusammenhang unterscheidet Enzensberger nicht zwischen westlichen oder östlichen Industriestaaten; er stellt vielmehr die Frage nach einer Weltrevolution neuen Typus. Hamms Bemerkung über Bd. 2 des *Kursbuchs* unterstreicht das:

Dieses längst berühmt gewordene zweite Kursbuch-Heft, das ausschließlich Problemen der Dritten Welt gewidmet war, bedeutete [...] im Grunde den Anfang einer neuen Linken in der Bundesrepublik, einer Linken, die man nicht mehr mit dem etablierten Kommunismus identifizieren konnte.[2]

Sicher dachte Hamm hier vor allem daran, diese neue Linke der Bundesrepublik traditionellen kommunistischen Organisationen wie der DKP gegenüberzustellen. In dialektischer Umkehrung bewirkt aber seine Bemerkung, daß man sich gerade im Zusammenhang mit der uns hier beschäftigenden Problematik Fragen stellt zu Enzensbergers manchmal widersprüchlicher Haltung gegenüber dem offiziellen Kommunismus, der von Staats wegen in Ländern wie zum Beispiel Kuba oder der Volksrepublik China praktiziert wird.

Wie immer die Beantwortung dieser Fragen dann auch ausfallen mag, Grundtenor bleibt doch jedesmal, was Joachim Schickel bereits unterstrichen hat: »Enzensberger hat nie versucht, Widersprüche zu verschleiern: er sucht die Kontroverse.«[3] Auf dieser seiner Suche nach Kontroversen ist Enzensberger aber vielleicht bis jetzt noch nicht durch solche Bürger der »Dritten Welt« unterstützt worden, die sein Werk systematisch gelesen haben. Man kann davon ausgehen, daß jedoch vor allem sie dazu berufen wären, Meinungen des Autors entscheidend zu erhellen, wenn es um die Befreiungsbewegungen, das Freiheitsstreben und die Emanzipation ihrer Völker geht.

Der Essay *Europäische Peripherie*, 1965 im *Kursbuch 2* erschienen, ist zweifellos eine der Hauptschriften Enzensbergers, die seine Grundhaltung zur »Dritten Welt« zeigen und die vielfältigen Konfrontationen dieser Welt mit den Industriestaaten untersuchen. Deshalb soll im folgenden gerade auf diesen Text das Gewicht gelegt werden.

Ausgehend von der Haltung eines gewissen deutschen Sozialdemokraten, hier als »X« und »dem Vernehmen nach ›links‹ von der Partei stehend«[4] eingeführt, stellt Enzensberger die Grundthese auf, wonach unsere heutige Welt durch eine Teilung in »Wir« und »Die« charakterisiert ist. Dieser »X«

sagt eines Nachmittags, [. . .] das Gespräch hat sich dem Kongo zugewandt, China, den südostasiatischen Kriegen: ›Ich mache mir keine Sorgen; Kinder habe ich nicht; in ungefähr fünfzehn Jahren bin ich tot; solange werden wir *die* sicher noch unter dem Daumen halten.‹[5]

Es soll nicht erörtert werden, ob dieser von Enzensberger gezeichnete Sozialdemokrat für die Mehrzahl der Parteilinken wirklich repräsentativ ist. Hier interessieren vielmehr die für Bürger der »Dritten Welt« nützlichen Informationen, vorausgesetzt, daß sie so kritisch aufgenommen und analysiert werden, wie es für solche in positivem Sinne höchst theoretischen Texte erforderlich ist. Dabei entsprechen die Verbreitung und die kritische Analyse dieser Art von Texten durch die Bürger der »Dritten Welt« mit den zwangsläufig daraus resultierenden Kontroversen dem Anliegen des Autors. Im *Bildnis einer Partei – Vorgeschichte, Struktur und Ideologie der PCC* hat er, wie mir scheint, mit Recht auf die Wichtigkeit der theoretischen ideologischen Diskussion auch und vor allem in den Ländern der »Dritten Welt« hingewiesen; deshalb trifft auch die PCC, d. h. die Kommunistische Partei Kubas, die doch eine Spitzenposition bei der Revolution in der »Dritten Welt« innehat, sein Vorwurf, diese theoretische Diskussion vernachlässigt oder gar bekämpft zu haben. An Fidel Castro und dessen Partei richtet er folgende Sätze:

Die Verwechslung von Dogma und Theorie gehört zum Repertoire Fidels. [. . .] Überhaupt ist einer mangelhaften oder falschen Theorie mit der Absage an Theorie schlechthin nicht zu begegnen. Ein Bewußtsein, das sich jeder begrifflichen Arbeit ausdrücklich verschließt, muß verkümmern.[6]

Anhand einer solchen – wie mir scheint, logischen – Grundsatzerklärung erweist sich die theoretische Überlegung Enzensbergers für uns Bürger der »Dritten Welt« um so anregender, als sie mit äußerster Klarheit und somit jedem verständlich Kritik übt an Begriffen wie »unterentwickelte Länder«, »Entwicklungsländer«, »blockfreie Staaten und Länder«, »Dritte Welt«. Indem der Autor die Bedeutung, die man solchen Begriffen allgemein und sogar in den nicht industrialisierten Ländern beimißt, in Frage stellt, nimmt er eine revolutionäre Neudefinition vor und verurteilt damit jegliche modische Phrasenmacherei. Überzeugend wird in der Analyse der Begriffe und der ihnen zugrunde liegenden Taktiken gezeigt, wie man von der Formulierung »unterentwickelte Länder« zu »Entwicklungsländer« und »Dritte Welt« überging und so der Empfindlichkeit in den offiziellen Kreisen unserer Länder besser Rechnung trug. Dabei betont Enzensberger, wie absurd es sei, von »unterentwickelten Ländern« zu sprechen, ohne geschichtliche Ursachen zu erwähnen; denn Unterentwicklung könne ja nicht das Resultat einer nur spontanen Entwicklung sein:

Es bleibt also offen, woher es kommt, daß die unterentwickelten Länder unterentwickelt sind: entweder liegt es an ihnen selber (daß sie sich nicht genügend entwickelt *haben*), oder äußere Einwirkungen sind dafür verantwortlich (daß sie nicht genügend entwickelt *worden sind*). Die politischen Vorteile, die eine solche Benennung bietet, liegen auf der Hand: sie deutet auf einen Sachverhalt, der sozusagen keinen Urheber hat, und insofern einem Naturzustand ähnelt. Dieser Auffassung kommt der biologische Nebensinn des Wortes zu Hilfe.[7]

Der Grund dafür, daß der Begriff »unterentwickelte Länder« durch denjenigen von den »Entwicklungsländern« ersetzt wurde, entgeht im allgemeinen sogar den Bürgern der »Dritten Welt«. Enzensberger erklärt ihn so:

Eine psychologische Rechtfertigung für diesen Neologismus ist leicht zur Hand: er nehme Rücksicht auf die Empfindlichkeiten derer, auf die er gemünzt sei und vermeide den deklassierenden Nebenton der älteren Vokabel.[8]

Und auch, wenn er anschließend unterstreicht, daß der Begriff »Dritte Welt« letzten Endes »ähnlichen Ursprungs«[9] ist, zeigt Enzensberger seine Sympathie und sein Engagement für jede Initiative, die von den Vertretern der »Dritten Welt« selbst ausgeht:

Immerhin betont die Vokabel die Eigenständigkeit und Gemeinsamkeit der Interessen jener Welt, die sich diesen Namen gab. Heute bereits wäre es vielleicht richtiger, sie die Zweite zu nennen, seitdem sich, ihr gegenüber, alle anderen zu einem einzigen Wir formiert haben.[10]

An dieser Stelle kann man sich jedoch des Eindrucks nicht erwehren, daß den Autor seine Sympathie für die »Dritte Welt« zu vorschnell urteilen läßt; ja, daß sie einem gewissen eurozentrischen Paternalismus ähnelt, wenn er glaubt, lediglich so das Konzept der »Dritten Welt« rechtfertigen zu können. Eine eingehendere und – wie von Enzensberger doch immer wieder gefordert – die Widersprüche aufdeckende theoretische Untersuchung hätte erkennen lassen müssen, daß es sich schon 1965 um einen frommen Wunsch handelte, wenn die offiziellen Vertreter der »Dritte Welt«-Länder gerade diese »Gemeinsamkeit der Interessen« beteuerten; und auch heute entspricht sie bei weitem nicht einer effektiven Solidarität. Wieviel Vorsicht in dieser Frage geboten ist, erhellt aus den ideologischen Differenzen, die von Anfang an und bis heute eine Institution wie die »Organisation für Afrikanische Einheit« charakterisieren, die darum ständig auseinanderzubrechen droht. Die von Enzensberger postulierte »Gemeinsamkeit der Interessen« ist zu oberflächlich, als daß sie völlig die Antagonismen überdecken könnte, welche die Beziehungen zwischen einigen »Dritte Welt«-Ländern selbst betreffen und keineswegs sekundär sind. Hier scheint mir der schwache Punkt von Enzensbergers globalisierender Theorie zu liegen. Sie berücksichtigt nicht, wie verschieden diese einzelnen Länder untereinander sind: von den natürlichen Reserven her, der strategischen Lage, den interkontinentalen Verbindungen und sogar dem kulturellen Einfluß.

Mit dieser Feststellung soll aber auf keinen Fall bestritten werden, daß der Autor sein Hauptanliegen erreicht: Demaskierung der Heuchelei, die sich hinter Begriffen wie »unterentwickelte Länder« und »Entwicklungsländer« verbirgt. Er unterstreicht, daß man zweifellos eine Unterentwicklung in der »Dritten Welt« konstatiert, daß diese aber mitnichten ein »Naturzustand«[11] ist, sondern doch einen »Urheber«[12] hat. Und dieser Urheber ist für ihn einzig und allein der »Kolonialismus«[13] alter und neuer Prägung:

Die einfachste semantische Überprüfung zeigt, daß unsere Begriffe von den ›unterentwickelten‹ oder ›blockfreien Ländern‹ unzulänglich sind. Sie sind mit Wunschvorstellungen oder Erinnerungen beladen und haben mit der Realität wenig gemein. *Übrig bleibt, als die triftigste und schärfste, eine alte politisch-ökonomische Kategorie, die des Kolonialismus. Sie ist die einzige, die auf den historischen Ursprung des großen Gegensatzes verweist, die einzige, die seine Gründe beim Namen nennt.*[14]

Wenn Enzensberger in bezug auf die Schuld des Kolonialismus an der Unterentwicklung in den »Dritte Welt«-Ländern so vorsichtig formuliert, zeigt er damit, daß er sich der Komplexität dieses Problems bewußt ist: in einer ernsthaften wissenschaftlichen Untersuchung der Zustände im vorkolonialen Afrika müßten neben den äußeren auch andere historische und sozio-ökonomische Faktoren berücksichtigt werden.

Enzensbergers Auffassung vom neuen Kolonialismus ist in der Tat sehr originell. Sie trägt der ganzen Gefährlichkeit, welche die konkrete Wirklichkeit unserer heutigen Welt in sich birgt, Rechnung und basiert auf dem Gegensatz zwischen »reichen Nationen« und »armer Welt«.[15] Auf diese Weise bereichert der Autor die Begriffe von »Kolonialismus« und »Imperialismus«; denn er unterstreicht, daß der Kolonialismus nicht nur von den kapitalistischen, sondern auch von den kommunistischen Ländern ausgeübt wird. Er geht sogar noch einen Schritt weiter und erklärt, daß die Definition von kolonialistischer Ausbeutung heutzutage eine Trennung zwischen »reichen Nationen« und »proletarischen Ländern«[16] deutlich werden läßt:

Jenseits der Demarkationslinie also Kolonien, Ex-Kolonien, koloniale Überreste und Enklaven [. . .]. Diesseits der Linie die reichen ›hochentwickelten‹ Industriegesellschaften von Pittsburgh bis Tokio und von Prag bis Irkutsk.[17]

Ausgehend von einer solchen Auffassung, verwirft Enzensberger dann das den klassischen Kommunisten so heilige Prinzip des proletarischen Internationalismus:

Ein gemeinsames ›Klassenbewußtsein‹ zwischen armen und reichen Völkern ist nicht möglich. Ein deutscher Montagearbeiter, ein russischer Matrose, ein amerikanischer Elektronik-Spezialist, die auf den Straßen von

Bombay Tausende von Namenlosen vegetieren und sterben sehen, können denkbar verschieden auf diese Wirklichkeit reagieren: gleichgültig oder empört, ratlos oder verärgert, mit Ekel, Mitleid oder Schrecken. Nur eine Reaktion ist ausgeschlossen: die Vorstellung, als hätte ihr eigenes Los mit dem jener Schatten irgend etwas gemein. Nicht mit den hungernden Indern, sondern mit ihren Auftraggebern sitzen sie in einem Boot, und ihr ›internationales Klassenbewußtsein‹ weist ihnen den Weg in ihre eigene Welt, ins Hotel, ins Stadtbüro der Pan American, der Lufthansa oder in den sowjetischen Klub zurück. Die Wortführer der armen Welt, von Mao Tse-tung bis Frantz Fanon, erliegen einer furchtbaren Illusion, wenn sie auf die Solidarität der europäischen, nordamerikanischen oder sowjetischen Arbeiterschaft hoffen.[18]

Wie zu erwarten gewesen, löste eine solche unorthodoxe Auffassung Kontroversen seitens der klassischen Kommunisten bzw. Marxisten aus. Auf eine der schärfsten davon, Peter Weiss' *Enzensbergers Illusionen*[19], reagierte unser Autor unverzüglich mit der Replik *Peter Weiss und andere*[20]. Aber sosehr sein darin entwickelter Standpunkt auch der zeitgenössischen Wirklichkeit gerecht wird, so müßte er doch angesichts der neuesten geschichtlichen Konstellation, die sich seit 1965 im weltpolitischen Maßstab abzeichnet, diskutiert und nuanciert werden. Dabei sollte man nach Möglichkeit vermeiden, was Enzensberger selbst in seiner Entgegnung Peter Weiss ausführlich vorwirft: nämlich das leere Nachsprechen von »Bekenntnissen«[21] oder von abgedroschenen Politslogans. In einer Welt, worin der Nord-Süd-Konflikt, d. h. der Antagonismus zwischen den reichen Ländern und den armen der »Dritten Welt«, sich Jahr für Jahr zuspitzt, ist Enzensberger den Realitäten sicher näher als Peter Weiss. Die übergroße Mehrheit der neueren politischen Ereignisse bestätigt nur zu gut seine vor fast zwanzig Jahren gestellte Diagnose: »Das Epizentrum der Weltpolitik liegt heute schon in Südostasien, in Afrika und im lateinischen Amerika.«[22]

Peter Weiss glaubte folgendermaßen gegen Enzensberger argumentieren zu können:

Für eine vereinfachende Terminologie wäre nach wie vor der Gegensatz einer kapitalistischen und einer sozialistischen Welt brauchbar – selbst wenn wir uns klar darüber sind, daß innerhalb dieser beiden Begriffe außerordentlich komplizierte Gliederungen herrschen.[23]

Selbst wenn eine solche Argumentation 1965 noch der Wirklichkeit hätte entsprechen können, so findet sie sich heute auf jeden

Fall dementiert; denn in den »Dritte Welt«-Ländern haben auf Grund der konkreten Erfahrungen in den Beziehungen zu den sogenannten Großmächten vor allem die Massen begriffen, daß diese Mächte über die Konzepte von »Kapitalismus« und »Sozialismus« hinaus natürlich die Gewinnung oder die Erhaltung von »Einflußsphären«[24] interessiert, d. h. die »Stabilisierung eines Zustandes, der für die reichen Länder günstig und für die armen unerträglich ist«.[25]

Was nun diese Problematik der Einflußsphären betrifft, so kann man wohl sagen, daß die Gegebenheiten sich grundlegend geändert haben, seit Enzensberger seinen Essay veröffentlichte. In Schwarzafrika, vor allem in seinem mittleren und östlichen Teil, vollzogen sich – im allgemeinen zugunsten der Sowjetunion – gesellschaftliche Veränderungen. Man denke hier an Angola, Äthiopien und Mozambique.

Die politische Entwicklung scheint also Enzensbergers Theorie der »Demarkationslinie« zwischen Reich und Arm zu widerlegen und eher Peter Weiss, dem Verfechter der traditionellen Opposition zwischen Kapitalismus und Sozialismus, recht zu geben. Bei genauerem Hinsehen jedoch stellt sich heraus, daß dieser Eindruck trügt. Entgegen allen theoretischen und abstrakten Auffassungen der orthodoxen und klassischen Kommunisten hat Enzensberger nämlich sehr gut herausgearbeitet, daß Übereinstimmungen im politischen und sozialen System Abhängigkeitsbeziehungen zwischen Reichen und Armen durchaus nicht ausschließen: »Die Linie des neuen Klassenkampfes trennt arme von reichen Kommunisten, arme Neutrale von reichen Neutralen.«[26] Und was in der Tat könnte besser diese neue Konzeption vom Klassenkampf illustrieren als die Abhängigkeit Äthiopiens und Angolas von der Sowjetunion oder diejenige – von Enzensberger als Augenzeuge erlebte – Kubas von derselben Macht? »Ein unbeschädigtes Weltbild«, »Glauben ohne Wenn und Aber, eine ›kommode Religion‹«[27] – nur idealistische Marxisten verteidigen sie heute noch blindlings und versuchen so den Eindruck zu erwecken, daß die vielfältigen Abhängigkeitsbande zwischen der Sowjetunion und ihren Alliierten aus der »Dritten Welt« einen weniger neokolonialistischen Charakter hätten als diejenigen, die zum Beispiel zwischen Frankreich und seinen ehemaligen schwarzafrikanischen Kolonien oder zwischen den USA und gewissen lateinamerikanischen Ländern bestehen.

Ein einziges »Dritte Welt«-Land will Enzensberger ausgenommen wissen von der Regel, daß wirtschaftlich reichere Partner politischen Druck ausüben, neokolonialistische Abhängigkeiten schaffen: die Volksrepublik China. Von China schreibt er: »Es führt, nachdem es hundert Jahre lang de facto eine Kolonie der reichen Großmächte war, heute eine völlig unabhängige und selbständige Politik.«[28] Die Erklärung hierfür sieht er darin, daß China unter allen Ländern der »Dritten Welt« das »stärkste ist und mithin das einzige, dem gegenüber die herkömmlichen ökonomischen und militärischen Mittel der Repression zu versagen drohen«.[29]

Wenn ich auch dieser Theorie Enzensbergers nur zu gerne zustimme, so glaube ich dennoch, daß ein bestimmter Punkt mit etwas mehr Klarheit behandelt werden müßte, als der Autor das im Rahmen seiner theoretischen Erörterung der Abhängigkeitsproblematik tut: gemeint sind die »Klassenunterschiede«[30] innerhalb der armen Welt selbst. Natürlich geht die Herausbildung von sozialen Klassen wie der industriellen Bourgeoisie und des Proletariats in dieser »armen Welt« nicht so ohne weiteres vor sich; das ist bedingt durch den Zustand selbst der Unterentwicklung und das Fehlen bzw. die nur zaghaften Anfänge von Industrie. Deshalb aber behaupten zu wollen, daß es dort keine Klassenunterschiede gebe, wäre doch zu vorschnell geschlossen; denn damit trüge man der Klasse von Reichen, die, so klein sie zahlenmäßig auch sein mag, den Massen entgegengesetzte Interessen hat, keine Rechnung. Und wenn es schon wahr ist, daß »ein deutscher Montagearbeiter, ein russischer Matrose, ein amerikanischer Elektronik-Spezialist« sich »nicht mit den hungernden Indern, sondern mit ihren Auftraggebern« solidarisiert, so darf man doch darüber nicht vergessen, daß in den »Dritte Welt«-Ländern die Vertreter der reichen Klassen sich im Notfall auch keinesfalls mit ihren armen Landsleuten solidarisieren würden, sondern viel eher ebenfalls mit ihren »Auftraggebern«. Diese kommen, entsprechend der neokolonialistischen Situation unserer Länder, aus Kreisen der europäischen und amerikanischen Kapitalisten. Man denke an die Unterstützung, die sie Persönlichkeiten wie Tschombe oder Mobutu aus Zaire gewährten; außerdem fallen einem in diesem Zusammenhang die großen Latifundienbesitzer in Lateinamerika ein, die Ölscheichs in den arabischen Ländern oder einfach alle Mitglieder einer Bürokraten- und Handelsbourgeoisie, die Jahr für Jahr Kapital anhäuft. Und so gesehen, ist die Situation letztlich bei weitem komplexer, als sie entsprechend der von Enzensberger vorgeschlagenen gradlinigen Demarkationslinie erscheint.

So, wie das Verhalten von »Peter Weiss und anderen« gegenüber der »sozialistischen Welt« unter sowjetischer Vormundschaft starker Idealismus, wenn nicht sogar Romantik prägt, ist auch Enzensbergers Einstellung zu China von solch einem Einfluß nicht frei. Seine Idealisierung gilt vor allem dem China der sechziger Jahre bis zum Tode von Mao Tse-tung und scheint übrigens keine nur für ihn typische Erscheinung zu sein, sondern, wie schon Hamm bemerkte, »einer neuen Linken in der Bundesrepublik« und darüber hinaus in allen westeuropäischen Ländern zu entsprechen. Es handelt sich hier ganz einfach um das unter dem Namen »Maoismus« bekannte Phänomen.

Enzensberger teilt die »anständigen Reichen«[31] Europas entsprechend ihrer verschiedenen Haltung den »Dritte Welt«-Ländern gegenüber in drei Kategorien ein – die Idealisten, die Liberalen, die Doktrinäre –, behauptet aber dann von ihnen, daß sie »sich allesamt der Wirklichkeit gegenüber in einer fatalen Lage«[32] befinden. Wenn man seine Definition der »Doktrinären«-Kategorie liest, möchte man sich unter Berufung auf seine Kontroverse mit Peter Weiss fragen, ob er hier nicht, sei es bewußt oder unbewußt, Selbstironie in bezug auf seine Haltung zu China übt. Streng und fast übertreibend schreibt er nämlich:

In Westdeutschland spielen sie keine Rolle. Man trifft sie auf dem ›chinesischen‹ Flügel der Kommunistischen Parteien Ost- und Westeuropas und, besonders in Italien und Frankreich, unter den Intellektuellen an. [. . .] Sie verfügen über ausgezeichnete Kenntnisse und wissen mehr als alle anderen über die Arme Welt.[33]

Peter Weiss' These über die Beziehungen zwischen China und der Sowjetunion ist durch die spätere historische Entwicklung nicht bestätigt worden. Sie lautete:

Die konkrete Trennungslinie zieht sich zwischen den verschiedenartigen Auffassungen von der gesellschaftlichen Ordnung hin, und hier müssen die Streitpunkte zwischen der Sowjetunion und China doch eher zu einer Einigung führen als die Gegensätze zwischen der Sowjetunion und den USA.[34]

Aber auch der neuen marxistischen Linken Europas, und mit ihr Enzensberger, hat die chinesische Entwicklung nach Mao Tse-tungs Tode nicht recht gegeben. Volkschina wurde von ihnen als Katalysator der Weltrevolution empfunden, als Bastion im Kampf gegen die USA und zugleich den Revisionismus, von dem sie glaubten, daß er sich die »Wiederherstellung des Kapitalismus«[35] in den kommunistischen Ländern zum Ziel gesetzt habe. In den Augen Enzensbergers war das Recht auf seiten der Chinesen: denn sie

erklären nicht nur, daß die Sowjetunion sich mit den Vereinigten Staaten, hinter dem Rücken und auf Kosten der ärmeren Länder, verständigt habe; sie behaupten auch, daß die Sowjets im Innern ihres Landes die Wiederherstellung des Kapitalismus betrieben; und sie betrachten, *expressis verbis*, die Sowjetunion fortan nicht mehr als einen sozialistischen Staat.[36]

Heute, nach dem Tode Mao Tse-tungs und nach der Neutralisierung seiner Gefolgsleute, besonders der sogenannten Vierer-Bande, verwenden die Sowjetunion und ihre Anhänger die gleichen Argumente gegen ein China, das seine Beziehungen zu den USA ganz offensichtlich verbessert hat. Angesichts dieser Tatsache bleibt nur festzustellen, daß – in Anlehnung an seine Ausdrucksweise – auch »Enzensberger und andere« von ihrem Idealismus und ihrer revolutionären Romantik irregeführt wurden. Auffassungen, wonach die menschlichen Gesellschaften linear gegeneinander abgegrenzt werden können, sind nur Ansichtssache oder, im besten Falle, Arbeitshypothesen für Intellektuelle; das wird durch die Entwicklung Volkschinas nach dem Tode des »großen Steuermanns« bewiesen. Eine Nation, die so wie diese Schauplatz theoretischer und ideologischer Spekulationen ist, zeigt nun, daß der wichtige Faktor »Nationalismus« unter Umständen die Annullierung aller zuvor ausgearbeiteten Theorien bewirken kann. Diese Tatsache stellt ein grundsätzliches Problem für die Doktrinärmarxisten dar, weil ihre Analysen oft durch die Praxis in diesem oder jenem Staat widerlegt werden. Und auch Peter Weiss und Enzensberger tragen ihr meiner Meinung nach nicht genügend Rechnung und irren sich daher in ihren Prognosen.

Enzensberger behauptet, daß »die überwiegende Mehrzahl aller amerikanischen Bürger [. . .] mit der Vietnam- und Südamerika-Politik der USA [. . .] einverstanden« sei[37] und erklärt das durch den Abgrund zwischen einem nordamerikanischen reichen »Wir« und einem unterentwickelten armen »Die« der »Dritten Welt«.

Ich würde statt dessen eher eine Analyse vorschlagen, die den Nationalismus als Ausgangsbasis nimmt. Es sei in diesem Zusammenhang an den »Grünen Marsch« erinnert, der in Marokko die große Mehrheit des Volkes sich hinter den sonst so kritisierten und sogar bekämpften König stellen ließ, als es darum ging, die westliche Sahara angeblich zurückzuerobern; haben wir hier doch einen beredten Beweis dafür, daß sogar in den »Dritte Welt«-Ländern Nationalismus über Ideologie und »Klassendifferenzierung«[38] siegen kann.

Wenn Enzensberger den Kampf analysiert, der die »Arme Welt« der »Reichen Welt« gegenüberstellt, kommt er auch auf die problematische Verbindung zu sprechen, die in der »Dritten Welt« zwischen dem politischen Bewußtsein der Führer und den ihnen im nationalen Befreiungskampf zur Verfügung stehenden Mitteln herrscht. So spricht er als Schriftsteller und Dichter, als Berufener, als bewußter Benutzer von Sprache über die Wechselbeziehung, die zwischen politischem Gedankengut und revolutionärer Terminologie oder revolutionärer Agitation besteht. Seiner auch hier sehr originellen Meinung nach hat die »Arme Welt«

keinen ihrer Namen und keine ihrer Losungen [. . .] selbst hervorgebracht. Sie hat zwar ein eigenes Bewußtsein, aber keine eigene Sprache entwickelt. Stumm ist sie nicht, doch in einem prägnanten Sinn sprachlos. Ihre Stimme ist laut, bisweilen schrill, aber das Vokabular ist geliehen.[39]

Demnach wäre die Benutzung von ausländischen Sprachen wie Französisch oder Englisch durch die »Dritte Welt«-Völker und besonders ihre Führer ein Haupthindernis im Kampf um nationale Befreiung. Ein solcher Standpunkt entspricht voll und ganz der Überzeugung zahlreicher revolutionärer und nationalistischer Intellektueller in Schwarzafrika. Als Beispiel sei der senegalesische Gelehrte und Universitätsprofessor Cheikh Anta Diop, zugleich Vorsitzender einer wichtigen politischen Partei, genannt. Sie glauben zu Recht, daß eine wirkliche nationale Befreiung, eine wirkliche endogene Entwicklung ohne neokolonialistische Einflüsse nur über die allgemeine Einführung der Nationalsprachen durchzuführen sei.

Einige keineswegs sekundäre Details in Enzensbergers Auffassung verlangen jedoch eine Richtigstellung und abschwächende Nuancierung.

Zunächst einmal überrascht seine bedauernde Bemerkung darüber, »daß Madegassen und Algerier auf französisch, Malaien und Nigerier auf englisch miteinander verhandeln müssen«.[40] Sollte man in der Möglichkeit, daß voneinander so weit entfernte und verschiedene Völker mühelos kommunizieren, nicht auch einen gewissen Vorteil erblicken dürfen? Enzensberger stellt dies sicher nicht außer Frage. Was ihm problematisch erscheint, ist wohl die Möglichkeit, daß Bürger der »Dritten Welt« über die Sprachen der ehemaligen sowie der modernen Kolonisatoren sich selbst entfremdet werden könnten. Deshalb präzisiert er: »Zweifellos ist das anti-koloniale vom kolonialen Bewußtsein angesteckt; zweifellos hat sich die Sprache der Befreiung an der der Unterdrückung infiziert.«[41] Hat man aber nun die Berechtigung der Enzensbergerschen Gedankengänge anerkannt, mag man sich dennoch fragen, ob die Gefahr einer Entfremdung tatsächlich besteht. Ist es nicht vielmehr so, daß gewisse Begriffe einen universellen Wert darstellen und immer behalten werden, in welcher Sprache sie auch verwendet werden?

Das Erstaunlichste an all den Überlegungen zur Sprache ist aber die Stelle, wo Enzensberger Frantz Fanon den Vorwurf macht, seine revolutionären Ideen auf französisch auszudrücken. Er schreibt zu einem Textstück aus dem berühmten Werk *Die Verdammten dieser Erde*:

Den meisten von ›uns‹, die diesen Text lesen, wird er nicht mehr wert sein als ein Achselzucken. Wer genauer hinsieht, wird wenigstens die Zwickmühle erraten, in der sich sein Verfasser befindet. Er verkündet, das europäische Spiel sei ausgespielt, aber er verkündet es auf französisch.[42]

Ein Achselzucken verdienen nun eher diese Sätze von Enzensberger. In welcher Sprache hätte Fanon seine Ideen wohl ausdrücken sollen – er, der durch seine Geburt in Martinique die französische Staatsangehörigkeit besitzt und frankophon ist? Hätte er es vielleicht in seiner kreolischen Mundart tun sollen auf die Gefahr hin, nur von einer kleinen Minderheit verstanden zu werden?

Damit stellt sich die Frage, inwiefern man den Wert oder die Ausdruckskraft dieser oder jener Sprache von der Rasse ihres Benutzers abhängig machen darf. Sogar wenn man einräumt, daß die Bewohner von Martinique, Guadeloupe, Guayana und den Réunion-Inseln so wie Fanon mit ihrer zwangsläufigen Frankophonie eine Ausnahme unter den »Dritte Welt«-Bürgern darstellen, bleibt eine weitere Frage offen: Muß man gleich um Spaltung der

Persönlichkeit bangen, wenn ein zweisprachiger Afrikaner alle seine Ideen sowohl in seiner Muttersprache als auch zum Beispiel auf französisch gleich gut ausdrücken kann? Léopold Sédar Senghor, heute Mitglied der Académie Française, hat doch sehr überzeugend bewiesen, daß man nicht gebürtiger Franzose zu sein braucht, um die französische Sprache höchst perfekt zu beherrschen und sie zum absolut angemessenen Ausdrucksmittel seiner Gedanken zu machen. Enzensbergers Haltung angesichts dieser Problematik erweckt den Eindruck, daß er die tatsächlichen linguistischen Gegebenheiten mancher »Dritte Welt«-Länder nicht gut kennt; es sei denn, er wäre ein Opfer seiner politischen Optik, die diese Länder zu schematisch absondert und auf unangebrachte Weise gleichschaltet.

Unangebrachte Gleichschaltung glaubt man auch zu entdecken, wenn der Autor über die Rolle der Gewalt im nationalen Befreiungsprozeß der »Dritten Welt« schreibt. Natürlich hat in vielen Ländern die Befreiung nur stattfinden können, weil revolutionäre Gewalt gegen oppressive Gewalt der kolonialistischen oder neokolonialistischen Länder gesetzt wurde. Man sollte aber dennoch nicht im Widerspruch zu den historischen Fakten versichern, die bedeutendsten politischen Führer der »Dritten Welt« seien sich alle darin einig, daß unbedingt Gewalt angewendet werden müsse. Gerade das tut Enzensberger jedoch in der folgenden Textstelle:

So undeutlich und blaß für jeden, der ihr nicht angehört, die Utopien und Zielvorstellungen der armen Welt bleiben, so eindeutig und klar äußern sich ihre hervorragendsten Sprecher über den Weg, den sie einzuschlagen entschlossen sind. In diesem Punkt stimmen Mao Tse-tung und Patrice Lumumba, Frantz Fanon und Sékou Touré, Ho Chi Minh und Kwame Nkrumah vollkommen überein: sie alle sind davon überzeugt, daß sie ihre Ziele nur mit Gewalt erreichen können.[43]

Was der Autor hier aus den Augen verliert, ist die Tatsache, daß die genannte Übereinstimmung ja nur theoretisch ist und auch nicht auf alle Kolonien oder neokolonial beherrschten Länder zutrifft. Ausgerechnet Guinea unter Sékou Touré und Ghana unter Kwame Nkrumah zum Beispiel haben ihre politische Unabhängigkeit durch andere Kampfformen als durch einen Befreiungskrieg errungen.

Ein weiterer Punkt, der meiner Meinung nach eine gewisse Richtigstellung des Bildes verlangt, das Enzensberger von der »Dritten

Welt« gibt, betrifft das Problem der friedlichen Koexistenz bzw. den Kalten Krieg. Dazu interessiert besonders folgende Stelle aus *Europäische Peripherie*:

Sie betrachten jeden Streit, den die reichen Länder unter sich austragen, als einen Luxus, der ihnen unverständlich bleibt. Insofern war der Kalte Krieg in ihren Augen weiter nichts als eine sinnlose Verschwendung.[44]

Ich meine, gerade hier hätte unterstrichen werden müssen, daß auch zwischen den einzelnen »Dritte Welt«-Ländern zahlreiche Konflikte schwelen oder ausgetragen werden, was sicher eine noch sinnlosere Verschwendung bedeutet. Außerdem wird eben dadurch die große Solidarität in Frage gestellt, von der Enzensberger glaubt, daß sie diese Länder zu einer einzigen Front gegen die industrialisierte Welt verbinde. Es hätte auch gesagt werden müssen, daß solche Konflikte die wahre nationale Unabhängigkeit und eine vielfältige Entwicklung verzögern. Der Autor gibt in diesem Falle ein etwas zu idealisiertes Bild von der einheitlichen Kampfstrategie der »Dritte Welt«-Länder.

Wenn im vorhergehenden unter anderm eine notwendige Nuancierung der oft idealisierten Anschauung unternommen wurde, die Enzensberger von der »Dritten Welt« vertritt, so darf das keinesfalls als Versuch verstanden werden, seine reichen und wertvollen Diskussionsbeiträge gerade zu diesem Thema in Frage zu stellen. Aber auf so beschränktem Raum kann man nicht allen Aspekten des Enzensbergerschen Werkes gerecht werden. Das wurde bereits eingangs hervorgehoben. Ich mußte mich darauf beschränken, die Quintessenz dessen, was Enzensberger über die »Dritte Welt« denkt, herauszuarbeiten. Das Hauptgewicht wurde dabei auf den Essay *Europäische Peripherie* gelegt, weil er mir in angemessener Weise die Gesamtheit der Ideen widerzuspiegeln scheint, die in diesem Zusammenhang interessieren und die sich natürlich auch in anderen Schriften des Autors verstreut finden. Man denke vor allem an folgende: den Kommentar zum *Hessischen Landboten* Büchners, den Offenen Brief *An den Präsidenten der Wesleyan University*, den Briefwechsel mit Hannah Arendt, das Vorwort zum *Verhör von Habana*, den Essay *Bildnis einer Partei* sowie an das der kubanischen Kulturzeitschrift *Casa de las Americas* gegebene und 1969 unter dem Titel *Entrevista con Hans Magnus Enzensberger* veröffentlichte Interview. Sogar ein Essay wie *Zur Kritik der politischen Ökologie* kann in dieser

Reihe genannt werden, weil er im Rahmen seiner sehr speziellen Thematik Enzensberger-Gedanken zu einem für die »Dritte Welt« so wichtigen Thema wie »Demographie und Imperialismus« bringt.

Als dieser Essay im Oktober 1973 im *Kursbuch 33* veröffentlicht wurde, bestätigte er, daß Hans Magnus Enzensberger seit dem Ende der sechziger Jahre einen neuen Standpunkt bezogen hat. Schon im *Bildnis einer Partei* von 1969 angedeutet, entspricht dieser neue Standpunkt einem im Vergleich zu früher recht gedämpften Enthusiasmus in bezug auf bestimmte politische Führer der »Dritten Welt«, zum Beispiel Fidel Castro. Es sei hier an einen Ausspruch Castros erinnert, den Enzensberger so zitiert:

In gewissen Ländern ist die Rede davon, daß nur die Geburtenkontrolle eine Lösung [des Wachstums der Weltbevölkerung] darstellt. So können nur die Kapitalisten, die Ausbeuter sprechen; denn niemand, der ein Bewußtsein davon hat, was der Mensch mit Hilfe der Technik und der Wissenschaft erreichen kann, wird der Zahl der Menschen, die auf der Erde wohnen können, eine Grenze setzen wollen.[45]

Auf Castros Bagatellisierung des für die »Dritte Welt« so lebenswichtigen Problems der Überbevölkerung reagiert unser Autor mit der folgenden treffenden Bemerkung:

In solchen Phrasen drückt sich nicht nur der bekannte Hang der kubanischen Revolution zum Voluntarismus, nicht nur eine affirmative Rhetorik aus; sondern es äußert sich die Neigung, den irrationalen Ängsten der imperialistischen Unterdrücker mit ebenso irrationalen Hoffnungen zu begegnen. Eine materialistische Analyse der konkreten Bedürfnisse, Möglichkeiten und Grenzbedingungen läßt sich nicht durch Redensarten ersetzen. Die chinesische Führung hat das längst erkannt, und sie hat dementsprechend ihre frühere Bevölkerungspolitik, deren Prämissen der kubanischen recht ähnlich waren, mehrfach modifiziert.[46]

Eine solche Stellungnahme zeigt, daß Enzensberger im Endergebnis kein Denker ist, der sich in den engen Kreis ein für allemal proklamierter Wahrheiten einschließen ließe. Und wenn Schickel von ihm sagt, daß er »nie versucht, Widersprüche zu verschleiern«, muß man das wohl dahingehend ergänzen, daß Enzensberger darüber hinaus sogar bereit ist, auf dem Altar des kritischen Denkens seine Idole in dem Moment zu opfern, wo sie sich im Verhältnis zu den Interessen ihrer Völker als nicht mehr glaubwürdig erweisen.

Dieser Autor stimuliert Gedankenfreiheit, eine Bedingung, die in den »Dritte Welt«-Ländern nicht immer garantiert ist. Und er fordert Widerspruch heraus. Deshalb können seine Werke wie ein heilbringender Gärstoff wirken. Er gehört zu den modernen Autoren, deren Schriften in unseren Ländern viel mehr verbreitet und diskutiert werden müßten.

Anmerkungen

1 Peter Hamm, *Opposition – Am Beispiel H. M. Enzensberger*, in: Joachim Schickel (Hg.), *Über Hans Magnus Enzensberger*, Frankfurt/Main 1970, S. 254 [Hervorhebung von mir].
2 Ebd., S. 254 f.
3 Joachim Schickel, in: *Über Hans Magnus Enzensberger*, S. 5.
4 Hans Magnus Enzensberger, *Europäische Peripherie*, in: Kursbuch 2 (1965), S. 154.
5 Ebd.
6 Hans Magnus Enzensberger, *Bildnis einer Partei – Vorgeschichte, Struktur und Ideologie der PCC*, in: Kursbuch 18 (1969), S. 213.
7 Enzensberger, *Europäische Peripherie*, S. 159.
8 Ebd., S. 160.
9 Ebd., S. 161.
10 Ebd.
11 Ebd., S. 159.
12 Ebd.
13 Ebd., S. 161.
14 Ebd. (Hervorhebung von mir).
15 Ebd., S. 163.
16 Ebd., S. 162.
17 Ebd.
18 Ebd., S. 170 f.
19 In: Kursbuch 6 (1966), S. 165 ff.
20 Ebd., S. 171 ff.
21 Ebd., S. 171.
22 Ebd.
23 Peter Weiss, *Enzensbergers Illusionen*, in: Kursbuch 6 (1966), S. 166.
24 Enzensberger, *Europäische Peripherie*, S. 166.
25 Ebd.
26 Ebd., S. 162.

27 Enzensberger, *Peter Weiss und andere*, S. 174.
28 Enzensberger, *Europäische Peripherie*, S. 162.
29 Ebd., S. 157.
30 Weiss, *Enzensbergers Illusionen*, S. 166.
31 Enzensberger, *Europäische Peripherie*, S. 168.
32 Ebd.
33 Ebd., S. 169.
34 Peter Weiss, *Enzensbergers Illusionen*, S. 167.
35 Enzensberger, *Peter Weiss und andere*, S. 174.
36 Ebd.
37 Enzensberger, *Europäische Peripherie*, S. 163.
38 Ebd.
39 Ebd.
40 Ebd.
41 Ebd.
42 Ebd., S. 164 f.
43 Ebd., S. 165.
44 Ebd., S. 166.
45 Enzensberger, *Zur Kritik der politischen Ökologie*, in: Kursbuch 33 (1973), S. 17.
46 Ebd., S. 18.

Einzelanalysen zum späteren Werk

Klaus L. Berghahn
Es genügt nicht die einfache Wahrheit
Hans Magnus Enzensbergers
›Verhör von Habana‹ als
Dokumentation und als Theaterstück

Für Robert Kalivoda

>»Kurzfristige Hoffnungen sind eitel,
langfristige Resignation ist selbstmörderisch.«[1]

Wiederkäuende Kritik. Enzensbergers bester Kritiker ist kein anderer als er selbst. Fehldeutungen vorbeugend und das Ideal seiner Absicht verkündend, hat er dem *Verhör von Habana* einen umfänglichen Essay, *Ein Selbstbildnis der Konterrevolution*, vorangestellt, welcher dem Leser seine Deutung an die Hand gibt, noch bevor er das Stück gelesen hat. Der dankbare Leser wird vorbereitet, belehrt und nachdrücklich hingewiesen auf das, was er zu beachten habe. Eine willkommene Lesehilfe also, die obendrein noch brillant geschrieben ist. Bequemer kann man es seinem Publikum kaum machen. Nur ihm? Auch Kritiker, so weiß der Medienfuchs Enzensberger, lesen diesen Text – und folgen ihm willig, wie die Erstrezeption beweist. Die meisten Tageskritiker machten es sich so leicht, wie Enzensberger es ihnen anbot. Der flüchtigen Lektüre folgte die noch flüchtigere Kritik, die sich der Mühe des Verstehens gar nicht erst unterzog, sondern Enzensbergers Einleitung einfach ausschrieb oder paraphrasierte. Zugegeben, einige Kritiker hatten mehr Zeit und auch Raum, so daß ihre Kritiken entsprechend ergiebiger ausgefallen sind[2]; doch auch sie legitimieren ihr Kritikeramt lediglich durch Nörgelei und Beckmesserei, da sie Enzensbergers Text weder widerlegen noch übertreffen können. Für sie gilt, was Enzensberger als *docta ignorantia* bezeichnet, jene skeptische Vernünftelei, die vor lästigen Einsichten schützen soll: »Es handelt sich um eine Idiotie mit sokratischem Anspruch. Darauf, daß sie weiß, daß sie nichts weiß, tut sie sich etwas zugute. Unerbittlich besteht sie auf ihrer eigenen Rationalität; nur reinste Wahrheit wäre ihr gut genug. [...] So unbestechlich ist diese Vernunft, daß sie lieber gar nichts mehr wissen will, [. . .] als daß sie für wahr hielte, was doch bloß offensichtlich ist.«[3] Nein, das Bild, das jene Kritik von dem Werk bietet, ist zu dürftig; und es lohnt auch der Mühe kaum, sie durch eine Vorurteilskritik zu widerlegen.[4] Andererseits darf auch Enzensbergers Kommentar nicht bloß nachbuchstabiert werden. Statt dessen wird das Stück im folgenden historisch/werkgeschichtlich eingeordnet, in anderen Texten von Enzensberger gespiegelt und auf seine dokumentarische Methode hin erläutert.

Immer neue Antworten auf alte Fragen. Der Schriftsteller Enzensberger entwickelte sich im Laufe der sechziger Jahre von einem *poeta doctus* Adornoscher Prägung zu einem politischen Publizisten. Das ist keineswegs so zu verstehen, als hätte sich hier wieder einmal ein Schriftsteller unter dem Druck der gesellschaftlichen Verhältnisse aus einem Formalisten in einen Tendenzdichter verwandelt. Das Verhältnis von *Poesie und Politik* (so ja der Titel eines frühen programmatischen Essays) ist von Anfang an komplexer und auch widersprüchlicher. Enzensbergers frühe Gedichte sind durchaus politisch, und seine Analysen der Bewußtseinsindustrie[5] zählen zur besten Ideologiekritik der späten Adenauer-Ära. An geschärftem politischem Bewußtsein hat es dem Poeten Hans Magnus Enzensberger nie gefehlt. Der Widerspruch zwischen Literatur und Politik liegt anderswo und tiefer. Reinhold Grimm hat ihn in seiner Studie *Bildnis Hans Magnus Enzensberger* genau charakterisiert, wenn er schreibt: »Gerade darin, daß Hans Magnus Enzensberger an jeglicher politischen Realität verzweifelt und dennoch leidenschaftlich zum politischen Handeln drängt und aufruft, liegt das Paradox dieses Schriftstellers.«[6] Was ihm letztlich zugrunde liegt, ist der Widerspruch zwischen Theorie und Praxis, wie er in den sechziger Jahren von politisch bewußt schaffenden Schriftstellern wie Hochhuth, Kipphardt, Weiss und gerade auch Enzensberger erfahren und formuliert wurde.

Enzensbergers erster Lösungsversuch für dieses Dilemma liegt noch ganz auf der Linie des Adornoschen Engagementbegriffs, wonach Literatur allein dadurch, daß sie Poesie sei, Widerstand leiste. Sie stelle schon durch ihre bloße Existenz die bestehenden Verhältnisse in Frage. In diesem Sinne versteht Enzensberger seine Lyrik als politische Dichtung – und sie ist es auch. Aus der

Entgegensetzung zur Politik gewinnt Poesie ihre gesellschaftliche Funktion und ihre Wirkung. Seine drei Thesen »über die Entfaltung des poetischen Prozesses in der Geschichte« mögen das verdeutlichen:

1. Der politische Auftrag des Gedichts sei es, »sich jedem politischen Auftrag zu verweigern und für alle zu sprechen noch dort, wo es von keinem spricht«.[7]

2. Herrschaft und Poesie seien nicht länger zu versöhnen: »Das Gedicht ist in den Augen der Herrschaft [. . .] anarchisch; [. . .] durch sein bloßes Dasein subversiv.«[8]

3. »Poesie tradiert Zukunft.« Und zwar in jenem doppelten Sinne der Kritik und Antizipation. Ohne die Kritik wäre die Antizipation unglaubwürdig, und ohne Antizipation wäre die Kritik ohnmächtig. Doch malt Dichtung keine Zukunftsbilder aus; sie spricht so, »als wäre Zukunft möglich«.[9]

Dieses Paradox eines autonomen Engagements mit utopischer Aura, durch das die Dichtung ihren humanen Anspruch bewahrt, wurde Enzensberger immer problematischer. Mit Bestürzung mußte er die politische Folgenlosigkeit der literarischen Oppositionsbewegung erkennen. Schlimmer noch, sie wurde ihm von Peter Weiss vorgehalten; und entsprechend scharf ist seine Antwort: »Die moralische Aufrüstung von links kann mir gestohlen bleiben. Ich bin kein Idealist. Bekenntnissen ziehe ich Argumente vor. Zweifel sind mir lieber als Sentiments. Revolutionäres Geschwätz ist mir verhaßt. Widerspruchsfreie Weltbilder brauche ich nicht. Im Zweifelsfalle entscheidet die Wirklichkeit.«[10] Das ist – schon der gereizte Tonfall verrät es – besser formuliert als politisch gedacht, macht auf Selbstzweifel aufmerksam, die dieser Ton verdecken möchte. Denn der Widerspruch zwischen Rhetorik und Handeln, privater und politischer Existenz ist bei dem Realisten Enzensberger nicht weniger offenkundig als bei dem zum Idealisten ernannten Weiss. Der Abschied von gepflegten Illusionen, welcher der Selbsterkenntnis folgte, ließ nicht lange auf sich warten. Schon die Gründung des *Kursbuches* (1965) als politischer, nicht literarischer Zeitschrift deutet die Wende zur politischen Publizistik an, auch wenn diese sich inhaltlich wie stilistisch eher an eine einverstandene Linke wandte und daher kein breiteres Publikum erreichte. Im *Kursbuch* erscheint dann auch die radikale Abrechnung mit dem herrschenden Literaturbetrieb, der bloß noch Alibifunktion im Überbau habe: »Für literarische Kunstwerke läßt sich eine wesentliche gesellschaftliche Funktion in unserer Lage nicht angeben.«[11] Das schließt den Widerruf seines eigenen Standpunktes von 1962 ein. Die politische Harmlosigkeit aller Literatur liege offen zutage: »Ihr aufklärerischer Anspruch, ihr utopischer Überschuß, ihr kritisches Potential ist zum bloßen Schein verkümmert.«[12] An die Stelle des ästhetischen Engagements soll nun ein politisches treten, um das gigantische Projekt einer »politischen Alphabetisierung Deutschlands« in Angriff zu nehmen. Bescheidene, doch überzeugende Anfänge dafür erkennt Enzensberger in »Günter Wallraffs Reportagen aus deutschen Fabriken, Bahman Nirumands Persien-Buch, Ulrike Meinhoffs Kolumnen, Georg Alsheimers Bericht aus Vietnam«.[13] Der Gebrauchswert dieser politischen Reportagen wird auf Kosten der Literatur hervorgehoben, womit das vormalige Verhältnis von Poesie und Politik, unter Beibehaltung der Dichotomie, auf den Kopf gestellt wird. Denn, so wird man Enzensberger fragen müssen, sind der von ihm gelobte Protestsong, das Agitpropstück, die Reportage – und man wird hinzufügen müssen: die Arbeiterliteratur und die Dokumentarliteratur, die als literarische Tendenzen eine Antwort auf politische Prozesse darstellen – etwa keine Literatur mehr? So weit würde Enzensberger nicht gehen, der sich nun selbst diesen operativen Genres zuwendet und sich nicht scheut, kunstlose Dokumentarliteratur zu machen: das Dokumentarstück *Das Verhör von Habana* und die *oral history* des spanischen Anarchisten Durruti.

Ferne Länder. Der Schriftsteller Hans Magnus Enzensberger profilierte sich als Kritiker der westdeutschen Konsumgesellschaft und der bundesdeutschen Politik; den politischen Schriftsteller Enzensberger interessierten vor allem die Ausplünderung der »Armen Welt« und Amerikas Krieg in Vietnam. Besonders die Vereinigten Staaten zogen nun alle Kritik und Proteste auf sich; ja, sie wurden zum Katalysator für das politische Selbstverständnis und den Aktionismus vieler deutscher Schriftsteller.[14] In Enzensbergers Aufsatz *Berliner Gemeinplätze* heißt es dazu: »Alles politische Handeln steht und fällt jetzt im Kontext der internationalen revolutionären Bewegungen, von der kleinsten Demonstration bis zu den großen Entscheidungen, vor denen das amerikanische Volk steht. Deshalb, und nicht aus humanitären Gründen, ist der Krieg in Vietnam zu dem politischen Ereignis geworden, das dieses Jahrzehnt beherrscht.«[15] Hier geht es offensichtlich nicht mehr um einen poetischen Humanismus, der sich moralisierend gegenüber der schmutzigen Politik zu behaupten sucht, sondern um die Erkenntnis von internationalen Zusammenhängen und Interessen des Kapitalismus, welche die Politik weltweit bestimmen. Daher warnt Enzensberger auch vor leeren Solidaritätsparolen und vor einer Romantisierung der Befreiungskämpfe in der sogenannten Dritten Welt: »Wer die Erfahrungen der Guerillas ignoriert, ist ein Reaktionär; wer sie unbesehen kopieren möchte, ist ein Illusionist. Die nüchterne Vermittlung zwischen den Befreiungsbewegungen in der Dritten Welt und der politischen Aktion in den Metropolen ist eine Aufgabe, deren Schwierigkeiten bisher kaum erkannt, geschweige denn gelöst sind.«[16] Als solche Vermittlungsversuche sind Enzensbergers Arbeiten nach 1968 zu lesen.

Als dieser Aufsatz im *Kursbuch* erschien, hatte Enzensberger gerade ein Fellowship am Center for Advanced Studies der Wesleyan University angenommen. Nun hatte er Gelegenheit, den realen Amerikanismus ganz aus der Nähe zu studieren, sowohl seine aggressive Außenpolitik wie deren Auswirkungen im Lande selbst. Entsetzt kehrte er den USA nach zwei Monaten den Rücken und begründete seinen Entschluß in einem offenen Brief *Warum ich Amerika verlasse*.[17] Dieser Brief ist eine Philippika gegen jene »Klasse, welche in den Vereinigten Staaten von Amerika an der Herrschaft ist, und die Regierung, welche die Geschäfte dieser Klasse führt. [...] Ihr Ziel ist die politische, ökonomische und militärische Weltherrschaft. Ihr Todfeind ist die Revolution.« Der Krieg in Vietnam ist ihm dafür »die größte, blutigste und sichtbarste Probe aufs Exempel«. Die Aggressivität dieser Klasse lasse sich nicht als Charakterfehler oder mit einer Verschwörungstheorie erklären, sie ergebe sich vielmehr aus der Kohärenz ihrer Interessen und aus ihrer gesellschaftlichen Funktion. Ebenso wichtig erscheinen Enzensberger die intellektuellen Abwehrmechanismen, jene Nebelbildungen im Gehirn, welche es den Herrschenden erlauben, ihre wahren Interessen durch ideelle Deckvorstellungen zu verschönen oder zu vertuschen. Gerade jene Ideologiebildung, welche das politische Handeln geistig legitimiert, interessiert ihn besonders. Was Enzensberger in dieser Analyse der herrschenden Klasse und ihrer Handlanger nur skizziert, führt er im *Verhör von Habana* aus. Als er nämlich die USA verläßt, um in Kuba nutzbringender zu arbeiten, stößt er dort auf einen Stoff, der die Ideologie jener Klasse in schönster Selbstdarstellung zur Sprache bringt und damit demonstrierbar macht. Gemeint sind die 41 Verhöre der Konterrevolutionäre, die unmittelbar nach der gescheiterten Invasion in der Schweinebucht 1961 öffentlich stattgefunden haben. Das Selbstbildnis der Konterrevolution, das Enzensberger aus den wirklichen Verhören herausarbeitet, enthält Denkstrukturen, die uns als Teil der eigenen Ideologiebildung durchaus vertraut sind.

Als wär's ein Stück für uns. In den öffentlichen Verhören von Habana sieht Enzensberger einen »heuristischen Glücksfall«; ja, er scheut sich nicht, sie eine »unerhörte Begebenheit« zu nennen (22). Denn »eine herrschende Klasse läßt sich nicht rückhaltlos befragen, bevor sie besiegt ist. [. . .] Die herrschende Klasse kann nur als geschlagene Konterrevolution zum Sprechen gebracht werden« (22). In Enzensbergers Rekonstruktion der Verhöre geht es daher auch nicht um die Schuld der Invasoren – die ist erwiesen –, sondern um die Aufdeckung eines »gesellschaftlichen Kausalkomplexes« (Brecht). Die vorgeführten Contras sind – bis auf eine Ausnahme[18] – keine deformierten oder asozialen Charaktere, die als teuflisch entlarvt werden müßten. Die da verhört werden, sind Hidalgos mit höchsten Prinzipien, echte Charaktermasken im Marxschen Verständnis, d. h. edle Personifikationen des Kapitals. Sie sehen sich selbst als Idealisten, die bei ihrer Invasion für Prinzipien kämpften und keinerlei materielle Interessen kannten. Enzensberger läßt sie als solche, nicht als perfide Kapitalisten auftreten. Das macht sein *Verhör* ebenso glaubwürdig wie interessant. Eine moralisierende oder denunzierende Tendenz, die sich aus dem Sujet leicht hätte ableiten lassen, lag Enzensberger fern. Die politische Tendenz entwickelt sich vielmehr aus den Widersprüchen, in die sich die Verhörten verwickeln. Obwohl sich alle für gute Patrioten halten, arbeiten sie mit der CIA zusammen, um den amerikanischen Firmen ihren enteigneten Besitz zurückzugeben. Obwohl sie für eine Bodenreform eintreten, wollen sie diese jedoch nur auf dem Verkaufswege durchführen. Sogar eine Gewinnbeteiligung der Arbeiter befürworten sie, sobald sich ihre Investitionen amortisiert und sie ihren Schnitt gemacht haben. Prinzipiell sind sie für alle möglichen Reformen, wenn nur ihr Profitchen dabei nicht leidet.

Das ist stellenweise schon deutlich genug, doch gibt sich Enzensberger damit noch nicht zufrieden. Er bemüht sich, die Konterrevolution selbst dann noch ernst zu nehmen, wenn ihre Selbstrechtfertigung durch die Wirklichkeit längst widerlegt ist. Ihn interessiert, wie das Bewußtsein der herrschenden Klasse funktioniert, »die inneren Abwehrmechanismen, mit denen die Konterrevolution sich und ihre Opfer vor lästigen Einsichten schützt« (41). Hier wird in der Verleugnung der Einzelnen »das kollektive Unbewußte der Gruppe« (28) sichtbar. Über ihre Erfahrungen und Einsichten im kapitalistischen Gesellschaftssystem befragt, stellen sie sich dumm, schützen Unwissenheit vor oder zweifeln sokratisch die Fragen an; sie meinen spitzfindig, daß solch komplizierte Fragen nur ein Spezialist beantworten könne (ihnen fehlten die Kenntnisse und die Einsicht in die Zusammenhänge), oder sie geben vor, daß sie gänzlich unpolitisch seien. An diesen Stellen bieten die nur allzu bekannten Argumente dem Publikum sogar die Möglichkeit der Identifikation mit den Verhörten – eine Identifikation, die das Verhör als Denkprozeß zerstören soll. Das ist die subtilste Analyse der bürgerlichen Klasse, die sich als solche nicht zu kennen scheint und sich im Dargestellten doch wiedererkennen soll. Das ist der springende Punkt des Verhörs, wo die »kubanische Lokalfarbe verdampft« (28) und das Muster sich verallgemeinern läßt. Die Denkstrukturen und Verdrängungen der verhörten Bourgeoisie lassen sich tatsächlich übertragen; sie sind uns so fremd nicht. Im Selbstbildnis der Konterrevolution erkennen wir plötzlich das eigene Gesicht.

Aber wer mag schon solch wahrsagende Spiegel, die eine so unangenehme Botschaft für uns haben? Entsprechend scharf reagierte die Kritik: sie warf Enzensberger vor, daß seine Verallgemeinerungen und Analogien nicht stimmten; Kuba lasse sich nicht mit der Bundesrepublik vergleichen; überhaupt sei er befangen, da er ein Loblied auf die kubanische Revolution singe.[19] Aber das ist weder Enzensbergers Absicht, noch steht es im Text. Ein Vergleich zwischen den historischen, politischen und ökonomischen Verhältnissen Kubas und der Bundesrepublik würde mehr als hinken, und eine Übertragbarkeit der kubanischen Revolution auf die europäischen Industrienationen würde Enzensberger als naiv ablehnen. Ausdrücklich warnt er davor, die Erfahrungen der Guerillas in Europa zu imitieren; wer es dennoch tut, ist für Enzensberger ein Illusionist.[20] Von einer Glorifizierung der kubanischen Revolution im Stück kann ebensowenig die Rede sein; denn diese wird nicht dargestellt. Zur Diskussion steht im Stück einzig und allein die Ideologiebildung der Konterrevolution, deren Bewußtseinsstrukturen und Verdrängungsmechanismen sich unschwer übertragen und wiedererkennen lassen. Wer das nicht sehen will, ist blind, oder stellt sich dumm.

Schwerwiegender als das Mißverstehen oder Mißdeuten des Stücks durch einige Kritiker wäre eine unangemessene szenische Rekonstruktion des *Verhörs von Habana*. Der historistischen Gefahr, das Stück als »eine zeitlich und räumlich entfernte Situation abzubilden« (54), scheint keine Aufführung erlegen zu sein; dafür war der Stoff 1970 zu brisant. Da lag die Gefahr der vorschnellen Aktualisierung, die nicht minder gefährlich für das Stück ist, schon näher. Auch davor warnt Enzensberger, da »schlechte Unmittelbarkeit der Vermittlung zwischen dem historischen Vorgang und der Realität des Zuschauers in der Arm« falle (54). Fast möchte man meinen, daß er jedweder theatralischen Realisierung des Stücks skeptisch gegenüberstehe, wenn er außerdem noch erklärt, daß sein Text »weder ein Drehbuch noch ein Theaterstück« sei (54). Darin mag sich eine berechtigte Furcht des Autors vor dem Illusionsraum des Theaters äußern, der durch Einfühlung auch falsche Identifikation ermöglicht, die Kritik absorbiert und damit zunichte macht. Doch das ist zuviel der präventiven Skepsis; denn schließlich hat Enzensberger ein dokumentarisches Theaterstück geschrieben, das nicht nur im stillen Kämmerlein gelesen wurde, sondern an dessen Aufführungen in Recklinghausen und Ost-Berlin er selbst tatkräftig mitarbeitete. Zu fragen ist also nach der dokumentarischen Methode.

Gemeinplätze, die dokumentarische Literatur betreffend. »Jedes Wort und jeder Satz des Dialogs ist in Habana gefallen« (54), heißt es fast beteuernd am Ende des Einleitungsessays. Diese Binsenwahrheit ist die elementarste Voraussetzung von dokumentarischer Literatur, die sich auf historische Faktizität und authentischen Wortlaut stützen muß, um wahrscheinlich und glaubwürdig zu sein. Doch bliebe sie bei dieser Minimalforderung stehen, so reproduzierte sie bloß die Wirklichkeit, ohne sie durchschaubar zu machen. Natürlich weiß Enzensberger, daß es eine so einfache Wahrheit nicht gibt und daß es nicht genügt, die Wirklichkeit selbst sprechen zu lassen. »Es ist also tatsächlich etwas aufzubauen, etwas Künstliches, Gestelltes«, lautet Brechts bekannter Rat[21], den Enzensberger kennt und befolgt. Er hat das Material (1000 Seiten Tonbandprotokolle der 41 Verhöre) bearbeitet; er hat eine Auswahl daraus getroffen; er hat es stilisiert. Kurz: seine Bearbeitung ist eine »politische Interpretation« (52).

Auch das ist so unbekannt nicht, und alle möglichen Dokumentaristen – positivistische wie kritische – würden so oder ähnlich ihre Methode charakterisieren. Dennoch drückt sich darin, wie unscheinbar auch immer, ein neues Verhältnis zur Wirklichkeit und ein neues Kunstverständnis aus. Dokumentarische Literatur begnügt sich nicht damit, die Realität widerspiegelnd zu verdoppeln; sie erschöpft sich auch nicht in einer Illusionierung der Wirklichkeit, um sie bloß gefühlsmäßig erlebbar zu machen; sie will sie vielmehr durchschaubar machen und als veränderungsbedürftig zeigen. Dabei wird der Autor zum Produzenten.[22]

Der Autor von dokumentarischer Literatur ist nicht mehr der geniale Erfinder einer fiktionalen Fabel, sondern der Bearbeiter von vorgefundenem Material. Zwar verliert er dadurch die Aura des Genies, aber seine schöpferische Phantasie ist nichtsdestoweniger am Werke. Sie tut sich kund in der Stoffwahl, die in unserem Falle nicht nur glücklich ist, sondern geradezu hellsichtig, so daß sich anhand des Materials etwas Lehrhaftes demonstrieren läßt, das sich sonst unserer Einsicht entzieht. Der Autor ist auch nicht bloß Redakteur, der »mit Rotstift, Schere und Tesafilm« ein Drama fabriziert, wie Wolfgang Harich vermutet[23]; vielmehr bewährt sich seine poetische Produktivität auch darin, daß er das Vorgefundene neu ordnet, montiert und ihm so erst eine Perspektive gibt, welche eine verdeckte Wahrheit erkennbar macht. Enzensberger erzählt ja nicht die Geschichte einer gescheiterten Invasion, was ihm ein leichtes wäre; er trägt auch nicht bloß Informationen über die Konterrevolutionäre zusammen, die eventuell für sich selbst sprächen; sondern er rekonstruiert Geschichte durch Befragen und Verhören der Beteiligten und vermittelt dadurch ein Bildnis der Klasse, die bisher Geschichte machte. Sein schriftstellerisches Können zeigt sich schließlich besonders auch darin, daß er die Verhöre bis in den Sprachgestus hinein so montiert, daß sie die wahren Motive der besiegten Klasse bis zur Kenntlichkeit entstellen und sich deren Ideale vor der Wirklichkeit blamieren. Das ist die subtilste Leistung des Autors, der die

Argumentation der Konterrevolutionäre in ihrem Schematismus noch im kleinsten sprachlichen Detail bloßlegt. Die Struktur ihrer Art von Reformismus läßt sich bis in die Syntax hinein verfolgen: »Wenn auch – so doch; zwar – aber; im Prinzip ja – aber nur; es kann gut sein – bloß; das schon – allerdings: jedesmal wird im Nebensatz zurückgenommen, was der Hauptsatz verspricht. [. . .] Der Hauptsatz soll ihre Prinzipienfestigkeit garantieren und der Nebensatz ihre Gewinne« (37). In dieser Sprachkritik steckt die politische Kritik, in der jedes Verhör kulminiert.

Es ist allerdings keineswegs so, daß die Sprache der Verhörten die Wahrheit wie selbstverständlich an den Tag brächte oder daß die Fakten für sich selbst sprächen: erst durch die Montage des Sprachmaterials kommt die Wahrheit zum Vorschein. In der Collage des Materials wird Enzensbergers Standpunkt erkennbar. Freilich ist seine »politische Interpretation« parteilich – was ihn in den Augen mancher Kritiker als unseriös erscheinen läßt. Diese wollen nichts weniger als die objektive Wahrheit. Damit kann ihnen Enzensberger jedoch nicht dienen. Er ist befangen, da er ein Interesse daran hat, die Interessen der herrschenden Klasse aufzudecken. Dabei artikuliert sich Enzensbergers politische Tendenz nur in der Montage der Verhöre und der sich daraus ergebenden Sprachkritik; niemals schlägt sie in denunzierende Agitation um. Das Verhör der Konterrevolution ist eben kein Tribunal, sondern dient der Selbstdarstellung der bürgerlichen Klasse und ihrer Herrschaftsmechanismen. Ob die Verhörten für freie Wahlen, für ein freies Wirtschaftssystem oder für die Freiheit an sich eintreten, stets verwickeln sie sich in Widersprüche, die auf ihre wahren Interessen hinweisen. Bewußt oder unbewußt verleugnen die Invasoren ihre politischen und ökonomischen Motive hinter einem Schleier von Idealismus, der ihrem Handeln den Schein der Legitimität geben soll. Das ist für Enzensberger der springende Punkt, wo sich das Verhalten und die Ideologiebildung des Kollektivs verallgemeinern läßt. Das Muster »ist auch unserer eigenen Gesellschaft auf den Leib geschrieben« (28).

Ob sie sich in diesem Spiegel tatsächlich wiedererkennt, bleibt noch die Frage. Enzensberger erwartet, daß der Leser/Zuschauer den Modellcharakter des Dargestellten erkenne. Von einer Theateraufführung scheint er sich noch mehr zu versprechen: nämlich einen Erkenntnisprozeß für den Zuschauer, der die Selbsterkenntnis, ja sogar die Selbstkritik einschließt. »Meine Einrichtung«, heißt es dazu am Ende des Vorwortes, »soll dem Publikum Möglichkeiten der Identifikation anbieten, von denen ich hoffe, daß der Verlauf des Verhörs sie zerstört« (53). Worauf Enzensberger vertraut, ist die Überzeugungskraft seiner Bearbeitung; worauf er nur hoffen kann, ist die kritische Mündigkeit des Publikums. Ob sich bei diesem die gewünschte Wirkung auch wirklich einstellt, ist längst nicht sicher. Zweifel sind angebracht; denn kaum etwas deutet darauf hin, daß Enzensberger irgendwelche dramaturgischen Vorkehrungen getroffen hätte, diesen Erkenntnisprozeß auch sicherzustellen. Im Text mangelt es an Hinweisen, wie die Dokumentation szenisch umzusetzen sei, und auch das Vorwort enthält dazu nur einige Andeutungen, die zudem noch widersprüchlich sind.

Von der Stoffwahl heißt es lakonisch, daß das kubanische Sujet »kein Kunstgriff« sei, »der es auf Verfremdung abgesehen hätte« (22). Das ist ein erstaunlicher Satz. Denn auf die literarische Technik der Verfremdung, die für das moderne wie für das dokumentarische Drama konstitutiv ist, sollte man so schnell nicht verzichten, da man sonst zugleich den gesellschaftlichen Erkenntniswert des politischen Theaters gefährdet. Es sei nur daran erinnert, daß ein strukturgleiches Stück wie Kipphardts *Oppenheimer*-Drama gerade durch die Brechtsche Verfremdungstechnik erst jene gesellschaftskritische Wirkung erreicht, die auch *Das Verhör von Habana* anstrebt.[24] Doch nichts dergleichen bei Enzensberger. Er hält sich streng an die Vorlage und enthält sich jeder szenischen Stilisierung. Ausdrücklich heißt es bei ihm: »Jede äußerliche Aktualisierung durch Mittel der Regie (Projektionen, Zwischenansagen, visuelle Gags) ist strikt zu vermeiden« (54). Das ist verständlich, da vorschnelle, oberflächliche Aktualisierung die historische Differenz verwischt und eine »schlechte Unmittelbarkeit« herstellt. Andererseits verstellt sich Enzensberger damit die Möglichkeit einer wirkungsvollen Inszenierung, die auf solche Mittel eben nicht verzichten kann.[25] Er hält sich ans Wort, überläßt den Zuschauer der Illusion und vertraut – leichtfertig – auf dessen Kritikfähigkeit. Nur einmal, und dann nur sehr rudimentär, wird die Verfremdung in Betracht gezogen: »Auf der Bühne können die Gefangenen durch ein und denselben Darsteller gegeben werden, der nach jedem Verhör, etwa durch die Wachen, mit einem neuen Gesicht versehen wird.« Aber auch das soll keineswegs als bloßer Regieeinfall mißverstanden werden, sondern der politischen Botschaft dienen; es sei zu verstehen als ein »Verfahren, welches die arbeitsteilige Kooperation der Konterrevolutionäre sichtbar macht und jene Totalität faßlich macht, in deren Leugnung die Gefangenen ihre Zuflucht suchen« (54). Das wäre nun wieder der ästhetischen Abstraktion zuviel; das Stück würde politisches Kammertheater – und dazu noch schlechtes, da es unterdramatisiert wäre. Nein, zum Theaterstück fehlt dem *Verhör von Habana* noch ein Gutteil – was nicht heißen soll, daß eine gründliche Bearbeitung nach Brechtscher Fasson ihm nicht doch auf die Bühne helfen könnte.

Es müssen Enzensberger nach der Niederschrift des *Verhörs* Zweifel beschlichen haben. Daher die »Schutzbehauptung« (Hilzinger), es sei »weder ein Drehbuch noch ein Theaterstück« (54); daher wohl auch der einleitende Essay, der die politische Botschaft des Stücks sicherstellen soll. »Erst in der Verbindung von analytischem Diskurs und dramaturgisch bearbeitetem Konzentrat zeichnet sich das Modell deutlich ab.«[26] Essay und Verhöre, diskursive und poetische Bearbeitung stehen nebeneinander: sie ergänzen sich, statt *im* Dokumentarstück eine Einheit zu bilden. Was dem isolierten Bühnentext noch fehlt, ergänzt die Buchfassung. Nimmt man nämlich den Anhang des Buches[27] ebenso ernst wie die Verhöre und ihren Kommentar, so rundet sich »das gesamte Werk vom Prolog bis zum Epilog zu einer riesigen Montage«.[28] Das Buch als Ganzes leistet, was dem Dokumentarstück höchstens momentan gelingt: es ist ein Lehrstück, das uns auch heute noch – oder besser: wieder – etwas angeht.

Utopie mit Trauerflor. Man hat Enzensberger aufgrund des *Verhörs von Habana* etwas vorschnell den Vorwurf gemacht, er verherrliche den kubanischen Kommunismus Castroscher Prägung.[29] Enzensberger gerate ins Schwärmen – was seit der Französischen Revolution als eine gefährliche politische Krankheit gilt – und sehe in Kuba schon eine kommunistische Inselutopie. Nun mag zwar manches in Enzensbergers Œuvre utopieverdächtig sein, aber ein Utopist ist er nicht; und der kubanische Sozialismus, der dem Imperialismus in der Schweinebucht eine so empfindliche Niederlage beibrachte, ist für ihn keine verwirklichte Utopie. Dafür gibt es im Text keinerlei Hinweise, und Enzensberger steht dem kubanischen Kommunismus durchaus kritisch gegenüber, wie sein Essay über die Kommunistische Partei Kubas beweist, den man als notwendige Ergänzung zum *Verhör von Habana* lesen muß. Dieses entwirft das »Selbstbildnis der Konterrevolution«, jener zeichnet das »Bildnis einer Partei«, welche die Revolution trägt oder doch tragen sollte.[30] Wer nach der Lektüre des *Verhörs von Habana* erwartet, nun das positive Antlitz der Revolution, das glorreiche historische Subjekt der Geschichte beschrieben zu finden, sieht sich enttäuscht. Bei aller Sympathie für die kubanische Revolution steht Enzensberger ihrer Organisation und ihrer Ideologie kritisch gegenüber: das gilt sowohl für die Partei wie für Fidel Castro.

Die PCC »existiert, in ihrer heutigen Gestalt und unter ihrem heutigen Namen, seit 1965; das heißt aber, sie ist sieben Jahre nach einer siegreichen Revolution gegründet worden, die ohne ihre Mitwirkung zur Macht gekommen war. Das allein macht ihren Fall bereits einzigartig, ja schier skandalös.«[31] Entgegen der klassischen Theorie ist die PCC weder Trägerin der Revolution, noch spielt sie gesellschaftlich eine bedeutende Rolle. Das hängt mit ihrer Vorgeschichte zusammen, die nicht gerade heroisch und oft auch bedenklich zweideutig war, etwa während der Zusammenarbeit mit Batista von 1935 bis 1952. Zweideutigkeit charakterisiert auch ihr Verhältnis zu Fidel Castro und der »Bewegung vom 26. Juli«. Während Castros bewaffnetem Kampf gegen Batistas Diktatur (1953–1958) kritisierte sie seine Aktionen, statt ihn zu unterstützen; und zu einem Bündnis kam es nicht einmal nach dem Sieg der Revolution: dafür waren Verbitterung und Mißtrauen zu groß. Außerdem sollte man nicht übersehen, daß Fidel Castro keineswegs als marxistischer Guerilla in die Berge ging; sein Programm von 1953 war eher bürgerlich-reformistisch als marxistisch.[32] Noch 1959 distanzierte er sich vom Kommunismus und nannte seine Doktrin »humanistisch«. Erst nach 1960 und der Invasion in der Schweinebucht kam es zu einer Annäherung an das sozialistische Lager. »Aber dieser Sozialismus«, bemerkt Enzensberger, »hat nach wie vor keine Partei, kein klares Programm und keine feste ideologische Plattform.«[33] Es ist eine Revolution ohne Ideologie, die sich zwar 1965 eine Partei schuf, aber ihr keinen Einfluß zugesteht. Statt dessen hat diese Revolution eine Symbolfigur, die scheinbar mühelos alle Widersprüche absorbiert: Fidel Castro.

Rückblickend wird nun auch verständlich, warum Enzensberger seinen zehn Verhören ein weiteres – wenn auch im Anhang –

hinzufügte. Es ist Fidel Castros Gespräch mit den gefangenen Contras, in dem er sie überzeugt, daß ihre Invasion sinnlos gewesen sei. Diese Diskussion endet mit einer Akklamation. Hier führen wahrlich »die Waffen der Kritik zu Ende, was mit der Kritik der Waffen begonnen hat« (23).

Damals wie heute. »Es wird noch viele lebensgefährliche Krisen geben, und Tausende von Söldnern werden für die Konterrevolution ins Gras beißen, bis dieser Fraktion und ihrem Instrument, der CIA, endgültig das Genick gebrochen ist« (21). So ist es. Aber es kann noch lange dauern.

Anmerkungen

1 Hans Magnus Enzensberger, *Berliner Gemeinplätze*, in: Kursbuch 11 (1968), S. 169.

2 Etwa in Die Zeit, Der Spiegel, Theater heute.

3 Hans Magnus Enzensberger, *Ein Selbstbildnis der Konterrevolution*, in: H. M. E., *Das Verhör von Habana*, Frankfurt/Main 1972 (edition suhrkamp 553). Im folgenden werden die Seitenzahlen dieser Ausgabe im Text angegeben.

4 So verfährt Arnold Blumer, *Das dokumentarische Theater der sechziger Jahre in der Bundesrepublik Deutschland*, Diss. University of Cape Town 1975, S. 332 ff.

5 Hans Magnus Enzensberger, *Einzelheiten*, Frankfurt/Main 1962.

6 Reinhold Grimm, *Bildnis Hans Magnus Enzensberger. Struktur, Ideologie und Vorgeschichte eines Gesellschaftskritikers*, in: Basis 4 (1973), S. 142. Dieser Aufsatz ist, soweit ich sehe, immer noch das Beste, was zu diesem Thema über Enzensberger geschrieben wurde.

7 Hans Magnus Enzensberger, *Poesie und Politik*, in *Einzelheiten*, S. 353.

8 Ebd.

9 Ebd.

10 Hans Magnus Enzensberger, *Peter Weiss und andere*, in: Kursbuch 6 (1966), S. 176.

11 Hans Magnus Enzensberger, *Gemeinplätze, die Neueste Literatur betreffend,* in: Kursbuch 15 (1968), S. 195.

12 Ebd., S. 194.

13 Ebd., S. 196.

14 Zu nennen wären: Hochhuth, Fried, Lettau, Grass und Weiss.

15 Hans Magnus Enzensberger, *Berliner Gemeinplätze*, in: Kursbuch 11 (1968), S. 159.

16 Ebd., S. 160.

17 In: Die Zeit, 5. März 1968.

18 Zehntes Verhör. Der Mörder (Ramón Calvino Insúa).

19 So die Neue Zürcher Zeitung, 31. 5. 1970; Georg Hensel, in: Darmstädter Echo, 13. 6. 1970; Henning Rischbieter, in: Theater heute, Juli-Heft 1970.

20 Kursbuch 11 (1968), S. 160.

21 Bertolt Brecht, *Gesammelte Werke*, Frankfurt/Main 1967, Bd. 18, S. 162.

22 Vgl. dazu Walter Benjamin, *Der Autor als Produzent*, in: W. B., *Versuche über Brecht*, Frankfurt/Main 1966.

23 Wolfgang Harich, *Der entlaufene Dingo*, in: Sinn und Form 1973; zit. nach: Literaturmagazin 1 (1973), S. 98.

24 Offene Bühne; weiße Gardine für Titel- und Filmprojektionen; Einspielen eines McCarthy-Interviews; die Rollenillusion wird gleich zu Beginn durchbrochen, wenn der Darsteller Oppenheimers in das Stück einführt; ebenso treten die Hauptakteure des Hearings einzeln nach jeder Szene in ein Spotlight vor die Bühne, um das Publikum zum Beurteiler der szenischen Dokumentation zu machen; usw.

25 Nur nebenbei sei erwähnt, daß in der Recklinghausener Aufführung von 1970, an der Enzensberger beratend mitwirkte, kräftig aktualisiert wurde.

26 Klaus Harro Hilzinger, *Die Dramaturgie des dokumentarischen Theaters*, Tübingen 1976, S. 136.

27 Gespräch Fidel Castros mit den Gefangenen; die Gerichtsurteile gegen die Invasoren; sowie weitere Dokumente, Materialien und biographische Notizen.

28 Grimm, a. a. O., S. 146.

29 Selbst Grimm meint, daß Enzensberger in seinem Stück Kuba »euphorisch feierte«. Vgl. a. a. O., S. 154.

30 Hans Magnus Enzensberger, *Bildnis einer Partei. Vorgeschichte, Struktur und Ideologie der PCC*, in: Kursbuch 18 (1969), S. 192 ff. Der Aufsatz fällt in die Entstehungszeit des *Verhörs von Habana*.

31 Ebd., S. 193.

32 Ebd., S. 200.

33 Ebd., S. 203.

Michael Franz
Hans Magnus Enzensberger: *Mausoleum*

Der Eindruck ist nicht unbeträchtlich. Einen so gewagten Wurf in
Gedichten hielt ich lange nicht in der Hand, und ich mochte das
Buch lange nicht weglegen, um die kritische Sonde anzusetzen:
blamieren kann sich nur der Rezensent.

Der Eindruck ist aber auch zwiespältig: es ist – auch anhand der
Gedichte – von bestimmten ideologisch-philosophischen Voraussetzungen nicht zu abstrahieren, die in die poetische Intention
eingegangen sind. Es handelt sich um große Weltanschauungs-
dichtung, getragen von einem großen und auf originelle Weise
angeeigneten Stoff, und es ist über die Gedichte nicht zu sprechen, ohne – das ist aufzuzeigen am poetischen Material – Epo-
chenfragen zu erörtern, vor allem ein Kernproblem: den gesellschaftlichen Fortschritt. Über ihn befand Marx, er werde jenem
scheußlichen heidnischen Götzen gleichen, der Nektar nur aus
den Schädeln Erschlagener trinken wollte, solange die Errungenschaften der Wissenschaften, der Technik und Industrie nicht allen Individuen gleichermaßen zugute kommen, sondern sich in
Herrschaftsmittel der Ausbeutung verwandeln.

Seit eh und je gibt es Gedichte – über Dichter, Maler, Philosophen, geschichtliche Akteure –, aber über Ingenieure, Mathema-
tiker, Naturforscher, Erfinder? Vereinzelt vielleicht, ich denke
z. B. an das bedeutende Edison-Gedicht von Nezval. Doch ein
ganzes Buch, daraufhin angelegt – in die Lebensläufe exponierter
Individuen verwoben –, die Entwicklung der Produktivkräfte
oder enger: der Produktionsinstrumente seit Beginn der Neuzeit
anhand bestimmter Modellfälle auf lyrische Weise zu erzählen:
das dürfte ein Novum in der deutschsprachigen Lyrik sein.

Buchdruck – Astronomie – Infinitesimalkalkül, Wahrscheinlich-
keitsrechnung, Boolesche Algebra in der Leibnizschen Keimform
– neue Wissenschaften: Biologie, Physiologie, Anthropologie –
automatischer Webstuhl, automatische Mühle – Operatorenrech-
nung, Lochkarte – Ingenieurkonstruktionen: Brücken, Tunnel,
Eisenbahnen, Schiffe – Entwicklungslehre – Antisepsis – Filmkamera – Technologie, wissenschaftliche Arbeitsorganisation, Au-

tomation: Enzensberger legt ein Gedichtbuch aus lyrischen Biographien vor: von Mathematikern (Babbage, Condorcet, Leibniz, Alan Turing), Anthropologen (Bernardino de Sahagun), Astrologen (Tycho Brahe, Charles Messier), Ingenieuren (Brunel, Taylor), Gelehrten (Raimondo di Sangro), Biologen (Spallanzani, Darwin), Ärzten (Semmelweis, Guillotin, Wilhelm Reich, Ugo Cerletti), Erfindern (Oliver Evans, Vaucanson, Gutenberg), Physiologen (Etienne Marey), Philosophen (Leibniz, Condorcet, Campanella, Malthus, Fourier), Naturforschern (Linné, Alexander von Humboldt), Forschungsreisenden (Sir Henry Stanley), Stadtplanern (Haussmann), Politikern (Blanqui, Machiavelli, Bakunin, Molotow, Ché Guevara), Künstlern (Piranesi, Chopin, Georges Méliès) und Zauberkünstlern (Robert-Houdin).

Das bedeutet immerhin die Eroberung eines neuartigen thematischen Gegenstandsfeldes, das auch neue lyrische Mittel verlangt. Denn diese Gedichte fordern ein unentbehrliches und angesichts der Neuheit und Unbekanntheit der Gegenstände oft nicht geringes Maß an sachlicher Information – was im Grunde nicht Sache des Gedichts und in der Prosa eher möglich –, ohne daß sich das Gedicht in Sachinformation auflöst, in eine Abhandlung oder einen Essay (nicht in allen Fällen ist Enzensberger dieser Gefahr entgangen, z. B. bei Campanella, Blanqui). Zeitumstände, ökonomische und politische Fakten, Entwicklungen, Hintergründe, biographische Details, Episoden von sozialer und historischer Bedeutsamkeit, die jeweiligen speziellen Beiträge und Leistungen, ihre engere fachliche und umfassende gesellschaftliche Problematik, Widersprüche zwischen Absicht, Selbsteinschätzung, Folgen – dies alles lyrisch zu raffen, zu organisieren und zusammenzuhalten scheint keine kleine Aufgabe. Allein das Studium der Quellen, das Hineinarbeiten in die konkrete Problematik verlangt ein hohes Verständnis und immensen Fleiß; Enzensberger hat beides aufgebracht. Wahrscheinlich wird ihn das Lob eines Mathematikers insbesondere erfreuen. In einem Festvortrag zum 275. Jubiläum der Akademie der Wissenschaften im Sommer 1975 äußerte sich Prof. Dr. Karl Schröter im Zusammenhang mit dem Gödelschen Unvollständigkeitstheorem über den Lyriker Enzensberger: »Gödel hat bewiesen, daß es in jeder widerspruchsfreien, hinreichend ausdrucksfähigen mathematischen Theorie stets wahre Aussagen gibt, die mit den Hilfsmitteln der betreffenden Theorie nicht beweisbar sind [...] Das Gödelsche Unvollständigkeits- bzw. Unentscheidbarkeitstheorem ist sicher eines der bedeutendsten Ergebnisse der mathematischen Forschung der letzten 50 Jahre überhaupt. Ich habe mit großem Vergnügen festgestellt, daß es in einem Gedicht eines modernen Lyrikers, nämlich in dem Gedicht *Hommage à Gödel* von Hans Magnus Enzensberger, in dem *Poesiealbum* 84 des Verlages Neues Leben (Berlin), vollkommen richtig und in seiner Bedeutung zutreffend wiedergegeben worden ist.«[1]

Enzensberger hat eine offene Form gewählt, die lyrische Montage in großen freirhythmischen Spannungsbögen und im wesentlichen parataktisch konstruierten strophischen Komplexen, die aber auch die Aufnahme ausholender hypotaktischer Prosa-Perioden erlauben, vor allem die Einbeziehung dokumentarischen Materials in Form authentischer Aussagen der lyrischen Helden, darunter wissenschaftlicher Lehr- und Leitsätze als Zitat. Doch auch eine offene Form verlangt – wenn auch nicht Geschlossenheit in einem klassizistischen Sinne – Konstruktion, Stringenz, Zusammenhalt: das, was Hegel, der keineswegs eine klassizistische Lyrik-Theorie hinterlassen hat, die Einheit des Gedichts nannte, die es – nicht unbedingt in erlebnishafter Selbstthematisierung des Autors – vielmehr in der subjektiven Auffassungs- und Mitteilungsweise des Lyrikers findet. Natürlich kann der Autor in der Mannigfaltigkeit des Besonderen und in der eigenen Partikularität hängenbleiben, und dann kann er dem Gedicht auch keine Einheit geben. Entscheidend ist die vom Subjekt getragene poetische Intention, die über die thematische Vielfalt hinausgeht, in einer Gegenstandsbeziehung allgemeineren Charakters. Was ist hier Gegenstand? Sind es die in den Texten vorgeführten Individuen und ihr persönlicher Anteil an der Entwicklung von Wissenschaft, Technik und Industrie?

Auffällig ist zunächst die gleiche, gemeinsame, allgemeine Fragestellung im Hinblick auf die verschiedenartigsten Individuen: Was sind das für Individuen, die sich durch Problemstellungen, Experimente, Hypothesen, Theorien, Anwendungen, durch Entdeckungen und Erfindungen in der »Geschichte des Fortschritts« einen Namen gemacht haben?

Da gibt es die denkwürdigsten Erscheinungen; nicht nur Großtaten, hinter denen große, freilich nicht ungebrochene Individuen stehen wie z. B. Gutenberg, Leibniz, Semmelweis. Da ist der Astronom Tycho Brahe, »Grandseigneur, der mit dreizehn die

Achseln zuckt / über Rebhühner, Windhunde, Fuchsjagden; wendet seiner Klasse den Rücken / und die Augen der Sonne zu, die sich verfinstert«.[2] Ein Diva-Leben an europäischen Höfen, Passion für kostspieligste Geräte, »Luxus der Präzision«, und im Ergebnis: »Wissen, chimärenhaft, ohne zu wissen wozu. [...] Eine Waffe: aber wogegen? Ein Werkzeug: aber wozu?«[3]

Da ist Linné, Bahnbrecher der klassifizierenden Biologie, deren Methode sich in Wahnsinn verkehrt, wird sie auf die Analyse sozialer Verhaltensweisen angewandt. Da tun sich bei dem Biologen Spallanzani seltsame Empfindungen anläßlich von Tierexperimenten kund. Der Astronom Messier erweist sich als ein Monstrum an Fachidiotie und politischer Ignoranz. Da zeigt sich latentes und offenes Technokratentum bis zur Teilhabe an Ausbeutung und Unterdrückung (Haussmann, Sir Stanley, Taylor).

Auffällig ist ferner, welche Disziplinen und Entwicklungen Enzensberger insbesondere hervorhebt: vor allem die Vorläufer und Vorleistungen für die Elemente der Steuer- und Regeltechnik, der Automatisierung der Produktion. Hier zieht sich geradezu eine Motivlinie durch die Gedichte: Condorcet – Vaucanson – Evans – Babbage – Turing.

Eine Schlüsselfunktion hat das Gedicht über Taylor. Taylor hat als Begründer der wissenschaftlichen Arbeitsorganisation ein historisches Verdienst, das Lenin z. B. anerkannt hat. Deshalb polemisiert Enzensberger gegen Lenin. Er wertet Taylor ausschließlich als geistigen Urheber der kapitalistischen Rationalisierung am Arbeitsplatz. Die Indienstnahme der Wissenschaft durch das Kapital erreicht einen Höhepunkt: »Die Ausbeutung der Wissenschaft wird zur Wissenschaft von der Ausbeutung.«[4] Das ist aber nur die halbe Wahrheit. Nach Lenins Einschätzung vereint das Taylorsystem »wie alle Fortschritte des Kapitalismus – die raffinierte Bestialität der bürgerlichen Ausbeutung und eine Reihe wertvollster wissenschaftlicher Errungenschaften in der Analyse mechanischer Bewegungen bei der Arbeit, der Ausschaltung überflüssiger und ungeschickter Bewegungen, der Ausarbeitung der richtigsten Arbeitsmethoden, der Einführung der besten Systeme der Rechnungsführung und Kontrolle usw.«[5] *Siebenunddreißig Balladen aus der Geschichte des Fortschritts* – »Geschichte des Fortschritts« ist nicht nur ein Hinweis im Untertitel, der motivisch ausgedeutet werden kann: die Gedichte ergeben in der Wahl der Gegenstände, in der motivischen Verdichtung thematischer Züge, in der Anordnung der Gedichte ein nicht abstrakt, sondern konkret Allgemeines – nämlich ein bestimmtes Bild des Fortschritts selbst, der nach seiner Relevanz für die Menschen, ihr Glück und sinnerfülltes Leben, befragt wird. Wodurch ist dieses Bild des Fortschritts geprägt?

Nun stellt man eine solche Frage gegenüber Arbeiten von Enzensberger nicht unbefangen, wenn man den großen Einfluß Adornos auf den Dichter berücksichtigt, eine Wechselbeziehung, die hier wenigstens skizziert sei. Adorno hat in den fünfziger und frühen sechziger Jahren auf linke bürgerliche Intellektuelle tief gewirkt. Er wirkte vor allem dadurch, daß er ein Muster umfassender antikapitalistischer Gesellschaftskritik vorgab. Er griff Marx' These vom Fetischcharakter der Ware auf und erklärte aus ihr die Oberfläche der kapitalistischen Realität als einen universellen Verblendungszusammenhang; diesen fetischisierte er jedoch selber. Adorno brandmarkte die Widersprüche des Fortschritts unter Bedingungen der Klassenherrschaft, aber er übersah die Tatsache, daß die Vergesellschaftung der Produktion die materiellen Voraussetzungen für die soziale Befreiung schuf. Er führte die Gesellschaftsentwicklung auf die Produktivkraftentwicklung zurück, diese aber auf ihr ideelles Moment, die Rationalität der Naturerkenntnis und ihre instrumentale Anwendung.

Die Produktivkraftentwicklung erzeugt in bestimmten Produktionsverhältnissen ihren eigenen objektiven sozialen Vermittlungszusammenhang. Das ist ihre innere Logik. Für Adorno bestand sie jedoch im versachlichten Denken. Das Wesen der Produktivkraftentwicklung war für ihn nicht die materielle Produktion als gesellschaftlicher Selbsterzeugungsprozeß, sondern das Wissen, das Macht will, d. h. auf Operation ausgeht. Das Denken in operativer Weise spiegelt den materiellen Zwang zur Naturbeherrschung, den die Selbsterhaltung der Gesellschaft diktiert; er bedingt Arbeits- und Klassenteilung, die den materiellen Zwang als gesellschaftlichen Zwang setzen: so werden beide identisch – das Erkenntnisziel der Naturbeherrschung wird am sozialen Begriff von Herrschaft gebildet. Infolgedessen versklavt fortschreitende Naturbeherrschung fortschreitend die Individuen. Hauptgegenstand der Kritik ist die kapitalistische Verwertungs- und Herrschaftsrationalität. Sie erscheint jedoch nicht als ein Ausdruck des Widerspruchs zwischen Produktivkraftentwicklung und kapitalistischen Produktionsverhältnissen, sondern als Konsequenz mathematischen Denkens und quantifizierender Naturwissenschaft, deren der technischen Produktivkraftentwicklung untergeordnete Rationalität nunmehr in die Irrationalität des Ganzen umschlage. Statt historische und soziale Schranken wissenschaftlicher Naturerkenntnis konkret zu analysieren, setzte Adorno diese Schranken in negativer Sicht absolut. Der Mathematik anzulasten, daß »Vernunft selbst zum bloßen Hilfsmittel der allumfassenden Wirtschaftsapparatur« wurde, ist absurd.[6] Nicht weniger absurd ist es, angesichts kapitalistischer Verwertungsrationalität festzustellen, nun habe sich der »alte Ehrgeiz« der Vernunft, »reines Organ der Zwecke zu sein«, erfüllt.[7] Das versachlichte Denken wende sich gegen den Menschen. Wollte Adorno damit die Auswirkungen kapitalistischer Rationalität beschreiben, gut. Er zog aber die Konsequenz, daß die sozialen Akteure als Subjekt ihrer Geschichte abgedankt hätten. Die technischen Produktivkräfte verschlängen die Produktivkraft Mensch. Adorno zerfetzte den Aberglauben von der Autonomie des bürgerlichen Individuums, löste aber gleichzeitig die Individuen in Massenpartikel, bar jeder Eigeninitiative, auf. Er stemmte sich gegen die Spontaneität des Gesellschaftsprozesses, beschränkte aber alle Hoffnung darauf, durch bloße subjektive Reflexion der Irrationalität des kapitalistischen Ganzen entgegenwirken zu können. Die Absage an die Arbeiterklasse verband sich mit der Feindschaft gegenüber dem Sozialismus.

In dieser Konzeption nahm die Ästhetik eine besondere Stellung ein. Kunst galt Adorno als Statthalter jener besseren Praxis, auf die der Denker reflektiert. Im für notwendig erklärten Spannungsverhältnis von Engagement und Autonomie kam nach seiner Auffassung der Autonomie der Kunst die Dominanz zu: »Kunst heißt nicht: Alternativen pointieren, sondern, durch nichts anderes als durch ihre Gestalt, dem Weltlauf widerstehen, der den Menschen immerzu die Pistole auf die Brust setzt.«[8] Dadurch wurde die soziale Funktion der Kunst entscheidend beschränkt. Als Aufgabe wurde nicht erkannt, auf eigene Weise zur Bewußtheit der sozialen Akteure beizutragen, damit der Weltlauf sich ändere; Aufgabe sollte vielmehr sein: zu widerstehen – offenbar auch jeder noch so schwierigen und langwierigen revolutionären Änderung, wenn man Adornos Antikommunismus bedenkt. Damit wurde Adorno zu einem der geistigen Väter des Nonkonformismus, der sich mit der Formierung des staatsmonopolistischen Kapitalismus als unhaltbare Position offenbarte.

Hatte Adorno nach 1945 den Satz ausgesprochen, nach Auschwitz noch Gedichte zu schreiben, sei barbarisch, mußte er Enzensbergers Entgegnung doch zustimmen, die Dichtung müsse eben diesem Verdikt standhalten, also so sein, daß sie sich nicht durch ihre bloße Existenz nach Auschwitz dem Zynismus überantworte. Adorno nannte die Situation der Künste paradox: »Das Übermaß an realen Leiden duldet kein Vergessen [. . .]; jenes Leiden, nach Hegels Wort das Bewußtsein von Nöten, erheischt auch die Fortdauer der Kunst, die es verbietet; kaum woanders findet das Leiden noch seine eigene Stimme, den Trost, der es nicht sogleich verriete.«[9] Der aktive, aggressive, demokratisch operativ gesinnte Enzensberger war – trotz vieler Anregungen durch Adorno – auf diese letztlich statische Funktion der Kunst nie festzulegen. Doch über Enzensbergers lyrisch-pamphletistischer Abrechnung mit der Restauration des Imperialismus in der BRD unter Adenauer darf man seine Gegenbilder nicht vergessen, die einen unvermittelten Gegensatz Produktivkraftfortschritt und unberührte Natur aufrissen wie in den *oden an niemand* aus dem Band *landessprache* (1960), in Gedichten wie *ehre sei der sellerie*, *botschaft des tauchers*, *gespräch der substanzen*, wenngleich auch hier der ironisch aufstachelnde Untertext und die nie aufgegebene politische Attacke nicht zu überlesen waren. Die Botschaft des Tauchers war nie das letzte Wort:

> die stumme muschel hat recht
> und der herrliche hummer allein,
> recht hat der sinnreiche seestern[10]

Enzensberger konnte sich nicht ernstlich auf das einlassen, wonach es ihn im *gespräch der substanzen* verlangt:

> warum kann ich nicht konten und feuer löschen,
> abbestellen die gäste, die milch und die zeitung,
> eingehn ins zarte gespräch der harze,
> der laugen, der minerale, ins endlose brüten
> und jammern der stoffe dringen, verharren
> im tonlosen monolog der substanzen?[11]

Man setze diese Verse in Beziehung zu dem Gedicht über den Ignoranten Messier:

Nur der Buchstabe erinnert an ihn. M
war ein Ignorant. Zwei Millionen Lichtjahre weit entfernt
vergeht eine Milchstraße, langsamer als wir.
M 31. Wenn der Smog es erlaubt, wenn ich absehe
vom Widerschein der Insel Manhattan, von der Geschichte,
erblicke ich sie, winzig, mit bloßem Auge, am nördlichen Himmel,
zwischen Mirach, Sirrah und Schedir, in der Andromeda.[12]

Spielt Adornos Fortschrittkonzeption in dem neuen Buch noch eine Rolle? Der mehrsinnige Buchtitel könnte u. U. darauf schließen lassen: Mausoleum. Lehrreiches Gedenken oder Grabkammer des Fortschritts – Absage an den Fortschritt und Rückkehr zu Adorno – nach dem Zwischenspiel der Neuen Linken?

Von bestimmten motivischen Anklängen abgesehen (Herrschaftswissen, verselbständigte Zweckmäßigkeit als Triebfeder der »Tierart Mensch«, die »frohlockend voranschreitet« in: Spallanzani[13]) erweist das Gedichtete eine von Adorno abgesetzte Sicht auf die Fortschrittsproblematik.

Bestimmend wird ein materialistischer Ansatz. Enzensberger legt die Abhängigkeit allen Fortschritts von der Produktivkraftentwicklung zugrunde, ohne diese wiederum idealistisch in die Eigengesetzlichkeit des versachlichten Denkens aufzulösen. Charakteristisch hierfür ist das *Gutenberg*-Gedicht, in dem es u. a. heißt:

> Das Quattrocento, etwas für Kunsthistoriker
> und Theologen. Bannflüche, Scheiterhaufen,
> hundertjährige Kriege, allerhand Gotisches.
>
> Ja, das auch. Doch vor allem: Fortschritte
> im Berg- und im Mühlenbau, in der Metallurgie
> und in der Waffentechnik. Nicht die Madonna
> im Rosenhag, sondern der Kran und das Schneckenrad.[14]

Problematisch ist im ganzen Zusammenhang allerdings die Einschätzung der technologischen Rationalität, die mit technokratischer Rationalität weitgehend gleichgesetzt wird.

Bemerkenswert ist eine dialektische Sicht. Enzensberger stellt die Geschichte des Fortschritts weder als eine bruchlose Geschichte von Segnungen und Menschheitsbeglückungen dar, noch verteufelt er den Fortschritt in seiner wissenschaftlich-technischen Gestalt. Trotz vieler Einseitigkeiten, Verzeichnungen und Inkonsequenzen rückt Enzensberger die Antagonismen des Fortschritts in den Mittelpunkt, wie Marx sie analysiert hat, und führt sie auf den Antagonismus von Produktivkraftentwicklung und gesellschaftlichen Verhältnissen zurück. Er verabsolutiert dabei nicht die deformierende Seite, sondern arbeitet auch die produktiven, befreienden Anstöße für die Menschheitsentwicklung heraus, die schöpferische menschliche Kraftentfaltung, die an die Grenzen der Kapitalherrschaft stößt und Deformationen erleidet. Ich nenne als herausragende Beispiele: die Uhrenkonstruktion des Giovanni de' Dondi, die Erfindung des Buchdrucks durch Gutenberg, die Erfindung der automatischen Mühle durch Evans, das universelle, praxisorientierte humanistische Interesse von Leibniz, seine vielseitig vorgreifende Grundlagenforschung, die mathematische Phantasie des Charles Babbage (»Die großen unvollendeten Werke: *Das Kapital* und die Analysis-Maschine«[15]), die das Kapital nicht zu finanzieren gewillt war, die expansive Willens- und Schaffenskraft des Ingenieurs Brunel, die Kühnheit und Beharrlichkeit des Mediziners Semmelweis, sein verzweifelter Kampf gegen Ignoranz und Borniertheit, die geniale schöpferische Verkauztheit des Mathematikers Turing.

Entscheidend ist ein historisierendes Herangehen. Enzensberger zielt auf die unversöhnliche Widersprüchlichkeit des Fortschritts im Kapitalismus, ohne sie zu verewigen, d. h. prinzipiell als unlösbar auszugeben – sie wird historisiert. So heißt es im Gedicht über den genialen Uhrenkonstrukteur Giovanni de' Dondi, der im 14. Jahrhundert lebte:

> Nicht Guggenheim sandte
> Francesco Petrarca Schecks
> zum Ersten des Monats.
> De' Dondi hatte keinen Kontrakt
> mit dem Pentagon.
>
> Andere Raubtiere. Andere
> Wörter und Räder. Aber
> derselbe Himmel.
> In diesem Mittelalter
> leben wir immer noch.[16]

Aber wir müssen nicht immer darin leben. Enzensberger verfolgt die in den Jahrhunderten kapitalistischer Entwicklung immer weiter gewachsene Kluft zwischen der technisch-sachlichen und der menschlich-subjektiven Seite der Produktivkraftentwicklung

– er zeigt den Preis und die Opfer des unter den gesellschaftlichen Antagonismen in Widersinn verkehrten Fortschritts.

Dieses Motiv, von Enzensberger erstmalig in solcher Schärfe und Konzentriertheit in der Lyrik ausgeprägt, ist, insgesamt betrachtet, nicht neu. Wichtig ist seine Quelle – es kommt aus der sozialistischen Literatur. Diese Gedichte sind als lyrische Paraphrasen zu Brechts *Leben des Galilei* aufzufassen – Variationen über den Satz: »Ihr mögt mit der Zeit alles entdecken, was es zu entdecken gibt, und euer Fortschritt wird doch nur ein Fortschreiten von der Menschheit weg sein. Die Kluft zwischen euch und ihr kann eines Tages so groß werden, daß euer Jubelschrei über irgendeine neue Errungenschaft von einem universalen Entsetzensschrei beantwortet werden könnte.«[17]

Die außerliterarische Quelle ist Marx' Konzeption jenes »seltsamen Schicksalsbanns«, der die Errungenschaften der bürgerlichen Epoche ins Gegenteil verkehrt. Als Motto könnten dem Buch die berühmten Sätze von Marx vorangestellt sein, die selbst schon dichterische Kraft und Sprachgewalt besitzen: »Die neuen Quellen des Reichtums werden durch einen seltsamen Schicksalsbann zu Quellen der Not. Die Siege der Kunst scheinen erkauft durch Verlust an Charakter. In dem Maße, wie der Mensch die Natur bezwingt, scheint der Mensch durch andere Menschen oder durch seine eigene Niedertracht unterjocht zu werden. Selbst das reine Licht der Wissenschaft scheint nur auf dem dunklen Hintergrunde der Unwissenheit leuchten zu können.«[18]

Enzensberger hat immer die »Martyrologie der Produzenten« im Blick, die Marx als Konsequenz der Vergesellschaftung der Produktion unter den Bedingungen der Kapitalherrschaft bestimmt: »das Arbeitsmittel als Unterjochungsmittel, Exploitationsmittel und Verarmungsmittel des Arbeiters, die gesellschaftliche Kombination des Arbeitsprozesses als organisierte Unterdrückung seiner individuellen Lebendigkeit, Freiheit und Selbständigkeit.«[19]

Dies darf aber nicht verabsolutiert werden; denn die universelle gegenständliche Herausarbeitung der gesellschaftlichen Kräfte, wenn auch in entfremdeter Form, ist die Voraussetzung für ihre individuelle Aneignung. Der Antagonismus zwischen wissenschaftlich-technischem Fortschritt und kultureller Deformation ist nur auf der Grundlage der durch den Kapitalismus vollbrachten Produktivkraftentwicklung zu lösen. Mit jedem historisch höheren Grad der Vergesellschaftung der Produktion und des gesamten Reproduktionsprozesses reift die Notwendigkeit und die Möglichkeit dieser Lösung durch die Arbeiterklasse und auch eine sozialistische Gesellschaftsorganisation bestimmter heran.

Diese Perspektive scheint bei Enzensberger nur höchst unbestimmt auf. Sein Ausgangspunkt, über den er nicht hinausgeht, ist der staatsmonopolistische Kapitalismus; er bestimmt, wie bereits angedeutet, die Perspektive als Retrospektive; daraus erklären sich auch bestimmte finalistische Verzeichnungen der Wissenschaftsentwicklung.

Enzensberger untersucht das Verhältnis zwischen wissenschaftlich-technischer Entwicklung und menschlicher Individualentwicklung am Fall der Wissenschaftler und wissenschaftlich operierenden Praktiker selbst. So entgeht er der Gefahr, die Antagonismen des Fortschritts nur als allgemeine ideologische Fragestellung zu reflektieren. Sie gewinnen auf diese Weise (es ist nicht die einzige, es gibt auch andere) Fleisch und Blut, werden in der Lebensproblematik von Individuen gestaltet und erlebbar. Die individuelle in Verflechtung mit der historischen Lebensproblematik bildet jeweils den epischen Kern der Gedichte, in denen nicht Reflexionen vorherrschen, sondern die geraffte, fast lakonische Darstellung von Vorgängen, Handlungen, Ereignissen, Abläufen, oftmals in atemverschlagender rhythmischer Beschleunigung und Härte: ganze Katarakte knapper, parataktisch verbundener Handlungs- und Vorgangssätze, zwischen die Reflexionen, Kommentare, Zitate, gedankliche Ableitungen montiert sind. Es dominiert die Diktion des Berichts in einem merkwürdigen Spannungsverhältnis von historischer Distanz und persönlicher Betroffenheit. Es sind keine Rollengedichte, in denen der Autor in die Haut seines Helden schlüpft, und es sind keine bald vom Stoff gelösten, ihn nur als Vorwand und Anlaß nutzenden Meditationen; der Autor ist durchaus Balladen-Erzähler, dessen Darstellung sich durch einen hohen Reflexionsgrad auszeichnet, der sich aber rhythmisch-expressiv, in dialogisch-kommunikativer Vielfalt und in der sprachlichen Fügung von kleineren bis zu größeren Einheiten bzw. Versgestalten als Konstrukteur von Gedichten exponiert. Er sucht nach menschlichen Stärken und Schwächen in der Persönlichkeitsstruktur, findet mehr Deformation als ausgeprägte Menschlichkeit, Individualität oft nur in Form der Verkauzung (Evans, Darwin, Turing). Jede Uneigennützigkeit erweist sich als problematisch (A. v. Humboldt); mangelnde Korrumpierbarkeit erregt Verdacht, vor allem aber jedes universelle Interesse, das die Herrschenden nicht in kontrollierbaren Fachgrenzen halten können. In dem großen Leibniz-Gedicht beispielsweise gibt Enzensberger den lyrisch verdichteten biographischen Bericht in mehrfachen ironisch-satirischen, grotesken Spiegelungen und Brechungen:

(Aus unsern Dossiers, sagt die CIA, ergibt sich folgendes Bild.
Privatleben: fehlt. Sexuelle Interessen: gleich null. Emotional
ist L. ein Kretin. Seine Beziehung zu andern ist der Diskurs
und sonst nichts. Was einen ferner schier rasend macht,
ist dieser wahnwitzige Fleiß. Unter allen Umständen, überall,
jederzeit schreibt er, liest oder rechnet. Seine kleine Maschine,
die Wurzeln zieht, hat er stets zur Hand. Die Staffelwalze rotiert.
Wie ein Automat. Wie ein Automat, der einen Automaten gebaut
hat.)[20]

Und an späterer Stelle:

(Wir vermuten aber, daß es in der Natur der Automaten liegt,
den Optimismus zu optimieren. Die Harmonie ist ihre fixe Idee.
Ihr Bewußtsein, das ein glückliches ist, verrät sie unweigerlich.
Davon abgesehen fragt sich die Kommission, wie dieser L.
zweihundert Jahre zu früh an die Boolesche Algebra kam,
und sie antwortet, daß es hierfür nur eine Erklärung gibt:
L. ist ein automatischer Astronaut, eine extraterrestrische Sonde.)[21]

Sowenig der besprochene Antagonismus moralischer Natur ist, sowenig ist er auf moralischem Wege zu lösen. Die Denkmöglichkeit eines hippokratischen Eids der Naturwissenschaftler, unter der hypothetischen Voraussetzung größerer Standhaftigkeit des Physikers, die in Brechts *Galilei* erwogen wird, ist eine eindrucksvolle Aufforderung an die Wissenschaft, für die gesellschaftliche Kontrolle der Anwendung ihrer Ergebnisse zu kämpfen und sich dabei auch auf die kämpfenden Volksmassen zu stützen; abwenden können hätte ein solcher hippokratischer Eid den primär zugrunde liegenden Antagonismus zwischen revolutionierender Produktivkraftentwicklung und den kapitalistischen Entfremdungsbeziehungen nicht.

Wie verhält sich Enzensberger in dieser entscheidenden Frage? Auch für ihn handelt es sich bei den in den Individuen zutage tretenden Widersprüchen zwischen der technisch-sachlichen und der menschlich-subjektiven Seite nicht in erster Linie um moralische Defekte, sondern um Auswirkungen, um Formen der Verinnerlichung des Antagonismus zwischen modernen Produktivkräften und gesellschaftlichen Beziehungen. Dennoch zeigt sich in seiner einseitigen Verteufelung technologischer Rationalität (Condorcet, Vaucanson, Babbage, Taylor) ein rudimentärer Einfluß von Adornos Konzeption der Eigengesetzlichkeit des »versachlichten Denkens«. Staatsmonopolistische Herrschaftstechnik und Verwertungsrationalität erscheinen bei Enzensberger tendenziell als Konsequenz technologischer Rationalität.

In Wahrheit ist das Prinzip der Technologie, »jeden Produktionsprozeß, an und für sich und zunächst ohne alle Rücksicht auf die menschliche Hand, in seine konstituierenden Elemente aufzulösen« (Marx)[22], ein wesentlicher Charakterzug der Vergesellschaftung der Produktion. Der aus dem Vergesellschaftungsprozeß resultierende Zwang zur Planmäßigkeit erzeugt unter kapitalistischen Bedingungen jene ausschließlich instrumentale Rationalität im Teufelskreis der Kapitalverwertung, die die Irrationalität des gesellschaftlichen Gesamtprozesses nur steigert. Dafür ist aber nicht die Wissenschaft der Technologie verantwortlich.

Wesentlich für diese Problematik sind die Forschungen von Wolfgang Jonas, der als Anreger einer historisch-materialistischen Geschichte der Produktivkräfte hervorgetreten ist und zu folgendem Ergebnis kommt: »Durch die Zerlegung komplexer Steuerungsoperationen in eine Vielzahl ganz einfacher selbständiger, aber aufeinander abgestimmter Teiloperationen der Kontrolle und Steuerung der Produktion wurde die Voraussetzung für das Ersetzen menschlicher Steuerfunktion durch ein technisches System geschaffen.«[23]

Enzensberger interpretiert die technologische Rationalität, die in Konzepten und Projekten zur Automation gipfelt, von den Auswüchsen im staatsmonopolistischen Kapitalismus her. Damit wird er aber der Dialektik der Produktivkraftentwicklung nicht gerecht und erschwert sich auch das Verständnis des real existierenden Sozialismus. Abgesehen von dieser für den weiteren Fortschritt zentralen Frage, gestaltet Enzensberger überzeugend die Notwendigkeit und Großartigkeit der Produktivkraftentwicklung in aller Widersprüchlichkeit und Zwieschlächtigkeit der Verbindung von Wissenschaft und Kapital, solange die Bourgeoisie die Funktion erfüllt, die materielle Grundlage einer neuen Welt zu schaffen (Brunel, Haussmann).

Insgesamt markiert dieses Buch einen bedeutsamen Sprung in der Entwicklung des Lyrikers Enzensberger, der zwar niemals völlig verstummt, an der emanzipatorischen Funktion von Lyrik aber doch irre geworden war. Unter dem zunächst unbewältigten Eindruck der Formierung des staatsmonopolistischen Kapitalismus war der kraftvollste oppositionelle Lyriker der Adenauer-Periode in eine Krise geraten, die sich als Krise der von Adorno inspirierten nonkonformistischen Grundhaltung erwies. Enzensberger sah sich außerstande, auf den staatsmonopolistischen Kapitalismus mit den bisher praktizierten poetischen Mitteln als Lyriker zu reagieren. Die Eloquenz seiner vielfach abstrakt bleibenden lyrischen Rede wider die kapitalistische Zivilisation, das Pathos der subjektiven Empörung reichte dafür nicht aus. Der neuen Situation schien Herbert Marcuses These besser zu entsprechen, die völlige Eingliederung der Kunst in das Funktionsgefüge kapitalistischer Verwertungs- und Herrschaftsrationalität habe ihre transzendierende Funktion außer Kraft gesetzt. Die einzige Möglichkeit, die sich anbietet, um die transzendierende Funktion des Ästhetischen zu erhalten und gleichzeitig die Ambivalenz des Kunstwerkes aufzuheben, bestand nach Marcuse in der Entsublimierung des Ästhetischen. Es sollte darauf ankommen, seine Bindung an die Werkgestalt des Kunstwerkes zu lösen und dadurch »Neue Sensibilität« zu entbinden, die als wirkliches Protest-Potential in der kapitalistischen Wirklichkeit zur Wirkung kommen könne. Daß diese These bei vielen Künstlern und Intellektuellen einen starken Widerhall fand, hing damit zusammen, daß sie der von Adorno empfohlenen Statthalterfunktion leid waren. Die Absage an eine auf die Platzhalterfunktion eingeschworene Kunst entsprach der deprimierenden Erfahrung der Assimilierbarkeit und Folgenlosigkeit des künstlerischen Protests. Aus dem Unbehagen an der borniereten Reflexionsdialektik entstand das Bedürfnis, aus der bloßen Reflexion herauszukommen und praktisch zu werden.

Als sich unter der Gewalt der Polarisierung der Klassenkräfte im staatsmonopolistischen Kapitalismus, der imperialistischen Exzesse in Vietnam, des Massenkampfes der Schwarzen in den USA, des widerspruchsvollen Vormarsches der nationalen Befreiungsbewegungen im Verlaufe der sechziger Jahre in allen Ländern des Kapitals eine anti-imperialistische Massenbewegung bildete, in der auch eine politisierte junge bürgerliche Intelligenz als treibende Kraft wirkte, sammelte sich in der BRD u. a. die Neue Linke. Daran hat Enzensberger als Herausgeber des *Kursbuchs* einen nicht unerheblichen Anteil (die wichtigsten Diskussionen über Funktion und Zukunft von Literatur, Stellung zu den Massenmedien, Konzeption der Kulturrevolution usw. fanden im *Kursbuch* statt). Enzensberger ging nie so weit, den Produktionsverzicht zu erklären (vgl. sein Gedicht *Zwei Fehler*). Aber er konstatierte öffentlich die Ohnmacht der Literatur. Im *Baukasten zu einer Theorie der Medien* (1970) wertete Enzensberger den Buchdruck als monologisches Medium und forderte eine Medien-Ästhetik, da die literaturzentrierte Ästhetik ein Anachronismus sei.

Wenn auch Enzensbergers Auseinandersetzung mit der Medienfeindschaft der Neuen Linken berechtigt war – seine Forderung, die Auswirkungen der Vergesellschaftung der Produktion auf den Kunstprozeß und die in den neuen elektronischen Medien liegenden Möglichkeiten zu analysieren und ihre Nutzung zu einem Kampfziel zu erklären, seine Konzeption von Kommunikationsnetzen, die Massenaktivität ermöglichen –: so war seine Medieneuphorie in bestimmter Hinsicht auch nur ein anderes Extrem und lief letztlich auf die falsche Alternative: elektronische Medien kontra klassische Künste und im speziellen Fall auf eine Kapitulation der Literatur vor den neuen technischen Produktivkräften des Kunstprozesses hinaus. Im eigenen Schaffen gab Enzensberger die Literatur jedoch nicht preis. Er schrieb das bedeutungsvolle Dokumentarstück *Das Verhör von Habana* (1969) und den experimentellen Dokumentar-Roman *Der kurze Sommer der Anarchie* (1972). Ohne hier die Problematik der Dokumentarliteratur aufwerfen zu wollen, sei festgestellt (was auch Enzensberger klar war, vgl. den *Baukasten*), daß die Dokumentarliteratur letztlich die poetische Subjektivität nicht aufhob, den fiktiven Rahmen des literarischen Arrangements nicht sprengte – aber dem Stoff und vor allem der Wirklichkeit als Rohstoff zu einem neuen Stellenwert und zu größerer Bestimmtheit in der Literatur verhalf. Die Dokumentarliteratur war ein notwendiges experimentelles Stadium, um die Literatur zu kräftigen, einen größeren Realitätsgehalt einzubringen, neue literarische Verfahren und Techniken zu gewinnen. Daran ändern bestimmte poetologische Illusionen und Verabsolutierungen gar nichts.

Inzwischen hat auch Herbert Marcuse die literarische Fiktion und den Spielraum der Phantasie im Kunstwerk »rehabilitiert«, ohne indes seinen Einfluß auf die fortgeschrittene antimonopolistische Bewegung restaurieren zu können.

1970 veröffentlichte der Suhrkamp-Verlag eine Auswahl der Lyrik Enzensbergers, *Gedichte 1955–1970*. Sie enthielt auch eine Vielzahl von Texten, die nach dem letzten Band *blindenschrift* (1964) entstanden waren. Im gleichen Jahr (1970) wie der *Baukasten* herausgekommen, konnte die Sammlung bereits vermuten lassen, daß die Abwertung der Literatur gegenüber den elektronischen Medien so absolut nicht gedacht war. Neben vielen lyrischen Invektiven, die Auseinandersetzungen innerhalb der Neuen Linken dokumentierten, fanden sich hier schon erste Texte, die in der Richtung des Balladen-Bandes liegen und ihm auch zugehören: so z. B. die erste Fassung des Gedichtes über Giovanni de' Dondi *(Himmelsmaschine)* und das nicht in das neue Buch aufgenommene Gedicht *Hommage à Gödel.*

Das neue Buch als Ganzes erweist nun nicht nur die Rehabilitierung der subjektiven Auffassungsweise des Lyrikers, die Enzensberger immer praktiziert und letztlich nie aufgegeben hatte: sie erweist eine neue Qualität der Verbindung von subjektiver lyrischer Auffassungs- und Mitteilungsweise und dokumentarisch erarbeitetem Realitätsgehalt.

In einem Text wie dem weit ausholenden *Sommergedicht* (1964) brachen dokumentarische Einsprengsel die lyrische Rede auf und signalisierten das Auseinanderbrechen des Textes, den poetische Subjektivität ebensowenig zusammenhalten konnte wie die fragmentarische, weil nicht gemeisterte Realität. In den neuen Texten ist das Dokumentarische ein lyrisch assimiliertes Darstellungs- und Charakterisierungsmittel in der Disziplin der im epischen Kern der Zeit-, Werk- und Lebensgeschichte des jeweiligen Helden verankerten Gedichtkonstruktion. Das Dokumentarische als Schriftzitat, als äußerer Fakt, als Angabe von Daten usw. erweist sich als adäquates Kunstmittel. Die Experimente mit Dokumentarformen der Literatur haben den Lyriker Enzensberger, wie ich glaube, überhaupt erst in die Lage versetzt, eine solche Fülle von Realität im Detail wie im Ganzen lyrisch verarbeiten zu können. Er hat meiner Ansicht nach der Lyrik bestimmte Möglichkeiten erschlossen, nicht nur, was Verdienst allein ist, ein neues thematisches Gegenstandsfeld: Geschichte der Produktivkräfte und

Wissenschaftsgeschichte; er hat gezeigt, wie Lyrik einen Reflexionsgrad gewinnen kann, der die exakte und poetische Darstellung von schwierigsten Wissensinhalten erlaubt, ohne daß eine wissenschaftliche Gedankenlyrik oder eine Wissenschaftslyrik herauskommt; er hat dem Erzählgedicht eine neue Dimension verliehen, und er hat neue poetische Weisen sprachlicher Fügung erprobt. Enzensberger hat aus dem subjektiven Protest herausgefunden – zu einer neuen, lyrisch vermittelten, dokumentarisch erhärteten poetischen Objektivität, zu einer Mitteilungsweise, in der die Darstellung dominiert, aber in allen Nuancen subjektzentrierten Ausdrucks vibriert.

Anmerkungen

1 Vgl. *Wissenschaft und Fortschritt* 7/1975, S. 314.
2 Hans Magnus Enzensberger, *Mausoleum. Siebenunddreißig Balladen aus der Geschichte des Fortschritts,* Frankfurt/Main 1975, S. 17.
3 Ebd., S. 19.
4 Ebd., S. 100.
5 Lenin, *Werke,* Bd. 27, Berlin 1960, S. 249.
6 Max Horkheimer, Theodor W. Adorno, *Dialektik der Aufklärung,* Frankfurt/Main 1971, S. 30.
7 Ebd.
8 Theodor W. Adorno, *Noten zur Literatur III,* Frankfurt/Main 1965, S. 114.
9 Ebd., S. 62.
10 Hans Magnus Enzensberger, *landessprache,* Frankfurt/Main 1969, S. 61.
11 Ebd., S. 62.
12 Enzensberger, *Mausoleum,* S. 44.
13 Ebd.
14 Ebd., S. 9.
15 Ebd., S. 64.
16 Ebd., S. 8.
17 Bertolt Brecht, *Stücke,* Berlin und Weimar 1970, S. 315.
18 Karl Marx, Friedrich Engels, *Ausgewählte Schriften,* Bd. 1, Moskau 1951, S. 334.
19 Marx/Engels/Lenin, *Über Kultur, Ästhetik, Literatur,* Leipzig 1973, S. 86.

20 Enzensberger, *Mausoleum*, S. 25.
21 Ebd., S. 26.
22 Marx/Engels/Lenin, a. a. O., S. 82.
23 W. Jonas, V. Linsbauer, H. Marx, *Die Produktivkräfte in der Geschichte* Bd. 1, Berlin 1969, S. 19 f.

Hans-Thies Lehmann
Eisberg und Spiegelkunst
Notizen zu Hans Magnus Enzensbergers Lust am Untergang der Titanic

> »Wie es sich ja überhaupt bei genauerem Nachdenken zeigt, daß die Veränderungen, welche die Sachlage im Laufe der Zeit erfahren zu haben scheint, keine Veränderungen der Sache selbst sind, sondern nur die Entwicklung meiner Anschauungen von ihr, insofern, als diese Anschauung teils ruhiger, männlicher wird, dem Kern näher kommt, teils allerdings auch unter dem nicht zu verwindenden Einfluß der fortwährenden Erschütterungen, seien diese auch noch so leicht, eine gewisse Nervosität annimmt.«
>
> *Franz Kafka*

Der Eisberg

In Schwarz und Weiß zeigt der Einband des neuen Buchs von Enzensberger den Eisberg, nicht das Bild des Ozeandampfers, der im April 1912 an ihm scheiterte. Caspar David Friedrich führte in seinem *Eismeer* das gesplitterte Wrack der gescheiterten »Hoffnung« 1823/24 auf kaltblauem *tableau* so vor den Blick, daß der Betrachter in dieser kalten Szene unwiderruflicher Katastrophe umsonst nach dem kleinsten Rest Lebendigkeit fahndet, der doch dem barocken Topos des Schiffbruchs ebenso eignete wie den Untergangsmeeren eines Turner oder Géricault. Die Dramatik ist bei Friedrich erstarrt. Enzensberger, der wohl weiß, welche Bildtradition sein Text beschwört, zeigt die »Titanic«, das moderne Symbol des gescheiterten Fortschrittsglaubens, nicht, weil er auch die letzte Spur der tödlichen Kollision tilgen will, die der Romantiker präsent gemacht hatte: Wrackreste, die Schrift des Namens »Hoffnung«. Der Grund dafür: seine Apokalypse ist eine artistische, die ein kompliziertes Spiel mit dem Leser in Gang setzt. Der Text selbst nämlich definiert sich als der Eisberg, die Leerstelle des Schiffs nimmt der Leser ein, der nicht seiner Kontemplation überlassen wird. Der Einband spielt ihm die Rolle zu, sich dem Eisberg zu nähern, der, über dem Meeresspiegel von vollkommener Schönheit, darunter ein gefährliches »unvorstellbares Messer« darstellt – Allegorie der autonomen, zweckfreien, vollkommen schönen Kunst:

> Der Eisberg kommt auf uns zu
> unwiderruflich. [. . .]
> Der Eisberg hat keine Zukunft.
> Er läßt sich treiben.
> Wir können den Eisberg
> nicht brauchen.
> Er ist ohne Zweifel.
> Er ist nichts wert. [. . .]
> Er geht uns nichts an,
> treibt einsilbig weiter [. . .].
> Er verschwindet vollkommen.
> Ja, so muß es heißen:
> Vollkommen.[1]

Zugleich ist der Einband als Spiegel-Bild konzipiert. Der Text will nicht nur scharfe Kante, sondern auch Spiegel sein. Der leuchtende Eisberg mit dem eingeschwärzten Nachthimmel darüber spiegelt sich im dunklen Polarwasser. »Die See ist glatt, schwarz, glasig. Mondlos die Nacht.«[2] Aber das Bild wird auch seitlich noch einmal gespiegelt, auf den inneren Umschlagseiten wiederholt es sich, leicht verändert, so daß der Eindruck entsteht, man entferne sich bereits vom Eisberg, wenn man das Buch aufschlägt – man hat ihn schon gestreift, sinkt, lesend, schon.

Der Einband bereitet also den Leser auf ein virtuos konstruiertes Spiegelkabinett vor, zugleich auf ein analytisches Messer. Enzensberger trägt eine poetische, poetologische und eine politische aggressive Bestandsaufnahme vor. Sein Anspruch greift hoch. Das zeigt schon die Verwendung des trächtigen Symbols (Meeresspiegel, Spiegelbild) und der modernen Mythologie (Untergang der »Titanic«, Eiszeit). Sie können auf grundfalschen Tiefgang deuten, auf Überladung der *Komödie*. Sie könnten auch sich erschöpfen in bloßer, bloß schöner Selbstbespiegelung. Selbstreflexion kommt hier ohne Zweifel artistisch daher, spielerisch. Aber versuchen wir, den kritischen Vorbehalt zurückzustellen, und – spielen wir mit.

Wir dürfen nunmehr die Damen und Herren zum Dinner bitten

Diese Einladung steht am Ende des 7. Gesangs. Unmittelbar darauf folgt die Überschrift *Abendmahl. Venezianisch, 16. Jahrhundert.* Der Text gibt sich als Mahl, 33 Gesänge/Gänge, angereichert mit Beilagen, Glossen. Immer wieder werden Menü- und Speisekarten eingeschoben, kulinarische Leckerbissen, das Lob exzellenten Portweins. Lesen, Schreiben, auch Deuten erscheint immer wieder in oral getönter Metaphorik. Das Interpretieren selbst gehört zum Mahl dazu – es ist der »Nachtisch«.[3] Ein Gericht kann man nicht nacherzählen. Versuchen wir immerhin, die Zutaten anzugeben, so daß man einen Vorgeschmack erhält.

Eine Gruppe von Gesängen schildert die Welt auf dem Luxusschiff in den Stunden, bevor die Katastrophe offenkundig wird und es ans Sterben und Rette-sich-wer-kann geht. Die Gesellschaft an Bord ist natürlich die unsre, die kapitalistische, die Klassengesellschaft *in nuce*. Enzensberger interessiert die unheimliche, zugleich komische, Ahnungslosigkeit, dann die stumpfe Fassungslosigkeit der Passagiere. Der Untergang, zugleich die Situation, radikal neu denken zu müssen, ist das Undenkbare schlechthin. Da debattieren zwei Männer, deutlich als Engels und Bakunin erkennbar, über Disziplin, wohl auch Partei-Disziplin (»die Partie / bleibt unentschieden«), während bald nur noch der leere Tisch, an dem sie diskutierten, auf dem Atlantik treiben wird. Da gibt es die ›rationale‹ Rede eines modernen Ingenieurs als Karikatur des emotionslosen Zweckdenkens der Technokratie, und da hat der Anarchist, Rufer in der Wüste, seinen Auftritt und predigt in den billigen Decks den Umsturz. Aber reaktionslos warten die Massen geduldig und respektvoll ihren Untergang ab. All dies wird vor allem in den Gesängen 2, 5, 7, 8, 9, 10, 12, 21 gezeigt.

Thema 2 ist der eigentliche Untergang, das Sterben und Versinken, das Ertrinken, der Kampf aller gegen alle, die Szenen in den Rettungsbooten. Die Sprache wird angesichts des Grauens nicht zufällig gebrochener, verfremdender, entstellter: Lieder, Schlagerzitate, indirekte Schilderung findet man in diesem Bereich, besonders in den Gesängen 11, 13, 14, 17, 18, 19, 20, 25, 33.

Thema 3 stellt die Geschichte des lyrischen Ichs, des Autors, Enzensbergers dar, eine Geschichte in zwei Etappen, zugleich die Geschichte der Produktion des Buchs. Es begann vor zehn Jahren, im Sommer festlicher Revolutionserwartung auf Kuba. Aber der dort begonnene Text – »auf braunem Manilapapier« – ist, sehr symbolisch, untergegangen. Jetzt schreibt das Ich diesen Text und, untrennbar davon, seine eigene Geschichte nach, restauriert, erinnert sich, schreibt um. Zum Ende zu verschiebt sich das Gewicht auf die Gegenwart. Die »sonderbar leichten Tage der Euphorie« sind untergegangen. Im kalten Berliner Schneewinter der Desillusion erfriert die Revolutionsromantik – ein Paralleluntergang, der in den Gesängen 3, 4, 6, 8, 9, 28, 29, 30, 31, 32 stattfindet.

Die restlichen Gesänge und Glossen bieten vor allem Analysen und lyrische Reflexionen zu drei Themen, Thema 4, 5 und 6 also. Thema 4 ist das Problem, wie das Ich seiner Geschichte/der Geschichte sich vergewissern kann. Der Erzähler spiegelt sich im historischen und biographischen Ereignis, er verliert sich darin, stößt nicht auf Fakten, sondern Versionen, Nachrichten, Widersprüche, Lügen, Phantasien, Prophezeiungen, Gedächtnislücken, Idealisierungen. Eine Art Erkenntnistheorie wird in den Gesängen 4, 21, 22, 23, 24, 25, 28, 29 und in den Glossen *Drahtnachrichten vom 15. April 1912*, *Erkenntnistheoretisches Modell* und *Erkennungsdienstliche Behandlung* entworfen.

Eine zweite Gruppe von Analysen befaßt sich, grob geredet, mit dem ›Gegenwartsbewußtsein‹. Das lyrische Ich, oft als Teil eines Wir, als Zeitgenosse, führt Ratlosigkeit, Desillusion, Endzeitstimmung, weltanschauliche Trostpflaster verschiedener Art vor, besonders in den Gesängen 6, 10, 27, 30, 31, 33 und in den Glossen *Verlustanzeige*, *Innere Sicherheit*, *Der Aufschub*, *Schwacher Trost*, *Nur die Ruhe*, *Forschungsgemeinschaft* und *Fachschaft Philosophie*.

Schließlich geht es in einer wichtigen Gruppe von Texten direkt oder in leicht durchsichtiger Verhüllung um die Kunst selbst, vor allem um die ästhetische ›Lust am Untergang‹. Die Apokalypse zu imaginieren und darzustellen bedeutet ein künstlerisches Vergnügen ersten Ranges. Es läßt sich nicht rechtfertigen. Diese Lust nimmt ungerührt das Risiko in Kauf, daß man autonome Kunst, die Politik, wie Enzensberger einmal forderte, nur »durch die Ritzen zwischen den Worten«[4] ins Werk eindringen läßt, verdächtigen wird. Gleicht sie nicht den »herrlichen Wandgemälden [...] eigens angefertigt für die Titanic«? In seinem Text über die *Fünf Schwierigkeiten beim Schreiben der Wahrheit* sagte Brecht von den Künstlern ohne politisches Engagement: »Sie gleichen Malern, die die Wände untergehender Schiffe mit Stilleben bedekken.« Enzensberger läßt die diskutierenden Herren Engels und Bakunin aber ebenfalls so erscheinen. Lassen wir das einstweilen auf sich beruhen und führen wir die Speisekarte zu Ende. Es fällt auf, daß Enzensberger seine ästhetischen Reflexionen besonders an Gemälden entwickelt. Es geht auch um das Verhältnis von Bild und Schrift: Wie präsent, ins Auge fallend, kann Wahrheit sein? Wie funktioniert Repräsentation? Zu diesem Themenbereich gehören die Gesänge 1, 15, 18, 23, 26 und die Glossen und Bildbeschreibungen *Apokalypse. Umbrisch, etwa 1490, Der Eisberg, Abendmahl. Venezianisch, 16. Jahrhundert, Der Raub der Suleika. Niederländisch, Ende 19. Jahrhundert, Die Ruhe auf der Flucht. Flämisch, 1521* und *Weitere Gründe dafür, daß die Dichter lügen.*

Diese Übersicht, die nur die Verdichtungsgebiete der Themen angeben soll, macht doch schon eine weniger erzählend fortschreitende als vielmehr kreisende Anordnung sichtbar, in deren Zentrum der Untergang (Gesang 13–20) steht. Daher ist die Ansicht verfehlt, Enzensberger greife auf die altmodisch gewordene Form des Versepos zurück, um etwa eine moderne Mythologie à la Joyce, Pound oder Neruda zu entwickeln. Die Einheit seines Text-Schiffs ist lyrisch und gedanklich, nicht narrativ. Die einzelnen Gesänge weisen zwar Verbindungen auf, sind jedoch in sich abgeschlossen. Die Organisation der gegeneinander abgeschotteten Teile läßt sich so beschreiben, wie Enzensberger selbst einmal das *long poem Paterson* des von ihm bewunderten William Carlos Williams charakterisierte:

Im übrigen handelt es sich um eine poetische Großform, die spezifisch modern ist und keine erzählerischen Absichten verfolgt. [. . .] Die Organisation so großer Texte ist enorm schwierig. Williams benutzt für seinen Bau die disparatesten Materialien, verwendet Liedformen und Eklogen, Monolog und Dialog; er montiert Prosatexte der verschiedensten Art in das Versgefüge: Briefe, Berichte aus alten Chroniken, Testamente. [. . .] Auf diese Weise entsteht ein außerordentlich vielstimmiges Gebilde. Dem Pathos der großen Form wirkt ein spröder Humor, der feierlichen Invokation die innere Ironie des Empirischen entgegen.[5]

Spröder Humor und innere Ironie des Empirischen sind gewiß treffende Kennzeichnungen von Enzensbergers eigenem Stil. Seine Schwerelosigkeit macht, schon vor aller Interpretation, die

Rede von der Apokalypse fragwürdig. Kein Zimmer mit Seeblick im Grand Hotel Abgrund wird angeboten. Daß die Katastrophe nicht nur da ist, sondern längst stattgefunden hat – Enzensberger wußte es schon, als 1964 sein Gedichtband *blindenschrift* herauskam. Dort las man:

> ein altes gerücht kommt auf,
> ein altes gerücht geht und sagt:
> dies alles sei längst zu ende.
> ach, wenn es sonst nichts ist!
> das wissen wir schon.[6]

Es gibt begrüßenswerte Untergänge. So können Illusionen untergehen, falsche Hoffnungen, schlechte Naivitäten. Im dritten Gesang erinnert sich das Ich, wie es »seinerzeit« (auf Kuba) an der *Titanic* schrieb, arglos, in Festlaune. Beim *Untergang der Titanic* bricht die Eiszeit eines Erwachens an. Doch der Leser muß nicht verzweifelt im schwarzen Wasser des Atlantik rudern. Der kühle und geistesgegenwärtige Text Enzensbergers ist weniger ein Eismeer als ein bitter-schmackhafter – Eiscocktail. Die Zutaten sind mit Kennergeschmack gewählt, kaum ein Ausrutscher. Und was den Tiefgang angeht, so darf bei dieser vergnüglichen Phantasiefahrt getrost unentschieden bleiben, ob das Geräusch des Textes das kreischende Bersten des metallenen Schiffsrumpfs ist oder doch eher das diskrete Klirren der Eiswürfel, wenn man ein wenig – im Glase rührt.

> Es war ein gutes Gedicht.
> Ich erinnere mich genau,
> wie es anfing, mit einem Geräusch.
> »Ein Scharren«, schrieb ich,
> »ein stockendes Scharren.« Nein,
> das war es nicht. »Ein schwaches Klirren«,
> »Das Klirren des Tafelsilbers.« Ja,
> ich glaube, so fing es an, so
> oder so ähnlich [. . .][7]

Erster Gesang

> Einer horcht. Er wartet. Er hält
> den Atem an, ganz in der Nähe,
> hier. Er sagt: Der da spricht, das bin ich.

Am Anfang steht das Schweigen. Gespannte Erwartung, bevor
›es‹ beginnt. Aber es handelt sich gar nicht um den Anfang; der
Anfang wird erst noch kommen, findet mitten im ersten Gesang
statt, in Zeile 27, nachdem tödliche Stille die erste Seite des Textes
beherrschte, weißes »Rauschen im Kopfhörer / meiner Zeitma-
schine«. Dann geschieht ›es‹:

> Jetzt aber! Jetzt:
>
> Ein Knirschen. Ein Scharren. Ein Riß.
> Das ist es. Ein eisiger Fingernagel,
> der an der Tür kratzt und stockt.
>
> Etwas reißt.
>
> [...]
>
> Das ist der Anfang.
> Hört ihr? Hört ihr es nicht?
>
> [...]
>
> Das war es.
> War es das? Ja,
> das muß es gewesen sein.
>
> Das war der Anfang.[8]

Der Text tauft sich selbst, der Kiellegung wohnt der Leser bei.
Aus dem Horchen – gewissermaßen der Hohlform des Worts –
entsteht Schritt für Schritt die Sprache des Textes, seine Schrift.
»Jetzt« kratzt die Feder über das Weiß der Seite. »Der Aufprall
war federleicht.« Vorher sind 11 Zeilen erforderlich, bis sich das
Subjekt des Textes aus der Taufe gehoben hat. Von »Einer« über
»Er«, der sagt, er sei ich, bis hin zum Ich. Der Text scheint sein
eigenes Auftauchen aus dem Nichts zu figurieren. Aber in Wirklichkeit taucht er aus anderen Texten auf, aus den früheren Texten
des Autors, vor allem der frühen Fassung der *Titanic* selbst, aus
Berichten über den Untergang, aus dem Meer der literarischen
Vorläufer und der Vor-Bilder. Immer wieder denunziert Enzensberger die Einbildung der Epochenschneider, Anfang und Ende
säuberlich dekretieren zu können. Der Zeitstrom, aus dem jede
Deutung der Erfahrung, der Geschichte, ihr Material gewinnt, ist
zugleich der Flux der eigenen Wünsche, in dem es wirbelt:

> Debris, Trümmer von Sätzen [...]
> Verse hole ich aus der Flut [...]
> geborstene Verse, Rettungsringe,
> wirbelnde Souvenirs.[9]

Das Ich trudelt, treibt, ist auch Relikt und Souvenir. Fragt es nach seiner Vergangenheit, Kuba 1969, dann unterhält es sich damit, »einen Text wiederherzustellen, / den es vielleicht nie gegeben hat«. Es ist sich seiner nicht sicher. Jener Mensch von damals, »verwickelt in Streitereien, / Metaphern, endlose Liebesgeschichten – war ich das wirklich? / Ich könnte es nicht beschwören. Und in zehn Jahren / werde ich nicht beschwören können, daß diese Wörter hier / meine Wörter sind.«[10] Unverkennbar identifiziert das erzählende Ich sich selbst mit einem, seinem Text. Der Symbolismus des Textes stellt eine der dichtesten Motivketten in *Untergang der Titanic* dar. Der Untergang selbst ist der Gang des Textes. Der füllt sich allmählich mit Bedeutungen, wie der Dampfer mit Wasser.

> Das Bild / nimmt zu, verdunkelt sich langsam, füllt sich
> mit Schatten, [...] Gemetzeln; bis daß der Weltuntergang
> glücklich vollendet ist.[11]

Und das erzählende Ich wehrt sich im 15. Gesang gegen seine Ausleger, die ihm, wie es heißt, »jeden Hauch aufgabeln« (armer Goethe) und »Bedeutungen mit [...] Tranchiermessern runterraspeln«, indem es sich von der vieldeutigen Gestalt des Textes selbst nicht abtrennen läßt.

> Beim Nachtisch fragten wir ihn, ob ihn das nicht störe,
> der tintenschwarze, triefnasse Tiefsinn seiner Metaphern [...]

Nein, es stört ihn nicht. Der Erzähler ist selbst seine Tinte, sein Papier, sein nicht klärbares Schreiben:

> ich stottere, ich radebreche, ich mische, ich kontaminiere,
> aber ich schwöre euch: Dieses Schiff ist ein Schiff! –
> [...] und die zerreißende Leinwand –
> dies sang er beinahe – symbolisiert die zerreißende Leinwand,
> [...] und damit ihr's wißt:
> Ich gleiche ihr, ich gleiche diesem bis zum Zerreißen
> gespannten Stoffetzen da [...]
> es gibt keine Metaphern. Ihr wißt nicht, wovon ihr redet.[12]

Weil es nur Metaphern gibt, eine Schrift, die auf die ihr zugrunde liegende Bedeutung nicht zu befragen ist, weil nur neue Metaphern auftauchen würden, gibt es sie überhaupt nicht. So fällt die Metaphorik der Schrift mit der Struktur jener Subjektivität zusammen, um die es Enzensberger geht. Dieses Subjekt hat vor allem gelernt, dem verfügenden Gestus Ade zu sagen, mit dem es vorher seine Zeit zu bestimmen wußte: »Wir glaubten noch an ein Ende, damals / (Wann: ›damals‹? 1912? 18? 45? 68?), / und das heißt: an einen Anfang.« Aber –

> Aber das Dinner geht weiter, der Text
> geht weiter, die Möwen folgen dem Schiff
> bis zum Ende. Hören wir endlich auf,
> mit dem Ende zu rechnen![13]

Die Orientierungsbojen der Zeitordnung werden unsichtbar. Es geht an der Oberfläche um die Enttäuschung darüber, daß das Dinner der kapitalistischen Gesellschaft und des bürokratischen Sozialismus nicht endete. Genauer besehen, ist die Rede vom Zeitfluß des psychischen Apparats selbst. Text-Ich oder Ich-Text: wie nach Freuds Lehre das Unbewußte keine Zeit kennt, so versucht Enzensberger die Erfahrung einer bestimmten Orientierungslosigkeit im Zeitkontinuum nachzuzeichnen. Für das Fließen, bei dem jedes Ende nur vorläufiges ›Fading‹ ist und jeder Anfang auf ein anderes Vorher zurückdeutet, hat Enzensberger in der Lyrik vor 1968 eine für ihn bezeichnende Metaphorik verwendet. Es mutet höchst sonderbar an, zu beobachten, daß der *Untergang der Titanic* anknüpfen kann an eine Sprache, die Enzensberger *vor* dem großen Einschnitt 1968 entwickelt hat, in den späten fünfziger und frühen sechziger Jahren. War alles nur ein Zwischenspiel? Jedenfalls nimmt Enzensberger wieder die Metapher des fast unsichtbaren, ungreifbaren ›Durchdringens‹ auf – Sichausbreiten und Überwuchern, Einsickern, Strömen, Sprudeln, Überlaufen, Durchtränken oder auch Schäumen. Der Hauptstrom vieler *Titanic*-Passagen erinnert an das bedeutende Gedicht *schaum* in *landessprache* (1960). In diesem Gedicht, das Klaus Heinrich einer Auslegung unterzogen hat[14], protestiert ein ganz auf sich verwiesenes Subjekt, das keine Identität findet, gegen den Zustand der geblendeten, konturlos »schaumigen« Gesellschaft, in dem es das eigene »schaumige herz« (es ist das träge Herz der *acedia*) als das Herz auch der bundesrepublikanischen

Wirklichkeit diagnostiziert. Wenn jetzt, nach den Jahren des festlichen Aufbruchs, Enzensberger dort wieder anknüpft, so gibt dieser Umstand zu denken. Wie ist es möglich, daß so umstandslos in der Vorgeschichte Materialien bereitliegen, mit denen wieder gebaut werden kann? Allerdings ist der Gestus tiefgreifend verändert, mit dem sie vorgebracht werden. In den frühen Texten herrschte ein oft naives Pathos der Empörung, das schon heute antiquiert anmutet und nicht mehr verwendbar scheint. Der »Schaum vorm Mund« ist verflogen – jetzt hat man es mit der kalten Ruhe des Meeresspiegels zu tun. Aber man stößt doch auf erkennbar identische Themen, liest man beispielsweise die folgenden Passagen aus *schaum* wieder:

> Der klassenkampf ist zu ende, am boden liegt
> die beute in ihrem fett, liquide,
> schaum in rosigen augen. verschimmelt
> in den vitrinen ruhn, unter cellophan,
> banner und barrikaden. aus einer antiken jukebox dröhnt
> die internationale, ein müder rock.
>
> das hört nicht auf! das stirbt ununterbrochen,
> aber nicht ganz, das faselt geschmeichelt
> von apokalypse, das frißt am nullpunkt noch kaviar
> und spritzt sein eiweiß gegen die zuchthauswand![15]

Und wie im 33. Gesang der *Titanic* mündete schon damals alles ins Weiterschwimmen. Der »süße schaum steigt und steigt« wie das Wasser in der *Titanic*

> [...] in den tresoren,
> in den brautbetten, in den gedichten, und,
> warum nicht? in meinem schaumigen herzen,
>
> das schwimmt, geblendet, im kochenden schaum
> und rostet, und schwimmt [...]
>
> wohin wohin
>
> in die rosige zukunft[16]

Schiffbruch

Enzensberger ist sich gleichgeblieben – ein Genie der Gleichzeitigkeit, das den Umkreis des jeweils zeitgenössischen Bewußtseins mit mühelos anmutender Treffsicherheit erhellt. Schwergewichtige Tiefe soll man bei ihm, dem präzisen Seismographen der intellektuellen Stimmungen, nicht merken: »Es ist nicht gut, / an das Gewicht / des Eisbergs zu denken.«

Und er hat sich verändert. In das Bild der Gegenwart trägt er mit früher nicht erreichter Konsequenz die kritische Analytik des eigenen Schreibens ein. Das gibt dem Buch mehr Tiefenschärfe als die eher modischen Apokalypso-Klänge. So präzise wird Selbstreflexion ins Erzählte eingewoben, daß deren heimliche Rückversicherung erkennbar wird: Wer ausfährt, kann damit rechnen, anzukommen, da er immer schon angekommen ist. Er weiß, am Ende der Reise wird er – dialektisch aufgehoben – *sich* wiedertreffen. Enzensberger setzt diesem Bild der Erfahrung mit Kurs, Telos und höherer Rückkehr die Metapher ›Untergang‹ entgegen. Das Bewußtsein verirrt sich, verliert sich, versinkt auf der Reise, läuft auf, reißt, bricht. Die Wahrheit der Erfahrungsgeschichte ist der Schiffbruch, nicht die dialektische Selbstvollendung der Geistesreise. Enzensberger, sicherlich kein Feind klaren Denkens, sagt: Der Aufgabe, Selbstverständigung zu leisten, kann unter bestimmten Bedingungen, zum Beispiel heute, literarische Praxis adäquater sein als dialektische Theorie. Über uns selbst belehrt am besten das Begreifen literarischer Phantasien und Figuren. In den besten Partien des Buchs nimmt die Bewußtseinsanalyse daher die Gestalt der poetologischen Selbstreflexion, besser: Selbstbeziehung an. Der Text fließt auf sich zurück.

Resignation vor den Verwirrungen der Theorie? Flucht ins Reich der Kunst? Vor allem wohl die Aufforderung, den Phantasien, Bildern, Texten des Subjekts, dem »Strudel von Wörtern«, die tanzen und torkeln, Beachtung zu schenken; Absage an die anmaßende Theoriegläubigkeit, man sitze todsicher auf dem richtigen Dampfer. Theorie kann gegen Erfahrung abdichten – lange glaubten die Passagiere auf der »Titanic« das Undenkbare nicht, das doch nicht mehr bezweifelt werden konnte. Um die Denkmaschine mit der gewaltigen Verdrängung aufzubrechen, flüssige Erfahrung eindringen zu lassen, ist das Spiel der Literatur nötig: ihr Moraldefizit, ihre Reißbarkeit und Unzuständigkeit. In den

Randbemerkungen zum Weltuntergang sprach Enzensberger von den *Law-and-order*-Leuten und den »Irrenärzten von links«. Gegen die Pseudowissenschaft von dem, was unfehlbar eintreffen wird, fordert er die Aufmerksamkeit für die Bilder, die nicht nur mit dem Kopf hervorgebracht werden:

Unsere kollektiven Angst- und Wunschträume wiegen mindestens so schwer, wahrscheinlich schwerer, als unsere Theorien und unsere Analysen. Daß sie von alledem nichts weiß und auch nichts wissen will, macht die eigentümliche Schäbigkeit der landläufigen Ideologiekritik aus. [. . .] Ihre Maximen sind: 1. Nie etwas zugeben. 2. Unbekanntes auf Bekanntes reduzieren. 3. Immer nur mit dem Kopf denken. 4. Das Unbewußte hat zu kuschen.[17]

Der Essay mündet in die Forderung nach »ein bißchen mehr Klarheit über die eigene Konfusion«. Sie versucht der *Untergang der Titanic* zu schaffen.

Gerade die Linke tut gut daran, das anmaßliche Titanenbewußtsein bei sich zu diagnostizieren und über Bord zu werfen, der Kurs der Geschichte sei vorgezeichnet, man müsse lediglich von sicherer Warte aus das Eintreffen der Prophezeiungen abwarten. Unschwer ahnt man, daß nicht nur religiöse Sekten gemeint sind, wenn bei Enzensberger »kleine Schwärme von schwarz gekleideten Leuten, / angeführt von einem Propheten, die Nickelbrille / auf den geblähten Nüstern, unbeweglich verharren / in Erwartung des Weltuntergangs«. Am Übermaß von Antizipation, rosiger wie schwarzer Zukunftsphantasien erkennt man die heimlichen Theologen. Das borniertе Bescheidwissen über Basis und Überbau, Ungleich- und Gleichzeitigkeit, Rationalität und Irrationalismus, richtige und falsche Widerspiegelung zeigt nur die Trickkünstler einer in Wahrheit schlecht idealistischen Dialektik an. Die Glosse *Fachschaft Philosophie* entzaubert das Simsalabim der Dialektiker. »Daß wir gescheit sind, ist wahr«, heißt es dort. Doch wir treten auf »in wallenden blauen Mäntelchen, bestickt / mit silbernen Sternen, und auf dem Kopf / einen spitzen Hut«.[18]

Es geht nicht um ein Ende überhaupt, sondern um das Ende des Hochmuts. Enzensberger schreibt von den Zeiten des festlichen Aufbruchs. Damals, 1968/69, hatte man das Wissen gepachtet. »Wie angenehm war es, arglos zu sein!«[19] Man wußte nicht, daß jene Realität, die die Namen Weltbank oder Staatssicherheit trägt, dem schönen Aufbruch längst eingeschrieben war. Was dem Idealisten, dem »blutigen Laien«, als Fest erschien, war schon damals

»Not und Notwendigkeit«. Nun ist die Arglosigkeit verflogen. Wie der historische Untergang des technischen Wunderwerks »Titanic« der Selbstgewißheit einen Stoß versetzte, die meinte, Kategorien wie ›Schicksal‹ endgültig abgeschafft zu haben, so trifft, vergleichbar, die Verstrickung sozialistischer Staaten in imperiale Machtpolitik das arglose Fortschrittsbewußtsein der Neuen Linken. Deren Anziehungskraft bestand für einige Jahre nicht zuletzt darin, daß Moralität und Politik fast deckungsgleich erscheinen konnten. Den Zwiespalt zwischen moralischer Haltung und politischer Einsicht glaubte man einzig dem bürgerlichen Politikverständnis zuschreiben zu können. Nun erweist sich das Problem wieder als aktuell, das Schiff ist leck, das gute Gewissen friert.

In diese Zeit der Konkursbücher kommt, zehn Jahre nachdem er begonnen wurde, der *Untergang der Titanic.* Er rät zunächst und vor allem, den Riß nicht kitten zu wollen, sondern die eingestandene Hilflosigkeit produktiv zu machen. Er führt Reißen als Bedingung der Erfahrung vor:

> Wie es weiterging, wissen wir alle.
> Draußen schneit es. Ich suche den Faden,
> den ich verloren habe, und manchmal
> ist mir, zum Beispiel jetzt,
> als hätte ich ihn gefunden.
> Dann reiße ich.[20]

Das schockartige Getroffensein entscheidet über den Gehalt von Erfahrung. Sie ist – Freud, Proust, Benjamin und andere vor ihnen wußten es – gerade unterschieden von der ideologischen Kontinuität gezielter Erinnerung. Den Faden des eigenen Lebens findet man nicht ohne Verwirrung, Ungleichzeitigkeit, Riß. Erfahrung ist stets nachträglich, verschoben. Ein Moment des Verfehlens haftet ihr an: ganz verstehe ich mich nicht. Das wieder gegenwärtig gemachte Bild kann nur verzerrt, lückenhaft, lügenhaft sein. So zeigt sich: auch die politische Euphorie von damals war »sonderbar« leicht. Das Verdrängte, das man nicht wahrhaben wollte, die kalte soziale Realität, wurde doch geahnt, in Momenten, bezeichnenderweise, der Zerstreuung:

> Und ich war zerstreut und blickte hinaus
> über die Hafenmauer auf die Karibische See,
> und da sah ich ihn [...]
> in der dunklen Bucht, die Nacht war wolkenlos [...]

> da sah ich den Eisberg, unerhört hoch
> und kalt, wie eine kalte Fata Morgana
> trieb er langsam, unwiderruflich,
> weiß, auf mich zu.[21]

Auf dem Grund der Dialektik findet man stets die Idee der Erinnerung. Das Gewesene wird als Stufe einer teleologisch versicherten Geschichte vergegenwärtigt. Enzensbergers Text, keineswegs nur der billige Abgesang auf die Illusionen, entwirft vielmehr die Kritik sentimentalischer Erinnerung. Er fordert die Kunst des aktiven Vergessens. Seine Havannazigarren antworten den Virginias, die der arme B. B. bei den Erdbeben, die kommen werden, nicht ausgehen lassen wollte.

Im Marxismus zeigte sich von Anfang an eine gewisse Kultur des Gedächtnisses [...]. Das ist, wenn Sie wollen, der hegelianische Standpunkt, der von Marx bewahrt worden ist, sogar im *Kapital*. In der Psychoanalyse ist die Kultur des Gedächtnisses noch offensichtlicher. [...] Das Vergessen als aktive Kraft ist die Fähigkeit, für sich mit etwas Schluß zu machen. In diesem Moment widersetzt es sich dem Wiederkäuen der Vergangenheit, die uns bindet, die uns von neuem an diese Vergangenheit bindet [...].[22]

Enzensbergers poetische Analyse zielt auf die spezifische Nachträglichkeit, mit der das Bewußtsein, der »Sechsundvierzigtausend-Bruttoregister-Tonnen-Kopf«, Erfahrung registriert.

> Hinterher natürlich hatten alle es kommen sehen,
> nur wir nicht, die Toten. [...]
> Ja, jetzt, wo es zu spät ist!
> Jetzt wollen sie alle die Orgel gehört haben, die,
> von keiner sterblichen Hand berührt, nächtelang
> unheilige Gassenhauer spielte, uns allen zur letzten
> Warnung. Leicht gesagt: Göttliche Nemesis![23]

Schon früher haben Enzensberger die feinen, unfaßbaren Anfänge der Ereignisse fasziniert. Sein Interesse gilt dem nicht empfangenen Vorboten. Daher bestehen manche seiner Essays und Prosatexte aus Rekonstruktionen. In einem der besten, *Der Fall Wilma Montesi. Ein Leben nach dem Tode* aus dem Jahre 1959 erreicht Enzensberger bisweilen eine an Edgar Allan Poe erinnernde Dichte. In diesem Text liest man den Satz:

Heute, nach zehn Jahren, läßt sich das erste Knistern, das eine Lawine auslösen sollte, bis in die Anfänge der Geschichte zurückverfolgen.[24]

Der Anfang ist ein winziges, diskretes Teilchen im Strom der Zeit, und so stellt ihn der erste Gesang der *Titanic* vor:

> Das war der Anfang.
> Der Anfang vom Ende
> ist immer diskret.

Die nachträglich vorgestellte Zukünftigkeit ist das Spezifikum der Zeiterfahrung des Subjekts, wie Lacan nach Freud lehrt. Diese besondere Zeitformel – »Es wird gewesen sein« – trägt in alle Erforschung des Vergangenen Lücke und Lüge ein. Tief ist Enzensberger von der Überzeugung durchdrungen, daß Geschichte nur als »kollektive Fiktion« möglich ist, wie es in *Der kurze Sommer der Anarchie* heißt. Es liegt aber auf der Hand, daß er damit auch einem verbreiteten marxistischen Geschichtsverständnis neue Probleme stellt: Wie steht es mit dem fiktiven Moment auch der marxistischen Historiographie? Schlägt die Verdrängung dieses fiktiven Moments zum Nutzen oder zum Nachteil des Umgangs mit Geschichte aus? Kein noch so gründliches Faktenstudium macht ein früheres Ereignis zum wiederholbaren Präsens. Objektive Re-präsentation scheitert am konstitutiven Einschlag von Verkennung in Erkenntnis. Darum fordert Enzensberger die Anerkennung des Konjunktivs in der Erfahrung. »Es wird gewesen sein« heißt auch: Wird wohl.

Die Wahrheit findet sich, wenn irgendwo, in den Lücken, Spalten und Rissen *zwischen* den Deutungen und Theorien. Enzensberger hütet sich davor, deswegen in eine Ideologie des Dunkels, des dunklen Flecks, zu verfallen. Was er meint, wird deutlich in der Glosse *Der Raub der Suleika. Niederländisch, Ende 19. Jahrhundert,* in der er (das lyrische Ich, genauer gesagt) sich als Restaurator vorführt. Das ›wahre‹ Bild des Vergangenen ist unter dem »Schmutz der Jahrhunderte verborgen«: der stellt die entstellende, verdunkelnde Überlieferung dar. Der Restaurator berichtet nun, daß er bei seinen Arbeiten einen Fleck, ein winziges Karree in der Ecke, unberührt läßt. Hier bleibt alles dunkel, das Unerkennbare ist stumm. Und doch soll hier das Wahre sein, wo »Abrieb, Kittung, Retouche« nicht stattfanden:

> du merkst es wohl, wie beredt ich bin
> mit meinen Lügen. Die Wahrheit,
> das dunkle Fenster dort in der Ecke,
> die Wahrheit ist stumm.[25]

Doch der dunkle Fleck ist nicht in sich die Wahrheit. Er wird es erst als die »Differenz« zur umgebenden Helle. Er ist ein Rest und Überschuß, der, wie jedes Zeichen, an sich nichts bedeutet. Aber nötig ist er, um die Tricks und Täuschungen immer wieder zu denunzieren und erkennbar zu machen, die die Aufhellung, die Aufklärung einsetzt, um »die Geschichte / mit ihren endlosen Finten und Künsten« verständlich zu machen. Enzensberger dekonstruiert eine Ideologie der Helligkeit, aber er setzt ihr nicht positiv das mythische Dunkel entgegen. Sein Text verlangt Spielraum für das Unbewußte, nicht seine Herrschaft. Es genügt, daß das dunkle Fenster die Manöver der Vernunft verrät.

> In dieses dunkle Überbleibsel,
> das mich und meine Manöver verrät,
> hab ich mich oft versenkt.[26]

»Was ist los? Warum machen wir keine Fahrt? Man lauscht.«

Der Schrecken bleibt erhalten. Die Passagiere registrieren mit stummer Angst: »Der stählerne Rumpf vibriert nicht mehr, still / liegen die Maschinen, längst sind die Feuer gelöscht.« Der Stillstand der Geschichte löst untergründige Ängste aus, die nicht verschwiegen werden. Die an Hitchcock gemahnende Ironie, mit der Enzensberger dem Tod und der Angst beikommen will, findet ihre Grenze. Exakt in der Mitte der 33 Gesänge hebt sich der Bug »lotrecht empor, wie ein absurder Turm«, und versinkt: »Was dann kam, waren die Schreie.« Von den Schreien der tausend im Wasser treibenden Menschen, für die keine Rettungsboote da waren, berichtet der 18. Gesang. Erst »nach einer sehr langen Stunde« hört man in den Booten nichts mehr davon. Dieser Gesang wird von Enzensberger gebrochen, indem als erzählendes Subjekt eine »weiße Stimme« eingeführt wird, Allegorie der Schrift, die »tonlos« und »gleichmäßig« berichtet. Nicht zufällig folgt auf diesen Gesang, der das schreiende, schrille, erstickte Geheul und Verstummen vergegenwärtigt, die Glosse mit dem Titel *Weitere Gründe dafür, daß die Dichter lügen*. Hier stößt man wieder auf das Thema der Nicht-Präsenz, die unaufhebbare Diskrepanz zwischen Sprache und körperlichem Dasein. Nur eine Schrift, die ihre Kälte einbekennt, die ihre Lüge nicht verheimlicht, stellt eine Alternative zum Verstummen dar. Offen muß Literatur einbekennen, daß sie selbst – aus dem Rettungsboot spricht. Unter den Gründen, warum die Dichter lügen, findet man die folgenden:

> Weil der Verdurstende seinen Durst
> nicht über die Lippen bringt.
> Weil im Munde der Arbeiterklasse
> das Wort Arbeiterklasse nicht vorkommt [. . .]
> Weil die Wörter zu spät kommen,
> oder zu früh.
> Weil es also ein anderer ist,
> immer ein anderer,
> der da redet [. . .].[27]

Je est un autre. Bewußt stellt Enzensberger sich in die Tradition der modernen Lyrik, die eine Sprache entwickelt, in der die Dezentrierung des Subjekts sich artikuliert. Um sich zu äußern, wird dem Subjekt eine Sprache unverzichtbar, in der es sich auflösen, verschwimmen, untergehen kann: Singen als Sinken.

Dieser Untergang falscher Souveränität der Sprache spiegelt die andere Zumutung Enzensbergers, die viele Linke mit Argwohn betrachten werden. Er schlägt vor, neu anzufangen, Ballast abzuwerfen, zu experimentieren. Nicht nur die Sprache, auch das Denken muß experimentell werden. Dichten war im Topos der Schiffahrtsmetapher, der schon aus der Antike stammt, stets Fahrt mit klarem Ziel und vorgezeichnetem Kurs. Am Beginn der Moderne singt dagegen nicht zufällig das trunkene Schiff Rimbauds vom *poème de la mer*, in dem es sich auflöst und bricht. Enzensberger äußert Zweifel an den tradierten Denkmodellen, an den großspurigen Darlegungen der Weltlage, und lauscht auf die Stimme der Erfahrungen. »Einer horcht.« Mit leiser Ironie spricht er von den »Überlebenden«, die sich vom Ballast der Vergangenheit nicht lösen können:

> Verschnürte Koffer voll schwerer Andenken
> wurden geöffnet. Es war Geschirr da
> aus Blech. Einige Windeln gab es,
> einige Zündhölzer, Reste
> von Schiffszwieback [. . .].[28]

Dabei besteht zwischen dem bescheidenen Neu-Beginnen – das, wie man weiß, nie unschuldig ›anfängt‹ – und der Wiederaufnahme schon verjährt geglaubter Prozesse kein Gegensatz. Nicht nur der Topos ›Schiffbruch‹, nicht nur die Tradition der nautischen Metaphorik der Poesie, die Enzensberger schon immer liebte, zeigen das an. Die Analyse des aktuellen Pegelstands der Überflutung trifft in der Tradition auf Gespenster, Vorläufer, Doppelgänger, die nun zu den Elementen der Selbstbegegnung werden – Schriftzeichen, mit denen der Text sich inszeniert, Schauspieler, Attrappen, Mitspieler, Bundesgenossen. Die *Verlustanzeige* führt zur Rückbesinnung auf die Traditionen der bürgerlichen Kultur. Daher rührt der Eindruck, es mit einem Luxusdampfer für Gebildete zu tun zu haben. Schon die Silhouette des Ganzen kündigt an: Mit Bildung wird hier nicht gegeizt. Stapel von Dissertationen sind gesichert. Vor allem die Anspielung auf Dantes *Commedia* fällt ins Auge; wie bei Dante 33 Gesänge; wie bei Dante besteht die Höllenqual der schlimmsten Sünder darin, auf Ewigkeit im Eis zu sitzen; wie Dante/Vergils Barke treiben Rettungsboote über die verdammten Seelen in den Höllengewässern dahin. Vor allem aber besteht auch hier die größte Qual darin, daß es nie zu Ende geht. Das nämlich ist es, was Enzensberger an der Apokalypse interessiert: »[...] auch der Weltuntergang ist nicht mehr das, was er einmal war.« Das eigentliche Endzeitbewußtsein besteht nicht mehr in der Erwartung des Zusammenbruchs, sondern vielmehr in dem Gedanken, »[...] daß es eigentlich einfacher wäre, wenn wir es ein für allemal hinter uns hätten, wenn die Katastrophe wirklich käme. Aber daran ist nicht zu denken. Die Endgültigkeit, früher eins der hauptsächlichen Attribute der Apokalypse und einer der Gründe für ihre Anziehungskraft, ist uns nicht beschieden.«[29]

Man darf allerdings wiederum nicht meinen, erst jetzt sei Enzensberger dieses Licht aufgegangen. Schon in *doomsday*, 1964 veröffentlicht, reflektierte er über die Möglichkeit, »daß es ausbliebe / das vorgesehene verrecken«:

> denkbar immerhin
> wenn auch nicht glaublich:
> die katastrophe wäre da
> wenn über uns käme die nachricht
> daß sie ausbleiben wird
> für immer
>
> verloren wären wir:
> wir stünden am anfang[30]

Die ergänzende Vorstellung zu dieser Apokalypse, die nie eintritt, ist das Leben als Katastrophe *en permanence*. Nicht umsonst erinnert der Text häufig an Motive aus Poes *The Narrative of Arthur Gordon Pym*. Poe stellt das Leben seines Helden buchstäblich als ununterbrochenen, immer wiederholten Schiffbruch, gerade noch gelingende Rettung und erneuten Untergang dar. Und auch Poe gewinnt aus dieser Metaphorik unmittelbar die Möglichkeit, das Schreiben selbst, die Bewegung des Textes, die Schrift darzustellen.

Belassen wir es bei diesen Hinweisen und warten wir in Ruhe die Aufdeckung der zahllosen Anspielungen und Analogien ab, die der Text in sich hat. Erkennbar muß werden, daß für Enzensberger der Neuanfang vor allem in einer Rückbesinnung auf die Tradition der bürgerlichen Kultur besteht. Er erkennt sich in der selbst problematischen und reflexiven Tradition des bürgerlichen Individualismus wieder. Es ist daher kein Zufall, daß unter den eingestreuten Reflexionen auf Gemälde solche überwiegen, die historisch dem Aufgang der bürgerlichen Gesellschaft zugehören, vor allem der italienischen Renaissance. Eine naive *tabula rasa* ist unmöglich. Die Katastrophe besteht darin, daß man vermuten kann: sie fand bereits statt. Aber Enzensberger stellt das nicht als *fait accompli* hin. Es ist – denkbar. Wie kann die Antwort auf diese Lage aussehen? Die großen Gesten sind verbraucht. Einfache Menschlichkeit? Rückfall in Mythos und Schicksalsglauben? Trotziges Beharren auf der desavouierten Praxis der real existierenden Sozialismen? Jede dieser großen Gesten ist verbraucht:

> Ein Kreuz schlagen, kommt nicht in Frage.
> Winken, geht nicht, keine Hand frei.
> Die Faust ballen, ausgeschlossen.[31]

Bleibt also nur, wie es an dieser Stelle dann heißt, das Bedauern auszudrücken? Nein, Enzensberger ist kein Spielverderber. Die Lust, das Vergnügen, das Amüsement an Literatur und Kunst selbst bleiben. Dieser Lust wohnt ein kritisches Potential inne, aber sie besteht nicht darauf. Schon die erste Bildbeschreibung zeigt die lustvolle ästhetische Anstrengung beim Schildern der Apokalypse:

> Wie fängt man es an,
> den Weltuntergang zu malen? [. . .]

technische Fragen, Kompositionsprobleme.
Die ganze Welt zu zerstören macht viel Arbeit.[32]

Diese Arbeit mündet in ein fröhliches Familienessen. Der Maler ist nach Beendigung der Szene »unsinnig heiter, wie ein Kind, / als wär ihm das Leben geschenkt«, und lädt Familie und Freunde »zum Wein, zu frischen Trüffeln und Bekassinen«. Die sinn- und zwecklose Kunst, die nichts bedeutet, wie die im Bild von der Heiligen Anna Selbdritt übermalte Schildkröte, rückt an die Stelle von Analyse und Theorie:

> Wie oft soll ich es euch noch sagen!
> Es gibt keine Kunst ohne das Vergnügen.
> Das gilt auch für die endlosen Kreuzigungen,
> Sintfluten und Bethlehemitischen Kindermorde,
> die ihr, ich weiß nicht warum,
> bei mir bestellt.[33]

Die Bahn ist schief,
meine Damen und Herren, Sie stehen am Rande des Abgrunds. Jene freilich lachen nur matt und tapfer zurück: Danke gleichfalls. (33. Gesang)

Der Text fungiert als Spiegel. Autor und Leser werfen sich ein Echo zu. Es schält sich bei der Lektüre immer deutlicher aus dem feinen Nebel heraus, daß »gar nichts« versunken ist. »Untergegangen ist damals / weiter nichts als mein Gedicht / über den Untergang der Titanic.« Es ist doch wieder ein Kursbuch geworden. Am Ende ist nicht nur die problematische Souveränität untergegangen, sondern – das Problem. Bedauern, Heulen, Weiterschwimmen – man hat ein wenig den Eindruck von Badewanne und Papierschiffchen. Ein solches *bateau frêle comme un papillon de mai* steht zwar auch am Ende des *Trunkenen Schiffs*, aber dort am Ende einer Sprachfahrt, die, ungleich radikaler, die Konsistenz des Zeichens aufschnitt, spaltete und zu Bruch gehen ließ. Enzensbergers Sprache bleibt stets beherrscht. So gereicht dem brillanten Opus die mitreißend geschmeidige Souveränität zu solcher Perfektion, daß man spürt: der Text macht mit seiner eigenen These nicht recht ernst. Der Faden reißt gar nicht. Das Gedicht wird immer wieder zu klargeputzt, zu spiegelglatt. Die gekonnte

Witzigkeit der Pointen nimmt dem Buch seinen Biß, und dies aus einem einfachen Grund. Der Text will der Eisberg sein, der das Bewußtsein des Lesers anritzt und verletzt. Das »unvorstellbare Messer«, die scharfe Kante, die spitze Feder muß im Leser etwas öffnen können. Dazu aber ist es notwendig, daß der Leser nicht, zur Abwehr, die Schotten dicht machen kann. Überfallartig muß seine Wahrnehmung unterspült werden, so daß sie nicht zu gut verarbeiten kann, sondern der Reizschutz durchbrochen wird. Auf Enzensbergers reizvolle Sprache aber ist (fast) immer Verlaß: Witz, Pointe, Klarsicht. Der Kritiker besänftigt den Lyriker, die Brise wird zu milde, der Text zu wenig – böse. Wir »versinken / sackig und sanft«.

Ein angemessenes Kriterium sehr guter Texte wäre vielleicht, daß die Schreibmaschine dem Begreifen stets einen Tastenschritt voraus sein muß. Ein unkontrolliertes Element ist notwendig. Der Spiegel des Textes muß von innen brüchig sein, so daß er fast zerfällt. Das Zuviel an gescheiter Konstruktion und Durchdachtheit hinterläßt das Gefühl, daß das Text-Subjekt der *Titanic* sich aus dem Maelstrom zu sehr »raushält«. Es gewinnt jedenfalls sehr schnell wieder Boden unter den Füßen. Damit entsteht der Eindruck, es werde an einer neuen Ideologie gebastelt, an positiver These: Kunst statt Marxismus. Zu vermeiden wäre das nur, wenn der Text nicht etwa näher an den politischen Begriff rückte, sondern weiter abdriftete. Wo Enzensberger sich direkt politisch äußert, wird es im *Untergang* schnell fragwürdig. Man denke an den Gesang Nr. 2, wo nur die Passagiere der billigen Decks bemerken, daß etwas passiert sein muß, die nämlich von »ganz unten, wo man, wie immer, zuerst kapiert...«. Wirklich immer? Kein Zweifel? Kein Eisberg in Sicht, der auch diese Überzeugung (Hoffnung) rammen könnte?

Seine luzide Sprache und die zu kluge Konstruktion gereichen dem Buch zum Nachteil, weil sie nicht mehr gebrochen sind. Geht das Geschriebene im Gewußten auf, so stellt sich Leere ein. Diese Leere ist die der radikalen Ironie. Der Autor erscheint als ironisches Subjekt, das letztlich von der Selbstversicherung lebt, eben alles – reflektieren zu können. Enzensberger, der schon in den fünfziger Jahren eine wichtige Studie der Poetik Brentanos widmete, entfaltet eine ironische Selbstreflexion, die ihre materiellen Voraussetzungen nicht mitdenkt. Würde sie das tun, dann geriete sie zerbrechlicher, vielleicht dunkler, aber auch offener und produktiver. Hier taucht dagegen bisweilen die Frage auf, ob denn die ganze Veranstaltung nur dazu dient, nicht etwa *die* Wirklichkeit, sondern nur die Wirklichkeit des westdeutschen Intellektuellen zu artikulieren. Er allerdings wird sich, wenn der Bruch mit seinen Sprachkonventionen nicht tiefer geht, bestätigt fühlen. Der *Untergang der Titanic* liegt oft so hart am Kurs des gegenwärtigen Bewußtseins, daß der »ideologische Effekt« (Louis Althusser) in diesem Sinn sich einstellen kann. Ein breites Lächeln geht über die Züge des Lesers, der in den Text blickt wie in einen Spiegel: Hier bin Ich – und da ... bin ich schon wieder.

Lust am Untergang, Hoch die Kunst! und das Tralala des fröhlichen Mitmachens, für das der Schatten der Katastrophe, wenn man sie ja doch nicht beeinflußt, den Wert eines pikanten Farbvaleurs hat – solche Elemente der heutigen Stimmung haben mit der lockeren, aber verantwortlichen Ernsthaftigkeit von Enzensbergers Text, wohlverstanden, nichts zu tun. Die Kritik richtet sich darauf, ob er sie im Gegenteil nicht zuwenig unterhöhlt. Daß es die ›Lust am Untergang‹ aufgreift, ist dem Buch gerade nicht vorzurechnen, sondern eine seiner Qualitäten. Sein Sprachgebrauch aber läßt nicht zu, daß die Subversion des Wissens, die es fordert, sich ganz realisiert. Momente der Unlogik, des Traums, des Triebhaften, das also, was Julia Kristeva im Unterschied zum sinnkommunizierenden Aspekt der Sprache, dem Symbolischen, als das Semiotische bezeichnet, haben zuwenig Spielraum. Vor der Grenze einer radikalen Text-Praxis bleibt Enzensberger stehen. Aber seinem Text, der in sich eine ganze Kunstlehre enthält und nicht die schlechteste, ist es zu verdanken, daß man die Frage nach einer neuen politischen Analyse und die Frage nach Sprachformen, die ihr entsprechen, besser stellen kann. Das richtige Buch für eine nötige – Denkpause.

> Wir winkten ab, ließen ihn reden.
> Einer rief: Also gut.
> Fangen wir endlich an.
> Niemand rührte sich.
> Von irgendwoher kam ein Summen,
> immer feiner, siedender, schriller,
> vielleicht aus dem Ofen.[34]

1 Hans Magnus Enzensberger, *Der Untergang der Titanic. Eine Komödie*, Frankfurt/Main 1978 (im folgenden = T), S. 27, 28, 29.

2 T, S. 47.

3 T, S. 53.

4 Hans Magnus Enzensberger, *Gedichte. Die Entstehung eines Gedichts*, Frankfurt/Main 1962, S. 49.

5 Ders., *Einzelheiten II*, Frankfurt/Main [3]1970, S. 42.

6 Ders., *blindenschrift*, Frankfurt/Main 1964, zitiert nach der Ausgabe 1967, S. 40.

7 T, S. 20.

8 T, S. 7, 8, 9.

9 T, S. 23.

10 T, S. 26.

11 T, S. 13.

12 T, S. 53 f.

13 T, S. 99.

14 Klaus Heinrich, *Versuch über die Schwierigkeit nein zu sagen*, Frankfurt/Main 1964; bes. Kap. II.

15 *landessprache*, Frankfurt/Main 1960, S. 40 und 45.

16 Ebd., S. 47.

17 Kursbuch 52 (1977), S. 6.

18 T, S. 93.

19 T, S. 20.

20 T, S. 22.

21 T, S. 17.

22 Gilles Deleuze, in: Deleuze, Guattari, Jervis u. a., *Antipsychiatrie und Wunschökonomie*, Berlin 1976.

23 T, S. 67.

24 Zit. nach: Hans Magnus Enzensberger, *Politik und Verbrechen. Neun Beiträge*, Frankfurt/Main 1978, S. 184.

25 T, S. 84.

26 T, S. 83.

27 T, S. 61.

28 T, S. 102.

29 Hans Magnus Enzensberger, *Zwei Randbemerkungen zum Weltuntergang*, in: Kursbuch 52 (1978), S. 2 f.

30 *blindenschrift*, S. 45.

31 T, S. 40.

32 T, S. 12.

33 T, S. 32.

34 T, S. 106.

Wolf Lepenies
Die Freuden der Inkonsequenz
Hans Magnus Enzensbergers Essays
Politische Brosamen

Intellektuell wäre es natürlich befriedigender, wenn man ihm mal eins auswischen könnte. Statt dessen ist schon wieder eine Eloge fällig. Denn das haben Hans Magnus Enzensberger, Loriot und Karl Heinz Rummenigge gemeinsam: selbst wenn sie einmal nicht in Form sind, sind sie immer noch besser als der Rest, der sich da auf dem Rasen, auf dem Bildschirm oder auf Buch- und Magazinseiten tummelt. Lassen wir also, notgedrungen, die eigene Profilierungssucht unbefriedigt: Enzensbergers neues Buch, eine Sammlung von Essays, die im *Kursbuch* und in *Trans-Atlantik* veröffentlicht wurden, ist überaus vergnüglich zu lesen. Mit seiner Fähigkeit, amüsierend zu belehren, steht dieser Autor einzig da.

Enzensbergers Skizzen sind allesamt ein Plädoyer für die »Freuden der Inkonsequenz«. Nichts ist ihm mehr zuwider als die von allen Seiten erhobene Forderung nach Festigkeit, Radikalität, Unbestechlichkeit und kompromißloser Klarheit. Enzensberger, prinzipienscheu, doch zutiefst davon überzeugt, daß jede Sache falsch wird, wenn man sie zu Ende denkt, tummelt sich vergnügt in einem Kuddelmuddel sanfter Doktrinen und höchst vorläufiger Lehrsätze. Auf die bangen Fragen, die er aufwirft, gibt er meist selbst die beruhigende Antwort: »Das weiß ich auch nicht so genau!« Eine seiner Lieblingsvokabeln ist »Patchwork«, und zu den wenigen Wissenschaftlern, die er zustimmend zitiert, gehört Theodor W. Adorno, der den Vorwurf der Trennung von Theorie und Praxis nicht zu akzeptieren vermochte, weil er darin einen zivilisatorischen Fortschritt sah.

Bei einem der vielen Streiks an den Berliner Universitäten hängten vor ein paar Jahren die Studenten der Ethnologie ein Wäschelaken aus den Fenstern ihres Instituts. Darauf stand: »Gemeinsam sind wir unausstehlich!« Als ich diese Losung las, war mir klar, daß die FU noch eine Zukunft hatte. Zu ähnlichem Optimismus gibt Enzensbergers Buch reichlich Anlaß. Solange derart einfallsreich und präzise der Wirrwarr gelobt, die Unruhe begrüßt und die Unregierbarkeit herbeigewünscht werden können, sind tiefere Sorgen irgendwelcher Art nicht angebracht. Dieses unser Land bleibt satirefähig.

Obwohl Enzensbergers Themen internationalen Zuschnitt haben – schließlich ist unser Autor weitgereist –, bleibt er Nationalist: er ärgert sich vor allem über Deutschland. Genauer gesagt, ärgert er sich über die Bundesrepublik, denn die DDR erscheint ihm selbst für die Satire als zu langweilig. Unsere »eigentümliche Republik« hat es ihm angetan. Um ihren Zustand zu beschreiben, gibt es ein treffendes Wort: Püree. Denn: »Je mürber die eigne Identität, desto dringender das Verlangen nach Eindeutigkeit. Je serviler die Abhängigkeit von der Mode, desto lauter der Ruf nach grundsätzlichen Überzeugungen. Je frenetischer die Spesenjägerei, desto heroischer das Ringen um Integrität. Je schicker das Ambiente, desto inniger der Hang zum Subversiven. Je größer die Bestechlichkeit, desto ärger die Angst davor, integriert zu werden. Je weicher der Brei, desto fester die Prinzipien, und je hilfloser das Gezappel, desto inständiger die Liebe zur Konsequenz.«

So etwas macht den Leser atemlos, er japst von einem Aha-Erlebnis zum anderen, erst recht, wenn Enzensberger ihm die Exempel für seine Behauptungen auftischt. Dann begegnet man dauernd Bekannten, wie jenem »Kommunikationsexperten«, der »eine Villa in Köln, ein Pied-à-terre in Paris und eine tadellos restaurierte Windmühle in Holland« besitzt.

Enzensberger legt sich mit allen an. Die Sozialdemokraten passen ihm nicht, von der CDU/CSU ganz zu schweigen, Reaganomics mag er nicht, aber auch nicht die Ideologen der Dritten Welt, er hält nichts von der herkömmlichen Schule, aber auch recht wenig von der Anti-Pädagogik des »berüchtigten Pater Illich«, und nicht ohne etwas Wehmut, so möchte der Noch-Berliner doch hoffen, belächelt er jene, die ihm die »moralische Vortrefflichkeit von Schöneberg und Umgebung« anpreisen.

Was Dr. Enzensberger überhaupt nicht mag, ist die Wissenschaft. Ordinarien sind ihm beinahe so verhaßt wie Leitartikler, die Sprache der Soziologen ist kurios, und die Ökonomie liest aus dem Kaffeesatz. Hier aber hat die Realität den Satiriker und Sozialkritiker längst eingeholt. Spätestens seit den Bekenntnissen David Stockmans, des Budgetdirektors von Präsident Reagan, weiß man, daß Enzensberger schamlos untertrieben hat.

Einige seiner Essays hat er wie Einakter komponiert; seine Stärke liegt nicht zuletzt darin, Überzeugungen und Zweifel szenisch zu verdeutlichen. Der Altbundeskanzler hat zwei besonders bühnenwirksame Auftritte. Im ersten läßt er sich von einem Biologieprofessor Schack – »immer haarscharf am Nobelpreis vorbei« – über die »Struktureigenschaften hyperkomplexer Systeme« belehren und dadurch mit den Widersprüchen und Widrigkeiten sozialdemokratischer Politik versöhnen; im zweiten fegt Helmut Schmidt, durch die Lektüre Poppers erfrischt, in einer Vorstandssitzung seiner Partei einen Einwand Herbert Wehners mit der Bemerkung vom Tisch, das Ganze sei nicht falsifizierbar, worauf Onkel Herbert die Pfeife im Munde ausgeht.

Enzensbergers Behauptung, derjenige, der heute den gesellschaftlichen Verhältnissen gegenüber nicht ganz ahnungslos bleiben wolle, müsse sich an die großen Schriftsteller halten, an V. S. Naipaul und Andrej Platonov und Gabriel García Márquez, wird ein selbstkritischer Sozialwissenschaftler nicht widersprechen können. Er mag mit ihm bedauern, daß es keinen Balzac oder Zola mehr zu geben scheint, die die entscheidenden Entwicklungen unserer Nachkriegszeit zu schildern vermöchten. Vielleicht ist dies aber eine Zeit, die – zumindest in Westeuropa – nicht nach dem großen Roman und schon gar nicht nach dem Romanzyklus verlangt. Vielleicht ist dies eine Zeit, die ihre literarische und sozial angemessene Darstellung nur noch in der kleinen Form finden kann.

Enzensbergers *Brosamen* jedenfalls bekräftigen diese Vermutung. Er selbst hat seine Skizze *Von der Unaufhaltsamkeit des Kleinbürgertums* eine soziologische Grille genannt. Besser aber hat nach dem Kriege auch kein westdeutscher Sozialwissenschaftler gezirpt. Und das Votum für den Hauslehrer ist – genauer recherchiert und durchdacht als so mancher Bildungsplan – eine realistische Utopie, die ganze Bände pädagogischer Fachliteratur zu Makulatur macht.

Enzensberger, der alle angreift, schadet dadurch letztlich niemandem. Seine Rundumschläge haben etwas zutiefst Humanitäres an sich, er ist so ausgewogen, wie keine öffentlich-rechtliche Kommunikationsanstalt es je sein wird. Zu erwarten steht, daß er von allen Seiten Beifall erhalten wird. Damit wäre der Satiriker Enzensberger erledigt. Es ist nicht schwer, den Grund für diese Gefahr in der politischen Großwetterlage zu sehen, die das Klima der Bundesrepublik im letzten Jahrzehnt bestimmt hat.

Auch wenn er sich immer über sie lustig macht, kann er seine tiefe Sympathie für die sozial-liberale Koalition nicht verbergen. Wie anders ließe sich sein Plädoyer für eine »Prothesen-Politik des Sichdurchwurstelns« denn verstehen? Das ist doch keine Satire mehr, das ist schon beinahe eine Regierungserklärung! Nun aber ist die alte Regierung gestürzt, und eine neue ist im Amt. Helmut Kohl ist Kanzler, »die Inkarnation unserer nationalen Harmlosigkeit«, wie Enzensberger einst unvorsichtig schrieb, »immer zugleich selbstzufrieden und beleidigt, wie seine Krawatten ein Überbleibsel aus jener Zeit, in der es darauf ankam, mit Fleiß und Schlaumeierei, ohne anzuecken, beflissen, wacker und verdruckst, das, was die Nazis versiebt hatten, wieder irgendwie hinzukriegen«.

Dank sei der FDP und ihrem Schwenk. Jetzt werden neue Ziele für die Satire sichtbar. Die Gefahr der auszehrenden, unterschwelligen Sympathie für die Regierenden ist fürs erste gebannt. Man darf gespannt sein, wie Hans Magnus Enzensberger diese neue Herausforderung bestehen wird. Zuvor aber sei sein neues Buch noch einmal gelobt. *Politische Brosamen* heißt es. Und ob man es nun im Bette liest oder nicht: Diese Krümel pieken.

Anhang

Vita

1929	Geboren in Kaufbeuren im bayerischen Allgäu. Bürgerliches Elternhaus. Drei jüngere Brüder.
1931–1942	Kindheit in Nürnberg.
1942–1945	Luftkrieg; Evakuierung in eine mittelfränkische Kleinstadt; Oberschulen in Gunzenhausen und Oettingen.
1945	»Volkssturm«; danach Dolmetscher und Barmann bei der Royal Air Force. Lebensunterhalt durch Schwarzhandel. Erste literarische Versuche.
1946–1949	Oberschule in Nördlingen. Abitur.
1949–1954	Studium in Erlangen, Freiburg im Breisgau, Hamburg und an der Sorbonne: Literaturwissenschaft, Sprachen u. Philosophie. Drei Jahre Studententheater.
1955	Promotion (Thema: Clemens Brentanos Poetik).
1955–1957	Rundfunkredakteur in Stuttgart (Radio-Essay, bei Alfred Andersch); Gastdozent an der Hochschule für Gestaltung in Ulm.
1957	Aufenthalt in den Vereinigten Staaten und in Mexiko. Erste Buchpublikation.
1957–1959	»Freier« Schriftsteller. Wohnort: Stranda in West-Norwegen.
1959–1960	Ein Jahr in Italien. Wohnort: Lanuvio bei Rom.
1960–1961	Verlagslektor in Frankfurt am Main.
1961	Rückzug auf Tjöme, eine Insel im Oslo-Fjord.
1963	Büchner-Preis. Erster Aufenthalt in der Sowjet-Union.
1964–1965	Gastdozentur für Poetik an der Frankfurter Universität.
1965	Erste Südamerika-Reise. Umzug nach West-Berlin. Gründung der Zeitschrift *Kursbuch*.
1967–1968	Fellow am Center for Advanced Studies der Wesleyan University, Connecticut, USA. Aufgabe der Fellowship. Reise in den Fernen Osten.
1968–1969	Längerer Aufenthalt in Kuba.
1970	Gründung eines Kursbuch Verlages in Berlin.
1974–1975	Längerer Aufenthalt in New York.
1978	Deutscher Kritikerpreis.
1979	Umzug nach München.
1980	Gründung der Zeitschrift *TransAtlantik* (Mitwirkung bis 1982). Internationaler Preis für Poesie (Struga, Jugoslawien).
1982	Internationaler Pasolini-Preis für Poesie (Rom).

Alfred Estermann
Hans Magnus Enzensberger
Eine Bibliographie

in Zusammenarbeit mit Walther Dörger
und Gudrun Augustin

Vorbemerkung

Diese Bibliographie der Veröffentlichungen Hans Magnus Enzensbergers und der über ihn erschienenen Publikationen präsentiert in den Kapiteln I-VII das Werk des Autors bis 1983 so differenziert wie möglich; in den Kapiteln VIII-X wird versucht, die große Menge der Sekundärliteratur durch eine strikte Auswahl wenigstens annähernd anschaulich zu machen.

Die Informationen beruhen, soweit sich dies bewerkstelligen ließ, auf Autopsie. Andere als die gängigen Abkürzungen wurden nicht verwendet, mit Ausnahme von Ü = Übersetzer.

Pläne, die Darstellung noch weiter zu vervollständigen, konnten aus Gründen knapper Produktionszeit nicht realisiert werden.

Für freundliche Hilfe beim Sammeln der Daten danke ich Hans Magnus Enzensberger, Hans-Heino Ewers und Reinhold Grimm, für tatkräftige Mitarbeit Walther Dörger und Gudrun Augustin.

Besonderer Dank für rasche und unkonventionelle Unterstützung gilt dem Archiv des Süddeutschen Rundfunks Stuttgart; aus der großen Zahl der dort verzeichneten Materialien wurde eine Auswahl in den bibliographischen Text eingearbeitet.

Frankfurt a. M., Februar 1984 A. E.

I Selbständige Veröffentlichungen. Sammlungen

1 *Über das dichterische Verfahren in Clemens Brentanos lyrischem Werk.*
   Diss. Erlangen 1955. 87 S. [Masch.]
   – [Überarbeitete Druckfassung:]
   Brentanos Poetik.
   München: Hanser 1961. 157 S. (Literatur als Kunst.)
   – München: Deutscher Taschenbuch-Verlag 1973. 124 S. (dtv-Taschenbücher. Sonderreihe. 118.)
2 *verteidigung der wölfe.* [Gedichte.]
   Frankfurt a. M.: Suhrkamp 1957. 91 S.
   – [Neuausgabe:] Nachwort: Reinhold Grimm [vgl. Nr. 1111].
   Frankfurt a. M.: Suhrkamp 1981. 106 S. (Bibliothek Suhrkamp. 711.)
3 *Zupp. Eine Geschichte von Hans Magnus Enzensberger in der sehr viel vorkommt mit Bildern von Gisela Andersch auf denen sehr viel drauf ist, nämlich . . .*
   Olten, Freiburg i. Br.: Walter 1959. [16 Bl.]
   – Frankfurt a. M.: Büchergilde Gutenberg 1960. [16 Bl.]
4 *landessprache.* [Gedichte.]
   Frankfurt a. M.: Suhrkamp 1960. 101 S.
   – Frankfurt a. M.: Suhrkamp 1969. 97 S. (Edition Suhrkamp. 304.)
5 *Einzelheiten.* [Essays.]
   Frankfurt a. M.: Suhrkamp 1962. 364 S.
   [Teilausgaben:]
   – *Einzelheiten I. Bewußtseins-Industrie.*
   Frankfurt a. M.: Suhrkamp 1964. 212 S. (Edition Suhrkamp. 63.)
   – *Einzelheiten II. Poesie und Politik.*
   Frankfurt a. M.: Suhrkamp 1964. 142 S. (Edition Suhrkamp. 87.)
6 *Gedichte. Die Entstehung eines Gedichts.* Nachwort: Werner Weber.
   Frankfurt a. M.: Suhrkamp 1962. 59 S. (Suhrkamp Texte. 10.)
   – Frankfurt a. M.: Suhrkamp 1965. 94 S. (Edition Suhrkamp. 20.)
   – Auswahl: Gustav Korlén.
   Stockholm: Bonnier 1965. 94 S.
7 *blindenschrift.* [Gedichte.]
   Frankfurt a. M.: Suhrkamp 1964. 96 S.
   – Frankfurt a. M.: Suhrkamp 1967. 96 S. (Edition Suhrkamp. 217.)
8 *Politik und Verbrechen. Neun Beiträge.*
   Frankfurt a. M.: Suhrkamp 1964. 395 S.
   – Frankfurt a. M.: Suhrkamp 1978. 395 S. (Suhrkamp Taschenbuch. 442.)
   – *Politische Kolportagen.* Vom Autor zusammengestellt und neu eingeleitet.
   Frankfurt a. M., Hamburg: Fischer Bücherei 1966. 222 S. (Fischer

Bücherei. 763.)
9 *falter.* mit einem aquarell von buja bingemer.
Köln: Hake 1965. [18 Bl.] (tangenten. 2.)
10 *Deutschland, Deutschland unter anderm. Äußerungen zur Politik.*
Frankfurt a. M.: Suhrkamp 1967. 177 S. (Edition Suhrkamp. 203).
11 *Staatsgefährdende Umtriebe. Offener Brief an Bundesjustizminister*
Heinemann.
Berlin: Voltaire Verl. 1968. 51 S. (Voltaire Flugschriften. 11.)
12 *Das Verhör von Habana.*
Frankfurt a. M.: Suhrkamp 1970. 270, 11 S.
– Berlin [DDR]: Henschel 1971. 240 S.
– Frankfurt a. M.: Suhrkamp 1972. 270, 11 S. (Edition Suhrkamp.
553.)
– Frankfurt a. M.: Suhrkamp 1974. 296 S. (Edition Suhrkamp.
553.)
13 *Gedichte. 1955–1970.*
Frankfurt a. M.: Suhrkamp 1971. 175 S. (Suhrkamp Taschenbuch.
4.)
14 *Der kurze Sommer der Anarchie. Buenaventura Durrutis Leben*
und Tod. Roman.
Frankfurt a. M.: Suhrkamp 1972. 299 S.
– [Sonderausgabe:] Frankfurt a. M.: Suhrkamp 1975. 299 S.
– Frankfurt a. M.: Suhrkamp 1977. 299 S. (Suhrkamp Taschenbuch.
395.)
14a *Der kurze Sommer der Anarchie. Buenaventura Durrutis Leben*
und Tod. Roman.
[Raubdruck].
Den Haag: Dutch Editing Company 1971. 299 S.
[Fotomechanisch verkleinerter Nachdruck].
15 [Gedichte.] Auswahl: Bernd Jentzsch.
Berlin [DDR]: Verl. Neues Leben 1974. 31 S. (Poesiealbum. 84.)
16 *Palaver. Politische Überlegungen. 1967–1973.*
Frankfurt a. M.: Suhrkamp 1974. 231 S. (Edition Suhrkamp. 696.)
17 *Mausoleum. Siebenunddreißig Balladen aus der Geschichte des Fort-*
schritts.
Frankfurt a. M.: Suhrkamp 1975. 125 S.
– Frankfurt a. M.: Suhrkamp 1978. 127 S. (Bibliothek Suhrkamp.
602.)
18 *Der Untergang der Titanic. Eine Komödie.*
Frankfurt a. M.: Suhrkamp 1978. 114 S.
– Frankfurt a. M.: Suhrkamp 1981. 114 S. (Suhrkamp Taschenbuch.
681.)
19 *Beschreibung eines Dickichts.* [Gedichte.] Nachwort: Klaus Schuhmann.
Berlin [DDR]: Verl. Volk und Welt 1979. 224 S.
20 *Die Furie des Verschwindens. Gedichte.*
Frankfurt a. M.: Suhrkamp 1980. 86 S. (Edition Suhrkamp. 1066.
N. F. 66.)
21 *Dreiunddreißig Gedichte.*
Stuttgart: Reclam 1981. 73 S. (Reclams Universalbibliothek. 7674).

22 *Im Gegenteil. Gedichte, Szenen, Essays.* Vom Autor selbst zusammengetragen und mit einem Nachwort versehen.
Gütersloh, Stuttgart, Wien, Zug, Berlin, Darmstadt 1981. 478 S.
[Ausgabe für Buchgemeinschaften.]
23 *Politische Brosamen.*
Frankfurt a. M.: Suhrkamp 1982. 235 S.
24 *Die Gedichte.*
Frankfurt a. M.: Suhrkamp 1983. 433 S. (Weißes Programm im 33. Jahr.)

II *Beiträge zu Zeitschriften, Zeitungen und Sammlungen*
(vgl. auch IV Übersetzungen)

25 *lock lied – erinnerung an die schrecken der jugend – zikade.*
Akzente. 1955. H. 5. S. 397–398.
26 *Der Fall Pablo Neruda.*
Texte und Zeichen. 1955. H. 3. S. 384–389.
– *Einzelheiten* (1962). S. 316–333 [revidierte Fassung].
27 *Literatur und Linse und Beweis dessen, daß ihre glückhafte Kopulation derzeit unmöglich.*
Akzente. 1956. H. 3. S. 207–213.
28 *Spott und Jubel – Goldener Schnittmusterbogen zur poetischen Wiederaufrüstung.*
Augenblick. 1956. H. 1. S. 22–23.
29 *Begebenheiten und Vermutungen.*
Augenblick. 1956. H. 2. S. 16–18.
30 *Vor Tarnkappen wird gewarnt. Eine Replik.* [Zu Felix Hartlaub.]
Augenblick. 1956. H. 3. S. 27–28.
31 *Reklame für den Ernstfall.*
Augenblick. 1956. H. 4. S. 2.
32 *Dérive – Disposition testamentaire – Le sang d'un poète – Evocation du poisson.*
Cahiers du Sud. 1956. Nr. 336. S. 255–260.
33 *larisa – il faut finir par cultiver son jardin – rätsel – für lot, einen makedonischen hirten.*
Jahresring 56/57. 1956. S. 147–152.
34 *april – fremder garten – call it love – hôtel fraternité – mühlen – security risk – drift I – drift II.*
Junge Lyrik 1956. Hrsg. von Hans Bender. München 1956. S. 34–42.
35 *schläferung – anrufung des fisches – ratschlag auf höchster ebene – klage um ingo ledermann.*
Merkur. 1956. H. 9. S. 853–855.
36 *Cultivate your garden.* Ü: Edouard Roditi.
Poetry. 1956. Bd. 88. Nr. 4. S. 250–251.
37 *Fabula rasa de imperativo.*

Streit-Zeit-Schrift. 1956/57. H. 3. S. 130–135.

38 *Die Kunst und das Meerschweinchen oder: Was ist ein Experiment?*
Texte und Zeichen. 1956. H. 2. S. 214–215.

39 *sieg der weichseln – lehrgedicht über den mord – auf der flucht erschossen – jemands lied – an einen mann in der trambahn – konjunktur – anweisung an sisyphos – warn lied.*
Texte und Zeichen. 1956. H. 4. S. 373–382.

40 *Zikade – Erinnerung an die Schrecken der Jugend – Lock Lied – La forza del destino – Erinnerung an den Tod – Letztwillige Verfügung.*
Transit. Lyrik der Jahrhundertmitte. Hrsg. von Walter Höllerer. Frankfurt a. M. 1956. S. 47, 86, 145, 164, 183, 198.

41 [Antwort auf die Frage: Woran arbeiten Sie gerade?] *Gestatten Sie mir, zunächst einige soziologische Beobachtungen anzuführen . . .*
Almanach 1958 [der Librairie Flinker]. Hrsg. von Karl Flinker. Paris 1957. S. 46–47.

42 *lock lied – utopia – anweisung an sisyphos – verteidigung der wölfe gegen die lämmer.*
Dichten und Trachten 10. Frankfurt a. M. 1957. S. 31–35.

43 *Die Anatomie einer Wochenschau.*
Frankfurter Hefte. 1957. H. 4. S. 278–285.
– *Einzelheiten* (1962) S. 88–109: *Scherbenwelt.*

44 *Kritik noch vor dem Preis.* [Zu Albert Camus: Der Fall.]
Frankfurter Hefte. 1957. H. 11. S. 807–809.

45 *Fund im Schnee – Verteidigung der Wölfe gegen die Lämmer.*
Jahresring 57/58. 1957. S. 141–143.

46 *utopia – geburtsanzeige – bildungsreise – für lot, einen makedonischen hirten – rast und gedenken – nicht stürzen! glas! – befragung zur mitternacht – befragung eines landstürzers.*
Junge Lyrik 1957. Hrsg. von Hans Bender. München 1957. S. 5–15.

47 *ich schreibe meine gedichte in die maschine – april.*
Lyrik unserer Zeit. Dortmund 1957. S. 50–51.

48 *Die Dramaturgie der Entfremdung.* [Zu Eugène Ionesco und Arthur Adamov.]
Merkur. 1957. H. 109. S. 231–237.

49 *statue of liberty – manhattan island – rundschreiben an meine nachbarn.*
Sinn und Form. 1957. H. 6. S. 1024–1026.

50 *Die Sprache des Spiegel.*
Der Spiegel. Nr. 10/1957.
– *Einzelheiten* (1962), S. 62–87 [mit zwei Zusätzen].

51 *Genie als Karikatur.* [Zu Henry Miller: Der Koloß von Maroussi.]
Texte und Zeichen. 1957. H. 1. S. 87–91.

52 *Sartre im trüben »Spiegel«.*
Texte und Zeichen. 1957. H. 12. S. 199–204.

53 *das herz von grönland – die würgengel.*
Akzente. 1958. H. 5. S. 420–422.

54 *Hiruda sanguisuga. Oder: Analekten zur Staatsbürgerkunde.*
Augenblick. 1958. H. 5. S. 44–45.
55 *Einige Vorschläge zur Methode des Kampfes gegen die atomare Aufrüstung.*
Blätter für deutsche und internationale Politik. 1958. H. 6.
S. 410–414.
56 *Gespräch der Substanzen – Die großen Erfindungen – Memorandum – Plädoyer für einen Mörder – Das Ende der Eulen – Trennung.*
Botteghe oscure. 21. 1958. S. 425–429.
57 *Stranda in Norwegen.*
Dichten und Trachten 11. Frankfurt a. M. 1958. S. 88–89.
58 *Rede an ein imaginäres Publikum.*
Frankfurter Allgemeine Zeitung. 31. 12. 1958.
59 *Philosophie des Ärgers.* [Zu Günter Anders: Die Antiquiertheit des Menschen.]
Frankfurter Hefte. 1958. H. 1. S. 62–64.
60 *Außenseiter.* [Zu Iris Murdoch: Unter dem Netz.]
Frankfurter Hefte. 1958. H. 6. S. 447–448.
61 *Reine Sprache des Exils.* [Zu Saint-John Perse: Dichtungen.]
Frankfurter Hefte. 1958. H. 7. S. 511–513.
62 *an alle fernsprechteilnehmer.*
Frankfurter Hefte. 1958. H. 9. S. 604.
63 *befragung zur mitternacht – schläferung – sozialpartner in der rüstungsindustrie.*
Das Gedicht. 1958/59. S. 117–119.
64 *anwesenheit.*
Hortulus. 1958. Nr. 35. S. 135.
65 *spur der zukunft – ich, der präsident und die biber – antwort des fabelwesens.*
Jahresring 58/59. 1958. S. 203–205.
66 *letztwillige verfügung – sozialpartner in der rüstungsindustrie – konjunktur – ins lesebuch für die oberstufe.*
Konkret. 1958. H. 6. S. 9.
67 *Neue Vorschläge für Atomwaffen-Gegner.*
Konkret. 1958. H. 7. S. 1.
68 *Satire als Wechselbalg.* [Zu Heinrich Böll: Doktor Murkes gesammeltes Schweigen und andere Satiren.]
Merkur. 1958. H. 125. S. 686–689.
– *Einzelheiten* (1962). S. 215–220.
69 *Vergebliche Brandung in der Ferne. Eine Theorie des Tourismus.*
Merkur. 1958. H. 126. S. 701–720.
– *Einzelheiten* (1962). S. 147–168: *Eine Theorie des Tourismus.*
70 *floyris der töpfer und sein kleiner dämon oder die hohe schule des steckenpferdes.* [Zu Heinz E. Hirscher.]
Metalldrucke, Collagen, Materialbilder. Hrsg. von Rolf Nesch, Fritz Harnest, Heinz E. Hirscher [u. a.]. Baden-Baden 1958.
71 [Fünf Gedichte.] Ü: Gilda Musa.
Poesia tedesca del dopoguerra. Hrsg. von Gilda Musa. Milano 1958.
S. 276–285.

72 *Gedicht für die Gedichte nicht lesen.*
   Alternative. 1959. H. 2. S. 25.
73 *An alle Fernsprechteilnehmer.*
   Das Argument. 1959. H. 2. S. 5.
74 *Interpretation eines fiktiven Gedichts.*
   baemu suti oder das Ibolithische Vermächtnis. Hrsg. von Heinz
   Gültig. Zürich 1959. S. 43–44.
75 *Europa gegen die Bombe.*
   Blätter für deutsche und internationale Politik. 1959. H. 2.
   S. 119–121.
76 *fund im schnee – an alle fernsprechteilnehmer.*
   Expeditionen. Hrsg. von Wolfgang Weyrauch. München 1959.
   S. 125–127.
77 *Die Hinrichtung des Soldaten Slovik.*
   Frankfurter Hefte. 1959. H. 1. S. 31–44.
   – *Politik und Verbrechen* (1964). S. 241–282: *Der arglose Deser-*
   teur.
78 *Die sieben Proben des Erzählers Röhler.* [Zu Klaus Röhler: Die
   Würde der Nacht.]
   Frankfurter Hefte. 1959. H. 1. S. 67–69.
79 *Aufforderung zur Revision.* [Zu Peter Demetz: Marx, Engels und
   die Dichter.]
   Frankfurter Hefte. 1959. H. 9. S. 683–685.
80 *Wilhelm Meister auf Blech getrommelt.* [Zu Günter Grass: Die
   Blechtrommel.]
   Frankfurter Hefte. 1959. H. 11. S. 833–836.
   – *Einzelheiten* (1962), S. 221–227.
81 *Die große Ausnahme.* [Zu Uwe Johnson: Mutmaßungen über Ja-
   kob.]
   Frankfurter Hefte. 1959. H. 12. S. 910–912.
   – *Einzelheiten* (1962), S. 234–239.
82 *Die Hauptstadt der Erinnerung.* [Zu Lawrence Durrell: Justine.]
   Merkur. 1959. H. 131. S. 85–88.
83 *ode an niemand – rache für ein gläsernes herz – ehre sei der sellerie –*
   isotop.
   Merkur. 1959. H. 132. S. 107–110.
84 *Die Steine der Freiheit.* [Zu Nelly Sachs.]
   Merkur. 1959. H. 138. S. 770–775.
   – *Einzelheiten* (1962), S. 246–252.
85 *nicht zu vergessen – das nelkenfeld – die scheintoten.*
   Merkur. 1959. H. 141. S. 1034–1036.
86 *Welt der zarten Täuschungen.* [Zu Elizabeth Bowen: Eine Welt der
   Liebe.]
   Neue Deutsche Hefte. 1958/59. H. 47. S. 266–268.
87 *Ahnung und Gegenwart 1958.* [Zu Wolfgang Koeppen: Nach Rußland und anderswohin.]
   Neue Deutsche Hefte. 1958/59. H. 49. S. 450–451.
88 *Literarische Essays.* [Zu Walter Jens: Statt einer Literaturge-
   schichte.]
   Neue Deutsche Hefte. 1958/59. H. 51. S. 651–652.

89 *Asketisches Experiment.* [Zu Michel Butor: Paris–Rom oder die Modifikation.]
Neue Deutsche Hefte. 1958/59. H. 53. S. 845–856.

90 *Artistik und Zeugenschaft.* [Zu Alfred Andersch: Geister und Leute.]
Neue Deutsche Hefte. 1958/59. H. 55. S. 1029–1031.

91 *Kurator des Augenblicks.* [Zu Angus Wilson: Was für reizende Vögel.]
Neue deutsche Hefte. 1958/59. H. 56. S. 1128–1129.

92 [Sechs Gedichte.] Ü: Jerome Rothenberg.
New Young German Poets. Hrsg. von Jerome Rothenberg. San Francisco 1959. S. 55–63.

93 *Glückliche Nacht – Warum ich »schön« sage – Botschaft des Tauchers.*
Botteghe oscure. 25. 1960. S. 232–234.

94 *die scheintoten.*
Dichten und Trachten 15. Frankfurt a. M. 1960. S. 46–47.

95 *Museum der modernen Poesie. Aus dem Vorwort.*
Dichten und Trachten 16. Frankfurt a. M. 1960. S. 62–68.

96 *Ein zweideutiger Virtuos.* [Zu Vladimir Nabokov: Lolita/König, Dame, Bube.]
Frankfurter Hefte. 1960. H. 2. S. 138–141.

97 *Die Entstehung eines Gedichts. Ein Ateliergespräch.*
Jahresring 60/61. 1960. S. 158–177.

98 *Denker en gros.*
Konkret. 1960. H. 16. S. 11.

99 *Anmerkungen zum Rotbuch.*
Konkret. 1960. H. 18. S. 5.
– *Einzelheiten* (1962), S. 203–207: *Beschwerde.*

100 *Wohlfahrtsstaat?*
Konkret. 1960. H. 19. S. 1.

101 [Antwort auf eine Umfrage zur sozialen Situation der deutschen Schriftsteller.]
Konkret. 1960. H. 21. S. 13.

102 *Aus dem italienischen Pitaval [I]: Der Montesi-Prozeß.*
Merkur. 1960. H. 152. S. 969–986. H. 153. S. 1058–1077.
– *Politik und Verbrechen* (1964), S. 177–240.

103 *Die Entstehung eines Gedichts.*
National-Zeitung. 3. 1. 1960.

104 *Bildung als Konsumgut. Analyse der Taschenbuch-Produktion.*
Neue deutsche Hefte. 1959/60. H. 57. S. 53–58. H. 58. S. 161–166. H. 59. S. 247–253.
– *Einzelheiten* (1962). S. 110–136.

105 *Schimpfend unter Palmen.*
Süddeutsche Zeitung. 7. 5. 1960.

106 *Die Weltsprache der modernen Poesie.*
Süddeutsche Zeitung. 29. 10. 1960.

107 *Plädoyer für eine literarische Regierung.*
Süddeutsche Zeitung. 17./18. 12. 1960.
– *Einzelheiten* (1962). S. 171–178: *Die literarische Regierungspartei.*

108 *Muß Wissenschaft Abrakadabra sein?*
Die Zeit. 5. 2. 1960.
109 *Mein Gedicht.* [Zu Clemens Brentano: Verzweiflung an der Liebe in der Liebe.]
Die Zeit. 11. 3. 1960.
110 *Unsere kleinbürgerliche Hölle.*
Die Zeit. 25. 11. 1960.
– *Einzelheiten* (1962). S. 127–146: *Das Plebiszit der Verbraucher.*
111 *Warum sie nicht mitmachen wollen* [Erklärung zum Zweiten Fernsehprogramm].
Die Zeit. 9. 12. 1960.
112 *ich, der präsident und die biber.*
Die Zeit. 5. 8. 1960.
113 *Ich wünsche nicht gefährlich zu leben.*
Die Alternative oder Brauchen wir eine neue Regierung? Hrsg. von Martin Walser. Reinbek 1961. S. 61–66.
114 *Gedicht für die Gedichte nicht lesen.*
Das Argument. 1961. H. 18. S. 55.
114a *frankfurt am main 21 januar 1961.* Der Jugend eine Antwort. Beiträge zur Demokratie. Hrsg. von U. T. Scheller. Hannover 1961. S. 18–19.
115 *Poesie am grünen Holze.*
Deutsche Zeitung. 19. 10. 1961.
116 *Varieté am Abgrund.* [Zu Raymond Queneau: Stilübungen. Autobus S.]
Dichten und Trachten 17. Frankfurt a. M. 1961. S. 5–9.
117 *Poesie als Lebensmittel.*
Dichten und Trachten 18. Frankfurt a. M. 1961. S. 37–39.
118 *Algerien ist überall.*
Diskus. 1961. Nr. 6/7. S. 3.
119 *fränkischer kirschgarten im januar – die hebammen.*
Du. 1961. H. 241. S. 51.
120 *Foam.* Ü: Jerome Rothenberg.
Evergreen Review. 1961. Nr. 19. S. 64–71.
121 *A poem for the affluent society.* Ü: Jerome Rothenberg.
Evergreen Review. 1961. Nr. 21. S. 93.
122 *Trommelt weiter.* [Zu Günter Grass: Katz und Maus.]
Frankfurter Hefte. 1961. H. 12. S. 860–862.
– *Einzelheiten* (1962). S. 227–233: *Der verständige Anarchist.*
123 *Das Ende der Eulen – Isotop – Sozialpartner in der Rüstungsindustrie.*
Gedichte gegen den Krieg. Hrsg. von Kurt Fassmann. München 1961. S. 280–282.
124 *Ins Lesebuch für die Oberstufe – Das Nelkenfeld.* Ü: David Rokeah.
Haaretz. 14. 4. 1961.
125 *Schimpfend unter Palmen.*
Ich lebe in der Bundesrepublik. Hrsg. von Wolfgang Weyrauch. München 1961. S. 24–31.
126 *Das schwarze Gelächter.* [Georg Christoph Lichtenberg. Jonathan

Swift. Clemens Brentano. Christian Dietrich Grabbe. Thomas de Quincey. Lewis Carroll. Ambrose Bierce. Franz Kafka.]
Konkret. 1961. H. 4. S. 15. H. 5. S. 11. H. 6. S. 11. H. 7. S. 11–12.

127 *Zur Genealogie des Terrors. Dialoge zur unbewältigten Vergangenheit.*
Konkret. 1961. H. 18. S. 6. H. 19. S. 6. H. 20. S. 8.

128 *Hunger müßte man haben!*
Kultur. 1961. Nr. 160. S. 2.

129 *Bürgerkrieg im Briefkasten.*
Die Mauer oder Der 13. August. Hrsg. von Hans Werner Richter. Reinbek 1961. S. 175–177.

130 *Über ein Gedicht von Brentano.*
Mein Gedicht. Hrsg. von Dieter E. Zimmer. Wiesbaden 1961. S. 32–34.

131 *Scherenschleifer und Poeten.*
Mein Gedicht ist mein Messer. Hrsg. von Hans Bender. München 1961. S. 144–148.

132 *Aus dem italienischen Pitaval II: Pupetta oder das Ende der neuen Camorra.*
Merkur. 1961. H. 160. S. 554–575.
– *Politik und Verbrechen* (1964). S. 139–175.

133 *Die Verschwundenen – Die Steine der Freiheit.*
Nelly Sachs zu Ehren. Frankfurt a. M. 1961. S. 27, 45–51.

134 *die hebammen/the midwives.* Ü: Michael Hamburger.
Poetry. 1961. Bd. 98. Nr. 6. S. 378–379.

135 [Diskussionsbeiträge.]
Schriftsteller: Ja-Sager oder Nein-Sager? Das Hamburger Streitgespräch deutscher Autoren aus Ost und West. Hrsg. von Josef Müller-Marein und Theo Sommer. Hamburg 1961.

136 *Skrämma barn med välfardsstaten.*
Tiden. 1961. Nr. 1. S. 27–30.

137 *Clemens Brentano.*
Triffst du nur das Zauberwort. Hrsg. von Jürgen Petersen. Frankfurt a. M. 1961. S. 81–92.
– 1967. S. 31–42.

138 *rätsel* [Teildruck, ohne Titel]. In: Im Bauch von New York. Fotos: Thomas Höpker.
twen. 1961. Nr. 1. S. 61–66.

139 [Zu Bertolt Brecht: Mahagonny/twen-Platte 2].
twen. 1961. Nr. 5. S. 72–73.

140 *Die Hühner- und die Heldenbrust.*
Die Zeit. 17. 2. 1961.
– *Einzelheiten* (1962). S. 186–191: *Gratisangst und Gratismut.*

141 *Vom Kinderreim in der heutigen Lyrik.*
Die Zeit. 25. 8. 1961.

142 *Ein sanfter Wüterich.* [Zu Martin Walser: Halbzeit.]
Die Zeit. 8. 9. 1961.
– *Einzelheiten* (1962). S. 240–245.

143 *Bürgerkrieg im Briefkasten. Ich spüre im Angriff aus Ost und West den gleichen Ungeist.*

Die Zeit. 13. 10. 1961.
144 *Die Welt als Scherbenhaufen.*
Zürcher Woche. 9. 6. 1961.
145 *auf das grab eines friedlichen mannes – konventioneller krieg (frank-furt 1961.)*
Akzente. 1962. H. 2. S. 118–119.
146 *Die Clique.*
Almanach der Gruppe 47. Reinbek 1962. [3]1964. S. 22–27.
– *Einzelheiten* (1962). S. 179–185.
147 [Gutachten zur »Gotteslästerung«]
Alternative. 1961. H. 18. S. 50.
148 *Meine Herren Mäzene.*
Bestandsaufnahme. Hrsg. von Hans Werner Richter. München, Wien, Basel 1962. S. 556–561.
– *Einzelheiten* (1962). S. 197–202.
149 *landessprache.*
Die Deutschen. Aufnahmen von René Burri. Auswahl der Texte von Hans Bender. Zürich 1962. S. 80–92.
150 *Absicht.*
Dichten und Trachten 19. Frankfurt a. M. 1962. S. 15–19.
151 *Einführung zu ›Vorzeichen‹.*
Dichten und Trachten 20. Frankfurt a. M. 1962. S. 48–51.
152 [Antwort auf eine Umfrage.]
Diskus. 1962. Nr. 1. S. 9.
153 *Böswilliger Leser.* [Leserbrief.]
Frankfurter Allgemeine Zeitung. 24. 7. 1962.
154 *Wie entsteht ein Gedicht?*
Gestalt und Gedanke. Folge 7: Poetik. 1962. S. 63–91.
155 [Drei Gedichte.] Ü: Ivan Malinovski,
Glemmebogen. Hrsg. von Ivan Malinovski. København 1962. S. 112–118.
156 *Louisiana story.*
Interview mit Amerika. Hrsg. von Alfred Gong. München 1962. S. 256–287.
157 *Die Schnecken.*
Konkret. 1962. H. 7. S. 24.
158 *To all telephone subscribers.* Ü: Gertrude Clorius Schwebell.
The Literary Review. 1962/63. S. 318–319.
159 *Der Romancier als Haruspex.* [Zu Carlo Emilio Gadda: Die gräßli-che Bescherung in der Via Merulana.]
Merkur. 1962. H. 170. S. 384–387.
160 *Die Aporien der Avantgarde.*
Merkur. 1962. H. 171. S. 401–424.
– *Einzelheiten* (1962). S. 290–315.
161 [Drei Gedichte.] Ü: Eva Hesse, Christopher Middleton.
Modern German Poetry. Hrsg. von Michael Hamburger und Chri-stopher Middleton. London 1962. S. 374–381.
– New York 1962. S. 374–381.
162 *utopia.*
Pardon. 1962. Nr. 1. S. 38.

163 [Zu Ernst Augustin: Der Kopf.]
    Der Spiegel. Nr. 14/1962.
164 [Zu Der Ruf. Eine deutsche Nachkriegszeitschrift.]
    Der Spiegel. Nr. 18/1962.
165 [Zu Gottfried Benn: Autobiographische und vermischte Schriften.]
    Der Spiegel. Nr. 23/1962.
166 [Zu Ernst Bloch: Erbschaft dieser Zeit.]
    Der Spiegel. Nr. 27/1962.
167 [Zu Bestandsaufnahme. Eine deutsche Bilanz 1962.]
    Der Spiegel. Nr. 32/1962.
168 [Zu John Updike: Hasenherz.]
    Der Spiegel. Nr. 36/1962.
169 [Zu Was bleibt. Wesen, Wege und Werke des Deutschen.]
    Der Spiegel. Nr. 40/1962.
170 [Zu Beat. Eine Anthologie.]
    Der Spiegel. Nr. 45/1962.
171 [Zu Peter Weiss: Fluchtpunkt.]
    Der Spiegel. Nr. 49/1962.
172 *Poesie in Marmor und Lorbeer. Ein Beitrag zu dem Verhältnis von Dichten und Politik.*
    Stuttgarter Zeitung. 16. 6. 1962
173 *Die kritische Taktik des »Spiegel«.*
    Welt und Wort. 1962. H. 12. S. 367–370.
174 *Oslo – die bröckelnde Idylle.*
    Die Zeit. 2. 2. 1962.
175 *Gulliver in Kopenhagen.*
    Akzente. 1963. H. 6. S. 628–648.
176 *middle class blues – landessprache – ode an niemand – fränkischer kirschgarten im januar.*
    Das Atelier 2. Hrsg. von Klaus Wagenbach. Frankfurt a. M., Hamburg 1963. S. 38, 41, 74, 76.
177 *Die Schnecken.*
    Club Voltaire. 1963. S. 195–198.
178 *Hamlet's death – Death of a poet.* Ü: Anselm Hollo.
    El corno emplumado. 1963. Nr. 5. S. 90–91.
179 [Drei Gedichte.]
    Deutsche Nachkriegsdichter. Tokyo 1963. S. 44–59.
180 [Der Autor und sein Material].
    Deutsche Zeitung. 15. 12. 1963.
181 *In search of the lost language.*
    Encounter. 1963. Nr. 3. S. 44–51.
182 Alfred Andersch, H. M. Enzensberger, Cesare Cases: Dibattito sul »Gruppo 47«.
    L'Europa Letteraria. 1963. Nr. 20/21. S. 27–37.
183 *Gadda aruspice.* Ü: Italo A. Chiusano.
    L'Europa Letteraria. 1963. Nr. 20/21. S. 57–60.
184 *Luoghi comuni leningradesi.*
    L'Europa Letteraria. 1963. Nr. 22/24. S. 99–103.
185 *klage um ingo ledermann.* Ü: David Rokeah.

Haaretz. 30. 8. 1963.
186 *Rede zur Verleihung des Georg-Büchner-Preises 1963.*
Jahrbuch der Deutschen Akademie für Sprache und Dichtung. 1963.
S. 126–136.
– Frankfurt a. M.: Suhrkamp 1963. [Flugblatt.]
– Die Zeit. 25. 10. 1963: *Gespenstisch, aber wirklich.*
– Die Andere Zeitung. 31. 10. 1963.
– *Deutschland, Deutschland unter anderm* (1967). S. 14–26: *Darmstadt, am 19. Oktober 1963.*
187 *Journalismus als Eiertanz.*
Kultur und Gesellschaft. 1963. Nr. 1. S. 7–8.
188 *Unterschrift.*
Manuskripte. 1963. H. 1. S. 2.
189 *Die Furien des César Vallejo.*
Merkur. 1963. H. 182. S. 349–363.
– *Einzelheiten II* (1964). S. 81–91.
190 *auf einen steinernen tisch – doomsday – historischer prozeß.*
Merkur. 1963. Nr. 186. S. 745–747.
191 [Zu Peter Rühmkorf: Kunststücke.]
Der Spiegel. Nr. 1/2/1963.
192 [Zu Soldatenlieder.]
Der Spiegel. Nr. 6/1963.
193 [Zu Carson McCullers: Uhr ohne Zeiger.]
Der Spiegel. Nr. 10/1963.
194 [Zu Heinz Küppers: Wörterbuch der deutschen Umgangssprache II.]
Der Spiegel. Nr. 14/1963.
195 [Zu Jakov Lind: Landschaft in Beton.]
Der Spiegel. Nr. 19/1963.
196 [Zu Carlo Emilio Gadda: La cognizione del dolore.]
Der Spiegel. Nr. 23/1963.
197 [Zu Alfred Andersch: Ein Liebhaber des Halbschattens.]
Der Spiegel. Nr. 27/1963.
198 [Zu Elias Canetti: Die Blendung.]
Der Spiegel. Nr.32/1963.
199 [Zu Günter Grass: Hundejahre.]
Der Spiegel. Nr. 36/1963.
200 [Zu Walter Jens: Herr Meister.]
Der Spiegel. Nr. 40/1963.
201 [Zu Reinhard Lettau: Auftritt Manigs.]
Der Spiegel. Nr. 49/1963.
202 *Gutmütige Gedanken über orthographische Gegenstände.*
Stuttgarter Zeitung. 26. 10. 1963.
203 *Mein Gedicht ist eine Maschine.*
Süddeutsche Zeitung. 6. 3. 1963.
204 *Las aporías de la vanguardia.* Ü: Pablo Simon.
Sur. 1963. Nr. 285. S. 1–23.
205 [Prosa und neun Gedichte.]
Světová Literatura. 1963. H. 3. S. 1–24.
206 *Il linguaggio mondiale della poesia.*

I Verri. 1963. H. 10. S. 20–38.
207 *zum andenken an william carlos williams.*
Die Zeit. 15. 3. 1963.
208 *Schwierige Arbeit.*
Zeugnisse. Frankfurt a. M. 1963. S. 331.
209 [Acht Gedichte.] Ü: Gertrude Clorius Schwebell.
Contemporary German Poetry. Hrsg. von G. C. Schwebell. Norfolk, Conn. 1964. S. 169–181.
210 *Eine Theorie des Tourismus.*
Deutsche Volkszeitung. 15. 5. 1964.
211 *zweifel – blindenschrift – schattenwerk.*
Dichten und Trachten 24. Frankfurt a. M. 1964. S. 43–48.
212 *Am I a German?*
Encounter. 1964. Nr. 127. S. 16–18.
– *Deutschland, Deutschland unter anderm* (1967). S. 7–13: *Über die Schwierigkeit, ein Inländer zu sein.*
213 *remote house – bill of fare – historical process.* Ü: Michael Hamburger.
Encounter. 1964. Nr. 127. S. 72–73.
214 *Bewußtseinsindustrie.* Ü: Olav Rue.
Europa 1964. Hrsg. von Carl Frederick Dahl. Oslo 1964.
215 *La Germania: due metà di un intero che non esiste.* Ü: Italo A. Chiusano.
L'Europa Letteraria. 1964. Nr. 25. S. 11–20.
216 *Lingua nostra, e uno scambio di testi poetici e critici.* Ü und biographische Notiz: Franco Fortini.
L'Europa Letteraria. 1964. Nr. 25. S. 21–27.
217 Enzensberger presenta e traduce Fortini [Nachwort zur Fortini-Edition, vgl. Nr. 617].
L'Europa Letteraria. 1964. Nr. 25. S. 29–31.
218 [Gedicht.] Ü: Bengt Höglund.
Fyra tyska poeter. Stockholm 1964. S. 47–56.
219 *Die moderne dänische Poesie.*
Kontakt mit Dänemark. Nr. 49. 1964. S. 9–10.
220 *De quelques fantômes.* Ü: Martine Vallette.
Les Lettres Nouvelles. 1964/65. Februar/März. S. 17–31.
221 *Leuchtfeuer.*
Manuskripte. 1964. H. 11. S. 11.
222 *Zur Theorie des Verrats.* Ü: Roberto Fertonani.
Il Menabò di letteratura. 7. Torino 1964. S. 15–34.
223 [Fünf Gedichte.] *Die Clique.* Ü: Lajos Bálint, Anna Hajnal, Tóth Balint, Dezsö Kercsztury, Ottó Orbán.
Özönviz után. Budapest 1964. S. 11–23.
224 *Teorie turistiky.*
Plamén. 1964. Nr. 12. S. 106–111.
225 *Vivat Yossarian!* [Zu Joseph Heller: Der IKS-Haken.]
Der Spiegel. Nr. 19/1964.
226 [Zehn Gedichte.] Ü: Ulli Beier.
Three German Poets. Lagos 1964. S. 20–29.
227 *Zum Beispiel: Stalingrad.* [Zu Alexander Kluge: Schlachtbeschrei-

bung.]
Welt der Arbeit. 18. 12. 1964.
228 *kirschgarten im schnee.*
Westermanns Monatshefte. 1964. H. 12. S. 40.
229 *Bin ich ein Deutscher?*
Die Zeit. 5. 6. 1964.
230 *Vor einem Glaskasten.*
Deutsche Volkszeitung. 16. 4. 1965.
231 *Rafael Trujillo. Bildnis eines Landesvaters.*
Deutsche Volkszeitung. 21. 5. 1965.
232 *Das poetische Werk der Nelly Sachs.*
Dichten und Trachten 26. Frankfurt a. M. 1965. S. 14–18.
233 *Wollt ihr die totale Kunst?*
Egoist. 1965. H. 7. S. 14–16.
234 *Das ganze Deutschland soll es sein.*
Europa. 1965. Nr. 4. S. 2–5.
235 *Paragrafi sull'essere tedesco e no.* Ü: Guiseppe Scimone.
L'Europa Letteraria. 1965. Nr. 33. S. 17–23.
236 *Portrait of a house detective.* Ü: Michael Hamburger.
Evergreen. 1965. Nr. 36. S. 72.
237 *Ensoñacion.* Ü: José Moral Arroyo.
Humboldt. 1965. Nr. 24. S. 44.
238 [Neun Gedichte.] Ü: Jørgen Sonne, Ivan Malinovski, Thorkild
Björnvig.
Janken Varden, Gruppe 47. Oslo 1965. S. 151–170.
239 *Europäische Peripherie.*
Kursbuch 2. 1965. S. 154–173.
– *Deutschland, Deutschland unter anderm* (1967). S. 152–176.
240 *Anleitung zum besseren Verständnis.* [Einleitung zu Lorenz Oken:
Kombinatorisches System der Pflanzenwelt.]
Kursbuch 3. 1965. S. 79–81.
241 *La littérature en tant qu'histoire.* Ü: Bernard Lortholary.
Les Lettres Nouvelles. 1965/66. Dezember/Januar. S. 25–42.
242 *L'industrie culturelle.* Ü: Bernard Lortholary.
Les Lettres Nouvelles. 1965/66. Mai/Juni. S. 32–42.
243 *Ein Briefwechsel* [mit Hannah Arendt].
Merkur. 1965. H. 205. S. 380–385.
244 [Fünf Gedichte.] Ü: Lev Ginzburg.
Novyi Mir. 1965. H. 6. Juni. S. 145–148.
245 *Der Schöngeist im Panzer.* [Zu Viktor Šklovskij: Sentimentale
Reise.]
Der Spiegel. Nr. 27/1965.
246 *Orakel vom Bodensee.* [Zu Jahrbuch der öffentlichen Meinung
1958–1964.]
Der Spiegel. Nr. 37/1965.
– Literatur im »Spiegel«. Reinbek 1969. S. 116–120.
247 *Karl Heinrich Marx – Middle class blues – For the grave of a peace-
loving man.* Ü: Michael Hamburger.
Stand. 1965. Nr. 3. S. 8–11.
248 *Milí přátelé ze světové literatury.*

Světová Literatura. 1965. H. 3. S. 249–251.

249 *Nachträge zum Kursbuch. Antwort auf einen »Zeit«-Artikel und eine Antwort auf die Antwort* [von Dieter E. Zimmer, vgl. Nr. 1297].
Die Zeit. 23. 7. 1965.

250 *Die Republik wird noch benötigt.*
Die Andere Zeitung. 10. 11. 1966.

251 *Wie entsteht ein Gedicht?*
Ars Poetica. Hrsg. von Beda Allemann. Darmstadt 1966. S. 5–9.

252 *Noch wird nicht scharf geschossen.*
Deutsche Volkszeitung. 11. 11. 1966.

253 [Interpretation zu] *An alle Fernsprechteilnehmer.*
Doppelinterpretationen. Hrsg. von Hilde Domin. Frankfurt a. M., Bonn 1966. S. 169–175.
– Frankfurt a. M. 1969. S. 127–135.

254 *Las Casas oder Ein Rückblick in die Zukunft.*
Frankfurter Rundschau. 5. 11. 1966.

255 *Katechismus zur deutschen Frage* [mit Walter Euchner, Gert Schäfer, Dieter Senghaas].
Kursbuch 4. 1966. S. 1–55.
– Neues Deutschland. 16. 3. 1966.
– Sonntag. Sonderbeilage April 1966.

256 *Brief an den Bundesminister für Verteidigung, Herrn Kai-Uwe von Hassel.*
Kursbuch 4. 1966. S. 56–63.
– *Deutschland, Deutschland unter anderm* (1967). S. 27–36.

257 [Notiz zu] *Beschreibung einiger Dinge. Aztekische Glossen aus dem Codex florentinus.*
Kursbuch 5. 1966. S. 9.

258 [Replik auf Peter Weiss: Enzensbergers Illusionen, vgl. Nr. 1077].
Kursbuch 6. 1966. S. 171–176.

259 *Soziale Marktwirtschaft.*
Luchterhands Loseblattlyrik. 1. 1966. S. 2.

260 [Sechzehn Gedichte.] Ü: Gábor Garai, Anna Hajnal, Jószef Asztalos, István Simon, Gábor Hajnal.
Mai német lira. Budapest 1966. S. 317–334.

261 *Die Aporien der Avantgarde.* Ü: John Simon.
Modern Occasions. Hrsg. von Philip Rahv. New York 1966. S. 72–101.

262 *Leben wir in einer Bananenrepublik? Rede, gehalten auf dem Kongreß »Notstand der Demokratie« am 30. 10. 1966 in Frankfurt a. M.*
Neue Politik. 5. 11. 1966.

263 *Peter Weiss und andere.*
Nobis. 1966. Nr. 136. S. 15–16.

264 *Die Außenpolitik der Bundesregierung ist pleite.*
Sonntag. 11. 12. 1966.

265 *Was da im Bunker sitzt, das schlottert ja. Der Frankfurter Kongreß »Notstand der Demokratie«.*
Der Spiegel. Nr. 46/1966.

266 *Fremde Meinungen über tschechoslowakische Literatur.*
Universum der tschechoslowakischen Literatur und Kunst. 1966.
Nr. 1. S. 79–82.

267 *Festgemauert aber entbehrlich. Warum ich Schillers berühmte Balla-*
den wegließ.
Die Zeit. 28. 10. 1966.

268 *Der Worte sind genug gewechselt.*
Der Allgäuer. 17. 4. 1967.

269 *Bericht über die Entstehung eines Gedichts.*
Begegnung mit Gedichten. Hrsg. von Walter Urbanek. Bamberg
1967. S. 7–19. [3]1977.

270 *Der Heizer Hieronymus und die Kultur.*
Deutsche Volkszeitung. 31. 3. 1967.

271 *Europäische Peripherie.* Ü: Helge Vold.
Dikt og sak. Oslo 1967. S. 91–103.

272 [Brief an Rainer Gagelmann vom 28. 1. 1966.]
Gagelmann: Soll die Jugend Karl May lesen? Bamberg 1967.
S. 23.

272a *Middle Class Blues.*
German Verse. Hrsg. von G. Schulz und R. H. Samuel. Melbourne
[2]1967. S. 241–242.

273 *lachesis lapponica – karl heinrich marx – middle class blues.* Ü: Michael Hamburger.
German Writing Today. Hrsg. von Christopher Middleton. Harmondsworth 1967. S. 193–198.

274 *Kronstadt 1921 oder Die dritte Revolution.*
Kursbuch 9. 1967. S. 7–33.

275 *Gedicht über die Zukunft – Illustrierte Geschichte der deutschen*
Revolution – Vorschlag zur Strafrechtsreform – Berliner Modell
1967 – Lied von denen auf die alles zutrifft und die alles schon
wissen.
Kursbuch 10. 1967. S. 140–149.

276 *utopia – lebenslauf – ins lesebuch für die oberstufe – middle class*
blues – schattenreich – drift I – hôtel fraternité. Ü: Lothar Lutze,
S. Kaushal, Kailash Vaipeyi, Shrikant Varma.
[Begleitheft zu einer] Lesung [in] New Delhi 1967. New Delhi:
Südasien-Institut Max Müller Bhavan 1967. S. 45–67.
[Hindi und Deutsch.]

277 *Périphérie européenne.* Ü: Bernard Lortholary.
Les Lettres Nouvelles. 1967/68. September/Oktober. S. 52–76.

278 *Dickicht.*
Luchterhands Loseblattlyrik. 1967. Nr. 7. S. 3.

279 *Innenleben – Notstandsgesetz.* Ü: Ingo Seidler.
Mundus Artium. 1967/68. Nr. 3. S. 92–95.

280 *Versuch, von der deutschen Frage Urlaub zu nehmen.*
Die Neunzehn. 1967. S. 51–54.

281 *Was da im Bunker sitzt, das schlottert ja.*
Notstand der Demokratie. Hrsg. von Helmut Schauer. Frankfurt
a.M. 1967. S. 188–193.

282 *autobiography.* Ü: Jerome Rothenberg.

Partisan Review. 1967. Nr. 4. S. 49.

283 *oda a nadie - a ciegas - defensa de los lobos contra los corderos - middle class blues - toque de riento – huerto de arezos en la nieve - sombra.* Ü: Rodolfo Alonso, Klaus Dieter Vervuert.
Poesía Alemana de Hoy. Buenos Aires 1967. S. 145–158.

284 [Acht Gedichte.] Ü: Marcel Breslaşu, Veronica Porumbacu, Petre Stoica.
Poezia germană modernă de la Stefan George a la Enzensberger. Bucureşti 1967. Bd. 2. S. 169–177.

285 [Sieben Gedichte.] Ü: Lev Ginzburg.
Stroki vremeni. Molodye poety FRG, Avstrii, Švejcarii, Zapadnogo Berlina. Moskva 1967. S. 50–62.

286 *Zwar irrsinnig, aber normal. Rede, gehalten am 16. 3. 1967 in Nürnberg.*
Süddeutsche Zeitung. 20. 3. 1967.

287 *Landessprache/Idioma vernáculo.*
Sur. 1967/68. Nr. 308/310. S. 344–355.

288 *The writer and the politics.*
The Times Literary Supplement. 28. 9. 1967.
– Über H. M. Enzensberger (1970). S. 225–232: *Klare Entscheidungen und trübe Aussichten.*

289 *Nürnberger Rede.*
Tribüne. 1967. H. 22. S. 2367–2373.

290 [Wolfgang Neuss:] Asyl im Domizil. Bunter Abend für Revolutionäre. Unter Mitarbeit von Thierry und H. M. Enzensberger. Reinbek 1968.

291 *Über die Gedichte der Nelly Sachs.*
Das Buch der Nelly Sachs. Hrsg. von Bengt Holmquist. Frankfurt a. M. 1968. S. 355–362.

292 *Kronstadt 1921.*
Giovane Critica. 1968. Nr. 18. S. 96–107.

293 *Eine neue Phase des Kampfes.*
Konkret. 1968. H. 5. S. 11.

294 *Berliner Gemeinplätze [I].*
Kursbuch 11. 1968. S. 151–169.

295 *Politische Kriegsdienstverweigerung.*
Kursbuch 13. 1968. S. 132–153.

296 *Berliner Gemeinplätze II.*
Kursbuch 13. 1968. S. 190–197.
– [I/II:] *Palaver* (1974). S. 7–40.

297 *Glosse zu einem alten Text.* [Zu Friedrich Engels: Von der Autorität.]
Kursbuch 14. 1968. S. 67–70.

298 *Konkrete Utopie. Zweiundsiebzig Gedanken für die Zukunft.*
Kursbuch 14. 1968. S. 110–145.

299 *Ein Gespräch über die Zukunft mit Rudi Dutschke, Bernd Rabehl und Christian Semler.*
Kursbuch 14. 1968. S. 146–174.

300 *Gemeinplätze, die Neueste Literatur betreffend.*
Kursbuch 15. 1968. S. 187–197.

    – Palaver (1974). S. 41–54.

301 *rädelsführer – vorschlag zur strafrechtsreform.*
    Lesebuch. Deutsche Literatur der sechziger Jahre. Hrsg. von Klaus
    Wagenbach. Berlin 1968. S. 16–17, 144–146.

302 *Lied von denen auf die alles zutrifft und die alles schon wissen –*
    Vorschlag zur Strafrechtsreform.
    Neue Texte. Berlin 1968. S. 140–142, 152–154.

303 *On leaving America.*
    The New York Review of Books. 29. 2. 1968.

304 *En el libro de lecturas para clases superiores – Utopia – Hallazgo en*
    la nieve – Adormilamiento – Dudas. Ü und Vorbemerkung:
    H. L. Davi.
    Revista de Occidente. 1968. H. 60. S. 281–290.

305 *Wegen staatsgefährdender Störung in Tateinheit mit schwerem*
    Forstwiderstand wird bestraft.
    Stuttgarter Zeitung. 27. 1. 1968.

306 *Warum ich nicht in den USA bleibe.*
    Tagebuch. 1968. März/April. S. 12–13.

307 *Economic Miracle.* Ü: Edwin Morgan.
    The Times Literary Supplement. 7. 11. 1968.

308 *Rede vom Heizer Hieronymus.*
    Tintenfisch 1. 1968. S. 79–85.

309 [Sechs Gedichte.]
    Twentieth Century Poetry. Tokyo 1968. S. 244–249.

310 *Eine absichtliche Unterschlagung.* [Leserbrief zu Max Frisch und
    Günter Grass: Die Prager Lektion, in: Die Zeit, 4. 10. 1968.]
    Die Zeit. 25. 10. 1968.

311 *Warum ich Amerika verlasse. Offener Brief an den Präsidenten der*
    Wesleyan University, Middleton, Connecticut.
    Die Zeit. 1. 3. 1968.
    – Deutsche Volkszeitung. 15. 3. 1968.
    – Sonntag. 17. 3. 1968.

312 *Hur död är litteraturen?*
    BLM/Bonniers Litterära Magasin. 1969. H. 38. S. 15–20.

313 *Interview* [mit Arqueles Morales] *über Fragen der Kulturrevolu-*
    tion.
    Casa de las Américas. 1969. H. 55. S. 117–121.

314 *Manuela die Mexikanerin. Fünfzig Jahre cubanischer Geschichte,*
    gesehen mit den Augen einer Köchin.
    Kursbuch 18. 1969. S. 8–28.

315 *Bildnis einer Partei. Vorgeschichte, Struktur und Ideologie der PCC*
    [Kommunistische Partei Kubas].
    Kursbuch 18. 1969. S. 192–216.
    – Palaver (1974). S. 55–90.

316 *The industrialisation of the mind.*
    Partisan Review. 1969. S. 100–111.

317 *Notstand* [Rede vom 28. 5. 1968].
    Tintenfisch 2. 1969. S. 19–20.

318 *Wer soll die Führung übernehmen? H. M. Enzensberger in einem*
    Streitgespräch mit Herbert Marcuse.

Frankfurter Rundschau. 5. 12. 1970.

319 *Vier ungedruckte Gedichte.* Ü: H. M. Enzensberger.
Kayak. 23. 1970.

320 *Baukasten zu einer Theorie der Medien.*
Kursbuch 20. 1970. S. 159–186.
– *Palaver* (1974). S. 91–129.

321 *Kapitalverflechtung in der Bundesrepublik.*
Kursbuch 21. 1970. Kursbogen.

322 *USA: Organisationsformen und revolutionäres Subjekt. Fragen an Herbert Marcuse.*
Kursbuch 22. 1970. S. 45–60.

323 *Die Scheiße.*
Luchterhands Loseblattlyrik. 1970. H. 26. Bl. 3.

324 *bildzeitung – an alle fernsprechteilnehmer – lied von denen auf die alles zutrifft und die alles schon wissen.*
Nachkrieg und Unfrieden. Hrsg. von Hilde Domin. Neuwied, Berlin 1970. S. 35–36, 51–52, 99–100.

325 *Auskünfte über das »Kursbuch«.*
Das schwarze Brett. Almanach 1970. Berlin 1970. S. 17–19.

326 *Das Verhör von Habana.* [Teildruck.]
Sinn und Form. 1970. H. 4. S. 935–974.

327 *Dichter mit trockener Hand.*
Der Spiegel. Nr. 37/1970.

328 *Rede vom Heizer Hieronymus – Klare Entscheidungen und trübe Aussichten – Warum ich Amerika verlasse – Peter Weiss und andere.*
Über H. M. Enzensberger. Frankfurt a. M. 1970. S. 217–224, 225–232, 233–238, 239–251.

329 *Til Niccolo – Bemerkninger til boken om fyrsten.* [Zu Niccolò Machiavelli.]
Ü: Rune Skarstein.
Verdöger 2. 1970.

330 *Das Buch zum »Cimarrón« – Der Cimarrón. Angaben über eine Handlung.*
El Cimarrón. Hrsg. von Claus H. Henneberg. Mainz 1971. S. 5–20, 32–38.

331 *lied von denen auf die alles zutrifft und die alles schon wissen – Die Scheiße.*
Frankfurter Rundschau. 13. 11. 1971.

332 *Zur Dialektik einer Sackgasse.*
Kursbuch 23. 1971. S. 79–80.

333 *Blindenschrift – Die Windsbraut.*
Musu Zodis. 1971. S. 5.

334 *Das Proletariat ist eine schwindende Klasse.*
Der Spiegel. Nr. 3/1971.

335 *Die Macht der Gewohnheit.*
Tintenfisch 4. 1971. S. 11–12.

336 *Vor Büchern wird gewarnt.*
Von den Büchern. Ein Almanach für die Freunde der Buchhandlung Claus Lincke. 1971. S. 44–47.

337 *Taube Ohren. Ein Tonband aus dem Biedermeier.*

wdr-Hörspielbuch. 1971. S. 7–45.

338 *Die Macht der Gewohnheit.*
Wespennest. 1971. H. 7. S. 36.

339 *Glädjen – Den verkliga kniven – Ett sista bidrag till frågan om litteratur.* Ü: Madeleine Gustafsson.
BLM/Bonniers Litterär Magasin. 1972. Nr. 2. S. 66–69.

340 *Rede zur Verleihung des Georg-Büchner-Preises 1963.*
Büchner-Preis-Reden. 1951–1971. Stuttgart 1972. S. 123–134.

341 *Die Sprache des Spiegel.*
Deutsche Literaturkritik der Gegenwart. Frankfurt a. M. 1972. Bd. IV/2. S. 7–40.

342 *lock lied – das ende der eulen – blindenschrift.*
Deutsche Lyrik von Goethe bis Enzensberger. Stockholm 1972. S. 113–114.

343 *Das rätselhafte Ende Buenaventura Durrutis. Aus dem Roman »Der kurze Sommer der Anarchie«.*
Frankfurter Rundschau. 5. 8. 1972.

344 *Revolutions-Tourismus.*
Kursbuch 30. 1972. S. 155–181.
– *Palaver* (1974). S. 130–168.

345 *rädelsführer – vorschlag zur strafrechtsreform – Erklärung zum Bremer Literaturpreis.*
Lesebuch. Deutsche Literatur der sechziger Jahre. Hrsg. von Klaus Wagenbach. Veränderte Neuauflage. Berlin 1972. S. 14, 159–161, 204–205.

346 *Valse triste et sentimentale.*
Literarische Hefte. 1972. H. 41. S. 4–5.

347 *Nürnberg 1938. Ein Klassenbild.*
7 × Nürnberg. Hrsg. von Wolfgang Buhl. Nürnberg 1972. S. 45–61.

348 *Hommage à Gödel.*
Tintenfisch 5. 1972. S. 93–94.

349 *An einen Mann in der Trambahn – Verteidigung der Wölfe gegen die Lämmer – Sozialpartner in der Rüstungsindustrie – Die Verschwundenen – Larisa.* Ü: L. Čerevatenko.
Žovteń. 1972. Nr. 5. S. 13–20.

350 *Entrevista 1969.*
[Interview mit Arqueles Morales]. Ü: Reinhold Grimm. Basis 4. 1973. S. 122–130.

351 *Telefongeheimnis.*
Deutschheft. 1973. H. 1.

352 *Das Reich der Freiheit ist ferner denn je. Überlegungen und Hypothesen. Zur Kritik der politischen Ökologie.*
Frankfurter Rundschau. 13. 10. 1973.

353 *Ökologie und Politik.*
Das kleine Rotbuch 1. 1973. S. 34–35.

354 *Zur Kritik der politischen Ökologie.*
Kursbuch 33. 1973. S. 1–42.
– *Palaver* (1974). S. 169–232.

355 *Kleines methodologisches Glossar* [zur Ökologie].

Kursbuch 33. 1973. S. 43–52.

356 *Beschluß gegen das Abenteurertum – Corps diplomatique socialiste – Der Papier-Truthahn – Aus dem Bandarchiv eines Telefonspitzels – Bildnis eines Rentners.*
Text und Kritik. 1973. H. 9/9a. S. 8–10.

357 *Gemeinplätze, die Neueste Literatur betreffend.*
Theorie der Politischen Dichtung. Hrsg. von Peter Stein. München 1973. S. 156–166.

358 *Journalismus als Eiertanz, Beschreibung einer Allgemeinen Zeitung für Deutschland.*
Über Zeitungen. Hrsg. von Karl Riha. Wißmar, Steinbach 1973. S. 120–123.

359 *kleiner müll wicht.*
Westermanns Monatshefte. 1973. H. 11. S. 162.

360 *Poetry Festival (Hommage à Paul van Ostaijen).*
Akzente. 1974. H. 5. S. 385–386.

361 *Literature as an institution and its Alka-Seltzer deliquescence.*
Critique III. New York 1974. S. 105–112.

361a *Das langsame Verschwinden der Person.*
Dieter Jung. Pintura. Desenhos. Filmes. Bilder. Zeichnungen. Filme. Berlin, São Paulo, Rio de Janeiro, Bahia 1974.

362 *Leonore.* [Notizen zu einer Neufassung des Fidelio-Librettos.]
Eine Arbeitschronik. Hrsg. zur Neuinszenierung von Beethovens »Fidelio«. [Bremen] 1974.

363 *Durruti – Biographie einer Legende. Schweizer im Spanischen Bürgerkrieg.*
Filmkritik. 1974. H. 10. S. 462–481.

364 *Auf dem Weg zur Schwarzen Marktwirtschaft.*
Kursbuch 35. 1974. S. 183–185.

365 *call it love – victory of the sow-cherry trees – utopia – memorandum.*
Ü: Dan Latimer, Ward B. Lewis.
Literary Review. 1974. Nr. 4. S. 546–549.

366 *Leonore.*
Süddeutsche Zeitung. 13./14. 7. 1974.

367 *Geister und Leute.*
Über Alfred Andersch. Hrsg. von Gerd Haffmans. Zürich 1974. S. 61–63.

368 *Über das Altern der Revolution.*
Unter dem Pflaster liegt der Strand. Hrsg. von Hans Peter Duerr. Berlin 1974. S. 113–116.

368a *Widersprüche. Einige Gesichtspunkte zu dem Vaudeville La Cubana oder Ein Leben für die Kunst.*
Programmheft zur Uraufführung am Bayerischen Staatstheater am Gärtnerplatz. 28. 5. 1975. S. 6–7.

369 *Bewußtseins-Industrie.*
Deutscher Journalismus. Hrsg. von Aksel Goth und Peter Wirel. Kopenhagen 1975. S. 40–45.

370 *lock lied.*
Frankfurter Allgemeine Zeitung. 6. 1. 1975.

371 *N. M. (1469–1527).*

Frankfurter Rundschau. 20. 9. 1975.

372 *Schreckgespenst oder Chimäre. Wolfgang Harichs allerneuester Katastrophen-Kommunismus. Ein Brief.*
Konkret. 1975. H. 9. S. 45–47.

373 *Karrieren.*
Kursbuch 40. 1975. S. 133–139.

374 *Poetry Festival.*
Neue Expeditionen. Hrsg. von Wolfgang Weyrauch. München 1975. S. 54.

375 *V. N. M. (1890–19..).*
Die Presse. 27./28. 9. 1975.

376 *Rosenkranz für die Middle Class.* [Zu Joseph Heller: Was geschah mit Slocum?]
Der Spiegel. Nr.43/1975.

377 *F. C. (1810–1849).*
Süddeutsche Zeitung. 30./31. 8. 1975.

378 *J. G. G. (1395–1468).*
Stuttgarter Zeitung. 9. 10. 1975.

379 *Drei Balladen aus der Geschichte des Fortschritts. [T. R. M. (1766–1834) – E. G. de la S. (1928–1967) – G. B. P. (1720–1778)].*
Die Zeit. 22. 8. 1975.

380 *abendnachrichten.*
Badener Tagblatt. 6. 3. 1976.

381 *Nicht Zutreffendes streichen.*
Deutsches Allgemeines Sonntagsblatt. 22. 2. 1976.

382 *Bruder Lustig und metaphysischer Dichter. Albumblatt für Peter Rühmkorf.*
Frankfurter Allgemeine Zeitung. 22. 5. 1976.

383 *Keine Silbe zuviel.* [Zu Christian Morgenstern: Fisches Nachtgesang.]
Frankfurter Allgemeine Zeitung. 12. 6. 1976.
– Frankfurter Anthologie. Bd. 2. Frankfurt 1977. S. 99–102.

384 *Von der Unaufhaltsamkeit des Kleinbürgers. Eine soziologische Grille.*
Frankfurter Allgemeine Zeitung. 11. 9. 1976.

385 *Bescheidener Vorschlag zum Schutze der Jugend vor den Erzeugnissen der Poesie. Den Deutschlehrern der Republik zugedacht.*
Frankfurter Allgemeine Zeitung. 25. 9. 1976.

386 *Von der Unaufhaltsamkeit des Kleinbürgertums. Eine soziologische Grille.*
Frankfurter Rundschau. 11. 9. 1976.

387 *Bescheidener Vorschlag zum Schutze der Jugend vor den Erzeugnissen der Poesie.*
German Quarterly. 1976. S. 425–437.

388 *Über das Kleinbürgertum.*
Das kleine Rotbuch 4. 1976. S. 42–43.

389 *Damals.*
Kontakt mit der Zeit. Texte mit deutschen Wörtern. Hrsg. von Dieter Stöpfgeshoff. Stockholm 1976. S. 13–17.

390 *Von der Unaufhaltsamkeit des Kleinbürgertums. Eine soziologische*

Grille.
Kursbuch 45. 1976. S. 1–8.
Politische Brosamen (1982). S. 195–206.

391 *Traktat vom Trampeln.*
Der Spiegel. Nr. 25/1976.

392 *Stadtrundfahrt – Wunschkonzert – Nicht Zutreffendes streichen – Finnischer Tango.*
Text und Kritik. 1976. Nr. 49. S. 1–4.

393 *Ahnung und Gegenwart 1958.* [Zu Wolfgang Koeppen: Nach Rußland und anderswohin]
Über Wolfgang Koeppen. Frankfurt a. M. 1976. S.89–91.

394 *Mobilmachung.*
Basler Zeitung. 20. 8. 1977.

395 *Edward Lears fröhlicher Wahnsinn. Nachricht vom Erdenwandel eines viktorianischen Helden.*
Frankfurter Allgemeine Zeitung. 21. 5. 1977.

396 *anweisung an sisyphos.*
Grundriß. St. Augustiner Schülerzeitung für Kultur. 1977. H. 4.

397 *Das »Reich der Freiheit«.*
Das kleine Rotbuch 5. 1977. S. 44.

398 *Poetik-Vorlesung.*
Literatur konkret. 1977/78. Nr. 1. S. 12.

399 *Television and its politics of liberation.*
The New Television. Cambridge, New York 1977. S. 248–261.

400 *Die Intellektuellen und* [Friedrich Karl] *Frommes Wünsche. Über Trauer und Terrorismus in der FAZ.*
Der Spiegel. Nr. 33/1977.

401 *Traktat vom Trampeln.*
Staatsschutz und Berufsverbote in der BRD. Hamburg 1977. S. 67–72. [2]1979.

402 *J. de V. (1709–1782).*
Süddeutsche Zeitung. 23./24. 4. 1977.

403 *Lars Gustafson im Gespräch mit H. M. Enzensberger und K. P. Dencker.*
Die Tat. 28. 1. 1977.

404 *Ein bescheidener Vorschlag zum Schutze der Jugend vor den Erzeugnissen der Poesie.*
Tintenfisch 11. 1977. S. 49–58.

405 [Gutachten zu Walter Kempowski.]
Die Zeit. 8. 4. 1977.

406 *abendnachrichten.*
Badener Tagblatt. 6. 3. 1978.

407 *Does the book have a future?* Ü: David Ward.
Dimension. 1978. Nr. 3. S. 370–372.

408 *Ins Lesebuch für die Oberstufe.*
Filslaus. Zeitung von Schülern des Hohenstaufen- und Mörike-Gymnasiums Göppingen für Schüler. 1978. Nr. 12.

409 *Rede zur Verleihung des Georg-Büchner-Preises 1963.*
Der Georg-Büchner-Preis 1951–1978. Ausstellungskatalog des Deutschen Literaturarchivs Marbach und der Deutschen Akade-

mie für Sprache und Dichtung Darmstadt. Marbach 1978.
S. 158–169.

410 *Randbemerkungen zum Weltuntergang.*
Das kleine Rotbuch 6. 1978. S. 24.

411 *Zwei Randbemerkungen zum Weltuntergang.*
Kursbuch 52. 1978. S. 1–8.
– *Politische Brosamen* (1982). S. 225–236.

412 *En kurragömmalek.* Ü: Sven Åhman.
Litteraturens förklädnader. Stockholm 1978. S. 73–76.

413 *Ländler – Rhein-Main – Just live it down, baby oder Tränen der Dankbarkeit.*
Merkur. 1978. H. 367. S. 1241–1243.

414 *Bin ich ein Deutscher?*
Rundschreiben des Freideutschen Kreises. Ratingen. 1978. Nr. 164.
S. 212–214.

415 *Ein herzloser Schriftsteller.* [Zu Alexander Kluge: Neue Geschichten / Unheimlichkeit der Zeit.]
Der Spiegel. Nr. 1/1978.

416 *Innere Sicherheit.*
Stuttgarter Nachrichten. 25. 9. 1978.

417 *Zwei Fehler.*
Stuttgarter Zeitung. 9. 9. 1978.

418 *Die Bakunin-Kassette.*
Verlagsalmanach 1978–1980 des Karin Kramer Verlags. Berlin 1978.
S. 6–23.

419 *Die Vorzüge der Stecknadel und das »andere Buch«. Werden Computer, Kassetten, Datenbanken das Buch zum historischen Gerümpel machen? Über eine mögliche Zukunft des Buches.*
Die Zeit. 21. 4. 1978.

420 *Gedenkblatt für Lilja Brik. Zum Tode von Majakowskijs Lebensgefährtin.*
Die Zeit. 18. 8. 1978.

421 [Elf Dramen für Zeit und Ewigkeit. Eine Anthologie zu Sylvester 1978. Schreiben Sie für uns ein Stück:] *Interview.*
Die Zeit. 29. 12. 1978.

422 *Zwangsarbeit.*
Zwiebel. Almanach 1978/79. 1978. S. 39.

423 *Früher – Sprechstunde – Bei Knautschers – Die müde Sache – Der Fliegende Robert.*
Akzente. 1979. H. 1/2. S. 7–12.

424 *Der Aufschub.*
Hoffnungsgeschichten. Gütersloh 1979. S. 161.

425 *Dr. Herolds Utopie.*
Das kleine Rotbuch 7. 1979. S. 7.

426 *Unentwegter Versuch, einem New Yorker Publikum die Geheimnisse der deutschen Demokratie zu erklären.*
Kursbuch 56. 1979. S. 1–14.
– *Politische Brosamen* (1982). S. 75–96.

427 *Der Tote Mann und der Philosoph.*
Lu Xun, Zeitgenosse. Hrsg. von Egbert Baqué und Heinz Spreitz.

Berlin 1979. S. 98–111.

428 *Leonore.*
Ludwig van Beethoven: Leonore. Zur Urfassung des Fidelio. Zürich 1979. S. 28.

429 *In zehn Minuten ist alles vorbei – Die Frau in Schwarz – Ich bin, was du vergessen hast – Der Nachmittag eines Stars – Die Männer mit den hellen Hüten – Der Ozelot.*
Lui. 1979. H. 10.

430 *Escale.*
Le Monde. 8. 6. 1979.

431 *Die Literatur nach dem Tod der Literatur. Ein Gespräch* [mit Alfred Andersch].
Nach dem Protest. Frankfurt a. M. 1979. S. 85–102.

431a *Widersprüche. Einige Gesichtspunkte zu dem Vaudeville La Cubana oder Ein Leben für die Kunst.*
Rendezvous im Rampenlicht. Das Gärtnerplatztheater in München. München 1979. S. 135–136.

432 *Der Sonnenstaat des Doktor Herold. Über Privatsphäre, Demokratie und Polizeicomputer.*
Der Spiegel. Nr. 25/1979.

433 *Constituents of a theory of the media.*
Television. New York 1979. S. 462–493.

434 *Herolds System.*
Tintenfisch 17. 1979. S. 91–97.

435 *Bakunin: ritorna.*
Tuttolibri. 10. 3. 1979.

436 *Neue Vorschläge für Atomwaffen-Gegner – Bildzeitung – Beschwerde – Bürgerkrieg im Briefkasten – Notstand – Klare Entscheidungen und trübe Aussichten.*
Vaterland, Muttersprache. Hrsg. von Klaus Wagenbach [u. a.]. Berlin 1979. S. 149–152, 163–164, 192–193, 238–240, 255–260.

437 *Was die Deutschen leider nicht lesen wollten. Zum Reprint der von Alfred Andersch 1955–1958 herausgegebenen Zeitschrift »Texte und Zeichen«.*
Die Zeit. 2. 2. 1979.

438 *Der Fliegende Robert.*
Die Zeit. 2. 3. 1979.

439 *Unsere Landessprache und ihre Leibwächter.*
Die Zeit. 24. 8. 1979.

440 Sehr geehrter Herr Schriftsteller! Eine Schulklasse stellte einer Reihe deutschsprachiger Schriftsteller die ewigen Fragen – und sie erhielt Antworten [u. a.] von H. M. Enzensberger.
Die Zeit. 5. 10. 1979.

441 *Der Ozelot.*
Die Zeit. 2. 11. 1979.

442 *Über die Schwierigkeit und das Vergnügen, Molière zu übersetzen.*
Die Zeit. 7. 12. 1979.

443 *Anweisung an Sisyphos.*
Arbeiterzeitung (Wien). 27. 9. 1980.

444 *Ein Traum – Besuch bei Ingres – Bericht aus Bonn.*
Akzente. 1980. H. 3. S. 241–243.

445 *Der Wagenbach hockt in Berlin . . .*
Fintentisch oder Manverstehtesnicht. Berlin 1980. S. 104.

446 *antwort des fabelwesens.*
Frankfurter Allgemeine Zeitung. 29. 5. 1980.

447 [Fragebogen: H. M. Enzensberger, Schriftsteller]
Frankfurter Allgemeine / Magazin. 1980. Nr. 18.

448 *Die Dreiunddreißigjährige.*
Frankfurter Rundschau. 9. 8. 1980.

449 *72 Zeilen zu 2 Mark und 8 Pfennig – Unregierbarkeit – Das Geld.*
Freibeuter. 1980. H. 4. S. 74–75.

450 *Die Ruhe auf der Flucht, Flämisch 1521 – Apokalypse, Umbrisch, etwa 1490 – Abendmahl, Venezianisch, 16. Jahrhundert.*
Die Horen. 1980. H. 120. S. 64–65.

451 *Das Falsche.*
Kursbuch 60. 1980. S. 60.

452 *Andenken – Der Urlaub – Die müde Sache – Ein Treppenhaus – Die Furie.*
Merkur. 1980. H. 388. S. 893–896.

453 *call it love – antwort des fabelwesens.*
Moderne deutsche Liebesgedichte. Zürich 1980. S. 104–105.

454 *Third Canto from «The Sinking of the Titanic».*
The New York Review of Books. 3. 4. 1980.

455 *Eurozentrismus wider Willen.*
Die Tageszeitung. 29. 9. 1980.

456 *Über die Schwierigkeit und das Vergnügen, Molière zu übersetzen.*
Theater heute. 1980. H. 1. S. 30–35.

457 *Zwei Reden auf der untergehenden Titanic.*
Tintenfisch 19. 1980. S. 34–36.

458 *Eurozentrismus wider Willen.*
TransAtlantik. 1980. H. 10. S. 62–67.
– *Politische Brosamen* (1982). S. 31–52.

459 *Texte und Zeichen. Signale aus der Finsternis des Wirtschaftswunders – Geister und Leute – Die Literatur nach dem Tod der Literatur.*
Über Alfred Andersch. Hrsg. von Gerd Haffmans. 2. Aufl. Zürich 1980. S. 69–74, 92–94, 200–221.

460 *ins lesebuch für die oberstufe.*
Vorwärts. 18. 12. 1980.

461 *lock lied.*
Frankfurter Allgemeine Zeitung. 7. 2. 1981.

462 *Die Dreiunddreißigjährige.*
Claassen Jahrbuch der Lyrik. 3. 1981. S. 14.

463 *Fremder Garten.*
Frankfurter Allgemeine Zeitung. 4. 5. 1981.

464 *Nicht Zutreffendes streichen.* Ü: David Rokeah.
Haaretz. 6. 2. 1981.

465 *Das Brot und die Schrift. Ein vorläufiger Nachruf.*
Hommage für Georg Trump. München 1981. S. 10–25.
466 *Ein Nachtbuch aus dem Rokoko.* [Zu Carl von Linné: Nemesis Divina.]
Der Spiegel. Nr. 37/1981.
467 *Fabel von der Konsequenz.*
Tintenfisch 20. Berlin 1981. S. 49–51.
468 *Das Ende der Konsequenz.*
TransAtlantik. 1981. H. 5. S. 16–23.
– *Politische Brosamen* (1982). S. 7–30.
469 *Das Brot und die Schrift.*
Die Zeit. 22. 5. 1981.
470 *Plädoyer für den Hauslehrer.*
betrifft erziehung. 1982 H. 11.
471 *Albumblatt für Christiane.*
Für Christiane. Blätter für Christiane Zimmer. Zum 14. Mai 1982.
Frankfurt a. M. 1982. S. 6–7.
472 *Bericht aus Bonn – Unregierbarkeit.*
Deutsche Volkszeitung. 14. 10. 1982.
473 *Vorschlag zur Strafrechtsreform.*
Klassenlektüre. 106 Autoren stellen sich vor mit ihren selbst ausgewählten Texten. Hrsg. von Bernt Engelmann und Walter Jens.
Hamburg 1982. S. 114–115.
474 *Zur Verteidigung der Normalität.*
Kursbuch 68. 1982. S. 51–62.
– *Politische Brosamen* (1982). S. 207–224.
475 *The divorce.* Ü: Michael Hamburger.
The London Review of Books. 3. 3. 1982.
476 *Abgesehen davon.*
Monatshefte. 1982. S. 121.
477 *Waldemar Müllers moralische Achterbahn.*
Gaston Salvatore: Waldemar Müller, ein deutsches Schicksal. München 1982.
478 *Blindekuh-Ökonomie.*
TransAtlantik. 1982. H. 2. S. 11–15.
– *Politische Brosamen* (1982). S. 115–127.
479 *Die Installateure der Macht.*
TransAtlantik. 1982. H. 3. S. 15–18.
– *Politische Brosamen* (1982). S. 129–140.
480 *Wohnkampf. Eine Talk-Show.*
TransAtlantik. 1982. H. 4. S. 15–20.
– *Politische Brosamen* (1982). S. 141–160.
481 *Unregierbarkeit. Notizen aus dem Kanzleramt.*
TransAtlantik. 1982. H. 5. S. 13–18.
– *Politische Brosamen* (1982). S. 97–113.
482 *Plädoyer für den Hauslehrer. Ein Bißchen Bildungspolitik.*
TransAtlantik. 1982. H. 6. S. 11–15.
– *Politische Brosamen* (1982). S. 161–176.
483 *Das höchste Stadium der Unterentwicklung. Eine Hypothese über den Real Existierenden Sozialismus.*

TransAtlantik. 1982. H. 7. S. 11–17.
– *Politische Brosamen* (1982). S. 53–73.
484 *Armes reiches Deutschland!*
TransAtlantik. 1982. H. 8. S. 9–13.
– *Politische Brosamen* (1982). S. 177–193.
485 *Über die Ignoranz.*
TransAtlantik. 1982. H. 9. S. 13–17.
486 *Verteidigung der Normalität.*
Die Zeit. 28. 5. 1982.
487 *Sozialpartner in der Rüstungsindustrie.*
Deutsche Volkszeitung. 31. 3. 1983.
488 *Nachmittag eines Stars – Der Ozelot – Die Frau in Schwarz – In zehn Sekunden ist alles vorbei – Das kleine Hotel – Ich bin was du vergessen hast.*
Im kleinen Leben liegt der große Schmerz. Ein Liederbuch von Ingrid Caven und Peer Raben. Berlin 1983.
489 *Bøgernes fremtid eller Bogens fremtider.* Ü: Hans Christian Fink.
Information. 28. 11. 1983.
[Nur auf Dänisch erschienen.]
490 *Elf Landschaften.* Ausgewählt und kommentiert von H. M. Enzensberger.
Internationale Gartenbau-Ausstellung München. Programm. München 1983. S. 72–110.
491 *Hologram / Hologramm.*
Dieter Jung. [Begleitheft zu einer Ausstellung in Tokyo.]
Tokyo: Hara Museum of Contemporary Art 1983.
[Eigens für Holographie geschriebenes zweisprachiges Gedicht.]
492 *Der Triumph der Bild-Zeitung oder Die Katastrophe der Pressefreiheit.*
Merkur. 1983. H. 420. S. 651–659.
493 *A Speech about Making Speeches.* Ü: K. Lydia Schultz.
Northwest Review. 1983. H. 1. S. 118–122.
494 [Vier Gedichte, englisch und deutsch.] Ü: K. Lydia Schultz, Felix Pollak, Reinhold Grimm.
Northwest Review. 1983. H. 1. S. 124–135.
495 *Unheimliche Fortschritte.* [Zu S. Giedion: Die Herrschaft der Mechanisierung.]
Der Spiegel. Nr. 6/1983.
496 *Der Kritiker als Denunziant.*
Der Spiegel. Nr. 47/1983.
497 *Ein Bonner Memorandum.*
Der Spiegel. Nr. 48/1983.
– Flick. Die gekaufte Republik. Hrsg. von Hans Werner Kilz und Joachim Preuss. Reinbek 1983. S. 335–363: *Kassensturz. Ein Bonner Memorandum.*
498 *Armes Schweden.*
Stern. 24. 3. 1983.
499 *Der Wald im Kopf der Deutschen.*
Stern. 7. 7. 1983.
500 *Drei Fragen und drei Antworten anläßlich einer Sammlung von Ge-*

dichten. Anweisung an Sisyphos.
Das Weiße Programm im 33. Jahr Suhrkamp. Ein Almanach. Frankfurt a. M. 1983. S. 22–27.

501 *Der Bundesgeschäftsführer*
Die Zeit. 25. 2. 1983.

502 *Festlicht.*
[Setzfehler für: Restlicht.]
Die Zeit. 1. 4. 1983.

503 *Der Kritiker als Denunziant. Über die Polemik als Menschenjagd.*
Die Zeit. 18. 11. 1983.

503a *Der Auswanderer.*
Reinhold Grimm: Texturen. Essays und anderes zu Hans Magnus Enzensberger. Bern 1984.

III. Ausgaben in Fremdsprachen

Bulgarisch

504 [Gedichte] *Poezija za tezi, koito ne četat poezija.* Ü: Stefan Bessarbovski.
Sofija: Narodna Kultura 1979. 49 S.

Dänisch

505 [Auswahl] *Politik og forbrydelse. Ni bidrag.* Ü: Per Øhrgaard.
København: Gyldendal 1966. 318 S.

506 [Auswahl] *Politik og forbrydelse.* [Neue veränderte Ausg.] Ü: Per Øhrgaard.
København: Gyldendal 1983. 261 S.

507 [Auswahl] *Stakkels Tyskland. Artikler og essays.* Ü: Hans Christian Fink.
København: Information 1980. 128 S.

508 [Die Furie des Verschwindens] *Forsvindens furie. Digte.* Ü: Henning Goldbaek, Henning Vangsgaard, Herbert Zeidner.
København: Tiderne Skrifter 1983. 77 S.

509 [Gedichte] *Digte.* Auswahl: Jørgen Sonne. Ü: Thorkild Bjørnvig, Ivan Malinovski, Jørgen Sonne.
København: Gyldendal 1964. 112 S.

510 [Der kurze Sommer der Anarchie] *Anarkiets korte sommer. Buenaventura Durrutis liv og død.* Ü: Per Øhrgaard.
København: Gyldendal 1973. 272 S.
– København: Samlerens Bogklub 1976. 272 S.

511 [Mausoleum] *Mausoleum. Syvogtredive ballader af fremskridtets historie.* Ü: Henning Goldbaek, Leif Mathiasen.
København: Gyldendal 1979. 123 S.
– København: Samlerens Bogklub 1979. 123 S.

512 [Der Untergang der Titanic] *Titanics undergang. En komedie.* Ü: Leif Mathiasen.
København: Gyldendal 1980. 118 S.

– København: Samlerens Bogklub 1980. 118 S.
513 [Das Verhör von Habana] *Forhøret i Havana*. Ü: Viggo Clausen.
København: Gÿldendal 1971. 184 S.

Englisch
514 [Auswahl] *Raids and reconstructions. Essays on politics, crime and culture*. Ü: Michael Roloff, Stuart Hood, Richard Woolley, H. M. Enzensberger.
London: Pluto Press 1976. 312 S.
515 [Auswahl] *Critical essays*. Hrsg. von Reinhold Grimm, Bruce Armstrong. Vorwort: John Simon.
New York: Continuum 1982. XVI, 250 S.
516 [Einzelheiten I: Bewußtseins-Industrie] *The consciousness industry. On literature, politics and the media*. Auswahl und Nachwort: Michael Roloff. Ü: Michael Roloff.
New York: Seabury Press 1974. 184 S.
517 [Gedichte] *Poems*. Ü: Michael Hamburger.
Newcastle-on-Tyne: Northern House 1966. 22 S.
518 [Gedichte] *Poems*. Vorwort: Michael Hamburger. Ü: Michael Hamburger, Jerome Rothenberg, H. M. Enzensberger.
Harmondsworth: Penguin 1968. 96 S.
519 [Gedichte] *Poems for people who don't read poems*. Ü: Michael Hamburger, Jerome Rothenberg, H. M. Enzensberger.
London: Secker & Warburg 1968. 177 S.
[Englisch und Deutsch]
– New York: Atheneum 1968. 177 S.
520 [Mausoleum] *Mausoleum. 37 ballads from the history of progress*. Ü: Joachim Neugröschel.
New York: Urizen Books 1976. 155 S.
521 [Politik und Verbrechen] *Politics and crime*. Ü: Michael Roloff [u. a.].
New York: Seabury Press 1974. 215 S.
522 [Der Untergang derTitanic] *The sinking of the Titanic. A poem*. Ü: H. M. Enzensberger.
Boston: Houghton Mifflin Co. 1980. VIII, 97 S.
– Manchester: Carcanet New Press 1981. VIII, 97 S.
523 [Das Verhör von Habana] *The Havana inquiry*. Vorwort: Martin Duberman. Ü: Peter Mayer.
New York: Holt, Rinehart and Winston 1974. XXIV, 229 S.

Estnisch
524 [Gedichte] *Luulet neile kes luulet ei loe*. Ü: Peeter Tulviste.
Tallin: Ëësti raamat 1974. 124 S.

Finnisch
525 [Auswahl] *Matka jonnekin. Uutta saksalaista proosaa*. Ü: Esa Adrian [u. a.].
Helsinki: Rammi 1965. 198 S.
526 [Auswahl] *Mitä on olla saksalainen*. Ü: Outi Nyytäjä, Erkki Puranen.
Helsinki: Otava 1971. 206 S.

Französisch

527 [Einzelheiten] *Culture ou mise en condition? Essais.* Ü: Bernard Lortholary.
Paris: Julliard 1965. 328 S.
– Paris: Union générale d'éditions 1973. 440 S.

528 [Deutschland, Deutschland unter anderm] *L'Allemagne, L'Allemagne entre autres. Réflexions sur la politique.* Ü: Richard Denturk.
Paris: C. Bourgois 1970. 272 S.

529 [Gedichte] *Poésies.* Ü: Roger Pillaudin.
Paris: Gallimard 1966. 222 S.
[Französisch und Deutsch]

530 [Der kurze Sommer der Anarchie] *Le bref été de l'anarchie. La vie et la mort de Buenaventura Durruti.* Ü: Lily Jumel.
Paris: Gallimard 1975. 328 S.

531 [Politik und Verbrechen] *Politique et crime. Neuf études.* Ü: Lily Jumel.
Paris: Gallimard 1967. 341 S.

532 [Der Untergang der Titanic] *La naufrage du Titanic. Une comédie.* Ü: Robert Simon.
Paris: Gallimard 1981. 125 S.

Griechisch

533 [Gedichte] *Poiemata.*
Athéna: Grammata 1978. 110 S.

534 [Der kurze Sommer der Anarchie] *To syntomo kalokairi tes anarchias.*
Athéna: Odysseas 1981. 331 S.

Italienisch

535 [Auswahl] *Sulla piccola borghesia.* Ü: Laura Bocci, Alfonso Berardinelli, Claudio Groff.
Milano: Il Saggiatore 1983. 58 S.

536 [Einzelheiten] *Questioni di dettaglio.* Ü: Giovanni Piana.
Milano: Feltrinelli 1965. 255 S.

537 [Gedichte] *Poesie per chi non legge poesie. Trenta poesie.* Ü: Franco Fortini, Ruth Leiser.
Milano: Feltrinelli 1964. 130 S.

538 [Gemeinplätze, die Neueste Literatur betreffend] *Letterature e/o rivoluzione. Tre saggi di Kursbuch.* Ü: Lapo Berti.
Milano: Feltrinelli 1970. 105 S.
[Beiträge von H. M. Enzensberger, Karl Markus Michel, Peter Schneider]

539 [Der kurze Sommer der Anarchie] *La breve estate dell'anarchia. Vita e morte di Buenaventura Durruti.* Ü: Renato Pedio.
Milano: Feltrinelli 1973. 298 S.

540 [Mausoleum] *Mausoleum. Trentasette ballate della storia del progresso.* Ü: Vicky Alliata.
Torino: Einaudi 1979. 124 S.

541 [Palaver] *Palaver. Considerazioni politiche.* Ü: Anna Solmi.
Torino: Einaudi 1976. 204 S.

542 [Politik und Verbrechen] *Politica e terrore. Le antiche e oscure relazioni tra l'omicidio e l'attività politica in quattro saggi.* Ü: Franco Montesanti.
Roma: Savelli 1978. 158 S.
543 [Politik und Verbrechen] *Politica e gangsterismo. Quattro saggi su criminalità comune e strutture di potere.* Ü: Franco Montesanti.
Roma: Savelli 1979. 170 S.
544 [Der Untergang der Titanic] *La fine del Titanic. Commedia.* Ü: Vittoria Alliata.
Torino: Einaudi 1980. 200 S.
545 [Das Verhör von Habana] *Interrogatorio all'Avana.* Ü: Bruna Bianchi, Mario Rubino.
Milano: Feltrinelli 1971. 236 S.

Japanisch
546 [Brentanos Poetik] Tôkyô: Asahi Shuppansha 1980. 223 S.
547 [Deutschland, Deutschland unter anderm] *Naniyori damena doitsu.* Ü: Ishiguro Hideo [u. a.]
Tôkyô: Shôbunsha 1967. 183 S.
– Tôkyô: Charles E. Tuttle Co. [o. J.]
548 [Einzelheiten I: Bewußtseins-Industrie] *Ishiki sangyô.* Ü: Ishiguro Hideo.
Tôkyô: Shôbunsha 1970. 267 S.
549 [Einzelheiten II: Poesie und Politik] *Gendai no shi to seiji.* Ü: Kotera Shôjirô.
Tôkyô: Shôbunsha 1968. 256 S.
550 [Gedichte] *Entsensuberuga zenshishu.* Ü: Kawamura-Tanemura-Jiyoshi.
Tôkyô: Jimbunshoin 1971. 408 S.
551 [Der kurze Sommer der Anarchie] *Supein no mijikai natsu.*
Tôkyô: Shôbunsha 1973. 328 S.
552 [Palaver] *Media-ron no tameno tsumiki-bako.* Ü: Nakano Kôji, Ôkubo Kenji.
Tôkyô: Kawade shobô shin-sha 1975. 244 S.
553 [Politik und Verbrechen] *Seji to hanzai. Kokka hanzai o meguru yattsu no shiron.* Ü: Nomura Osamu.
Tôkyô: Shôbunsha 1966. 457 S.
554 [Das Verhör von Habana] *Habana no shimmon.* Ü: Nomura Osamu.
Tôkyô: Shôbunsha 1971. 317 S.
555 [Zupp] *Neko no aiueo.* Ü: Kôshina Tomoko.
Tôkyô: Shôbunsha 1977.

Mazedonisch
556 [Gedichte] *Gedichte – Poezija.*
Struga: Goldener Kranz 1980. 211 S.

Niederländisch
557 [Deutschland, Deutschland unter anderm] *Duitsland, duitsland onder andere.* Ü: T. Etty.
Utrecht, Antwerpen: A. W. Bruna & zoon 1970. 151 S.

558 [Einzelheiten] *De stuurloze avant-garde*. Ü: C. E. van Amerongen – van Straten.
Amsterdam: De Arbeiderspers 1974. 173 S.
559 [Der kurze Sommer der Anarchie] *De korte zomer van de anarchie. Leven en dood van Buenaventura Durruti*. Ü: Gerrit Bussink.
Nachwort: Arthur Lehning.
Utrecht, Antwerpen: A. W. Bruna & zoon 1973. 303 S.
– Amsterdam: van Gennep 1977. 307 S.
560 [Mausoleum] *Mausoleum, Zevenendertig balladen uit de geschiedenis van de vooruitgang*. Ü: Peter Nijmeijer.
Amsterdam: Bezige Bij 1977. 102 S.
561 [Politik und Verbrechen] *Misdaad en politiek*. Ü: H. J. Oolbekkink, M. Coutinho.
Utrecht, Antwerpen: A. W. Bruna & zoon 1966. 328 S.
562 [Der Untergang der Titanic] *De ondergang van de Titanic. Een komedie*. Ü: Peter Nijmeijer.
Amsterdam: Bezige Bij 1979. 115 S.

Norwegisch
563 [Deutschland, Deutschland unter anderm] *Tyskland, Tyskland. 10 politiske ytringer*. Ü: Per Kjelling.
Oslo: Pax 1968. 190 S.
564 [Gedichte] *dikt for dem som ikke leser dikt*. Ü: Per Kjelling.
Oslo: Cappelen 1965. 87 S.
565 [Politik und Verbrechen] *Politikk og forbrytelse*. Ü: Arild Batzer.
Oslo: Pax 1970. 245 S.

Polnisch
566 [Gedichte] *Poezje*. Ü: Jan Prokop, Jan Boleslaw Ozog.
Warszawa: Panstw. Instytut Wydawn. 1968. 53 S.
567 [Gedichte] *Proces historyczny*. Ü: Grzegorz Prokop.
Krakow: Wydaw. Literackie 1982. 106 S.

Portugiesisch
568 [Gedichte] *Poemas políticos*. Ü: Almeida Faria.
Lisboa: D. Quixote 1975. 147 S.
569 [Gedichte] *Vinte e três poemas*. Ü: Vasco Graça Moura.
Porto: O Oiro do Dia 1980. 28 S.
570 [Politik und Verbrechen / Las Casas] *Anatomia social do crime. Las Casas*. Ü: Manuel de Castro.
Lisboa: Morais 1968. 246 S.

Rumänisch
571 [Gedichte] *Sfîrşitul bufniţelor*. Ü: Ileana Mălăncioiu, Aurelian State.
Bucureşti: Univers 1974. 80 S.
[Rumänisch und Deutsch]

Schwedisch
572 *Svensk höst. En reportageserie i Dagens Nyheter*. [Übersetzung eines nicht auf deutsch gedruckten Textes.] Ü: Madeleine Gustafsson.
Vorwort: Arne Ruth.

[Stockholm] 1982. 47 S.
573 [Auswahl] *Studenterna och makten. En antologie.* Ü: Roland Adlerberth.
Stockholm: PAN 1968. 230 S.
[Beiträge aus Kursbuch 19 von H. M. Enzensberger u. a.]
574 [Einzelheiten] *Avantgardets dilemma.* Ü: Benkt-Erik Hedin.
Stockholm: Bonnier 1964. 98 S.
575 [Gedichte] *Fyra tyska poeter.* Ü: Benkt-Erik Hedin, Bengt Höglund [u. a.].
Stockholm: Bonnier 1964. 78 S.
[Gedichte von Ingeborg Bachmann, Paul Celan, H. M. Enzensberger und Helmut Heissenbüttel]
576 [Gedichte] *Dikt för dom som inte läser dikt.* Ü: Benkt-Erik Hedin, Göran Sonnevi.
Stockholm: Bonnier 1965. 97 S.
577 [Der kurze Sommer der Anarchie] *Anarkins korta sommar. Buenaventura Durrutis liv och död.* Ü: Roland Adlerberth.
Stockholm: PAN/Norstedt 1973. 256 S.
578 [Mausoleum] *Mausoleum. Trettisju ballader ur framstegets historia.* Ü: Richard Matz.
Stockholm: PAN/Norstedt 1977. 128 S.
579 [Politik und Verbrechen] *Politiska brottstycken.* Ü: Karin Nauman.
Stockholm: PAN/Norstedt 1968. 229 S.
580 [Das Verhör von Habana] *Förhöret i Havanna.* Ü: Roland Adlerberth.
Stockholm: PAN/Norstedt 1970. 198 S.

Serbokroatisch
581 [Deutschland, Deutschland unter anderm] *Nemačka, Nemačka izmedu ostalog.* Ü: Drinka Gojkovič.
Beograd: Beogradski izdavačko-grafički zavod 1980. 323 S.
583 [Gedichte] *Svim telefonskim pretplatnicima.* Ü: Petar Vujičić.
Serajevo: Veselin Maskša 1971. 76 S.
584 [Gedichte] *Na kamenom stolu.* Ü: Zvonimir Kostić-Palanski.
Niš: Gradina 1972. 78 S.
585 [Der Untergang der Titanic] *Propast Titanika. Komedija.* Ü: Zlatko Krasni.
Beograd: Beogradski izdavačko-grafički zavod 1980. 120 S.

Slowakisch
586 [Gedichte] *Obrana vlkov.* Ü: Ján Šimonovič, Peter Hrivnák.
Bratislava: Smena 1966. 88 S.

Slowenisch
587 [Gedichte] *Zagovor volkov.* Ü: Niko Grafenauer.
Ljubljana: Državna založba Slovenije 1970. 151 S.

Spanisch
588 [Baukasten zur Theorie der Medien] *Elementos para una teoría de los medios de comunicación.* Ü: Michael Faber-Kaiser.

Barcelona: Anagrama 1972. 74 S.
589 [Einzelheiten] *Detalles.* Ü: N. Angochea Millet.
Barcelona: Anagrama 1969. 218 S.
590 [Gedichte] *Poesías para los que no leen poesías.* Ü: Heberto Padilla.
Barcelona: Barral 1972. 165 S.
[Spanisch und Deutsch]
591 [Der kurze Sommer der Anarchie] *El corto verano de la anarquía. Vida y muerte de Buenaventura Durruti.* Ü: Julio Forcat, Ulrike Hartmann.
Barcelona: Grijalbo 1975. 334 S.
592 [Las Casas] *Las Casas y Trujillo.* Ü: Arqueles Morales.
La Habana: Casa 1969. 82 S.
593 [Mausoleum] *Mausoleo.* Ü: Kim Vilar.
Barcelona: Anagrama 1979. 128 S.
594 [Politik und Verbrechen] *Política y delito.* Ü: Lucas Sala.
Barcelona: Seix Barral 1968. 313 S.
595 [Das Verhör von Habana/ Essays] *El interrogatorio de La Habana. Autoretrato de la contrarevolución y otros ensayos políticos.* Ü: Michael Faber-Kaiser.
Barcelona: Anagrama 1973. 170 S.
596 [Zur Kritik der politischen Ökologie] *Para una critica de la ecología política.* Ü: Luis Carroggio.
Barcelona: Anagrama 1974. 116 S.

Tschechisch
597 [Gedichte] *Zpěv z potopy.* Ü: Josef Hiršal.
Praha: Mladá fronta 1963. 119 S.
– 2. erw. Aufl. 1966. 163 S.

Türkisch
598 [Auswahl] *Dünya batiyor mu.* Ü: Sezer Duru, Orhan Duru.
Istanbul: Osmanbey Matbaasï 1975. 133 S.
599 [Der Untergang der Titanic] *Titanić in Batisi.* Ü: Sezer Duru.
Istanbul 1983. 114 S.
600 [Das Verhör von Habana] *Havana duruşmasï.* Ü: Sezer Duru.
Istanbul: Osmanbey Matbaasï 1970. 274 S.

Ungarisch
601 [Gedichte] *Vallatás éjfelkor.* Ü: Gábor Garai.
Budapest: Európa 1968. 106 S.
602 [Politik und Verbrechen] *Honatyák és ponyvahösök.* Ü: Dezsö Tandori.
Budapest: Európa 1975. 172 S.
603 [Der Untergang der Titanic] *A Titanic pusztulása. Komédia.* Ü: Gábor Garai.
Budapest: Európa 1982. 127 S.
604 [Das Verhör von Habana] *A Havannai kihallgatás.* Ü: György Dalos.
Budapest: Európa 1974. 278 S.

IV Übersetzungen

605 *Pablo Neruda: Zone des Feuers* [Gedichte].
Texte und Zeichen. 1955. H. 3. S. 339–353.
606 *Sergio Antonielli, Elio Vittorini: Italienischer Literaturbrief.*
Texte und Zeichen. 1956. H. 9. S. 547–555.
607 *André Bazin: Der Film La Strada.*
Texte und Zeichen. 1956. H. 9. S. 542–546.
608 *Sergio I. Pacifici: Porträt eines engagierten Dichters* [zu Elio Vittorini].
Texte und Zeichen. 1956. H. 9. S. 519–523.
609 *Jacques Audiberti: Quoat-Quoat. Stück in zwei Bildern.*
Ü: H. M. Enzensberger, Hans-Joachim Weitz.
Zürich: Stauffacher [1957]. 77 S. [Masch.]
– Spectaculum 3. Frankfurt a. M.: Suhrkamp 1960. S. 7–55.
– Jacques Audiberti: Theaterstücke. Berlin, Neuwied: Luchterhand 1961. Bd. 1. S. 5–75.
610 *Eugène Ionesco: Circulus vitiosus* [Ausschnitt aus L'Impromtu de l'Alma]. Merkur. 1957. H. 109. S. 241–246.
611 *Eugène Ionesco: Die kahle Sängerin* [Ausschnitt].
Merkur. 1957. H. 109. S. 238–240.
612 *Jean de La Varende: Gustave Flaubert in Selbstzeugnissen und Bilddokumenten.* Dokumentarischer und bibliographischer Anhang: Paul Raabe.
Reinbek: Rowohlt 1958. 171 S. (Rowohlts Monographien. 20.).
613 *John Gay: Die Bettleroper.*
Bertolt Brechts Dreigroschenbuch. Texte, Materialien, Dokumente.
Hrsg. von Siegfried Unseld.
Frankfurt a. M.: Suhrkamp 1960. S. 138–179.
– Auch als Sonderdruck 1960.
– Mit einem dokumentarischen Anhang.
Frankfurt a. M.: Insel-Verlag 1966. 129 S. (Sammlung Insel. 14.)
– Leipzig: Insel-Verlag 1973. 127 S. (Insel-Bücherei. 984.)
614 *David Rokeah: Poesie* [Gedichte, hebräisch und deutsch].
Ü: Werner Bukofzer, Paul Celan, H. M. Enzensberger, Erich Fried, Nelly Sachs.
Frankfurt a. M.: Suhrkamp 1962. 113 S.
615 *César Vallejo: Paris, Oktober 1936* [Gedicht].
Lyrische Hefte. 1962. Nr. 12. S. 23.
616 *William Carlos Williams: Gedichte* [amerikanisch und deutsch].
Frankfurt a. M.: Suhrkamp 1962. 198 S. (Bibliothek Suhrkamp. 76.)
[Nachwort in *Einzelheiten* (1962). S. 273–289.]
– 2. Aufl. u. d. T. *Die Worte, die Worte, die Worte.* 1973. 211 S.
Envoi: Ü: H. M. Enzensberger.
617 *Franco Fortini: Poesie* [Gedichte, italienisch und deutsch].
Frankfurt a. M.: Suhrkamp 1963. 84 S.
618 *Rolf Jacobsen: Dem Meer entgegen* [Gedicht].

Universitas. 1963. H. 4. S. 448.

619 *César Vallejo: Schwarzer Stein auf weißem Stein* [Gedicht].
Akzente. 1963. H. 6. S. 609.
620 *César Vallejo:* [Gedichte].
Merkur. 1963. H. 182. S. 349–363.
621 *César Vallejo: Gedichte* [spanisch und deutsch].
Frankfurt a. M.: Suhrkamp 1963. 120 S. (Bibliothek Suhrkamp. 110.)
622 *Entwicklungshilfe oder Ausbeutung? Eine Debatte aus Schweden.*
Kursbuch 3. 1965. S. 139–149.
623 *Carlo Emilio Gadda: Wie ich arbeite.* Ü: H. M. Enzensberger, Heinz Riedl.
Kursbuch 3. 1965. S. 12–22.
624 *Lars Gustafsson: Die Ballonfahrer* [Gedichte].
Kursbuch 3. 1965. S. 65–73.
625 *Octavio Paz: Zwei Leiber* [Gedicht].
Westermanns Monatshefte. 1965. H. 3. S. 24.
626 *August Strindberg: Lotungen im Luftmeer* [Prosa].
Kursbuch 3. 1965. S. 74–78.
627 *Karl Vennberg: Poesie* [Gedichte, schwedisch und deutsch].
Ü: Nelly Sachs, H. M. Enzensberger. Nachwort: Lars Gustafsson.
Frankfurt a. M.: Suhrkamp 1965. 117 S.
628 *Franco Fortini: Das sprechende Pferd* [zu Bertolt Brecht: Oh Falladah, die du hangest].
Kursbuch 4. 1966. S. 90–93.
629 *Rolf Jacobsen: Europa* [Gedicht].
Westermanns Monatshefte. 1966. H. 6. S. 77.
630 *Edoardo Sanguineti: Purgatorio del'Inferno* [Gedicht].
Kursbuch 5. 1966. S. 10–30.
631 *Lars Gustafsson: Thorn. Bildnis eines Amerikaners* [Gedichte].
Kursbuch 5. 1966. S. 38–47.
632 *Luis Cernuda: Wie leichtes Geraschel ...* [Gedicht].
Westermanns Monatshefte. 1967. H. 7. S. 63.
633 *Velimir Chlebnikov: Beschwörung durch Lachen* [Gedicht].
Kursbuch 10. 1967. S. 15.
634 *Velimir Chlebnikov: Der Kranich. Für Vasilij Kamenskij* [Gedicht].
Kursbuch 10. 1967. S. 37–42.
635 *Gustafsson*. In: Ein Gedicht und sein Autor. Hrsg. von Walter Höllerer.
Berlin 1967. S. 12–35.
636 *Lars Gustafsson: Die Maschinen* [Gedicht].
Akzente. 1967. H. 1. S. 29–30.
637 *Lars Gustafsson: Die Maschinen* [Gedichte].
München: Hanser 1967. 79 S.
– München: Heyne 1980. 78 S. (Heyne Lyrik. 26.)
638 *Gunnar Ekelöf: Perpetuum mobile* [Gedicht].
Luchterhands Loseblatt Lyrik. 1968. Bl. 2.
639 *Pablo Neruda: Poesia sin pureza – Poésie impure* [spanisch und deutsch].

Hamburg: Hoffmann und Campe 1968. 135 S. (Cabinet der Lyrik.)

640 *Nicanor Parra: Antipoesie* [Gedichte].
Kursbuch 15. 1968. S. 96–103.

641 *Lateinamerikanische Gedichte.*
Luchterhands Loseblatt Lyrik. 1969. H. 18. [5Bll.]

642 *Miguel Barnet: El cimarrón* [vgl. Nr. 826].

643 *Aleksandr Vasil'evic Suchovo-Kobylin: Der Vampir von St. Petersburg. Farce in drei Akten.*
Frankfurt a. M.: Verlag der Autoren 1970. 157 S. [Masch.]
– [Buchausgabe] *Tarelkins Tod oder Der Vampir von St. Petersburg.*
Frankfurt a. M.: Verlag der Autoren 1981. 69 S. (Theaterbibliothek. 31.)

644 *Lars Gustafsson: Eine Insel in der Nähe von Magora. Gesammelte Erzählungen und Gedichte.* Ü: H. M. Enzensberger, Jörg Mahner, Hanns Gössel, Adolf Modersohn.
Frankfurt a. M.: Fischer Taschenbuch Verlag 1973. 174 S. (Fischer Bücherei. 1401.)

645 *Octavio Paz:* [Gedichte]. Ü: Erich Arendt, H. M. Enzensberger [u. a.].
Berlin: Verl. Neues Leben 1973. 31 S. (Poesiealbum. 72.)

646 *Wystan Hugh Auden:* [Gedichte]. Ü: Astrid Claes, H. M. Enzensberger [u. a.].
Berlin: Verl. Neues Leben 1975. 31 S. (Poesiealbum. 92.)

647 *Miklos Haraszti: Was gegen Che spricht.*
Frankfurter Rundschau. 1. 3. 1975.

648 *Nicanor Parra: Und Chile ist eine Wüste. Poesie und Antipoesie.*
Ü: Nicolas Born, H. M. Enzensberger [u. a.].
Hrsg. von Federico Schopf und Peter Schultze-Kraft.
Wuppertal: Hammer 1975. 84 S.

649 *Rafael Alberti:* [Gedichte]. Ü: Erich Arendt, Katja Arendt, H. M. Enzensberger [u. a.].
Berlin: Verl. Neues Leben 1976. 31 S. (Poesiealbum. 104.)

650 *Edward Lear: Edward Lears kompletter Nonsens. Ins Deutsche geschmuggelt von H. M. Enzensberger.*
Frankfurt a. M.: Insel-Verlag 1977. 404 S.
– [Ausgabe in zwei Bänden]
1. Dreimal siebzig Limericks nebst sieben Zugaben. 233 S.
2. Lieder, Balladen und Geschichten. 176 S.
Frankfurt a. M.: Insel-Verlag 1980. (Insel Taschenbuch. 480. 502.)

651 *William Carlos Williams:* [Gedichte].
Ü: H. M. Enzensberger, B. K. Tragelehn.
Berlin: Verl. Neues Leben 1977. 31 S. (Poesiealbum. 112.)

652 *György Dalos: Meine Lage in der Lage.*
Gedichte und Geschichten. Bearb.: Thomas Brasch, H. M. Enzensberger, Peter Paul Zahl.
Berlin: Rotbuch-Verlag 1979. 80 S.

653 *Jean-Baptiste Poquelin dit Molière: Der Menschenfeind.*
Frankfurt a. M.: Insel-Verlag 1979. 116 S. (Insel Taschenbuch. 401.)

654 *César Vallejo:* [Gedichte].
Ü: Erich Arendt, H. M. Enzensberger, Fritz Rudolf Fries.
Berlin: Verl. Neues Leben 1979. 31 S. (Poesiealbum. 140.)
655 *Gonzalo Millán: Die Menge* [Gedicht].
Die Horen. 1980. H. 118. S. 31.
656 *Jean-Baptiste Poquelin dit Molière: Der Bürger als Edelmann.*
Frankfurt a. M.: Verlag der Autoren 1980. 141 S.
657 *Jean-Baptiste Poquelin dit Molière: Der Menschenfeind.*
Theater heute. 1980. H. 1. S. 36–50.
658 *Izet Sarajlić: Gedichte.* Ü: Zlatko Krasni, H. M. Enzensberger.
Akzente. 1981. H. 3. S. 289–292.
659 *Lars Gustafsson: Die Stille der Welt vor Bach. Gedichte.* Ü:
H. M. Enzensberger, Hanns Gössel [u. a.].
Hrsg. von Verena Reichel.
München, Wien: Hanser 1982. 87 S.
660 *William Carlos Williams: Endlos und unzerstörbar. Gedichte.* Ü:
H. M. Enzensberger [u. a.].
Waldbrunn: Heiderhoff 1983. 79 S.

V Editionen, Nachworte

661 *Clemens Brentano: Gedichte, Erzählungen, Briefe.*
Frankfurt a. M., Hamburg: Fischer Bücherei 1958. 205 S. (Fischer
Bücherei. 231.)
– Frankfurt a. M.: Insel-Verl. 1981. 339 S. (Insel Taschenbuch.
557.)
662 *Museum der modernen Poesie.* Eingerichtet von H. M. Enzensberger.
Frankfurt a. M.: Suhrkamp 1960. 421 S.
[350 Gedichte in 16 Sprachen mit deutschen Übersetzungen.]
[Vorwort *Weltsprache der modernen Poesie: Einzelheiten* (1962).
S. 255–272.]
– 2. revidierte Auflage 1963. 420 S.
– München: Deutscher Taschenbuch-Verlag 1964. 398 S. (dtv-Ta-
schenbücher. Sonderreihe. 35.36.)
[Nur die deutschen Übersetzungen.]
– Frankfurt a. M.: Suhrkamp 1980. 851 S. (Suhrkamp Taschenbuch.
476.)
663 *Allerleirauh. Viele schöne Kinderreime.* Versammelt von H. M. En-
zensberger. Mit 392 alten Holzschnitten.
Frankfurt a. M.: Suhrkamp 1961. 380 S.
– Frankfurt a. M.: Suhrkamp 1965. 380 S.
– Berlin, Darmstadt, Wien: Deutsche Buch-Gemeinschaft 1966.
380 S.
– Frankfurt a. M.: Suhrkamp 1971. 382 S. (Suhrkamp Taschenbuch.
19.)
– Frankfurt a. M.: Insel-Verl. 1974. 380 S. (Insel Taschenbuch. 115.)

– Frankfurt a. M.: Büchergilde Gutenberg 1983. 380 S.
664 *Neue Prosa mal elf. Ett urval tyska noveller till en tysk programserie in radio sommaren 1961.*
Stockholm: Sveriges Radio 1961. 167 S.
665 *Gunnar Ekelöf: Poesie* [Gedichte, schwedisch und deutsch]. Ü: Nelly Sachs. Nachwort: Bengt Holmqvist.
Frankfurt a. M.: Suhrkamp 1962. 95 S.
666 *Hans Jakob Christoffel von Grimmelshausen: Die Lebensbeschreibung der Erzbetrügerin und Landstörzerin Courasche.* Hrsg. von Engelbert Hegaur [Wilhelm Engelbert Oeftering].
München: Deutscher Taschenbuch-Verlag 1962. 156 S. (dtv-Taschenbücher. 76.)
– Frankfurt a. M., Wien, Zürich: Büchergilde Gutenberg 1970. 189 S.
667 *Andreas Gryphius: Gedichte.*
Frankfurt a. M.: Insel-Verlag 1962. 71 S. (Insel Bücherei. 703.)
668 *Fernando Pessoa: Poesie* [Gedichte, portugiesisch und deutsch].
Ü: Georg Rudolf Lind.
Frankfurt a. M.: Suhrkamp 1962. 142 S.
David Rokeah: Poesie [vgl. Nr. 614].
669 *Giorgos Seferis: Poesie* [Gedichte, griechisch und deutsch].
Ü und Nachwort: Christian Enzensberger.
Frankfurt a. M.: Suhrkamp 1962. 98 S.
670 *Vorzeichen. Fünf neue deutsche Autoren. Christian Grote, Hans Günter Michelsen, Gisela Elsner, Ror Wolf, Jürgen Becker.*
Frankfurt a. M.: Suhrkamp 1962. 219 S.
671 *Isaak Babel: Rytterarméen* [Konarmija]. Ü: Jan Brodal.
Oslo: Cappelen 1963. 205 S.
Franco Fortini: Poesie [vgl. Nr. 617].
672 *Carlo Emilio Gadda: Die Erkenntnis des Schmerzes.* Ü: Toni Kienlechner.
München: Piper 1963. 249 S.
– Frankfurt a. M.: Suhrkamp 1975. 202 S. (Bibliothek Suhrkamp. 426.)
673 *André Gide: Falskmynterne* [Les faux-monnayeurs]. Ü: Brikt Jensen.
Oslo: Cappelen 1963. 341 S.
674 *Oscar Vladislas de Lubicz Milosz: Poesie* [Gedichte, französisch und deutsch]. Ü und Nachwort: Friedhelm Kemp.
Frankfurt a. M.: Suhrkamp 1963. 134 S.
675 *Robert Musil: Unge Törless* [Die Verwirrungen des Zöglings Törless]. Ü: Lotte Holmboe.
Oslo: Cappelen 1963. 188, 4 S.
676 *Nelly Sachs: Ausgewählte Gedichte.*
Frankfurt a. M.: Suhrkamp 1963. 95 S. (Edition Suhrkamp. 18.)
677 *Thomas Wolfe: Finn veien, engel* [Look homeward, angel!]. Ü: Hans Heiberg.
Oslo: Cappelen 1963. 452 S.
678 *Samuel Beckett: Molloy.* Ü: Carl Hambro.
Oslo: Cappelen 1964. 227 S.

679 *Jorge Luis Borges: Labyrinter* [Ficciones]. Ü: Finn Aasen.
Oslo: Cappelen 1964. 172 S.
680 *Henry Miller: Krepsens vendekrets* [Tropic of cancer]. Ü: Axel Jensen.
Oslo: Cappelen 1964. 320 S.
681 *Jean-Paul Sartre: Kvalmen* [La nausée]. Ü: Brikt Jensen.
Oslo: Cappelen 1964. 227 S.
682 *Sherwood Anderson: Winesburg Ohio.* Ü: Gerd Hoff.
Oslo: Cappelen 1965. 216 S.
683 *Carlos Drummond de Andrade: Poesie* [Gedichte, portugiesisch und deutsch]. Ü: Curt Meyer-Clason.
Frankfurt a. M.: Suhrkamp 1965. 133 S.
684 *Samuel Beckett. Malone dör* [Malone meurt]. Ü: Carl Hambro.
Oslo: Cappelen 1965. 165 S.
685 *Georg Büchner, Ludwig Weidig: Der Hessische Landbote. Texte, Briefe, Prozeßakten.* Kommentiert von H. M. Enzensberger.
Frankfurt a. M.: Insel-Verlag 1965. 170 S. (Sammlung Insel. 3.)
[Nachwort: *Deutschland, Deutschland unter anderm* (1967).
S. 99–122.]
– Frankfurt a. M.: Insel-Verlag 1974. 172 S. (Insel Taschenbuch. 51.)
686 *Paavo Haavikko: Poesie* [Gedichte, finnisch und deutsch].
Ü und Nachwort: Manfred Peter Hein.
Frankfurt a. M.: Suhrkamp 1965. 103 S.
687 *František Halas: Poesie* [Gedichte, tschechisch und deutsch].
Ü und Nachwort: Peter Demetz.
Frankfurt a. M.: Suhrkamp 1965. 102 S.
688 *Franz Kafka: Fortellinger* [Die Erzählungen]. Ü: Waldemar Brögger.
Oslo: Cappelen 1965. 376 S.
689 *Miroslav Krleža: Filip Latinovicz hjemkomst* [Povratak Filipa Latinovicza]. Ü: Martin Nag.
Oslo: Cappelen 1965. 236 S.
690 *Kursbuch.*
Bd. 1 (1965) – 20 (1969): Frankfurt a. M., ab Bd. 21 (1970): Berlin.
Herausgeber: Bd. 1 (1965) – 22 (1970): H. M. Enzensberger [Bd. 23 (1971) – 34 (1973): H. M. Enzensberger, Karl Markus Michel, Bd. 35 (1974) – 40 (1975): H. M. Enzensberger, Karl Markus Michel, Harald Wieser. Ab Bd. 41 (1975): Unter Mitarbeit von H. M. Enzensberger].
– Reprint [Bd. 1–20]: Frankfurt a. M.: Zweitausendeins 1976.
Karl Vennberg: Poesie [vgl. Nr. 627].
691 *Bertolt Brecht: Julius Caesars forretninger* [Die Geschäfte des Herrn Julius Caesar]. Ü: Gerd Hoff.
Oslo: Cappelen 1966. 195 S.
692 *William Faulkner: Ville Palmer* [The wild palms]. Ü: Helge Simonsen.
Oslo: Cappelen 1966. 260 S.
693 *Vincente Huidobro: Poesie* [Gedichte, spanisch, französisch und deutsch].

Ü: Fritz Vogelgsang.
Frankfurt a. M.: Suhrkamp 1966. 130 S.
694 *Orhan Veli Kanik: Poesie* [Gedichte, türkisch und deutsch]. Ü.
Yüksel Pazarkaya.
Frankfurt a. M.: Suhrkamp 1966. 114 S.
695 *Bartolomé de las Casas: Kurzgefaßter Bericht von der Verwüstung*
der Westindischen Länder. Ü.: D. W. Andreä.
Frankfurt a. M.: Insel-Verlag 1966. 168 S. (Sammlung Insel. 23.)
[Nachwort: *Deutschland, Deutschland unter anderm* (1967).
S. 123–151.]
– Frankfurt a. M.: Insel-Verlag 1981. 152 S. (Insel Taschenbuch.
553.)
– [Niederländische Ausgabe:] *Kort relaas van de verwoesting van*
de west-indische landen. Hrsg. von Michel van Niewstadt.
Amsterdam: De Arbeiderspers 1969. 187 S.
– [Englische Ausgabe:] *The devastation of the Indies; a brief ac-*
count. Ü: Herma Briffault.
New York: Seabury Press 1974. 182 S.
696 *Paul van Ostaijen. Poesie* [Gedichte, flämisch und deutsch].
Ü: Klaus Reichert.
Frankfurt a. M.: Suhrkamp 1966. 147 S.
697 *Friedrich Schiller: Gedichte.* Ausgewählt von H. M. Enzensberger.
Einleitung: Hans Mayer.
Frankfurt a. M.: Insel-Verlag 1966.
In: Schiller: Werke. Bd. 3. S. 5–163.
698 *Samuel Beckett: Den unevnelige* [L'innommable]. Ü: Erik Vold.
Oslo: Cappelen 1967. 164 S.
699 *Bahman Nirumand: Persien, Modell eines Entwicklungslandes oder*
Die Diktatur der Freien Welt.
Hamburg: Rowohlt 1967. 156 S. (Rororo. 945).
700 *Heinrich Mann: Politische Essays.*
Frankfurt a. M.: Suhrkamp 1968. 202 S. (Bibliothek Suhrkamp.
209.)
701 *Freisprüche. Revolutionäre vor Gericht.*
Frankfurt a. M.: Suhrkamp 1970. 458 S.
– Frankfurt a. M.: Suhrkamp 1973. 477 S. (Suhrkamp Taschenbuch.
111.)
Aleksandr Vasilévic Suchovo-Kobylin: Tarelkins Tod oder Der
Vampir von St. Petersburg [vgl. Nr. 643].
702 *Klassenbuch. Ein Lesebuch zu den Klassenkämpfen in Deutschland.*
Hrsg. von H. M. Enzensberger, Klaus Roehler [u. a.] Bd. 1–3.
Darmstadt, Neuwied: Luchterhand 1972. (Sammlung Luchterhand.
79. 80. 81.)
Bd. 1. 1756–1850. 239 S.
Bd. 2. 1850–1919. 255 S.
Bd. 3. 1920–1971. 239 S.
– [Auch als Ausgabe in 1 Bd:] Darmstadt, Neuwied: Luchterhand
1972. 711 S.
703 *Johann Most: Kapital und Arbeit. »Das Kapital« in einer handlichen*
Zusammenfassung. Von Marx und Engels selbst revidiert und über-

arbeitet. Neuausgabe, besorgt von H. M. Enzensberger.
Frankfurt a. M.: Suhrkamp 1972. 105 S. (Edition Suhrkamp. 587.)

704 *Gespräche mit Marx und Engels. Mit einem Personen-, Elogen- und Injurienregister sowie einem Quellenverzeichnis.*
Frankfurt a. M.: Insel-Verlag 1973. IX, 768 S. (Insel Taschenbuch. 19. 20.)
– Frankfurt a. M.: Suhrkamp 1981. IX, 763 S. (Suhrkamp Taschenbuch. 716.)
– [Spanische Ausgabe:] *Conversaciones con Marx y Engels.* Ü: Michael Faber-Kaiser. Bd. 1. 2.
Barcelona: Anagrama 1975. 314, 362 S.
– [Italienische Ausgabe:] *Colloqui con Marx e Engels. Testimonianze sulla vita di Marx e Engels.*
Torino: Einaudi 1977. VIII, 588 S.

705 *Der Weg ins Freie. Fünf Lebensläufe.* Überliefert von H. M. Enzensberger.
Frankfurt a. M.: Suhrkamp 1975. 175 S. (Edition Suhrkamp. 759.)

706 *Albert Camus: Die Gerechten.*
Stuttgart: Belser 1976. 144 S. (Programmbuch. 18.)

707 *Alexander Herzen: Die gescheiterte Revolution. Denkwürdigkeiten aus dem 19. Jahrhundert.* Ü: Hertha von Schulz. Einleitung: Isaiah Berlin.
Frankfurt a. M.: Suhrkamp 1977. 438 S. (Edition Suhrkamp. 842.)

708 *Johann Most: Revolutionäre Kriegswissenschaft. Ein Handbüchlein zur Anleitung betreffend Gebrauches und Herstellung von Nitro-Glyzerin, Dynamit, Schießbaumwolle, Knallquecksilber, Bomben, Brandsätzen, Giften usw., usw.* Neudruck der Ausgabe New York 1885. Mit einer Auskunft über den Autor von H. M. Enzensberger.
Berlin. Rixdorfer Verlagsanstalt 1980. 97 S.

709 *TransAtlantik.* Hrsg. von Marianne Schmidt. Konzeption und Vetorecht: H. M. Enzensberger, Gaston Salvatore.
München: NewMag Verl. 1980–1982.

710 *Allgemeines deutsches Reimlexikon.* Hrsg. von Peregrinus Syntax [Friedrich Ferdinand Hempel]. Neudruck der Ausgabe Leipzig 1826. Mit einer Gebrauchsanleitung von H. M. Enzensberger. Bd. 1. 2.
Frankfurt a. M.: Insel-Verlag 1982. 1600 S. (Insel Taschenbusch. 674.)

711 *Tempo illustrato.* [Mitherausgeber.]
Milano 1983 ff.

VI. Rundfunk, Fernsehen, Schallplatte, Film, Theater

712 *Die Logik der Artefakte (Kybernetik) [Interview mit Max Bense und Friedrich Eichhorn]. SDR 1956.*
713 *Jacques Audiberti: Quoat – Quoat oder Das Scheusal auf dem Schiff.*

SDR 1956.
714 *Reine Sprache des Exils* [zu Saint-John Perse]. SWF 1956. NDR 1957.
715 *Über Henry Millers Reisebericht »Koloß von Maroussi«.* SDR 1956.
716 *Verführtes Dichten* [zu Pablo Neruda]. SDR 1956. SWF 1956.
717 *Das babylonische Riff – Wachträume und Vexierbilder aus New York* [Hörbild]. SDR 1957.
718 *Dunkle Herrschaft, tiefer Bajou* [Hörspiel]. HR 1957.
719 *Jonas. Textbuch zum Film.* 1957.
720 *Die kahle Sängerin – ein Hinweis auf die jüngste französische Dramaturgie.* SDR 1957.
721 *Scherbenwelt.* HR 1957.
722 *Die Sprache des »Spiegel«.* SDR 1957.
723 [Zu Heinrich Böll, Dr. Murkes gesammeltes Schweigen und andere Satiren.] SDR 1958.
724 *Die Hinrichtung des Soldaten Slovik.* SDR 1958.
725 *Vergebliche Brandung der Ferne. Eine Theorie des Tourismus.* NDR 1958.
726 *Aalesund – eine norwegische Miniatur.* SDR 1959.
726a *Bildung als Konsumgut.* HR 1959.
727 *Geister und Leute.* [Zu Alfred Andersch.] NDR 1959.
728 *Lob der Temperamente: Der Choleriker – Der Melancholiker – Der Sanguiniker – Der Phlegmatiker.* NDR 1959.
729 *New York.* BR 1959.
730 *Das Taschenbuch im Dienste der Wissenschaft.* HR 1959.
731 *Aus dem italienischen Pitaval I.II.* SDR 1960.
732 *Die literarische Regierungspartei.* BR 1960.
733 *Das Plebiszit der Verbraucher.* BR 1960.
734 *Autorenlesung Ingeborg Bachmann, Hans Magnus Enzensberger, Günter Grass, Karl Krolow.* Einführung: Friedrich Dürrenmatt. SRG Zürich 1961.
735 *Hans Magnus Enzensberger liest Gedichte im Kunstverein Düsseldorf.* WDR 1961.
736 *Die literarische Opposition. Johannes Gaitanides im Gespräch mit H. M. Enzensberger.* BR 1961.
737 *Moderne Poesie.* NDR 1961.
738 *Nacht über Dublin. Ein irisches Pandämonium nach dem »Ulysses« von James Joyce* [Hörspiel]. HR 1961.
739 *Schläferung.* Begegnung mit Gedichten [Schallplatte]. Sprecher: Gerhard Schmid. München: Polyglott [1961].
740 *Die Weltsprache der modernen Poesie.* BR 1961.
741 *Die Aporien der Avantgarde.* NDR 1962.
742 *Chicago-Ballade.* HR 1962.
   – *Politik und Verbrechen* (1964). S. 95–137.
743 *H. M. Enzensberger im Gespräch mit einer Klasse der Albert-Schweitzer-Schule Berlin.* RIAS 1962.
744 *H. M. Enzensberger liest Gedichte* [Schallplatte]. Frankfurt a. M.: Suhrkamp 1962. (Suhrkamp Sprechplatte. 2.)
745 *Meine Herren Mäzene.* NDR 1962.

746 *Gedichte.* HR 1963.

747 *Halleluja im Niemandsland.* Jazz und Lyrik [Schallplatte]. Zusammenstellung: Joachim Ernst Behrendt. Hamburg: Philips 1963.

748 *Denis Diderot: Jacob und sein Herr. Hörspiel nach Diderot.* SDR 1963. SR 1979.

750 *Rafael Trujillo. Bildnis eines Landesvaters.* HR 1963. NDR 1965.
 – *Politik und Verbrechen* (1964). S. 40–93.

751 *Sechs Gedichte.* Gruppe 47. Lesungen aus der Herbsttagung 1963 in Saulgau. Kommentiert von Hans Schwab-Felisch und Roland H. Wiegenstein. WDR 1963.

752 *Staatsangehörigkeit: deutsch.* (Büchner-Preis-Rede.) [Schallplatte.] Aufnahme: Darmstadt, 19. 10. 1963. 1964.

753 *Blindenschrift. Gedichte.* SDR 1965. NDR 1965.

754 *Die erste und die zweite Bewußtseins-Industrie. Zwei Überlegungen, die Zivilisation betreffend.* NDR 1965.

755 [Sendereihe] *H. M. Enzensberger empfiehlt zum Lesen.*
 – Lukian: Die Überfahrt oder Der Tyrann.
 – Denis Diderot: Mystifikation oder Die Portrait-Geschichte.
 – Georg Christoph Lichtenberg: Vermischte Gedanken.
 – Clemens Brentano: Erzählungen und Briefe.
 – Ludwig Börne: Briefe aus Paris.
 NDR 1965.

756 *Macht und Ohnmacht. Über die Wirkung von Literatur.* NDR 1965.

757 *Opposition oder Alternative?* Gespräch zwischen H. M. Enzensberger, Hans Werner Richter, Senator Helmut Schmidt, Professor Karl Schiller, Günter Grass, Reinhard Lettau. SFB 1965.

758 *Politik und Verbrechen.* Essay. NDR 1965.

759 *Sommergedicht und Fußnoten dazu.* NDR 1965.

760 *Alois Rummel im Gespräch mit H. M. Enzensberger.* HR 1966.

761 [Sendereihe] *Alte Kinderbücher – neu gelesen.*
 – Jonathan Swift: Gullivers Reisen.
 – Daniel Defoe: Robinson Crusoe.
 – Robert Louis Stevenson. Die Schatzinsel.
 – Selma Lagerlöf: Die wunderbare Reise des kleinen Nils Holgersson mit den Wildgänsen.
 – Otto Julius Bierbaum: Pinocchio oder Zäpfel Kerns Abenteuer.
 – Lewis Carrol: Alice im Wunderland.
 NDR 1966.

762 *Bildnis eines Landesvaters* [Fernsehfilm]. SFB 1966.

763 *Die Gruppe 47 in Princeton.* Kommentar: Hanspeter Krüger [Unter den Kritikern: H. M. Enzensberger]. SFB 1966.

764 *Über den »Katechismus zur deutschen Frage« (Kursbuch 4).* Diskussion zwischen H. M. Enzensberger, Hans Werner Richter, Kurt Sontheimer, Peter Bender, Ulrich Sonnemann. SFB 1966.

765 *Vorstellung des schwedischen Schriftstellers Lars Gustafsson.* SFB 1966.

766 *Alle Mann auf der Straße. Illustrierte Geschichte der Deutschen Revolution* [Hörbild]. NDR 1968.

767 *Bericht über die Verhandlung der Delegation der Außerparlamenta-*

rischen Opposition mit dem Intendanten des SFB über die Forderung nach einer einstündigen Sendezeit. SFB 1968.

768 Diskussion über die Forderung der Außerparlamentarischen Opposition nach regelmäßiger Sendezeit beim SFB in eigener Verantwortung. Teilnehmer: H. M. Enzensberger, Horst Mahler, Franz Borsig, Eberhard Schutz, Hans Zielinski. SFB 1968.

769 Miguel Barnet: El cimarrón – Aus dem Leben eines ehemaligen Sklaven. SDR 1969.

770 Poesie impure. [Zu Pablo Neruda.] SDR 1969.

771 Rachels Lied. Ein Hörspiel in sieben Strophen. Nach einem Non-Fiction-Roman von Miguel Barnet. SWF/HR/SDR 1969.

772 Das Verhör von Habana [Hörspiel]. WDR/HR 1969.

773 Ein Revolutionär kehrt zurück. Interview zu Das Verhör von Habana. HR/Fernsehen 1970.

774 Das Verhör von Habana. Szenische Dokumentation.
Uraufführung: Recklinghausen, 8. 6. 1970.
– Leipziger Kellertheater, 12. 6. 1970.
– Deutsches Theater Berlin, 13. 6. 1970.
– Weitere Aufführungen in Berlin, Dar-es-Salam, Darmstadt, Istanbul, Milano, München, New York, Oberhausen, Stockholm, Ulm, Tokyo, Wien, Zürich.
– Fernsehproduktionen in: Helsinki, Lisboa, Stockholm.

776 Taube Ohren. Ein Tonband aus dem Biedermeier [Hörspiel]. WDR 1971.

777 Durruti. Die Biographie einer Legende. Film-Roman [Fernsehfilm]. WDR 1972.

778 Gespräche mit Marx und Engels. Aufgefunden und aufgezeichnet von H. M. Enzensberger. Teil 1–4. NDR 1972.

779 Gedicht und politisches Pamphlet. Heinz Ludwig Arnold im Gespräch mit H. M. Enzensberger. NDR 1973.

780 Arbeitsgespräch zu »Verweht«. WDR 1974.

781 Rückblick auf die bundesdeutsche Literatur [Gespräch mit Alfred Andersch]. SDR 1974. NDR 1974.

782 Neuere Gedichte. SR 1974.

783 Theorie des Tourismus. Essay. NDR 1974.

784 Verweht. Aus dem Nachleben eines Films. O-Ton-Hörspiel. WDR 1974.

785 Der Entkommene von Turin. Reportage. NDR 1975.

786 Mausoleum. Porträtstudien zu Figuren aus dem 19. Jahrhundert. DLF 1975.

787 Mausoleum oder Widersprüche des Fortschritts. Vier Balladen. NDR 1975.

788 Mausoleum. Naturwissenschaftliche Balladen. SWF 1975.

789 Erfinder in Deutschland [Fernsehfilm]. Regie: H. M. Enzensberger. SFB 1976.

790 [Gespräch mit E. Rudolph.] SDR 1976.

791 Ich sage »Ich«. Literatur zwischen Engagement und Nabelschau. Mit H. M. Enzensberger, Günter Grass, Walter Jens, Peter Schneider, Peter Handke, Karin Struck, Gabriele Wohmann, Peter Rühmkorf, Alfred Andersch. HR 1976.

792 *Kritik der Selbstzensur.* Referat. Mit Diskussion zwischen Helmut Ridder, Arnfried Astel, Erich Fried, H. M. Enzensberger, Klaus Wagenbach, Peter Schneider [u. a.]. HR 1976.
793 *Die Bakunin-Kassette. Eine Fälschung* [Stereo-Hörspiel]. WDR/SR 1977.
794 *Der fröhliche Wahnsinn. Über die Nonsense-Dichtung von Edward Lear.* NDR 1977.
795 *Gedichte.* NDR 1977.
796 *Schwacher Trost. Gedichte.* NDR 1977.
797 *Die sieben Familien von Pippel-Poppel-See. Hörspiel nach Edward Lear.* WDR 1977.
798 *Sprechstunde. H. M. Enzensberger liest neue Gedichte.* WDR 1977.
799 *Alles unter Kontrolle.* SWF 1978.
800 *Neue Geschichten.* [Zu Alexander Kluge.] SWF 1978.
801 *Der Tote Mann und der Philosoph. Komödie nach der Erzählung »Auferstehung« des Lu Hsün* [Hörspiel]. WDR/SWF/HR/SFB 1978.
802 *Über eine mögliche Zukunft des Buches.* WDR 1978.
803 *Landessprache oder Der kurze Sommer der Anarchie. Hanjo Kesting im Gespräch mit H. M. Enzensberger.* NDR 1979.
804 *Mehr als Worte. Aussagen und Anmerkungen zur deutschen Sprache.* HR 1979.
805 *Der Untergang der Titanic.* Hörspiel-Einrichtung: Horst H. Vollmer. HR/BR/SDR 1979.
806 *Die Furie des Verschwindens. Neue Gedichte.* NDR 1980. WDR 1980.
807 *Molière: Der Bürger als Edelmann.* ZDF 1980.
808 *Molière: Der Menschenfeind* [Aufzeichnung der Uraufführung in der Freien Volksbühne Berlin, Dezember 1979]. ZDF 1980.
809 *Die Furie des Verschwindens. Arnfried Astel im Gespräch mit H. M. Enzensberger.* SR 1981.
811 *Der Untergang der Titanic. Eine Komödie. Eine Auswahl, gelesen vom Autor* [Schallplatte]. Hamburg: Deutsche Grammophon 1981.
812 *Autoren lesen im Funkhaus Hannover. H. M. Enzensberger.* Einführung: Hanjo Kesting. Anschließend Diskussion mit dem Publikum. NDR 1982.
813 *Ein wahres Hörspiel. Nach Diderots Erzählung »Eine wahre Geschichte«.* SFB/SWF 1982.
814 *Die Frösche von Bikini. Arnfried Astel im Gespräch mit H. M. Enzensberger.* SR 1982.
815 *Das höchste Stadium der Unterentwicklung.* NDR 1982.
816 *Politische Brosamen 1–7.* NDR 1982.
817 *Claudia Szesny-Friedmann: Interview mit H. M. Enzensberger.* BR/NDR 1982.
818 *Besuche bei Dr. Marx – Eine Recherche.* SDR 1983.
819 *Das höchste Stadium der Unterentwicklung.* RIAS 1983.
820 *Requiem für eine romantische Frau* [Hörspiel]. WDR/SFB 1983.
821 *Wohnkampf. Eine Talkshow* [Hörspiel]. WDR/RB 1983.

VII Vertonungen

822 Giselher Klebe: Liederzyklus für Bariton, gemischten Chor und Orchester, nach Gedichten von H. M. Enzensberger.
Berlin: Bote & Bock 1960. 43 S.

823 Lothar Jensch: Ed è subito sera. Sechs Stücke für Sopran und Kammerorchester nach Texten von Salvatore Quasimodo, Helmut Heißenbüttel, H. M. Enzensberger, Herbert Heckmann und Umbran. (1963).
Köln: Gerig 1965. 55 S.

824 Argyris Konnadis: Quadro pezzi per soprano e trio [Fassung 1], per trio [Fassung 2]: Flöte, Violoncello, Klavier, nach Texten von H. M. Enzensberger.
Rodenkirchen/Rhein: P. J. Tonger 1967. 14 S.
– Vier Stücke für Sopran und Instrumente nach Texten von H. M. Enzensberger. NDR: Aufnahme 26. 11. 1969.

825 Heinz Pauels: Kantate 1962, op. 96 a. Nach Texten von Hans Magnus Enzensberger und Langston Hughes.
WDR: Aufnahme 10. 2. 1968.

826 Hans Werner Henze: El cimarrón. Autobiographie des geflohenen Sklaven Esteban Montejo. Recital für vier Musiker. Text aus dem Buch von Miguel Barnet übersetzt und für Musik eingerichtet von H. M. Enzensberger.
Uraufführung: Aldeburgh 1970.
– SDR: Aufnahme 25. 9. 1970.
– [Schallplatte] DGG 2530 100 (1971).
– Mainz: B. Schotts Söhne 1972. 99 S.
– [Textbuch:] Stuttgart: Württembergisches Staatstheater 1978. [12 Bl.]

827 Jacques Wildberger: La Notte. Trittico für Tonband, Mezzosopran und fünf Instrumente nach Texten von H. M. Enzensberger und Michelangelo Buonarotti.
HR: Aufnahme 8. 2. 1971.

828 Hans Werner Henze: La Cubana oder Ein Leben für die Kunst. Vaudeville in fünf Bildern von H. M. Enzensberger nach Motiven von Miguel Barnet.
Mainz: B. Schotts Söhne 1974. 280 S.
[Uraufführung:] Bayerisches Staatstheater am Gärtnerplatz, München, 28. 5. 1975.
– BR: Aufnahme 28. 5. 1975.
– [Hörfunkinszenierung:] WDR, Oktober/November 1982.

829 Hans Werner Henze: Zweites Violinkonzert, für Sologeiger, Tonband, Stimme und 33 Instrumentalisten, unter Verwendung des Gedichts *Hommage à Gödel* von H. M. Enzensberger.
Mainz: B. Schotts Söhne 1973. 107 S.
– SDR: Aufnahme 18. 6. 1974.

830 Konrad Lechner: Drei Gedichte von H. M. Enzensberger, für eine Singstimme und Flöte. Revidierte Fassung.
Celle: Moeck 1979. 9 S.

831 Der Abendstern. [Schallplatte.] Mit Ingrid Caven. Musik von Peer
Raben. Texte von H. M. Enzensberger [u. a.].
RCA PL 28375. (1979).
832 Ingrid Caven live in Hamburg. [Schallplatte.] Musik: Peer Raben
[u. a.]. Texte von H. M. Enzensberger [u. a.].
RCA PL 28396. (1980).

VIII Sekundärliteratur I: Allgemeine Darstellungen

833 [Anonym] Manager in der Literatur. In: Manager Magazin. 1983.
H. 5. S. 163–170.
833a [Anonym] Kleines literarisches Bestiarium: Enzensberger. In: Die
Zeit. 30. 12. 1983.
834 A. L. Adriaan: Die Bewußtseins-Industrie und ihre Kritiker. In:
Merkur. 1963. H. 179. S. 82–88.
835 Beda Alleman: Die Konstruktionen des modernen Gedichts (Celan,
Enzensberger, Heißenbüttel). HR. 25. 3. 1958.
836 Alfred Andersch: Notiz über die Schriftsteller und den Staat. In:
Merkur. 1966. H. 217. S. 398–400.
837 Enrico De Angelis: Kursbuch. Interviste e antologie. In: Librioggi.
1978. Nr. 4.
838 Stanley Aronowitz: Enzensberger on mass culture. An review essay.
In: Minnesota Review. 1976. S. 90–99.
839 Der Autor als Komplize. Ein New Yorker Gespräch über Zensur
und Selbstzensur mit Hans Magnus Enzensberger [u. a.]. In: Freibeuter. 1981. Nr. 8. S. 1–14.
840 Kurt Bartsch: Besuch Enzensberger. In: Tintenfisch 17. 1979.
S. 98.
841 Kurt Bartsch: Bruch, nach H. M. Enzensberger. In: Bartsch: Die
Hölderlinie. Berlin 1983. S. 28.
842 Thomas Beckermann: Bibliographie der Werke H. M. Enzensberger und ausgewählte Bibliographie der Arbeiten über H. M. Enzensberger. In: Über H. M. Enzensberger (1970). S. 281–306.
843 Peter Beckes: Produktive Unruhe. Analysen zur politischen Lyrik
Brechts und Enzensbergers. In: Schriftsteller und Politik in
Deutschland. Düsseldorf 1979. S. 130–150.
844 L. de Berghes: Politik auf poetische Distanz. Wenn alle, alle unrecht
haben – weiß Enzensberger die reine Wahrheit. In: Rheinischer
Merkur. 31. 1. 1964.
845 Johannes Bobrowski: H. M. Enzensberger. In: Poesiealbum. 1974.
H. 84. S. 32.
846 Karl Heinz Bohrer: Der Lauf des Freitag. Die lädierte Utopie und
die Dichter. Eine Analyse. München 1973. 141 S.
847 Karl Heinz Bohrer: Die mißverstandene Rebellion. In: Merkur.
1968. H. 238. S. 33–44.
848 Karl Heinz Bohrer: Die Revolution als Metapher. In: Merkur. 1968.
H. 239. S. 283–288. Auch in: Bohrer: Die gefährdete Phantasie, oder

Surrealismus und Terror. München 1970. S. 89–105. Auch in: Über H. M. Enzensberger (1970). S. 271–275.

849 François Bondy: Enzensberger et les jeunes allemands en colère. In: La Quinzaine Littéraire. 1967. 15./30. September.

850 Manfred Bosch: Der Literaturgarten. [Sechs Szenen, in denen u. a. H. M. Enzensberger auftritt.] In: Das Pult. 1971. H. 1. S. 11–12.

851 Helmut M. Braem: Denk ich an Deutschland. Preis der Darmstädter Akademie für H. M. Enzensberger. In: Stuttgarter Zeitung. 21. 10. 1963.

852 Thomas O. Brandt: Rasante Prosa und heißes Geschrei. In: Deutsche Rundschau. 1961. H. 6. S. 592–593.

853 Patrick Bridgwater: The making of a poet. H. M. Enzensberger. In: Essays on contemporary German literature. Hrsg. von Brian Keith-Smith. London 1966. S. 239–258. Auch in: German Life and Letters. 1967/68. H. 1. S. 27–44.

854 Theo Buck: Enzensberger und Brecht. In: Text und Kritik. 1976. H. 49. S. 5–16.

855 Michael Travers Buckley: Art is not enough. H. M. Enzensberger and the politics of poetry. Univ. of Massachusetts. Diss. 1975. Ann Arbor, Mich. 1977. VIII, 370 S.

856 Ludwig Büttner: Von Benn zu Enzensberger. Eine Einführung in die zeitgenössische deutsche Lyrik 1945–1970. Nürnberg 1972. ³1975. 228 S.

857 L. Čerevatenko: Ein zorniger Rezeptor Brechts. In: Žovten'. 1972. Nr. 5. S. 13–14.

857a Paolo Chiarini: La satira e l'idillio. In: Angelus novus. 1965. Nr. 1. S. 34–44.

858 Herbert Claas, Karl-Heinz Goetze: Ästhetik und Politik bei H. M. Enzensberger und Peter Weiss. In: Argument 1979. H. 115. S. 369–381.

859 Arnim Czolbe: Enzensberger und die häßlichen Deutschen. In: Der Spiegel. Nr. 27/1976.

860 Peter Demetz: H. M. Enzensberger. In: Demetz: Die süße Anarchie. Frankfurt a. M., Berlin 1970. S. 107–112.

861 Karlheinz Deschner: H. M. Enzensberger, Lyrik und Kritik. In: Deschner: Talente, Dichter, Dilettanten. Wiesbaden 1964. S. 269–383.

862 Rainer Hans Dimter: Eine ideologiekritische Untersuchung des bisherigen Werkes von H. M. Enzensberger. Univ. of Colorado, Diss. 1975. Ann Arbor 1976. 231 S.

863 Reinhard Döhl: die bösen gedichte des h. m. e. In: Streit-Zeit-Schrift. 1967. H. 1. S. 89–92.

864 Ingrid Eggers: Veränderungen des Literaturbegriffs im Werk von H. M. Enzensberger. Washington Univ., Diss. 1978. Frankfurt a. M., Bern 1981. 152 S.

865 Hanns Wilhelm Eppelsheimer: Laudatio anläßlich der Verleihung des Georg Büchner-Preises an H. M. Enzensberger. SDR. 19. 10. 1963. Auch in: Jahrbuch der Deutschen Akademie für Sprache und Dichtung. 1963. S. 116–125.

866 Henning Falkenstein: H. M. Enzensberger. Berlin 1977. 86 S.

867 Elisabeth Freundlich: Von hinten durch die Brust geschossen. Die unglückliche »Selbst«-Kritik des H. M. Enzensberger. Nicht gewußt wo. In: Vorwärts. 10. 10. 1962.

868 Hans Galinsky: Wegbereiter moderner amerikanischer Lyrik. Interpretations- und Rezeptionsstudien zu Emily Dickinson und William Carlos Williams. Heidelberg 1968. S. 163–180.

869 Hermann P. Gebhardt: Der Irrtum des H. M. Enzensberger. Die lateinamerikanische Wirklichkeit sieht anders aus. In: Frankfurter Rundschau. 3. 4. 1968.

870 Lev Ginzburg: H. M. Enzensberger. In: Sowjet-Literatur. 1966. H. 12. S. 172–175. Auch in: Die Diagonale. 1967. H. 3/4. S. 38–42.

871 Hermann Glaser: Der Dichter H. M. Enzensberger. [Laudatio anläßlich der Verleihung des Kulturpreises der Stadt Nürnberg.] In: Beiträge zu den Sommerkursen des Goethe-Instituts. München 1969. S. 51–56.

872 Hermann Glaser: Der erfolgreiche Sisyphos. Moral und Masche des H. M. Enzensberger. In: Neues Forum. 1977. H. 284/285. S. 36–38.

873 Christian Gneuss: Die zornigen jungen Männer. In: Anstöße. 1962. Nr. 1/2. S. 44–50.

874 Reinhold Grimm: Bildnis H. M. Enzensberger. Struktur, Ideologie und Vorgeschichte eines Gesellschaftskritikers. In: Basis 4. 1973. S. 131–174.

875 Reinhold Grimm: The commitment and contradiction of H. M. Enzensberger. In: Books Abroad. 1973. S. 295–298.

876 Reinhold Grimm: Eiszeit und Untergang. Zu einem Motivkomplex in der deutschen Gegenwartsliteratur. In: Monatshefte. 1981. H. 2. S. 155–186.

877 Reinhold Grimm: Enzensberger, Kuba und La Cubana. In: Basis 6. 1976. S. 65–77.

878 Reinhold Grimm: Festgemauert und noch nicht entbehrlich. Enzensberger als Erbe Schillers. In: Friedrich Schiller. Tübingen 1982. S. 310–328.

879 Reinhold Grimm: H. M. Enzensberger. In: Northwest Review. 1983. H. 1. S. 136–141.

880 Reinhold Grimm: Das Messer im Rücken. Utopisch-dystopische Bildlichkeit bei H. M. Enzensberger. In: Literarische Utopie-Entwürfe. 1982. S. 291–310.

881 Reinhold Grimm: Montierte Lyrik. In: Germanisch-romanische Monatsschrift. 1958. H. 8. S. 178–192. Auch in: Grimm/Heinz Otto Burger: Evokation und Montage. Göttingen 1961. [2]1967. Auch in: Über H. M. Enzensberger (1970). S. 19–39.

882 Reinhold Grimm: Poetic anarchism? The case of H. M. Enzensberger. In: Modern Language Notes. 1982. S. 745–758.

882a Reinhold Grimm: Introduction. In: Hans Magnus Enzensberger: Critical Essays. New York 1982. S. XI–XVI.

882b Reinhold Grimm. Texturen. Essays und anderes zu Hans Magnus Enzensberger. Bern 1984. 180 S.

883 Anneliese Grosse, Brigitte Thurm: Gesellschaftliche Irrelevanz und

manipulierbare Subjektivität. In: Weimarer Beiträge. 1970. H. 2.
S. 151–181.

884 J[oachim] G[ünther]: »Zornig und zart . . .«. In: Eckart-Jahrbuch
1963/64. Witten, Berlin 1964. S. 306–314.

885 Helmut Gutmann: Die Utopie der reinen Negation. Zur Lyrik
H. M. Enzensbergers. In: The German Quarterly. 1970. H. 3.
S. 435–452.

886 Bärbel Gutzat: Bewußtseinsinhalte kritischer Lyrik. Eine Analyse
der ersten drei Gedichtbände von H. M. Enzensberger. Wiesbaden
1977. 213 S.

887 Michael Hamburger: Welt und Ich. Bemerkungen zur zeitgenössischen Lyrik. In: Der Monat. 1961. H. 149. S. 63–67.

888 Peter Hamm: Opposition – am Beispiel H. M. Enzensberger. Ein
Vortrag. In: Kürbiskern. 1968. H. 4. S. 583–590. Auch in: Über
H. M. Enzensberger (1970). S. 252–262.

889 Emmy Hannöver: Die Sprache des zeitkritischen Gedichts. Gedichte von Enzensberger im Unterricht. In: Der Deutschunterricht.
1968. H. 5. S. 22–37.

890 Hans Magnus Enzensberger. Text und Kritik. 1976. H. 49. 67 S.

891 Jürgen Harder: Zu einigen ideologischen Aspekten in Enzensbergers Medientheorie. In: Weimarer Beiträge. 1971. H. 5.
S. 126–132.

892 Jürgen Harder: Zu Enzensbergers Medien-Theorie. In: Kürbiskern.
1971. H. 3. S. 449–456.

893 Harald Hartung: Zeitgedichte in dieser Zeit. In: Frankfurter Hefte.
1962. H. 1. S. 59–62.

894 Benkt-Erik Hedin: Vi, de och Enzensberger. In: Sydsvenska Dag-
bladet Snällposten. 31. 7. 1967.

895 Helmut Heissenbüttel: Enzensberger war Jünger-Adept. In: Zeit-
Streit-Schrift. 1968. H. 2. S. 23.

896 Helmut Heissenbüttel: Gelegenheitsgedicht Nr. 2 mehr oder weniger früher oder später für H. M. Enzensberger 1965. In: Heissenbüttel: Gelegenheitsgedichte und Klappentexte. Darmstadt 1973.
S. 8.

897 Gerd Hemmerich: Ein offener Brief an Herrn H. M. Enzensberger.
In: Text und Kritik. 1963. H. 1. S. 28–29.

898 Margarete Herzele: Was die Poesie vermag. In: Arbeiterzeitung
(Wien). 27. 9. 1980.

899 Hans Hiebel: Poesie und Politik. Die Poetik H. M. Enzensbergers
im Konflikt zwischen l'art pour l'art und Engagement – Vorschlag
für eine Vermittlung von Interpretation und Theorie im Unterricht.
In: Projekt Deutschunterricht. 8. Politische Lyrik. Stuttgart 1974.
S. 103–126.

900 Alexander Hildebrand: Selbstbegegnungen in kurzen Stunden. Mar-
ginalien zum Verhältnis H. M. Enzensberger – Gottfried Benn. In:
Text und Kritik. 1976. H. 49. S. 17–32.

901 Klaus Harro Hilzinger: Die Dramaturgie des dokumentarischen
Theaters. Tübingen 1976. S. 131–137.

902 Walter Hinderer: Probleme politischer Dichtung heute. In: Poesie
und Politik. Hrsg. von Wolfgang Kuttenkeuler. Stuttgart 1973.

S. 91–136.

903 Walter Hinderer: Sprache und Methode. Bemerkungen zur politischen Lyrik der sechziger Jahre. Enzensberger, Grass, Fried. In: Revolte und Experiment. Hrsg. von Wolfgang Paulsen. Heidelberg 1972. S. 98–143.

904 Walter Hinderer: Von den Grenzen moderner politischer Lyrik. In: Akzente. 1971. H. 6. S. 505–519.

905 Josef Hiršal, Bohumila Grögerová: Vznik jedné básne. In: Světová Literatura. 1963. S. 1–10.

906 Winfried Hönes: Bibliographie H. M. Enzensberger. 1955–1975. In: Text und Kritik. 1976. H. 49. S. 56–66.

907 Peter Uwe Hohendahl: Politisierung der Kunsttheorie. Zur ästhetischen Diskussion nach 1965. In: Deutsche Literatur in der Bundesrepublik Deutschland seit 1965. Königstein/Taunus 1980. S. 282–300.

908 Hans Egon Holthusen: Chorführer der Neuen Aufklärung. Über den Lyriker H. M. Enzensberger. In: Merkur. 1980. H. 9. S. 896–912.

909 Hans Egon Holthusen: Freiheit im Nirgendwo. Neue Zürcher Zeitung. 3. 2. 1963. Auch in: Holthusen: Plädoyer für den Einzelnen. München 1967. S. 68–88.

910 Hans Egon Holthusen: H. M. Enzensberger. In: Die deutsche Lyrik. 1945–1975. Düsseldorf 1981. S. 331–343, 464–466.

911 Hans Egon Holthusen: Literatur und Rechtfertigung. In: Ensemble 3. 1972. S. 233–258.

912 Hans Egon Holthusen: Ruhe auf der Flucht. Versuch einer kritischen Orientierung über die deutsche Literatur seit 1945. In: Ensemble 11. 1980. S. 99–133.

913 Hans Egon Holthusen: Utopie und Katastrophe. Der Lyriker H. M. Enzensberger. In: Holthusen: Sartre in Stammheim. 1982. S. 5–97.

914 Hans Egon Holthusen: Die Zornigen, die Gesellschaft und das Glück. Lyrik von H. M. Enzensberger. In: Jahresring 58/59. 1959. S. 331–352. Auch in: Holthusen: Kritisches Verstehen. München 1961. S. 138–172. Auch in: Über H. M. Enzensberger (1970). S. 40–67.

915 Norbert Honsza: Metaphorische Verfremdung und Chiffrensprache. In: Honsza: Zur literarischen Situation. Wrocław 1974. S. 227–233.

916 Katalin Horn: Grimmsche Märchen als Quellen für Metaphern und Vergleiche in der Sprache der Werbung, des Journalismus und der Literatur. In: Muttersprache. 1981. H. 2. S. 106–115.

917 Paul Gerhard Huebsch: Motzige Primaner. Gegen Wondratschek und andere (H. M. Enzensberger z. B.). In: Streit-Zeit-Schrift. 1968. H. 2. S. 144–145.

918 Manfred Jaehnichen: Hat H. M. Enzensberger recht gehabt? In: Universum. 1967. H. 4. S. 88–91.

919 Jørgen Bonde Jensen: En paedagogisk sammenligning – mellem digte af Rifbjerg og Enzensberger. In: Kritik. 1977. H. 42. S. 41–55.

920 Uwe Johnson: Jahrestage 2. Aus dem Leben der Gesine Cresspahl. Frankfurt a. M. 1971. S. 737 f., 769, 794 ff., 799 ff.

921 HJK: Auf dem Pegasus vergaloppiert. Schriftsteller und Journalismus. H. M. Enzensberger beim Jourfix im Marbacher Literaturarchiv. In: Marbacher Zeitung. 4. 3. 1981.

922 B. M. Kane: The postwar German political lyric. A study of language and form in the poetry of H. M. Enzensberger, Günter Grass and Erich Fried. Univ. of Birmingham. Diss. 1981.

923 Yaak Karsunke: Vom Singen in finsteren Zeiten. In: Kürbiskern. 1968. H. 4. S. 591–596. Auch in: Über H. M. Enzensberger (1970). S. 263–270.

924 Marie Luise Kaschnitz: Liebeslyrik heute. Ein Vortrag. In: Kaschnitz: Zwischen Immer und Nie. Gestalten und Themen der Dichtung. Frankfurt a. M. 1971. S. 221–245.

925 Hans Mathias Kepplinger: Jeder von uns ist jedermanns Faschist. Die Gespensterwelt des H. M. Enzensberger. In: Die Zeit. 18. 9. 1970. Auch in: Kepplinger: Rechte Leute von links. Gewaltkult und Innerlichkeit. Olten, Freiburg i. Br. 1970. S. 15–24, 44–46.

926 Hans Mathias Kepplinger: Das politische Denken H. M. Enzensbergers. Diss. Mainz 1970.

927 Hans Mathias Kepplinger: Der Schriftsteller in der Öffentlichkeit (am Beispiel H. M. Enzensberger). Ein Vorschlag zur Anlage repräsentativer Untersuchungen der Presseberichterstattung. In: Literaturwissenschaft und empirische Methoden. Hrsg. von Helmut Kreuzer und Reinhold Viehoff. Göttingen 1981. S. 74–95.

928 Horst Keßler: Der Kampf um eine demokratische Kultur in der BRD. In: Weimarer Beiträge. 1971. H. 5. S. 59–72.

929 Hanjo Kesting: Heute: Ein zorniger junger Mann wird 50 Jahre alt. Hanjo Kesting gratuliert H. M. Enzensberger. NDR 1979.

930 Hanjo Kesting: Der kurze Sommer der Anarchie. Gespräch mit H. M. Enzensberger. In: Kesting: Dichter ohne Vaterland. Berlin, Bonn 1982. S. 188–206.

931 Linde Klier: Die Gesellschaftskritik in der Lyrik Enzensbergers. In: Beiträge zu den Sommerkursen des Goethe-Instituts. München 1966. S. 35–38.

932 Otto Knörrich: H. M. Enzensberger. In: Deutsche Literatur seit 1945 in Einzeldarstellungen. Stuttgart 1968. S. 524–545. [2]1971. S. 576–599. [3]1976 (u. d. T. Deutsche Literatur der Gegenwart in Einzeldarstellungen). S. 605–626.

933 Wilhelm König: H. M. Enzensberger. In: Die Horen. 1974. H. 93. S. 67.

934 Wulf Koepke: Enzensberger and the possibility of political poetry. In: Bertolt Brecht. Political theory and literary practice. Athens 1980. S. 179–189.

935 Wulf Koepke: Mehrdeutigkeit in H. M. Enzensbergers »bösen« Gedichten. In: The German Quarterly. 1971. H. 3. S. 341–359.

936 Wolfgang Kopplin: Ist Interpretation »Unverschämtheit«? Zu Enzensbergers Polemik. In: Bayern-Kurier. 4. 4. 1981.

937 Yoshio Koshina: Die Lyrik Enzensbergers. Der Schatten des Hiero-

nymus. In: Doitsu Bungaku. 1969. H. 43. S. 112–117.

938 Hans Christian Kosler: Zwischenbilanz. [Zu Text und Kritik. 1976. H. 49]. In: Frankfurter Rundschau. 25. 9. 1976.

939 Anton Krättli: Ein Passagier namens Dante ist immer an Bord. Tagebuch-Notizen. In: Schweizer Monatshefte für Politik, Wirtschaft, Kultur. 1979. H. 2. S. 204–208.

940 Anton Krättli: Rückkehr zur Poesie. In: Schweizer Monatshefte für Politik, Wirtschaft, Kultur. 1975/76. H. 9. S. 697–701.

941 Anita Krätzer: Studien zum Amerikabild in der neueren deutschen Literatur. Max Frisch. Uwe Johnson. H. M. Enzensberger und das »Kursbuch«. Bern, Frankfurt a. M. 1982. VI, 331 S.

942 Helmut Kreuzer: H. M. Enzensberger. In: Handbuch der deutschen Gegenwartsliteratur. Hrsg. von Hermann Kunisch. München 1965. S. 177–178. [2]1969. S. 197–198.

943 Karl Krolow: Aspekte zeitgenössischer deutscher Lyrik. Gütersloh 1961. S. 70–72, 114–117.

944 Knut Krusewitz, Gerhard Kade: Die Umwelt-Katastrophe des H. M. Enzensberger. Von den Grenzen literarischer Krisenbewältigung. In: Blätter für deutsche und internationale Politik. 1974. H. 9. S. 935–956. H. 10. S. 1054–1078. Selbständig als: Anti-Enzensberger. Von der Umweltkatastrophe und den Grenzen literarischer Krisenbewältigung. Köln 1974. 47 S.

945 J. Leclerque: Montage in der zeitgenössischen deutschen Lyrik. Diss. Wien 1962.

946 Franz Lennartz: Deutsche Dichter und Schriftsteller unserer Zeit. Stuttgart [10]1969. S. 178–183.

947 Helmut Liede: Politische Lyrik. Vorbemerkungen zur Interpretation ausgewählter Gedichte von H. M. Enzensberger. In: Beiträge zu den Sommerkursen des Goethe-Instituts. München 1968. S. 152–155.

948 Christian Linder: Der lange Sommer der Romantik. Über H. M. Enzensberger. In: Literatur-Magazin. 4. 1975. S. 85–107. Auch in: Linder: Die Träume der Wunschmaschine. Reinbek 1981. S. 112–145.

949 Christian Linder: Lauschen – ohne noch etwas zu hören. Das Festival Poetry International in Rotterdam mit Enzensberger [u. a.]. In: Frankfurter Allgemeine Zeitung. 1. 7. 1974.

950 Hugo Loetscher: H. M. Enzensberger. In: Du. 1961. H. 241. S. 15–17.

951 Edgar Lohner: H. M. Enzensberger. In: Deutsche Dichter der Gegenwart. Hrsg. von Benno von Wiese. Berlin 1973. S. 531–544.

952 Joop Maassen: Zur Interpretierbarkeit hermetischer Lyrik. In: Duitse Kroniek. 1972. S. 128–143.

953 Rudolf Nikolaus Maier: Dichter in dürftiger Zeit. In: Der Deutschunterricht. 1960. H. 3. S. 52–60.

954 Gert Mattenklott: Ein Intrigant der Revolution. In: Deutsche Volkszeitung. 8. 11. 1979.

955 Werner Mittenzwei: Revolution und Reform im westdeutschen Drama. In: Revolution und Literatur. Hrsg. von W. Mittenzwei und Reinhard Weisbach. Frankfurt a. M. 1972. S. 459–521.

956 Ladislao Mittner: H. M. Enzensberger. In: Belfagor. 1966. H. 1. S. 43–56.

957 Rodolfo E. Modern: Lirica iracunda y lirica. In: Sur. 1962. Nr. 275. S. 83–87.

958 Gerd Müller: Die Wandlung H. M. Enzensbergers. In: Moderna Språk. 1965. H. 1. S. 32–36.

959 Joachim Müller: Ingeborg Bachmann, Paul Celan und H. M. Enzensberger – ein lyrisches Triptychon. In: Universitas. 1965. H. 3. S. 241–254.

960 Horst Nägele: Pornographie und »Vorgartenzwerge«. Zu einer These von H. M. Enzensberger. In: Literatur und Kritik. 1976. H. 101. S. 49–54.

961 Horst Peter Neumann: Restauration der Zukunft? Über Eichendorff und den heutigen Gleichstand linker und rechter Ratlosigkeit. In: Aurora. 1979. S. 16–27.

962 Peter Nijmeyer: H. M. Enzensberger. Het voetwerk van een bokser. In: Nieuw Vlaams Tijdschrift. 1980. S. 1–9.

963 Paul Noack: Engagierte Literatur – am Beispiel H. M. Enzensberger. In: Opposition in der Bundesrepublik Deutschland. Hrsg. von Hermann Glaser und Karl Heinz Stahl. Freiburg 1968. S. 104–123.

964 Paul Noack: Fremdbrötler von Beruf. Anmerkungen zu den »Gebrauchsgegenständen« des Lyrikers Enzensberger. In: Der Monat. 1963. H. 172. S. 61–70. Auch in: Über H. M. Enzensberger (1970). S. 83–98.

965 Paul Noack: Kantilene und Paukenschlag. Zur Poetik des H. M. Enzensberger. In: Text. 1967. H. 2. S. 49–52.

966 Hans F. Nöhbauer: Rebell aus Bequemlichkeit. [Interview.] In: Die Abendzeitung (München). 9. 8. 1961.

967 Jost Nolte: Die linken Schreiber bedingt antiliterarisch. In: Die Welt. 25. 6. 1970.

968 Jost Nolte: Ein Sozialist: H. M. Enzensberger. In: Zeitmagazin. 1972. Nr. 39. S. 18.

969 Sjaak Onderdelinden: Fiktion und Dokument. Zum dokumentarischen Drama. In: Amsterdamer Beiträge zur neueren Germanistik. 1972. S. 173–206.

970 Kurt Oppens: Blühen und Schreiben im Niemandsland. [Paul Celan und H. M. Enzensberger.] In: Merkur. 1965. H. 202. S. 84–88.

971 Kurt Oppens: Pessimistischer Deismus. Zur Dichtung H. M. Enzensbergers. In: Merkur. 1963. H. 186. S. 786–794.

972 Nico Orengo: Tramonta il sole dell'utopia. Il colloquio con Enzensberger a Genova per il festival di poesia. In: Tuttolibri Attualità. 2. 6. 1979.

973 Heinz D. Osterle: The lost utopia. New images of America in German literature. In: The German Quarterly. 1981. H. 4. S. 427–446.

974 Rolf Paulus, Ursula Steuler: Bibliographie zur deutschen Lyrik nach 1945. Wiesbaden ²1977. S. 163–175.

975 Klaus Peter: Supermacht USA. H. M. Enzensberger über Amerika, Politik und Verbrechen. In: Amerika in der deutschen Literatur.

Düsseldorf 1975. S. 368–381.

976 Fritz J. Raddatz: Mythos, Rausch und Reaktion. Rezeption der westdeutschen Literatur in der DDR-Literaturkritik. In: Frankfurter Hefte. 1973. H. 3. S. 197–208.

977 Marcel Reich-Ranicki: Kein Lied mehr von der Glocke. H. M. Enzensbergers gereinigte Schiller-Lyrik. In: Reich-Ranicki: Lauter Verrisse. München 1970. S. 158–163. ²1973. S. 138–141.

978 Ursula Reinhold: Geschichtliche Konfrontation und poetische Produktivität. Zu H. M. Enzensberger in den siebziger Jahren. In: Weimarer Beiträge. 1981. H. 1. S. 104–127. Auch in: Reinhold: Tendenzen und Autoren. 1982. S. 158–182.

979 Ursula Reinhold: Interview mit H. M. Enzensberger. In: Weimarer Beiträge. 1971. H. 5. S. 73–93. Auch in: Reinhold: Tendenzen und Autoren. 1982. S. 136–158.

980 Ursula Reinhold: Literatur und Politik bei Enzensberger. In: Weimarer Beiträge. 1971. H. 5. S. 94–132.

981 William H. Rey: Poesie der Antipoesie. Moderne deutsche Lyrik. Genesis, Theorie, Struktur. Heidelberg 1978. 398 S.

982 Karl Riha: Auf losem Blatt. Zu H. M. Enzensberger. In: Replik. 1970. H. 4/5. S. 88–89.

983 Karl Riha: Cross-Reading und Cross-Talking. Zitat-Collagen als poetische und satirische Technik. Stuttgart 1971. 103 S.

984 Karl Riha: Enzensberger auf losem Blatt. Eine Feststellung. In: Streit-Zeit-Schrift. 1967. H. 1. S. 88–89.

984a Lea Ritter-Santini: Un paio di scarpe con le ali. In: Ritter-Santini: Forma di parole. Bologna 1984. S. 28–48.

985 Wolfgang Rödel: Leistung und Dilemma des Publizisten und Lyrikers H. M. Enzensberger. In: Wissenschaftliche Zeitschrift der Ernst-Moritz-Arndt-Universität Greifswald. Gesellschafts- und sprachwissenschaftliche Reihe. 1966. Nr. 2. S. 181–191.

986 Gustav Roeder: Mißbrauchte Kulturpreise. Enzensberger, die verfolgte Gesinnung und die Ehre der Stadt Nürnberg. In: Christ und Welt. 5. 5. 1967.

987 Michael Roloff: Two Germans [H. M. Enzensberger, Wolf Biermann]. In: The Sunday Times. 18. 8. 1968.

988 Otto R. Romberg: Ein intellektueller Inselbewohner. In: Tribüne. 1966. H. 17. S. 1867–1870.

989 Werner Ross: Die Würde des Mordes. H. M. Enzensberger und die Sympathisanten. In: Deutsche Zeitung. 19. 8. 1977.

990 Peter Rühmkorf: Das lyrische Weltbild der Nachkriegsdeutschen. In: Rühmkorf: Die Jahre, die ihr kennt. Reinbek 1972. S. 88 ff., 106 ff.

991 Peter Rühmkorf: Über Volkskunst und künstliche Atmung. In: Rühmkorf: Über das Volksvermögen. Reinbek 1969. S. 15–23.

992 A. F. S.: [Zu Über H. M. Enzensberger (1970)]. In: Der Tagesspiegel. 20. 12. 1970.

993 Rüdiger Sareika: Die dritte Welt in der westdeutschen Literatur der sechziger Jahre. Frankfurt a. M. 1980. S. 131–181.

994 Dieter Saupe: Linkskonventionelle Gruppenlyrik. In: Saupe: Autorenbeschimpfung. Bern, München 1969. S. 19. Auch in: Die Horen.

1974. H. 93. S. 67.

995 Siegfried Schaarschmidt: Ein Utopist zwischen Pragmatikern. Enzensberger in Japan. In: Frankfurter Allgemeine Zeitung. 7. 3. 1973.

996 Michael Scharang: Wirklichkeit, die sich selbst zur Sprache bringt. Anmerkungen zur dokumentarischen Literatur. In: Frankfurter Hefte. 1970. H. 11. S. 815–818.

997 Hannelore Schlaffer: Große Journalisten-Schelte. Wie der Lyriker und Journalist H. M. Enzensberger in Marbach diskutiert hat. In: Stuttgarter Zeitung. 2. 3. 1981.

998 Dieter Schlenstedt: Aufschrei und Unbehagen. Notizen zur Problematik eines westdeutschen Lyrikers. In: Neue deutsche Literatur. 1961. H. 6. S. 110–127.

999 Dieter Schlenstedt: Die schwierige Arbeit des H. M. Enzensberger. In: Neue deutsche Literatur. 1965. H. 7. S. 151–163.

1000 Dieter Schlenstedt: Unentschiedener Streit? Zur Poesie und Poetik H. M. Enzensbergers. In: Sonntag. 10. 4. 1966. Auch in: Über H. M. Enzensberger (1970). S. 115–127.

1001 Siegfried J. Schmidt: »Bekämpfen Sie das häßliche Laster der Interpretation! Bekämpfen Sie das noch häßlichere Laster der richtigen Interpretation!« (H. M. Enzensberger). In: Grundfragen der Textwissenschaft. Amsterdam 1979. S. 279–309.

1002 Karl E. Schøllhammer, Erik K. Sloth: Jeg har aldrig sagt alt . . . [Interview]. In: Information. 10. 8. 1982.

1003 Fritz Schönborn: Deutsche Dichterflora: Höhenenzensberger. In: Süddeutsche Zeitung. 16./17. 2. 1980.

1004 Gustav Schröder: H. M. Enzensberger. Ein Beitrag zur Problematik der nonkonformistischen Literatur in Westdeutschland. In: Der Deutschunterricht. 1966. H. 9. S. 472–479.

1005 Klaus Schuhmann: Auf der Suche nach der Alternative. In: Leipziger Volkszeitung. 11. 4. 1970.

1006 K. Lydia Schultz: A conversation with H. M. Enzensberger. In: Northwest Review. 1983. H. 1. S. 142–146.

1007 Uwe Schultz: Enzensberger in Frankfurt. Zur Eröffnung der Frankfurter Poetik-Vorlesung. In: Konkret. 1964. H. 12. S. 31.

1008 Hans Schwab-Felisch: H. M. Enzensberger. In: Schriftsteller der Gegenwart. Olten, Freiburg i. Br. 1963. S. 102–108.

1009 Hans Schwerte: Die deutsche Lyrik nach 1945. In: Der Deutschunterricht. 1962. H. 3. S. 47–59.

1010 Hinrich C. Seeba: Persönliches Engagement. Zur Autorenpoetik der siebziger Jahre. In: Monatshefte. 1981. S. 140–154.

1011 William Seymour Sewell: The cannon and the sparrow. Patterns of conflict in the poetry of H. M. Enzensberger 1955–1975. Univ. of Otago, Dunedin/New Zealand. Diss. 1978. 306 S.

1012 William Seymour Sewell: Doppelgänger motif and two-voiced poem in the works of H. M. Enzensberger. In: The German Quarterly. 1979. H. 4. S. 503–517.

1013 William Seymour Sewell: »dunkel hell dunkel«. Enzensberger's two Piranesi poems. In: Festschrift for E. W. Herd. Dunedin 1980. S. 238–250.

1014 William Seymour Sewell: H. M. Enzensberger and William Carlos Williams. Economy, detail and suspicion of doctrine. In: German Life and Letters. 1978/79. S. 153–165.

1015 Sp.: Enzensberger über Kuba. In: Wiener Tagebuch. 1970. H. 1/2. S. 42.

1016 Dietrich Steinbach: H. M. Enzensberger – Zur Rezeption und Wirkung seines Werkes. In: Text und Kritik. 1976. H. 49. S. 41–55.

1017 Cornelia Stoffer-Heibel: Metaphernstudien. Versuch einer Typologie der Text- und Themafunktionen der Metaphorik in der Lyrik Ingeborg Bachmanns, Peter Huchels und H. M. Enzensbergers. Diss. Mainz 1978. Stuttgart 1981. VI, 468 S.

1018 Franz Stroh: H. M. Enzensberger, Kritiker und Poet. In: Moderna Språk. 1962. H. 3. S. 291–296.

1019 W. E. Süskind: Alt und neu in Darmstadt [zur Verleihung des Georg Büchner-Preises 1963]. In: Süddeutsche Zeitung. 21. 10. 1963.

1020 Johann P. Tammen: H. M. E. lacht sich ins Fäustchen, besingt unsern Lieblingsclown und treibt auch sonst allerlei Schabernack. In: Die Horen. 1974. H. 93. S. 65.

1021 Volker von Törne: Terzine. hme. In: Tintenfisch 17. 1979. S. 13. U. d. T. H. M. Enzensberger zum Fünfzigsten auch in: Literatur konkret. Herbst 1979. S. 5.

1022 Über Hans Magnus Enzensberger. Hrsg. von Joachim Schickel. Frankfurt a. M. 1970. 306 S. ²1973.

1023 Willy Vandendijk: Massmedia. Manipulatie tot in het merg? In: De Vlaamse Gids. 1974. S. 57–63.

1024 Bernward Vesper-Triangel: Zwei Schriftsteller streiten. Die Kontroverse Enzensberger wider Weiss. In: Vorwärts 7. 9. 1966.

1025 Silvia Volckmann: Zeit der Kirschen? Das Naturbild in der deutschen Gegenwartslyrik: Jürgen Becker, Sarah Kirsch, Wolf Biermann, H. M. Enzensberger. Königstein/Taunus 1982. 325 S.

1026 György Walkó: H. M. Enzensberger a harag poétája. In: Nagyvilag. 1961/62. H. 12. S. 1789–1790.

1027 Jürgen P. Wallmann: H. M. Enzensberger. In: Die Tat. 14. 6. 1963.

1028 Jürgen P. Wallmann: Der unaufhaltsame Aufstieg des H. M. Enzensberger. In: Literatur-Revue. 1962. H. 9/10. S. 11–13.

1029 Martin Walser: Von einem der auszog, das Fürchten zu verlernen. In: Die Zeit. 15. 9. 1961. Auch in: Über H. M. Enzensberger (1970). S. 78–82.

1030 Werner Weber: Zeit ohne Zeit. Zürich 1959. S. 223–228.

1031 Harald Weinrich: Nicht jeder, der die Zunge herausstreckt, ist deshalb schon Einstein. H. M. Enzensberger und den Deutschlehrern zugedacht. In: Frankfurter Allgemeine Zeitung. 9. 10. 1976.

1032 Weiss/Donnenberg/Haslinger/Rossbacher: Gegenwartsliteratur. Stuttgart 1973. [Kapitel 3, 10, 11].

1033 Klaus Werner: Zur Brecht-Rezeption bei Günter Kunert und H. M. Enzensberger. In: Weimarer Beiträge. 1968. Brecht-Sonderheft. S. 61–73.

1034 Klaus Werner: Zur sozialistischen und bürgerlichen deutschen Lyrik nach 1945. Diss. Leipzig 1969.

1035 Krista Wild: Formale und inhaltliche Aspekte der Gesellschaftskritik in Gedichten von H. M. Enzensberger. Staatsexamensarbeit Köln 1970.

1036 Günther Witting. Übernahme und Opposition. Zu H. M. Enzensbergers Gattungsinnovationen. In: Germanisch-Romanische Monatsschrift. 1981. S. 432–461.

1037 Friedrich Wilhelm Wodtke: Die Entwicklung der deutschen Lyrik seit 1945. In: Wissenschaftliches Jahrbuch der Philosophischen Fakultät der Universität Athen. 1967/68. S. 267–338.

1038 Gabriele Wohmann: Entscheidung gegen die Tradition. Der vierunddreißigjährige H. M. Enzensberger erhielt den Georg Büchner-Preis. In: Christ und Welt. 25. 10. 1963.

1039 Gerhard Wolf: Menetekel und Schattengefechte. In: Kürbiskern. 1966. H. 1. S. 97–106.

1040 Wolf Wondratschek: Schwierige Alternativen. In: Streit-Zeit-Schrift. 1967. H. 1. S. 83–86.

1041 Gotthard Wunberg: Die Funktion des Zitats in den politischen Gedichten von H. M. Enzensberger. In: Neue Sammlung. 1964. H. 3. S. 274–282.

1042 Benno Wurzelriß [Peter Härtling]: Literaticals 12: H. M. Enzensberger: verteidigung der elefanten gegen die fliegen. In: Deutsche Zeitung. Literatur-Rundschau. 3./4. 2. 1962.

1043 Wim Zaal: Waarom schrijft een dichter eigentlijk? Het werk van Enzensberger. In: Elvesir's Magazine. 21. 5. 1983.

1044 Günter Zehm: Denk' ich an Deutschland am Rednerpult. In: Die Welt. 9. 11. 1963.

1045 Michael Zeller: Gedichte haben Zeit. Aufriß einer zeitgenössischen Poetik. Stuttgart 1982. 296 S.

1046 Arthur Zimmermann: H. M. Enzensberger. Die Gedichte und ihre literaturkritische Rezeption. Bonn 1977. 230 S.

IX Sekundärliteratur II:
Zu einzelnen Gedichten und Aufsätzen

A. v. H. (1769–1859)
1047 Hiltrud Gnüg. In: Geschichte im Gedicht. Hrsg. von Walter Hinck. Frankfurt a. M. 1979. S. 292–301.

Abgelegenes Haus
1048 Jürgen Haupt: Aufgehobene Naturlyrik. In: Literatur für Leser. 1983. Nr. 1. S. 1–19.

An alle Fernsprechteilnehmer
1049 H. M. Enzensberger. In: Doppelinterpretationen. Hrsg. von Hilde Domin. Frankfurt a. M., Bonn 1966. S. 169–175.

1050 Walter R. Fuchs: Lyrik unserer Jahrhundertmitte. München 1965.

S. 46–49.

1051 Robert Hippe: Interpretationen zu 50 modernen Gedichten. Hollfeld [o. J.]. S. 76–79.

1052 Herbert Lehnert: Struktur und Sprachmagie. Stuttgart, Berlin, Köln, Mainz 1966. ²1972. S. 57–61.

1053 Edgar Lohner. In: Doppelinterpretationen. Hrsg. von Hilde Domin. Frankfurt a. M., Bonn 1966. S. 176–179.

1054 Georg Schwarz: Wenn ein Dichter sich selbst kommentiert. In: Welt und Wort. 1961. H. 5. S. 175.

An Niccolò Macchiavelli, geboren am 3. Mai 1469

1055 Hans Egon Holthusen: Ein Bruder des Macchiavelli? Zu einem Gedicht von H. M. Enzensberger. In: Merkur. 1972. H. 7. S. 693–701. U. d. T. Bruder Niccolo auch in: Holthusen: Kreiselkompaß. München 1976. S. 84–98, 230–231.

Anmerkungen zum Rotbuch

1056 Walter Vieregg: Geschätzter Herr Enzensberger! In: Konkret. 1960, H. 20. S. 1.

Anweisung an Sisyphos

1057 Angelika Ellersdorf: Aussichtslosigkeit und Zorn. In: Grundriß. St. Augustiner Schülerzeitung für Kultur. 1977. H. 4.

April

1057a Hans Kügler. In: Lyrik interpretiert. Hrsg. von Johann Bauer. Hannover 1970. S. 164–168.

Aschermittwoch

1057b Reinhold Grimm. In: Grimm/Heinz Otto Burger: Evokation und Montage. Göttingen ²1967. S. 58–60.

Aussicht auf Amortisation

1058 Lothar Schmidt: Moderne deutsche Lyrik – Stiltypen als Interpretationsgrundlage. In: Der Deutschunterricht. 1965. H. 4. S. 16–18.

Bildung als Konsumgut

1059 Peter Zernitz: Kritik mit falschen Maßstäben? Auseinandersetzung mit H. M. Enzensbergers Analyse *Bildung als Konsumgut.* In: Die Welt. 10. 7. 1965.

Bildzeitung

1060 Peter Bekes: Deutsche Gegenwartslyrik von Biermann bis Zahl. München 1982. S. 69–85.

1061 Reinhold Grimm: Montierte Lyrik. In: Germanisch-Romanische Monatsschrift. N.F. 8 (1958). S. 178–192. Auch in: Grimm/Heinz Otto Burger: Evokation und Montage. Göttingen 1961. ²1967. S. 44–68, 70; auch in: Über H. M. Enzensberger (1970). S. 19–39.

1062 Robert Hippe: Interpretationen zu 50 modernen Gedichten. Hollfeld [o. J.]. S. 76–79.

Bitte einsteigen, Türen schließen

1063 Hermann Helmers: Moderne Dichtung im Unterricht. Braunschweig 1967. ²1972. S. 82–83.

Blindenschrift
1064 Hartmut Müller: Formen moderner deutscher Lyrik. Paderborn 1970. S. 116–117.

Blindlings
1065 Kurt Bräutigam: Zugänge zum sozialkritischen und politischen Gedicht. Freiburg i. Br. 1977. S. 83–89.

Das Brot und die Schrift
1066 Martin Enzensberger: Das Brot des Schriftsetzers. Antwort auf H. M. Enzensbergers Beitrag *Das Brot und die Schrift* [in Die Zeit, 22. 5. 1981]. In: Die Zeit. 24. 7. 1981.

Call it love
1067 Jürgen Becker: Eine Realität im Konjunktiv. In: Frankfurter Allgemeine Zeitung. 17. 4. 1976. Auch in: Frankfurter Anthologie. 2. 1977. S. 233–236.
1068 Emmy Hannöver: Moderne Liebeslyrik im Unterricht. In: Der Deutschunterricht. 1965. H. 4. S. 70–73.

Countdown
1069 Günter Holtz: Memento – – [Eduard Mörike: Denk es o Seele] und *Countdown*. Versuch einer vergleichenden Interpretation. In: Gestalt, Gedanke, Geheimnis. Berlin 1967. S. 182–194.

Doomsday
1070 Ruth E. Lorbe: Lyrische Standpunkte. München 1968. S. 165 bis 174.

Ein bescheidener Vorschlag zum Schutze der Jugend vor den Erzeugnissen der Poesie
1071 Enzensbergers Attacke. [Leserbriefe]. In: Frankfurter Allgemeine Zeitung. 8. 10. 1976.
1072 W. K.: H. M. Enzensbergers trampelnde Hornochsen. In: Mitteilungen des Deutschen Germanisten-Verbandes. 1976. H. 4. S. 31–32.

Ein Bonner Memorandum
1073 Peter Glotz: Klopfzeichen aus dem Apparat. In: Der Spiegel. Nr. 50/1983.

Das Ende der Eulen
1074 Gerold Fritsch: Das soziale Gedicht. Fünf Gedichte von Brentano bis Enzensberger. Ein didaktisches Modell. In: Projekt Deutschunterricht. 8. Politische Lyrik. Stuttgart 1974. S. 47–66.

Europäische Peripherie
1075 Jakob Mader: Peripheres Europa? In: Kürbiskern. 1966. H. 1. S. 142–157.
1076 Thomas Schröder: Enzensberger und andere. In: Nobis. 1966. Nr. 136. S. 17.
1077 Peter Weiss: Enzensbergers Illusionen. In: Kursbuch 6. 1966. S. 165–170. Auch in: Nobis. 1966. Nr. 136. S. 13–14. Auch in: Über

H. M. Enzensberger (1970). S. 239–251. U. d. T. Brief an H. M. Enzensberger auch in: Weiss: Rapporte. 2. Frankfurt a. M. 1971.

F. C. (1810–1849)
1078 Monika Nickelsen: Gottfried Benn: Chopin und H. M. Enzensberger: *F. C. (1810–1849).* In: Dikt og idé. Oslo 1981. S. 232–247.
1079 Silvia Volckmann: Gottfried Benn und H. M. Enzensberger: Chopin-Gedichte. In: Geschichte im Gedicht. Hrsg. von Walter Hinck. Frankfurt a. M. 1979. S. 280–291.

Festlicht
1080 [Setzfehler in Die Zeit. Vgl. Nr. 502 und 1098a].

Flechtenkunde
1081 Alwin Binder: Unterrichtsmodell zur Behandlung von Enzensbergers Gedicht *flechtenkunde* in der 13. Klasse des Gymnasiums. In: Der Deutschunterricht. 1971. H. 1. S. 100–120.

Der Fliegende Robert
1082 Wulf Segebrecht: Ach wer da mitfliegen könnte. In: Frankfurter Allgemeine Zeitung. 8. 10. 1983.

Freizeit
1083 Wolfgang Kopplin: Beispiele. Paderborn 1969. S. 42–43.

Fremder Garten
1084 Reinhold Grimm: Silent summer. In: Frankfurter Allgemeine Zeitung. 17. 3. 1979. Auch in: Frankfurter Anthologie. 4. 1979. S. 221–224.

Für Lot, einen makedonischen Hirten
1084a Hans Kügler. In: Lyrik interpretiert. Hrsg. von Johann Bauer. Hannover 1970. S. 147–149.

Geburtsanzeige
1085 Leonhard M. Fiedler. In: Wege zum Gedicht. München ⁷1968. S. 423–437.
1086 Ingrid Girschner-Woldt: Theorie der modernen politischen Lyrik. Berlin 1971. S. 74–79, 84–97.
[Vgl. auch Nr. 1087.]

Geburtsanzeige – Konjunktur – Schläferung
1087 Karl Heinz Welder: Drei Enzensberger-Gedichte im Unterricht. In: Der Deutschunterricht. 1973. H. 2. S. 49–62.

Genealogie des Terrors
1088 Jürgen Peschel: Betr.: *Genealogie des Terrors* [Offener Brief an die Redaktion]. In: Konkret. 1961. Nr. 23/24. S. 10.

Goldener Schnittmusterbogen zur poetischen Wiederaufrüstung
1088a Jakob Lehmann: Umgang mit Texten. Bamberg 1973. S. 193–205.
1089 Karl Stocker. In: Umgang mit Texten. Bamberg 1973. S. 193–205.

Ins Lesebuch für die Oberstufe
1089a Alwin Binder, Dietrich Stolle: Ça ira. Frankfurt a. M. 1975. Bd. 1.
    S. 136–140. Bd. 2. S. 14.
1090 Kurt Bräutigam: Zugänge zum sozialkritischen und politischen Ge-
    dicht. Freiburg i. Br. 1977. S. 73–82.
1090a Karin Eckermann: Moderne Lyrik und Realität. Düsseldorf 1976.
    S. 70–79.
1091 Theodor Karst: Politisch-soziale Gedichte. In: Der Deutschunter-
    richt. 1967. H. 4. S. 89–90.

Isotop
1091a Ulrich Klein: Lyrik nach 1945. München 1972. S. 155–156.

Der Kamm
1092 Michael Zeller: Unser alltäglicher Totentanz. In: Frankfurter Allge-
    meine Zeitung. 11. 7. 1981. Auch in: Frankfurter Anthologie. 6.
    1982. S. 243–247.

Konjunktur
[Vgl. Nr. 1087.]

Kritik der Selbstkritik
1093 Ulrich Greiner: Allerlei Zensur. »Literatur – Opium ohne Volk«.
    In: Frankfurter Allgemeine Zeitung. 24. 5. 1976.

Küchenzettel
1093a Otto Knörrich: Die Deutsche Lyrik der Gegenwart. 1945–1970.
    Stuttgart 1971. S. 359–367.

Landessprache
1094 Hartmut Müller: Formen moderner deutscher Lyrik. Paderborn
    1970. S. 117–119.

Landnahme
1095 Bernd Kolf. In: Interpretationen deutscher und rumäniendeutscher
    Lyrik. Klausenburg 1971. S. 238–243.

Larisa
1096 Emmy Hannöver: Moderne Liebeslyrik im Unterricht. In: Der
    Deutschunterricht. 1965. H. 4. S. 70–73.

Leuchtfeuer
1096a Hiltrud Gnüg: Poesie und Metapoesie. In: Gedichte und Interpre-
    tationen. Bd. 6: Gegenwart. Hrsg. von Walter Hinck. Stuttgart
    1982. S. 258–269.

Manhattan Island
1096b Karl Riha: Deutsche Großstadtlyrik. München, Zürich 1983.
    S. 135–144.

Niemand singt
1097 Ulrich Klein: Lyrik nach 1945. München 1972. S. 151–154.

[Rede zum Georg Büchner-Preis 1963]
1098 [Leserbriefe.] In: Die Zeit. 8. 11. 1963.

Restlicht
1098a Günter Kunert: Kleine Zeiten. In: Die Zeit. 1. 4. 1983. [Vgl.
Nr. 502 und 1080].

Schläferung
1098b Reinhold Grimm. In: Grimm/Heinz Otto Burger: Evokation und
Montage. Göttingen ²1967. S. 56–57.
1099 Wolfgang Hildesheimer: Schläferung, für h. m. e. In: Hildesheimer:
Lieblose Legenden. Frankfurt a. M. 1962. S. 153–171.
1100 Jürgen Link: Meine zerbrochenen Hände. In: Christ und Welt.
4. 3. 1966.
Auch in: Begegnung mit Gedichten. Hrsg. von Walter Urbanek.
Bamberg 1967. S. 294–296. ²1970. S. 298–300.
[Vgl. auch Nr. 1087.]

Der schlafende Schlosser
1101 Hartmut Müller: Formen moderner deutscher Lyrik. Paderborn
1970. S. 86–87.

Tragödie
1102 Manfred Seidler: Moderne Lyrik im Deutschunterricht. Frankfurt
a. M. 1963. ⁵1975. S. 144–147.

Unsere Landessprache und ihre Leibwächter
1103 Schreib, wie du redest. [Leserbriefe.] In: Die Zeit. 7. 9. 1979.

Verteidigung der Wölfe gegen die Lämmer
1104 Friedrich Kienecker: Der Mensch in der modernen Lyrik. Essen
1970. S. 81–88.
1105 Karl Stocker. In: Muße und Unruhe. Frankfurt a. M. 1966.
S. 87–97.
1106 Gustav Zürcher: Wer verteidigt wen gegen wen? Ein Enzensberger-
Gedicht im Unterricht. In: Text und Kritik. 1976. H. 49.
S. 33–40.

Das wirkliche Messer
1107 Ursula Krechel: Denkmodell, balladesk. In: Krechel: Lesarten.
1982. S. 187–190.

The writer and the politics
1108 Ist eine Revolution unvermeidlich? 42 Antworten auf eine Alternative von H. M. Enzensberger. Hamburg: Spiegel-Verl. 1968. 57 S.

X Sekundärliteratur III: Zu einzelnen Büchern, Aufführungen und Sendungen

Verteidigung der Wölfe (1957)
1109 Alfred Andersch: 1 (in Worten: ein) zorniger junger Mann. In:
Frankfurter Hefte. 1958. H. 2. S. 143–145. Auch in: Über

H. M. Enzensberger (1970). S. 9–13.

1110 [Reinhold] Grimm: Das alte Rätsel und die neuen Spiele. In: Erlanger Tagblatt. 14. 12. 1957.

1110a Reinhold Grimm: Montierte Lyrik. In: Germanisch-Romanische Monatsschrift. N.F. 8 (1958). S. 178–192. Auch in: Grimm/Heinz Otto Burger: Evokation und Montage. Göttingen 1961. [2]1967. S. 44–68, 70. Auch in: Über H. M. Enzensberger (1970). S. 19–39.

1111 Reinhold Grimm: Option für einen Klassiker. [Nachwort zur Neuausgabe.] Frankfurt a. M.: Suhrkamp 1981. S. 97–107.

1112 Rainer Gruenter: Lyrisch und aggressiv. In: Neue deutsche Hefte. 1959/60. H. 60. S. 352–354.

1113 Peter Hacks: Brief an H. M. Enzensberger. In: Junge Kunst. 1958. H. 12. S. 68–69.

1114 Dieter Hasselblatt: Die schiere Zeit beschreiben. In: Eckart. 1959. H. 2. S. 165–169.

1115 Curt Hohoff: Lyrische Saturnalien. In: Tagesspiegel. 19. 11. 1958.

1116 Hans Egon Holthusen: Die Zornigen, die Gesellschaft und das Glück. In: Jahresring 58/59. 1958. S. 159–169. Auch in: Holthusen: Kritisches Verstehen. München 1961. S. 138–172. Auch in: Über H. M. Enzensberger (1970). S. 40–67.

1117 homunculus [Herbert Heckmann]: Wandlungen der Lyrik. In: Diskus. 1958. H. 2. S. 8. Auch in: Über H. M. Enzensberger (1970). S. 14–18.

1118 Joachim Kaiser: Sardinen und Haie. In: Frankfurter Allgemeine Zeitung. 28. 12. 1957.

1119 Leslie Meier [Peter Rühmkorf]: Zur Lyrik H. M. Enzensbergers. In Konkret. 1958. H. 13. S. 10.

1120 Rino Sanders. In: Die Welt. 8. 3. 1958.

1121 Gertrud Schwärzler. In: Panorama. 1958. H. 2.

1122 Peter Silens: Zorn in dieser Zeit. In: Telegraf. 13. 4. 1959.

1123 Klaus Tuchel: Lyrische Schocktherapie. In: Die Zeit. 6. 2. 1958.

1124 Werner Weber: Glas und Rauch. In: Neue Zürcher Zeitung. 31. 5. 1958.

1125 Dieter E. Zimmer: Wessen Schamgefühl wird verletzt? In: Die Zeit. 27. 1. 1961.

Landessprache (1960)

1126 [Anonym] Einatmen – ausatmen. In: Der Spiegel. Nr. 40/1960.

1127 Alfred Andersch. In: Bücherbrief. 1960. H. 10. S. 30, 32. Auch in: Über H. M. Enzensberger (1970). S. 68–69.

1128 Arnfried Astel: Gespräch über Räume? In: Lyrische Hefte. 1961. Beil. 10.

1129 Cyrus Atabay. In: Die Tat. 13. 8. 1960.

1130 Hans Bender: Die Weisheit der unausgesprochenen Worte. In: Merkur. 1961. H. 189. S. 189–190.

1131 Günther Deicke: Gespräch mit einem Dichter. In: Neue deutsche Literatur. 1964. H. 10. S. 63–67.

1132 Armin Eichholz: Buch am Spieß. München 1964. S. 36.

1133 Rudolf Hartung: Zorn als Landessprache. In: Neue deutsche Hefte. 1960. H. 77. S. 826–829.

1134 Eberhard Horst: Zornige Landessprache. In: Rheinische Post. 11. 3. 1961.

1135 Walter Jens: Paukenschlag und Kantilene. In: Die Zeit. 5. 8. 1960. Auch in: Dichten und Trachten 16. 1960. S. 82–86.

1136 Hellmuth Karasek: Die Verteidigung der Biber. In: Stuttgarter Zeitung. 17. 9. 1960.

1137 Hermann Kesten: Mit Witz und Phantasie. In: Deutsche Zeitung. 18. 2. 1961.

1138 Rudolf Krämer-Badoni: Der Mensch, den es noch nicht gibt. In: Frankfurter Allgemeine Zeitung. 27. 8. 1960. Auch in: Über H. M. Enzensberger (1970). S. 70–73.

1139 Karl Heinz Kramberg: Gedichte eines unpolitischen Zeitgenossen. In: Süddeutsche Zeitung. 1./2. 10. 1960.

1140 Karl Krolow. SWF. 15. 2. 1961.

1141 Karl Krolow: Zorniges Dichten. In: Der Tagesspiegel. 11. 9. 1960.

1142 André Müller: Was habe ich hier verloren? In: Deutsche Volkszeitung. 18. 11. 1960.

1143 Hermann Naber: Berufung auf Benn und Lukrez. In: Frankfurter Rundschau. 25. 3. 1961.

1144 Wolfgang E. Rudat: Enzensbergers *Landessprache* and its translation. In: Iowa Review. 1973. H. 2. S. 71–93.

1145 Peter Rühmkorf: Enzensbergers problematische Gebrauchsgegenstände. Gedichte, zur Kritik herausfordernd. Ein Kommentator mit verstellter Stimme. In: Die Welt. 23. 11. 1960. Auch in: Über H. M. Enzensberger (1970). S. 74–77.

1146 Wieland Schmied: Wolfslyrik – nicht Schafslyrik. In: Wort in der Zeit. 1961. H. 3. S. 4–6.

1147 Albert Arnold Scholl. SDR. 1. 12. 1960.

1148 Wulf Segebrecht: Gesang aus der Mördergrube. H. M. Enzensberger nimmt kein Blatt vor den Mund. In: Vorwärts. 9. 9. 1960.

1149 Werner Stapelfeld: H. M. Enzensberger: *Landessprache*. Untersuchungen zu Aussage und Struktur des neueren deutschsprachigen Gedichtbuchs. Zur Kritik seiner ideologischen Tendenzen. Diss. Jena 1968.

1150 Gody Suter: Dichtung als Attacke. In: Die Weltwoche. 29. 7. 1960.

1151 Wb. [Werner Weber]. In: Neue Zürcher Zeitung. 21. 8. 1960.

1152 Walter Widmer: Ansässig im gemütlichen Elend . . . In: National-Zeitung. 1. 7. 1963.

1153 Gotthardt Wunberg: Landessprache. Zu den politischen Gedichten von H. M. Enzensberger. In: Duitse Kroniek. 1961. H. 2. S. 41-62.

1154 Y. In: Konkret. 1960. H. 21. S. 12.

Museum der modernen Poesie (1960)

1155 Herbert Ahl: Literarisches Welt-Interesse. In: Diplomatischer Kurier. 1961. Nr. 2. S. 57–60.

1156 Horst Bienek. HR. 16. 4. 1961.

1157 Jürgen Eyssen. In: Bücherei und Bildung. 1961. H. 5. S. 289–290.

1158 Joachim Günther: Moderne Lyrik – Museum oder Panorama. In: Christ und Welt. 30. 6. 1961.

1159 Peter Hamm. Von Büchern und Schriftstellern. RIAS. 27. 5. 1961.
1160 Johann Christoph Hampe: Die Weltsprache des modernen Gedichts. In: Evangelischer Literaturbeobachter. 1961. H. 41. S. 839–840.
1161 Hans Hennecke. In: Das kleine Buch der 100 Bücher. Hrsg. von Dieter Lattmann. München 1960. S. 16–17.
1162 Hans Egon Holthusen: Anmerkungen zu einem *Museum der modernen Poesie*. In: Merkur 1961. H. 165. S. 1073–1084. U. d. T. Die Welt in sechzehn Sprachen auch in: Holthusen: Plädoyer für den Einzelnen. München 1967. S. 186–199.
1163 Hellmuth Karasek: Die Kassandra-Rufe der modernen Poesie. In: Stuttgarter Zeitung. 26. 8. 1961.
1164 Hermann Kesten: Der unterirdische Strom. SWF. 20. 2. 1961.
1165 Karl Krolow: Geistergespräch moderner Poesie. In: Saarbrücker Zeitung. 4. 2. 1961.
1166 Helmut Lamprecht: Lyrische Bestandsaufnahme. In: Frankfurter Hefte. 1961. Nr. 10. S. 714–716.
1167 Eva Loewenthal. In: Wiener Bücherbriefe. 1966. Nr. 1.
1168 Jost Nolte: Die unverständliche Weltsprache. In: Die Welt. 3. 6. 1961.
1169 Wulf Segebrecht: Wenn Gedichte miteinander sprechen sollen. In: Vorwärts. 3. 3. 1961.
1170 Franz Schonauer: Weltsprache Poesie. In: Deutsche Zeitung. 25./26. 3. 1961.
1171 Heinz Wedel. In: St. Galler Tagblatt. 7. 4. 1961.
1172 Wolfgang Weyrauch: Aspekte moderner Lyrik. NDR. 9. 1. 1961.
1173 Dieter E. Zimmer: Versuch einer modernen Poetik. In: Die Zeit. 25. 8. 1961.

Allerleirauh (1961)

1174 [Anonym] Enzensbergers Allerlei. In: Der Spiegel. Nr. 51/1961.
1175 Anneliese Dempf: Ein Hausbuch für große und kleine Leute. In: Zeitwende / Die neue Furche. 1962. H. 10. S. 708–709.
1176 Armin Eichholz: Hänschen Magnus Enzibenzi. In: Eichholz: Buch am Spieß. München 1964. S. 35.
1177 Peter Härtling. HR. 26. 12. 1961.
1178 Harald Hartung: Er bittet uns an den ältesten Tisch. In: Frankfurter Hefte. 1962. H. 9. S. 635.
1179 Hellmuth Jaerich: Fangt's lebendig und nehmt's mit! In: Deutsche Zeitung. 31. 12. 1961.
1180 Kurt Kehr. In: Zeitschrift für Mundartforschung. 1964. H. 2/3. S. 283–284.
1181 Karl Krolow: Gesang aus vielen Kehlen. In: Hannoversche Presse. 18./19. 11. 1961.
1182 Kristiane Schäffer: Poesie und Mode des Kinderreims. In: Merkur. 1964. H. 191. S. 77–83.
1183 Walter Widmer: Enzensbergers Kinder-Verwirrbuch. National-Zeitung. 7. 7. 1962.
1184 Hans Peter Willberg: Über das Äußere von Büchern. In: Die Bücherkommentare. 1968. April. S. 48.

Brentanos Poetik (1961)

1185 Helmut Hartwig. In: Diskus. 1962. Nr. 6. S. 8.

1186 László Illés. In: Acta Litteraria. 1965. S. 479–480.

1187 Beate Paulus: H. M. Enzensberger, Dr. phil. In: Die Zeit. 30. 1. 1970.

1188 Werner Ross: Deutsche Dichter als Doktoren. In: Die Zeit. 24. 8. 1962.

1189 Herbert Singer: Aus dem Germanistischen »übersetzt«. In: Frankfurter Hefte. 1963. H. 3. S. 208–210.

1190 Hartmut Steinecke. In: Zeitschrift für deutsche Philologie. 1964. Bd. 83. H. 2. S. 243–245.

1191 W. E. Süskind: Poetik als Ingenieurs-Wissenschaft. In: Süddeutsche Zeitung. 17. 5. 1961.

Andreas Gryphius: Gedichte (1962)

1192 Robert Stauffer: Zuversicht des Glaubens. In: Schweizer Rundschau. 1963. S. 405–406.

Einzelheiten (1962)

1193 [Anonym] Enzensberger'sche Einzelheiten korrigiert von der Frankfurter Allgemeinen Zeitung. [Frankfurt a. M. 1963.] 40 S.

1194 [Anonym] Ein solches Unterdrücken. In: Der Spiegel. Nr. 33/ 1962.

1195 Reinhard Baumgart: Enzensberger kämpft mit Einzelheiten. In: Süddeutsche Zeitung. 11./12. 8. 1962. Auch in: Über H. M. Enzensberger (1970). S. 131–138.

1196 Gottlieb Betzner: Worauf es ankommt – Veränderung. *Einzelheiten* – ein wichtiges, problematisches Buch. In: Deutsche Volkszeitung. 23. 11. 1962.

1197 Benno Burkhardt: Allerleirauh für Erwachsene. In: Christ und Welt. 5. 10. 1962.

1198 Peter Demetz: Zementmetapher für das Böse. Enzensberger als Kritiker und Essayist. In: Die Zeit. 21. 9. 1962.

1199 Reiner Diederichs. In: Diskus. 1962. Nr. 8/9. S. 4.

1200 Andreas Donath. HR. 1. 7. 1962.

1201 Armin Eichholz. In: Eichholz: Buch am Spieß. München 1964. S. 36.

1202 Karl-Hermann Flach: Wer kritisiert die Kinder? In: Frankfurter Rundschau. 6. 10. 1962.

1203 Henrik Hartwijk: Duitse cultuurkritiek. In: De Nieuwe Gids. 27./28. 10. 1962.

1204 Hans Egon Holthusen: Freiheit im Nirgendwo. In: Neue Zürcher Zeitung. 2. 2. 1963. Auch in: Holthusen: Plädoyer für den Einzelnen. München 1967. S. 68–88.

1205 Hellmut Jaesrich: Nur anderthalb Einzelheiten. Zu einem Essayband H. M. Enzensbergers. In: Der Monat. 1962. H. 169. S. 68–76.

1206 J. de Kadt: Duitse avantgarde? In: Tirade. 1965. H. 103/104. S. 485–497.

1207 Hellmuth Karasek: Die unbequemen Einzelheiten. In: Stuttgarter Zeitung. 11. 8. 1962. Auch in: Über H. M. Enzensberger (1970).

S. 139–143.

1208 Elisabeth Lenk: Die Aporien des Herrn Enzensberger. In: Diskus. 1964. Nr. 7. S. 3.

1209 Heinz Linnerz: Zorn mit Fußnoten. In: Echo der Zeit. 2. 9. 1962.

1210 Hugo Loetscher: Der Revolutionär als Revisionist. In: Du. 1962. H. 10. S. 58.

1211 Felix Molitor: Enzensbergers kompromißlose Kulturkritik. In: Die Andere Zeitung. 20. 9. 1962.

1212 Jost Nolte: Enzensbergers Wahrheiten über gewisse Einzelheiten. In: Die Welt. 25. 8. 1962.

1213 Benno Reifenberg: Hans Magnus, ein böswilliger Leser. In: Frankfurter Allgemeine Zeitung. 7. 7. 1962. Auch in: Der Literat. 1962. H. 10.

1214 Dieter Schlenstedt: Das Dilemma der kritischen Position. In: Neue deutsche Literatur. 1963. H. 4. S. 98–110.

1215 Walther Schmieding: Wenn Kritiker Kritiker kritisieren. In: Ruhr-Nachrichten. 11. 8. 1962.

1216 Ibuki Shitahodo: In: Quelle (Osaka). 1973. S. 23–43.

1217 Johann Siering. In: Neue deutsche Hefte. 1962. H. 90. S. 157–158.

1218 Hans Stern. In: Konkret. 1962. H. 10. S. 22.

1219 Theodor Tauchel: Hier irrt Enzensberger! In: Der Literat. 1962. S. 116–117, 127.

1220 Jean Villani: Ein paar Fragen an H. M. Enzensberger. In: Sonntag. 18. 5. 1966.

1221 Heinrich Vormweg: Einwände eines jungen Moralisten. In: Deutsche Zeitung. 18./19. 8. 1962.

1222 Klaus Wagenbach: FAZ contra Enzensberger. In: Neue Rundschau. 1963. H. 4. S. 682–687.

1223 Hans Albert Walter: Was zutage liegt, und was nicht. In: Frankfurter Hefte. 1964. H. 6. S. 435–438. Auch in: Über H. M. Enzensberger (1970). S. 144–153.

1224 George Woodcock: The mask of a mandarin manqué. In: The New Leader. 20. 1. 1975.

1225 Ralph-Rainer Wuthenow: Hysterie im Harnisch? In: Doitsu Bungaku. 1963. S. 167–170.

1226 Dieter E. Zimmer: So arm und töricht war er nicht. Bemerkungen zu der Kontroverse zwischen der Frankfurter Allgemeinen und H. M. Enzensberger. In: Die Zeit. 20. 7. 1962.

Vorzeichen (1962)
1227 Klaus Habermeier. In: Diskus. 1963. Nr. 2. S. 8.

1228 Rainer Hagen: Unlesbar gemacht. In: Sonntagsblatt. 20. 1. 1963.

Carlo Emilio Gadda: Die Erkenntnis des Schmerzes (1963)
1229 Helmut Heissenbüttel: Die Erkenntnis des Schmerzes als Schmerz der Erkenntnis. Nachwort zu einem Nachwort. In: Der Monat. 1964. H. 188. S. 72–76.

Blindenschrift (1964)
1230 Alfred Andersch: Dort ist ein Feuer. In: Merkur. 1965. H. 202. S. 83–84.

1231 Arnfrid Astel. In: Neue deutsche Hefte. 1965. H. 10. S. 133–136.

1232 Reinhard Baumgart: Selbstgespräche für Leser. In: Der Spiegel. Nr. 49/1964.

1233 Klaus Bellin: Fragen und Zweifel. In: Neues Deutschland. 1965. Beilage Literatur 65. Nr. 3.

1234 Hans Bender: Das schwierige Vergnügen an Gedichten Enzensbergers. In: Frankfurter Allgemeine Zeitung. 24. 11. 1964.

1235 Hans Bender: Zu neuen Bereichen. In: Text und Kritik. 1965. H. 9. S. 37.

1236 Günter Bien: Enzensbergers *Blindenschrift*. In: Westermanns Monatshefte. 1964. H. 12. S. 92–94.

1237 Herbert Eisenreich: Lyrik als Ausdruck der Ausdrucksschwäche. In: Forum. 1965. H. 136. S. 184–187.

1238 Madeleine Gustafsson: Radikalare än sin dikt. In: Stockholms-Tidningen. 8. 3. 1965. Auch in: Über H. M. Enzensberger (1970). S. 110–114: Radikaler als seine Dichtung.

1239 [Michael Hamburger]: Digesting poetry's new diet. In: The Times Literary Supplement. 3. 9. 1964.

1240 Peter Hamm: Enzensbergers Rückkehr zu Fels und Meer. In: Münchner Merkur. 19. 12. 1964.

1241 Rudolf Hartung: Verstummt ist der wortgewaltige Zorn. In: Die Welt der Literatur. 17. 9. 1964.

1242 Hans Jürgen Heise: Das männlich-pessimistische Credo Enzensbergers. In: Die Tat. 20. 11. 1964.

1243 Curt Hohoff: Die Nylonstimme ruft weh über uns. In: Sonntagsblatt. 11. 10. 1964.

1244 Joachim Kaiser: Enzensbergers lyrische Antwort. In: Süddeutsche Zeitung. 7./8. 11. 1964.

1245 Hellmuth Karasek: Politische Elegien auf die Gegenwart. In: Stuttgarter Zeitung. 19. 9. 1964.

1246 Edgar Lohner: Das Staunen zurückgewonnen. In: Die Zeit. 6. 11. 1964.

1247 Hans Mayer: Sprechen und Verstummen der Dichter. In: Mayer: Das Geschehen und das Schweigen. Frankfurt a. M. 1969. S. 11–34.

1248 N. N.: Ein vorläufiges Gehirn. In: Christ und Welt. 11. 12.1964.

1249 Dieter Schlenstedt: Die schwierige Arbeit des H. M. Enzensberger. In: Neue deutsche Literatur. 1965. H. 7. S. 151–163.

1250 Peter Schneider. In: Neue Rundschau. 1965. H. 3. S. 510–513. Auch in: Über H. M. Enzensberger (1970). S. 106–109.

1251 Erasmus Schöfer: Schattiger Enzensberger. In: Rhein-Neckar-Zeitung. 29. 10. 1964.

1252 Franz Schonauer: Zwischenbericht oder Schwanengesang? In: Frankfurter Rundschau. 21. 11. 1964. Auch in: Die Weltwoche. 6. 11.1964.

1253 Wulf Segebrecht: Schattengefechte gegen die Attacke. In. Vorwärts. 23. 6. 1965.

1254 Heinrich Vormweg: Vom Ende des lyrischen Ich. In: Vormweg: Die Wörter und die Welt. Neuwied, Berlin 1968. S. 86–92.

1255 wb. [Werner Weber]. In: Neue Zürcher Zeitung. 4. 10. 1964. Auch in: Weber: Tagebuch eines Lesers. Olten, Freiburg i. Br. 1965. S. 93–99. Auch in: Über H. M. Enzensberger (1970). S. 99–105.

[Poetik-Vorlesung (Frankfurt a. M. 1964/65)]

1256 B. C.: Literatur – praktisch folgenlos? In: Frankfurter Rundschau. 8. 2. 1965.

1257 B. C.: Wo blieben die kleinen Leute? In: Frankfurter Rundschau. 21. 12. 1964.

1258 C. von Helmolt: Aufgezwungene Rollen. In: Kölnische Rundschau. 28. 11. 1964.

1259 Otto Köhler: Wie ich bei H. M. Enzensberger durchfiel. In: Pardon. 1965. H. 1. S. 40.

1260 A. M.: Spielen Schriftsteller eine Rolle? In: Allgemeine Deutsche Lehrer-Zeitung. 1964. H. 12.

1261 Hanno Reuther: Spielen Schriftsteller eine Rolle? In: Badische Neueste Nachrichten. 1. 12. 1964.

1262 g.r. [Günther Rühle]: Enzensbergers Vorlesung. In: Frankfurter Allgemeine Zeitung. 27. 11. 1964.

1263 g.r. [Günther Rühle]: Flucht aus der Geschichte. In: Frankfurter Allgemeine Zeitung. 18. 12. 1964.

1264 Uwe Schultz: Der Schriftsteller und seine Rollen. In: Süddeutsche Zeitung. 10. 2. 1965.

1265 Günter Tilliger: Viele Worte um einen Gedanken. In: Frankfurter Neue Presse. 27. 11. 1964.

Politik und Verbrechen (1964)

1266 Heinz Abosch: Gedanken über Verbrechen. In: Blätter für deutsche und internationale Politik. 1965. H. 8. S. 710–712.

1267 Hannah Arendt/H. M. Enzensberger: Ein Briefwechsel. In: Merkur. 1965. H. 205. S. 380–385. Auch in: Über H. M. Enzensberger (1970). S. 172–180.

1268 Ulf Brandell: Den Brottslija staten. In: Dagens Nyheter. 29. 5. 1965.

1269 H. F.: Fulminante Kolportage. In: Diskus. 1965. Nr. 2. S. 4.

1270 Ludwig Freund: Offene Fragen – vorläufige Antworten. In: Hannoversche Allgemeine Zeitung. 26. 2. 1966.

1271 Ernesto Gagliano: Benefattori armati di mitra. In: Tuttolibri. 15. 9. 1979.

1272 Johannes Groß: Ein Literat und die Politik. In: Der Monat. 1965. H. 200. S. 120–123. U.d.T. *Politik und Verbrechen* auch in: Groß: Lauter Nachworte. Stuttgart 1965. S. 208–215. Auch in: Über H. M. Enzensberger (1970). S. 160–166.

1273 Jürgen Habermas: Vom Ende der Politik – oder die unterhaltsamen Kolportagen des Kriminalberichterstatters H. M. Enzensberger. In: Frankfurter Allgemeine Zeitung. 17. 10. 1964. Auch in: Über H. M. Enzensberger (1970). S. 154–159.

1274 Stefan Hermlin. Deutschlandsender. 24. 3. 1965.

1275 Rainer Kabel. In: Vorwärts. 20. 1. 1965.

1276 Rainer Kabel: H. M. Enzensbergers politische Balladen. In: Spandauer Volksblatt. 3. 1. 1965.

1277 Hermann Kesten. RIAS. 3. 8. 1965.

1278 Herrmann Proebst. In: Süddeutsche Zeitung. 3. 12. 1964.

1279 U. S. In: Neue Zürcher Zeitung. 22. 12. 1964.

1280 Richard Schmid: Der Verbrecher – Sündenbock der Gesellschaft. Politik und Kriminalität. In: Stuttgarter Zeitung. 8. 12. 1964. Auch in: Über H. M. Enzensberger (1970). S. 167–171.

1281 Dietmar Scholz: Ungewohnte Gedanken. In: Welt der Arbeit. 5. 3. 1965.

1282 Franz Schonauer: Der flinke Essayist. In: Die Weltwoche. 31. 12. 1964.

1283 Villy Sørensen. In: Politiken. 4. 5. 1965.

1284 Morten Thing: Virkeligheden overgår fantasien. In: Information. 22./23. 10. 1983.

1285 Günter Zehm: Spiegelt das Verbrechen die Gesellschaft? In: Die Welt der Literatur. 26. 11. 1964.

Kursbuch (1965–1975)

Kursbuch 1

1286 [Anonym] Gullivers Erbe. In: Der Spiegel. Nr. 24/1965.

1287 Jürgen Becker. WDR. 10. 6. 1965.

1288 Peter Hamm: Angst vor dem Apparat. In: Stuttgarter Zeitung. 17. 7. 1965.

1289 Hans Jürgen Heise: Enzensbergers *Kursbuch*. In: Stuttgarter Nachrichten. 31. 7. 1965.

1290 Rudolf Kimmig: Kursbücher für verschiedene Bahnhöfe. In: Bayern-Kurier. 21. 8. 1965.

1291 Hans Kudzus: Eine Fahrt ins Blaue? In: Der Tagesspiegel. 26. 6. 1965.

1292 Jürgen Manthey: *Kursbuch* ohne neuen Kurs. In: Die Weltwoche. 2. 7. 1965.

1293 Nicolò Pasero: Una nuova rivista tedesca: *Kursbuch*. In: Paragone. 1965. Nr. 188. S. 115–119.

1294 Günther Rühle: Wohin gehen die Aufklärer? In: Frankfurter Allgemeine Zeitung. 2.7. 1965.

1295 Franz Schonauer: Zeitschrift nach Enzensberger-Art. In: Du-Atlantis. 1965. H. 11.

1296 Uwe Schultz: *Kursbuch* ohne Kurs. In: Handelsblatt. 5. 7. 1965.

1297 Dieter E. Zimmer: Enzensbergers *Kursbuch*. In: Die Zeit. 2. 7. 1965.

Kursbuch 2

1298 Iring Fetscher: Die Dritte Welt. In: Frankfurter Allgemeine Zeitung. 9. 11. 1965.

1299 Roland H. Wiegenstein: Enzensbergers Kurs. In: Frankfurter Hefte. 1965. H. 10. S. 724–725.

1300 Günter Zehm: Ungangbarer »dritter Weg«. In: Die Welt. 11. 12. 1965.

Kursbuch 4

1301 [Leserbriefe zu *Katechismus zur deutschen Frage*] In: Schwäbische Donauzeitung. 6., 12., 14., 15., 16. 4. 1966.

1302 Margret Boveri: Katechismus – Diskussion – Sprachlosigkeit. In:

Merkur. 1966. H. 219. S. 556–567.

1303 Klaus Harpprecht: Kurs retour. In: Der Monat. 1966. H. 213.
S. 82–84.

1304 Bernt von Kügelgen: Aufwärts vorwärts. In: Sonntag. Sonderbeilage April 1966. S. 10–12.

1305 Kurt R. Meissner. In: Liberal. März 1966.

1306 Friedemann Schuster: *Kursbuch* zur Einheit? In: Marxistische Blätter. 1966. H. 3.

1307 Erwin Viefhaus: Plädoyer für die konstruktive Eskalation. In: Die
Weltwoche. 25. 2. 1966.

1308 Günter Zehm: Reaktionärer Katechismus. In: Die Welt.
26. 3. 1966.

Kursbuch 6

1309 [Anonym] Riß in der Riege [zur Kontroverse H. M. Enzensberger–Peter Weiss]. In: Der Spiegel. Nr. 34/1966.

Kursbuch 9

1310 Rudolf Augstein: Die Revolution und ihr ABC. In: Der Spiegel.
Nr. 32/1967.

1311 Werner Birkenmaier: Tage der Kommune. In: Stuttgarter Zeitung.
17. 8. 1967.

1312 Adrian Braunbehrens: Vermutungen über die Revolution. In:
Frankfurter Allgemeine Zeitung. 14. 9. 1967.

1313 Marcel Hepp: Bockige Orthodoxie. In: Bayern-Kurier.
19. 8. 1967.

1314 Günter Herburger: Eine dritte Revolution. In: Der Spiegel.
Nr. 32/1967. Auch in: Literatur im »Spiegel«. Reinbek 1969.
S. 228–232.

1315 Manfred Müller: Ist die Revolution verloren? In: Frankfurter Rundschau. 29. 7. 1967.

Kursbuch 11

1316 Franz Herre. In: Publik. [Nr. 0]. April 1968.

1317 Manfred Müller: Nachrichten über ein neues Gespenst. In: Frankfurter Rundschau. 2. 3. 1968.

Kursbuch 13

1318 Manfred Müller: Reise um die Welt in Sachen Revolution. In:
Frankfurter Rundschau. 11. 7. 1968.

Kursbuch 14

1319 Klaus Höpcke: Experiment »Leblose Hülle«. In: Neues Deutschland. 20./21. 9. 1968.

1320 Manfred Müller: Aussichten der Futurologie. In: Frankfurter
Rundschau. 19. 11. 1968.

Kursbuch 15

1321 Reinhard Baumgart: Wozu Dichter? In: Der Spiegel.
Nr. 51/1968.

1322 Karl-Heinz Bohrer: Zuschauer beim Salto mortale. In: Merkur.
1969. H. 250. S. 170–186. Auch in: Bohrer: Die gefährdete Phantasie

oder Surrealismus und Terror. München 1970. S. 9–31.

1323 Joachim Kaiser: Wie überflüssig ist Kritik? Süddeutsche Zeitung. 5. 12. 1968.

1324 Hellmuth Karasek: Tod der Kritik, gutbürgerlich. In: Die Zeit. 20. 12. 1968.

1325 Heinrich Vormweg: Ein Leichenschmaus. In: Merkur. 1969. H. 250. S. 206–210.

Kursbuch 17

1326 Geno Hartlaub: Das weibliche Ghetto. In: Deutsches Allgemeines Sonntagsblatt. 10. 8. 1969.

1327 Petra Kipphoff: Frauenkursbuch. In: Die Zeit. 1. 8. 1969.

1328 Helge Pross: Frau, Familie, Gesellschaft. In: Frankfurter Rundschau. 28. 8. 1969.

Kursbuch 18

1329 Anton-Andreas Guha: Gegen das öffentliche Vorurteil Kuba. In: Frankfurter Rundschau. 28. 11. 1969.

1330 Alex Schubert: Zur Rolle und Entwicklung der kommunistischen Partei Kubas. In: Sozialistische Politik. 1969. H. 4. S. 100–103.

1331 Carlos Widmann: Cuba für Fortgeschrittene. In: Süddeutsche Zeitung. 22./23. 11. 1969.

[Kursbuch 1–17]

1332 Yaak Karsunke: Kurs wohin? In: Der Monat. 1969. H. 253. S. 119–124.

Kursbuch 19

1333 Karl Grobe: Abschied vom Anarchismus. In: Frankfurter Rundschau. 19. 2. 1970.

Kursbuch 20

1334 Reinhard Baumgart: Die schmutzigen Medien. In: Der Spiegel. Nr. 18/1970.

1335 Karl-Heinz Bohrer: Bei Handke's Bart! In: Frankfurter Allgemeine Zeitung. 24. 7. 1970.

1336 Dieter Stolte: Bausteine zum Umsturz. Enzensberger entwickelt eine Theorie der Medien. In: Rheinischer Merkur. 7. 8. 1970.

1337 Kurt Lothar Tank: Im Sprachbaukasten der Spezialisten. In: Deutsches Allgemeines Sonntagsblatt. 3. 5. 1970.

1338 Dieter E. Zimmer: Der Aufstand gegen die Macher. In: Die Zeit. 24. 7. 1970.

Kursbuch 39

1339 Rainer Juch: Linke in der Provinz. In: Wiener Tagebuch. 1975. H. 6. S. 28.

Kursbuch 52

1340 Heinz Abosch: Bekenntnis zur Utopie. In: Neue Zürcher Zeitung. 10. 11. 1978.

1341 Nea.: Enzensbergers Weltuntergang. In: Die Welt. 5. 8. 1978.

[Form]
1342 Martin Puder: Anarchismus aus Zeitmangel. In: Der Monat. 1970.
H. 267. S. 90–98.

[Verlagswechsel]
1343 Karl-Heinz Bohrer: Suhrkamp ohne *Kursbuch*. In: Frankfurter Allgemeine Zeitung. 8. 6. 1970.
1344 Rudolf Krämer-Badoni: *Kursbuch* schwimmt ab. In: Die Welt.
12. 6. 1970.
1345 Uwe Schultz: Kurskorrektur im Suhrkamp-Verlag. In: Süddeutsche
Zeitung. 12. 7. 1970.

[Redaktionswechsel]
1346 Grn.: Veränderung. In: Frankfurter Allgemeine Zeitung. 24. 7.
1975.
1347 Beate Schlegel: Kein Kurswechsel beim *Kursbuch*. Deutsche Welle.
25. 7. 1975.

[Reprint der Kursbücher 1–20]
1348 Michael Buselmeier: Die Situation der Gegenwart. In: Frankfurter
Hefte. 1977. H. 7. S. 63–66.

[Kursbuch, allgemein]
1349 Christoph Kuhn: Besuch bei linken Zeitschriftmachern in der
Bundesrepublik. In: Tagesanzeiger Magazin. 4. 6. 1983.
1350 Wolfgang Pohrt: Der Weg des *Kursbuchs* in die neudeutsche Kleb-
rigkeit. In: Literatur konkret. Herbst 1980. S. 19–23.

Pablo Neruda: Poesia sin pureza (1968)
1351 Christel Buschmann. In: Die Zeit. 15. 8. 1969.

Poems for poeple who don't read poems (1968)
1352 [Anonym] Not what he meant at all. In: The Times Literary Supplement. 7. 11. 1968.
1353 Michael Benedict. In: Poetry. 1968. Bd. 113. Nr. 3. S. 209–211.

Rachels Lied (1969)
1354 lei. In: Die Welt. 15. 1. 1970.

El Cimarrón (1970)
1355 Peter Ahnsehl. In: Theater der Zeit. 1976. H. 5. S. 10–11.

Freisprüche (1970)
1356 Peter W. Jansen: Ohne rot zu werden. In: Frankfurter Allgemeine
Zeitung. 16. 1. 1971.
1357 Richard Schmid: Die Geschichte legt Revision ein: In: Stuttgarter
Zeitung. 1970. Sonderbeilage zur Frankfurter Buchmesse. S. IX.

A. V. Suchovo-Kobylin: Der Vampir von St. Petersburg (1970)
1358 Felix Müller. In: Stuttgarter Nachrichten. 16. 10. 1973.

Das Verhör von Habana (1970)
1359 [Anonym] Shrill anti-American voices. In: The Times Literary Supplement. 28. 5. 1970.

1360 Heinz Ludwig Arnold: Enzensbergers Lehrstück. In: Deutsches Allgemeines Sonntagsblatt. 6. 9. 1970.

1361 Aus dem Dokumentationsmaterial zu *Das Verhör von Habana*. In: Theater der Zeit. 1970. H. 9. S. 20–23.

1362 Reinhard Baumgart: Die Konterrevolution, ein Modell und ein Pfau. In: Süddeutsche Zeitung. 16./17. 6.1970. Auch in: Über H. M. Enzensberger (1970). S. 199–203.

1363 Reinhard Baumgart: Polit-Theater durch die Fernseh-Optik. In: Süddeutsche Zeitung. 10. 6. 1970.

1364 Jürgen Beckelmann: Süße Stimme der Konterrevolution. In: Frankfurter Rundschau. 9. 7. 1970.

1365 Jürgen Beckelmann: Die unpolitische Invasion. In: Stuttgarter Zeitung. 4. 2. 1971.

1366 Walter Beimdick: Kämpfen, scheitern . . . In: Die Tat. 15. 6. 1970.

1367 Arnold Blumer: Das dokumentarische Theater der sechziger Jahre in der Bundesrepublik Deutschland. Meisenheim am Glan 1977. S. 332–365.

1368 Arnold Blumer: Der lange Marsch des Gesellschaftskritikers H. M. Enzensberger. Bemerkungen zu Reinhold Grimms »Bildnis H. M. Enzensberger« anhand des *Verhörs von Habana*. In: Acta Germanica. 1976. S. 213–221.

1369 Alf Brustellin: Konterrevolutionäre auf dem Laufsteg. In: Süddeutsche Zeitung. 9. 11. 1970.

1370 Gerd Courts: Enzensbergers demokratische Scheinreform. In: Publik. 19. 6. 1970.

1371 Annemarie Czaschke: Wörterbuch kapitalistischer Gemeinplätze. In: Frankfurter Rundschau. 24. 11. 1970.

1372 Rüdiger Dilloo: Enzensberger und Kuba. In: Die Welt der Literatur. 14. 5. 1970.

1373 Werner Dolph: Die Szene – kein Tribunal. In: Die Zeit. 12. 6. 1970.

1374 Wolfgang Drews. In: Frankfurter Allgemeine Zeitung. 18. 12. 1970.

1375 Wolfgang Drews. In: Neue Zürcher Zeitung. 24. 11. 1970.

1376 Hans Fröhlich: Politik einmal nicht harmlos. In: Stuttgarter Nachrichten. 10. 6. 1970.

1377 Gerd Fuchs: Seht euch diese Typen an! Enzensbergers Kuba-Stück und die Kritik. Eine Rezensions-Kritik. In: Konkret. 1970. H. 14. Auch in: Über H. M. Enzensberger (1970). S. 204–209.

1378 Christoph Funke. In: Der Morgen. 17. 6. 1970. Auch in: Über H. M. Enzensberger (1970). S. 210–216.

1379 Peter Hans Göpfert. Sogar die Bärte sind echt. In: Die Presse. 9. 2. 1971.

1380 Werner Heinitz: Interview mit H. M. Enzensberger. In: Mitteilungen der Akademie der Künste der DDR. 1970. H. 4. S. 17–19.

1381 Georg Hensel: Das kubanische Fernsehgericht tagt. In. Die Weltwoche. 19. 6. 1970.

1382 Benjamin Henrichs: Rekonstruktion oder Denunziation? In: Theater heute. 1970. H. 12. S. 12.

1383 Hellmuth Karasek: Was Konterrevolutionäre zu sagen haben. In:

Süddeutsche Zeitung. 11./12. 4. 1970.

1384 Walter Karsch: Das Theater als Lehrstuhl. In: Der Tagesspiegel.
4. 2. 1971.

1385 Rainer Kerndl: Anatomie der Konterrevolution. In: Neues
Deutschland. 22. 6. 1970.

1386 Helmut Kopetzky: Objektivität ist abzulegen. In: Schwäbische Zeitung. 5. 2. 1971.

1387 ld.: Schweinebucht. In: Frankfurter Allgemeine Zeitung. 4. 3.
1970.

1388 Martin Linzer: Darstellung eines Selbstbildnisses. In: Theater der
Zeit. 1970. H. 9. S. 24–25.

1389 Hugo Loetscher: Die Invasoren der Schweinebucht. In: Die Zeit.
12. 6. 1970.

1390 Friedrich Luft: Sozialistische Tugendfiguren. In: Die Welt.
4. 2. 1971.

1391 Friedrich Luft: Umarmung mit den Radikalen. In: Die Welt.
5. 2. 1971.

1392 Rolf Michaelis: Wiederkäuertheater. In: Frankfurter Allgemeine
Zeitung. 4. 2. 1971.

1393 Rolf Michaelis: Liegt Habana in der DDR? In: Frankfurter Allgemeine Zeitung. 16. 6. 1970.

1394 Volker Ulrich Müller: Cuba, Macchiavelli und Bakunin. Ideologiekritik und Politik im Verhör von Habana und im Mausoleum von
H. M. Enzensberger. In: Literatur und Studentenbewegung. Opla-
den 1977. S. 90–123.

1395 Charlotte Nennecke: Bühnenstück ohne Bühne. In: Süddeutsche
Zeitung. 7./8. 11. 1970.

1396 Ina Prowe, WDR. 9. 6. 1970.

1397 Henning Rischbieter. In: Stuttgarter Zeitung. 12. 6. 1970.

1398 Henning Rischbieter: Theater zwischen Sozial-Enquete, Agitation
und Ideologiekritik. In: Theater heute. 1970. H. 7. S. 28–31.

1399 Wolf Rosenthal: Angewandtes Theater. In: Vorwärts. 18. 6. 1970.

1400 Fritz Rumler: Cuba si, piggies no. Der Spiegel. Nr. 25/1970.

1401 Helmut Salzinger: Geschichts-Prozesse. In: Frankfurter Rundschau. 29. 8. 1970.

1402 Gunter Schäble: Die Klassengesellschaft macht einen Spaziergang
durch die eigene Hölle. In: Stuttgarter Zeitung. 25. 4. 1970. Auch in:
Über H. M. Enzensberger (1970). S. 195–198.

1403 Dietmar N. Schmidt. In: Deutsches Allgemeines Sonntagsblatt.
21. 6. 1970.

1404 Dietmar N. Schmidt: Kreuzverhör auf dem Laufsteg. In: Stuttgarter
Nachrichten. 10. 11. 1970.

1405 Jochen Schmidt: Kein leeres Stroh. In: Christ und Welt.
12. 6. 1970.

1406 Jochen Schmidt: Cuba libre beim WDR. In: Christ und Welt.
19. 6. 1970.

1407 Werner Schulze-Reimpell: Schweinebucht – aus der Froschperspek-
tive. In: Die Welt. 10. 6. 1970.

1408 Ernst Schumacher: Selbstprüfung der Konterrevolutionäre. In: Berliner Zeitung. 18. 6. 1970.

1409 Hans Schwab-Felisch. In: Frankfurter Allgemeine Zeitung. 11. 6. 1970.
1410 sh. In: Neue Zürcher Zeitung. 31. 5. 1970.
1411 Klaus Siegel: Enzensbergers documentaire: een mijlpaal. In: Literair Passport. Mai 1970. S. 84–86.
1412 Hans-Dieter Speidel: Auf sicheren Steg gebaut. In: Stuttgarter Zeitung. 12. 11. 1970.
1413 Karoll Stein: Verhör in Ostberlin. In: Die Zeit. 19. 6. 1970.
1414 Erika Stephan: Zweimal im Verhör von Habana. In: Sonntag. 28. 6. 1970.
1415 Michael Stone: Kollektiv unter Druck: In: Deutsche Zeitung/Christ und Welt. 12. 2. 1971.
1416 Michael Stone: Die Theaterbühne wird zum Tribunal. In: Schwäbische Zeitung. 3. 7. 1970.
1417 Wolfgang Storch. In: Theater der Zeit. 1971. H. 4. S. 56–57.
1418 Hans-Dieter Tok: Die Szene als brisantes Tribunal. In: Leipziger Volkszeitung. 13. 6. 1970.
1419 Jan Olov Ullén: Historien som abstraktion. In: BLM/Bonniers Litterär Magasin. 1970. Nr. 9. S. 618–619.
1420 Nicole Verschoore. In: Het Laatste Nieuws. 12. 6. 1970.
1421 Gerd Vielhaber: Selbstbildnis der Konterrevolution. In: Frankfurter Rundschau. 11. 6. 1970.
1422 g.w.: Dialog mit dem Publikum. In: Die Welt. 1. 3. 1971.
1423 Manfred Wekwerth. In: Mitteilungen der Akademie der Künste der DDR. 1970. H. 4. S. 14–17.
1424 Roland Wiegenstein: Ehrlich, nüchtern. In: Frankfurter Rundschau. 5. 2. 1971.

Gedichte 1955–1970 (1971)
1425 Lars Gustafsson: Nicht Utopie, sondern die tatsächlichen Dinge. In: Frankfurter Allgemeine Zeitung. 4. 3. 1972.
1426 Diether H. Haenicke. In: Books Abroad. 1972. S. 479.
1427 Horst Hartmann: Ironie und Kritik. Enzensbergers Diagnosen. In: Die Tat. 11. 12. 1971.
1428 Joachim Kaiser: Enzensbergers große kleine Freiheit. In: Süddeutsche Zeitung. 17. 11. 1971.
1429 Karl Krolow: »Schlafen, Luftholen, Dichten«. In: Der Tagesspiegel. 25. 12. 1971.
1430 Inge Meidinger-Geise: Wörter lockern die Erde. In: Die Tat. 29. 1. 1972.
1431 Peter Rühmkorf: Dieses Schwanken und Schlingern. In: Der Spiegel. Nr. 24/1972. Auch in: Rühmkorf: Strömungslehre I. Reinbek 1978. S. 80–82.
1432 Hans Dieter Schäfer: Signale von einer Insel im Fjord. In: Die Welt. 30. 3. 1972.
1433 Dieter E. Zimmer: Der Kadaver. In: Die Zeit. 26. 5. 1972.

Klassenbuch (1972)
1434 [Anonym] In: Neue Zürcher Zeitung. 29. 10. 1972.
1435 Heinz Abosch: Deutsche Geschichte – anders. In: Die Tat. 2. 6. 1973.

Der kurze Sommer der Anarchie (1972)

1436 [Anonym] Einfach doppelt. In: Der Spiegel. Nr. 41/1972.

1437 Wolfgang Abendroth: Durrutis Leben und Tod. Ein Roman des Kampfes der spanischen Arbeiterklasse. In: Deutsche Volkszeitung. 28. 9. 1972.

1438 Britt Arenander. In: BLM/Bonniers Litterär Magasin. 1974. Nr. 2. S. 117–119.

1439 Reinhard Baumgart: Ein Heldendenkmal – wozu? In: Der Spiegel. Nr. 41/1972.

1440 Heiko R. Blum: Biographie einer Legende. In: Frankfurter Rundschau. 6. 10. 1972.

1441 Georg Böse: Roman eines Revolutionärs. In: Saarbrücker Zeitung. 27. 10. 1972.

1442 Manlio Cancogni: Estate anarchica. In: Corriere della Sera. 1. 9. 1974.

1443 Italo A. Chiusano: Ammazzava per far del bene. In: Tuttolibri. 14. 10. 1978.

1444 Wilhelm Grasshoff: Für und wider. In: Frankfurter Hefte. 1973. H. 2. S. 144–145.

1445 Harald Hartung: Elegie auf den Anarchismus. In: Der Tagesspiegel. 10. 2. 1973.

1446 Walter Haubrich: Die Legende Durruti als Legende einer Epoche. In: Frankfurter Allgemeine Zeitung. 26. 9. 1972.

1447 Helmut Heißenbüttel: Leben und Tod eines Anarchisten. Biographie in Berichten. In: Deutsche Zeitung / Christ und Welt. 29. 9. 1972.

1448 Joachim Kaiser: Mehr und weniger als ein Roman. In: Süddeutsche Zeitung. 27. 9. 1972.

1449 Yaak Karsunke: Ein Film aus Worten. H. M. Enzensbergers Liquidation des bürgerlichen Romans. In: Frankfurter Rundschau. 30. 9. 1972.

1450 Peter Laemmle: Heldenlegende und Elegie. In: National-Zeitung. 3. 2. 1973.

1451 Hartmut Lange: Der Einzelne und sein Anarchistentick. In: Konkret. 1972. Nr. 25. S. 52–53.

1452 Hartmut Lange: Nochmals: Die Revolution als Geisterschiff. In: Lange: Die Revolution als Geisterschiff. Reinbek 1973. S. 76–80.

1453 Ilse Leitenberger: Wer war Durruti? In: Die Presse. 7./8. 10. 1972.

1453a Pier Paolo Pasolini: Hans Magnus Enzensberger, ›La breve estate dell' anarchia‹. In: Pasolini: Descrizioni di descrizioni. Torino 1979. S. 217–222.

1454 Hans Dieter Schäfer: Des Anarchisten Auferstehung. Romangattung als Alibi. In: Die Welt. 28. 9. 1972.

1455 Wolfram Schütte: Medien-Konkurrenz? In: Frankfurter Rundschau. 29. 9. 1972.

1456 Carlo Serra. In: Studi Germanici. 1974. S. 497–498.

1457 Jürgen P. Wallmann: Collage. In: Zeitwende / Die neue Furche. 1973. H. 2. S. 133–134.

1458 Jürgen P. Wallmann: Sommer der Anarchie. In: Die Tat. 9. 9. 1972.

Gespräche mit Marx und Engels (1973)

1459 Roberto Calasso: Marx e Engels, voci parallele. In: Corriere della Sera. 8. 12. 1977.

1460 Walter Fabian: Marx und Engels im Urteil ihrer Zeitgenossen. Eine nicht unproblematische Montage H. M. Enzensbergers. In: Frankfurter Rundschau. 6. 10. 1973.

1461 Walter Hinderer: Der Mohr und der General. In: Die Zeit. 27. 7. 1973.

1462 Günter Maschke: Feinde und Gefolgsleute. In: Frankfurter Allgemeine Zeitung. 25. 8. 1973.

1463 Fritz J. Raddatz: Vom Kampf um die Befreiung der Achtblättler. In: Süddeutsche Zeitung. 28./29. 7. 1973.

1464 Julius Schoeps: Blicke in Marxens Küche. In: Deutsche Zeitung. 31. 8. 1973.

La Cubana (1974)

1465 Reinhold Grimm [vgl. Nr. 877].

1465a Reinhold Grimm: Enzensberger, Kuba und ›La Cubana‹. In: Programmheft zur Uraufführung am Bayerischen Staatstheater am Gärtnerplatz, 28. 5. 1975, S. 2–6, 10; auch in: Rendezvous im Rampenlicht. München 1979. S. 130–134.

1466 Peter Hamm: Elitär oder revolutionär? In: Konkret. 1975. H. 7. S. 43–45.

1466a Hans Werner Henze: Nichts als ein Vaudeville. In: Programmheft zur Uraufführung am Bayerischen Staatstheater am Gärtnerplatz, 28. 5. 1975. S. 8–10.

1467 Friedrich Hommel: Von Tableau zu Tableau ein ungenierteres Gähnen. Hans Werner Henzes und H. M. Enzensbergers Vaudeville *La Cubana* ist bei der Uraufführung im Münchner Theater am Gärtnerplatz durchgefallen. In: Frankfurter Allgemeine Zeitung. 30. 5. 1975.

1468 Hans-Klaus Jungheinrich: Kunst, Leben, Illusion. *La Cubana*: Verstörte leichte Muse von Henze und Enzensberger. In: Frankfurter Rundschau. 31. 5. 1975.

1469 Anne Rose Katz: Eine Kurtisane erinnert sich. In: Abendpost/Nachtausgabe (Frankfurt a. M.). 3. 6. 1975.

1469a Gerhard R. Koch: Vom »Wundertheater« zu ›La Cubana‹. Hans Werner Henze und das musikalische Theater. In: Programmheft zur Uraufführung am Bayerischen Staatstheater am Gärtnerplatz, 28. 5. 1975. S. 12–14; auch in: Rendezvous im Rampenlicht. München 1979. S. 126–129.

1470 Helmut Lohmüller: Henze und das Tingel-Tangel. In: Die Bühne. 1975. H. 7.

1471 Dietmar Polaczek: Henzes kunstreiche Selbstbefragung. In: Süddeutsche Zeitung. 30. 5. 1975.

1472 Helmut Schmidt-Garre. In: Melos/Neue Zeitschrift für Musik. 1975. H. 4. S. 293–295.

1473 Ulrich Schreiber: Kein Verhör in Habana. In: Frankfurter Rundschau. 3. 12. 1976.

1474 Hans Otto Spingel: Fragwürdige Schönheit. In: Die Zeit.

6. 6. 1975.

1475 Rainer Wagner: Henze: Illusionen aus Cuba. In: Deutsches Allgemeines Sonntagsblatt. 8. 6. 1975.

Palaver (1974)

1476 Claudio Magris: Illuminista e libertario. In: Corriere della Sera. 12. 9. 1976.

1477 Karl-Heinz Schoeps. In: Books Abroad. 1975. S. 318–319.

1478 Jochen Steffen: Gleiche Brüder auf verschiedenen Wegen. Günter Grass und H. M. Enzensberger als politische Redner, Kommentatoren und Essayisten. In: Die Zeit. 31. 1. 1975.

Mausoleum (1975)

1479 Yvonne Baby: L'iceberg de La Havane et autres apocalypses. In: Le Monde. 5. 4. 1979.

1480 Dieter Bachmann: Odysseus als Museumswärter. In: Die Weltwoche. 17. 9. 1975.

1481 J. Bernlef: Een ironisch praalgraf voor de westerse beschaving. In: H. P. Magazine. 22. 5. 1976.

1482 André Bogaert. In: La Nouvelle Revue des Deux Mondes. 1976. H. 1. S. 238–242.

1483 Ad Breedveld: Balanceren tussen politiek en poëzie. In: Die Groene Amsterdammer. 28. 1. 1976.

1484 Italo A. Chiusano: I maniaci della rivoluzione nella satira di Enzensberger. L'ex cantore del socialismo cubano ritorna deluso al linguaggio della poesia. In: Tuttolibri. 10. 3. 1979.

1485 Michael Franz. In: Weimarer Beiträge. 1976. H. 12. S. 125–140.

1486 Eckart Früh: H. M. Enzensbergers progressive Ironie. In: Wiener Tagebuch. 1976. H. 10. S. 24–26.

1487 Reinhold Grimm. In: Books Abroad. 1976. S. 396.

1488 Jens Gundlach: Weltgeist hinter Glas. In: Hannoversche Allgemeine Zeitung. 11./12. 10. 1975.

1489 Madeleine Gustafsson: Är det vi som tänker – eller tänker det i oss. In: Dagens Nyheter. 29. 12. 1975.

1490 Volker Hage: Die Poesie des zweifelhaften Fortschritts. In: Frankfurter Allgemeine Zeitung. 7. 10. 1975.

1491 Harald Hartung: Melancholische Balladen vom Fortschritt. In: Der Tagesspiegel. 5. 10. 1975.

1492 Hans-Jürgen Heise: Der Dichter in fremder Hand. In: Die Welt. 9. 10. 1975.

1493 Helmut Heißenbüttel. NDR. 18. 10. 1975.

1494 Wilhelm Höck. RIAS. 31. 3. 1976.

1495 Curt Hohoff: Enzensbergers Balladen. Ein trauriges, oft zynisches Parlando. In: Rheinischer Merkur. 10. 10. 1975.

1496 Joachim Kaiser: Wie Enzensberger 37 Fortschritts-Gespenster herbeizitiert. In: Süddeutsche Zeitung. 27./28. 9. 1975.

1497 Martin Kane. In: International PEN Bulletin of Selected Books. Vol. XXVI [1976]. Nr. 1. S. 16–18.

1498 Yaak Karsunke. NDR. 21. 10. 1975.

1499 Yaak Karsunke. SFB. 5. 2. 1976.

1500 Anton Krättli: Eine Grabstätte für Hoffnung? In: Aargauer Tagblatt. 27. 12. 1975.

1501 L.: Grabtafeln als Balladen. In: Die Presse. 27./28. 9. 1975.

1502 Beatrice Leutenegger: Ungeheuerlichkeit des Fortschritts. In: Solothurner Nachrichten. 21. 12. 1975.

1503 Helmut Mader: Die Mechanik des Fortschritts. In: Deutsche Zeitung. 10. 10. 1975.

1504 Claudio Magris: Il delirio del progresso. In: Corriere della Sera. 1. 4. 1979.
Volker Ulrich Müller [vgl. Nr. 1394].

1505 Neil McInnes: The intellectual terrorist. In: The Times Literary Supplement. 3. 6. 1977.

1506 Peter Meyer: Tote, die man nicht los wird. In: Stern. 2. 10. 1975.

1507 Rolf Michaelis: Ein Balladen-Jahr. In: Die Zeit. 10. 10. 1975.

1508 mw.: Ballade vom Fortschritt. In: Der kleine Bund. 17. 3.1979.

1509 Michael Neumann: Bitter und bravourös: Mausoleumsrundgang. In: Westermanns Monatshefte. 1976. H. 2. S. 86–87.

1510 F. Niedermayer: Lyrik aus Resignation und Tradition. In: Deutsche Tagespost. 16./17. 1. 1976.

1511 Helga M. Novak: Der Fortschritt des Grauens. In: Der Spiegel. Nr. 41/1975.

1512 Per Øhrgaard: Carceri d' invenzione. In: Text und Kontext. 1978. H. 1/2. S. 416–428.

1513 Henri P. Paucker: Ein Mausoleum für den Fortschritt. In: Neue Zürcher Zeitung. 9. 12. 1975.

1514 Helmut Salzinger: Ein Grabmal dem Fortschritt. In: Stuttgarter Zeitung. 9. 10. 1975.

1515 Mathias Schreiber: Lyrische Heldengalerie voller Abnormitäten. In: Kölner Stadt-Anzeiger. 14. 10. 1975.

1516 Aurel Schmidt: Der Fortschritt, der keiner war. National-Zeitung. 8. 11. 1975.

1517 Wilfried F. Schoeller: Rückzug eines Zauberlehrlings. In: Frankfurter Rundschau. 18. 10. 1975.

1518 Heinrich Vormweg. WDR. 23. 10. 1975.

1519 Jürgen P. Wallmann: »In diesem Mittelalter leben wir immer noch«. In: Badische Zeitung. 22./23. 11. 1975.

1520 Sibylle Wirsing. DLF. 2. 11. 1975.

Der Weg ins Freie (1975)
1521 Rolf Michaelis. In: Die Zeit. 10. 10. 1975.

Raids and Reconstructions (1976)
1522 Rodney Barker: The revolutionary beyond convention. In: Tribune. 25. 2. 1977.

1523 Douglas Johnson: Mosaic of revolution. In: The Times Educational Supplement. 21. 1. 1977.

1524 Pat McNeill. In: The Social Science Teacher. 16. 6. 1977.

1525 Edwin Morgan: An eye on everything. In: The Listener. 28. 4. 1977.

Alexander Herzen: Die gescheiterte Revolution (1977)
1526 Petra Kappert: Kein Pardon für Marx und Heine. In: Frankfurter Allgemeine Zeitung. 16. 4. 1977.

Edward Lears kompletter Nonsense (1977)

1527 Otto F. Beer: Der Herr aus Probstzella. In: Die Welt. 31. 12. 1977.

1528 Jeannie Ebner. In: Literatur und Kritik. 1978. Nr. 130. S. 632.

1529 Karl Krolow: Dimensionen des Unsinns. In: Der Tagesspiegel. 8. 1. 1978.

1530 Wolfgang Leppmann. In: Frankfurter Allgemeine Zeitung. 12. 11. 1977.

1531 S. S. Prawer: The case of comrade Lear. In: The Times Literary Supplement. 23. 12. 1977.

1532 Andreas Roßmann: Der Laureat der Limericks. In: Stuttgarter Nachrichten. 27. 12. 1977.

Erfinder in Deutschland (1977)

1533 Michael Globig: Enzensbergers Patentlösung. In: Deutsche Zeitung. 7. 10. 1977.

1534 Hadayatullah Hübsch. In: Frankfurter Allgemeine Zeitung. 30. 9. 1977.

Der Untergang der Titanic (1978)

1535 aad.: Schiffsuntergang in der Badewanne. In: Frankfurter Allgemeine Zeitung. 3. 12. 1982.

1536 ang.: Der Eisberg kommt auf uns zu. In: Rhein-Neckar-Zeitung. 8. 12. 1982.

1537 Armin Ayren: Der 34. Gesang … hinzugefügt den 33 Gesängen des H. M. Enzensberger über den Untergang der »Titanic«. In: Badische Zeitung. 11./12. 11. 1978.

1538 Dieter Bachmann: Grüße von der Titanic. In: Die Weltwoche. 3. 1. 1979.

1539 H. W. Bakx: De Titanic: de ondergang van twee dramen. In: NCR Handelsblad. 24. 11. 1978.

1540 Sigurd Becker: Lebenszeichen … schwer loszuwerden. In: Vorwärts. 30. 11. 1978.

1541 Dieter Beisel: Gesellschaftsspiel Weltuntergang. In: Westermanns Monatshefte. 1978. H. 12. S. 110–111.

1542 Rudi Bergmann: Nasse Füße sind noch nicht das Ende der Welt. In: Stuttgarter Nachrichten. 11. 11. 1978.

1543 bn.: Der Anfang vom Ende. In: Der Bund. 23. 12.1978.

1544 Walter Boehlich. NDR. 25. 11. 1978.

1545 Karl Heinz Bohrer: Getarnte Anarchie. In: Merkur. 1978. H. 12. S. 1275–1279.

1546 Nicolas Born: Riß im Rumpf des Fortschritts. In: Der Spiegel. Nr. 43/1978. Auch in: Born: Die Welt der Maschine. Hamburg 1980. S. 168–174.

1547 R.-M. Borngässer. In: Die Welt. 21. 5. 1980.

1548 Hanspeter Brode: Mit dem Rücken zur Zukunft. In: Mannheimer Morgen. 15. 3. 1979.

1549 Christa Bürger: Tradition und Subjektivität. Frankfurt a. M. 1980. S. 17–23.

1550 Italo A. Chiusano: Affonda col »Titanic« il sogno di Enzensberger. In: Politica Estera. 3. 1. 1979.

1551 Italo A. Chiusano: Il Titanic affonda nel mare delle ideologie. In: Tuttolibri. 21. 6. 1980.

1552 Pierre Combescot: Le »Titanic« a coulé, l'occident prend l'eau. In: Les Nouvelles Littéraires. 1981. Nr. 2775. S. 39.

1553 Georg Deffner. In: Süddeutsche Zeitung. 8. 5. 1980.

1554 Karlheinz Deschner: Der Untergang des H. M. Enzensberger. In: Avanti. 1979. Nr. 3.

1555 Gabriele Dietze. SWF. 20. 1. 1979.

1556 K. F.: Heule und schwimme ich. In. Schwäbisches Tagblatt. 28. 9. 1978.

1557 Carmine Finamore: L'utopia a bordo del Titanic. In: Rinascita. 18. 3. 1983.

1558 Herbert Glossner: Fragen – wie Wunden offen. In: Deutsches Allgemeines Sonntagsblatt. 22. 10. 1978.

1559 Ulrich Greiner: Der Untergang der Titanic. Das Desaster der Linken ist nicht nur ein Desaster der Linken. Anmerkungen zur Situation. In: Frankfurter Allgemeine Zeitung. 19. 10. 1978.

1559a Reinhold Grimm: The Ice Age Cometh. Skizzenhaftes zu einem Motivkomplex in der deutschen Gegenwartsliteratur. In: Festschrift for E. W. Herd. Hrsg. von August Obermayer. Dunedin 1980. S. 78–85.

1560 Diether H. Haenicke. In: World Literature Today. 1979. S. 499–500.

1561 Michael Hamburger: The usefulness of poets. In: The Nation. 3. 5. 1980.

1562 Raymond Hargreaves: Going under [zu Der Untergang der Titanic und zu Die Furie des Verschwindens]. In: Poetry Nation Review. 1981. H. 22. S. 63–64.

1563 Benjamin Henrichs: Gesänge aus der Eiszeit. In: Die Zeit. 20. 10. 1978.

1564 Ruth Henry: . . . aber deutsch muß er sein. In: Frankfurter Rundschau. 6. 11. 1982.

1565 Hg.: Hinterher natürlich. In: Neue Zürcher Zeitung. 11. 11. 1978.

1566 hnj.: Gesang auf den Untergang. In: Evangelische Kommentare. 1979. H. 3.

1567 R. J. Hollingdale: Wails from the icy water. In: The Times Literary Supplement. 8. 5. 1981.

1568 Claudio Isani: Zurück zur Zukunft. In: Der Abend. 28. 11.1978.

1569 Jørgen Bonde Jensen: Den undelige ende på komedien. In: Mellemting. Aestetiske og politiske forsog. København 1979. S. 268–309.

1570 Joachim Kaiser: Schiffsuntergang und Autobiographie. H. M. Enzensbergers episches Gedicht mit Abgründen. In: Süddeutsche Zeitung. 18. 10. 1978.

1571 Yaak Karsunke: Vor uns die Sintflut. In: Literatur konkret. Herbst 1978. Nr. 3. S. 45–46.

1572 Rudolf U. Klaus: Am Beispiel der »Titanic«-Katastrophe: Von Untergängen, Überleben und Kurskorrekturen. In: Die Presse. 13./14. 1. 1979.

1573 Ursula Krechel: Bourgeoisie, Wissenschaft, Kunst: In die Rettungsboote ... In: Literatur konkret. Herbst 1978. Nr. 3. S. 44–45.

1574 Horst Künzel: Vom Vergnügen in der Kunst. Enzensberger und die Alten Meister. In: Die Horen. 1980. H. 120. S. 57–63.

1575 Jacques Le Rider: Joyeux naufrages. In: Le Monde. 15. 5. 1981.

1576 Hans-Thies Lehmann. Eisberg und Spiegelkunst. Notizen zu H. M. Enzensbergers Lust am Untergang der Titanic. In: Berliner Hefte. 1979. H. 11. S. 2–19.

1577 Mario Vargas Llosa: *The Sinking of the Titanic*. In: The Wilson Quarterly. Summer 1981. S. 150.

1578 Pierre Marcabin: Illusions! In: Le Figaro. 15. 9. 1982.

1579 Jonathan Monroe: Swimming and wailing through history. In: Northwest Review. 1981. Nr. 3. S. 188–193.

1580 Goetz Müller: *Der Untergang der Titanic*. Bemerkungen zu Enzensbergers Gedicht. In: Zeitschrift für deutsche Philologie. 1981. H. 2. S. 254–274.

1581 W. Johannes Müller. In: Bayern-Kurier. 17. 5. 1980.

1582 E. Ottevaere: Varen op de Titanic. In: De Standaard. 2. 3. 1979.

1583 Oskar Neumann: Die Wurzeln der Angst vergessen machen. In: Unsere Zeit. 5. 5. 1979.

1584 Isabelle von Neumann-Cosel: Unter der Spitze des Eisbergs. In: Rhein-Neckar-Zeitung. 24./25. 3. 1979.

1585 Anna Pensa: *Der Untergang der Titanic* di H. M. Enzensberger. Una proposta di lettura. In: Annali. Istituto Universitario Orientale. Napoli. Studi tedeschi. 1981. S. 197–214.

1586 J.-L. Pinard-Legry: Ceux qui vivent »le dos tourné à la mer«. In: La Quinzaine Littéraire. 1981. Nr. 346. S. 16.

1587 Dagmar Ploetz: Jemand, der die Zeitgenossenschaft aufkündigt. In: Deutsche Volkszeitung. 30. 11. 1978.

1588 Claude Rawson: Catastrophe. In: The London Review of Books. 1./14. 10. 1981.

1589 Justin Rechsteiner: Bizarres Epos von Untergang und Überleben. In: Basler Volksblatt. 18. 11. 1978.

1590 Hedwig Rohde: Untergang im Kopf. In: Der Tagesspiegel. 12. 11. 1978. Auch in: Neue Zürcher Zeitung. 11. 11. 1978.

1591 H. S.: Der Untergang eines Chorführers. In: Die Furche. 1978. H. 46. S. 20.

1592 Ernst-Dietrich Sander: Einer mißt sich an Dante und Ezra Pound. In: Die Welt. 18. 10. 1978.

1593 Klaus Sauer. DLF. 3. 12. 1978.

1594 Norbert Schachtsiek-Freitag: Prinzip Pessimismus: Der Eisberg der Geschichte. In: Buchmagazin für Mediziner. 1978. Nr. 2.

1595 Aurel Schmidt: Das Ende der Utopie. In: Basler Zeitung. 11. 11. 1978.

1596 Franz Schonauer. In: HR. 19. 2. 1979.

1597 Godehard Schramm: Lichtblicke in epischem Duster. In: Nürnberger Zeitung. 18. 11. 1978. Auch in: Die Horen. 1979. H. 114. S. 161–163.

1598 Wolfram Schütte: Den roten Faden verloren. In: Frankfurter Rundschau. 17. 10. 1978.

1599 Uwe Schultz: Kunststücke des nie versinkenden Korkens. In: Stuttgarter Zeitung. 17. 10. 1978.

1600 Hans Schwab-Felisch: Die neue Lust am Untergang. In: Frankfurter Allgemeine Zeitung. 10. 5. 1980.

1601 Hans Schwab-Felisch: Den Seemann erschüttern. In: Theater heute. 1980. H. 6. S. 10–11.

1602 Hinrich C. Seeba: Der Untergang der Utopie: Ein Schiffbruch in der Gegenwartsliteratur. In: German Studies Review. 1981. H. 2. S. 281–298.

1603 Johann Siering. In: Neue deutsche Hefte. 1978. H. 4. S. 792–794.

1604 Gerhard Stadelmeier. In: Stuttgarter Zeitung. 10. 5. 1980.

1605 Rainer Stephan. In: Frankfurter Rundschau. 20. 5. 1980.

1606 C. Bernd Sucher. In: Süddeutsche Zeitung. 10. 5. 1980.

1607 Gerd Ueding: H. M. Enzensbergers Schiffbruch. In: Frankfurter Allgemeine Zeitung. 14. 10. 1978.

1608 Jürgen P. Wallmann. RIAS. 7. 2. 1979.

1609 Paul West: Drowning as one of the fine arts. In: Parnassus. Spring/Summer 1981. S. 91–109.

1610 Andrzej Wirth: Die Lust an der schwachen Lesung. Arbeitsweise und Struktur des *Untergangs der Titanic*. In: Theater heute. 1980. H. 6. S. 10–13.

Beschreibung eines Dickichts (1979)

1611 Klaus-Dieter Felsmann: Thesen und Antithesen. In: Sonntag. 31. 8. 1980.

Jakob und sein Herr (Produktion 1979)

1612 Rüdiger Sareika: Der wahre Jakob. Gespräch mit H. M. Enzensberger. In: Saarbrücker Zeitung. 22. 12. 1979.

[Lieder für Ingrid Caven] (1979)

1613 Wolf Donner: Berichte zur Lage der Nation. In: Der Spiegel. Nr. 42/1979.

1614 Manfred Sack: Lieder vom Dichter. In: Die Zeit. 2. 11. 1979.

Molière: Der Menschenfeind (1979)

1615 art.: Der einsame Aussteiger. In: Frankfurter Allgemeine Zeitung. 10. 3. 1983.

1616 Claus-Henning Bachmann. In: Basler Zeitung. 22. 12. 1979.

1617 Hans Bertram Bock: Kabarett vom Fließband. In: Nürnberger Nachrichten. 4. 12. 1979.

1618 Peter Burri. In: Basler Zeitung. 20. 6. 1981.

1619 Ingvelde Geleng: Brillantes Kabarett. In: Cuxhavener Nachrichten. 4. 12. 1979.

1620 Colette Godard: Molière allemand et contemporain. In: Le Monde. 28. 12. 1979.

1621 Günther Grack: Der Menschenfeind – heute. In: Der Tagesspiegel. 4. 12. 1979.

1622 hb.: Mißbrauch mich, Liebling! In: Rhein-Neckar-Zeitung. 16. 12. 1981.

1623 Benjamin Henrichs: Sieger durch K. o.: H. M. Enzensberger. In: Die Zeit. 7. 12. 1979.

1624 Peter Iden: Deprimierend bravourös. In: Frankfurter Rundschau.

4. 12. 1979.

1625 Wolfgang Ignée: Versailles ist doch nicht Bonn. In: Stuttgarter Zeitung. 3. 12. 1979.

1626 Hellmuth Karasek. Der Menschenfeind wählt Grüne Liste. In: Der Spiegel. Nr. 50/1979.

1627 Karin Kathrein: Vom Party-Jargon korrumpiert. In: Die Presse. 6. 10. 1981.

1628 Friedrich Luft: Stinktiere im blendenden Sakko. In: Die Welt. 3. 12. 1979.

1629 Clara Menck: Molières neue Schickeria. In: Frankfurter Allgemeine Zeitung. 15. 4. 1980.

1630 Christoph Müller: Ranzig mit dreißig. In: Theater heute. 1980. H. 2. S. 59.

1631 Karena Niehoff: Molière als Nachwuchsautor. In: Süddeutsche Zeitung. 7. 12. 1979.

1632 Henning Rischbieter: Politdebatte, Boulevard-Parlando. In: Theater heute. 1980. H. 1. S. 29–30.

1633 Andreas Roßmann: Kein Fest für das Theater. In: Allgemeine Jüdische Wochenzeitung. 21./28. 12. 1979.

1634 Walther Schmieding: Von Louis zu Helmut: Neudeutsche Reime. In: Deutsches Allgemeines Sonntagsblatt. 9. 12. 1979.

1635 Jürgen von Stackelberg: Im Namen Molières ... In: Arcadia. 1980. H. 3. S. 299–308.

1636 Sibylle Wirsing: Der Misanthrop als falscher Fünfziger. In: Frankfurter Allgemeine Zeitung. 4. 12. 1979.

Die Furie des Verschwindens (1980)

1637 Maria Böhm: Möglichkeiten werden nicht aufgespürt. In: Die Tat. 8. 1. 1982.

1638 Michael Buselmeier: »Spart auf den schlüsselfertigen Schrecken«. In: Frankfurter Hefte. 1982. H. 2. S. 77–79.

1639 Peter Demetz: Kunerts Abgründe, Enzensbergers Träume. In: Frankfurter Allgemeine Zeitung. 18. 11. 1980.

1640 Michael Hamburger: Causes for pessimism. In: The Times Literary Supplement. 10. 10. 1980.
Raymond Hargreaves [vgl. Nr. 1562].

1641 Rudolf Hartung. In: Neue deutsche Hefte. 1981. H. 1. S. 134–137.

1642 Hans-Jürgen Heise: Der Fliegende Robert und die Dialektik. In: Stuttgarter Zeitung. 7. 10. 1980.

1643 Joachim Kaiser: Primitiefsinn, Lyrik, leichte Hand. In: Süddeutsche Zeitung. 27. 11. 1980.

1644 Fritz J. Raddatz: Glück – das letzte Verbrechen? In: Die Zeit. 14. 11. 1980.

1645 Hans-Dietrich Sander: Wenn die Worte im Kopf dröhnen. In: Die Welt. 6. 12. 1980.

1646 Detlev Schöttker: E wie Enzensberger. Zu neuen und neuen alten Gedichten. In: Die Neue. 10. 2. 1981.

1647 Volker von Törne: Fähnchen in jedem Wind. In: Literatur konkret. Herbst 1980. S. 56–57.

Molière: Der Bürger als Edelmann (1980)

1648 Karl Heinz Kramberg: Molière populär. In: Süddeutsche Zeitung.
3. 11. 1980.

TransAtlantik (1980–1982)

1649 [Anonym] Wenn Hemingway auf Lenin trifft . . . In: Der Abend.
15. 9. 1980.

1650 Stephan Brees: Transatlantische Irritationen. In: Nürnberger Zeitung. 1. 11. 1980.

1651 Darrell Delamaide, Veronika Hass: *TransAtlantik*: A New West German Literary Mix. In: International Herald Tribune. 12. 2. 1981.

1652 Günter Engelhard: Wenn die Linken bummeln gehen. In: Rheinischer Merkur. 31. 10. 1980.

1653 Günter Engelhard: Nässeperiode. · In: Die Weltwoche. 22. 10. 1980.

1654 Siegmar Gassert: *TransAtlantik*: Magazin für neue Zusammenhänge. In: Basler Zeitung. 28. 10. 1980.

1655 Hermann C. Gremliza: »Journal des Luxus und der Moden«. In: Literatur konkret. Herbst 1980.

1656 H. H. In: Die Tageszeitung. 10. 3. 1983.

1657 Hans-Klaus Jungheinrich: Neue Fiesheit. In: Frankfurter Rundschau. 30. 12. 1981.

1658 Jochen Kelter: Ein Jahr *TransAtlantik*. Zeitschriftenporträt. In: Schreibheft. 1981. H. 17.

1659 Sabina Kienlechner: Journal für ein mündiges Publikum. In: Mannheimer Morgen. 9. 10. 1980.

1660 Heinz Klunker: Frühreife Spätlese? In: Deutsches Allgemeines Sonntagsblatt. 5. 10. 1980.

1661 Gabriele Krämer-Prein: Ohne Vorbild, ohne Ebenbild, ohne Konkurrenz? Interview mit H. M. Enzensberger und Marianne Schmidt zum Start der *TransAtlantik*. In: Börsenblatt für den deutschen Buchhandel. 1980. H. 74. S. 2188–2189.

1662 Haug von Kuenheim: Mann mit vielen Eigenschaften. Wie kommt Herr N[ouhuys] von »Lui« auf *TransAtlantik*? In: Die Zeit. 24. 10. 1980.

1663 Anton Madler: Als Drohne nach Bali. In: Die Welt. 18. 6. 1982.

1664 Anton Madler: Von der inneren Wildnis des Tennisspielers. In: Die Welt. 2. 10. 1980.

1665 Andres Müry: Leeres Füllhorn. In: Basler Zeitung. 29. 12. 1982.

1666 Peter Pawlik: Die Lage ist hoffnungslos, aber nicht ernst. In: Badische Zeitung. 7. 10. 1980.

1667 Fritz J. Raddatz: Die Wahrheit ist immer riskant. Gespräch mit H. M. Enzensberger über die neue Zeitschrift *TransAtlantik*. In: Die Zeit. 19. 9. 1980.

1668 Tyll Schönemann: Kurswechsel mit Folgen. In: Stern. 28. 8. 1980.

1669 WoS [Wolfram Schütte]: »Utopien? Gewiß, aber wo?« Seitenblicke auf unsere literarische Szene. In: Frankfurter Rundschau. 10. 10. 1980.

1670 Wolfram Schütte: Eigensinn & Konsequenz. In: Frankfurter Rundschau. 11. 5. 1981.

1671 Hannes Schwenger: In Delikatessenläden zu Hause. In: Vorwärts. 23. 10. 1980.

1672 Rolf Vollmann: Herr Heine, bitte melden. In: Stuttgarter Zeitung. 16. 10. 1980.

1673 Harald Wieser: Heinrich Heine im Alfa Romeo. In: Der Spiegel. Nr. 40/1980.

Ein wahres Hörspiel (1982)

1674 Eva-Maria Lenz: Die Koketterie mit der Wahrheit. In: Frankfurter Allgemeine Zeitung. 12. 10. 1982.

1675 R. V.: Das unheilvolle Porträt. In: Stuttgarter Zeitung. 4. 1. 1983.

Politische Brosamen (1982)

1676 Heinz Abosch: Radikales Subjekt. In: Neue Zürcher Zeitung. 6. 12. 1982.

1677 François Bondy: Heilige Kühe schlachten. In: Weltwoche. 20. 10. 1982.

1678 Paul Depondt. In: De Nieuwe Boeken. 14. 10. 1982.

1679 Peter Engel: Neue Sammlung politischer Essays von Enzensberger. In: DPA-Literatur-Dienst. 10. 11. 1982.

1680 Enrico Filippini: Basta con la pappa dell'idiozia. In: La Republica. 30. 3. 1983.

1681 Ulrich Greiner: Der Risiko-Spieler. In: Die Zeit. 25. 2. 1983.

1682 Wolfgang Hädecke: Fortschritt durch Kuddelmuddel. In: Stuttgarter Zeitung. 19. 2. 1983.

1683 W. Hansen: Inconsequentie als waarheid. In: NRC Handelsblad. 11. 3. 1983.

1684 Wolf Lepenies: Die Freuden der Inkonsequenz. In: Frankfurter Allgemeine Zeitung. 7. 12. 1982.

1685 Armin Mohler: Die Bundesrepublik ist doch bewohnbar. In: Die Welt. 6. 10. 1982.

1686 Pankraz [Pseudonym]: Pankraz, Enzensberger und das Spitzenprodukt. In: Die Welt. 12. 7. 1982.

1687 Klaus Podak: Die Freiheit zur Inkonsequenz. In: Süddeutsche Zeitung. 23./24. 4. 1983.

1688 Wolfgang Pohrt: Loblieder auf die Inkonsequenz. In: Der Spiegel. Nr. 52/1982.

1689 Klaus Simon. SWF. 20. 2. 1983.

1690 René Smeets: Een pleidooi voor het dagelijkse leven. In: De Groene Amsterdammer. 20. 4. 1983.

1691 Günter Steffens. SWF. 20. 11. 1982.

1692 Friedrich Weigand. ORF. 5. 2. 1983.

Die Gedichte (1983)

1693 Hg.: Galgenlieder dieser Jahrhunderthälfte. In: Neue Zürcher Zeitung. 28. 5. 1983.

Nachweise

Hans Magnus Enzensberger, *Das langsame Verschwinden der Personen*, in: *Pintura. Desenhos. Filmes. Dieter Jung. Bilder. Zeichnungen. Filme*, Galerie Kleber Berlin, Museu de Arte de São Paulo, Museu de Arte Moderna de Rio de Janeiro, Galeria Cañizares de Salvador-Bahia 1974.

Hans Magnus Enzensberger, *Der Bundesgeschäftsführer*, in: Die Zeit, 25. 2. 1983.

Hans Magnus Enzensberger, *Das unheilvolle Porträt* (1981; ungedruckt). Alle Aufführungsrechte liegen beim Verlag der Autoren.

Alfred Andersch, *1 (in Worten: ein) zorniger junger Mann*, in: Frankfurter Hefte 1958 (Februar), S. 143–145.

Martin Walser, *Einer der auszog, das Fürchten zu verlernen*, in: Die Zeit, 15. 9. 1961.

Jürgen Habermas, *Vom Ende der Politik – oder die unterhaltsamen Kolportagen des Kriminalberichterstatters Hans Magnus Enzensberger*, in: FAZ, 17. 10. 1964.

Pier Paolo Pasolini, *Hans Magnus Enzensberger, ›La breve estate dell'anarchia‹*, in: P. P. P., *Descrizioni di descrizioni*, Einaudi: Torino 1979, S. 217–222 (erstmals 25. 11. 1973; aus dem Italienischen von Reinhold Grimm).

John Simon, *Foreword*, in: Hans Magnus Enzensberger, *Critical Essays*, ed. by Reinhold Grimm and Bruce Armstrong, Foreword by John Simon, New York: Continuum 1982, S. vii–ix (autorisierte Übersetzung aus dem Amerikanischen von Reinhold Grimm).

Hannah Arendt/Hans Magnus Enzensberger, *Ein Briefwechsel*, in: Merkur 1965 (April), S. 380–385.

Peter Weiss, *Enzensbergers Illusionen*, in: Kursbuch 1966 (Juli), S. 165–170.

Hans Magnus Enzensberger, *Peter Weiss und andere*, in: Kursbuch 1966 (Juli), S. 171–176.

Peter Weiss, *Aus den ›Notizbüchern‹*, in: P. W., *Notizbücher 1960–1971*, Suhrkamp: Frankfurt 1982, Bd. 1, S. 98, Bd. 2, S. 577–578 u. 732; *Notizbücher 1971–1980*, Frankfurt: Suhrkamp 1981, Bd. 2, S. 709, 730–731 u. 740–742.

Entrevista con Hans Magnus Enzensberger, in: Basis. Jahrbuch für deutsche Gegenwartsliteratur 4 (1973 [*recte:* 1974]), S. 122–130 unter dem Titel *Entrevista 1969*; Erstdruck in: Casa de las Américas [Habana] 10 (1969), Nr. 55 (Juli/August), S. 117–121 (aus dem Spanischen von Reinhold Grimm).

Gespräch mit Hans Magnus Enzensberger, in: Hanjo Kesting (Hg.), *Dichter ohne Vaterland*, Hannover: Dietz 1982, S. 188–206 (mit dem Obertitel *Der kurze Sommer der Anarchie*).

Reinhold Grimm, *Bildnis Hans Magnus Enzensberger. Struktur, Ideologie und Vorgeschichte eines Gesellschaftskritikers*, in: Basis. Jahrbuch für deutsche Gegenwartsliteratur 4 (1973 [*recte:* 1974]), S. 131–174.

Walter Hinderer, *Ecce poeta rhetor: Vorgreifliche Bemerkungen über H. M. Enzensbergers Poesie und Prosa* (Originalbeitrag).

Rainer Nägele, *Das Werden im Vergehen oder Das untergehende Vaterland. Zu Enzensbergers Poetik und poetischer Verfahrensweise (Originalbeitrag)*.

Lea Ritter-Santini, *Un paio di scarpe con le ali*, in: *In forma di parole*, Bologna: Manuale 1984, S. 28–48. (Auszug; aus dem Italienischen von der Verfasserin).

K. Lydia Schultz, *Ex negativo: Enzensberger mit und gegen Adorno* (Originalbeitrag).

Amadou Booker Sadji, *Hans Magnus Enzensberger und die »Dritte Welt«* (Originalbeitrag).

Klaus L. Berghahn, *Es genügt nicht die einfache Wahrheit. Hans Magnus Enzensbergers ›Verhör von Habana‹ als Dokumentation und Theaterstück* (Originalbeitrag).

Michael Franz, *Hans Magnus Enzensberger: ›Mausoleum‹*, in: Weimarer Beiträge 22 (1976), H. 12, S. 125–140.

Hans-Thies Lehmann, *Eisberg und Spiegelkunst. Notizen zu Hans Magnus Enzensbergers Lust am Untergang der Titanic*, in: Berliner Hefte 11 (1978), S. 2–19.

Wolf Lepenies, *Die Freuden der Inkonsequenz. Hans Magnus Enzensbergers Essays ›Politische Brosamen‹*, in: FAZ, 7. 12. 1982 (Literaturblatt, S. L 2).

st 2016 Brechts »Mutter Courage
und ihre Kinder«
Herausgegeben von Klaus-Detlef Müller

Mutter Courage und ihre Kinder ist Brechts vermutlich er-
folgreichstes, mit Sicherheit aber folgenreichstes Stück. Der
neue Materialienband mit dem Bestreben, »Einschüchterung
durch Klassizität« zu verhindern, ersetzt und ergänzt die
ältere Sammlung von Werner Hecht (edition suhrkamp 50).
Der Offenheit und Aktualität von Brechts Werk wird er
gerecht durch den Abdruck weiterer Dokumente zur Entstehung des Stücks und bisher unveröffentlichter Varianten,
eine Zusammenstellung von Äußerungen Brechts zum Werk
und zur Aufführung, eine Dokumentation zur Rezeption,
den Wiederabdruck wichtiger Deutungen, Bibliographie und
Aufführungsverzeichnis. Er versteht sich als Anregung zu
erneuter Auseinandersetzung mit dem Stück in Theater,
Universität und Schule.

st 2017 Brechts »Gewehre der Frau Carrar«
Herausgegeben von Klaus Bohnen

Die Gewehre der Frau Carrar gehören zu Brechts weniger
zitierten, wohl aber meistgespielten Stücken. Im Blick auf
das Gesamtwerk ist seine Bedeutung die einer Zwischen-
stellung: in der Nachfolge der »Lehrstücke« (engeren Sinnes)
und als Vorbereitung der späteren »klassischen« Werke. –
Der von Klaus Bohnen herausgegebene Materialienband
geht über die Kommentare Brechts und seiner Mitarbeiter
sowie die Sammlung vorliegender sekundärliterarischer Interpretationen hinaus: Exemplarisch werden hier, indem die
historische Lage auf der Basis des von Brecht selbst gesammelten Materials dokumentiert ist, Verarbeitungsprozesse
im Werdegang eines Dramas einsichtig. Zugleich gibt eine
Untersuchung der Varianten des Stücks einen nicht unwe-
sentlichen Hinweis darauf, wie Brecht die im marxistischen
Denkmodell signifikante Klassenkampf-Typologie während
der Überarbeitung dem dramatischen Anschauungsbild erst
im nachhinein aufsetzt.

st 2018 Weimars Ende
Herausgegeben von Thomas Koebner

Daß die Intellektuellen, zumal die Schriftsteller, den Gang der Ereignisse vor und nach 1933 sehr viel besser vorausgesehen hätten als die ›professionellen‹ Politiker, diese provozierende Behauptung aus den Exil-Tagebüchern von Alfred Kerr ist Ausgangspunkt des Materialienbandes *Weimars Ende*. Stimmt aber diese Behauptung? Und – wenn sie stimmt – aus welchen Gründen vermochten die Intellektuellen besser, schärfer, weiter zu sehen als andere? In einem internationalen Symposium der Forschungsstelle Deutsche Literatur 1933–1945 hat eine Runde von Fachleuten sich um Überprüfung dieser angeblichen Prophetenleistung deutscher Intellektueller an repräsentativen Beispielen bemüht, um Antwort auf die Frage, über welche diagnostischen und prognostischen Fähigkeiten Schriftsteller und Publizisten in den Jahren 1930–1933 verfügten. Angeschlossen an diese Diskussion ist die Fragestellung nach bestimmten Paradigmen der Epochendeutung, nach den charakteristischen Mustern, Mythen, Motiven, Metaphern der Zeitkritik.

st 2019 Horváths »Geschichten aus dem Wiener Wald«
Herausgegeben von Traugott Krischke

Der Band enthält im wesentlichen Originalbeiträge namhafter Forscher und Wissenschaftler. Der feuilletonistischen Einführung von Hansjörg Schneider folgt ein, den biographischen und werkgeschichtlichen Aspekten gewidmeter, Beitrag des Herausgebers Traugott Krischke. Mit der »Spießer-Ideologie« befaßt sich Hermann Glaser, während Martin Hell sich mit »Kitsch« und »Sentimentalität« in Horváths *Geschichten aus dem Wiener Wald* auseinandersetzt. Winfried Nolting untersucht »Individualität und Totalität Horváthscher Sprachdarstellung«, Ingrid Haag zeigt Horváths dramaturgisches Verfahren auf, und Jürgen Wertheimer behandelt »Horváths *Geschichten aus dem Wiener Wald* im Unterricht«. Im Exkurs zum Thema Mittelstand wird der Umbruch gesellschaftlicher Strukturen und die damit verbundene Problematik durch Texte der Jahre 1929 bis 1932 verdeutlicht. Umfangreiche Literaturhinweise ergänzen diesen Band.

st 2020 Ernst Weiß
Herausgegeben von Peter Engel

Ernst Weiß hat auf exemplarische Weise die Zeitströmungen vom Expressionismus bis zur Neuen Sachlichkeit verarbeitet und dabei als Chirurg seine eigenen, meist von medizinischer und psychologischer Problematik bestimmten Themen gestaltet. Sein unverwechselbares, mit allen Dämonien menschlicher Verhaltensweisen vertrautes Werk hat in der Presse und unter den Literaturwissenschaftlern die widersprüchlichsten Reaktionen ausgelöst. Der Materialienband überliefert dieses spannungsreiche Spektrum mit den wichtigsten der zu Ernst Weiß' Lebzeiten verstreut in Zeitungen und Zeitschriften veröffentlichten Reaktionen auf sein Werk. Er dokumentiert aber auch bedeutende oder charakteristische Publikationen, die seit dem Tod des Dichters über ihn erschienen sind, ohne die Widersprüche, Irrtümer und Fehlspekulationen zu verbergen, die sich aus der zögernden und halbherzigen Erforschung und Rezeption eines Schriftstellers ergaben, dessen Werk weder Konzessionen an den populären Publikumsgeschmack enthält noch von einem der politischen und ideologischen Lager zu vereinnahmen ist.

st 2021 Brechts »Guter Mensch von Sezuan«
Herausgegeben von Jan Knopf

Neben die gänzlich neu gearbeiteten Bände zu Stücken Brechts, die bisher nicht in der edition suhrkamp mit Materialiensammlungen zu finden waren, treten Bearbeitungen jener Materialienbände zu den großen klassischen Stücken, die über Jahre hinweg ihr Publikum gefunden und sich selbst den Rang von Klassikern erworben haben. Nach *Brechts Leben des Galilei* und *Mutter Courage* präsentiert sich auch *Brechts Guter Mensch von Sezuan* in neuem Gewand. Wie in jenen Bänden werden die Selbstäußerungen durch bislang nicht publizierte Texte aus dem Nachlaß ergänzt, sind neue Forschungsansätze und Beiträge der letzten Jahre vertreten, wird die Rezeption des Theaters mit ihren Weiterungen in verstärktem Maße berücksichtigt. Ein aktualisierter Bild- und Dokumentarteil gemeinsam mit einer neuen Bibliographie machen das theoretisch Erörterte sinnfällig und prädestinieren den Band für das weiterführende wissenschaftliche wie das allgemeiner interessierte Studium.

st 2022 E. Y. Meyer
Herausgegeben von Beatrice von Matt

Insistierend auf philosophiegeschichtlich vorgeprägten Fragestellungen, hat E. Y. Meyer stilistisch zwar – wie ihm die Kritik bescheinigte – den Weg zu einer klaren, beruhigten und ganz selbständigen Prosa zurückgelegt. Nicht gering bleiben dennoch die Schwierigkeiten, die Meyers Werk dem spontanen Verständnis entgegensetzt: sei es die starke autobiographische Verankerung seiner Themen, die präzise, nicht ablassende, penetrierende Art seiner Darstellung, die Verhäkelung des Gesamtwerks infolge seiner Technik motivischer wie inhaltlicher Wiederaufnahme und Weiterführung. Hier wie dort ist der eindringlich fragende Leser auf einführende und ordnende Hilfestellung angewiesen. Beatrice von Matt unternimmt diese Aufgabe mit einem abwechslungsreich komponierten Materialienband, versucht Meyers Werk durch eine Vielzahl von Näherungen konzentrisch zu fassen: im Gespräch mit dem Autor, durch Präsentation philologischen Materials zu Entstehungsbedingungen und Entwicklungen, im Spektrum der Originalbeiträge ausgesuchter Interpreten.

st 2023 Brechts »Mann ist Mann«
Herausgegeben von Carl Wege

Kaum ein anderes Stück Brechts ist zugleich so sehr Dokument seiner Entwicklung, ist so oft, je nach »Lebensphase« und den zugehörigen Ansichten des Autors, wieder umgebaut worden, kaum ein anderes auch wurde so oft und so weitgehend mißverstanden.

Zum ersten Mal nach Druck und Uraufführung von 1926 macht daher der Materialienband von Carl Wege die Erstfassung des Stücks wieder zugänglich, zum ersten Mal überhaupt bietet er Auszüge aus dem sogenannten Hauptmann-Manuskript, jener frühesten, 1924 in Zusammenarbeit mit Elisabeth Hauptmann entstandenen Rohfassung. Hinzu tritt ergänzend eine Dokumentation der Vorarbeiten zum selben

Thema: so etwa des Galgei-Fragments und bislang unveröffentlichter Notizen und Anmerkungen.

Die Auseinandersetzung mit Stoff und Entstehungsprozeß des Stückes in Äußerungen von Freunden und Mitarbeitern Brechts wird im zweiten Teil des Bandes belegt, ergänzt durch zeitgenössische Theaterkritiken von Alfred Kerr und Herbert Ihering.

st 2024 Brasilianische Literatur
Herausgegeben von Mechtild Strausfeld

»Erst in der zweiten Hälfte des neunzehnten Jahrhunderts tritt mit zwei wahrhaft repräsentativen Gestalten, mit Machado de Assis und Euclides da Cunha, Brasilien in die Aula der Weltliteratur ein.«

Das schrieb Stefan Zweig 1941. Seitdem sind vierzig Jahre vergangen, und die moderne brasilianische Literatur zählt wie die hispanoamerikanische zu den interessantesten und vielseitigsten der zeitgenössischen Literaturen der Welt. Ziel des vorliegenden Bandes ist es, grundlegende Informationen über Autoren und Werke zu vermitteln, um einem größeren Leserkreis den Zugang zu dieser Literatur zu erleichtern.

Chronologisch werden die wichtigsten Namen dieses Jahrhunderts vorgestellt: Machado de Assis, Euclides da Cunha, Lima Barreto, Mario de Andrade, Carlos Drummond de Andrade, Graciliano Ramos, Jorge Amado, Gilberto Freyre, Guimarães Rosa, Clarice Lispector, Joao Cabral de Melo Neto; dazu noch ein kurzer Abriß der Entwicklung von Kurzgeschichte und Roman von 1964 bis 1980. Biobibliographische Angaben komplettieren den Band.

st 2025 Karl May
Herausgegeben von Helmut Schmiedt

Der Name Karl May stand jahrzehntelang für eine als kindlich bis kindisch geltende Unterhaltungsliteratur, die Interesse allenfalls unter pädagogischen und kommerziellen Aspekten zu verdienen schien. Andersartige Kommentare, für die vor allem Literaten wie Ernst Bloch und Arno Schmidt verantwortlich waren, blieben weitgehend wirkungslos, und erst neuerdings entwickelt sich in größerem Umfang eine engagierte, ernst zu nehmende Forschung, die in perspektivenreicher Annäherung an das Werk des vermeintlichen Trivialschriftstellers erstaunliche Dimensionen erschließt: Psychologische und ideologiekritische Interessen kommen dabei ebenso zu ihrem Recht wie formal-ästhetisch und literaturgeschichtlich orientierte Ansätze. Der Materialienband unternimmt es erstmals, die Geschichte und den aktuellen Stand der May-Forschung anhand repräsentativer Beispiele nachzuzeichnen, er führt sie mit einigen neuen Beiträgen weiter. Das bisher umfangreichste Verzeichnis der Werke Mays und eine ausführliche Bibliographie der Sekundärliteratur beschließen das Buch.

st 2026 Kafka. Der Schaffensprozeß
Von Hartmut Binder

Der Band dokumentiert erstmals umfassend die verschiedenen Aspekte, die für die Entstehung der Erzählungen und Romane Kafkas wichtig sind: die lebensgeschichtlichen Konfliktlagen, die spontan als Anlässe des Schreibens in Erscheinung treten und mit seismographischer Genauigkeit seinen Fortgang bestimmen; die damit konkurrierende Eigengesetzlichkeit des Ästhetischen; die Bedeutung literarischer Vorbilder; das Problem des Fragmentarischen und schließlich die Gesetzmäßigkeiten, nach denen das Entstandene stilistisch für den Druck überarbeitet wird. Eine günstige Quellenlage erlaubt ungewöhnlich detaillierte Einblicke in die Werkstatt eines großen Sprachkünstlers, besonders in die psychischen Gegebenheiten, die den eigentlichen kreativen Prozeß bewirken und begleiten.
Entgegen weitverbreiteter Ansicht erweist sich Kafkas Œuvre weder als literarisch voraussetzungslos noch von hermetischer Abgeschlossenheit. Es ist vielmehr Glied einer Traditionskette und mit seinem geistigen Umfeld Prag auf überraschend vielfältige Weise verknüpft. Rahmenbedingungen sinnvoller Deutung sind damit vorgegeben.

st 2027 Horváths »Jugend ohne Gott«
Herausgegeben von Traugott Krischke

Dem verstärkten Interesse am Prosa-Werk Horváths, vor allem im schulischen Bereich, ist mit einer Zusammenstellung

Rechnung getragen, die neben dem umfassenden Angebot werkbezogener Analysen einen Schwerpunkt in der Aufhellung des historischen Umfeldes setzt. Der Bedeutung des Werkes als ein Zeugnis deutscher Exilliteratur und dem speziellen Motivhintergrund ›Jugend im Faschismus‹ gelten daher die einführenden Beiträge. Die Untersuchung der Strukturen und Motivparallelen des Romans im Kontext von Horváths Gesamt-Werk, der Sozialkritik und Darstellung faschistischer Ideologeme sowie des vielschichtigen Horváthschen Gottesbegriffs steht anschließend gemeinsam mit einem für den Gebrauch des Buches im Unterricht konzipierten Kursmodell im Zentrum des Bandes.

Wie in den anderen Titeln der Horváth-Materialien gilt auch in diesem Band ein besonderes Interesse der Rezeption des Werkes.

Eine Auswahlbibliographie zu Horváth unter besonderer Berücksichtigung des Themas »Jugend ohne Gott« beschließt den Band.

st 2028 Frischs »Homo faber«
Herausgegeben von Walter Schmitz

Nach dem Künstlerroman *Stiller* hat Max Frischs *Homo faber* – so behauptete man – die Krisensymptome des technischen Zeitalters illustriert. Inzwischen ist es möglich, die Genese des Bildes von Max Frisch und seinem zweiten Romanerfolg *Homo faber* zu überprüfen und dieses Bild dort zu korrigieren, wo es nötig ist. Dazu hat die neuere Frisch-Forschung, deren ganze Spannweite in den Beiträgen zu diesem Materialienband dokumentiert wird, bereits wichtige Vorarbeiten geleistet; sie reichen von erzähltechnischen Analysen, die zeigen, wie der Roman jene platte Antithetik von »Technik« und »Natur« befragt und auflöst, bis hin zu kritischen Fragen an den Roman selbst, der die Wirklichkeit nur im Reflex des Bewußtseins gelten läßt. Das Spektrum der Beiträge reicht von engagierter ›feministischer‹ Polemik bis zur handwerklich gediegenen Einführung in die Bauformen des Erzählens. Überdies soll der vorliegende Materialienband die in Frischs Werk einmal fixierte historische Bewegung mit Analysen und Dokumenten bewußt machen und zeigen, wie dieser Roman selbst bereits ein Teil jener Tradition geworden ist, welche die jüngeren zeitgenössischen Autoren wie ihre Leser noch unmittelbar betrifft;

der Wirkungsgeschichte des Werkes von Max Frisch sind zwei weitere Originalbeiträge gewidmet.

st 2029 Brechts ›Aufhaltsamer Aufstieg des Arturo Ui«
Herausgegeben von Raimund Gerz

Brechts *Aufhaltsamer Aufstieg des Arturo Ui*, diese Verhüllung als Enthüllung, hat mit ihrer zupackenden Verbindung von Gangster-Story und hohem Stil der Tragödie theatralische Wirksamkeit unter Beweis gestellt. Der Materialienband geht hinter die unleugbare Oberflächeneffekte des Stücks zurück; er konfrontiert die letzte Textfassung mit den von Brecht gesammelten und der ersten (im Nachlaß überlieferten) Fassung eingeklebten dokumentarischen Fotos; er bietet unter den Materialien zum Stück neben Brechts ›Anmerkungen‹ und Eintragungen ins Arbeitsjournal verstreute Texte aus dem Nachlaß und die *Geschichte des Giacomo Ui*, umfaßt in einem Kapitel zur Rezeption Kritiken der Aufführungen in Stuttgart und Berlin. Ausgewählte ›Texte zur Erläuterung des historischen Hintergrunds‹, darunter Auszüge aus den Braunbüchern und aus Hitlers Reden, erfassen den historischen Kontext und belegen dessen Bezugspunkte für Brechts dramatische Arbeit.

st 2030 Die deutsche Kalendergeschichte
Ein Arbeitsbuch von Jan Knopf

Die kurze überschaubare Prosaerzählung, deren Gegenstand eine dem Leben des Volkes entnommene unterhaltende oder nachdenkliche Begebenheit ist, und zwar mit lehrhafter und moralischer Tendenz, erweist sich offenbar als unverwüstlich. Im Schulunterricht hat die »Kalendergeschichte« schon traditionell einen festen Platz, und es scheint, daß sie einem Leserbedürfnis entgegenkommt, das sich immer weniger auf ausgiebige und umfangreiche Lektüre einzulassen bereit ist.

Das vorliegende Arbeitsbuch bietet repräsentative Texte von Grimmelshausen bis hin zu Oskar Maria Graf und Bert Brecht, die Darstellung ihres historischen und medialen Kontexts, Erläuterungen zum Autor, soweit sie für das Verständnis der Geschichten wichtig sind, ausführliche Kommentare zu den Geschichten selbst, die auch für die Analyse anderer Geschichten des Autors oder für die anderer Autoren heranziehbar sind. Es enthält zu jedem Abschnitt Arbeitsvorschläge und Literaturhinweise. Eingeleitet wird der Band durch Erläuterungen zur Gattungsfrage und zu den historischen Grundlagen.

st 2031 Brechts ›Tage der Commune‹ Herausgegeben von Wolf Siegert

Als Brecht 1949 in der Schweiz den Entwurf seines Stückes *Die Tage der Commune* mit der Absicht fertiggestellt hatte, ihn baldmöglichst in Berlin auf die Bühne zu bringen, während alle Kräfte für den Wiederaufbau mobilisiert wurden, ging es zugleich um die Frage, ob eine wirkliche Revolutionierung der Verhältnisse ohne einen Volksaufstand möglich sei. Daß in der damaligen Zeitlage eine Aufführung des Stücks, dieser »kämpferischen Morgengabe für das Selbstverständnis des neuen [Berliner] Ensembles wie seines Publikums« (Ernst Schumacher), nicht möglich war, mag im Rückblick wie ein Omen künftiger Theaterpraxis erscheinen. Ihre verschüttete Aktualität beweisen die *Tage der Commune* gleichwohl immer wieder dort, wo sie als engagierte Literatur auf die Zeitläufte bezogen werden: aus Anlaß ihrer Frankfurter Inszenierung 1977 ebenso wie vor dem Hintergrund der Ereignisse im Chile des Septembers 1973. Der Materialienband von Wolf Siegert stellt dementsprechend die Dokumentation der Theaterarbeit in den Mittelpunkt seines Interesses. Wie die anderen Materialienbücher zu Brecht bietet er darüber hinaus Zusammenstellungen der Selbstäußerungen Brechts, der Aussagen seiner Freunde und Mitarbeiter, der wichtigsten Analysen sowie eine exemplarische synoptische Konfrontation des Stückes und seiner Genese mit den ihnen zugrundeliegenden Quellen.